Ihre Sammlung der Kinder- und Hausmärchen ist das weltweit meistgelesene deutsche Buch. Als Gelehrte haben sie das Wissen über unsere Sprache und Geschichte revolutioniert, und wie niemand vor ihnen haben sie «Brüderlichkeit» als Lebensform begriffen: Seit ihrer Kindheit lebten Jacob und Wilhelm Grimm meist unter einem Dach und arbeiteten gemeinsam als Journalisten und Hochschullehrer, als Bibliothekare und Politiker. Ihre Berliner Wohnung war eines der kulturellen Zentren Preußens.

In der zerbrechenden alteuropäischen Welt suchten sie nach den kulturellen Fundamenten der Moderne. Die Impulse, die von ihnen ausgingen, sind bis heute wirksam. Steffen Martus lässt die Biographie der Brüder Grimm lebendig werden und zeichnet so, wie nebenbei, ein packendes Geschichtspanorama und das faszinierende Porträt einer Epoche.

«Eine solche lesbare Biographie der Grimms auf dem Stand der Forschung hat dringend gefehlt.» (Süddeutsche Zeitung)

Steffen Martus, geboren 1968, studierte Germanistik, Soziologie und Philosophie in Regensburg und Berlin und lehrt heute als Professor für Neuere Deutsche Literatur an der Humboldt-Universität zu Berlin. Seit 1997 schreibt er regelmäßig als Literaturkritiker unter anderem für die «Süddeutsche Zeitung» und die «Berliner Zeitung».

Steffen Martus

Die Brüder Grimm

Eine Biographie

Rowohlt Taschenbuch Verlag

Veröffentlicht im Rowohlt Taschenbuch Verlag,
Reinbek bei Hamburg, Januar 2013
Copyright © 2009 by Rowohlt · Berlin Verlag GmbH, Berlin
Umschlaggestaltung ZERO Werbeagentur, München,
nach einem Entwurf von any.way, Hamburg
(Abbildung: Elisabeth Jerichau-Baumann:
Doppelporträt der Brüder Jacob und Wilhelm Grimm, 1855;
bpk/Nationalgalerie, SMB/Andreas Kilger)
Satz aus der Minion PostScript (InDesign)
bei hanseatenSatz-bremen, Bremen
Druck und Bindung Druckerei C.H.Beck, Nördlingen
Printed in Germany
ISBN 978 3 499 63015 6

Inhalt

Einleitung

Wir kennen Jacob und Wilhelm Grimm gut: die beiden freundlichen Herren, die unsere *Kinder- und Hausmärchen* aufgezeichnet haben; die emsigen Erforscher von Grammatik, Recht, Mythologie und Poesie; die Bewahrer unseres Sprachschatzes im *Deutschen Wörterbuch*. Auf dem 1000-D-Mark-Schein war ihr Porträt abgebildet, und so nostalgisch wie manch einer der alten Währung nachtrauert und sie zum Sinnbild einer Zeit erhebt, «wo das Wünschen noch geholfen hat», so anheimelnd klingt dieser Markenname: ‹Die Brüder Grimm›.

Ein wenig märchenhaft wirken die beiden. Und tatsächlich haben sie sich selbst oft genug so dargestellt. Wilhelm Grimm phantasierte sich bisweilen in die Rolle desjenigen, der aus der Zeit gefallen ist und nach Jahrzehnten wieder nach Hause zurückkehrt. Und Jacob Grimm, der einmal als seinen sehnlichsten Wunsch nannte, «ein ganz enges schmales Arbeitsstübchen» nur für sich allein zu haben, verwandelte den Märchenforscher in eine Märchenfigur, wenn er meinte, den verborgenen «Schatz» der Überlieferung könne allein «unschuldige Einfalt», «strenge Treue» und «milde Freundlichkeit» bergen.[1] In ihren Märchen aber geht es nicht immer und manchmal gar nicht so glücklich zu, dass Einfalt, Treue und Freundlichkeit siegen. Wünsche werden erfüllt, die man nie hatte, Hoffnungen enttäuscht, denen man lange nachhing. Rohe Gewalt, Skrupellosigkeit, Dummheit und Heimtücke wirken als mächtige Triebe.

Am Anfang dieser Biographie stand die Überraschung darüber, wie sehr die Brüder Grimm um das Bild eines märchenhaften Lebens, das sehr wenig mit den ruppigen Verhältnissen in den *Kinder-*

und Hausmärchen zu tun hat, gerungen und wie sehr sie dabei gegen ihre Zeit gearbeitet haben. Das gilt nicht zuletzt für jene Vorstellung einer idyllischen Kindheit, von der sie an vielen Stellen schwärmten. So erließ etwa am 14. August 1799 Wilhelm IX. als regierender Landgraf von Hessen-Kassel eine Verordnung zur «Bestrafung des unanständigen Betragens der Kinder gegen ihre Eltern» – Jacob und Wilhelm Grimm lebten zu diesem Zeitpunkt seit noch nicht ganz einem Jahr in Kassel, um dort das Gymnasium zu besuchen. Der Staat forderte dazu auf, den renitenten Nachwuchs anzuzeigen: Er benötige «ruhige und glückliche Einwohner», die aber entwickelten sich nicht aus Kindern, «welche von früher Jugend an sich gewöhnen, die schuldige Achtung und den Gehorsam gegen ihre nächsten und natürlichen Vorgesetzten […] zu vergessen». Gegen solchen Ungehorsam werde man «mit aller Strenge» vorgehen: Prügel, Ausstellung auf dem Pranger «nebst einem angehängten Schilde mit einer zweckmäßigen Aufschrift» oder Zuchthaus – so sieht der Maßnahmenkatalog einer souveränen Macht aus, die mit körperlicher Gewalt, Demütigung und Beschämung «Gehorsam» erzwingen will.[2]

In ein Grimm'sches Märchen würde das gut passen. Doch wenn Jacob und Wilhelm sich an ihre Kindheit zurückerinnerten, dann fiel ihnen dazu gerade nicht jener pädagogische Terror ein, wie ihn die *Fürstlich Hessische Landes-Ordnung* zumindest auf dem Papier entworfen hatte. Im Gegenteil blieben ihnen besonders lebhaft ‹Kinderspiele› im Gedächtnis: eine Puppenküche und farbige Bleisoldaten, «bunte Papierbogen mit goldnen Thieren», ein Theaterbesuch, wo «buntgekleidete Damen auf der Bühne» zu sehen waren, oder das Bad in einer Wanne und wie man «nackend im Garten herumgesprungen» sei. Eingeprägt haben sich der glänzende Weihnachtsbaum und die festliche Christtagsstimmung, der Besuch des Jahrmarkts oder wie sie in «den Wiesenthälern und auf den Anhöhen» umhergingen und dabei ihren «Sinn für die Natur» bildeten.[3]

Mit solchen Bildern einer «unschuldige[n] Lust der Kindheit»[4] stifteten die Grimms jene Sehnsuchtsorte, denen sie dann nachspürten. Mehr noch: Die «unschuldige Lust der Kindheit» selbst wurde zum Spiegelbild ihrer wissenschaftlichen Aufmerksamkeit. In seinem Essay über *Kinderwesen und Kindersitten* schrieb Wilhelm Grimm 1819: «Das Kind blickt mit reinen Augen umher, ein Vogel fliegt vorbei, ein Käferchen setzt sich auf seine Hand, ein Blümchen liegt neben ihm im Gras, ein armes Mädchen sitzt unter einem Baum und weint, das wird ganz unschuldig und kindlich vorgestellt, und darin liegt der eigene Reiz dieser Lieder.»[5] In dieser Einstellung entdeckte er den Ursprung seiner Forschungshaltung. Er und sein Bruder gaben sich mit kindlicher Neigung dem Unscheinbaren in der Natur hin, so wie sie sich später nicht weniger behutsam, vorsichtig und aufmerksam auf die Suche nach den verstreuten Spuren der Vergangenheit begaben.[6] Dabei machte die Grimms ihr Sinn für die Vergänglichkeit und für die Andersartigkeit historischer Epochen, sosehr sie sich auch der Vergangenheit zuwenden mochten, zu den modernsten Traditionalisten ihrer Zeit.

Die zweite Überraschung war, mit welcher Konsequenz die beiden Brüder ein Lebensprojekt aus dem Geist der kindlichen Aufmerksamkeit entworfen haben, und dies nicht zuletzt gegen die politische Realität ihrer Epoche. Die Grimms – beide bekennende Monarchisten und zeitlebens den «Democraten» gegenüber skeptisch eingestellt – schätzten durchaus die «Achtung» gegenüber den «natürlichen Vorgesetzten». «Gewöhnen» wollten sie an diese Achtung jedoch auf eine revolutionäre Weise. Sie empfahlen dafür den Blick in Märchen, Mythen und Sagen, in Gedichte und Epen, in die Sprach- und Rechtsgeschichte, in jenes «seltsame Fortleben einer Trümmerwelt» (Richard Wagner), die sie wie niemand sonst vor ihnen durchwühlt haben.[7]

Die hessischen Fürsten zeigten wenig Sinn für die paradoxe Anlage dieses gleichermaßen revolutionären wie konservativen Konzepts und insgesamt wenig Verständnis für die Arbeit der Grimms: Als Jacob Grimm den ersten Band der *Deutschen Grammatik*, jenes Monumentalwerks, das Heinrich Heine vermuten ließ, der Autor stehe mit dem Teufel im Bund, seinem Arbeitgeber Wilhelm I. übergab, ließ der Kurfürst lediglich ausrichten, er hoffe, Jacob vernach-

lässige «über solchen Nebengeschäften» nicht seinen Dienst.[8] Und
als die Brüder Grimm Ende der 1820er Jahre bei einer lang erwarteten Beförderung übergangen wurden und ein Angebot des Königreichs
Hannover zum Wechsel an die Göttinger Universität annahmen,
da hielt der Nachfolger Wilhelms I. den Weggang der größten
Gelehrten seines Landes für keinen Verlust: «sie haben nie etwas *für
mich* gethan!»[9]

Dies war die dritte Überraschung: Die Einsicht, wie provozierend
das Wissenschaftsprogramm der beiden Brüder auf viele Zeitgenossen wirkte. Mit der Radikalität und Kompromisslosigkeit ihrer Forschungen stießen sie oft genug die Leser vor den Kopf. Man rechnete sie zur romantischen Schule und damit zu den «tollen Knaben»,
die «zum Irrenhaus reif wären».[10] August Wilhelm Schlegel aber, der
Mitbegründer ebendieser Romantik, dessen Bruder Friedrich die
Grimms einmal als zwei «sehr rohe Teppen» bezeichnete, echauf-
fierte sich seinerseits darüber, dass Jacob und Wilhelm «für jeden
Trödel im Namen der ‹uralten Sage› Ehrerbietung» begehrten – damit werde «gescheiten Leuten allzu viel zugemuthet».[11] Das Risiko,
dass die «Andacht zum Unbedeutenden» (S. Boisserée) kopfschüt-
telndes Unverständnis ernten würde, war immens.

Tatsächlich begegneten die Zeitgenossen den Brüdern Grimm
immer wieder mit Desinteresse, ja Ablehnung. Oft wurde die Hoffnung enttäuscht, dass ihre sprach- und literaturhistorischen Forschungen, ihre Untersuchungen zu Sagen, Märchen und Mythen,
zur Geschichte des Rechts, der Sitten und Bräuche oder ihr politisches Engagement so anerkannt wurden, wie es Jacob und Wilhelm
für angemessen hielten. Sollte man wirklich jene schwerverständli-
chen Bruchstücke aus den Schutthalden der mittelalterlichen Poesie anstaunen, die die Grimms ausgegraben hatten? Sollte man sich
in Wortkolonnen vertiefen und die Feinheiten der historischen
Grammatik erkunden? Sollte man als aufgeklärter Mensch seine
Aufmerksamkeit in Geschichten von alten Recken und Rittern investieren? Sollte man sich als erwachsener Leser für *Kinder- und
Hausmärchen* interessieren oder die Phantasie von Kindern mit du-

biosen Geschichten und einer oft zweifelhaften Moral auf Abwege bringen?

Revolutionär suchten Jacob und Wilhelm Grimm nach Mitteln, die Ordnung in Staat und Nation zu sichern. Neu und provokativ waren die Methoden, mit denen sie das Alte vor dem Vergessen schützen wollten. Liebevoll und treu wendeten sie ihren Blick auf die Trümmer der Geschichte, die sie ihren Zeitgenossen mit der Sturheit eines Helden aus den *Kinder- und Hausmärchen* präsentierten. Die brüderliche Arbeitsgemeinschaft, die eine schier unübersehbare Menge von Büchern, Editionen, Aufsätzen, Rezensionen und Briefen hervorgebracht hat, verkörperte geradezu zwei Seiten der Moderne, jenes eigentümliche Bündnis von Traditionsverlust und -bewahrung, von Eigensinn und Gemeinschaftsgeist. Denn: Es waren ungleiche Brüder, die leidenschaftlich und rücksichtslos die Vergangenheit erkundeten, um in der zerbrechenden alteuropäischen Welt die kulturellen Fundamente einer neuen Zeit zu finden.

Das schließlich war die vierte Überraschung und das eigentlich Faszinierende bei der biographischen Recherche: wie die «innere Einigkeit der Gegensätze» (W. Grimm) das Verhältnis der Brüder bestimmte. Ihre Arbeitsformen und Darstellungsweisen waren auf je eigene Weise radikal, ihre Unnachgiebigkeit in Sachfragen kannte keinen Respekt vor verbürgten und etablierten Autoritäten, auch nicht vor der Autorität des jeweils anderen Bruders. Umstürzlerisch bewahrten sie so die Sprache und deren Geschichte, die Mythen, Märchen und Sagen. Ihr Blick richtete sich in die Vergangenheit, ihre Haltung gehörte ganz der Gegenwart. Diese Doppelfigur versucht die Biographie zu entschlüsseln: als Lebensgeschichte, als Wissenschaftsgeschichte, als Geschichte von Politik, Kultur und Gesellschaft.

1. Kindheitsszenen (1785 – 1802)

Hanau

Die Grimms waren eine kinderreiche Familie. Am 4. Januar 1785 kommt Jacob Grimm in einem Haus am Hanauer Paradeplatz zur Welt, ein Jahr später, am 24. Februar 1786, sein Bruder Wilhelm. In rascher Folge erweitert sich der Geschwisterkreis: 1787 wird Carl Friedrich geboren, 1788 Ferdinand Philipp, 1790 Ludwig Emil und 1793 schließlich die einzige Tochter, Charlotte Amalie, genannt Lotte. Drei weitere Söhne sterben früh: 1784 der Erstgeborene, Friedrich Hermann Georg, 1792 Friedrich sowie 1795 Georg Eduard, das letzte Kind von Dorothea und Philipp Wilhelm Grimm. Die Sterblichkeit in der Familie war für die damaligen Zeiten normal, im Vergleich zu den früheren Generationen sogar verhältnismäßig niedrig. Von den sieben Kindern Friedrich Grimms, des Urgroßvaters der Brüder Grimm, überlebten diesen nur drei; von den elf Kindern seines Sohns, des Großvaters von Jacob und Wilhelm, starben acht vor ihrem Vater.

Im Zentrum des Familienlebens steht das hellrote Mietshaus in der Langen Gasse neben dem Hintergebäude des Neustädter Rathauses von Hanau. Die Eltern ziehen kurz nach der Geburt ihrer ältesten Söhne dorthin um. Die Familienmitglieder haben eigene Wohnbereiche, auch die Kinder. Die Verhältnisse wirken überschaubar. Die unmittelbare Umgebung, Nachbarn und Verwandte bilden eine kleine Welt für sich. In einer Seitenstraße wohnt die Tante. Gegenüber liegt eine Handschuhmacherei, ein florierendes Gewerbe in Hanau. Aus der Werkstatt bekommen die Kinder «Fetzen Leder oder Bälle» zum Spielen. Nebenan lebt eine Schneiderin oder Wäscherin.

Zum Essen und am Abend sitzt die Familie in der Wohnstube zusammen, ein Besucherzimmer «mit Jägern auf der Tapete» wird kaum genutzt, ein weiteres Zimmer ist dem Vater vorbehalten. Die Waschküche ist in einem engen Hof untergebracht. Auch die «Kinderstube» liegt nach hinten hinaus. Die Mutter sitzt oft da und betrachtet die Außenwelt in einem Spiegel, «in dem man, wenn man rechts guckte, die Gaße von links her sah». Wilhelm erinnert sich: «Der eine Flügel des Fensters stand auf, die Sonne lag auf den Dächern, und die Stühle des Strumpfwirkers schnurrten beständig. Das war immer eine langweilige Zeit».[1]

Wilhelm hat ein feines Gehör für den Klang der Epoche. Denn die Hanauer Textilproduktion floriert in seiner Kindheit. Zeitgenossen berichten von «mehreren hundert Arbeitsstühlen». Gerade in der Hanauer Neustadt, an deren Grenze die Grimms wohnen, hat sich ein blühendes Gewerbe entwickelt. In größerem Maßstab werden Samt-, Woll- und Seidenstoffe hergestellt und verarbeitet. Die Hanauer Webstuhlproduzenten liefern nach ganz Europa.[2]

Hätte es die von Wilhelm bewahrte Szene nicht gegeben, man hätte sie erfinden müssen: Die Natur erscheint als Außenwelt und spielt lediglich als Reflex in die Wahrnehmung hinein; die Töne des vorindustriellen Fabrikwesens dringen als sanftes Schnurren in die Wohnung – besser kann ein Erinnerungsbild den historischen Ort der Grimm'schen Kindheit kaum skizzieren, jenes Grundgefühl von Ungenügen inmitten einer Zeit des Umbruchs, das gleichermaßen die Sehnsucht nach dem Neuen wie die Sorge um den Verlust des Althergebrachten erzeugt.

Tatsächlich präsentiert sich Hanau als Regierungssitz unter Wilhelm IX. in vielen Beziehungen als moderner Ort. Es gibt Lateinschulen und ein Gymnasium, Waisen- und Arbeitshäuser, ein Theater und eine Zeichenakademie.[3] Von der *Hanauer neuen europäischen Zeitung*, einer der ältesten Zeitungen Deutschlands, 1678 als *Hanauischer Mercurius* gegründet, werden pro Woche vier Ausgaben gedruckt.[4] Man glaubt an die Selbstaufklärung des Publikums. Das *Hanauische Magazin*, das von 1778 bis 1785 erscheint, liefert Beiträge zur Geschichte, Pädagogik, Theologie oder Politik, zur Statistik, Wirtschaftstheorie und zur Erforschung der Natur. Auch Wilhelm IX., der in Jacobs Geburtsjahr die Nachfolge seines Vaters, des Landgrafen Friedrich II., antritt, gilt als aufgeklärt. Wielands *Deutscher Merkur* rühmt ihn als «weisen und gütigen Regenten [...], der die Musen liebt».[5] 1803 wird er als Wilhelm I. in den Stand eines Kurfürsten des Heiligen Römischen Reiches Deutscher Nation erhoben – in seinen Diensten verbringen die Brüder Grimm wichtige Jahre ihres Lebens.

Während also von draußen die Mechanik der Webstühle zu hören ist, sitzt die Mutter auf ihrem gewohnten Platz, näht oder strickt. Gern nimmt sie ein Buch zur Hand. Ihr Lieblingsroman war Samuel Richardsons *Geschichte des Herrn Carl Grandison*.[6] Der Briefroman gehört zu den Kultbüchern der Empfindsamkeit. Als Briefschreiber und Briefempfänger treten, wie Lessing es 1754 formulierte, «meistenteils junge Frauenzimmer von guter Erziehung, und muntrer Gemütsart» auf.[7] Neben anderen Romanen Richardsons finden sich in der Familienbibliothek Bücher, die zum Repertoire eines Lesers gehören, der im 18. Jahrhundert an den aktuellen Entwicklungen des Buchmarkts interessiert ist, Klopstock etwa oder die frühen Werke Goethes.[8] Im Haus der Grimms pflegt man die neue literarische Bildung.

Ein wenig von der «munteren Gemütsart» aus der Romanwelt von *Carl Grandison* dürfte Dorothea Grimm als «junges Frauenzimmer» besessen haben. Als ihr Sohn Wilhelm Anfang der 1850er Jahre den Geburtsort besuchte, betrachtete er das gräfliche Lustschloss Philippsruhe und den umliegenden Park, in dem sich seine Eltern verlobt hatten: «Der Vater habe gehört, daß jemand Anders sie heirathen wolle, und sei ihr und ihren Eltern in den Garten des Schlosses nachgeeilt, wohin sie spazieren gegangen waren.» Am 23. Februar 1783 wurde das Paar getraut. Philipp Wilhelm Grimm war damals einunddreißig, Dorothea Zimmer siebenundzwanzig Jahre alt. Sie lagen damit jeweils ein Jahr über dem durchschnittlichen Heiratsalter im 18. Jahrhundert.[9]

Die Eheleute besiegelten mit ihrer Heirat den sozialen Aufstieg vor allem Philipp Wilhelm Grimms. Die väterliche Linie führt von Johannes Grimm, der 1639 nach Hanau übergesiedelt war und zunächst das Gasthaus «Wirt zum Faß», dann das «Weiße Roß» betrieben hatte, zu überaus angesehenen Theologen und Beamten.[10] Der erste Akademiker der Familie war der Hanauer Pfarrer und Inspektor der reformierten Gemeinden Friedrich Grimm, der Urgroßvater von Jacob und Wilhelm.[11] 1698 hatte er das Amt des dritten Pfarrers an der reformierten Hauptkirche in Hanau angetreten.[12] Sein gleichnamiger Sohn, ebenfalls als Theologe und Pfarrer in Steinau tätig, heiratete die Tochter eines Hanauer Hofgerichtsrats. Das war eine der höchsten Positionen in der damaligen bürgerlichen Juristenkarriere. In den Ordnungsvorstellungen des 18. Jahrhunderts stand der Hofgerichtsrat über den Theologen. Aus dieser Ehe ging Philipp Wilhelm hervor, der Vater der Brüder Grimm. Er wurde am 19. September 1751 geboren und tat alles, um das gesellschaftliche Niveau, das die Familie seiner Mutter erreicht hatte, nicht zu unterschreiten. Das Rechtsstudium in Hanau, Herborn und Marburg war dazu der erste Schritt. Anstellungen als Advokat am Hofgericht und als Stadt- und Landschreiber folgten.

Bezeichnenderweise spielte Philipp Wilhelm Grimm bei seinen Bewerbungen die Karten der Familientradition aus. Den Erbprinzen erinnerte er in einem Schreiben vom 20. August 1782 daran, «daß meine Voreltern schon seit langen Jahren her, sich unter die hiesige Herrschaftliche Dienerschaft zälen konnten».[13] Auch im Dankesschreiben nach erfolgter Ernennung führte Grimm wieder das Beispiel «sämtlicher meiner Aeltern und Voraeltern» an.[14] Anfang der 1790er Jahre schließlich gelangte er auf den Posten eines Amtmanns in Steinau.[15]

Die Familie der Grimms stieg damit im Laufe der Jahrzehnte aus stadtbürgerlich-handwerklichen Anfängen in die bürgerliche Beamtenschicht der Pfarrer auf und von dort aus in die hessischen Juristenkreise. Der Schwiegervater, Kanzleirat Johann Hermann Zimmer, versicherte seinem Fürsten, sein «Tochtermann» werde sich beständig um «des höchsten gnädigsten Beyfalls, und damit auch der fortwährenden Herrschaftlichen Gnade» bemühen.[16]

In bestimmter Hinsicht passten die Familientraditionen der reformierten Theologen und Beamten gut zusammen. Urgroßvater Friedrich Grimm empfahl, «Treu, Fleiß und Kräfte des Leibes anzuspannen und sich keiner öffentlichen und privaten, ordinären und extraordinären Arbeit und Mühe verdrießen zu lassen». So lautete 1748, drei Wochen vor seinem Tod, die Instruktion an die Pfarrer, für die er als Inspektor der reformierten Gemeinden verantwortlich war.[17] Seine Urenkel Jacob und Wilhelm verpflichtete man später darauf, die Aufstiegsgeschichte ihrer Familie fortzusetzen. Auch wenn sie dabei einige Umwege machen sollten – in ihrer Arbeitsethik führten sie die Familientradition fast bruchlos weiter.

Die Theologen unter ihren Vorfahren haben Jacob und Wilhelm tief beeindruckt. In der Ahnengalerie, die später im Freiraum zwischen den Bücherregalen ihrer Arbeitszimmer hängen sollte, nahmen die großen Ölgemälde der Pfarrer und Prediger Grimm aus Hanau und Steinau einen wichtigen Platz ein. Die «Christ-Brüderliche Gratulation» aus dem Jahr 1730, mit der der Großvater Friedrich Grimm als neuer Pfarrer in Steinau geehrt wurde, beginnt mit den Versen: «Dein gantzer Stamm, dein Haus gehört zum Lehrer-Orden / Du bist dem Vatter und Groß-Vatter ähnlich worden.»[18] Die Porträts der Großeltern mütterlicherseits, Johann Hermann und Anna Elisabeth Zimmer, sind kleiner als die Porträts der Grimms. Hier kam es nicht so sehr auf Repräsentation und Folgsamkeit an, mehr hingegen auf Nähe und intime Fürsorge.

Es ist daher bezeichnend, wie der dreijährige Jacob Grimm auf einem Ölgemälde abgebildet ist, das der Hanauer Maler Georg Karl Urlaub im August 1788 anfertigte:[19] an einen Felsblock gelehnt in einem violetten Anzug mit breiter hellgrüner Schärpe, die in einer großen Schleife seitwärts gebunden ist; ein weiter Hemdkragen fällt ihm bis auf die Schultern. An den Schuhen trägt er silberne Schnallen, und in beiden Händen hält er die gleichen blauen und roten Blumen, die auch im Vordergrund zu sehen sind. Dazwischen fliegen Schmetterlinge; Gebüsch rankt von links und rechts ins Bild; im Hintergrunde stehen schlanke Bäume.[20]

Aber es bleibt nicht minder bezeichnend für den Konflikt der Familientraditionen, wenn Jacob daran zurückdenkt, wie er als Kind bei seinem Großvater Zimmer in Hanau zum Predigen auf einen Stuhl gestiegen ist und angekündigt hat, er werde seinem Großvater in Steinau folgen.[21] Das ist eine typische Szene. Viele Zeitgenossen erinnerten sich an eine ähnliche Situation. Jacob sah darin ein Zeichen seiner Familiengesinnung, allerdings in der eher weltlichen Variante, die das Exlibris des Vaters und das Grimm'sche Familienwappen zum Motto ausgaben: «Tute si recte vixeris» («Rechtschaffenheit sei deines Lebens Sicherheit»).[22]

Die Brüder Grimm, so erzählt es Jacobs Autobiographie, wurden streng im reformierten Glauben erzogen – der Ältere wurde am 1. April 1798 in der reformierten Steinauer Katharinenkirche konfirmiert, der Jüngere am 13. April 1800 in der evangelischen Kirche Großalmerode.[23] Lutheraner seien ihnen wie fremde Menschen erschienen, mit denen sie nicht recht vertraut umgehen durften, ganz zu schweigen von Katholiken, die «schon an ihrer bunteren tracht zu erkennen waren».[24] Aber wie stark war der kirchliche Impuls wirklich? In Hessen stand die reformierte Tradition für eine tolerante Haltung. Das Land hatte Ende des 16. Jahrhunderts Glaubensflüchtlinge aus den spanischen Niederlanden aufgenommen, und Ende des 17. Jahrhunderts, nach der Aufhebung des Toleranzedikts von Nantes, Hugenotten aus Frankreich. Der wirtschaftliche Erfolg verdankte sich nicht zuletzt den Exilanten. In Hanau gründeten die Hugenotten die Neustadt, an deren Grenze die Grimms wohnten. Konfessionelle Demonstrationen waren da fehl am Platz. Und dabei blieben die Brüder Grimm ihr Leben lang. Jacob gestand später, er denke täglich an Gott und bitte um seinen Beistand, halte aber wenig von einer in Ritualen ausgestellten Religiosität: «Gott will doch, daß wir auf Erden leben und unsre Zeit erfüllen.»[25] Auch Wilhelm bekannte einmal, dass er seinen Glauben als Gnadenakt Gottes verstehe, der «in jedem Menschen eigenthümlich wirkt» – ins Gezänk christlicher Parteien wolle er sich nicht verwickeln lassen.[26]

Wichtiger als ihre konfessionelle Prägung nahmen die Brüder Grimm im Rückblick schon aus strategischen Gründen ihre politische Sozialisation: Die «liebe zum vaterland», schreibt Jacob, «war uns, ich weisz nicht wie, tief eingeprägt [...], es war bei den älteren nie etwas vor, aus dem eine andere gesinnung hervorgeleuchtet hätte».[27] Aber das «Vaterland» war damals sehr klein und lag in den überschaubaren Grenzen der Grafschaft. Die Grimms wurden in die deutsche Kleinstaaterei des 18. Jahrhunderts hineingeboren: Der jüngere Bruder Ludwig malte auf der hessischen Landkarte als Kind «alle städte gröszer und alle flüsse dicker [...]. mit einer art gerinschätzung sahen wir z. b. auf Darmstädter herab»[28] – gemeint waren damit die Bewohner Hessen-Darmstadts, das man 1648 von Hessen-Kassel getrennt hatte.

Der Patriotismus, den etwa das *Hanauische Magazin* predigte,[29] hatte wenig mit dem Nationalbewusstsein des 19. Jahrhunderts gemein. Die militärische Kultur der Zeit erlaubte das nicht. Die Armee war zwar im alltäglichen Leben präsent – Kanonendonner, der Auszug von Soldaten, die farbigen Uniformen und die in der Sonne glänzenden Waffen haben romantische Eindrücke bei den Brüdern Grimm hinterlassen.[30] Die Hintergründe aber waren nicht sehr romantisch: Wilhelm IX. sicherte seine politische und wirtschaftliche Position nicht zuletzt durch Hilfeleistung in den Kriegen anderer Länder. Die hessischen Soldaten waren gewissermaßen die globale Einsatztruppe des 18. Jahrhunderts. Sie konnten jederzeit an ein anderes Land vermietet werden; für patriotische Verbindlichkeiten war da kein Platz. Schon der Vater Wilhelms IX. hatte die männlichen Untertanen als Wirtschaftsfaktoren erkannt und einen vielbeklagten Soldatenhandel betrieben. Berühmt-berüchtigt war die Vermittlung von Soldaten an die englische Seite im Konflikt mit Nordamerika, wodurch Friedrich II. zwischen 1776 und 1784 rund zwanzig Millionen Reichstaler einnahm.[31] Am Ende des Deutschen Reichs gehörte Hessen-Kassel zu den wohlhabendsten Fürstentümern Deutschlands.

Ihr Vater war für die Brüder Grimm die Orientierungsfigur. Im Zentrum der Familie aber stand die Mutter und deren Liebe, wie es die modernen Familienmodelle der Aufklärung empfahlen. Der «Anfang der Erziehung», so einer der vielen zeitgenössischen Beiträge zur Reformpädagogik im *Hanauischen Magazin*, werde gemacht, «wenn der Säugling an der Mutter Brust» liege.[32] Die Kindheitsbilder und Familienpraktiken der Aufklärung stifteten jene genussreiche, aber eben auch nicht selten angstbesetzte Intimität zwischen Eltern und Kindern, die vielen Erziehungsratgebern den Verkauf und späteren Therapeuten ihre Patienten sicherte. Dass eine «wollüstige[ ] Furcht [...] einen großen Teil des kindischen Glücks ausmacht», wie es in Goethes *Wilhelm Meisters Lehrjahre* heißt,[33] gehörte zu den unausgesprochenen Elementen des Erziehungsprogramms.

Jacob Grimm erinnert sich an Lutscher aus gestoßenem braunem Zucker und Brot, an Fastnachtsbrezeln in Wein oder an den Tropfen Branntwein, den ihm eine Wäscherin auf Schwarzbrot zu naschen gab. Vor allem aber erinnert er sich daran, dass die Mutter ihm einmal den Genuss von Äpfeln verweigerte: «ich stelle sie mir deutlich vor, die Mutter wollte keine zum Eßen geben». Kurz darauf hält Jacob bezeichnenderweise ein Ereignis fest, das ebenfalls *nicht* stattgefunden hat: «Es steht mir nicht lebendig vor, daß ich Schläge bekommen hätte, aber eine Ruthe war hinter dem Spiegel», und zwar hinter jenem Spiegel, in dem die Mutter die Straße vor dem Haus beobachtete.[34]

Fast scheint es, als skizziere Jacob eine Allegorie der Aufklärungspädagogik: Das versteckte Züchtigungsinstrument, das hinter dem Spiegelbild bewusst bleibt, steht für eine Motivation, die von innen kommt und keine äußeren Anlässe benötigt, für eine Selbstkontrolle, die an die Stelle von Fremdkontrolle tritt, für eine liebevolle Regierung, bei der – mit den Worten des *Hanauischen Magazins* – «das zärtliche Mutterherz, der väterliche Ernst, den Grund zu allen guten Handlungen des aufkeimenden Weltbürgers legen».[35] So bewahrt Jacob Grimm auch das «liebste Gefühl von Gutheit» mit der

Erinnerung daran, wie ihn seine Mutter, wenn er im Bett lag, die Haare streichelte.[36]

Die Entwicklung hin zur zärtlichen Familienintimität illustriert eine der faszinierendsten Episoden aus den autobiographischen «Besinnungen» Jacob Grimms. Diese Passage ist nicht allein in ihrer kühlen Detailliertheit charakteristisch, sondern auch, weil sie von Wohlgefühl und «Grauen» handelt: «Am Ofen wurde ich angezogen von der Mutter und gewaschen, oft mit warmem Waßer und Wein, welches süßlich roch, das ärgerlichste war, wenn es an die Ohren kam, weil es immer weh that. Auch genau weiß ich, daß ich wund war und mit feinem Wurmmehl bestreut wurde, aus einem Glas, worüber ein Papier mit Stecknadellöchern, welches allemal kühlte und gut that. Bei dem Nägelbeschneiden hatte ich immer eine Art Grauen, und litt es nicht gern. Das Kämmen und Lausen litt ich schon lieber, ich legte mich mit dem Gesicht an den Leib der Mutter und es that immer wohl, wenn eine Laus knickte, der Langenweile wegen sagte die Mutter, das wäre eine gemeine, nun müßte auch der Fähnrich gesucht werden, worauf man geduldig wurde, auch wurden die jedesmal Getödteten gezählt, um zu wißen, ob man sich beßere oder schlimmere.»[37]

«Wollüstige Furcht», um Goethes Formulierung aufzugreifen, beherrscht diese Kindheitsszenen. Bei allem Unbehagen bleibt bemerkenswert, dass der junge Jacob Grimm mit warmem Wasser gewaschen wird und nicht, wie es die Abhärtungspädagogik empfahl, mit kaltem.[38] Es bleibt bemerkenswert, dass die hygienischen Bemühungen der Mutter geschildert werden, weil diese Praktiken ebenfalls zum Kanon der reformpädagogischen Empfehlungen gehörten. Und es bleibt bemerkenswert, wie ausführlich sich die Mutter mit ihrem Sohn beschäftigt: Die Eltern investieren Zeit in ihre Kinder, was sich früher nicht von selbst verstand. Das gilt besonders für die Mütter, die den Vorstellungen der neuen Pädagogik von Spätaufklärung und Romantik zufolge beständig um ihre Kinder sein sollten. Ihnen wurde, dem Ideal nach, die Rundumbetreuung mit Stillen, Hüten, Pflegen, Ankleiden oder Ausführen aufgegeben. Doch es gilt auch für die Väter. Fest eingeprägt hat sich Jacob eine Situation, in der er frühmorgens gemeinsam mit dem Vater am Fenster steht und die Mägde beobachtet, «mit Zubern auf dem Kopf worin das Waßer schwappte» – «der Vater sprach mit mir, ich weiß aber nicht was».[39]

Wie früher gehören zur Familie noch Mägde, Amtsdiener und anderes Dienstpersonal. Ein «armer Schüler» namens Zipf kommt einmal wöchentlich zu den Grimms zum Essen und wird dann, wie damals üblich, reihum an andere Haushalte weitergereicht. Auch Jacob und Wilhelm finden während ihrer Gymnasialzeit in Kassel als Kostgänger Unterkunft. Aber in dieser Großfamilie gilt die liebevolle Aufmerksamkeit nicht allen. Als Wilhelm etwa in Steinau einen «fürchterlichen Traum» von seinem kleinen Bruder Ferdinand hat, steht er mitten in der Nacht auf, weil er nicht mehr schlafen will. Er trifft auf die Magd Marie: «ich erzählte ihr meinen Traum, sie achtete aber nicht darauf».[40] Die Brüder Grimm und ihre Mutter hingegen interessieren sich für nächtliche Phantasien und erzählen sich gegenseitig ihre Träume.

So schenken sich Eltern und Kinder eine ganz besondere Form der Zuwendung, die die Kinder regelrecht ‹traumatisiert›. Immer wieder werden die Brüder in ihren Träumen und Phantasien von den Eltern heimgesucht. Jacob erinnert sich, wie er im Hanauer Winter mit seinem Vater in ein Dorf gefahren ist, um dort Amtsgeschäfte zu erledigen: «Das Rollen der Räder, der Schnee und die laublosen Bäume fallen mir noch immer ein, wenn ich jetzt im Winter reise und denke mir noch beim Vater zu sitzen und alles andere sey ein Traum.»[41] Wilhelm berichtet über die Gegenwart der toten Mutter: «der Traum führt mich manchmal zu ihr hin, sie sitzt meist, wie in den letzten Jahren ihres Lebens, auf einem kleinen Teppich vor einem Arbeitstischchen, reicht mir die magere, sanfte Hand und fragt, warum ich so lange nicht bei ihr gewesen sei?»[42] Die Kinder entgelten die Aufmerksamkeit, die sie erfahren, damit, dass sie ihren Eltern lebenslang verbunden bleiben.

Zum engeren Familienkreis gehören die Großeltern und Tanten. Für die Brüder werden vor allem zwei Personen wichtig: Großvater Zimmer, bei dem die Kinder regelmäßig zum Essen vorbeischauen, und die Tante väterlicherseits: Juliane Charlotte Friederike Schlemmer. Die Witwe, die sich in ihrer Jugend um ihren sechzehn Jahre jüngeren Bruder gekümmert hatte, nimmt auch an der Erziehung von dessen Söhnen großen Anteil. Jacob hängt zeitweilig mehr an ihr als an den Eltern. Wilhelm und er besuchen sie tagsüber oft in ihrem kleinen Haus nur wenige Straßen entfernt von der Langen Gasse. Es gibt eine «Specereihandlung» an der einen und einen Schuhmacher an der anderen Ecke, in dessen Hof Jacob Sauerampfer für die Mittagssuppe pflückt.[43]

Charlotte Schlemmer, «eine verständige, wohlmeinende, aber ernste Frau», übernahm die Rolle der ersten Lehrerin von Jacob und Wilhelm. In den *Besinnungen aus meinem Leben* schildert Jacob ausführlich die Unterweisung: «Die Tante hatte mich sehr lieb und lehrte mich lesen und Religion. Ich saß oben auf dem Fenstertritt am Tisch und weiß noch wie das Abc angefangen wurde. Das Buch ist lange aufgehoben worden und entweder mein oder des Wilhelms Exemplar noch jetzt vorhanden. Die Deckel waren von Holz mit gemahlten Bildern, auf der einen Seite ein Fähnrich in roth, auf der andern Kinder die Seifenblasen bliesen und solche allegorische Vorstellungen. Die Tante hatte sich aus einer alten Vogte [Fächer, S. M.], einen elfenbeinenen Deuter gemacht, der nach der Lection zum Zeichen ins Buch gelegt wurde. Meistentheils aber nahm sie eine Stecknadel um feiner zu deuten zur Hülfe, woher es kam daß alle Buchstaben mehr oder weniger zuletzt zerstochen wurden. Einige Buchstaben lernte ich eher und leichter, wie n m, andere schwerer, z. B. den Unterschied zwischen q und p nachdem das Ohr auf der einen oder der andern Seite schloß. Die großen Buchstaben waren verwickelter und schwerer. Das ganze Geschäft bin ich mir außerordentlich deutlich bewußt und kann mir denken, daß es erst vor einigen Wochen geschehen wäre und alles weitere wie ein Traum dazwischen läge.»[44]

Dass Jacob sich so deutlich an die Mühsal des Lesenlernens erinnert, liegt auch an der Methode, die Charlotte Schlemmer anwendet. In den reformpädagogischen Diskussionen der Aufklärung konkurrierte das Buchstabieren, wie es Jacob praktizierte, mit dem sogenannten Lautieren, bei dem nicht einzelne Buchstaben, sondern Lautkombinationen vermittelt wurden. Auf diese Weise sollte das Kind fast wie von selbst den Umgang mit der Schrift erfassen. Carl Friedrich Splittegarb beispielsweise bewarb sein *Neues Bilder ABC. Eine Anleitung zum Lesen, dergleichen es bisher noch nicht gab* (1787) damit, dass es die Kinder «ohne Schwierigkeit und Schmerz in unsere Bücherwelt» einführe.[45] Bei der Tante jedoch erleidet Jacob das Gegenteil einer natürlichen Sprachvermittlung. Im Durchlöchern der Seite mit der Stecknadel möchte man fast ein Symbol für die Gewalt der Buchstabenvermittlung sehen.

Gegen Ende der Hanauer Zeit ergänzen ein Französischlehrer und der Besuch in einer öffentlichen Schule den Unterricht bei der Tante. Jacob und Wilhelm erhalten zudem Tanzstunden. Auf Gesellschaftstauglichkeit haben die Eltern offenbar geachtet.

Jacob war der Lieblingsneffe der Tante, vielleicht, vermutet Wilhelm, weil er dem Vater ähnlich sah. Bis zum Tod ihres Bruders wird Tante Schlemmer mit der Mutter ein wenig um die Zuneigung Philipp Wilhelm Grimms ringen. Danach, so Jacob, «hingen sie fester aneinander und wahren soviel ich mir besinne, immer einig».[46] Schon hier zeigt sich ein für die Beziehung der Brüder Jacob und Wilhelm typisches Gefälle: Der Ältere nämlich lernt sehr schnell. Er habe bereits lesen können, berichtet seine Mutter, als andere Kinder gerade mit dem Lernen begannen.[47] An dieser Schnelligkeit Jacobs und an dem Vorsprung, den er dadurch erringt, wird sich nichts mehr ändern. Wilhelm ist der Bedächtige, Jacob der Zupackende, in wissenschaftlichen Angelegenheiten wie im alltäglichen Umgang. «Er ging langsam», erinnert sich Wilhelms Sohn Herman später an die Spaziergänge seines Vaters, «Jacob rasch», und fügt hinzu: «Zusammen sind sie nie gegangen.»[48]

Steinau

Charlotte Schlemmer zog der Familie ihres Bruders hinterher, als die Grimms ihren Wohnsitz am 13. Januar 1791 nach Steinau an der Straße verlegten. Der Vater war zum Amtmann für die Ämter Steinau und Schlüchtern ernannt worden. Sein Zuständigkeitsbereich umfasste zwei Städte, elf Dörfer und fünf Klosterhöfe.[49] Er übte in erster Instanz die Zivilgerichtsbarkeit aus.[50] Der «Hessen-Casselschen Rangbestimmung» nach gehörte er nun als oberster Verwaltungsbeamter in die achte von zwölf Klassen, gemeinsam etwa mit dem Rektor des Gymnasiums in Kassel, dem Bürgermeister und den Hofpredigern zu Kassel, Marburg und Rintel, dem nichtadligen Stallmeister oder dem «Cammersecretarius». Über ihm stand der Bibliothekar der Fürstlichen Bibliothek.[51] Als Jacob Grimm 1829 diese Stelle nicht erhielt, die ihm – wie er meinte – zustand, verließ er mit seinem Bruder Kassel und ging nach Göttingen.

Philipp Wilhelm Grimm wirkte repräsentativ, wenn er in der vorgeschriebenen Dienstkleidung auftrat: Rock, Weste und Hose in Dunkelblau mit goldenen Knöpfen und Tressen, einfacher Hut mit goldener Schleife.[52] Er richtete, wie er im Dankesschreiben für die Ernennung an den Landgrafen «tiefst erniedrigt» formulierte, sein «unabläßiges bestreben besonders auf das Beste der Untertanen». Das ist ihm gelungen: Die Steinauer wollten seinen Vorgänger eigentlich behalten, so dass er es vermutlich nicht leicht hatte. Aber in kurzer Zeit wurde Philipp Wilhelm Grimm zu einem beliebten und hochgeschätzten Vertreter der Obrigkeit.[53] Als sein jüngster Sohn Ludwig später einen Besuch in Steinau machte, baten ihn die Menschen, er möge doch Amtmann bei ihnen werden, «daß nur wieder ein Grimm hier wäre!» – Jacob und Wilhelm könne man dies nicht antragen, weil die beiden in Kassel «weit vornehmere Stellen beim Kurfürsten» innehätten.[54] Die Brüder Grimm traten nicht in die Fußstapfen ihres Vaters, aber sie schrieben die Aufstiegsgeschichte ihrer Familie fort.

Die Aufgaben von Philipp Wilhelm Grimm, wie es die entsprechende Instruktion vom April 1791 festlegte, waren vielfältig. Er hatte sich um die Kirchen und Schulen zu kümmern und dabei besonders auf das friedliche Auskommen der verschiedenen Konfessionen zu achten; der Eigensinn der Handwerkszünfte war im Sinn der Landespolitik zu zügeln; Witwen und Waisen befanden sich unter seiner Obhut. Im Zentrum der Tätigkeit stand die unparteiische Justizverwaltung, die den «Armen wie den Reichen» gleichermaßen ihr Recht verschaffen sollte. Bei warmem Wetter fertigte der Amtmann Antragsteller direkt vor der Haustür ab.[55] Ansonsten erledigte er seine Geschäfte im ersten Stock des Wohnhauses der Familie. Jacob erinnerte sich auch daran, wie er einmal seinen Vater in ein Dorf begleitete, «wo er leute zu verhören hatte, die stube war voller bauern, tabaksdampf und trüber lichter».[56]

Steinau, so eine zeitgenössische *Geographische Beschreibung der Grafschaft Hanau*, war «das kleinste unter allen hanauischen Aemtern, indem solches nur aus einer Stadt, einem Dorfe und Hofe besteht».[57] Die Stadt selbst mit ihren rund dreitausend Einwohnern gruppierte sich im Wesentlichen um die Hauptstraße. Es gab einige «ansehnliche Gebäude», eine reformierte und eine lutherische Kirche sowie ein Schulhaus. In der zum herrschaftlichen Schloss umfunktionierten Burg hielt sich der Landgraf zuweilen auf. Als weitere Attraktionen werden eine Mühle vor der Stadt und die große Zahl an Töpfereien genannt, die aus der «unfern der Stadt gegrabenen guten Tonerde allerlei irdenes Geschirr verfertigen und häufig nach Franken verkaufen».[58] Das eindrucksvolle Rathaus hätte noch erwähnt werden können.

Das also war der Ort, der den Brüdern Grimm mehr als alle anderen Städte, mehr als Hanau, Kassel, Göttingen oder Berlin, das Gefühl von Heimat vermittelt hat. Tatsächlich war die Familiengeschichte Steinaus eng mit den Grimms verbunden. Vierzehn Grimm'sche Grabstätten liegen dort, vierzehn Geburtseinträge finden sich in ein und demselben Kirchenbuch.[59]

Die Grimms zählten nun zu den ersten Familien am Ort. Sie richteten sich im Erdgeschoss eines stattlichen Hauses aus dem 16. Jahrhundert ein. Ludwig Grimm hat es in seinen Memoiren beschrieben: «Das Amtshaus ist von Stein und alt, hat eine hohe Treppe, vor der zwei Linden stehen, und einen runden Turm, worin eine Wendeltreppe in die Amtsgerichtsstube und den oberen Stock führt. Das Haus ist groß und geräumig, hat einen großen eingeschlossenen Hof mit Scheune, Ställen für Pferde und Kühe, Holzschuppen und allem, was zum Landbau gehört.»[60]

Nach dem Mittagessen, bevor der Kaffee serviert wurde, spazierte der Vater durch den Hof, fütterte die Enten oder sah nach den Pferden und Kühen. Die Familie schlief, wie Jacob sich erinnerte, neben der «Wohnstube, in der hellgrünen und breitergestreiften Schlafcammer, ich und Wilhelm in einem Bett, vor uns war das Bett von Vater und Mutter, mit dem grau und dunkelblau gestreiften Vorhang. Morgens beim Aufstehen brauste neben die Theemaschine, braun angestrichen, an verschiedenen Stellen war die Olfarbe gesprungen und das weiße Zinnblech hervorgekommen».[61] In der Gesindestube ging es weniger komfortabel zu. Dort aßen die Leute einfachere Mahlzeiten, etwa «Birnweinsuppe und Büchelpfannkuchen». Bei den Grimms gab es sonntags «Fleischbrühsuppe mit Eiern, Rindfleisch mit Pfefferkraut und Essig und Wirsingkraut» und zum Nachtisch gekochte Quitten oder Weintrauben aus dem Garten.[62] Häufig beobachtete Jacob die Dienstmagd Marie, «wie sie ihr Haar kämmte und dabei in die Hände speuzte, um es glatt zu streichen, und die Haube aufzusetzen».[63] Allerdings war auch der Lebensstandard der Grimms nicht besonders hoch. Das Gehalt fiel unterm Strich bescheiden aus. Daher ersuchte Amtmann Grimm im Jahr 1794 – vergeblich – darum, man möge ihm eine Wiese und den anstoßenden Acker zuteilen.[64]

Nach wie vor verbringt Jacob viel Zeit bei der Tante, die jetzt schon ein wenig kränklich wirkt. «Des Morgens saß die Tante gewöhnlich im Bett, weil sie nicht gut geschlafen hatte, ein blaues Tuch um den Kopf gebunden, auf ihrem Tisch stand die Schelle und lag ein blau und weißes Tuch, sie las ihren Morgensegen aus Sturm, und aß ein Warmbier, wovon ich oft bekam.» Jacob beobachtet, wie sie sich schröpfen lässt «und das Blut auf ihrem Rücken in die gläsernen Köpfe tropfenweise drang».[65] Vor allem aber registriert er nun auch die Konflikte in der Dreiecksbeziehung, in der die Ehefrau und die Schwester des Vaters miteinander konkurrieren; die Brüder Grimm werden das Zusammenleben mit Wilhelms Ehefrau später besser organisieren.

In den scheinbar banalen Streitigkeiten um die Haushaltsführung verteidigen die geborene Zimmer und die geborene Grimm das Ethos ihrer Familientraditionen.[66] Die Tante, so Jacobs verständnisvolle Auslegung, habe ihr Selbstbewusstsein aus dem Stolz auf die Grimm'sche Familie bezogen. Hinzu sei ein gewisses Maß an «Welterfahrung und Verstand» gekommen, «die sie über die Mutter hatte». Diesen untergründigen Konflikt hat Jacob weiter ausgetragen. Noch Jahre danach verarbeitet er seine Familienposition: «Später hin, als nach des Vaters Tod meine Liebe zur Mutter gewaltig wuchs, habe ich mir im Gewißen Vorwürfe gemacht über dieses Vernachläßigen der Mutter.»[67]

Jacob orientiert sich am Vater, und das bis in die kulinarischen Vorlieben. Zwiebeln und gelbe Rüben sind ihm verhasst, «beides aus Nachahmung des Vaters».[68] In seinen Erinnerungen zeichnet er das behagliche Bild einer Familie rund um Philipp Wilhelm Grimm, wie man es aus den idyllischen Familienbildern der Aufklärung kennt. Romantiker wie Brentano werden solche Szenen später als philiströs verspotten: «Der Vater», so Jacob, «las das Morgengebet auf den Tag ab, und rauchte nachher. Er trug einen Schlafrock von Polackencattun. Nachher ging er weg, aber ich muß oft oben auf seiner Stube des Morgens bei ihm gewesen seyn, wo ihm der Müller den Zopf machte und ihn puderte. Beim Mittags- und Abendeßen mußten wir oft auf ihn warten, weil er noch zu amtiren hatte. […] Abends nach dem Eßen blieb alles beisammen am Tisch, der Oberförster Müller kam, den wir Kinder sehr liebten, weil er uns auf den Knien reiten ließ und Spaße machte, seine wollnen Strümpfe waren über die ledernen Hosen hinaufgezogen. Er und der Vater rauchten, und Bier wurde getrunken […].»[69] Zum Familienbesitz gehören noch einige Gärten, aus denen sich die Grimms selbst versorgen und in denen die Kinder frei spielen, während die Mutter in der Laube sitzt.[70]

In Steinau begann für die Grimms die eigentliche Schulzeit. Und auch wenn in der Aufklärung als dem Zeitalter der Pädagogik Staat und Kirche an einer kultivierten Erziehung interessiert gewesen sein mögen: Die Schulen waren alles andere als Horte moderner Erziehungskunst. Es gab eine ungeregelte Vielfalt unterschiedlicher Schulformen, keine festgelegten Lehrpläne oder Prüfungssysteme, von einer professionellen Ausbildung der Lehrer konnte kaum die Rede sein. Sie waren meist schlecht bezahlt und mussten Nebentätigkeiten übernehmen, um zu überleben.[71]

Entsprechend verbreitet waren die Klagen über den Schulalltag. Die Brüder Grimm stimmten ins allgemeine Lamento ein. In seiner Autobiographie vermerkt Jacob lapidar: «wir wurden bei einem stadtpräceptor Zinckhan unterrichtet, von dem wenig zu lernen war, auszer fleisz und strenge aufmerksamkeit, aber aus dessen charakteristischem benehmen uns eine menge ergötzlicher späsze, redensarten und manieren zurückgeblieben ist». Der Unterricht erfolgte – zumindest teilweise – bei den Grimms zu Hause, manchmal in Anwesenheit der Mutter.[72] Nach einer Mittagspause ging das Programm weiter. Behandelt wurden Latein, Religion und Geographie.

Vor allem hat sich Jacob wieder eingeprägt, wie schwer er sich mit der Sprache getan hat, diesmal nicht mit dem Lesen, sondern mit dem Schreiben. Auch diese Debatte wurde in der Reformpädagogik breit geführt. Noch die Polemik gegen die Frakturschrift im Vorwort von Jacob Grimms *Deutscher Grammatik* und zum *Deutschen Wörterbuch* der Brüder Grimm knüpfte daran an. Man forderte eine gleichsam natürliche und geläufige Schrift. Eingängig sollten die Zeichen sein und leicht lesbar, damit die Kinder ihre Alphabetisierung gar nicht merkten. Die ‹deutsche Schrift› jedoch, bemängelte Jacob, mache «schreiben und druck mühsamer».[73]

Im Unterricht bei Johann Georg Zinckhan erfuhr Jacob, dass Schreiben wirkliche Arbeit bedeuten kann: «Das fatalste war die Forderung, daß die schreibende Hand auf zwei Fingern ruhen und das Mittelglied im Daumen beweglich seyn sollte, Sperrhölzer und Führen der Hand wurden vergeblich angewandt, ich habe es aber nie lernen können.» Kein Wunder, dass die Zuneigung zu seinem Lehrer sich in Grenzen hielt: «Den Präceptor hatte ich nie lieb, wie wohl Respect vor ihm, er war pedantisch, streng und unmethodisch, aber sehr ordentlich und von beschränkten Kenntnißen.»[74]

Man sollte Nachsicht walten lassen. Denn Johann Georg Zinckhans Berufsweg zeigt, wie zufällig und beliebig Lehrämter in den einfachen Schulen des 18. Jahrhunderts besetzt wurden. Er besuchte das Gymnasium in Schlüchtern, wurde dann während des Siebenjährigen Kriegs auf dem Weg zum Hochschulstudium von Werbern abgefangen und in eine Uniform gesteckt. Wie viel Zeit er später noch auf einer «hohen Schule» zugebracht hat, ist unklar. Zinckhan arbeitete zunächst als Hilfs- und Privatlehrer. Sein Bewerbungsschreiben für den Posten des Steinauer Schulmeisters beim entsprechenden Konsistorium klingt wie eine Satire: «Hochwohlgebohrne Reichs-Freyherrn, HochWohl-, Wohl-Edelgebohrene, HochEdle, Gestreng, Hochwürdig und Hochgelahrte pp. zum Hochfürstlich Hessen-Hanauischen Evangel.-Reformirten Consistorio Hoch- und Wohlverordnete Herren Präsident, Cantzler, Vice-Kantzler, Geheimde- und Consistorialräthe wie auch Assessores, / Gmgl. Hochgebietend Hochgeneigtest und Hochgeehrteste Herren! / EWE. Hoch Freyherrl. Excellz., HochWohl-, WohlEdelgebohrene, Gestr. Hochwürden und HochHochgelehrten pp. ist zweifelsohn annoch Gnädig. Hochgeneigtest bekannt, daß ich mich geraume Jahre hindurch auf informationen geleget und meine desfalige testimonia unterthänigst eingesendet, hie bey auch bey Verschiedenen Vakanten Schuldbedienungen um Conferirung derselben bittliche Ansuchung gethan. Es hat mir aber noch nicht geglückt, zu einem Stücklein Brot zu gelangen.»[75]

In diesem Ton geht das noch eine Weile weiter. Zinckhan hatte Erfolg. Da die Lehrer kirchliche Beamte waren,[76] wurde er zu Friedrich Grimm geschickt, und der beförderte ihn zum Examen. Im November 1774 legte der Kandidat die Prüfung ab. Man bescheinigte ihm gute Rechenkünste, «so wohlan ohne als mit Brüchen», und stellte fest, «daß der Zinckhan den Choral gut inne hat und ziemlich präludiert, im singen aber nicht allein, was den Choral angehet, sondern auch im

Figuralwesen so fertig ist, daß er eine arie und selbst ein nicht allzu-schweres recitativ ohne viel anstand richtig abzusingen vermöge».[77]

Zinckhan bekam eine Stelle, und der Großvater der Brüder Grimm erhielt den Auftrag, ihn einzuweisen – eine Instruktion in fünfzehn Punkten hat sich erhalten, in der die Tätigkeiten aufge-führt sind, die neben dem Schuldienst zu verrichten waren: vom Vorbereiten des Gottesdienstes über die Begleitung des Pfarrers bei Krankenbesuchen bis zur Beseitigung der «Spinngewebe» in der «Stadt- und Totenhofskirche».[78]

Die Gestaltung des Unterrichts lag in den Händen des Lehrers, der Beruf und Privatleben so wenig trennte wie Privaträume und Schulzimmer. Oft hören die Schüler, wie Zinckhans Frau sich laut-hals bei ihrem Mann erkundigt, was er zum Mittagessen wünsche, und er regelmäßig «sehr kräftig» ruft: «Koch' Klöß', Frau!» Manch-mal bekommt er die Zeitung gebracht und beginnt mit der Lektüre, während er die Kinder anweist: «Setzt euch hin und lernt!»[79]

Die Brüder Grimm wuchsen allmählich über das Ausbildungsan-gebot in Steinau hinaus. Als Jacob das selbst bemerkte, soll er ge-weint haben und vor Ärger in der Stube herumgekrochen sein.[80]

Im Winter 1795 erkrankt der Vater an einer Lungenentzündung. Zum Jahreswechsel schöpft die Familie Hoffnung: Die «Hauptkrankheit» scheint vorüber. Es sieht so aus, als verkrafte der Vater die Schwä-chung, die auch durch eine Reihe von Aderlässen befördert worden war. Am 5. Januar 1796 schreibt Jacob nach Hanau: «O, Lieber Groß-Vater! Die lezte Christfeyertage werden von meiner Mutter, Fr. Tante und uns beyden Ältesten nie vergessen, so lange uns die Augen auf-stehen. Unser Hr. Doctor wollte die Krankheit nicht allein über sich nehmen. Wir waren also gezwungen, den 1ten Feyertag Morgens un-ser Müller mit der Chaise nach Wächtersbach zu schicken und den Hr. Hofrath Wagner holen zu laßen, doch kurz vor seiner Ankunft seegnete Gott die Mittel von Unserm Hr. Doctor und gabe einige Linderung. Zum Glücke waren beide Hr. Doctores in allem überein-stimmend, das nach unserer Einsicht sehr gut ware und dem Kranken und uns vielen Trost gab. Nun müßen Wir ferner auf die Güte des Herrn hoffen, der überschwenglich thun kann./ Der liebe Vater bekommt nun wieder appetit und ist unter andern auch auf des Bäcker Schürcko sein gemischtes Brot gekommen. Die Mutter bittet daher, mit Gelegenheit ein Leibgen zu schicken das aber den nemlichen Tag gebacken ist, denn trockenes kann der Vater nicht genießen. Nach Ihrem Befehl werde ich keine Weitere Gelegenheit versäumen Ihnen Nachricht zu geben.»[81]

Aber am 10. Januar 1796 um drei Uhr nachts stirbt der Vater im Alter von vierundvierzig Jahren. Jacob wacht morgens durch Stimmen im Nebenzimmer auf, wo der Tischler mit einem Gehilfen die Maße für den Sarg nimmt.[82] Philipp Wilhelm Grimm hinterlässt eine Witwe und sechs Kinder, von denen keines für den Unterhalt der Familie sorgen kann. Die Grimms kommen kurzzeitig im Haus des ehemaligen Hutten'schen Spitals unter. Wenig später erwirbt die Mutter eine Wohnung am Brückentor, in der sogenannten alten Kellerei. Bis 1805 wird sie dort leben und dann nach Kassel ziehen.[83]

Der frühe Tod hatte die aussichtsreiche Laufbahn des Vaters beendet. Die Familie war jetzt fast mittellos. Pensionsansprüche bestanden nicht. Die Grimms waren auf die Unterstützung der Verwandten und das Wohlwollen des ehemaligen Brotherrn angewiesen.[84] Im Gnadengesuch um eine Pension schreibt Dorothea Grimm: «Mit 6 allesamt noch ohnerzogenen Kindern, worunter 5 hoffnungsvolle Knaben, sehe ich mich dadurch leyder in den betrübtesten Wittwen- und Waysenstand versetzt.» Wenn «jenen lehrbegierigen Knaben» ein Unterricht vermittelt werden solle, «der sie dem Vaterlande dereinst brauchbar mache», müsse aus der fürstlichen Kasse etwas beigesteuert werden. Andernfalls bleibe nur die «kummervollste Aussicht in die Zukunft».[85]

Bezeichnenderweise beginnt Jacobs Autobiographie mit dem Umzug nach Steinau und springt sofort zum Tod des Vaters: «ich sehe den schwarzen sarg, die träger mit gelben zitronen und rosmarin in der hand, seitwärts aus dem fenster, noch im geist vorüberziehen».[86] Das nunmehr älteste männliche Familienmitglied betrachtet sich jetzt als Familienoberhaupt und wird als solches von den Geschwistern weitgehend akzeptiert. Er gilt als «Nachfolger der höchsten Autorität», ordnet sich aber geradezu pedantisch der Mutter unter. Sie muss zuletzt beschließen, auch wenn sie die Entscheidungsgewalt gern abgegeben hätte.[87]

Der drohende soziale Abstieg macht Jacob sensibel. Von nun an reagiert er empfindlich auf Ungleichbehandlung oder ehrenrühriges Verhalten. Zunächst richtet sich sein Zorn gegen einen Schneider, der in einem Wirtshaus abschätzig über den Vater geredet haben soll. Jacob will den Schwätzer vor Gericht bringen, aber der Großvater beruhigt ihn von Hanau aus: «Wo ist ein abgehender Beamter, selbst auch mancher große Minister, dessen Handlungen, besonders nach seinem Ableben, von ein und dem andern, entweder aus dummheit oder aus Bosheit, mehrmals nicht noch getadelt werden? Siehe deswegen auch den Schlüchterner Vorfall mit Verachtung an, und thue nicht, als ob Du Wissenschaft davon hättest. Wollte man Geräusch davon machen, würde doch am Ende alles zu einem leeren Geschwätz verdreht werden. Genug sey es uns an dem, was so viele andere Rechtschaffene von unserem seel. Manne urtheilen.»[88] Es ist jedenfalls nicht verwunderlich, dass gerade Heinrich von Kleists *Michael Kohlhaas*, die Geschichte eines unbedingten Rechthabers, zu den Lieblingserzählungen der Brüder Grimm gehörte.[89]

Nach dem Tod des Vaters rückt die Schwester der Mutter, Henriette Zimmer, zur wichtigen Bezugsfigur auf. Sie ist die Kammerfrau der Landgräfin und späteren Kurfürstin. Von ihr hängt nun die Versorgung der Familie ab, und ihrer «Liebe und Vorsorge» empfiehlt sich Jacob am 28. Januar 1796 mit seinen «5 vaterlosen Geschwistern»: «Könnte ich doch auf eine Stunde die Ehre haben, Ihnen aufzuwarten, um mündlich Ihnen so recht meines Herzens Angelegenheiten zu erzählen. Wie viel hätte ich Ihnen von meiner lieben leidenden Mutter zu sagen. Gewiß würden Sie mich trösten und mir guten Rat erteilen. Doch dieser Wunsch kann vor jetzo nicht erfüllet werden.» Jacob begnügt sich vorerst damit, «in Gedanken» die Hand der Tante zu küssen.[90]

Der Elfjährige erweist sich als tatkräftig. Er übernimmt «unter Aufsicht» seiner Mutter das «Rechnungswesen» der Tante, die ihrerseits eine Pension für seine Mutter erwirkt. Die Auszahlungsanordnung der Landgräfin Wilhelmine Karoline kündigt am 31. Januar 1796 lapidar eine jährliche Pension von «Einhundert Gulden Frankfurter Währung» an.[91] Sie kannte die Grimm'schen Kinder persönlich. Einmal, so erzählte die Mutter ihnen später, habe «die Hoheit» den kleinen Jacob ausgezogen, ein anderes Mal habe sie ihm einen goldenen Löffel geschenkt.[92] Die Pension betrug etwas mehr als ein Sechstel dessen, was den Grimms zuvor zur Verfügung stand. Ohne die finanzielle Unterstützung ihrer Schwester wäre Dorothea Grimm nicht über die Runden gekommen,[93] denn die andere Stütze der Familie, Tante Schlemmer, starb am 18. Dezember 1796, kein ganzes Jahr nach dem Tod ihres Bruders.

Jacob mochte allmählich praktisch in die Rolle des Familienoberhaupts schlüpfen. Vorerst und rein formell übernahm Großvater Zimmer die Vormundschaft, denn die verwitwete Mutter Dorothea Grimm galt als nicht rechtsfähig. Bereits nach dem Umzug seiner Enkel hatte er die Brüder in einer Reihe von Briefen seiner «zärtlichst liebende[n]» Zuneigung versichert.[94] Ein Dauerthema der Korrespondenz bildeten die Entwicklungen in Frankreich und die Revolutionskriege. 1792 hatte Frankreich Österreich den Krieg erklärt. Preußen stand auf der Seite Österreichs, und Hessen ergriff für diese Koalition Partei. Wilhelm erzählte später, wie die Kinder ihr «Ohr auf den Erdboden gelegt» hätten, «um das Dröhnen der Kanonen zu hören, mit denen Mainz beschossen wurde».[95] Widersprüchliche Neuigkeiten vom Sieg der Franzosen oder der Revolutionsgegner lösten einander ab. Die Nachrichtenlage war unsicher.[96]

Am 17. März 1793 schrieb der Großvater: «Was Du, guter Jacob, über den ermordeten König in Frankreich und seinen hinterlaßnen unglücklichen Printzen geäußert, solches zeiget zu meinem Vergnügen Dein empfindsames Herz an» – «Gott, als oberster Regent» lasse oft ein Übel zu, «um andere heilsame Absichten zu erreichen».[97] Der

Achtjährige konnte dem gewaltsamen Tod des französischen Monarchen offenbar keine positiven Seiten abgewinnen. Er war wohl
schockiert und vielleicht auch ein wenig fasziniert davon. Auf einer
Zeichnung aus dem Jahr 1797 haben Jacob und Wilhelm Grimm die
Hinrichtung Ludwigs XVI. festgehalten: Umgeben von einer großen
Menschenmenge zeigt der Henker von einem Podest aus den abge-
schlagenen Schädel des französischen Königs.[98]

Jacob wird nicht gleich die radikale Position seines Landesfürsten
Wilhelm IX. eingenommen haben, der die Kasseler «Eisensträflinge»,
also die mit einer Eisenkette beschwerten Gefangenen, zur Straßen-
reinigung ins Gewand der französischen Revolutionäre steckte.[99]
Aber bereits in dieser Zeit bedeuteten historische Ereignisse vor allem eines: Störungen des Familienlebens. Es hing vom «Lauf des
bösen Krieges» ab, ob Jacob von Steinau aus seinen Großvater in
Hanau wie gewohnt besuchen konnte.[100] Gut waren stets diejenigen
Nachrichten, die von der Niederlage der Revolutionäre berichteten.
Trotz der Unbill, die die durchmarschierenden Truppen der Revolutionsgegner mit sich brachten, begrüßten Großvater und Enkel die
Preußen und Russen: «der Sache muß doch einmahl ein Ende gemacht werden, es gehe auch so hart wieder, als es wolle.»[101]

Eine solche Lösung aber war nicht in Sicht. Die Revolutionskriege gingen weiter, auch wenn Hessen-Kassel am 28. August 1795
für sich den Krieg beendete. Es gab keine Autorität, die das Geschehen souverän bestimmen konnte. Für die Grimms fiel diese Erfahrung mit dem Verlust des Vaters zusammen. Das hatte symbolische
Qualitäten. Denn der Königsmord, den die Französische Revolution
begangen hatte, war ein Angriff auf die ‹väterliche› Autorität.[102] An
deren Stelle sollte jetzt das Prinzip der ‹Brüderlichkeit› treten. So
wurde das politische Geschehen zur Allegorie für den individuellen
Verlust des Vaters. In der sozialen Gefährdung, die dieser Verlust für
die Brüder Grimm mit sich brachte, spiegelte sich die gesellschaftliche Unsicherheit, die das revolutionäre Zeitalter erzeugte. Auch die
Lösung für die anstehenden Probleme hatte politische Symbolkraft:
Die Grimms reagierten auf die Herausforderungen als liebevoller

Familienverband, der keine väterliche Autorität, aber mütterliche Zuneigung zu bieten hatte. Und sie reagierten als Leistungsethiker – besonders Jacob wird immer wieder den Eindruck formulieren, er habe sich in der Arbeit für seine Familie geopfert.

Für die Grimms bedeutete die Revolutionszeit also zunächst einmal Gefährdung und Verlust von Sicherheit. Das unterschied sie von der Generation ihrer Zeitgenossen, die in den Jahrzehnten zuvor aufwuchsen. Diese mochten im Lauf der Zeit vielfach skeptisch auf den auswuchernden Terror blicken und ins Lager der Revolutionsgegner wechseln, 1789 aber waren sie begeistert von einer neuen Zeiterfahrung, von der Empfindung einer neuen geschichtlichen Dynamik.[103] Tieck, Wackenroder, Fichte, Görres oder Friedrich Schlegel, sie alle hatten den Eindruck, eine historische «Morgenröte» zu erleben. Und das galt auch für ihre privaten Revolutionen: für die neue Art zu denken, zu fühlen und zu schreiben. Die Bewegungen der «literarischen Welt», bemerkte 1803 Caroline Schlegel-Schelling, seien «so stark und gährend wie damals die politische».[104] Für die Grimms hingegen war der Eindruck prägend, die Vergangenheit könnte für immer verlorengehen.

Kassel

Ende September 1798 verlassen Jacob und Wilhelm Grimm ihre Familie und ziehen nach Kassel, um das *Lyceum Fridericianum* zu besuchen. Es wurde «nothwendig», wie Jacob meinte, «auf unsere gründlichere unterweisung bedacht zu nehmen».[105] Mit dieser Reise verabschieden sich die beiden von ihrer Kindheit. Wilhelm erinnert sich: «Als wir zum ersten Mal nach Kassel weggingen, ist mir am lebhaftesten der Augenblick, wo wir aus der Stadt fuhren. Wir saßen in der Kronenwirtskutsche, ich vorne, und sah in der Ferne unseren Bienengarten mit den weißen Steinpfosten und dem roten Gittertor, und ein großer Nebel lag darauf. Ich dachte an alle die

Zeit, die ich darin zugebracht. Sie war mir aber als ganz fern, und als liege ein großer Graben dazwischen, und ich sei ganz abgeschnitten und fange nun etwas Neues an.»[106] Da sie nichthessische Gebiete durchqueren müssen, haben sie einen Reisepass dabei. Das Dokument, ausgestellt am 22. September 1798 durch den «General Lieutnant der Cavallerie und Gouverneur von Hanau», vermerkt: «Die brüde[r] Studiosi Herrn Grims werden von hier nach Caßel reisen, Alle Herrn Truppen- und Vorposten-Commandanten werden ersucht und gebeten, dieselben frey und uhngehindert paßiren zu lassen.»[107] Bis hin zu einer gleichmäßigen Regulierung der Nationalsprache war es noch ein weiter Weg.

Die Fahrt geht über Hanau und Frankfurt, wo sie vom Oberpostmeister Simon Rüppel betreut werden, dessen Fürsorge sie vom Großvater Zimmer empfohlen wurden: Rüppel führt sie in eine Wachsfigurenausstellung, in der die aktuellen «Kaiser, Könige, Generale» gezeigt werden, und nimmt sie mit zu einer Tierschau: Vorgestellt werden «Elephanten, Tiger, Papageyen, Affen und noch viele andere, die damals just in Frankfurt waren». Am 26. September steigen die Brüder um sechs Uhr morgens in die Postkutsche; drei Tage später treffen sie um zwölf Uhr mittags in Kassel ein.[108]

Sie kommen als Kostgänger beim Dritten Landgräflichen Mundkoch Abraham Vollbrecht in der Kasseler Altstadt unter. «So nahm uns denn», erinnert sich Jacob nach dem Tod Wilhelms, «in den langsam schleichenden schuljahren ein bett auf und ein stübchen, da saszen wir an einem und demselben tisch arbeitend.»[109] Unterstützt werden sie von Henriette Zimmer. Sie hatte gemeinsam mit ihrer Schwester und ihrem Vater im Sommer 1798 die Ausbildung Jacobs und Wilhelms geplant. Ihrer Schwester rechnete Henriette Anfang September aus, dass im Jahr 218 Gulden für Jacobs und Wilhelms Kost und Logis fällig sein würden. Aber immerhin: «Gud gehalden werden Sie denn die Frau ist gar ordenglig, Sie bekommen ein hüpß stüpgen.»[110] Die Tante sorgt für ein wenig Annehmlichkeit. Am Morgen nach der Ankunft schickt sie ihren Neffen zum Frühstück Trauben. Sie beschenkt die Kinder mit Kleinigkeiten, auch zu

Weihnachten: ein Kalender und eine Nachtkappe, Süßigkeiten, Obst und etwas Taschengeld sowie Stoff für Westen, lautet die Liste von Präsenten der «Christtage» des Jahres 1799.

Kurz nach ihrer Ankunft werden Jacob und Wilhelm Grimm «bey Herrn Professor Richter examinirt».[111] Der Lehrer legt fest, in welche Klasse des *Lyceums* sie eingeschult werden. Das Institut, eine Neugründung des späten 18. Jahrhunderts, war eine vergleichsweise avancierte Einrichtung. «Durch geschickte Lehrer», berichtet eine zeitgenössische Darstellung, «wird in diesem Gebäude die Jugend der Einwohner Cassels aus allen Ständen, gegen Erlegung eines bestimmten, äusserst billigen Honorars im Christenthume, im Schreiben, Rechnen, in der lateinischen, griechischen und anderen Sprachen und Wissenschaften unterrichtet und in denen stufenweis fortschreitenden höheren Klassen so weit vervollkommnet, daß sie mit hinlänglichen Kenntnissen versehen die Universität beziehen und sich zu geschickten und brauchbaren Mitgliedern des Staates bilden kann.» Letzteres bedeutete insbesondere, dass man über der Vorbereitung für das Universitätsstudium die eher berufspraktisch ausgerichtete Ausbildung von Kaufleuten oder Handwerkern nicht aus dem Blick verlor. Auf diese Weise sollte das *Lyceum* zum Muster für alle Schulen werden.[112]

Mit der Einrichtung dieses Instituts im Jahr 1779 hatte Friedrich II. auch auf die typischen Probleme im Schulsystem der Aufklärung reagiert, die den Grimms in Gestalt ihres Steinauer Lehrers Zinckhan begegnet waren. Dem *Lyceum* angeschlossen war das «Schullehrerseminarium», in dem gezielt Lehrer «niederer Schulen» ausgebildet wurden.[113] Den Unterricht in Religion, Geschichte und lateinischer Sprache erhielten die Referendare gemeinsam mit den Schülern des *Lyceums*. Mit anderen Worten: Die Grimms bewegten sich jetzt teilweise auf dem Niveau ihres früheren Lehrers in Steinau beziehungsweise auf dem Niveau, das er eigentlich hätte haben sollen. In einigen Fächern überstiegen sie es bald weit.

Die Schüler wurden den Klassen nicht nach Jahrgangsstufen zugewiesen, sondern nach individueller Qualifikation, die regelmäßige

Prüfungen über fünf Tage zu Ostern und im Herbst ermittelten. Dadurch waren die Klassenstufen so durchlässig, dass Jacob und Wilhelm ihre Gymnasialzeit im Eiltempo hinter sich bringen konnten.[114] Der vierzehnjährige Jacob wurde nur in die Unterquarta aufgenommen; Wilhelm landete eine Stufe tiefer.[115] Damit lag bei regelmäßiger Überführung in die nächsthöheren Klassenstufen eine Schulzeit von sieben beziehungsweise acht Jahren vor ihnen.[116] Die beiden Brüder absolvierten das Pensum jedoch in der Hälfte der Zeit. Sie übersprangen Klassen und gingen vorzeitig zum Universitätsstudium ab, Jacob aus der Oberprima, Wilhelm aus der Unterprima. Die unterschiedliche Qualifikation für das Universitätsstudium war damals keine Besonderheit, das Tempo schon.[117]

Wilhelm also kommt nach der Aufnahmeprüfung für das Kasseler *Lyceum* in eine niedrigere Klasse als sein Bruder. Großvater Zimmer schreibt an seine Tochter Henriette: «Daß Wilhelm in eine geringere Classe gekommen, wird ihm gewiß nicht gefallen; Ich habe mirs aber wohl eingebildet; der gute Junge hatte immer ein wenig zu viel Zuversicht zu sich selbst, und war deswegen zum anhaltenden Fleise etwas leichtsinnig. Hoffentlich reitzt ihn jetzt der Ehrgeiz, durch verdoppelte Anstrengung dem Bruder beyzukommen. An Kopf darzu fehlt es ihm nicht. Von Jacob gefällt mirs indessen nicht, daß Er mit einer gewißen Lust denselben hinter sich zu sehen scheint; das ist nicht brüderlich; Er solte ihme vielmehr nach Vermögen mit fortzuhelfen suchen; Da ist aber wieder die Frage, ob bei jenem nicht ein unzeitiger Stoltz eintreten möchte, der ihn verhinderte, es anzunehmen?»[118]

Die Erinnerungen an das *Lyceum* fallen zwiespältig aus. Jacob Grimm erkannte – wohl auch eingedenk des pädagogischen Desasters, das er in Steinau erlebt hatte – die Qualitäten «dieser gutfundierten Schule» im Ganzen an. «Mancherlei» sei ihm hier vermittelt worden. Dem damaligen Rektor, Carl Ludwig Richter, stellt er ein verhältnismäßig gutes Zeugnis aus. Jacob lernte in ihm einen gründlichen Philologen kennen. Tatsächlich vertrat Richter eine Reformpädagogik, die einen Mittelweg suchte zwischen älteren Formen von

Gelehrsamkeit, dem auf Nützlichkeit abonnierten Realienunterricht und der philanthropischen Idee, die Schüler auf eine väterlich liebevolle Weise zum Selbstdenken zu bewegen.[119]

Aber zwei Momente haben bei Jacob einen bitteren Nachgeschmack hinterlassen: Zum einen sei der philologische und historische Unterricht vernachlässigt worden.[120] Zum anderen bemängelte Jacob die methodische und didaktische Qualifikation des Personals. Der eine Lehrer habe es auf seine hypochondrische und launische Art nicht verstanden, «freude» am Unterricht zu wecken, ein zweiter jegliche Achtung seiner Schüler verspielt – seine Schulstunden versanken im Chaos. Dem späteren Rektor des *Lyceums*, Nathanael Cäsar, sei es zwar gelungen, seinen Lernstoff zu vermitteln, aber «hingezogen» habe Jacob sich zu seinem Unterricht nicht gefühlt. Besonders störend empfand er eine persönliche Herabsetzung: Cäsar redete ihn mit «er» an, die anderen Schüler hingegen mit «Sie» – «vermuthlich weil ich vom lande her in die stadtschule aufgenommen worden war». Und er fügt hinzu: «Solche ungleichheit, die auch seitdem gewis lange abgestellt worden ist, sollte sich ein lehrer nie erlauben, weil sie von allen schülern lebhaft wahrgenommen wird».[121]

Die Klagen über die Vernachlässigung der Philologie und Geschichte und über die mangelnde methodische Qualifikation der Lehrer wurden in der reformpädagogischen Diskussion der Spätaufklärung immer wieder laut. Friedrich Schleiermacher beispielsweise kritisierte in seinem Entwurf *Über den Geschichtsunterricht* von 1793, dass es an «manchen Schulen überhaupt keinen vollständigen Kursus der Geschichte» gebe, und skizzierte ein Programm, durch das bei den Schülern «tätige Liebe für das Studium» beziehungsweise «Lust und Liebe zur Wissenschaft» erregt werden sollte.[122] Pointiert formulierte Schleiermacher seine Vorbehalte in den Notizen aus den Jahren um 1800 so: «Wie die Menschen auf dem Meer der Zeit angeschwommen kommen, klein und groß, werden sie langsam gedörrt an dem Feuer des pädagogischen Zwanges, eingerieben mit dem Salz alter Vorurteile, und wenn sie dann eng zusammengepreßt in dem großen Gefängnis einer Staatsform beisammen liegen, so entsteht aus diesem ängstlichen Druck eine pikante Brühe, die man den Geist der Zeit nennt. Mit den Heringen nimmt man dieselbe Prozedur vor, aber erst, wenn sie tot sind.»[123]

Vermutlich hätten die Brüder Grimm dieser Beschreibung in vielem beigepflichtet. Die Mutter jedenfalls erinnert ihren zwölfjährigen Sohn Wilhelm bald nach der Ankunft in Kassel an seine Aufgaben. Sie sieht, wie voll der Stundenplan ist, gibt aber zu bedenken, was er und Jacob für «Vorzüge» vor ihren Geschwistern hätten, denn «an die kann man nicht wenden was an euch gewendet wird». Von Vergnügungen, die seine Schulkameraden sich vielleicht leisten können, solle er sich daher fernhalten. Ein wenig besorgt fragt sie nach: «Ich hoffe doch, daß Du mit Deinem Bruder recht einig lebst?»[124]

Wie schon in Steinau steht Großvater Zimmer seiner Tochter bei und ermahnt seine Enkel, «allen Fleiß in und außer den Lehrstunden» anzuwenden, damit sie ihr «künftiges Wohl begründen, Ehre davon haben, der Mutter, mir und der gantzen Familie Freude verschaffen». Sie sollen «verführerische Gesellschaft» meiden und «Umgang mit verständigen Männern» suchen.[125] Aber der Großvater muss sich keine Sorgen machen. Henriette Zimmer lässt ihre Schwester wissen: «deine 2 söhne sind recht gesund Sie haben heithe Coffee hier gedrunken [...] schreiben werden Sie heuthe nicht, es ist wahr Sie haben viel zu thun und sind recht fleißig deswegen mage ich Ihnen auch so viel Vergnügen wie möglig und da macht Ihnen die Comodige den grösten Spaß».[126]

Jacob und Wilhelm übernehmen die Erziehungsrollen von Kassel und später von Marburg aus für ihre jüngeren Geschwister. Sie erkundigen sich nach deren Fortschritten und fordern zu Gehorsamkeit gegenüber der Mutter auf. Lotte solle nähen lernen, zeichnen, spinnen, stricken und sticken und dabei «fleißig und artig» sein, denn «das müssen alle kleine Mädchen seyn sonst kann man sie nicht leiden». Die Briefe an Ludwig fallen satirischer aus, spielerischer. Aber bei allem «Spaß» achten die Älteren auch bei ihm darauf, dass er in der Schule Fortschritte macht.[127]

In Jacobs und Wilhelms Neujahrsglückwünschen an ihre Mutter

ist viel von «Pflicht» und von «Kindespflichten» die Rede, die die «gehorsamsten» Söhne befolgen wollen. Zumindest darum sollte sich Dorothea Grimm, die in Briefen immer wieder von ihrer tief-traurigen Stimmung berichtete, nicht sorgen müssen. Im Hinter-grund stand der Streit mit dem Nachfolger auf dem Amtmanns-posten in Steinau, der Dorothea Grimm Pachtgelder verweigerte.[128] Zum Stimmungstief trug auch bei, dass am 22. November 1798 der Großvater Zimmer gestorben war. Das bereitete der Mutter «wie-der neue Sorgen» – «es kommt doch Schlag auf Schlag mein armer Kopf ist mir auch ganz wüst».[129] Ihre beiden ältesten Söhne haben sich wenig Zeit für solche Gefühle genommen. Jacob und Wilhelm sollten so schnell wie möglich den fehlenden Vater ersetzen und der Familie das Auskommen sichern.

Um das zu erreichen, luden sie sich ein enormes Arbeitspensum auf: Zu den sechs offiziellen Schulstunden kamen noch weitere vier bis fünf Privatstunden in Latein und Französisch beim Pagenhof-meister Dietmar Stöhr hinzu – obwohl die Statuten des *Lyceums* betonten, der Unterricht sei so umfassend angelegt, dass derartige Nachhilfe überflüssig sei.[130] Immerhin machte Stöhr seine mangeln-den Kenntnisse durch «freude am unterricht» wieder wett, durch «liebreiche geduld» und «wahre teilnahme».[131] Auch Ludwig Grimm, der Jüngste der Brüder, erinnerte sich gern an die zwar wenig lehr-reichen, aber immer angenehmen Stunden in der Gesellschaft des kauzigen Hofmeisters: Oft holte man ihn morgens aus dem Bett, sah ihm beim Ankleiden und Kaffeekochen zu und beobachtete dann den Perückenmacher, wie er Stöhr den Kopf erst mit Pomade einschmierte und schließlich mit Puder überstäubte.[132]

Die launige Art des Privatlehrers dürfte wenig an der Härte des Schulalltags geändert haben. Jacob bemerkte später, dass man ihnen «im Ganzen […] doch zuviel aufgelastet» habe; «ein paar freistun-den hätten uns wol gethan».[133] Besonders Wilhelm machen die Stra-pazen zu schaffen. Erst erkrankt er am «Scharlachfieber», danach stellen sich Atembeschwerden und Brustschmerzen ein. Von Herbst

1802 an wird er ein halbes Jahr die Schule nicht mehr besuchen können. Man diagnostiziert Asthma. Sein Schulfreund Paul Wigand erinnerte sich: «Der liebe Kamerad tat mir sehr leid, und mein Herz
zog mich täglich zu ihm hin. Ich referierte ihm über Schularbeiten
und Schulgeschichten, und er suchte durch eigne Übung mit uns
fortzukommen. Dabei brachte ich ihm Lektüre und freute mich über
ein schönes Bild, das er mit großem Fleiß punktierte. Sein getroster
Mut und sein heiterer Sinn verließen ihn nie, wenn er sich auch oft
ziemlich elend fühlte, und alle Arzneien nichts helfen wollten.»[134]

Zwar wird auch Jacob von Kopfschmerzen geplagt, aber die harten Lehrstunden gehen doch weitgehend spurlos an ihm vorüber,
zumindest gesundheitlich. Dabei hatte sich Wilhelm in Kindheit
und Jugend der «vollkommensten Gesundheit» erfreut, während Jacob alle Kinderkrankheiten hinter sich brachte.[135] Unter den Blattern
hatte Jacob schwer gelitten und war fast eine Woche völlig erblindet –
«ich weiss noch», schreibt Wilhelm, «wie er nach seiner Genesung
zum erstenmal an einem sonnigen Tage spazieren gefahren wurde
und mit dem fleckigen und narbigen Gesichte, aber ganz unentstell-
ten Zügen im Wagen sass».[136]

Von nun an wird Wilhelm fortwährend mit dem beklemmenden
Gefühl von Atemnot, Schmerzen in der Brust und Herzproblemen
zurechtkommen müssen. In der *Rede auf Wilhelm Grimm* aus dem
Jahr 1860 dramatisierte Jacob, dass «an des jünglings gesundheit [...],
wie im rothwangigen Apfel, innerst ein wurm zu nagen» begann;
«ängste und drohungen eines übels [...] musten auf seine ganze gemütsart und empfindungsweise einen tiefen eindruck hinterlassen».
Wilhelm seinerseits deutete im Rückblick die Krankheit als produk-
tiven Bestandteil seines Lebens, als Bildungselement: «die Nächte,
in denen man vergeblich auf Schlaf hofft, die Stunden, in welchen
Beschäftigung untersagt oder unmöglich ist und welche der Selbst-
betrachtung zufallen, führen schneller zum Bewusstsein und zur Erkenntnis unserer Natur, als es bei ungestörter, soll ich sagen über-
müthiger? Gesundheit der Fall sein mag».[137] Und auch die Ursache
seiner Krankheit glaubte er angeben zu können: Es lag an der «sit-

zenden Lebensweise, denn der ganze Tage war mit Lehrstunden besetzt».[138]

Was auf den ersten Blick wie eine eher unplausible Diagnose klingt, war noch zur Schulzeit der Grimms und weit darüber hinaus ein medizinischer Gemeinplatz. Simon-Auguste Tissot beispielsweise wollte mit seinem vielgelesenen Traktat *Von der Gesundheit der Gelehrten* (1768, lat. 1766) die «Gefahren einer Lebensart [...] verringern, die niemals so gesund seyn wird, als es wol zu wünschen wäre».[139] Aus Perspektive der sensualistischen Anthropologie der Aufklärung, die vom wechselseitigen Einfluss des Körpers und des Geistes ausging, machte er zwei Quellen von Gelehrtenkrankheiten aus: die «emsige Beschäftigung des Geistes, und die stete Ruhe des Leibes» – die Folgen reichen von Haarausfall über Epilepsie bis hin zu Wahnphantasien. Tissot berichtet von einem Gelehrten, der sich durch übereifriges Studium in die Vorstellung hineingesteigert habe, «sein Cörper sey von Butter: er floh das Feuer sorgfältig; endlich seiner unaufhörlichen Schrecken überdrüßig, stürzte er sich in einen Sodbrunnen».[140]

So weit ist es bei den Grimms nicht gekommen. Aber auch die Symptome, die Wilhelm beschreibt, führt Tissot auf: «Eine leichte Reitzung des Gehirns ist genugsam, um Schlaflosigkeit zu verursachen», stärkere Reize führen zu «Schlaf-Krankheiten». Herzprobleme und fiebrige Zustände hingen miteinander zusammen, weil «eine heftige Anstrengung des Geistes zuweilen die Bewegung des Herzens verstärkt, und seine Schläge vermehrt». Atembeschwerden könnten hinzukommen, da die «sitzende Lebensweise» auch die Lungen belaste: Sie «werden von einer dicken Feuchtigkeit angefüllt, welche sie verstopft, und zum öftern grausame Engbrüstigkeit hervorbringt».[141]

Wilhelm meinte im Rückblick, Jacob, der so sehr unter den Pocken gelitten hatte, habe mit den Kinderkrankheiten seinen Teil an der «allgemeinen Schuld» abgetragen. Für ihn gab es offenbar eine Art gesellschaftlichen Krankheitshaushalt, so dass die Leidenden die Gesundheit ihrer Mitbürger sichern. Tatsächlich stellte der Kampf gegen die Pocken die Frage nach neuen Verfahren politischer Steuerung: Seit dem 17. Jahrhundert kannte man die Möglichkeit, durch die Einimpfung von menschlichen Pocken der Erkrankung vorzubeugen, also durch die Krankheit die Gesundheit zu erhalten. 1802 wurde in Berlin eine öffentliche Impfstation, das «Königlich-Preußische Schutzblattern-Impfinstitut», eröffnet. Und gleich danach gründete der Landesfürst in Kassel ein «Kuhpockenimpfungsinstitut», von wo aus in- und ausländische Ärzte «unentgeldlich mit frischer ächter Kuhpockenlymphe» versorgt wurden und wo man sich kostenlos impfen lassen konnte.[142]

Das plötzliche Interesse der Regierung an medizinischer Vorsorge ist sicher nicht allein durch die verbesserten Impferfolge zu erklären. Vielmehr fügte sich nun die Impfung in ein staatliches Fürsorgemodell, ein Modell der – wie man damals sagte – «guten Polizey», ein, bei dem die Obrigkeit sich um ihre Bevölkerung auf eine bestimmte Weise zu kümmern begann.[143] Eine solche «Polizey» lernten die Grimms in Kassel kennen. Die bereits zitierte zeitgenössische Beschreibung aus dem Jahr 1805 gerät regelrecht ins Schwärmen, als sie die «Polizeyverfassung in Cassel» vorstellt und sie «einem jeden wohleingerichteten Staate als das untadelhafteste Muster der Nachahmung» empfiehlt.[144]

Ein Besucher Kassels, der aus Steinau in die Residenzstadt kam, war vermutlich beeindruckt. Denn in Kassel erlebte er einen städtischen Betrieb, der alle störenden Elemente ausschloss: «Zur Unterhaltung der nächtlichen Sicherheit und Bequemlichkeit der Bewohner» waren elftausend Nachtlaternen in Betrieb, die von August bis April in mondlosen Nächten die Straßen erleuchteten und von der «Laternenadministration» beaufsichtigt wurden.[145] Das «Gassenbetteln» war verboten – wer aus «Liebe zum Müßiggang», so erklärte die *Verordnung wegen der Bettler und Landstreicher, desgleichen Diebes- und Räuberbanden* von 1798, nicht arbeiten wolle, der werde des Landes verwiesen oder zur Arbeit verurteilt.[146] Die «wohlthätigst angelegten Arbeitshäuser» und «Waysenhäuser» dienten als Auffangbecken. Beamte sollten «Wirtshäuser, Krüge, Mühlen, einsame Höfe und sonstige Orte, wo fremde Leute aufgenommen zu werden pflegen, unvermutet visitieren lassen», um den Zweck des Aufenthalts zu ermitteln, und verdächtige Personen einer weiteren Überprüfung unterziehen.[147] Ältere Bürger oder Einwohner mit «Leibesgebrechen», die sich nicht selbst versorgen konnten, erhielten «eine wöchentliche Beysteuer aus dem Armenhause», dessen Fonds durch den Verlag der Wochenzeitung, der Landeskalender und durch die Lotterie aufgefüllt wurde. Nachtwächter und die «Unterbedienten der Polizeycommission» verhinderten Einbrüche und Diebstähle. Die Feuerwehr war perfekt organisiert – «so findet man in neueren Zeiten kein Beyspiel, daß in der Residenz beträchtliche Feuerschaden vorgefallen sind».

Dennoch zeigten sich die Grenzen politischer Macht recht deutlich. So nahm die Bevölkerung etwa das Angebot zur medizinischen Vorsorge einfach nicht an. 1805 stellte ein Kasseler *Consistorial-Ausschreiben, zur Beförderung der Kuhpocken-Impfung* fest, dass trotz «landesväterlicher Fürsorge für die Gesundheit und das Wohl der Unterthanen» diese zu den entsprechenden «Folgeleistungen» nicht bereit waren und die Impfung nicht wirklich flächendeckend durchgeführt werden konnte.[148] Offenbar ließen etablierte Denkformen und Lebensweisen sich nicht einfach per Dekret beseitigen. Und genau darauf, auf die Macht gewachsener Strukturen und Traditionen, werden die Grimms den Akzent legen. In ihren Studien zur Sprache und Sprachgeschichte entwerfen sie das «Volk» als eine eigene kreative Kraft, die nicht absolutistisch gesteuert werden kann.

Im Übrigen gilt bei aller herrschaftlichen Fürsorge: Der Regierungsstil der Landgrafen zielte vornehmlich auf Bereicherung ihres Hauses, und dabei nahmen sie Defizite für die Allgemeinheit in Kauf: Der Lebensstandard auf dem Land war niedrig; Armut wurde vornehmlich unter sicherheitspolitischen Gesichtspunkten, weniger als strukturelles Problem wahrgenommen; die Gewerbetreibenden waren durch Regelungen gegängelt, die das Land vom Fremdhandel abschotteten. Die Regenten konnten sich das leisten, weil der Soldatenhandel sie wirtschaftlich von der Prosperität ihres Landes unabhängig gemacht hatte.[149] Auf das «Volk» mussten sie keine Rücksicht nehmen.

Kassel war nach heutigen Maßstäben keine große Stadt,[150] aber mit seinen zwanzigtausend Einwohnern der größte Ort, den die Grimms bis zu diesem Zeitpunkt näher kennengelernt hatten, und zugleich ein Sinnbild des modernen Geschmacks und der modernen, vom Geist des traditionellen Absolutismus durchdrungenen Verwaltung. Zentralismus, Bürokratismus, Militarismus und Merkantilismus – das waren die Stützpfeiler dieser Ordnung.[151]

Ein Aquarell, das die Brüder Grimm um 1800 nach einem handkolorierten Kupferstich von Johann Werner Kobold gemalt haben, zeigt die Aussicht aus dem fürstlichen Schloss nach Westen mit Blick auf das Marmorbad, das Palais Bellevue, den Paradeplatz, die Rennbahn und die Kolonnade, die katholische Kirche, das Kadettenhaus und das Observatorium.[152] Schon beim ersten Blick fällt die Ordnung auf: die gerade gezogenen Baumreihen, das symmetrische Arrangement des Schlossplatzes und die fast schon klinische Sauberkeit, in deren Glanz die aufgeklärte Residenz erstrahlte. Der hygienischen «Reinhaltung der Straßen», die allesamt mit «Basalt- und Kieselsteinen» gepflastert waren und von der 1766 angeordneten «Stadtpflastercommission» überwacht wurden, galt denn auch das besondere Lob der Zeitgenossen. Durch die Altstadt wurde ein Bach geleitet, «wodurch alle Unreinigkeiten der Straßen zu jeder Zeit leicht abgeführt werden».[153] Es passt ins Bild, dass in einem *Avertissement* der «Fürstlichen Policey-Commission» vom 22. September 1802 «das schon mehrmahlen erlassene Verbot gegen das Tobacksrauchen auf der Straße und an gefährlichen Orten nochmahls eingeschärft wird».[154]

Welche Gefühle ein solches Stadterlebnis bei den Brüdern Grimm auslöste, lässt sich nur schwer erahnen. Aber Geborgenheit vermittelte Kassel ihnen sicher nicht. Wilhelm schreibt über seine Krankenzeit: «Die Lehrstunden hatten dabei ihren Fortgang, und der Weg nach dem Lyceum ward mir oft sehr sauer, wenn mir der kalte Wind, der über den Friedrichsplatz oft herzieht, entgegenblies.»[155] Zeitgenössische Beobachter meinten, dieser Platz – rund dreihundert Meter lang und hundertdreißig Meter breit, mit einer aus carrarischem Marmor gehauenen Kolossalstatue des «Höchstseligen Landgrafs,

Friedrich II.» in der Mitte – sei «in Ansehung seiner Schönheit nur mit einigen Plätzen von Paris» vergleichbar. Das war zumindest insofern zutreffend, als das städtische Bauprogramm Kassels sich an der absolutistischen Repräsentationspolitik in Frankreich orientierte.[156] Für Wilhelm hingegen überwog die Erfahrung von Kälte.

An der südöstlichen Seite des Friedrichsplatzes befand sich das Friedrichstor, von wo aus man zur Orangerie, zum Marmorbad und zur Aue gelangte, einer englischen Parkanlage, in die Wilhelm IX. den französischen Garten seines Vorgängers umgewandelt hatte. Im Norden führte ein direkter Weg zum *Lyceum*, das an der Königsstraße in der «Oberneustadt» lag. Wie die Hanauer Neustadt war dieser Stadtteil von französischen Religionsflüchtlingen errichtet worden. Das Viertel war regelmäßig bebaut und zeichnete sich durch «viele prächtige Palläste, durch breite und schnurgerade Straßen und schöne öffentliche Plätze vorzüglich aus».[157] Die Königsstraße war die «längste und schönste» dieser Straßen. Sie verlief über den Königsplatz am Friedrichsplatz vorbei zum Wilhelmshöher Tor. Von dort aus hätten die Grimms durch die Vorstadt «in einer schnurgeraden, eine Stunde langen Allee von Lindenbäumen» nach dem kurfürstlichen Lustschloss Wilhelmshöhe gehen können.

Auf ihrem Schulweg über den Friedrichsplatz eröffnete sich den Brüdern Grimm somit das absolutistische Stadtbild in allen seinen Facetten. Die klaren, sauberen und großangelegten Plätze und Straßenzüge Kassels machten einen ganz anderen Eindruck als die eher verwinkelten Steinauer Wege, die schnell überall in die Natur führten.[158] Und die aufgeklärte Stadtgestaltung setzte sich in einer Landschaft fort, die die Gärtner des Landgrafen geformt hatten – die «Fürstliche Garten-Direction» publizierte am 28. August 1798, kurz vor der Ankunft der Brüder Grimm in Kassel, ein *Avertissement*, in dem das «Abbrechen und Ausreißen der Blumen und sonstigen Gewächse» in der Umgebung der Residenzstadt untersagt wurde.[159]

Die Grimms suchten und fanden auch hier ihre Fluchtorte. Jacob erkundete in Kassel wie zuvor die Natur. An freien Nachmittagen, erinnerte sich der Schulfreund Wigand, kam er oft «mit einer langen Stange und Flornetz herangeeilt», um auf Schmetterlingsfang zu gehen. Doch auch die Stadt selbst erlebten sie, was in Steinau nicht denkbar gewesen wäre, als Abenteuer, wenn es neue Straßen zu entdecken gab.[160]

Bei aller Kälte und Unbehaglichkeit stand am Friedrichsplatz zudem ein geistiger Hort, in den sich die Grimms im Lauf der Jahre zurückzogen, um der geistigen und kulturellen Hygiene der Moderne zu entkommen: Noch heute blickt die Monumentalstatue Friedrichs II. auf das *Fridericianum*, das erste eigenständige Museum Deutschlands. Der Landgraf hatte es zwischen 1769 und 1779 von Simon Louis du Ry erbauen lassen. Von hier aus hielt der Klassizismus architektonisch in Hessen Einzug.[161] Das Gebäude beherbergte unter anderem die landgräfliche, später die kurfürstliche Bibliothek mit rund sechzigtausend Bänden und einer Reihe «von seltenen älteren und neueren Handschriften»; die Altertumssammlung (Statuen, Ruinen u. a.), mit der sich «nur das brittische Museum zu London» messen konnte; «Naturalien aus allen Reichen der Natur, von Künsten und anderen Sachen»; sowie eines der umfangreichsten Münzkabinette. Die Gemäldegalerie, in der Werke herausragender Künstler hingen – von Dürer und Rembrandt über Rubens, Tizian, Michelangelo bis Claude Lorrain –, war im «Akademiegebäude der Maler-, Bildhauer-, und Baukunst» in der Bellevuestraße untergebracht.

Zu den Beständen des *Museums Fridericianum* gehörte auch eine Sammlung deutscher Altertümer, darunter ein «alter Runenstab», «altdeutsche Begräbnißurnen» oder «steinerne Waffen».[162] Das Interesse an solchen Gegenständen reichte in Hessen bis weit ins 18. Jahrhundert zurück.[163] Schon 1709 hatte der damalige Landgraf Karl auf der sogenannten Maderheide östlich von Kassel mehrere endneolithische Grabhügel öffnen lassen. Gefunden wurden Tongefäße und Streitäxte, die weder von großem materiellen noch von großem Sensationswert waren. Dennoch beschloss der Landgraf, sie in seine Raritätensammlung zu bringen. Von nun an wurde die Lokalforschung zur mittelalterlichen Geschichte gezielt gefördert, auch mit Maßnahmen zum Denkmalschutz. Und es blieb nicht bei der bloßen Bestandserhaltung: Wilhelm IX. errichtete mit der Kasseler Löwenburg eine monumentale Ruine im ‹gotischen› Stil, um sich in einem fiktiven Mittelalter von den Regierungsgeschäften zu erholen und vor den umstürzlerischen Tendenzen der Französischen Revolution in eine imaginierte Welt stabiler Ordnung zu fliehen.[164]

So entstanden gerade im Zuge der Modernisierung der aufgeklärten Welt Orte, an denen das Alte bewahrt wurde. Das *Museum Fridericianum* verband das ältere Kuriositätenkabinett mit dem Interesse an aufgeklärter Wissenschaft und klassischer Kunst;[165] es demonstrierte das Ineinander von klassizistischer Modernität und historischem Interesse. Insofern stand das Museum in der eigentümlichen Spannung, in der sich die Forschungen der Grimms bewegen sollten.

Auch wenn Jacob seinen Lehrern am *Lyceum* nicht viel zugetraut hat, erkennen diese umgekehrt die Qualitäten ihres Zöglings. Die Zwischenzeugnisse geben enthusiastische Beurteilungen: Stets heißt es, der Schüler zeige «vorzügliche Fähigkeiten, großen Fleiß und ein sehr anzurühmendes gesittetes Betragen». Man wird sich Jacob dennoch nicht als langweiligen Streber denken dürfen. Wigand berichtet: «Jacob kämpfte tapfer mit seinem gelben Penal, wenn es galt, eine grosse Tafel als Festung zu vertheidigen.»[166] Als Wigand ihm im Oktober 1802, als Jacob bereits das Studium in Marburg aufgenommen hat, in einem Brief «reitzend» eine Schlägerei schildert, wünscht Jacob, er wäre dabei gewesen. Wigands Schlachtgemälde vermittelt eine Vorstellung davon, wie grob die Schüler zur Sache gingen: «Rache kochte in unseren Herzen … Vor 8 Tagen am Donnerstag Mittag fielen wir über sie her, ich packte den Bode von hinten und noch ein paar schlugen drauf. Rüppel nebst den anderen stürmten auf den Eschwege los und legten ihn glücklich auf die Tafel … Lange kämpften wir und erlangten vollkommnen Sieg. In der Abwechslung griffen sie uns mit Hülfe des wüthenden Schwärzel an, der mit seinen Stiefeln und Sporen alle Kleider verdarb. Unser jetziger Zeitvertreib ist nun nach der Reihe durch die Plumpsäcke Gassenlaufen, und jedem, der zur Thür herein kömmt mit Prügeln zu empfangen.»[167]

Ob das ein Licht auf die generellen Verhältnisse der Kasseler Jugend wirft? Jedenfalls publizierte die «Fürstliche Policey-Commission» am 17. August 1801 ein *Avertissement*, in dem Maßnahmen gegen die «Zügellosigkeit und Unsittlichkeit der Jugend in hiesiger Stadt» angekündigt werden: Schüler und Handwerksburschen liefen bis spät in der Nacht in der Stadt herum; sie seien auf Krawall aus, lärmten und schrien und betrieben allerlei «unanständige Handlungen». Da alle bisherigen Verbote nichts geholfen hätten, werde man diesem Unfug jetzt «mit Ernst und Nachdruck» begegnen. Von nun an würden «alle Kinder und Lehrjungen, welche künftig des Abends auf der Straße angetroffen», von den «Policeydienern mit Peitschen gezüchtiget und arretirt». Zudem müssten «nachläßige Eltern und Handwerksmeister» mit empfindlichen Strafen rechnen.[168]

Eltern haften für ihre Kinder. Bei Jacob und Wilhelm dürfte das nicht notwendig gewesen sein, selbst wenn Wilhelm meint: «Die Kämpfe hören ietzt, da mein Bruder weg ist, auf.»[169] Denn Wilhelms angegriffene Gesundheit machte ihn ruhebedürftig, und Jacob hatte keine Zeit, sich bis spätabends herumzutreiben. Das letzte Zeugnis vom Frühjahr 1802 bestätigt, dass er «durch seinen ausnehmenden Fleiß völlig die Kürze der auf dem Lyceo zugebrachten Zeit ersetzte».[170]

Zwar fallen auch die Beurteilungen für Wilhelm sehr gut aus – gelobt wird von Beginn an sein «Eifer, seine schönen Naturanlagen auszubilden», sowie «sein feines und gesittetes Betragen»[171] –, aber mit Jacob kann er nicht mithalten: «Tertius Wilhelm Carl Grimm von Steinau», so das Zeugnis der Unterquarta im Herbst 1799, «ist Seinem Bruder in allem gleich, nur ist derselbe in den Käntnissen jenem noch nicht gleich [ge]kommen». Für den vorzeitigen Abgang zur Universität hält ihn der Rektor des *Lyceums* daher bei allem Lob noch nicht geeignet. Das Zeugnis vom 8. Januar 1803 vermerkt die «vorzüglichen» Talente des Knaben. Wilhelm habe in den Wissenschaften «vortreffliche Fortschritte» gemacht. Alle Lehrer hegten die Hoffnung, «er werde – wenn er noch einige Zeit das Lyceum besucht und er die Erlaubniß erhält sich auf die Wissenschaften zu le-

gen – einst unter den Gelehrten mit Ruhm einen Plaz behaupten».
Aber Wilhelm wartet nicht, wie empfohlen, ab. Er folgt zum Sommersemester 1803 seinem Bruder, der seit April 1802 in Marburg studiert, und verlässt das *Lyceum* auf eigene Faust.

Während Wilhelm sich also fortwährend auf seinen großen Bruder verwiesen sieht und dem Vergleich nicht standhält, rührt die
Schulzeit bei Jacob an einen anderen wunden Punkt: seine soziale Empfindlichkeit. Versetzte es ihm schon einen Stich, dass einer
der Lehrer ihn nicht, wie die Stadtkinder, mit «Sie» anredete, so erfuhr der Klassenprimus beim Übergang zur Universität noch einmal, dass das Leistungsprinzip innerhalb einer ständischen Ordnung wenig zählte. Noch in seiner Rede über Adel und Orden, die
er 1848 vor der Nationalversammlung in der Paulskirche hält, erinnert er sich an diese Situation aus der Schulzeit: «meine gute mutter
hatte acht söhne dem vaterland geboren und sollte ihm fünfe grosz
ziehen. Es war mir sauer und schwer in meiner jugend, ich hatte
endlich die schule durchgemacht, und war vielleicht der beste in der
ganzen classe; da sasz mit mir auf einer bank ein adeliger, sohn des
reichsten edelmanns im lande; als es sich nun handelte um ein stipendium, und allen die verhältnisse genau bekannt waren, bekam
ich das stipendium nicht, sondern jener reiche edelmann, der mein
freund war und bis zu seinem tod geblieben ist».[172]

Die Rede ist von Otto von der Malsburg, von dem die Akten – entgegen Jacobs Erinnerung – festhalten: «Er behauptete in Fleiß und
Kenntnissen sowie in seinem Betragen mit Recht den ersten Platz.»
Mehr noch: Das *Lyceum* hat, soweit bekannt, gar keine Stipendien
vergeben,[173] und auf welche universitäre Fördermöglichkeit sich Jacob bezogen haben könnte, ist unklar. Wie berechtigt auch immer
sein Vorwurf also sein mag: Jacob erweist sich als dünnhäutig, wenn
sein sozialer Standort angegriffen wird. Die Behandlung durch die
Lehrer passt nicht zu seinem Selbstbild und zu seinem Selbstbewusstsein, das sich auf die Tugend der Arbeitsamkeit gründet. Diese Haltung nimmt Jacob als Mitgift neben allen Kenntnissen aus der Schulzeit mit. Mehr als zwanzig Jahre nach seinem Abgang vom Kasseler

Lyceum schreibt er an den Schulfreund Wigand: «Ich denke noch oft unsrer Schuljahre, wir dachten mit keinem gedanken an das, was wir nun treiben aber es war uns doch schon damahls vor den mitschülern eine heimliche rührigkeit zu eigen, die über das hinausstrebte, was wir für das gewöhnliche leben lernen sollten.»[174]

Angesichts des ausgefüllten Schulalltags mag es verwundern, dass die «heimliche rührigkeit» sich nicht im Aufarbeiten des Schulstoffs erschöpfte. Die knappe Zeit, die ihnen blieb, verbrachten die Brüder Grimm mit der Befriedigung ihrer ‹Bücher-› und ‹Lesesucht›, wie man ihr Verhalten damals nannte. Sie pflegten mit nur wenigen Schulfreunden Umgang, darunter vor allem mit den bereits erwähnten Paul Wigand und Otto von der Malsburg. Nahezu ihre gesamte Freizeit opferten sie entweder dem Zeichnen oder der Jagd nach Büchern. Sie klapperten alle Trödler und Antiquare ab, versäumten keine Bücherauktion und verwendeten ihr «geringes Taschengeld bloß auf Bücher und Kupferstiche» – «Sammlungen mancher Art wurden angelegt», erinnert sich Wilhelm, «auch aus Büchern, die wir uns nicht kaufen konnten, Excerpte gemacht». Wigand berichtet in seiner Autobiographie, wie versessen die Freunde auf neue Lektüre waren, dass sie «alles durcheinander» lasen, was ihnen in die Finger kam, «gute wie schlechte, weil wir noch kein eigenes Urteil hatten, sondern alles begierig in uns aufnahmen».[175]

Die Romane August Lafontaines etwa gehören zum gierig verschlungenen Lesestoff. Jacob selbst hat das Strickmuster dieser Prosa beschrieben: Es gehe um «Erziehungstheorien» sowie um «Trennung und Wiederfinden von Liebenden»; man erkenne die Masche recht schnell, «allein es ist doch immer schön».[176] Das finden in der Zeit nach der Französischen Revolution die meisten Leser: Lafontaine veröffentlicht mehr als fünfzig Romane und Erzählsammlungen. Seine Bestseller bieten Orientierung in einer politisch und sozial aus den Fugen geratenen Zeit. Im Privaten, vor allem in der Liebe, scheint darin die Utopie einer heilen Welt auf, in der gesellschaftliche Grenzen überwunden werden – durch die Reinheit des Gefühls.

Und noch etwas könnte die Grimms fasziniert haben, nämlich wiederum eine bestimmte Form der «Andacht zum Unbedeutenden» (S. Boisserée): Das Ziel Lafontaines bestand darin, den Wert des Alltäglichen zu vergegenwärtigen, «die Menschen», wie es im Vorwort zu dem von Jacob gelesenen Roman *Der Naturmensch* heißt, «aufmerksamer auf das Glück zu machen, welches häusliche Verbindungen mit Weib und Kind, und die einfache Lebensart der Natur den Menschen gewähren». Oder anders: zu zeigen, dass das «goldne Zeitalter der Dichter kein Traum, keine Fabel sey».[177]

Weiteres lässt sich den langen Leselisten entnehmen, die Jacob in der ersten Marburger Zeit an Wigand schickte – die Bücher werden dem Kasseler Pensum der Art nach entsprochen haben: Vor allem sentimentale Familiengeschichten sind darauf verzeichnet sowie Ritterromane, Sagen und Märchen, in denen das erstaunte Publikum sich beispielsweise in «eine Rittergeschichte aus den Revolutionszeiten Helvetiens» vertiefen kann (A. Lafontaine: *Rudolph von Werdenberg*, 1793) oder «Raymond's mit dem buschigen Bart, der Patriarch genannt, und seiner Gefährten Leben und Räuberscenen» vor Augen geführt bekommt (J. White: *Ritter John von Gaunt, und der schwarze Prinz*, 1802). Wieder erfahren wir: «Verborgenheit und Liebe sind die Grundfesten der menschlichen Glückseligkeit.»[178]

Bezeichnend ist für jene Zeit, in der Modernisierung und Sentimentalität Hand in Hand gehen, in der Rationalisierung und Idylisierung zwei Seiten einer Medaille sind, dass auf der Löwenburg, jenem Fluchtort eines fiktiven Mittelalters, die mit über hundertsiebzig Exemplaren größte Sammlung von Ritterromanen in dieser Zeit zu finden war. Jacob hielt sich mehrmals dort auf und kannte die Bibliothek.[179] Die künstliche Burgruine entstand nach literarischen Vorbildern. Es handelte sich um eine Erfindung der Vergangenheit aus dem Geist des ausgehenden 18. Jahrhunderts. Johann Wilhelm Casparson berichtete in den *Hessischen Denkwürdigkeiten* des Jahres 1800, wie man von dieser Burg ganz in die Ritterzeit «gezaubert» werde. Es sei das «Schöpferwerk» Wilhelms IX., «seines unternehmenden Geistes, seiner altdeutschen Größe und Stärke, das Denkmal, welches er denen widmete, die solche auf ihn vererbten».[180]

Noch also bewegen sich Jacob und Wilhelm in der Vergangenheit der Ritterromane. Nebenbei arbeiten sie an ihrer poetischen Geschmacksbildung: Sie schreiben «bessere lyrische Poesie und Romanzen» von Friedrich von Matthisson oder Friedrich Leopold zu Stolberg ab und nehmen sie zum Vorbild.[181] Das Ergebnis lässt sich an Jacobs gereimtem Neujahrsglückwunsch für seine Tante Henriette Zimmer von Anfang 1802 sehen:

«*An die liebe Tante.*
Hinauf in jene lichte Himmelszonen
Schwingt sich mein Wunsch aus reger Dankbarkeit
Daß Deiner Seele Adel zu belohnen,
Die Vorsicht Dir das beste Wohl verleiht.
Mein Flehn, o Tante! soll zu jenem Wesen dringen,
Das Dich nach Deinen edlen Thaten mißt.
Und das mit Segen hier und dort mit Kronen
Sie alle ewig Dir wird lohnen.»[182]

Das ist rhetorische Dutzendware, die jeder Lateinschüler der Zeit hätte herstellen können. Vielleicht aber ging es den Brüdern auch gar nicht um das Innovative und Neue. Rund ein Jahr nach seinem Abschied aus Kassel schreibt Jacob an Wigand, in der Weihnachtszeit hätten ihn «wehmüthige Empfindungen» heimgesucht. In Gedanken habe er sich in die geheimnisvolle Stimmung seiner Kindheit versetzt, den geschmückten Christbaum und den Lichterschein vor Augen gesehen und sich völlig in diesem Erinnerungsbild verloren, «alles war vergeßen». Die phantasierte Geborgenheit bleibt jedoch Episode. Die Erinnerung an eine glückliche Vergangenheit wiegt den Verlust nicht auf: «So kindisch kindlich kann ich mich jetzt gar nicht mehr freuen, nie kehrt diese Zeit wieder. Ich fühle es, alle Freude ist an die Gegenwart gebunden, alle Zukunft und Vergangenheit muß dabei wegbleiben, alles Vergleichen, Beurtheilen pp. Und gerade dies ist der Kindheit eigen, jezt drängt sich mir dies alles nothwendig auf, und wenn mir jemand etwas wirkl. schönes schenkte, so habe ich es vielleicht doch schon irgend schöner gesehen, oder denke, daß es schöner seyn könnte. Die Freude ist zerstört, diese unglücklichen Ideen kommen sich stets einmischend immer vor.»[183]

Jacob nimmt ein zweites Mal Abschied von der Kindheit, und dabei verleiht er ihr eine besondere Aura. Denn aus der Distanz ersteht jener Zauber, der Jacob und Wilhelm fasziniert. Ebendiese elegische Stimmung finden die Brüder mehr oder weniger variantenreich in den sentimentalen Liedern und Gedichten Matthissons. Gerade die Kindheit wird darin zum Sehnsuchtsort:

«Im öden Weltgewühle
Hebt Wehmuth meine Brust,
Denk' ich der Knabenspiele
Und ihrer Götterlust!
Zu schnell verrauschte Jahre
Der Unbefangenheit,
Was, zwischen Wieg' und Bahre,
Gleicht eurer Seligkeit?»

Der «Kindheit», so Matthisson an anderer Stelle, «der Vollendung Morgen / Folgt kein Abendstern».[184] Die Brüder werden sich nicht lange mit solchen eher schlichten Sentimentalitäten befassen. Demnächst laufen sie ins Lager der Romantiker über. Bald lernen sie das *Athenaeum* der Schlegels oder Novalis' *Heinrich von Ofterdingen* kennen. Gleichzeitig wenden sie sich der Vergangenheit zu, nun jedoch genau in der Weise, die Jacob als Verfahren der Kindheitszerstörung beschrieben hat: mit «Vergleichen, Beurtheilen pp.». Beides, die Hinwendung zum avantgardistischen Kanon und die Rückwendung in die Vorzeit, hängt eng mit dem Ort zusammen, an den die Brüder nun weiterziehen: der Universitätsstadt Marburg.

2. Studium und Berufung (1803 – 1805)

Einsamkeit und Geselligkeit

Marburg gehörte um 1800 mit Königsberg, Tübingen oder Heidelberg in die zweite Reihe der Universitätsstädte. Die ‹romantischen› Studenten bevorzugten Halle, Göttingen, Jena oder Leipzig. Viele von ihnen schrieben sich an einer juristischen Fakultät ein und planten eine Laufbahn in der Verwaltung, bisweilen auch an einer Universität[1] – oder eine Karriere wurde für sie geplant, wie im Fall der Brüder Grimm: Von klein auf hatte ihr Vater ihnen juristische Kenntnisse vermittelt, nun sollten sie ihm nachfolgen und durch eine baldige Anstellung das Auskommen der Familie sichern.[2] Die Familie setzte alles auf diese Karte, denn schon finanziell konnte sie sich kein zweites Spiel leisten.

Klagen der Romantiker über die juristische Laufbahn finden sich immer wieder. E. T. A. Hoffmann etwa schrieb am 1. Mai 1795: «Das Studiren geht langsam und traurig – ich muß mich zwingen ein Jurist zu werden.»[3] Auch Jacob und Wilhelm Grimm fügten sich einem Plan, den sie allenfalls aus Folgsamkeit und Kalkül akzeptierten. Bemerkenswert bleibt in jedem Fall, dass sich viele große Werke der romantischen Literatur mit Rechtsfällen beschäftigen: Goethes *Faust*, Kleists *Michael Kohlhaas* oder Hoffmanns *Das Fräulein von Scuderi*. Außerdem trafen die Leser in dieser Zeit auf eine lange Reihe von ‹Dichterjuristen› – Wackenroder, Eichendorff, Uhland, Grillparzer, Grabbe, Hebbel, Heine und viele andere mehr.[4] Die Romantik hatte eine eigentümliche Affinität zu jener Wissenschaft, die dem ‹Staat› besonders nahesteht.

Jacob bildete die Vorhut in Marburg. Der Ort eignete sich für sein Studium nicht zuletzt deswegen, weil es sich dort «wohlfeil» leben ließ. Ein zeitgenössischer Studienführer von 1802 rät den Verantwortlichen dringend, diesen «höchstwohlthätigen Vorzug der Stadt» zu erhalten. Die Kosten für Unterkunft und Brennholz, Bier und Wein seien niedrig, Letztere zudem «von untadelicher Güte».[5]

Das Ziel einer berufspraktischen Ausbildung warf allerdings neue Probleme auf, denn Landgraf Wilhelm IX. wollte wie schon sein Vorgänger die Zahl der Akademiker mit der Zahl der zur Verfügung stehenden Stellen abgleichen. Bewusst erschwerte er daher den Studienzugang. Wer als Hesse beim Landgrafen um die Studienerlaubnis ersuchen wollte, musste mindestens eine Prüfung auf einem der Gymnasien in Kassel, Marburg, Hersfeld oder Hanau vorweisen können.[6] Diese Hürde hatte Jacob bereits genommen und auf dem *Lyceum* «die Vorbereitung des künftigen Mannes von Geschäften und des wirklichen Gelehrten» hinter sich gebracht.[7] Aber als zweite Hürde hatte Wilhelm IX. eine Art sozialen Numerus clausus eingebaut, unter den die Söhne eines Amtmanns fielen.[8] Dieser Anordnung zufolge erhielten nur Gymnasiasten ab der siebten Klasse der *Civil-Rang-Ordnung* Hessen-Kassels freien Zugang zum Studium. Der Vater der Brüder Grimm allerdings gehörte, wie gesagt, nur der achten Klasse an.[9]

Auch daran scheitern die Karrieren von Jacob und Wilhelm nicht. Auf Antrag der Mutter erhält Jacob am 6. April 1802 die Immatrikulationserlaubnis – Wilhelm IX. notiert eigenhändig sein «Fiat» («Es geschehe!») auf das Gesuch. Am 30. April 1802 nimmt er das Studium auf. Ein Jahr später wird dann auch «dem zweyten Sohn des verstorbenen Amtmanns Grimm Namens Wilhelm Grimm, die unterthänigst gebetene Dispensation zum studiren gnädigst ertheilt».[10]

Die Stimmung Dorothea Grimms hat sich währenddessen nicht gebessert, obwohl ihre beiden ältesten Söhne die Schulausbildung mehr als erfolgreich absolvieren. Jacob besucht sie in den Ferien regelmäßig von Marburg aus, in der «damaligen Studentenkleidung», wie sich sein Bruder Ludwig erinnert: scharlachroter Frack, mit schwarzem Samtkragen und Samtaufschlägen, Lederhosen und hohe glänzende Kanonenstiefel mit Sporen.[11] Noch 1805 schreibt Wilhelm an seine Tante Henriette Zimmer: «Wenn ich die Mutter bisweilen in den Ferien so still für sich hin trauern, ja weinen sah, dann glaubte ich, mein Herz würde mir vor Schmerz und Angst zerspringen, denn das alles hat sie für uns gelitten.»[12] Später entdeckt Jacob die Neigung seiner Mutter zur «Verschlossenheit» bei sich und seinen Geschwistern[13] – in dieser Hinsicht eifern die Brüder Grimm der Mutter, nicht dem Vater nach.

Zunächst also mussten sich Jacob und Wilhelm für ein Jahr vom gemeinsamen Leben verabschieden. «Die trennung von ihm, mit dem ich stets in einer stube gewohnt und in einem bett geschlafen hatte, gieng mir sehr nahe», schreibt Jacob rückblickend in seiner Autobiographie, «allein es galt der geliebten mutter, deren vermögen fast zusammengeschmolzen war, durch eine zeitige beendigung meiner studien und den erfolg einer gewünschten anstellung einen theil ihrer sorge abnehmen und einen kleinen theil der groszen liebe, die sie uns mit der standhaftesten selbstverleugnung bewies, ersetzen zu können».[14] Doch auch seine Schulfreunde und die vertraute Umgebung dürfte Jacob vermisst haben; Paul Wigand gegenüber klagte er am 15. Mai 1802, also ungefähr zwei Wochen nach dem Beginn seines Studentenlebens, über seine fast «unerträglich» große Einsamkeit.[15]

Ob Jacob auch seine jüngeren Geschwister fehlten, ist fraglich. Zwar ermunterten die beiden Ältesten Carl, Ferdinand, Ludwig und Lotte zur Einhaltung ihrer ‹Kinderpflichten›.[16] Aber das klingt oft routiniert. So heißt es in einem Brief Jacobs aus Marburg: «Lieber Ferdinand, Louis u. Malchen! / Aus Mangel der Zeit muß ich eure lieben Briefe zusammen beantworten, ihr nehmt mir's doch nicht übel? Euch beiden letzten gratulire ich zu euren Geburtstägen u. wünsche daß ihr mich ferner lieb behaltet. Gern hätte ich euch ein kleines Geschenk geschickt, allein theils fehlte es mir an Gelegenheit, theils wußte ich nichts rechtes zu schicken. Ich muß es mir also vorbehalten.»[17] Der Rest des kurzen Briefes wirkt nicht liebevoller.

Jacob wählt genau aus, wem er seine Zuneigung schenkt. Das sieht man auch im Fall des Schulfreunds Ernst Otto von der Malsburg, der mit ihm nach Marburg gezogen war. Zeit seines Lebens vermisste Jacob bei Malsburg Tiefe und Ernsthaftigkeit, ja, hielt ihn bisweilen gar für einen ‹schwachen› und ‹kindischen› Menschen, «der eigentlich gar nichts weiss und bei dem man viel Langeweile empfindet».[18] An seinem Beispiel zeigt sich das unterschiedliche soziale Temperament der Brüder Grimm. Denn Wilhelm wechselt mit Malsburg rege Briefe über Nichtigkeiten und informiert ausführlich über das Theaterleben in Kassel.[19] Kennerhaft vergleicht er Schauspielerleistungen und Inszenierungen, macht sich über Darsteller lustig und plaudert über den einen oder anderen kleinen Skandal. Dem «Schäks», wie er seinen Bruder nennt, möge Malsburg das alles weitererzählen, so wie er Jacob umgekehrt bittet, die Neuigkeiten aus Kassel mit Malsburg auszutauschen.

Jacob fühlte sich in seiner neuen Umgebung allein. Während andere Neuankömmlinge das Studentenleben erst einmal genossen und sich in der neuen Unabhängigkeit zurechtfinden wollten, zog es ihn zu seinem Bruder. Und wenn er von einem Besuch zu Hause zurück nach Marburg kam, wollte er am liebsten gleich wieder verschwinden.[20] Er führte zudem ein mehr als bescheidenes Leben. Große Sprünge konnte er sich finanziell nicht leisten. Ein wenig ungemütlich wirkt seine Unterkunft beim Kaufmann Heckmann in der Barfüßerstraße tatsächlich: «die Treppe ist so dunkel, daß, u. wenn auch 10 Sonnen am Himmel leuchteten, sie diese doch nicht erleuchten würden, dann wackelt das ganze Zimmer mit jedem Schritte, die Fenster erklirren stets.»[21]

Das passt ins Stadtbild. Bereits Wilhelm von Humboldt hielt Marburg für die «unangenehmste» Stadt, die er sich denken könne, wie er 1788 in sein Tagebuch notierte: «Die Häußer alt und häßlich, die Straßen unrein, eng, krumm und so bergigt, daß man an einigen Orten, wo es zu steil ist, Stufen angebracht hat.»[22] Jacob bestätigt dieses Urteil, wenn er an Wigand schreibt, wie «sehr häßlich» er Marburg findet: «Ich glaube es sind mehr Treppen auf den Straßen als in den Häusern. In ein Haus geht man gar zum Dache hinein.»[23]

Getrennt von seinem Bruder und seinen Schulfreunden, flüchtete Jacob sich geradezu in die Arbeit, schrieb sich in den Veranstaltungen die Finger wund. «In einem Kollegium besonders geht es so geschwind, daß ich jede Stunde 1 ½ – 2 Bogen voll schmiere, welche […] kein Hund genießen könnte, wenn ich sie nicht abschriebe, und dieß muß ich gleich thun, sonst kann ich's selbst nicht herausbringen.»[24] Erhaltene Vorlesungsmitschriften zeigen, wie penibel und genau er dabei vorging.[25] Ohne es wissen zu können, trainierte er eine Tätigkeit, der er sein Leben widmen wird: das Studium und das Abschreiben von Handschriften.

Jacob brauchte Entlastung, und die fand er nach wie vor in der Lektüre von Gegenwartsliteratur. Er führte Listen mit Buchtiteln und kurzen, bewertenden Kommentaren. Sie sollten wohl zeigen, dass er das Lektürepensum tatsächlich bewältigte und dass seine Geschmacksbildung Fortschritte machte. Das hatte durchaus eine sportive Note, die sich immerhin teilweise aus seiner bescheidenen Finanzlage erklärte: «Man ließt auch hier viel wohlfeiler. Ich lese nun noch dazu – ein feiner Ruhm – mehrere Bücher geschwind durch, zb. wenn sie dünn sind, und sage dann ich hätte sie schon gelesen, und brauche dann nichts zu bezahlen.»[26]

Zwar berichtet Jacob auch von Ausflügen. Oder er erzählt von einer Reise von Kassel nach Marburg in der Postkutsche.[27] Aber diese Exkursionen sind für ihn nicht so wichtig wie seine Gedankenfluchten. Am wohlsten fühlt er sich in seinem Zimmer: «Wenn ich dann auf meiner Stube sitze u. gerade nichts zu thun habe, so verreise ich auch in Gedanken, u. da stöhrt mich dann immer das Geschrei holzfahrender Bauern u. das Gebell der Hunde.»[28] Er entwickelt sich zwar nicht zum Stubenhocker und Tagträumer, gleichwohl trainiert er seine spätere Arbeitshaltung. Als Paul Wigand und Wilhelm Grimm ihr Studium in Marburg aufnehmen, gehen die beiden bisweilen spazieren, nur langsam und keine weiten Strecken, denn Wigand muss den gesundheitlich nach wie vor Angeschlagenen stützen. Jacob hingegen, so Wigand, bildet seinen «wissenschaftlichen Trieb» aus. Er hält das Spazierengehen für Zeitverschwendung und erklärt: «Ich gehe in der Literatur spazieren.»[29]

Jacobs Lektüreverhalten, die Flucht in Romane, gehörte zur Leserevolution des 18. Jahrhunderts.[30] Die Buchproduktion stieg rapide an – in Ländern wie England, Frankreich oder Deutschland wurden in den 1780er Jahren mehr als drei- oder viermal so viele Bücher produziert wie zu Beginn des 18. Jahrhunderts. Vor allem eine Gattung kam beim Publikum an: der Roman, an dem Jacob seine Leselust vornehmlich stillte. Vermehrt zogen sich Leser zur stillen Lektüre zurück, machten ihre eigenen, individuellen Erfahrungen mit Büchern. Zeitgenössischen Pädagogen bereitete das Kopfzerbrechen: Was sollte man von diesem Eskapismus halten?

Auch Jacob Grimm flüchtet also in die fiktionale Welt der empfindsamen Familien, Ritter, Räuber und Verbrecher. Aber diese Flucht führt nicht weit. Denn die lesenden Individualisten ähneln einander in ihrer Individualität: Sie sitzen nach dem Vorbild des leidenden Werther oder anderer empfindsamer Helden einsam unter Bäumen, blicken in die Natur, ziehen sich zerknirscht zurück und hängen, angeregt von den Helden und Heldinnen handlicher Taschenbücher, ihren Gedanken nach. Dieses Außenseitertum fügt sich sehr gut in die neue Gesellschaft, deren Konturen sich im Verlauf des 18. Jahrhunderts zeigen: *Die Leiden des jungen Werthers* handeln von einem Menschen, der seiner Gesellschaft fremd wird, und diese ‹Leiden› an der Gefühlsökonomie des Bürgertums verkaufen sich hervorragend.[31] ‹Vielleser› wie Jacob Grimm befinden sich in ihrer Einsamkeit in guter Gesellschaft.

Diese Entwicklungen des Buchmarkts und des Lektüreverhaltens waren eine ‹Leserevolution› im wahrsten Sinn des Wortes: Denn der neue Kulturkonsum dynamisierte die Zeit und entwertete die Tradition. ‹Neuheit› bestimmte nun den Kulturwert von Kunstwerken.

Dem Lesertypus, den Jacob und Wilhelm Grimm oder Paul Wigand repräsentierten und für den die Lektüre zum Alltag zählte, entsprach allerdings nur ein Bruchteil der lesefähigen Bevölkerung. Dass Jacob diese Verhältnisse ungefähr im Blick hatte, lässt sich allenfalls erahnen. Am 24. August 1802 versicherte er in einem seiner typisch ironischen Briefe an Wigand, wie gern er am «Christtag» nach Kassel kommen würde, «allein, es thun sich mancherlei Hindernisse auf, eine Fußreise wäre bei der dann vermuthlich eintretenden Kälte zu beschwerlich u. nicht rathsam. ich könnte wohl einem Dorfbarbier Gelegenheit geben, das in Bekks Noth. u. Hülfsbuch beschriebene Schneeexperiment an mir zu machen wozu ich eben keine Lust habe».[32]

Rudolph Zacharias Beckers *Noth- und Hülfsbüchlein für Bauersleute* (1788/99), ein Ratgeber für «Junge und Alte», behandelt im siebten Kapitel, «wie man mit erfrornen Leuten umgehen soll»: Sie seien «oftmahls, wenn sie nicht gar zu lange in der Kälte gelegen haben, nicht wirklich todt, sondern nur erstarrt, und man kann sie wieder aufthauen, wie einen gefrornen Apfel; wenn man vorsichtig mit ihnen umgeht».[33] Nicht zufällig kommt Jacob in dem zitierten Brief unmittelbar nach dem Schneeexperiment auf die unzulängliche Versorgung mit neuer Literatur in Kassel zu sprechen. Denn das *Noth- und Hülfsbüchlein* war der Verkaufsschlager auf dem Buchmarkt um 1800 – nicht die Werke Lessings, Goethes, Schillers oder Herders. Während die durchschnittliche Auflage von Büchern im 18. Jahrhundert kaum mehr als ein paar hundert Exemplare betrug, verkaufte sich Beckers Ratgeber bis 1811 rund eine Million Mal.

Um das Lektürebedürfnis zu befriedigen, standen seit der Aufklärung verschiedene Institutionen zur Verfügung, vor allem Leihbibliotheken und Lesegesellschaften. Und genau dorthin zog es Jacob in Marburg.[34] Am 12. August 1802 schreibt er, wie sehr er sich auf frische Bestände in der Leihbibliothek freue,[35] und am 13. November 1802 berichtet er, dass er «in eine Gesellschaft» eingetreten sei, «um Journale u Zeitungen zu lesen. Alle 3 Tage bekomme ich was neues».[36]

Zur Zeit von Jacobs Studienbeginn gab es in Marburg vier private

Lesegesellschaften.[37] Die Leihbibliothek des Marburger Universitäts-buchdruckers Johann Peter Bayrhoffer umfasste zur Jahrhundert-wende gerade einmal tausend Bände, die des Universitätsbuchhänd-lers Johann Christian Krieger verfügte über mehr als 4900 Bücher, und die Bestände wurden nahezu täglich erweitert. Außerdem hatte Krieger 1791 in großem Maßstab eine Lesegesellschaft gegründet: In der oberen Etage seines Wohnhauses lagen die gelehrten Zeitschrif-ten aus; es gab ein «Sprach- und Conversationszimmer» mit den politischen Zeitungen und ein «Neuigkeits-Cabinet», in dem man sich über die jüngsten Erscheinungen auf dem Buchmarkt infor-mieren konnte – «alle drey Zimmer sind tapeziert», wie das *Journal von und für Deutschland* im Gründungsjahr berichtete, «die Meu-blirung ist anständig, reichlich und geschmackvoll». Der Betreiber musste das Leseinstitut 1792 nach nicht einmal einem Jahr schließen und führte es in kleinerem Rahmen weiter. In dieser Form hat es Ja-cob vielleicht kennengelernt. Wilhelm wird 1804 selbst einen Jour-nalzirkel in Marburg gründen,[38] und während ihrer ganzen Kasseler Zeit werden die Grimms Lesezirkel organisieren, daran teilnehmen und oft genug in deren Zentrum stehen.

Die Welt der Leihbibliotheken und Leseinstitute bildete scheinbar ein Reservat in der akademischen Welt. Aber die Marburger Dozen-ten waren durchaus nicht von vorgestern und die jungen Leute aus Steinau und Kassel nicht ganz so subversiv, wie sie vielleicht mein-ten. Ludwig Wachler, einer der akademischen Lehrer der Grimms, war der Meinung, gerade Bibliotheken und Leseinstitute seien not-wendig für eine angemessene Ausbildung der Studierenden – im-merhin machte Wachler seine Studenten auf Novalis' *Heinrich von Ofterdingen* aufmerksam, eines der modernsten Bücher der Zeit.[39] Er förderte das akademische Leseinstitut, denn «der wohlthätige Ein-fluss einer solchen Anstalt auf den Geschmack, literärischen und ge-sellschaftlichen Ton der Studirenden ist unverkennbar».[40]

Man merkt gleichwohl, wie sehr sich Wachler um die ‹unzweck-mäßige Zerstreuung› seiner Studenten sorgte. Tatsächlich lag der Aufklärung, in deren Tradition Wachler stand, alles daran, dass möglichst viele Menschen möglichst viel lesen. Und sie hatte, in bescheidenen Maßen, auch Erfolg damit. Dann aber fielen ihr die negativen Effekte der Lesefähigkeit auf. Gerade die beiden wichtigsten Lesergruppen für literarische Texte – Frauen und junge Männer – ließen sich bald ebenso wenig Vorschriften über den Inhalt ihrer Lektüre machen wie der Buchmarkt, der munter niveaulose Romane produzierte. Daher entstand eine ausführliche Diskussion um die übermäßige, suchtartige Neigung zur Lektüre, die Jacob bei sich selbst diagnostizierte: «Auch für mich ist ein schönes Buch etwas herrliches, eine Erholung, die ich mir stets ersehne. Auch wird jeder gebildete diese Freude diese Belustigung keinem versagen. Nur freilich – u. dies ist wohl der einzige Nachtheil – wird man leicht hingerißen u. versäumt dann nöthigere, wenn gleich minder angenehme Dinge. Doch dahin muß man es nicht kommen laßen u. sonst, was kann schöner angenehmer seyn! Ohne Bücher Kupferstiche Gemählde würde für mich das Leben nicht so reitzend seyn, als es ist, […] u. oft wünsche ich mir ewig zu leben, gern wollte ich manche Beschwerlichkeiten tragen, wenn diese Erholung damit verbunden wäre.»[41]

Stets schwingt in der Debatte um die Vielleserei die Sorge mit, die Konsumenten könnten durch Romane vom Pfad der Tugend abgebracht werden. Wer rettet die lesenden Jünglinge und ungebildeten Mädchen und Frauen vor überspannten, vielleicht sogar erotisch bedenklichen Vorbildern? Wer verhindert, dass die Leidenschaft für die Lektüre in Geld- und Zeitverschwendung ausartet? Wer kümmert sich um den Haushalt, wenn die Frauen ständig lesen? Und was wird aus dem wissenschaftlichen Nachwuchs, wenn die Studenten in Romanen versunken unter Weiden kauern?[42]

Die Sorgen des akademischen Lehrers von Jacob Grimm gehen in diese Richtung. Allerdings hält Wachler, wie sein Schüler, die Gefahren für berechenbar: Die oftmals grellgezeichneten Fälle von Lektüremissbrauch dürfe man nicht überschätzen; der «unmässige Hang zur leichtern und bequemern, mehr zeitverkürzenden als Nutzen schaffenden Leserey» existiere zwar ebenso wie die «Angewohnheit, Alles flüchtig zu durchblättern und nach dem Neuen und auf Augenblicke Unterhaltenden zu haschen» oder die «Oberflächlichkeit, und die Vernachlässigung des Alten». Aber es handle sich dabei lediglich um leicht vermeidbare Nebeneffekte.[43]

Aus der Ferne klingt damit die Leitmelodie für das Leben der Brüder Grimm an: Sie holen sich aus Büchern jene Welt voller sinnlicher, gemeinschaftlicher Lebensfreude, die sie in ihrer Gegenwart vermissen. Allerdings erregt die konsumierende Lektüre doch zu leichtfertig Gefühle; in den Liebesgeschichten von Kotzebue und Lafontaine gönnt man sich ein wenig zu unbekümmert und lustvoll Entlastung von den Mühen des Alltags. Die Romantik fordert daher eine Literatur, die das Leben verändert, ohne sich der Gegenwart auszuliefern; eine Literatur, die die neuen Ideale der emotionalen Intensität aufgreift, aber der Forderung nach Eingängigkeit und müheloser Konsumierbarkeit widersteht. Ebendiese Art von Literatur findet Jacob bei den Autoren der Romantik, die – dem berühmten 116. *Athenaeums*-Fragment zufolge – «die Poesie lebendig und gesellig, und das Leben und die Gesellschaft poetischer machen».[44]

Jacob justiert seine literarischen Interessen neu. Bereits im September 1802 macht er sich über die Mode der Ritterromane und deren schematische Handlung lustig, lobt aber wenig später mit einigen Einschränkungen noch Kotzebue. Von 1803 an wird ihm das nicht mehr passieren. Jetzt ist Jacob auf dem Laufenden und kennt die Parteiungen. Kotzebue gehört zu den Trivialautoren, denn er hat sich als Gegner der Jenaer beziehungsweise Berliner Frühromantiker profiliert. Solche Kritiker, erklärt Jacob nun, «suchen immer auf die Schlegels anzusticheln, aber sehr schwach, sie sind – wenn man auf literarische Wichtigkeit u. Ruhm sieht, u. auch wohl sonst nicht – nicht würdig jenen die Schuhriemen aufzulösen».[45]

Jacob kennt mit dem Schlegel-Kreis eine der avanciertesten literarischen Gruppen seiner Zeit. Dadurch wird er «in ein ganz anderes Feld der Lektüre versetzt», wie Paul Wigand und Wilhelm Grimm merken, als sie um Ostern 1803 in Marburg eintreffen. Jacob habe

sie schnell von den trivialen Leihbibliotheksbüchern abgebracht.[46]
Die Folgen sind auch bei Wilhelm spürbar. Wenn er ältere Literatur
liest, etwa Klopstocks *Messias* oder die Lyriker der Früh- und Hoch-
aufklärung wie Johann Peter Uz oder Friedrich von Hagedorn, dann
beurteilt er sie mit dem begrifflichen Instrumentarium der frühromantischen Ästhetik: Von «modern u. sentimental» ist dann die
Rede, von einer «neuen Mythologie» oder vom «Leben des Lebens»
wie bei Friedrich Schlegel; und von einer ‹leichten›, ‹zarten› Poesie,
wie sie dessen Bruder August Wilhelm verkündet.[47]

Diese Richtung verfolgen die Brüder Grimm in der nächsten
Zeit immer strikter. Sie nehmen die Programmschriften wahr, etwa
August Wilhelm Schlegels Berliner Vorlesung *Über schöne Literatur und Kunst* (1802 / 03), seinen Aufsatz *Die Sprachen* oder das *Gemälde*-Gespräch – die beiden zuletzt genannten Beiträge schreibt
Jacob Grimm 1804 komplett aus dem *Athenaeum* ab.[48] Die Lafon-
taine-Lektüre geht jetzt allenfalls noch als «fatale Jugendgewohn-
heit» durch.[49]

Jacob erlebt an der Entwicklung des eigenen Lektüreverhaltens
mit, wie wichtig Literatur werden kann: als Fluchtort vor den überkommenen Wissensformen der traditionellen Universitätslehre wie
vor den pragmatischen Anforderungen, denen er sich familienpoli-
tisch ausgesetzt sieht. Zugleich erlebt er mit, wie diese alltagstaug-
liche Literatur abgewertet wird, wie sich U- und E-Literatur, Tri-
vial- und Hochliteratur voneinander trennen. Diese Entwicklungen
bilden den Hintergrund für die Entdeckung der ‹Volkspoesie› durch
die Brüder Grimm. Darin verbinden sich Elemente der unterschiedlichen Lesekulturen, die die Grimms selbst durchlaufen: Die ‹Fa-
brikliteratur› ihrer Zeit vermittelt ihnen eine Idee von Popularität; die Hochliteratur liefert ästhetische Normen und Werte, die die
‹Volkspoesie› der Grimms vor der Verwechslung mit Trivialliteratur
bewahrt. Gegen beide Formen literarischer Produktion richtet sich
schließlich der Gedanke einer kollektiven, unbewussten Erfindung
von ‹Naturpoesie› aus dem Leben der Gemeinschaft, an dem vor allem Jacob nachdrücklich festhält.

Als Wilhelm nach Marburg kommt, taucht Jacob aus den Bücherfluten auf. Schon während der gemeinsamen Fahrt zum Studien-
ort spielen sich die Muster des Zusammenlebens ein: Wilhelm, mit
Nachtmütze auf dem Kopf, liegt auf einem Kissen und ärgert sich
heimlich über Jacob, denn der isst «alles Fleisch das wir hatten con-
tinuirlich auf».[50] Man unterhält sich über das literarische Leben, Jacob liest aus einem Taschenbuch vor. Bei einer Rast erkunden er und
Wigand eine Burgruine, während Wilhelm – nach wie vor gesundheitlich geschwächt – beim Tee sitzt.[51] Nach ihrer Ankunft zieht Wilhelm zu Jacob. Als dieser nach Paris reist, lebt Wilhelm zunächst allein, dann zieht Paul Wigand zu ihm in die heutige Wendelgasse 4.

Die Grimms gehören mit Malsburg, Wigand und Friedrich von
Schwertzell zu einem Kreis ehemaliger Schüler des Kasseler *Lyceums*.
Zwischen den Studenten kursieren Billets: Malsburg bittet Wilhelm,
ihm bei den Hausaufgaben zu helfen – «ich bin gar zu faul gewesen, u habe die Arbeit noch nicht angesehen, u nun ist es auf einmal
schon Dienstag geworden»; man lädt einander zum Essen ein, leiht
sich Kleidung, weil die eigenen «weissseidenen Strümpfe» noch in
der Wäsche sind. Die Grimms beteiligen sich am Liebhabertheater.

Jacobs Stimmung verändert sich. Ende 1803 berichtet er, er sei
«jetzt auch im Konzert u. the dansant abonnirt». Selbst auf den
«Neujahrsball» werde er gehen.[52] Er besucht die Komödie und danach den «Ball im Hofmännischen Saal – wo mirs zwar wegen meiner Kleidung übel ging, indem W. im Koffer fast alles mitgenom-
men hatte, u. die ich daher zusammenbetteln mußte – wo ich aber
ausnehmend gut divertirte». Auch auf einigen «ziemlich langweiligen Theegesellschaften» schlägt er die Zeit tot.[53] Im Oktober 1804,
auf der Heimreise in die Ferien zur Mutter, macht Jacob sogar einen
Abstecher nach Frankfurt und sieht sich dort eine Vorstellung von
Kotzebues *Rollas Tod* an.[54]

Es bleibt nicht bei Tanztees und Bällen in Marburg. Die Clique
zieht immer wieder los und unternimmt Ausflüge in die Umgebung, nach Goßfelden zum Pfarrer Johann Christian Bang, nach Allendorf zum Pfarrer Johann Adam Mannel. Im Frühjahr 1803 be-

schließen die Studenten, nach Kassel zu reisen, um die Verleihung der Kurfürstenwürde an Wilhelm IX. mitzuerleben.[55] Da sie Geld sparen wollen, gehen sie zu Fuß nach Willingshausen, dem Wohnsitz der Familie des Schulfreunds und Kommilitonen Friedrich von Schwertzell. Der Hauskutscher soll sie dann nach Kassel fahren.

Der Aufenthalt auf dem Rittergut versetzt die jungen Männer in Hochstimmung. Die Eltern von Schwertzells befinden sich in Kassel; der Sohn hat die Befehlsgewalt und damit alle Freiheiten. Zum krönenden Abschluss findet sogar eine «Bauernhochzeit» auf dem Schloss statt: Schon nachmittags begegnen die Studenten der Brautgesellschaft – «es waren anständige u. wohlhabende Leute», erinnerte Paul Wigand sich, «wie überhaupt in der fruchtbaren Gegend an der Schwalm Wohlstand u. Sitte herrschen». Schwertzell überlässt den Feiernden den Tanzsaal, weil diese sonst keinen geeigneten Raum zur Verfügung haben. Erst beobachten die Studenten aus sicherer Entfernung das Fest, bald werden sie von «hübschen Bauernmädchen» zum Tanz geladen. Der «Schwälmer», der «lustige[ ] Nationaltanz», war gerade in Mode.[56] Am nächsten Tag reisen die Studenten nach Kassel weiter ins «Getümmel» der kurfürstlichen Feierlichkeiten, «das mir aber», schließt Wigand seinen Bericht, «nicht so viel Genuß gewährte, als der lustige bewegte Tanz zu Willingshausen».[57]

Man weiß nicht, wie Jacob sich beim Tanz mit den «hübschen Bauernmädchen» aufgeführt hat. Er tanzt jedenfalls gern und schnell, denn dabei fällt alles von ihm ab, was ihn an der Gesellschaft stört – man muss nicht viele Worte machen, die Tänzer sind gleichgestellt, und soziale Barrieren werden spielerisch überwunden. So berichtet Jacob am 6. Oktober 1804 von Steinau aus brieflich über einen Aufenthalt in Hanau, wo man ihn zum «Konzert» eingeladen hatte. Wieder einmal gibt er den ‹Werther›, jetzt allerdings nicht den einsam unter Bäumen sitzenden Outsider mit Buch oder Zeichenstift in der Hand, sondern den Empfindsamen, der das naive, schlichte Zusammensein liebt.[58]

Dieses «Wiedemännische Konzert» findet in einem großen Saal

mit ebenem Fußboden statt; die Musikanten stehen auf der Bühne und behindern die Tänzer nicht – «die Musik kommt wie aus der Luft». Das Fehlen der räumlichen Blockaden lässt auch die sozialen Grenzen schwinden. Die Tänzer beschleunigen das Tempo. Es werde in Hanau, betont Jacob, anders als in Kassel oder Marburg, «sehr geschwind gewalzt, was mir sehr gefällt». Er führt der versammelten Gesellschaft Tanzschritte eines Hopswalzers aus Marburg vor: «die ich angab gefielen recht gut, vermuthlich – weil man sie nicht kannte. Uebrigens waren einige ausgezeichnete männliche Tänzer da, deren Fertigkeiten ich mir wohl wünschen mögte».[59]

Kassel erscheint so im Vergleich mit den Kindheitsorten auf einmal als eine langweilige Stadt. Auch in Steinau, wohin Jacob von Hanau aus weiterzieht, hat er «sehr vielen Spaß». Er geht aufs «Bürgerschießen», besucht eine Hochzeit. Über Mangel an Gesellschaft und Begegnungen kann er nicht klagen. Hanau und vor allem Steinau werden jetzt aus der Perspektive des Heimkehrers zur Heimat.[60]

Jacob erobert sich seine Kindheitsorte tanzend. Das ist kein Zufall. Denn im Tanz bilden junge Generationen ihr Selbstbewusstsein aus.[61] Dem ‹Walzen›, das Jacob so gut beherrschte, kam dabei eine besonders wichtige Funktion zu: Beim ‹deutschen Tanz› bewegen sich Paare in beliebiger Zahl. Die Tänzer sind zudem in verhältnismäßig engem Körperkontakt nur auf sich selbst bezogen. Sie entscheiden, wann sie aufhören und beginnen. Der Walzer privatisierte das Tanzvergnügen[62] und symbolisierte den Anspruch einer neuen Generation auf ein individuelles Gefühlsleben. Daher ließ Novalis sogar den Helden seines Romans *Heinrich von Ofterdingen*, den die Grimms in dieser Zeit gelesen haben, im Mittelalter mit seiner Geliebten ‹walzen›.

Frauen spielen im Übrigen selbst hier bei Jacob keine Rolle. Zumindest erfahren wir nichts von ihnen. Schon von daher erübrigen sich die kritischen Stimmen, die den Walzer zu Werthers Zeiten verdammten. Damals schrieb Johann Georg Jacobi: «Wir sollten nicht gestatten, daß unsere Weiber, Töchter und Geliebten von Männerarmen umschlungen, Brust an Brust mit ihnen, in völliger Betäubung

ihrer selbst, nach einer wilden Musik herumgeschleudert würden.»[63]
Diese alten Argumente verlieren ohnehin an Überzeugungskraft.
Man entdeckt die Unschuld des Tanzvergnügens bei Kindern, lobt
die Gleichheit, die die gemeinsame Bewegung zur Musik stifte.[64] Der
Tanz repräsentiert eine neue soziale Ordnung, in der sich freie Individuen selbst die Regeln geben, um in harmonischen Einklang mit
dem Ganzen der Gesellschaft zu gelangen.[65] Anders als die ruhigen
und stabilen Charakterformen, die die aufgeklärte Philosophie der
Zufriedenheit und Glückseligkeit favorisierte, weist die Vorliebe für
den Walzer auf ein unruhiges, ein bewegtes und vitales Innenleben
hin.[66] Insofern entspricht das Walzen der romantischen Sehnsucht
nach dem Neuen und Unbekannten. Jacob, der gerade die Schnelligkeit beim Tanzen liebt, findet auf dem Land also nicht das Gegenbild zur Stadt. Er entdeckt dort nicht das in sich ruhende Leben,
sondern jene innere Erregung, die das moderne Ich auszeichnet.

Zudem entfernten sich die Brüder auf ihren Spaziergängen und
Fahrten weniger weit von der Marburger Universität, als sie dachten. Tanzunterricht gehörte zum Ausbildungsprogramm, wie es Jacobs Dozent Ludwig Wachler entwarf. Weil der «Jüngling» auf der
Universität zum «moralisch-guten Menschen» gebildet werden
solle, zum brauchbaren Geschäftsmann, der sich durch «Humani-
tät, Geschmack und geistige Selbstthätigkeit» auszeichne, solle das
Studium die jungen Männer an die «gesellschaftliche Ordnung»
gewöhnen.[67] Jacob und seine Kommilitonen folgten – vermutlich
ohne es zu wissen – der Vorgabe des Dozenten, wenn sie anstelle eines «künstlichen Unterhaltungsstoffes» die «einfachen Freuden im
Schoose der Natur» genossen: «[…] wie ungesucht findet der Jüngling im Kreise der Freude und des heitern Frohsinns den ihm durch
Geist und Neigung verschwisterten jugendlichen Freund und er-
lernt in Beobachtung der Freundschaftspflichten die Ausübung der
höhern Gesellschaftspflichten.»[68]

Methode

Auch wenn die Grimms also durchaus den akademischen Ausbildungsprogrammen folgten, urteilten sie über die Dozenten ähnlich abschätzig wie über ihre Lehrer auf dem Kasseler *Lyceum*. Lediglich Ludwig Wachler brachte ein wenig Leben in diese pädagogische Einöde: Seine Vorlesungen über Geschichte und Literatur zogen ein größeres Publikum an; zum «Zeitungskolleg» drängelten sich die Studierenden aller Fakultäten und die interessierten Marburger.[69] Der Rest war im Rückblick für die Grimms allenfalls Mittelmaß. Philipp Friedrich Weis, der sie unter anderem über das Römische Recht informierte, bewies zwar eine gewisse Lebendigkeit, aber «mitunter ins Geschmacklose zu gerathen ward ihm auch nicht schwer». Johann Heinrich Christian Erxleben, ebenfalls zuständig für das Römische Recht sowie für das Kirchenrecht, zeichnete sich durch «eine langweilige und abgelebte Zierlichkeit des Ausdrucks» aus.[70] Jacob parodierte ihn perfekt. Bald musste Wilhelm sich das Lachen verkneifen, wenn er den Dozenten nur ansah.[71] Andere Lehrer wurden nicht einmal charakterisiert: Anton Bauer etwa, der deutsches Privatrecht und Kriminalrecht unterrichtete und den Wilhelm während des Studiums «recht lieb» gewonnen hatte, oder Georg Friedrich Carl Robert, dessen Spezialgebiete die Reichsgeschichte und das Staats- und Lehnrecht waren.[72]

Die kritische Haltung der Grimms ist kein Einzelfall. Um 1800 wird viel über die Universität geklagt. Ob das Lamento die Sachlage immer trifft, erscheint fragwürdig. Es drückt vielmehr eine Stimmung aus, die die Aufklärung geschürt hatte: das Ressentiment gegen eine unpraktische, lebensuntaugliche Form von Gelehrsamkeit. Einen Eindruck von diesen Schattenseiten des Marburger Universitätsstudiums vermittelt Paul Wigand in seiner Autobiographie: «Die Collegia wurden unausgesetzt besucht, dicke Hefte nachgeschrieben, und der Inhalt dem Gedächtniß eingeprägt. Von Anleitung zu eignem Studium und wissenschaftlicher Ausbildung war keine Rede […]. Alle Compendien waren lateinisch, und da auch die Vorträge der Professoren damals noch halb lateinisch, halb deutsch waren, und die [...] stereotyp zum Vortrag kommende Weisheit in Definitionen und Distinctionen, Abtheilungen und Unterabtheilungen bestand, so reducierte sich das Ganze auf Gedächtnißkram.»[73]

Die Politik steht dieser Form von Gelehrsamkeit Ende des 18. Jahrhunderts immer skeptischer gegenüber – sie will keine Gelehrten mit polyhistorischen Kenntnissen, sondern fordert praktische Ausbildung. Daher übernimmt der Staat zunehmend die Verantwortung für die Universität, verändert Prüfungsverfahren oder greift in die Berufung des wissenschaftlichen Personals ein.[74] Zugleich verändert sich das Selbstverständnis der Lehrenden und der Studierenden. Sie entdecken ‹Selbsttätigkeit› als zentrale Verhaltensnorm.

Die Universitäten richten sich sehr langsam auf die neue Linie aus. Institutionen bewegen sich träge. Von der Mitte des 18. Jahrhunderts bis weit ins 19. Jahrhundert dauert es, bis oft nur Reformansätze verwirklicht werden. Als die Brüder Grimm studieren, ist die Unzufriedenheit mit der Marburger Universität so groß, dass die Studentenzahl bedrohlich sinkt: 1802 immatrikulieren sich nur noch halb so viele wie im Jahr zuvor. An der Juristischen Fakultät geht die Zahl immerhin von 90 auf 71 zurück. Dieser Trend verstärkt sich in den folgenden Jahren. 1803 reichen die Bürger Marburgs eine Klageschrift bei ihrem Landesvater ein, denn die Universität fällt zunehmend als Wirtschaftsfaktor aus. 1804 beginnt man konsequent, über Gegenmaßnahmen nachzudenken.[75] Das ist nicht zuletzt deswegen bemerkenswert, weil es in der deutschen Kleinstaaterei eigentlich einen großen Bedarf an Beamtennachwuchs für die Verwaltungsapparate gab. Seit dem 18. Jahrhundert gewannen die deutschen juristischen Fakultäten an Bedeutung, und die Studentenzahlen explodierten geradezu.[76]

Während Jacobs und Wilhelms Studentenzeiten jedenfalls blieb die Universität Marburg noch weit entfernt von einer modernen Hochschule. Bekannt war sie eher dafür, dass sie von oben herab die Lehrfreiheit gängelte: Man versuchte, die Verbreitung der kantischen Philosophie und der Lehren der Französischen Revolution zu verhindern.[77] Aber die Stimmung, dass sich etwas verändern muss und verändern wird, lag in der Luft. Die Grimms wurden Zeugen einer zumindest gedanklichen Bildungsrevolution, die den Zugang zum Wissen und den Umgang damit von Grund auf veränderte.

Vielleicht vermittelte Ludwig Wachler den neuen bildungspolitischen Zeitgeist. Er brachte seine Studenten ja auch literarisch auf den Stand der Dinge. Als Jacob mit dem Studium begann, setzte Wachler gerade den Schlusspunkt unter seinen Beitrag zur Universitätsreform in *Aphorismen über die Universitäten* (1802). Wachlers Argumentation läuft darauf hinaus, dass die Ausbildung von Staatsdienern und die Förderung der Staatseinnahmen mit der «Veredelung der Menschheit» zusammenfallen. Anstelle von «Maschinen» solle die Universität «gebildete, moralisch-gute und ihrer Perfectibilität bewusste Menschen» formen.[78] Er wünsche sich ein unaufhörliches «Streben», das «rastlos an eigener intellectueller und moralischer Veredelung» arbeite.[79] Wachler sah, dass diese Haltung nicht allein über Wissen vermittelt werden konnte. Daher forderte er von den Universitäten unter anderem, dass sie den Kunstsinn beleben, Zeichenunterricht, Gymnastik und – wie erwähnt – Tanz in ihr Angebot aufnehmen sollten.[80]

Das Bild einer neuen Universität, das Wachler in seinen *Aphorismen* mit einfachen Worten entwarf, findet sich zumindest in einigen zentralen Gedankenfiguren auch in den Schriften zur Universitätsreform beispielsweise bei Fichte, Schelling oder Schleiermacher wieder, nur dass diese mit offen formulierten Nützlichkeitserwägungen sparsamer umgingen. Gemessen daran, konnten die Grimms mit dem Angebot in Marburg nur unzufrieden sein. Doch vielleicht wäre ihnen gar nicht bewusst geworden, was ihnen fehlte, wenn ihnen nicht ein junger Dozent die neue Welt der Bildung vor Augen geführt hätte: Friedrich Carl von Savigny.

Savigny lehrte seit 1800 in Marburg. Als Jacob dort ankam, traf der Siebzehnjährige auf einen nur sechs Jahre älteren Privatdozenten. Im Mai 1803 wurde Savigny zum außerordentlichen Professor «der Rechte und Beisitzer der Juristenfakultät» ernannt.[81] Er gehörte zu jenem Typus des hochbegabten Jünglings, der in der Romantik häufig auftauchte. «Grosz war er gewachsen», erinnerte sich Jacob Jahrzehnte später, «damals noch schlank, trug grauen oberrock, braune blaustreifige seidenweste, sein dunkles haar hieng ihm schlicht herunter.»[82]

Savigny verzauberte die beiden Ausnahmestudenten in erster Linie durch seinen Lehrstil. «Was kann ich aber», schreibt Jacob in seiner Autobiographie, «von Savignys vorlesungen anders sagen, als dasz sie mich aufs gewaltigste ergriffen und auf mein ganzes leben und studieren entschiedensten einflusz erlangten?» Auch Wilhelm «weiss nicht leicht etwas, das so grossen Eindruck» auf ihn gemacht hat, wie Savignys Vortrag, dessen Lebendigkeit «bei vollkommner Klarheit und dem Ausdruck innerer Überzeugung eine gewisse Zurückhaltung und Mässigung» vermittelt habe. Am 21. Februar 1805 schwärmt er Ernst Otto von der Malsburg vor, Savigny sei «der einzige Mann den ich in dem Grad verehre, mein Zutrauen zu ihm ist grenzenlos, ich würde ohne Bedenken mein ganzes Leben in seine Hände legen».[83]

In seiner ganzen Haltung vermittelte Savigny den Grimms das Bild einer dynamisierten Form des Wissens, das ohne Ansehen der Person, des Standes oder der Herkunft, lediglich aufgrund von Kompetenz und Leistung erworben und ausgebreitet wird. Diese Wissensform, diese Einstellung und Verhaltensweise teilte sich den Grimms in den Vorlesungen des jungen Dozenten mit. Savigny zog die Studenten in seinen Bann, indem er während der Vorlesung Fragen an die Zuhörer richtete und sie auf diese Weise teilnehmen ließ. Er verteilte Hausaufgaben und rezensierte die Ergebnisse.[84] Die Studenten prägten sich die «mienen und gebärden» ihres Lehrers ein. Immer ging es um Inhalt *und* Form, um Lehrstoff *und* -stil, um Lerngehalt *und* -haltung.

Savigny forderte vom Wissen, dass es – wie er einmal brieflich formulierte – «unser Innerstes durchdringe und so als ein Theil von uns selbst und somit frei ins Leben trete». Deshalb bestand für ihn die «ganze Kunst eines Lehrenden darin, die productive Energie des Schülers methodisch zu beleben und ihn die Wissenschaft selbst ausfinden zu lassen». Das war ungewöhnlich, in einigen Punkten wohl auch provozierend für die alteingesessenen Professoren, allerdings eher in der Praxis als in der Theorie. Denn in den Programmen der Universitätsreformer, etwa in Wachlers *Aphorismen über die Universität*, hatten solche Überlegungen um 1800 Konjunktur. An oberster Stelle stand dort die Freiheit der Studierenden, die zur «Selbstthätigkeit» angestiftet werden sollten. Gerade der mündliche Unterricht diene dazu, so Wachler, das «blinde Vertrauen auf Einen Führer» zu untergraben. Entsprechend engagierte sich der Universitätsdozent. Sein «Geist» sei «rastlos thätig», seine «Kraft unerschöpflich»; «Arbeiten ist ihm Leben; nie tritt Sättigung der Wissbegierde ein». Sein Vortrag solle «die Wissbegierde des Studirenden reizen, aber nicht befriedigen, damit die Selbstthätigkeit geweckt werde».[85]

Ebendiese Form der akademischen Sittlichkeit verkörperte Savigny für die Grimms. Welche Vorgehensweisen Savigny seinen Studenten vermittelte, lässt sich immerhin ansatzweise aus einer Mitschrift Jacobs zur Vorlesung über Methodologie aus dem Wintersemester 1802 / 03 entnehmen, die Wilhelm seinerseits in ein Kollegheft übertragen hat.[86] Behandelt werden darin «historische» und «philosophische» Aspekte der Rechtswissenschaft sowie philologische und hermeneutische Fragen. Die Studierenden erhalten Literaturhinweise und Ratschläge zum richtigen Lesen. Savigny rundet den Kurs mit einigen grundlegenden Gedanken zum Status der Universität ab: Die akademische Lehre ziele gerade nicht darauf, «die nothdürftigsten Kenntnisse so kurz und leicht als möglich» zu vermitteln, das lasse sich «weit leichter durch Bücher erreichen». Der persönliche Kontakt von Dozenten und Studenten solle vielmehr einen Überblick über das Ganze geben und den Einzelnen in die Lage versetzen, sich «frei» in einer «Wissenschaft» zu bewegen.[87]

Savigny zielte auf ein geschichtliches Verständnis des Rechts, um die aktuelle Gesetzgebung und Rechtsprechung zu verbessern.[88] Die wichtigste Aufgabe sah er darin, die Quellen wieder zu erschließen, genauer: die Quellen des Römischen Rechts, das er sich zum Leitbild nahm. Jurisprudenz und Philologie gingen bei Savigny Hand in Hand. Seine Methode trat damit an zwei Fronten an: Zum einen lehnte er das Chaos der bestehenden Rechtsformen ab – um 1800 galten in Deutschland unterschiedliche Rechtsordnungen, die nicht oder nur unzulänglich aufeinander abgestimmt waren: Landes- und Reichsgesetze, das Kanonische und das Gemeine Recht, das auf dem Römischen Recht aufbaute. Zum anderen jedoch hielt er nichts davon, das Recht aus abstrakten Prinzipien abzuleiten, es gewissermaßen revolutionär neu zu erfinden. Wie viele seiner Zeitgenossen, etwa Novalis, Friedrich Schlegel, Adam Müller, Alexander von der Marwitz oder Goethe, wollte er *alte* Rechtstraditionen achten, nur eben auf eine *neue* Art.

Ähnlich ambivalent stand die historische Rechtsschule den politischen Umwälzungen in Frankreich gegenüber. Gegen die Revolution brachten Rechtstheoretiker wie Savigny den Gedanken in Stellung, dass sich historische Entwicklungen langsam vollziehen, weil gesellschaftliche und politische Ordnungen von der Fülle der Überlieferung getragen werden: Gesten, Einstellungen, die Anerkennung von Macht und das Einverständnis in die eigene Ohnmacht lassen sich nicht von heute auf morgen verändern – jeder Politiker mit zu großem Reformeifer muss entdecken, dass er den Menschen nicht neu erfinden kann, dass der Staat keine programmierbare Maschine ist.

Edmund Burkes *Reflections on the Revolution in France* (1790) lieferte den Revolutionsgegnern die entsprechenden Stichworte. Aber wie Novalis in seinen *Blüthenstaub*-Fragmenten bemerkte: «Es sind viele antirevoluzionäre Bücher für die Revoluzion geschrieben worden. Burke aber hat ein revolutionäres Buch gegen die Revoluzion geschrieben.»[89] Denn diese Form des historischen Denkens – und hier liegt die entscheidende Pointe – widerspricht zugleich einem absolutistischen Machtverständnis, das ‹von oben› herab souverän bestimmt, was ‹unten› geschieht. Geht man stattdessen vom Modell einer vielfach verteilten Macht aus, deren Geschichte die Gegenwart zur Kenntnis nehmen muss, dann sind alternative Herrschaftsformen gefragt.

Das Problem war den Grimms bereits in Kassel begegnet, wo der

Landesfürst seine ‹gute Policey› im Dienste sauberer Straßen, medizinischer und sozialer Hygiene ausübte. Freilich zeigt gerade die Flut an Verfügungen, die oftmals auf Ordnungswidrigkeiten mit immer neuer Strafandrohung reagierte, wie schwer es war, Gewohnheiten ‹souverän› zu verändern. Zugleich sieht man, an wie vielen Stellen die Macht angriff, wie sie sich verteilte und die Bevölkerung gewissermaßen von innen heraus zu ergreifen versuchte, vom Blumenpflücken über das Rauchen auf der Straße bis hin zum Benehmen von Kindern und den Vorschriften zur Pockenimpfung.

Bei allen Konflikten, die sich zwischen den Brüdern Grimm und Savigny im Lauf der Zeit ergaben, fühlten sich Jacob und Wilhelm ihrem Lehrer immer verpflichtet: Er hatte ihnen gezeigt, wie sich das Alte mit dem Neuen, das Interesse an der Tradition mit einer modernen Forschungshaltung kombinieren ließ. Savigny begründete die Rechtswissenschaft neu und verabschiedete die rechtswissenschaftliche Tradition, um die Tradition des Rechts in ihrem ganzen Glanz erstrahlen zu lassen. Er formulierte ein empirisches Untersuchungsprogramm, das die Quellen vom Schutt der Überlieferung freiräumen sollte, und diese Rettung der Vergangenheit ereignete sich im Rahmen einer modernisierten Wissenschaft, die Faktoren wie Zeitlichkeit, Vorläufigkeit und Verbesserungsbedarf positiv gegenüberstand.

Zumindest im Rückblick erschien es daher Jacob und Wilhelm Grimm so, als ob Savigny ihnen das Studium der Geschichte eröffnet habe. «Wir beide», erinnerte sich Wilhelm, «erhielten die Erlaubnis, Savigny zu besuchen und uns Raths bei ihm zu erholen; die Anregung, die nicht bloss von seinen Vorlesungen ausgieng, die Einsicht von dem Werthe geschichtlicher Betrachtung und einer richtigen Methode bei dem Studium war ein Gewinn, den ich nicht hoch genug anschlagen kann, ja ich weiss nicht, ob ich sonst je auf einen ordentlichen Weg gekommen wäre.»[90] Das Recht bildete dabei nur das Entrée und erlaubte den Zugang zu einer Welt der Bücher, die sich als weitaus größer, geräumiger und verzweigter erweisen sollte, als die Jurastudenten ahnten.

Die Entdeckung des Mittelalters

Jacob und Wilhelm durften Savigny also in seinem Haus besuchen. Es lag in der Ritterstraße unterhalb des «Forsthofs», der bis etwa 1800 der Sitz des landgräflichen Oberforstmeisters gewesen war und nun Savignys Kollegen Philipp Friedrich Weis gehörte. Die Grimms wohnten nicht weit entfernt.[91]

Der persönliche Kontakt bedeutete den Grimms auch deswegen so viel, weil Savigny ein ausgesprochener Büchernarr war. Als Student hatte er die Bibliothek von Weis benutzen dürfen, der ihn nebenbei auf seinen künftigen Forschungsgegenstand aufmerksam gemacht hatte: die Geschichte des Römischen Rechts im Mittelalter.[92] Nun öffnete Savigny seinerseits dem begabten Nachwuchs nicht allein die Welt der juristischen, sondern auch der poetischen Literatur und regte Jacob und Wilhelm zu ihren künftigen Forschungen an.

In ihrer Erinnerung bringen Jacob und Wilhelm jedoch ganz unterschiedliche Dinge aus Savignys Bibliothek mit. Wilhelm schreibt: «Für wie vieles […] hat er uns den Sinn erschlossen, und wie manches noch unbekannte Buch ward aus seiner Bibliothek nach Haus getragen! Die anmuthige Weise, mit welcher er wohl gelegentlich etwas vorlas, eine Stelle aus Wilhelm Meister, ein Lied von Goethe, ist mir noch so lebhaft in Gedanken, als habe ich ihm erst gestern zugehört.»[93] Savigny schärfte demnach die Aufnahmebereitschaft der Brüder für die geschmackliche Revolution der Jahrhundertwende. Tatsächlich verfolgte er von früh an mit großer Aufmerksamkeit die aktuellen literarischen Entwicklungen und schlug sich dabei auf die Seite des *Athenaeum*-Zirkels um die «Schlegels».[94]

Während Savigny so für Wilhelm als eine Art Loreley der neuesten Literatur auftritt, findet Jacob in ihm einen Fremdenführer zur Poesie des deutschen Altertums: «in seiner damals schon reichen und auserwählten bibliothek bekam ich dann auch andere nicht juristische bücher zu sehen, z.b. die Bodmersche ausgabe der deutschen minnesinger, die ich später so oft in die hand nehmen sollte, und auf welche Tieks buch und dessen hinreiszende vorrede mich gespannt gemacht hatte.»[95]

Wilhelm also verlässt die Wohnung Savignys in der Erinnerung mit einem neuen Lied im Ohr, Jacob mit einem Packen mittelalterlicher Poesie. Das sind Pointierungen aus der historischen Distanz. Aber sie verweisen auf das Zusammenspiel des Modernen mit der Entdeckung der Vergangenheit. Deutlicher wird das in einer Erinnerung Jacob Grimms. Es handelt sich um eine Art Gründungsszene der Germanistik. Wie alle Gründungsszenen ist auch sie durch und durch vom Geist der Poesie beseelt. Sie berichtet von einem Besuch in Savignys Bibliothek an «irgend einem sommertag des jahres 1803», und dies auf eine so wunderbare Weise, dass die Stelle ausführlich zitiert werden muss:

«zu Marburg musz man seine beine rühren und treppe auf, treppe ab steigen. aus einem kleinen hause der barfüszer strasze führte mich durch ein schmales gäszchen und den wendelstieg eines alten thurms der tägliche weg auf den kirchhof, von dem sichs über die dächer und blütenbäume sehnsüchtig in die weite schaut, da war gut auf und ab wandeln, dann stieg man an der mauerwand wieder in eine höherliegende gasse vorwärts zum forsthof, wo professor Weis noch weiter hinauf wohnte. zwischen dessen bereich und dem hofthor unten, mitten an der treppe, klebte wie ein nest ein nebenhaus, in dem Sie Ihr heiteres, sorgenfreies und der wissenschaft gewidmetes leben lebten. ein diener, namens Bake, öfnete und man trat in ein nicht groszes zimmer, von dem eine thür in ein noch kleineres gemach mit sopha führte. hell und sonnig waren die räume, weisz getüncht die wände, tännen die dielen, die fenster gaben ins Gieszer thal, auf wiesen, Lahn und gebirg duftige aussicht, die sich zauberhafter wirkung näherte, in den fensterecken hiengen eingerahmt kupferstiche von J. G. Wille und Bause, an denen ich mich nicht satt sehen konnte, so freute mich deren scharfe und zarte sauberkeit. doch noch viel gröszeren reiz für mich hatten die im zimmer aufstrebenden schränke und in ihnen aufgestellten bücher, deren ich bisher auszer schulbüchern und des vaters hinterlassenschaft nur wenige kannte. einzelne reihen folgten unsrer gewöhnlichen ordnung, bei andern war sie umgekehrt, wie man hebräisch schreibt von der rechten zur linken, und ich hörte Sie die verdrehung, deren nothwendigkeit mir nicht einleuchten wollte, erklären und vertheidigen. man durfte auf die leiter steigen und näher treten. da bekamen meine augen zu schauen was sie noch nie erblickt hatten. ich entsinne mich, von der thür eintretend an der wand zur rechten hand ganz hinten fand sich auch ein quartant, Bodmers samlung der minnelieder, den ich ergrif und zum ersten mal aufschlug, da stand zu lesen ‹her Jacob von Warte› und ‹her Kristan von Hamle›, mit gedichten in seltsamem, halb unverständlichem deutsch, das erfüllte mich mit eigner ahnung, wer hätte mir damals gesagt, ich würde dies buch vielleicht zwanzigmal von vornen bis hinten durchlesen, und nimmer entbehren. bei Ihnen prangte es unnütz auf dem bret, Sie haben es sicher nie gelesen, damals aber getraute meine keimende neigung noch nicht es von Ihnen zu entleihen; doch blieb es so fest in meinen gedanken, dasz ich ein paar jahre hernach auf der Pariser bibliothek nicht unterliesz die handschrift zu fordern, aus welcher es geflossen ist, ihre anmutigen bilder zu betrachten und mir schon stellen auszuschreiben. solche anblicke hielten die gröste lust in mir wach, unsere alten dichter genau zu lesen und verstehn zu lernen.»[96]

Jacob erzählt die kleine Geschichte in der Vorrede zu seiner Abhandlung *Das Wort des Besitzes* zum fünfzigsten Doktorjubiläum Savignys am 31. Oktober 1850. Beim ersten Blick fallen die Stilisierungen ins Auge: Dass etwa der lektürewütige Vielleser Jacob Grimm bis dahin außer der Bibliothek des Vaters und Schulbüchern «nur wenige» Bücher gekannt haben soll, gehört ins Reich der Märchen. Nicht minder «zauberhaft» stellt Jacob dar, wie sich Privates und Öffentliches ineinander verweben, wie sich die Innenräume zur Natur hin öffnen und wie harmonisch Wissenschaft und Kunst in der Zimmerkomposition von Kupferstichen und Bibliothek zusammenklingen. Zu diesem Gewebe von Natur und Kultur passt auch, dass sich das Buch, um das es geht, wie von selbst findet.[97] Aber sosehr Jacob Grimm hier eine Gründungsszene erdichtet: Er bewahrt den Blick für die historischen Strukturen. Denn tatsächlich blieb das Interesse an mittelalterlichen Texten lange ein Phänomen, das eine Handvoll Leser als private Leidenschaft für die Literaturgeschichte auslebte.

Zugleich weist Jacob Grimm darauf hin, dass die Romantik nicht, wie oft behauptet, die Entdeckerin des Mittelalters ist, denn er greift zu den Minneliedern der Manessischen Sammlung in einer Edition des 18. Jahrhunderts. Schon seit langem hatten sich Gelehrte darangemacht, die alt- und mittelhochdeutsche Geschichte der Literatur zu schreiben und die entsprechenden Quellen zu sichern und zu veröffentlichen. Gerade in der Aufklärung nahmen solche Unternehmungen zu.[98] Es gab Kommentare und gelehrte Diskussionen, zum Teil poetisch angefeuert durch ‹vaterländische› Dichtung wie Klopstocks Bardengesänge und -dramen. Zeitschriften wie Johann Christoph Gottscheds *Beyträge Zur Critischen Historie Der Deutschen Sprache, Poesie und Beredsamkeit* (1732–44) oder Heinrich Christian Boies *Deutsches Museum* (1776–91) publizierten immer wieder Artikel zur «Vorzeit». Und Friedrich David Gräters «litterarisches Magazin der Deutschen und Nordischen Vorzeit» mit dem Titel *Bragur* (1791–1812) spezialisierte sich sogar auf jenen Bereich, dem Jacob Grimm in Savignys Bibliothek ahnungsvoll begegnete.

Gräter, der mit den Brüdern Grimm rund zehn Jahre nach ihrer Marburger Studienzeit harte Auseinandersetzungen führen wird, machte aber auch auf das zentrale Problem dieser historischen Bemühungen aufmerksam. Im Vorbericht seiner Zeitschrift bemerkt er: «Nicht alles was alt ist, ist deswegen auch schön und gut und bewundernswerth und wichtig. Wir aber wollen nur das Vorzügliche sammeln und ausstellen.»[99] Mit anderen Worten: Das ‹germanistische› Interesse litt unter einem enormen Legitimationsdefizit. Warum sollte man sich überhaupt mit alten Gedichten beschäftigen, die oftmals nur bruchstückhaft überliefert waren, deren Sprache man nicht verstand und deren künstlerische Verfahren meilenweit entfernt waren von dem, was sich auf dem Buchmarkt aktuell verkaufte? Schon Bodmer zeigte sich in seiner Minnelieder-Edition von 1758 vom Publikum enttäuscht, das die «naife Artigkeit» der mittelalterlichen Poesie nicht zu schätzen wusste. Der «Kaltsinn» selbst derjenigen, die sich für die Sprache engagierten, machte ihn beinahe ratlos.[100]

Es gab um 1800 keine universitäre Germanistik, die ohne Rücksicht auf das Publikum ihre Interessen verfolgen konnte, und keine Verlage, die durch ‹Drittmittel› vom ökonomischen Druck des Buchmarkts befreit waren. Es fehlten Fachzeitschriften, Lehr- und Wörterbücher, ein stabiler Austausch von Fachkollegen über Tagungen oder ein kontinuierlich laufendes Rezensionswesen – bei den frühen ‹altdeutschen› Studien handelte es sich um intensive und wegweisende, aber eben auch um mehr oder weniger kurzlebige Projekte. Vieles hing von Zufälligkeiten ab, etwa von den privaten Neigungen, die sich in der Ausstattung einer Liebhaberbibliothek wie derjenigen Savignys niederschlugen.

Das Szenario also, in dem Jacob Grimm für sich in Savignys Bibliothek das Mittelalter entdeckt haben will, mag durch und durch eine Kopfgeburt aus dem Geist der romantischen Poesie sein. Gleichwohl beschreibt es sehr gut die Situation, in der sich ein zeitgenössischer Leser von ‹älterer deutscher Literatur› um 1800 befand. Es verstand sich eben nicht von selbst, einer Sammlung von Minneliedern zu begegnen. Und es verstand sich noch weniger von selbst, dass man sich von solchen «gedichten in seltsamem, halb unverständlichem deutsch» begeistern ließ. Savigny hatte den Grimms vorgeführt, wie man Rechtstexte und romantische Literatur liest. Und dies übertrug Jacob auf die Zeugnisse der deutschen ‹Vorzeit›: Irritation und Unverständnis genügten für Leser wie Savigny, Jacob oder Wilhelm Grimm nicht, um die Aufmerksamkeit von einem literarischen Text abzuziehen. Im Gegenteil: Dadurch wurde eine «ahnung» geweckt, die zu langandauernder Beschäftigung mit dem Gegenstand reizte.

Umso wichtiger ist daher Jacob Grimms Hinweis auf «Tieks buch und dessen hinreissende vorrede», die ihn auf Bodmers Edition «gespannt gemacht hatte».[101] Jacob bezieht sich auf die von Ludwig Tieck herausgegebene Sammlung *Minnelieder aus dem Schwäbischen Zeitalter* von 1803. Mit dieser Auswahl aus dem *Codex Manesse* versuchte Tieck auf romantische Art, altdeutsche Literatur durch behutsame Modernisierung zu popularisieren. Er erhob den Anspruch, den «eigentlichen Charakter der Gedichte und ihrer Sprache» zu bewahren: «In der neuern Sprache verliehren alle diese Gedichte zu viel, daher ist es keine unbillige Forderung, wenn der Herausgeber verlangt, daß ihm die Leser auf halbem Wege entgegen kommen sollen, so wie er ihnen halb entgegen geht.»[102]

Es handelt sich um eine Leseerziehung, die am historischen Beispiel ein ähnliches Projekt verfolgte wie die romantische Gegenwartsliteratur. Dazu gehört die Dramatisierung einer Epochenschwelle, die die prosaische Aufklärung von der poetischen Romantik trennte – die Aufklärung wird als Zeit des ästhetischen Niedergangs denunziert, während die Romantik den Sinn für die Schönheit erneuere. Dazu gehört das Lob einer Poesie, die das ganze Leben durchdrungen und als Bindeglied einer harmonischen Gesellschaft gedient habe: «Gläubige sangen vom Glauben und seinen Wundern, Liebende von der Liebe, Ritter beschrieben ritterliche Thaten und Kämpfe, und liebende, gläubige Ritter waren ihre vorzüglichsten Zuhörer».[103] Und zum romantischen Selbstmarketing gehört ein eigentümliches Vertrauen darauf, dass nun gerade das Fremde und Befremdliche interessant wirke und verstanden werden könne und die Leser dazu bereit seien, entsprechende Lektürearbeit zu investieren.

Tieck forderte den Leser gezielt heraus, wollte jedoch zugleich «die ermüdende Verwirrung vermeiden, welche leicht ein genaueres Lesen verhindert».[104] So entdeckte er in den Minneliedern die Qualitäten der romantischen Poesie, während sich unromantischen Lesern dieser Wohlklang nicht mitteile: «Einem ungeübten Ohre dürfte das Schönste dieser Art nur als kindische Spielerei erscheinen, wo der feinere Sinn die zartesten Laute der Sehnsucht vernimmt»[105] – eben diesen ‹feineren Sinn› entwickeln Jacob und Wilhelm Grimm. Ihre Ohren mögen zwar keine Übung im Hören mittelalterlicher Poesie gehabt haben, sehr wohl aber im Hören romantischer Lieder. Daher entdecken sie die modernste Ästhetik gerade in den ältesten Liedern.

Jacob reagiert in der Selbstbeschreibung, wie Tieck sich das wünscht. Er widmet sich dieser Literatur in «wiederholtem und aufmerksamen Betrachten»[106] und überwindet dabei – wie Tieck es ebenfalls vorgeschrieben hat – seine ‹Lesesucht›. Diese Arbeit an der Haltung des Lesers besitzt wiederum ihre politischen Aspekte. Denn der harmonische Klang der Gedichte führt den Lesern in einer Art ästhetischen Erziehung des Menschen ein bestimmtes Regierungskonzept vor. Im Formenspiel der Minnelieder, in ihren Symmetrien, Parallelismen und in ihrem Rhythmus, so Tieck, «schwebt die Seele des Gedichts, wie in einem klaren durchsichtigen Körper, die alle Theile regiert und bewegt und weil sie so zart und geistig ist, beinahe über die Schönheit des Körpers vergessen wird».[107]

Das eben könnte man als gemeinsamen Traum der Universitäts- und Rechtsreformer, der romantischen Literaturtheoretiker und Lesesuchttherapeuten beschreiben: eine Regierung, die so zart und unauffällig und zugleich so allumfassend ist, dass die Regierten beinahe deren Existenz vergessen; eine Steuerung, die das Subjekt so freundlich umfängt, dass es fast von selbst will, was das harmonisch organisierte Ganze befördert. In der Bibliothek Savignys also finden die Brüder Grimm nicht viel anderes als an einer Universität, die von Professoren wie Wachler reformiert und von Dozenten wie Savigny ins Leben gesetzt worden wäre. An beiden Orten, am einen mehr, am anderen weniger, ‹ahnen› sie, welche Wege sich zu Beginn des 19. Jahrhunderts eröffnen. Mehr noch: Savigny lebt seinen Studenten Jacob und Wilhelm Grimm nicht nur eine Haltung vor und führt sie nicht nur zum Rand ihres Forschungsgebiets, sondern macht sie darüber hinaus mit Menschen bekannt, die ihnen oft ein Leben lang verbunden bleiben.

Netzwerke fürs Leben

Savigny öffnete den Brüdern Grimm die Türen zu seiner Bibliothek, und gleichzeitig band er sie in die Netzwerke der romantischen Geselligkeit ein. Dort versuchte die junge Generation, «Subordination» durch «Coordination» zu ersetzen, wie Fichte es in seinen *Vorlesungen über die Bestimmung des Gelehrten* predigte.[108] Das war nicht ohne politischen Hintersinn, da egalitäre Gesellschaftsideale mit der Französischen Revolution eine ganz neue Bedeutung bekommen haben: Könnte man es nicht für bedenklich halten, wenn «jeder für sich selbst Gesetzgeber» ist, wie es Schleiermacher in der *Theorie des geselligen Betragens* formulierte?[109]

Zur Geselligkeit, wie sie die Grimms praktizierten, gehörte jedenfalls Fingerspitzengefühl. Weder durfte sie sich zu sehr in die Richtung einer klargeregelten Zusammenkunft bewegen, noch zu sehr in Richtung einer dumpf-blöden Studentenkameradschaft, wie sie auch in Marburg – nicht selten in Form von Saufgelagen – gang und gäbe war.[110] Savigny träumte im Geist der Jenaer Frühromantik von einer Gemeinschaft von «Menschen», wie es in einem Brief vom 20. Oktober 1798 heißt, «die sich untereinander und mich liebten, denen die Freuden der Geselligkeit und der Simultangenuß über alles gingen, und die an denselben Gegenständen Interesse fänden und in gleichem Sinne mit mir würkten».[111]

In Marburg gehörte Savigny einem Kreis an, der diese Ideale in einer gemäßigten, weniger skandalträchtigen Form als die Schlegels und ihre Freunde und Freundinnen realisierte. Hier wurden die jungen Studenten Jacob und Wilhelm Grimm in die ‹romantische Gesellschaft› eingeführt. Sie lernten die Umgangsformen jener Generation kennen, die das geistige Profil der deutschen Kultur in den nächsten Jahren bestimmte, jener Welt einer geistigen Avantgarde, die auch intellektuell das *Ancien Régime* verabschiedete.[112]

Die vielfältigen Beziehungen und Verbindungen, Verwandtschaften und Freundschaften, die für die Grimms in der Zukunft bedeutsam werden sollten, lassen sich nur andeuten: Savigny hatte während seines Marburger Studiums Unterricht im Griechischen bei dem Goßfeldener Pfarrer Johann Christian Bang. Bang stellte den Kontakt zu seinen Neffen her: Friedrich Creuzer, der als Philologe und Mythenforscher die Arbeit der Grimms inspirierte, und Leonhard Creuzer, dem späteren Theologen und Philosophen. Auch der Marburger Professor und Mediziner Johann Wilhelm Heinrich Conradi, der Wilhelm Grimm ärztlich betreute, gehörte zum Bekanntenkreis.

Auf einer Studienreise in Jena hatte Savigny im Sommer 1800 Stephan August Winkelmann kennengelernt. Winkelmann hatte mit Clemens Brentano, den Savigny ebenfalls in Jena traf, Medizin studiert und pflegte mit den Kreisen der Schlegels Umgang. Vermittelt über ihn wiederum sollen sich, einer schönen Anekdote zufolge, am 6. Juni 1801 in Göttingen der Frankfurter Kaufmannssohn Clemens Brentano und der märkische Adlige Achim von Arnim begegnet sein: Gemeinsam mit anderen Studenten hatten sie sich zusammengetan, um Goethe zu huldigen. Die folgenreiche Freundschaft von Arnim und Brentano steht im Licht eines bemerkenswerten kulturellen Programms: Denn Winkelmann hielt nicht nur Vorlesungen über Goethe, sondern erklärte auch das «einfach naive Volkslied» zum «Anfang der Poesie und Vollendung der Kunst». Zudem verfolgte er das «Projekt», mittelalterliche Zeugnisse zu sammeln.[113]

Die ‹Marburger Romantik›, in deren Umfeld auch die Professoren der Grimms wie Weis oder Wachler gehören, verhält sich so flüchtig wie der Jenaer Zirkel der Schlegels. Bereits 1804 verlagerte der Kreis seinen Schwerpunkt nach Heidelberg. Aus der ‹Marburger Romantik› wurde die ‹Heidelberger Romantik›.[114] Aber wie der ‹Geist von Jena› seine Wirkung entfaltete, so hatte auch das Marburger Netzwerk in Form von andauernden Seilschaften Bestand. Dabei vermischten sich Privates und Berufliches. Es handelte sich um Formen äußerlich unreglementierter Zusammenschlüsse, die sich je nach Neigung und Interessenlage selbst eine Ordnung gaben. Was die Universitätsreformer als Bildungsprogramm formulierten, gewann hier gesellschaftsbildende Kraft: Selbsttätigkeit. Auf diese Weise entstand ein zwar verhältnismäßig unfestes, aber auch weitgestrecktes und bewegliches Netzwerk, das die Brüder Grimm fortan trug.

Savigny vermittelte beispielsweise Friedrich Creuzer an die Universität Heidelberg: Creuzer schaffte es durch seine unglückliche Liaison mit Savignys Brieffreundin Karoline von Günderode in den Anekdotenschatz der Literaturgeschichte. Nachhaltig war seine Wirkung auf die zeitgenössische Mythenforschung.[115] In Heidelberg übernahm er einen Teil der Redaktion der *Heidelbergischen Jahrbücher*, eines der wichtigsten Publikationsorgane im frühen Schaffen der Grimms. Das Verhältnis zu ihm konzentrierte sich aufs Berufliche.

Anders verhält es sich mit Johann Heinrich Christian Bang, dem Sohn des bereits erwähnten Pfarrers Bang, der seinem Vater 1803 im Amt folgte. Sein Pfarrhaus bildete neben dem ‹Forsthof› einen der sozialen und kommunikativen Anziehungspunkte Marburgs, an dem sich Savigny, die Brentanos und die Grimms begegneten.[116] Bang belieferte die Grimms später mit Sagen, Märchen und Dialektproben, machte sie auf Besonderheiten der Sprache des ‹Volks› aufmerksam und unterstützte die Arbeit am *Deutschen Wörterbuch*. Auch an der Volksliedsammlung *Des Knaben Wunderhorn* war er beteiligt. Umgekehrt versorgten ihn die Grimms mit neuester Literatur. Die Beziehung zu Bang gehört damit in die Reihe jener langandauernden Freundschaften, die die wissenschaftlichen Projekte der Grimms unterstützten.[117] Aus der privaten Zuneigung entwickelte sich ein wesentlich sachbezogenes Gespräch.

Wieder anders gestaltete sich das Verhältnis zur Familie des Schul- und Studienfreunds Friedrich von Schwertzell. Er und seine Frau Mathilde lebten bis 1821 in Kassel und gehörten dort einem Grimm'schen Freundeskreis von Salonherren und -damen an – man plante Theaterbesuche, las einander vor, veranstaltete Musikabende. Wilhelm führte mit Mathilde von Schwertzell sowie deren Schwägerinnen Wilhelmine und Karoline zwischen 1817 und 1841 einen Briefwechsel. Die Bekanntschaft erwies sich als wissenschaftlich durchaus ertragreich: Neben dem Familiensitz in Willingshausen, zu dem das «gute Grimmchen» immer wieder eingeladen wird, wo er die Natur genießt und sich erholt, findet man bei Ausgrabungen vermeintlich Runen, die Wilhelm für seine Schrift *Über deutsche Runen* auswertet.[118] Ins Handexemplar der *Kinder- und Hausmärchen* notieren die Grimms den Hinweis auf mündliche Überlieferung durch Wilhelmine von Schwertzell.[119] Auch die Beziehung zur Familie Schwertzell bedient fachliche Interessen, aber dies nur nebenbei.

Das Programm des ‹geselligen Arbeitens› hat somit vielfältige Dimensionen. Aber ein Grundzug prägt alle Formen dieser Gemeinschaften: Das ‹gesellige Arbeiten› ist fruchtbar, allerdings auch instabil und flüchtig. Darin liegen Gefahren und Chancen. Positiv bedeutet ‹Geselligkeit› für den Gelehrten, dass er sich vom Bild des Pedanten verabschiedet, dass er gemeinschaftliche Projekte in Angriff nimmt und so einen Forschungs*prozess* auf Dauer vorantreibt. Der gesellige Hintergrund von Wissenschaft wirkt dahin, dass Wissenschaft nicht als hermetisch abgeschlossene Elfenbeinveranstaltung stattfindet.

Aus dieser Perspektive betrachtet, verschieben sich die Gewichte zwischen Jacob und Wilhelm: Denn allzu oft erscheint Jacob als die herausragende Forscherpersönlichkeit, während Wilhelm im Hintergrund bleibt. Aber es ist Wilhelm, der als geselliger Erzähler, unterhaltsamer Teilnehmer an Teegesellschaften und passionierter Briefpartner gerade auch von Frauen erheblich dazu beiträgt, dass Projekte der Brüder Grimm gelingen: Viele ihrer Materialien, der Sagen oder Märchen etwa, kommen über private Kontakte zu ihnen. Und wenn Wilhelm sich nicht der Geschäftskorrespondenz oder den Verhandlungen mit Verlegern gewidmet hätte, wäre vieles noch schwieriger gewesen.[120]

Zu den folgenreichsten Bekanntschaften neben Savigny gehört im Marburger Beziehungsnetz der Grimms diejenige zu den Brentanos: Nachdem Clemens Brentano im Sommer 1800 Savigny begegnet war, kam er mehrfach nach Marburg und zog im August 1803 für längere Zeit dorthin. Auch sein Bruder Christian und seine Schwester Bettine besuchten die Universitätsstadt.

Ohne Savigny und Clemens Brentano, schreibt Jacob Grimm später zu Recht, wäre aus den Brüdern Grimm sicher etwas anderes geworden. Außer Wilhelm vertraue er nur Brentano und Savigny.[121] Savigny und Brentano bilden in gewisser Weise zwei Extreme auf dem Lebensweg der Grimms. Auf der einen Seite der konsequent arbeitende, von Station zu Station die Karriereleiter hinaufklimmende Jurist, der am Ende als einflussreicher Staatsmann dasteht. Auf der

anderen Seite der hochbegabte, für jeden bürgerlichen Lebenslauf
unbrauchbare Dichter Brentano, dessen satirische und quecksilb-
rig-sprunghafte Phantasie ihn von der Welt der Frühromantik bis in
den katholischen Mystizismus führt und der eine Spur biographi-
scher Katastrophen hinterlässt.

«Der Savigny», schreibt Clemens' Schwester Bettine, als sie von
ihrem Bruder mit dem Juristen verkuppelt werden soll, «sieht still
dem zu, wie Du und Andre ausgreifen nach Glück, und tausend
Mißverständnissen dadurch begegnen; seine Glückseligkeitslehre
geht ungestört über dem Gewirr Eurer phantastischen Neigungen
weg».[122] Der Dritte im Bund von Brentano und Savigny ist Achim
von Arnim, mit dem die Grimms später eine lebenslange Freundschaft verbindet. Clemens charakterisiert das Kleeblatt treffend:
«Wenn mein Haus brennt, so wird Arnim zu mir ins Feuer springen
und mich und meine Geliebte kräftig heraustragen … Savigny wird
in aller Ruhe und Bequemlichkeit vier Wochen vorher eine Feuer-
spritze erfunden haben und löschen. Arnim rettet mich, Savigny
löscht das Feuer …»[123]

Zwischen den Grimms und Brentano gingen Nachrichten aus
dem Literaturbetrieb und aus dem geselligen Leben hin und her –
auch für Klatsch war Platz, etwa für die Nachricht, dass Jean Paul
«schier alle Abend betrunken aus dem Wirtshaus getragen wird»
und morgens erst nach zwei großen Gläsern Hochprozentigem an-
sprechbar sei. Hilfreiche Zuarbeiter wurden empfohlen und nützliche Kontakte fruchtbar gemacht. Die Freunde unterstützten einander bei der Büchersuche, machten sich auf bibliophile und gelehrte
Funde aufmerksam; oder Brentano kaufte gleich auf gut Glück pa-
ketweise Quellen, die für die Grimms interessant sein könnten. Wilhelms Beziehung zu Brentano war dabei enger als die seines Bruders.
Er erinnerte sich später noch gut daran, wie ihm die kleine Tochter
von Brentanos Ehefrau Sophie Mereau die Treppe leuchtete «und in
ihren kleinen zitternden Händen den schweren silbernen Leuchter
hielt, wenn ich ihren Stiefvater Clemens Brentano besucht hatte».[124]

Brentano demonstrierte schließlich auch, dass größtmögliche Zuneigung, in die er sich gern und oft verlor, eine nicht minder große Bereitschaft erzeugt, jemanden abzulehnen. Schon an den Polemiken, die die ‹Schlegels› auslösten, hatten die Grimms gesehen, wie brutal es im literarischen Leben zuging. Hinter der romantischen Idee vom gemeinsamen Philosophieren und Poetisieren stand zwar das Bild einer spielerisch-harmonischen Gemeinschaft. Aber die vielen Streitigkeiten und Animositäten, die auch das Innere der ‹romantischen Schule› prägten, ergaben sich nicht von ungefähr. Das Ideal rückhaltloser «Freimütigkeit» sorgte für liberale Umgangsformen und eine Menge Ärger.

Auf Jacobs Charakter wirkte sich das unmittelbar aus: Schon früh machte sich seine Neigung bemerkbar, harte Urteile zu fällen, ohne Rücksicht auf Etikette und Konvention. Man sieht dies an den Notizen, mit denen er die Einträge in seinem Stammbuch kommentierte. Zum Wunsch eines gebürtigen Hanauers namens Wilhelm Schraidt «Parze! spinne langsam, denn er ist ein Freund!» bemerkte Jacob: «Die Parze weiß vermutlich nichts von Ihnen Schraidt.» Neben die rührseligen Verse eines Schulfreunds schrieb er: «Das könnte viel reiner gesagt seyn und noch reiner gehalten. Ach Weinen, ach Weinen, wie weint's sich's so gut allein – ich weine aber nicht, um Dich, weil ich Dich nicht kenne und Du mich nicht gekannt. J. G.» Und die Verse einer Kindheitsfreundin aus Hanau versah er mit dem Kommentar: «Ist ungemein dumm, solche Sätze sind das schrecklichste, was einem in Stammbüchern begegnet.»[125]

Im Sommer 1805 registrierte Jacob mit einer eigentümlichen Mischung aus Mitleid und Sarkasmus den Selbstmord eines Kommilitonen, der sich, wie Wilhelm berichtete, aus «Furcht vor dem Examen» getötet habe: «[...] ein Stud. Müller habe sich erschoßen, sollte das unser Jurist sein? Es wäre schreklich, der hat es gewiß nur in der Überzeugung gethan, daß nichts anders in seinen Kopf gehen würde als die Kugel.»[126] Wilhelm brachte sehr viel mehr Verständnis für den Unglücklichen auf. Dabei wird es zunächst bleiben: Jacob kultivierte die kompromisslose Haltung, mit der er seine Positionen

formulierte; Wilhelm hielt nicht weniger energisch an seinen Überzeugungen fest, verstand aber, dass Menschen im geselligen Umgang
beweglich und flexibel sein müssen.

Entschluss zur Brüderlichkeit

Savigny stellt den Brüdern gute Zeugnisse aus. Am 1. März 1804 notiert er: «Herr Wilhelm Grimm hat meine Vorlesungen über die
Rechtsgeschichte, die Institutionen und das Obligationenrecht nicht
nur mit ausgezeichnetem Fleiße besucht, sondern auch in den damit
verbundenen Examinirübungen und eigenen Ausarbeitungen vielfa-
che Beweiße von einem lebhaften Intereße an seinem Fache und einem eifrigen Studium desselben gegeben, welches ich hierdurch mit
vielem Vergnügen bezeuge.»[127] Etwas zurückhaltender lautet das Urteil eines anderen Professors: «recht gründliche[ ] Kenntniße» habe
sich Wilhelm Grimm erworben, meint Philipp Friedrich Weis; die
«sittliche Aufführung» sei «durchaus musterhaft».[128]

Savignys Zeugnis für Jacob vom 13. März lautet: «Herr Jacob
Ludwig Karl Grimm hat meine Vorlesung über die Methodologie, die Erbfolge, die Rechtsgeschichte und das Obligationsrecht
überaus fleißig besucht und mich durch seine Aufmerksamkeit in
diesen Vorlesungen sowie durch die in Verbindung damit geliefer-
ten Arbeiten überzeugt, daß er den rühmlichsten Fleiße mit schönen Anlagen verbindet, und daß er auf diese Weise bereits recht
gründliche Kenntnisse erworben hat.»[129] Mit diesen Einschätzun-
gen verabschiedet sich der Dozent von der Marburger Universität. Während Jacob sich langsam auf seine Prüfungen vorbereitet,
plant Savigny eine Arbeitsreise nach Paris, um Quellen für seine
Geschichte des Römischen Rechts im Mittelalter zu sichten. Im März
1804 veröffentlicht er in den *Marburger Anzeigen* eine Annonce, in
der er um die Rückgabe ausgeliehener Bücher bittet – er werde
Marburg «für einige Zeit» verlassen. Am 17. April 1804 heiratet er
Clemens Brentanos Schwester Kunigunde, genannt Gunda.[130] Im

August reist das Ehepaar zunächst nach Heidelberg und im Oktober nach Paris.

Am 2. Dezember kommt Savigny in der französischen Metropole an, genau an dem Tag, an dem sich Napoleon selbst die Krone aufs Haupt setzt und sich zum Kaiser erklärt. Das beschäftigt Savigny indes weniger, denn Paris zeigt sich von seiner schlechtesten Seite: Bei der Einfahrt schneiden Diebe einen Koffer mit wichtigen Studienunterlagen von seinem Wagen.[131] Der Verlust wiegt außerordentlich schwer. Viele der glücklichen Funde, die ihm bei seinen Archivstudien in Deutschland in die Hände gefallen waren, sind unersetzbar. Gunda von Savigny schreibt an Friedrich Creuzer, ihr Mann sei «zu sehr zerstört, zu traurig durch den Verlust aller seiner Manuskripte die sich auf diese Reise bezogen», er finde nicht den Mut, «die Feder noch anzurühren».[132] Zwar entdeckt Savigny auf Anhieb im Bestand der Nationalbibliothek mehr Materialien als erhofft – die Sammlung umfasst Tausende von Druckschriften und Manuskripten, die nicht zuletzt im Zuge von Napoleons Eroberungen als Beute aus dem Vatikan, aus Rom oder Venedig nach Paris gelangten; wie einen Wald durchwandle man die «ungeheuern Büchersäle», schwärmt ein zeitgenössischer Besucher, «und kann von jenen nichts mehr sagen, als von diesem: ich habe Bücher, ich habe Bäume gesehen».[133] Aber Savigny fühlt sich «wie gelähmt». Es sei «nichts geringes», meldet er brieflich, «in einer Arbeit, die auf Jahre berechnet war, so völlig unterbrochen zu werden». Vor allem fehlt ihm ein großangelegtes Verzeichnis mit kurzen Beschreibungen von Quellen zum Römischen Recht, das er zusammen mit seinem Marburger Kollegen Weis angelegt hatte. Er beschließt daher gegen Ende des Jahres, sich einen Studenten nach Paris kommen zu lassen. Dabei denkt er auch an Jacob Grimm.[134]

Jacob ist sofort bereit, sein Studium zu unterbrechen und nach Paris zu fahren, obwohl er an Ostern oder spätestens im Sommer 1805 die Abschlussprüfung absolvieren wollte.[135] Die entscheidenden Autoritäten zur Genehmigung der Studienunterbrechung, die sich als Studienabbruch erweisen sollte, sind für ihn nicht die Würdenträger der Universität, sondern seine Mutter und seine Tante. Brieflich bittet er Henriette Zimmer am 20. Januar um ihren Segen; dies sei vielleicht «einer der wichtigsten Augenblikke» seines Lebens. Als er nach drei Tagen noch keine Antwort erhalten hat, wendet er sich erneut an die Tante, weil es «so preßirt». Er sei sich «völlig entschieden», das Angebot Savignys anzunehmen. Zwar werde es ihm unendlich schwerfallen, sich von der Tante, der Mutter und den Geschwistern, «besonders Wilhelm», und anderen guten Freunden zu trennen. Auch sorgt er sich darum, dass die Hoffnung der Mutter enttäuscht werde, Steinau und ihr «trauriges Leben» endlich einmal verlassen zu können. Aber die Vorteile lägen auf der Hand: Er verursache der Tante und der Mutter während seiner Reise keine Kosten, könne seine Kenntnisse unter Savignys Anleitung erweitern, und «dieser Umstand» würde ihm bei der Stellensuche «sehr zur Empfehlung gereichen», sodass er vielleicht sogar ohne Examen einen Posten finden werde. Zudem bietet Jacob seinen Bruder als eine Art Ersatz an: Wilhelm werde, «wenn er sich eilt», im Herbst den Abschluss machen.[136]

Ebenfalls in «größter Eile» bittet Jacob seine Mutter um Verständnis. Der Brief trifft Dorothea Grimm in keiner guten Verfassung: Sie ist «sehr krank und nah am Tod», wie Wilhelm in einer Nachschrift zu Jacobs Brief später vermerkt. Der Arzt wagt zunächst nicht, ihr das Schreiben auszuhändigen. Schließlich geht alles seinen Gang. Die Mutter erteilt «mit heimlicher angst» die Zustimmung zur ersten großen Reise ihres zwanzigjährigen Sohnes.[137]

Jacob verlässt Marburg Ende Januar. Vor ihm liegen rund hundertsechzig Stunden Kutschenfahrt. Die Reise über Frankfurt, wo Jacob bei den Brentanos «recht artig» aufgenommen wird, Mainz, Saarbrücken, Metz und Chalons dauert zehn Tage. Immer wieder bereiten die Passkontrollen Unannehmlichkeiten. Die Zollbeamten sind streng, besonders beim Rheinübergang bei Mainz: Sie untersuchen Jacob beinahe eine Stunde lang; «Koffer und Brieftasche wurde durchwühlt, sogar mein Körper befühlt, ob ich keine Kontrebande bei mir führe».[138]

Nach seiner Ankunft sind die Strapazen vergessen. Besonders

Dank Gundas Liebenswürdigkeit lebt Jacob sich rasch ein.[139] «Die Bedingungen sind», berichtet er seiner Tante, «8 Monate freien Aufenthalt, zur Hinreise 10 Karolin, dort freie Wohnung u. Kost, u. freie Rückreise.»[140] Am 10. Februar schreibt er an Wilhelm: «Ich glaube ich koste den S. im Ganzen recht viel, denn Holz, Essen p. ist hier erschreklich theuer.»[141]

Diese Sorge war unnötig. Brentano schildert seiner Frau Savignys eher verschwenderische Haushaltsführung, zu der Kutschen, Domestiken und eine beeindruckende Wohnung gehörten, in der man kulinarisch verwöhnt werde. «Unsummen» soll er darüber hinaus für Bücher ausgegeben haben.[142] Jacob meint, Savigny sehe sich dazu genötigt, auf großem Fuß zu leben. Ein wenig jedenfalls genießt er den unbekannten Luxus. Nach einem Quartierwechsel erhält Jacob sogar ein großes Zimmer mit einem Sofa und zwei hohen Spiegeln.[143] Der Tag wird kulinarisch rhythmisiert: «wir trinken Morgens 10 Uhr Thee, Mittags 3 Uhr frühstükken wir, Abends 5 oder 6 Uhr wird zu Mittag gegessen, u. 10, 11, auch 12 Uhr zu Abend. Das Ding kommt mir bis jezt noch recht seltsam vor … Übrigens erhalte ich hier sehr gutes Eßen, wie ich es noch nie gehabt habe. Wir sind schon einigemal zum Diner bei einem Restaurateur (so heißen sie hier die Gastköche) gewesen, wo zwar stets auf Silber in prächtigen Sälen servirt wird, wo es aber auch für eine Person jedesmal 6 Livres d. i. ein Laubthaler, kostet. Im Ganzen ist man freilich genirt, man muß z. B. immer gut gekleidet sein».[144]

Immerhin waren die «Restaurateurs», zumindest die besseren, ihr Geld wert. Kotzebue, der sich ein Jahr vor Jacob Grimm und Savigny in Paris aufhielt, war beeindruckt vom Speiseangebot im *Palais royal* bei einem Gastronom, der «nicht einmal mehr für den ersten gilt»: Neun verschiedene Suppen findet der Gast auf der Karte, sieben Sorten Pasteten, Austern, fünfundzwanzig Horsd'œuvres, darunter «die berühmten Schweinefüße von St. Menehoud», diverse Seefische, Salate, Würste, Schinken, Rindfleisch in vierzehn Varianten, einunddreißig «Entrées von wildem und zahmen Geflügel» sowie achtundzwanzig «Entrées» von Kalb- oder Hammelfleisch. Darüber hinaus stehen zur Auswahl: achtundzwanzig Fischsorten, fünfzehn Sorten Braten sowie vierundvierzig «Entremêts» von Spargel über Makkaroni und Trüffel bis zur Aprikosentorte. Zum Abschluss kann der Gast zwischen einunddreißig Desserts sowie aus einem reichhaltigen Käseangebot wählen. Kotzebue betont im Übrigen, wie günstig man angesichts der üppigen Portionen speise. Und es gehe noch weit billiger: In vielen Restaurants erhalte man ein viergängiges Essen inklusive einer halben Flasche «recht trinkbaren» Tischweins für einen Bruchteil der Summe.[145]

Zwar klagt Savigny über die «Nichtigkeit» und den Egoismus der Pariser, auch die wissenschaftlichen Hilfskräfte vor Ort erweisen sich als untauglich – sie beherrschen nicht einmal richtig die lateinische Sprache. Aber an Friedrich Creuzer meldet er am 20. Februar 1805, er fühle sich jetzt wieder wohl. Nachdem er den «ältesten Grimm» aus Marburg habe kommen lassen, gingen die Studien gut voran. Die Bibliothek hat von zehn bis vierzehn Uhr geöffnet, was im zeitgenössischen Vergleich als außerordentlich besucherfreundlich gilt. In Jacobs Zimmer werden die Arbeiten an den Manuskripten vorbereitet. Druckschriftliches kann Savigny sich dorthin ausleihen, und ab März 1805 darf er sogar Handschriften mit in seine Wohnung nehmen.[146]

Jacob kopiert die Manuskripte. Gemeinsam mit Savigny macht er sich an den Textvergleich, wobei es auf die «genauste Genauigkeit» ankommt.[147] Außerdem arbeitet er an der Wiederherstellung der gestohlenen Unterlagen zur römischen Rechtsgeschichte und lernt dabei, mit Handschriften umzugehen. In nicht einmal drei Wochen macht Jacob die Verluste durch den Kofferraub wieder wett.[148]

Jacob gibt sich währenddessen, wie er rund zwei Monate nach seiner Ankunft bekennt, keine Mühe, die Stadt genauer zu erkunden.[149] Mit Wilhelms Idee, für die *Zeitung für die elegante Welt* Berichte aus Paris zu liefern, weiß er nichts anzufangen.[150] Man erfährt aus Jacobs Briefen wenig über das urbane Leben, und wenn, dann kommt die Metropole nicht gut weg. Die erste längere Stadtbeschreibung in einem Brief an Wilhelm vom 1. März 1805 erklärt eingangs kurz und bündig: «In Paris gefällt es mir weiter gar nicht u. ich mögte nicht für lange Zeit hier wohnen.»[151] Die Straßen seien schmutzig, krumm und eng; es gebe zu wenig öffentliche Plätze, und beim Gang durch die Stadt denkt er mit Schaudern an die Ereignisse der Französischen Revolution. Das geht auch anderen Besuchern so.[152]

In seinen Briefen wiederholt Jacob die Stereotype der deutschen Frankreichkritik: Die Pariser behandeln Nebensächlichkeiten mit der «allerwichtigsten Miene». Auch die französische Gelehrsamkeit unterliegt im Vergleich mit Deutschland. Dafür entschädigt nicht einmal das kulturelle Angebot: Das Publikum gehe mit ausgestellten Kunstwerken außerordentlich sorglos um, und im Theater sind die Fehler der Pariser Gesellschaft versammelt; die strikten Regeln verhinderten ‹Natürlichkeit› auf der Bühne. Jacobs Erwartungen läuft die aus deutscher Sicht vielbeklagte «Manier»[153] des französischen Theaters zuwider, die gezierten Bewegungen, der gespreizte Sprechstil. Zudem greift das Publikum ständig ins Geschehen auf der Bühne ein, klatscht, ruft während der Vorstellung dazwischen. Das ist nicht Jacobs letztes Wort, aber es entspricht dem Muster. Auch Kotzebue skizziert in seiner Paris-Reportage Szenen, die direkt aus den Komödien seines literarischen Gegners Tieck stammen könnten: mit wahlweise pfeifendem oder klatschendem Publikum und mit Schauspielern, die die Aufführung von der Bühne aus mit dem Parterre ausdiskutieren.[154] Selbst wenn Jacob Grimm sich einmal für eine Oper oder ein Unterhaltungsprogramm mit Pferden, ein «Pferdetheater», begeistert: Im Ganzen bleibt er bei seiner kritischen Haltung.[155]

Nicht viel anders reagiert Jacob auf die Werke der darstellenden Kunst. Gegen Vorlage des Reisepasses steht dem Besucher täglich von neun oder zehn bis sechzehn Uhr das *Museé central des Arts* offen, seit Juli 1803 in *Musée Napoléon* umbenannt.[156] Wie im Theater greift Jacob im Museum nach Schablonen, um als Kenner ein Urteil zu fällen. Umgeben von den größten Kunstschätzen Europas, die Napoleon auf seinen Streifzügen eingesammelt hat, bedauert er, dass er Friedrich Schlegels *Europa* und Goethes *Propyläen*, die wichtigsten heimischen Kunstzeitschriften, nicht zur Hand hat. Wenn er in Zukunft nichts weiter tun will, «als vor Rafael u. Laokoon u. Apoll zu stehn u. im Herzen niederzuknieen»,[157] passt das ins Bild, denn es handelt sich dabei um die kanonischen Kunstwerke, die er aus den deutschen Diskussionen um eine neue Ästhetik zwischen Aufklärung, Klassik und Romantik kennt. An anderer Stelle begeistert sich Jacob wie ein kunstliebender Klosterbruder vor allem für Madonnen, Heilige und Apostel.[158]

Charakteristisch ist, wie abrupt Jacob Grimm die erste Einführung in das Kunst- und Geistesleben von Paris abbricht: «Laß dir lieber etwas von unserer vortrefflichen Bibliothek vorsagen!» Er bezieht sich damit auf das «Projekt» einer gemeinsamen «Büchersammlung» mit seinem Bruder, das den Briefwechsel während des Pariser Aufenthalts dominiert.[159] Denn während sich die Brüder über ihre Bücher austauschen, entwickeln sie ihre einzigartige Beziehung weiter, deren erste Konturen sich gezeigt hatten, als sie durch Jacobs Studienbeginn getrennt worden waren.

Für Wilhelm ist die erneute Entfernung von seinem Bruder besonders schmerzlich. Beim Weggang Jacobs meint er, sein Herz würde «zerreißen».[160] Drei Wochen nach der Abreise schreibt er an Malsburg, der sich schon seit einiger Zeit bei seinem Onkel, dem kurfürstlichen Gesandten, in Paris aufhält: «Die Trennung von meinem Bruder thut mir immer noch so weh.»[161] Jacob versucht, sein «allerliebstes Wilhelmchen» zu trösten, umarmt ihn in Gedanken und bittet ihn, «ja nicht traurig zu sein». Er selbst setzt seine Traumreisen aus den ersten Marburger Wochen fort und befindet sich nachts noch immer in Deutschland. Regelmäßig kommt ihm die Abschiedsszene in den Sinn – wobei er im Traum nicht von Wilhelm Abschied nimmt, sondern von seiner Bibliothek.[162] Das ist kein Versehen. Denn Jacob greift damit auf das Programm zur Krisenbewältigung zurück, das er bereits in den einsamen Stunden zu Beginn seiner Studienzeit praktiziert hat. Und Wilhelm knüpft sofort an das gemeinsame «Projekt» einer Büchersammlung an. Als ihm etwa beim Schreiben an seinen

Bruder die Augen feucht werden, staut er den Tränenstrom, indem er zur Bücherleidenschaft übergeht: «eben ietzt mögte ich wieder weinen – Ich will nur von den Büchern anfangen.»[163]

Ihre ‹Büchersucht› hält die Brüder zusammen und tröstet sie über die Entfernung hinweg. Andere Beziehungen leiden darunter. Zwar sind Wilhelm und Paul Wigand zumindest in den ersten Wochen von Jacobs Abwesenheit unzertrennlich und treiben mit dem Rest der Welt ihren Spaß, richten beispielsweise Billette an alle, die «einfältige und närrische Briefe schreiben», um über deren Antworten «aus allen Kräften» zu lachen, aber Wigands Literaturkenntnisse genügen Wilhelms Anforderungen nicht – «was er auch gelesen hat ich glaube behaupten dürfen: er hat es nicht verstanden». Es kommt zu einem tiefen, allerdings nicht langandauernden Zerwürfnis.[164] Der überbordende Humor der Grimms scheint jedenfalls auch eine Art Ablenkungsmanöver zu sein. So schreibt Wilhelm am 24. März von seiner quälenden Unruhe, über die er sich mit Späßen hinweghilft. Ständig habe er Angst um das Wohlergehen der Mutter.[165] Viele romantische Scherze bewegen sich am Rand des Abgrunds.

Bücher also stiften das Band zwischen den Brüdern, und dabei erlauben sie sich bemerkenswerte Formen des gemeinschaftlichen Egoismus. Jacob bittet etwa seinen Bruder, eine Werkausgabe Corneilles, die Malsburg aus Paris mitbringen werde, mit einem Brief an ihren alten Französischlehrer Stöhr zu senden: Zum einen ist mittlerweile eine bessere Corneille-Edition auf dem Markt, die Jacob kaufen will, zum anderen hat Malsburg den ersten Band der alten Ausgabe ramponiert, «den wir also so los werden, du mußt H. Stöhr sagen das wäre so p. auf der Reise verdorben p.».[166]

Beim Bücherkauf favorisiert Wilhelm deutsche Literatur, verzichtet etwa auf den Kauf von Calderons Werken und erwirbt stattdessen lieber Tiecks *Poetisches Journal* und Novalis' *Heinrich von Ofterdingen*. Wie in Jacobs erstem Marburger Jahr werden Nachrichten aus der Welt der Zeitschriften referiert, und Kauflisten gehen hin und her, auf denen neben juristischen Werken und Klassikern die interessantesten Neuerscheinungen verzeichnet sind – die Grimms beobachten den aktuellen Literaturbetrieb genau. Und sie beginnen, sich über die Frühromantik zu erheben. Dabei mag die persönliche Distanz Savignys gegenüber Friedrich Schlegel eine Rolle gespielt haben.[167] Die «neue Schule», also der Kreis um die Schlegels, gerät allmählich ins Abseits – sie wird «alt».[168] Gerade die Romantiker hatten ja das ‹Interessante› und die Vermeidung von ‹Langeweile› propagiert. Nun wird die ‹Schlegel-Schule› selbst Opfer eines Literaturbetriebs, der auf ‹Neuigkeit› als ästhetischen Wert setzt. Jacob sieht das ähnlich. Er skizziert eine kleine Theorie der Literaturpolitik: «es weht nämlich in der deutschen Literatur […] ein Geist von Republikanismus, der keine Schule oder Klique aufkommen läßt»,[169] zumindest nicht auf Dauer.

Beiläufig beobachten die Grimms, wie sich das romantische Interesse an älterer Sprache und Literatur formiert. Friedrich Schlegel kündigt ein Werk über das Sanskrit sowie seine Kölner «Vorlesungen über die deutsche Literatur u. Sprache» an. Tieck und Friedrich Heinrich von der Hagen versprechen jeweils eine Edition des Nibelungenlieds. Und zu Tiecks Minneliedern drängen Konkurrenzprodukte auf den Markt.[170] Insgesamt gewinnen Jacob und Wilhelm offenbar den Eindruck, dass sich in diesem Bereich des Buchmarkts etwas tut. Genau in dem Moment schreibt Wilhelm: «Ich habe daran gedacht ob du nicht in Paris einmal unter den Manuss. nach alten deutschen Gedichten u Poesien suchen könntest, vielleicht fändest du etwas das merkwürdig und unbekannt.»[171]

Und nicht nur das: In Paris treffen die beiden Brüder eine Grundentscheidung. Sie wird zwar noch mehrfach auf harte Proben gestellt. Aber letztlich werden sie an ihrem Entschluss festhalten – als brüderliche Gemeinschaft wollen sie unzertrennbar sein. «Ich denke», schreibt Jacob nach Kassel, «wenn wir auf diese Art fortfahren, (denn daß es auf einen Plan ankommt ist gewiß wahr u. Savigny hat es schon längst gesagt) so werden wir uns einmal hübsche Werke sammeln, es versteht sich, daß wir in Zukunft etwas mehr dran wenden können u. immer zusammen vereinigt, denn lieber

Wilhelm wir wollen uns einmal nie trennen [...]. Wir sind nun diese Gemeinschaft so gewohnt, daß mich schon das Vereinzeln zum Tod betrüben könnte. – Doch damit das nicht zu rührend wird, will ich dir nur sagen, daß wir uns recht um Aukzionskataloge bemühen wollen, denn ohne das ist es unmöglich mit wenigem etwas zu leisten.»[172]

«Denn lieber Wilhelm wir wollen uns einmal nie trennen» – diese berühmte Stelle aus dem Brief Jacobs vom 12. Juli 1805 wird oft zitiert. Man übersieht dabei jedoch leicht die Verbindung zwischen dem Projekt der Brüdergemeinschaft und dem Projekt der Buchsammlung. Beides, die Bruder- und die Bücherliebe, steht in einem syntaktischen und gedanklichen Zusammenhang. Der spektakuläre Entschluss zur Brüderlichkeit, der Jacob und Wilhelm Grimm zu Ikonen der deutschen Kultur gemacht hat, wird umrahmt von Überlegungen, wie die beiden ihre Büchersucht am besten befriedigen können. Im nächsten Brief vom 4. August schmiedet Jacob dann Pläne für ein zurückgezogenes Leben in Kassel: Sie werden nicht viele Freunde haben, und «Bekannte» kann Jacob nicht leiden.

Im September 1805 endet der Parisaufenthalt. Jacob kehrt mit den Savignys zurück. Die Reisenden müssen den Weg über Metz nehmen, weil Napoleon gerade von Straßburg aus zum Feldzug gegen Österreich aufbricht. Während der Fahrt besuchen sie noch eine Reihe von Bibliotheken und machen in Koblenz bei Joseph Görres halt, der sich in den nächsten Jahren mit ‹Volksbüchern› beschäftigen wird – wieder spinnen sich Fäden des Netzwerkes weiter aus, das die wissenschaftliche Tätigkeit der Grimms trägt.[173] Ende September treffen sie für acht Tage in Frankfurt ein. Jacob macht einen kurzen Abstecher nach Hanau, Savigny holt ihn ab, und man fährt gemeinsam auf das Gut Trages, wo Clemens Brentano sie erwartet. Am 10. Oktober wird dort Savignys Tochter Bettine getauft, die in Paris zur Welt gekommen war. Jacob reist am nächsten Tag nach Marburg weiter und sammelt Wilhelm ein.

Am Abend des 16. Oktober kommen sie in Kassel an. Dorothea

Grimm ist mittlerweile von Steinau dorthin umgezogen. Ihre Söhne finden die Wohnung leer – die Mutter ist zu Besuch bei ihrer Schwester. Die beiden Brüder gehen ihr entgegen, treffen sie auf dem Marställerplatz und begleiten sie nach Hause,[174] wo sie bald auch ihre Geschwister wiedersehen. Die Arbeitsgemeinschaft ‹Brüder Grimm› hat sich konstituiert[175] und bildet von nun an einen Forschungsverbund, um den Maßstab für Kennerschaft in Sachen Literatur und Sprache zu definieren.

3. Standortbestimmung (1806 – 1809)

Vom Recht zur Literatur

Die Grimms bewohnen in Kassel den zweiten Stock im Haus des Kaufmanns Simon Wille in der Marktgasse 17.[1] Das Eingangszimmer beziehen Ferdinand und Ludwig, die mittlerweile das *Lyceum* besuchen, die beiden Räume rechts daneben Jacob und Wilhelm, die links angrenzenden Zimmer die Mutter und die Schwester Lotte. Carl Grimm absolviert eine Ausbildung in Hanau und wird wenig später die Familie komplettieren, nachdem er eine Anstellung beim Kasseler Bankier Karl Jordis gefunden hat, dem Ehemann von Clemens Brentanos Schwester Luise (Lulu).

Der Abschnitt der Marktgasse, auf den die Grimms aus ihrer Wohnung blicken, ist ein langer, nicht allzu breiter Straßenzug mit regem Fußgängerverkehr. Im Nebengebäude gibt es ein Gasthaus, die Nachbarn sind Handwerker und Kaufleute. Die Beletage bewohnt der jüdische Konsistorialrat Fränkel aus Dessau. Die architektonisch bunte Mischung aus Häusern mit zwei oder drei Stockwerken ist typisch für diesen Teil der Kasseler Altstadt.[2] Jacob und Wilhelm leben dort zurückgezogen. «Wir haben uns alle sehr lieb», berichtet Wilhelm seinem Schul- und Studienfreund Malsburg, «fremde leute mag ich nicht sehen und leiden und gehe gar nicht aus.» Die Marburger Studentengeselligkeit vermisst er kaum.[3] Paul Wigand beschreibt die Familienidylle: «Die Abendstunden wurden nach früherer Gewohnheit beim Tee und heiterem Gespräch und geistvoller Lektüre hingebracht.»[4] Heiter und geistvoll mochten die Abende gewesen sein, aber ohne weitere Einkünfte wäre der

Tee bald ebenso knapp geworden wie der Nachschub an frischem Lesestoff.

Zudem ist die politische Situation unsicher, die Nachrichtenlage konfus. Russland, England und Österreich koalieren gegen Frankreich. In einem *postscriptum* an Savigny vermerkt Jacob am 17. Dezember: «Die Franzosen sind endlich geschlagen.»[5] Doch davon konnte keine Rede sein: Napoleon hatte am 2. Dezember 1805 bei Austerlitz auf ganzer Linie gesiegt. Noch zur Verleihung der Kurfürstenwürde an Hessen-Kassel hatte ein Hymnus verkündet: «Ewig, wie des Phöbus goldner Schein / Wird der Glanz des Fürsten-Hauses sein»[6] – fürs Erste sollte diese Ewigkeit kein Jahr mehr dauern.

In dieser unruhigen Zeit begann für Jacob die Stellensuche. Bereits im April 1805 hatte Wilhelm ihn darüber informiert, dass sie der Kürfürstin aufgefallen seien: «Ihro Hoheit» sei wegen der «Neveus» von Henriette Zimmer bei ihrem Mann vorstellig geworden. Ein Brief Jacobs aus Paris habe derart Eindruck gemacht, dass er keine Schwierigkeiten haben werde, eine Anstellung zu finden. Man rede vielerorts darüber. Einer der Brüder, so plante die Tante, solle als Assessor zur Regierung kommen, der andere Sekretär am Oberappellationsgericht werden.[7]

Aber im Lauf seines Pariser Aufenthalts hatte Jacob Widerstände gegen diese Pläne entwickelt. Im Juli 1805 hatte er Henriette Zimmer von seinen «innern Neigungen» zur Wissenschaft berichtet. Er wünsche sich nichts mehr als einen Dienst, der ihm genug Zeit lasse, seine «Lieblingsstudien» fortzusetzen – alles andere würde ihn unglücklich machen.[8] Wilhelm gegenüber spricht Jacob von seiner Abscheu gegen die Juristerei. Bevor er sich mit Staats- oder Privatrecht abgebe, müsse ihm «erst das Waßer bis an den Hals gehen».[9] Der Pegelstand steigt.

Der erste Brief an Savigny nach der Ankunft in Kassel dokumentiert diese Unsicherheit: Zwar freue er sich an der Liebe seiner Mutter und seiner Geschwister, schreibt Jacob am 17. Oktober, aber er leide unter der Trennung von Savigny und fühle sich im Kreis der Familie bisweilen wie ein Fremder. Vor allem merkt man jeder Zeile

dieses Schreibens an, wie widerwillig Jacob Grimm die Karrierewege betrachtet, die seine bisherige Laufbahn bruchlos weiterfüh-
ren würden. Eine Stelle bei den «Landständen» anzunehmen, die
vorübergehend in Aussicht war, dazu verspüre er ohnehin keine
Lust. Jetzt wolle er das Staats-, Kirchen- und Privatrecht durcharbei-
ten und visiere eine «Assessor Stelle oder etwas ähnliches» an. «Ob
ich mich in Marb. examiniren lasse weiß ich noch nicht.»[10] Immerhin eines weiß er gewiss: dass er mit aller «Lust» an den in Paris be-
gonnenen Untersuchungen weiterarbeiten wolle, um sich Savignys
«herrliche Methode» weiter anzueignen.[11]

So gehen in den nächsten Wochen dann viele Arbeitsaufträge in
Kassel ein mit Bitten um Bibliotheksrecherchen, Abschriften, Text-
vergleiche, die Jacob zum Teil weiterleitet, immer aber bereitwillig erledigt. Umgekehrt vermittelt Jacob Anfragen an Savigny, etwa
des Kasseler Oberbibliothekars Friedrich Wilhelm Strieder, der ihm
daraufhin seine «Gunst» schenkt.[12] Auf diese Weise trainiert der an-
gehende Philologe weiter den Umgang mit historischen Zeugnissen, baut seine Kenntnisse aus und knüpft zugleich neue Knoten im
Karrierenetzwerk.

Um jedoch den Unterhalt der Familie zu sichern, muss Jacob
Kompromisse machen. Er bemüht sich um eine Anstellung bei Hof.
Das Angebot erweist sich als dürftig. «Mit genauer noth» erhält er
einen Posten als Sekretär beim kurfürstlichen Kriegskollegium und
tauscht die elegante Pariser Kleidung gegen eine steife Uniform «mit
puder und zopf».[13] Die Bestellung zum Regierungsbeamten unterzeichnet Wilhelm I. am 16. Januar 1806: «Nachdem Wir dem Can-
didato Juris Jacob Ludwig Carl Grimm den Acczeß bei dem Sekre-
tariat des zweiten Departements Unseres Kriegs-Collegii dergestalt
gnädigst zugestanden haben: daß er dabei zu den vorfallenden Ex-
peditionen und sonstigen Geschäften sich gebrauchen laßen soll;
So befehlen ersagtem Departement denselben, nach gewöhnlicher-
masen geschehener Verpflichtung, zur treuen Wahrnehmung seiner
Obliegenheiten weiter gehörig anzuweisen.»[14]

Als oberste Verwaltungsbehörde der kurfürstlichen Armee war

das Kriegskollegium für eine ganze Reihe von Aufgaben zuständig: die Militärjustiz, die Werbung von Soldaten, die Versorgung der aktiven Truppe und der Invaliden sowie die Ausrüstung der Armee, einschließlich der Festungsanlagen.[15] Jacob befasst sich mit Dingen, die ihn nicht interessieren und im besten Fall langweilen, listet etwa Arbeits- und Vergütungsleistungen auf oder sorgt dafür, dass Vorräte registriert werden. Aber daneben bleibt ihm viel Zeit für seine eigentliche Neigung: das Studium der Literatur und Dichtkunst des Mittelalters. «Nie in meinem Leben», schreibt er an Savigny, «habe ich so still und eingezogen gelebt, und so ganz ohne fremde Menschen, als diese Zeit her, die Bibliothek ist wirklich mein einziger Ausgang; dafür bin ich aber gesund und wir untereinander sind recht lustig, ja ausgelassen.»[16]

Wilhelm war während Jacobs Paris-Aufenthalt für die gemeinsame Bibliothek verantwortlich gewesen. Im April 1805 hatte Jacob ihn ermahnt, sich bei den akademischen Studien nicht zu überarbeiten; «was hat die liebe Mutter und Tante davon, daß du ein halb Jahr früher fertig wirst, wenn du nachher krank bist»?[17] Nun, im Frühjahr 1806, hält Wilhelms Arzt den Gesundheitszustand seines Patienten für stabil genug, um das Examen ablegen zu können. Es wird für den 14. Mai anberaumt. Das Verfahren verzögert sich jedoch. Wilhelm reicht ein Gesuch mit der Bitte um Aufschub ein: «Die Heftigkeit eines wiederholten Anfalls meiner Krankheit macht es mir leider unmöglich, zu der so gütig bestimmten Zeit in Marburg zu erscheinen.»

Die Prüfungskommission zeigt sich kulant; man verschiebt den Termin um eine Woche. Das Protokoll hält fest, der Kandidat «habe aus allen Theilen zur Zufriedenheit der Facultät geantwortet», allerdings nimmt der Protokollant, der Dekan Georg Friedrich Carl Robert, das Staatsrecht in seinem Votum davon aus. Auch Jacob formuliert eher zurückhaltend, sein Bruder habe «gut bestanden».[18] Das Glückwunschschreiben der ganzen Familie datiert auf den Tag vor dem Examen. Man zweifelte offenkundig nicht am Erfolg. Wilhelm hätte jetzt als Anwalt tätig werden können. Doch seine Krankheit, die Herzbeschwerden und Angstattacken erlauben ihm lange nicht, einen Brotberuf zu ergreifen.

Jacob arbeitet in aller Ruhe bei Hof und in der Bibliothek. Allenfalls ärgert ihn die «Zersplitterung» seiner Tätigkeit und dass er seine Zeit nicht so einteilen kann, wie es am effektivsten wäre. Den Buchmarkt behalten er und Wilhelm weiter fest im Blick. Wilhelm kümmert sich um den Einkauf philologischer Standardwerke.[19] Jacob bemerkt Publikationslücken: Er wünscht sich, Clemens Brentano würde seine reichhaltige Sammlung endlich auswerten; er stellt fest, dass Friedrich Schlegel sich editorische Kompetenzen anmaße, die er nicht besitze; und er sieht, dass die Ausläufer der Aufklärung «über die alten Deutschen und ihre Sprache» durchaus Brauchbares zu bieten haben, dies aber «auf eine trockene, geschmacklose Art».[20] Wilhelms Bitte an Jacob, sich in Paris auch um mittelalterliche Literaturzeugnisse zu kümmern, zeigt Wirkung. Die Brüder Grimm entdecken eine Leerstelle im Publikationsbetrieb, die sie schließen können, ohne auf überwältigend große Konkurrenz zu stoßen. «Die alte deutsche, provenzalische und nordfranzösische Literatur u. ihr Zusammenhang», so Jacob an Malsburg Anfang 1806, «ist jetzt unser Lieblingsstudium.»[21]

Clemens Brentano unterstützt sie dabei. Soeben hatte er gemeinsam mit Achim von Arnim den ersten Band der ‹Volkslied›-Sammlung *Des Knaben Wunderhorn* herausgegeben,[22] und jetzt bereiteten sie die beiden abschließenden Bände vor, die 1808 folgen sollten. Am 22. März 1806 erkundigt Brentano sich bei Savigny nach einem Verbindungsmann in Kassel, «der sich dort auf der Bibliothek umtun könnte, ob keine alten Liedlein dort sind, und der mir dieselben kopieren könnte». Savigny leitet die Anfrage an Jacob Grimm weiter.[23] Im Juli 1806 weist Brentano seinen Freund Arnim brieflich an: «In Cassel suche auf herrn Kriegssekretair Grimm der mit Savigny in Paris war, ein guter Mensch, er sammelt Lieder für uns.»[24] Zwar verpassen sich Arnim und Jacob in Kassel, und der beginnende Krieg verschlägt Arnim nach Königsberg. Aber im September gehen die ersten Volkslieder von Kassel nach Heidelberg,[25] wobei die Grimms schon vor der direkten Anfrage mit dem Sammeln von ‹alten Liedern› begonnen hatten.[26] Die Verhältnisse im Lebensdreieck der Grimms zwischen Brentano und Arnim auf der einen und Savigny auf der anderen Seite beginnen, sich zu verschieben.

Ohne darin namentlich erwähnt zu werden, haben die Grimms zum zweiten und dritten Teil des *Wunderhorns* mindestens achtundzwanzig Lieder beigesteuert. Sie sind damit schon rein quantitativ die zweitwichtigsten Beiträger.[27] Von Wilhelm Grimm stammt unter anderem eine Sammlung von «Kinderliedern», und er gibt auch der gleichnamigen Rubrik den Titel. Im ‹Volk› und bei den ‹Kindern›, so die Annahme, haben sich jene urwüchsigen Traditionen erhalten, die die ‹Menschen› miteinander verbinden. Das klingt dann beispielsweise folgendermaßen:

«Schlaf, Kindlein, schlaf,
Der Vater hüt die Schaaf,
Die Mutter schüttelts Bäumelein,
Da fällt herab ein Träumelein,
Schlaf, Kindlein, schlaf.»[28]

Sollte es ein aufgeklärtes Lesepublikum nicht provozieren, wenn man ihm solche Kleinigkeiten vorsetzte? Man musste eigentlich mit Verärgerung, Spott oder Desinteresse rechnen. Im besten Fall würden aber die Leser ihre Achtsamkeit und Aufmerksamkeit verändern und für unscheinbare Formen von Literatur sensibler werden. Dass also die Grimms solche Lieder aufgeschrieben und gesammelt haben, ist ebenso bezeichnend wie die Tatsache, dass sie sich von ihren Beiträgen Abschriften machten, die sie für ihre weitere Forschung nutzten. Noch mehr als ein halbes Jahrhundert später wird Jacob für den Artikel «Erde» des *Deutschen Wörterbuchs* auf eine Aufzeichnung zurückgreifen, die er im Alter von zweiundzwanzig Jahren für Brentano gemacht hat.[29]

Im Laufe der Arbeit am *Wunderhorn* sahen die Grimms, wo genau sie auf dem Buchmarkt standen. Die Unterhaltungsliteratur sprach, etwa mit Familien-, Ritter- und Schauerromanen von Lafontaine oder Spieß, ein breites Publikum an – vor Lesesüchtigen, zu denen die Grimms selbst einmal gehörten, hatte man hier keine Scheu, im Gegenteil. Das *Wunderhorn* hingegen richtete sich wie Tiecks *Minnelieder* an einen kleineren Leserkreis.[30] Die Voranzeige der Sammlung vom 21. September 1805 in der *Jenaischen Allgemeinen Literaturzeitung* bezog sich dann auch direkt auf die Debatte um die Lesesucht: Die Lieder, heißt es dort, würden «manches unbestimmte Verlangen befreyen, was sich im Vielesen unberuhigt fühlt».[31]

Die Art, wie die ‹Wunderhornmänner› mit historischen Quellen umgingen, bedeutete für die Grimms keine wirkliche Konkurrenz – Jacob und Wilhelm zielten auf Wissenschaft, Arnim und Brentano arbeiteten der Literatur zu. Daher hielten manche Zeitgenossen *Des Knaben Wunderhorn* für einen der großen Betrugsfälle der deutschen Literatur: «Alte deutsche Lieder gesammelt von Achim von Arnim und Clemens Brentano» lautet der Untertitel, aber Arnim und Brentano waren alles andere als schlichte Sammler. Sie haben arrangiert, modernisiert, weitergedichtet und frei erfunden, und dies auf eine so brillante Art und Weise, dass man lange gerade jene Lieder, die von Brentano stammen oder stark bearbeitet wurden, zum ursprünglichen und urtümlichen Bestand deutscher Kultur rechnete. Das ‹Volk› entwickelte auch hier seine Wirkung als poetische Phantasie.

Selbst Arnim gelang es bisweilen nicht, Brentanos Eigenleistungen zu identifizieren: Nachdem Brentano das Lied «Der Staar und das Badwännelein» mit der Herkunftsangabe «In der Spinnstube eines hessischen Dorfs aufgeschrieben» an Arnim geschickt hatte, äußerte sich dieser zu textkritischen Fragen, als ob es sich um eine altehrwürdige Quelle handelte. Tatsächlich aber lag ihm eine poetische Eigenleistung seines Mitherausgebers vor, der sich darüber in einem Brief an die Grimms lustig machte. Arnim versuchte daraufhin, sich gegenüber Jacob und Wilhelm herauszureden, und behauptete, «daß es wieder eine von Clemens' vielen Unwahrheiten ist, wenn er Euch eingebildet hat, ich hätte den Staar und das Badewännlein für ganz alt gehalten [...] daß er das Ganze [...] selbst gemacht, konnte ich ihm doch wirklich ohne Beleidigung nicht auf den Kopf zu sagen».[32]

Ursprünglich fanden die Sammler das Quellenmaterial des *Wunderhorns* zum großen Teil in Büchern aus der Zeit zwischen 1500 und 1700, dann auch in jüngeren Veröffentlichungen. Rund vierzig Lieder stammen aus alten Manuskripten. Sehr wenige gelangten aus mündlicher Darbietung in die Sammlung: von Arnim kein einziges, kaum mehr als ein Dutzend von Brentano. Die Beiträge der Grimms gründen zum großen Teil auf genauen Abschriften gedruckter Texte, bisweilen zeichnen sie auch mündliche Vorträge auf, etwa beim Repertoire der Dienstmagd, oder greifen auf persönliche Erinnerungen zurück.[33] Dass die Volkslieder der Deutschen dem Mund der ‹einfachen› Menschen abgelauscht worden seien, ist im Großen und Ganzen ein Mythos. Das *Wunderhorn* zeigt im Gegenteil geradezu idealtypisch, wie modern es in der Romantik war, die deutsche Geschichte und das ‹Volk› zu entdecken beziehungsweise zu erfinden.

Die Begeisterung für das ‹Volkslied› war nicht neu. Sie begann in Deutschland in den 1760er Jahren und ist vor allem mit dem Namen Herders verbunden. Aber die Probleme, die sich damals ergaben, stellten sich auch Arnim und Brentano: Was eigentlich ist ‹Volkspoesie›? Wie sollte sie präsentiert werden? Und: Wer könnte sich dafür interessieren? Stellten die Moral und der Aberglaube dieser ‹Pöbellieder› nicht einen Affront gegen das aufgeklärte Bewusstsein dar? Und bedeutete ihre oft ungelenke Form nicht eine Zumutung für ein gebildetes Literaturpublikum?[34] Die ‹Volkslieder› mussten im Literaturbetrieb und vor dem Geschmack des Publikums bestehen können. Daher schoben ihnen die Herausgeber von Herder bis Arnim und Brentano die avancierte Ästhetik ihrer Zeit unter: Im Singen und Klingen des ‹Volkslieds› fanden sie die Ideen eines natürlichen Ausdrucks und eines sich selbst genügenden Spiels wieder. Freilich gingen die klassischen und auch die frühromantischen

Literaturprogramme von bewussten künstlerischen Schöpfungen aus, während das ‹Volkslied› – der Theorie nach – einfach da war. Es bewahre, so das Versprechen der Romantiker, eine Art tiefer, unangreifbarer nationaler Einheit.[35]

Das *Wunderhorn* sollte als Buchmarktprojekt das Publikum auf subtile Art geschmacklich beeinflussen. Die Aufgabe bestand darin, die Lektüreinteressen des ‹Leservolks› fundamental zu verändern. Den unmittelbaren Anlass für das *Wunderhorn* bildete nämlich nicht eine irgendwie geheimnisvolle Eruption des ‹Volksgeistes›, sondern eine literarische Neuerscheinung: Rudolph Zacharias Beckers *Mildheimisches Liederbuch* (1799). Becker brachte Arnim und Brentano mit seiner didaktischen, volksaufklärerischen Absicht in Rage; ihn visierte das *Wunderhorn* als direkten Konkurrenten an.[36] Das Sammeln von Volksliedern war somit auch ein Kassiber im Konflikt um Anteile am Literaturmarkt, ein strategischer Zug in dem Kampf, den die Romantik gegen den philiströsen Geschmack führte.

Arnim und Brentano haben den Wettbewerb um die Aufmerksamkeit der Leser auf dem Buchmarkt verloren. Nur einzelne Lieder des *Wunderhorn* wurden wirklich populär. Beckers *Liederbuch* erlebte bis 1837 zwölf Auflagen, während die Erstausgabe des *Wunderhorns* noch 1900 nicht vergriffen war und für einen Schleuderpreis von 1,50 Mark vertrieben wurde. Dieses Schicksal teilte das *Wunderhorn* im Übrigen mit Tiecks *Minneliedern*, die sich ebenfalls miserabel verkauften und noch 1861 in der Erstauflage lieferbar waren. Trotz des kommerziellen Misserfolgs beeinflusste Arnims und Brentanos Liederbuch die Lyrik des gesamten 19. Jahrhunderts. Der ‹Wunderhorn›-Ton beherrschte die Gedichte von der Romantik über Heinrich Heine bis Theodor Storm und darüber hinaus.[37] Auf diese unterschwellige Wirkung hatten es die romantischen ‹Volksdichter› abgesehen.

Während die Brüder Grimm ihre ersten literarischen Recherchen unternahmen, veränderten sich die politischen Verhältnisse: Am 12. Juli 1806 hatte sich der Rheinbund konstituiert. Die darin verbundenen Länder erklärten ihren Austritt aus dem Reich. Im August legte Kaiser Franz II. daraufhin die Reichskrone nieder. Das Deutsche Reich hatte aufgehört zu existieren.[38] Wilhelm I., der sein hessisches Kurfürstentum erweitern wollte, verhandelte mit Preußen und Frankreich, allerdings ergebnislos, weil er weder dem Rheinbund auf Seiten Frankreichs noch der gegnerischen Koalition auf Seiten Preußens beitreten wollte. So erklärte Wilhelm I. bei Kriegsausbruch zwischen den verfeindeten Mächten im Jahr 1806 die Neutralität seines Landes. Aber das interessierte Napoleon nicht. Am 1. November 1806, zwei Wochen nach dem Sieg Frankreichs in der Schlacht bei Jena und Auerstedt, besetzten seine Truppen Kassel. Die hessische Armee legte ihre Waffen nieder. Die letzte Order ihres Fürsten befahl die einstweilige Beurlaubung und Entlassung des gesamten Militärs. General Joseph Lagrange übernahm als Militärgouverneur die Regierungsgewalt. Wilhelm I. floh auf dänisches Gebiet zu seinem Bruder.[39] Jacobs Dienststelle, das Kriegskollegium, war überflüssig geworden.

Für die Brüder Grimm bedeutete die französische Besatzung eine politische Katastrophe. Voller «Bitterkeit» erlebten sie die «beweinungswürdigsten Dinge» – über Details bewahrten sie weitgehend Stillschweigen.[40] Vor allem Wilhelm dramatisierte im Rückblick den Einschnitt, den «jener Tag des Zusammenbruchs» in seinem Leben markierte. Noch am letzten Oktober-Abend habe er die Wachfeuer der französischen Armee in der Ferne gesehen, aber nicht glauben wollen, dass Hessen jemals «unter fremde Herrschaft» geraten werde. Am nächsten Morgen war es so weit. Die französischen Regimenter zogen «in vollem militärischem Glanze» in Kassel ein.[41]

Mit der französischen Besatzung hielt die moderne Staatsidee in Hessen-Kassel Einzug: Der Staat sollte seine Macht zentralisieren und dabei gleichmäßig das ganze ‹Volk› regieren, das nun überhaupt erst zum politischen Akteur avancierte – eben zu der Zeit, als die ‹Volkspoesie› wieder en vogue wurde. Nicht zuletzt im Protest gegen die Fremdherrschaft entdeckten die Deutschen ihre ‹Volkstümlichkeit›, entwickelten ihren Patriotismus und Nationalismus.

Die alten Mächte verabschiedeten sich nach und nach. Sie hinterließen ein Vakuum, und das sollten jetzt emotionale Bindungen an eine neue, imaginäre Einheit ausfüllen. Der Nationalstaat forderte mehr denn je poetische Kompetenzen: Vorstellungskraft, Phantasie, die Fähigkeit, abstrakte Gebilde zu veranschaulichen.

Wilhelm formulierte seine patriotische Gesinnung damals in Versen:

«Du deutscher Ruhm, in Unruhm nicht versinke,
So sehr uns drängen hartverworrne Zeiten.
Der Schmach Erkenntnis mögen zubereiten
So alter Glorie tiefbedeut'ge Winke!

In Kräftigkeit erneure dich und trinke
Der Schlachten Blut, dich selber zu erstreiten!
Gott wird die teure Heldenschar geleiten,
Daß seines Rates Sonn' voran ihr blinke!

Noch leben deutsche Männer, die entglühen
Der heil'gen Sache; o wie selig Hessen,
Dem Kurfürst Wilhelms Liebe bleibt vorwaltend!

Dann mag die Friedensblume neu erblühen;
Wenn Krieges Schmach im Kriege ist vergessen,
So steigt der deutsche Ruhm nimmer veraltend!»[42]

In diesem Sonett klingt einiges schief: Zunächst kollidiert die romanische Form mit dem ‹deutschen› Gesinnungstaumel – wenig später wird Jacob Grimm erklären: «niemals ist ein sonnett ein volkslied gewesen.»[43] Unfreiwillig bringt Wilhelm allerdings die internationale Form des deutschen Nationalismus sehr gut zum Ausdruck. Nur mit Mühe erfüllt er dabei das Versmaß, und auch die Bildlichkeit erscheint mehr als krude. Wie etwa der «deutsche Ruhm» das Blut von Schlachten trinken soll, um sich «selber zu erstreiten», müsste Wilhelm dann doch erläutern. Zudem dichtete er seine Gewaltphantasie gegen die Realität: Denn die hessische Armee hatte sich kampflos ergeben. Erst danach kam es an einigen Orten zu offener Rebellion entlassener Soldaten Wilhelms I. Die ‹erste hessische Insurrektion› von 1806 / 07 wurde von den Franzosen blutig niedergeschlagen, vermittelte aber schon einen Eindruck davon, welchen Widerstand die Besatzer künftig zu erwarten hatten.[44]

Die Brüder Grimm zeigten sich selten so gewaltbereit wie in Wilhelms Sonett. Sie forderten nicht wie Friedrich Schlegel den «gänzlichen Vernichtungskrieg», geiferten nicht wie Heinrich von Kleist vom Totschlagen des Feindes und predigten nicht wie Ernst Moritz Arndt hemmungslose Abscheu vor den Franzosen.[45] Auch wenn Wilhelm, wie er in seiner Autobiographie betont, die «Schmach» gefühlt haben mag, «welche in der fremden Herrschaft lag», habe er doch alle Herabsetzungen und alle Gewalt, die die Besatzer ausgeübt hätten, verhältnismäßig gelassen hinnehmen können. Die Arbeit an den Zeugnissen der Vergangenheit entlastete ihn. Genauer: «Das Drückende jener Zeiten zu überwinden half denn auch der Eifer, womit die altdeutschen Studien getrieben wurden.»[46]

Dies mag erst im Rückblick so ausgesehen haben, in jedem Fall war es feinsinnig formuliert: Nicht mit Hilfe der Gegenstände, der Inhalte, mit denen sich Jacob und Wilhelm beschäftigten, bewältigten sie die politische Katastrophe, sondern durch den «Eifer», die Art und Weise also, mit der deutschen Geschichte umzugehen. Somit verknüpfen die «altdeutschen Studien» gegensätzliche Momente: Sie zielen auf das Alte und spenden «Trost», weil sie ein Zeichen der Stabilität inmitten unruhiger Zeiten geben; zugleich bieten sie «dem Auge etwas Neues» dar und stehen für Innovation und Fortschritt in der Wissenschaft.[47]

Es geht Wilhelm nie darum, die Ergebnisse der historischen Untersuchungen unmittelbar aufs Hier und Jetzt zu übertragen. Das eben wäre ein Verrat an der Autonomie der Wissenschaft. «Das Mittelalter zu erforschen», schreibt er, «um es in der Gegenwart wieder geltend zu machen, wird nur der beschränktesten Seele einfallen.»

Gleichwohl hat die Forschung «Einfluss».[48] Die Wissenschaft steuert die Gesellschaft nicht dadurch, dass sie per Dekret ‹von oben› in die Verhältnisse eingreift, sie vielleicht sogar neu gestaltet. Wissenschaftliche Ergebnisse können sich allenfalls ins Gesellschaftsspiel einbringen, Angebote machen und auf Resonanzen hoffen. Dazu gehört Geduld und langer Atem, und damit ist der Philologe der fremden Regierung in mindestens einer Hinsicht überlegen: Denn in den Augen der Grimms mangelt es Revolutionären oder Besatzern, die die Verhältnisse im Nu verändern, an der Tugend der Beständigkeit, die ihre Kraft aus dem historischen Bewusstsein für die Widerstandskraft von ‹Sitten› und ‹Gebräuchen› gewinnt.

Im Alltag hatten die Grimms konkretere Probleme zu bewältigen: Auf der Suche nach dem Gegenstand ihrer Forschung mussten sie ihre Karrierewege ordnen. Während Wilhelm weiter ohne Beruf blieb, wurde Jacob nach der Besetzung Kassels der Truppenverpflegungskommission zugeteilt.[49] Er hatte sich durch seine ausgezeichneten Französischkenntnisse unfreiwillig qualifiziert. Tag und Nacht fanden Sitzungen statt, in denen er unter der Inkompetenz der Mitarbeiter litt. Zudem lasteten zu Hause auf seiner Familie Einquartierungen.[50] Wie immer erwähnt Jacob nur wie nebenbei, ohne ins Detail zu gehen, die Unbill, die seine Zeitgenossen ihm bereiten. Er wartete auf eine Möglichkeit, seine neue Stelle zu kündigen, zögerte aber zunächst, weil er keine klaren Vorstellungen von der Zukunft hatte. Als er seinen Posten Mitte 1807 schließlich aufgab, fehlte der Familie das Einkommen, auf das sie dringend angewiesen war.

Bevor Jacob sich zu diesem Schritt entschloss, verabschiedete er sich in einem ausführlichen Brief vom 9. März 1807 endgültig von den Interessen seines Mentors Savigny. In einer «rechten Herzensergießung» erklärte Jacob, es ziehe ihn zum Studium der Geschichte der Poesie und Literatur. In der Philologie lasse sich ebenso scharfsinnig wie in den juristischen Studien arbeiten. Zudem bedeute die Rechtswissenschaft keinen Vorteil für «Brot und Auskommen», und gelehrte juristische Studien zu treiben, könne er sich finanziell nicht leisten.[51]

Napoleons Pläne kamen Jacob ungewollt entgegen. Am 18. August 1807 machte der Kaiser den nächsten Schritt zur Neuordnung der Verhältnisse. Er fasste Kurhessen, Braunschweig und Osnabrück, preußische Gebiete sowie südliche Teile Hannovers zum neuen Königreich Westphalen zusammen und setzte seinen jüngsten Bruder Jérôme Bonaparte auf den Thron. Schon das zeigte den neuen Geist einer Politik, die mit dem deutschen Flickenteppich aus kleinen und kleinsten Herrschaftsbereichen nichts anzufangen wusste. In gewisser Weise griff Napoleon der Arbeit an der deutschen Einheit vor.

Der Regierungsweg zu dieser nationalen Einheit führte über die Entmachtung der alten Eliten durch ein Gesetz, vor dem alle Menschen gleich sein sollten, und durch eine Verwaltung, die sich dem Staat gegenüber verantwortlich fühlte und das Land ebenmäßig durchzog. Auch insofern übernahm die Fremdregierung Vorreiterfunktion. Am 15. November 1807 erließ König Jérôme eine Verfassung nach französischem Vorbild.[52] «Bald änderte sich alles von Grund aus», erinnerte sich Wilhelm Grimm: «fremde Menschen, fremde Sitten, auf der Strasse und den Spaziergängen eine fremde, laut geredete Sprache».[53] Das musste in Kassel umso mehr auffallen, als Wilhelm I. ein ausgesprochener Franzosenhasser war.[54]

Kassel wurde nun nach und nach kosmetisch behandelt, um die neuen Herrschaftsverhältnisse deutlich zu machen: Wilhelmshöhe verwandelte sich in Napoleonshöhe, aus Wilhelmstal wurde Katharinental; für die Stadtteile suchte man französische Benennungen; Wappen wurden vernichtet, das *Museum Fridericianum* bekam 1810 eine neue Funktion als «Palast der Stände»; und auf den «Place Napoléon», den vormaligen Königsplatz, stellte man 1812 eine Statue des französischen Kaisers.[55]

Jérôme knüpfte stadtplanerisch an den Vater Wilhelms I. an, auch wenn er nur wenige seiner Projekte realisierte. Er zielte auf ein geometrisches Straßenbild nach dem Muster anderer absolutistischer Regierungssitze.[56] Die Hofhaltung lag ebenfalls eher auf einer Linie mit derjenigen des älteren Hessen-Kassel'schen Landesfürsten Friedrich II., der sich an der französischen Repräsentationspolitik orientiert hatte. Während Wilhelm I. vor seine Kutsche zwei Pferde gespannt hatte, fuhr Jérôme mit einem neumodischen Sechs- oder Achtspänner umher, begleitet von einem glänzenden Gefolge.[57] Der Regent wurde als ‹König Lustig› diffamiert. Die positiven Berichte über seine scharfsinnige und engagierte Regierungstätigkeit im Staatsrat vermochten daran nichts zu ändern.[58]

Auch dass sich der Charakter der absolutistischen Herrschaft unter Jérôme grundsätzlich wandelte, konnte darüber leicht aus dem Blick geraten. Denn der neue König legitimierte seine Macht nicht mehr durch das Gottesgnadentum des Landesfürsten, sondern durch die Achtung vor dem Gesetz, als dessen Beschützer er in seiner ersten Proklamation auftrat. Westphalen solle endlich «Bürger» erhalten, die einander als «Menschen» betrachten. Die «wahre Macht eines Volkes» bestehe in der «Gleichheit vor dem Gesetz, der Tapferkeit und Treue».[59]

Jérôme folgte damit den Anweisungen seines kaiserlichen Bruders. Dieser hatte ihn in einem Brief vom 15. November 1807 darüber aufgeklärt, auf welche Art er sich seine Untertanen zu verpflichten habe: «Ich möchte», schrieb Napoleon, «daß Ihre Untertanen einen Grad von Freiheit, Gleichheit und Wohlstand genießen, wie er bisher dem deutschen Volke unbekannt war.» Das «Vertrauen» und die «Liebe» der Bevölkerung sollten die Fundamente der Herrschaft sein. Die erheblichen Steuerlasten, die Jérôme seinem Land aufbürdete, trugen freilich nicht gerade dazu bei, diese Einsicht zu fördern. Auch die Grimms hatten immer wieder schwer darunter zu leiden, dass Jérôme den Finanzbedarf seines ehrgeizigen Bruders mit befriedigen musste.

Der *Westphälische Moniteur* veröffentlichte am 29. Dezember 1807 ein «Königliches Decret», wodurch die Verfassung des Königreichs Westphalen bekanntgemacht wurde. Der 10. Artikel erklärte «die Gleichheit aller Unterthanen vor dem Gesetze» und die Religionsfreiheit für verbindlich. Ein Artikel hob die Privilegien der Landstände auf, ein zweiter die Leibeigenschaft, ein dritter beschnitt die Rechte des Adels. Und der 45. Artikel sorgte dafür, dass das Studium der Grimms, zumindest was den Inhalt der von ihnen gepaukten Gesetze anbelangte, nutzlos wurde: «Der Code Napoleon soll vom ersten Januar 1808 an, das bürgerliche Gesetzbuch des Königreichs Westphalen seyn.»[60]

Historisch gewachsene Strukturen fallen für diesen Politikstil nicht ins Gewicht. Für die Brüder Grimm war damit jener Zeitgeist mit Händen zu greifen, gegen den sie im Gefolge ihres Lehrers Savigny opponierten. Aber das ist nur die eine Seite. Denn die von der neuen Verfassung geförderte Gleichheit rechnete auf den verantwortlichen Staatsbürger hinter den Symbolen und Hierarchien der Gesellschaft. Besonderen Wert legte Jérôme daher zu Beginn seiner Herrschaft auf die Erziehungspolitik: In den «Gewohnheiten», die durch eine «gute Erziehung» vermittelt werden, sah er den besten Schutz gegen «Laster und Verbrechen, welche die Gesellschaft zerrütten».[61] Daher berief er den Historiker Johannes von Müller, den die Grimms sehr schätzten, zunächst als Staatssekretär, dann als Verantwortlichen für die Erziehungspolitik in die Regierung – Müller hatte seinen glänzenden Namen als ‹deutscher Thukydides› bei vielen Zeitgenossen dadurch ruiniert, dass er sich vom vehementen Napoleon-Kritiker zum glühenden Napoleon-Bewunderer bekehren ließ.[62]

Jérôme begriff also durchaus, dass der «Einfluß auf den Geist» einen «gewissen und wichtigen Einfluß» ausübt, wie es der *Moniteur* erklärte.[63] Von hier aus führt ein heimlicher Gedankenpfad von der romantischen Philologie zur neuen Politik. Denn für ebendiese unterschwellige Einflussnahme auf die «Gewohnheiten» eines Volks war die Literatur zuständig. Der *Moniteur* hätte daher auf *Des Knaben Wunderhorn* verweisen können. Denn Achim von Arnim hatte im Nachwort zum ersten Band ein politisches Programm entworfen. Volkspoesie, so Arnim, präge sich von früh an ein; sie stifte über die Teilhabe an einem gemeinsamen Liedgut soziale Bindungen und setze sich auf eine sanfte Art gegen alle Widerstände durch. Für Arnim gehörte sie zum Alltag und ließ sich daher schwer fassen, wirkte aber eben deswegen umso nachhaltiger.[64]

Schon die Art, wie das *Wunderhorn* sich an das Publikum wandte, hatte eine politische und zugleich literarische Komponente: Das galt etwa für die Absicht, möglichst viele Lesertypen zu erreichen – den «Kenner, wie den Liebhaber und den, der blos unterhalten seyn will», wie es in einer Voranzeige von 1805 hieß. Sie alle sollten durch eine subtile Lesepädagogik im Geist der Romantik gebildet werden.[65] Die Frage war allerdings, auf welche Weise man vom ‹Volk› überhaupt ‹Kunde› bekommen konnte. Arnims und Brentanos Zirkularbrief zur Volksliedersammlung reagierte darauf: Es handelte sich um ein Doppelblatt, das in vielen Kopien an potenzielle Beiträger versendet wurde. An diesen ersten Massenaufruf zur volkskundlichen Forschung wird Jacob Grimm später mit seinem Zirkular über Volkspoesie von 1815 anschließen. Damit bediente sich die ‹Volkskunde› eines Mediums, das im Königreich Westphalen von der Regierung gebraucht wurde, um wichtige Informationen möglichst weit zu verbreiten.[66]

Aber auch die Liedästhetik selbst wurde zutiefst politisch gedacht. Vor allem Arnim verfolgte damit ein Projekt nationaler Einigung. Volkslieder, so eine andere Voranzeige des *Wunderhorns* aus demselben Jahr, seien «unbekannt in ihrer Entstehung, an keinen Stand, an keine Zeit – nur an das deutsche Volk im Ganzen gebunden».[67] Das entsprach der Vorstellung von «Naturpoesie», wie sie Jacob und Wilhelm Grimm in ihren ersten Zeitschriftenbeiträgen formulierten, und es entsprach der französischen Verfassungspolitik.

Erste Einsätze im Publikationsgeschäft

Nachdem Jacob Grimm bei der Verpflegungskommission gekündigt hatte, spekulierte er auf einen Posten bei der Gesandtschaft in Paris oder bei der Bibliothek. Um seine bibliothekarischen Fähigkeiten unter Beweis zu stellen, schickte er an Christoph Freiherr von Aretin, den Direktor der Königlichen Hof- und Zentralbibliothek in München, «einige in die Literärgeschichte einschlagende Bemerkungen», die Aretin in seinem *Neuen literarischen Anzeiger* veröffentlichte.[68] Bereits im März und April 1807 erschienen die ersten Aufsätze Jacob Grimms; auch Wilhelm startete dort wenige Wochen später seine publizistische Laufbahn.

Der *Neue literarische Anzeiger* war 1806 aus den Nürnberger *Litterarischen Blättern* (1802–1806) hervorgegangen, die ihrerseits den *Allgemeinen litterarischen Anzeiger* (1796–1801) fortgeführt hatten, und erschien bis 1808. Das Gesamtunternehmen wurde 1811 durch ein *Allgemeines Register* erschlossen. Offenbar hielt man die Ergebnisse, die das Journal in seinen drei Erscheinungsweisen hervorgebracht hatte, weiterhin für relevant.

Diese eigentümliche Mischung aus Kurzlebigkeit und Dauer blieb lange typisch für die frühe deutsche Philologie: Aretin bat insbesondere um «Beiträge zu einer allgemeinen Geschichte der Literatur der Teutschen»,[69] wohl wissend, dass vieles davon vorläufig sein würde. Er zielte auf die «moderne literarische Cultur»,[70] in der «Fortschritt» an die Stelle stabiler Muster getreten ist. Der Leser, der zugleich potenzieller Beiträger war, musste sich mit prinzipieller Unsicherheit abfinden. Weder durfte er blind auf das vertrauen, was er las, noch zu sehr von der abschließenden Gültigkeit der eigenen Thesen überzeugt sein.

Jacob und Wilhelm mussten unter Beweis stellen, dass sie zu den Spezialisten fürs Unsichere gehörten und den Fortschritt der Wissenschaft zu befördern vermochten. So begann Jacob mit einer Kritik von Friedrich Paul Adelungs *Nachrichten von altdeutschen Gedichten* und warf dem Neffen des großen Sprachforschers der Aufklärung nicht allein Ahnungslosigkeit vor, sondern auch das Fehlen einer angemessenen Haltung, die sich durch akribische Genauigkeit auszeichnet.[71] Dagegen demonstrierte er durch Einzelstellenkritik seine Fähigkeit, Details zu beobachten; er zog ein Kasseler Manuskript heran und belegte damit, dass der eigene Wissenschaftsstandort durchaus Vorteile bot; und er skizzierte ein eigenes For-

schungsprojekt: Er wolle das Verhältnis von Minnelied und Meistergesang untersuchen.

Diesen Parcours wiederholte Jacob in seiner Abhandlung *Über
das Nibelungen Liet*,[72] das damals als ‹Nationalepos› galt und neben die großen Epen der Antike gestellt wurde. Zugleich deutete Jacob hier die zentrale These an: Es gibt eine genuin deutsche ‹Volkspoesie›. Ihrer Bestimmung widmete sich Wilhelm Grimm in seinen
ersten Beiträgen für den *Anzeiger* und präsentierte sich dabei dem
Publikum ebenfalls als ‹Kenner›: Er grenzte sich von einer vormo-
dernen Form von Gelehrsamkeit ab, verbesserte bereits vorliegende
Forschungsergebnisse und erschloss das Material im Manuskript-
bestand der Kasseler Bibliothek.[73] Die ‹Volkspoesie›, so ergänzte Jacob in einem weiteren Artikel *Von Übereinstimmung der alten Sagen*,
gründe in der ‹Volkssage›, in der sich die Geschichtsschreibung früherer Zeiten finde.

Auf diesen grundlegenden Thesen baute Jacob seine Theorie von
Minne- und Meisterlied auf: Beide seien gleichermaßen Produkte
der «künstlichkeit» und zeugten vom «verfall einer epischen zeit».[74]
Damit schaffte Jacob es auf Anhieb, in seine erste wissenschaftliche Kontroverse verwickelt zu werden. Bernhard Joseph Docen, den
Aretin an die Münchener Bibliothek geholt hatte und der sich schon
seit einigen Jahren um die altdeutschen Studien bemühte, hielt
die Auseinandersetzung mit Jacob Grimm über das Verhältnis von
Meistersang und Minneliedern für so bedeutend, dass er sie der Öffentlichkeit nicht vorenthalten wollte.[75] Bereits Jacobs publizistische
Premiere im *Literarischen Anzeiger* hatte Docen mit kritischen Anmerkungen versehen, und auch Wilhelms Beitrag zum Nibelungenlied ergänzte er um einen «Zusatz». In beiden Fällen deckte er den
unzulänglichen Kenntnisstand der Neulinge auf.[76] Oder anders: Er
testete, ob die beiden jungen Forscher in die Kritikkultur des Ge-
lehrtenbetriebs passten.[77]

Jacob sah schnell, dass «der Streit zu früh kommt, weil ich die
Sache aus Mangel an Hilfsmitteln nicht so abtun kann».[78] Tatsächlich sollte Docens Entgegnung 1809 in einem fast hundert Sei-

ten langen Beitrag gipfeln, einem Grundsatzartikel, in dem er den Grimm'schen Beweis minutiös zergliederte und den «Mangel an Konsequenz» darlegte.[79] Jacob verließ darauf das Feld des Zeitschriftenkriegs. Statt mit einem weiteren Artikel antwortete er 1811 mit seiner ersten Buchpublikation: *Über den altdeutschen Meistergesang*.

Bei allen Differenzen: Die Brüder Grimm und ihre Kritiker standen gemeinsam auf einem gefährdeten Posten. Denn von außen betrachtet, konnte man den ganzen Streit um eine längst vergangene Poesie, um Handschriften, Reime, Vers- und Strophenmaße leicht für schlicht uninteressant halten. Docen schrieb zum Schluss seiner überlangen Kritik an Jacob Grimms Meistersang-Theorie: «Freilich wird es nicht an solchen fehlen, die diese umständlichen Untersuchungen für überflüssig, die Frage überhaupt für unbedeutend halten werden.»[80]

Für viele Zeitgenossen mochte die Erforschung der älteren Literatur- und Sprachzeugnisse eine staubtrockene Angelegenheit sein. Aber gerade sie verkörperte den Geist der Moderne: Der Gelehrtentypus, den sie hervorbrachte, orientiert sich am Vorläufigen und Künftigen, er schätzt Verbesserung und Kritik. Er bildete ein Virtuosentum der Unsicherheit mit eigenen sozialen Normen aus, im Positiven wie im Negativen. Die *Nachricht an Freunde altteutscher Literatur* im ersten Band des *Anzeigers* gestand, dass «niedrige gegenseitige Cabale das reine Interesse für Wissenschaft und Literatur» häufig untergraben. Der «Schlamm persönlicher, gehässiger Absichten» verschmutze das reine Wasser der Wissenschaft.[81] Nur: Wer hat jemals den reinen Quell der Forschung zu sehen bekommen? Die Grimms jedenfalls beteiligten sich, wie sich noch zeigen wird, durchaus munter an dem Spiel, Informationen zurückzuhalten, Klüngel zu bilden und durch persönliche Angriffe den Gegner zu disqualifizieren.

Bei ihren ersten Einsätzen im Publikationsgeschäft wollte Jacob dem Publikum «keine Stimme» geben, denn den Grimms lag nicht daran, «eine Mode an altdeutscher Poesie zu erregen, sondern die

Quellen altdeutscher Poesie zu retten».[82] Diese Haltung trennte sie
endgültig von den literarischen Interessen Arnims und Brentanos.
Das Problem lag in deren mangelnder historischer «Achtung» vor
den alten Texten. Nach Ansicht von Jacob und Wilhelm entwickelt
sich echte Volkslieddichtung unwillkürlich, ohne allen Originali-
tätsehrgeiz eines Autors. Bei Arnims und Brentanos Erfindung des
‹Volkslieds› hingegen sei die «Hand eines überlegenden Dichters»
im Spiel.[83] Am 17. Mai 1809 fasste Jacob die Unterschiede zusammen:
«Dieser Geist von Sammeln u. Herausgeben alter Sachen ist es doch,
was mir bei Brentano u. Arnim am wenigsten gefällt […]. sie wollen nichts von einer historischen genauen Untersuchung wißen, sie
laßen das Alte nicht als Altes stehen, sondern wollen es durchaus in
unsere Zeit verpflanzen, wohin es an sich nicht mehr gehört, nur
von einer bald ermüdeten Zahl von Liebhabern wird es aufgenommen. So wenig sich fremde edle Thiere aus einem natürlichen Boden in einen andern verbreiten laßen, ohne zu leiden u. zu sterben,
so wenig kann die Herrlichkeit alter Poesie wieder allgemein auf-
leben, d. h. poetisch; allein historisch kann sie unberührt genoßen
werden und wer die unglückseligen Kangurohs kennen lernen will,
der muß zu ihnen nach Australien reisen, die gefangenen Löwen u.
Tigerthiere müßten immer vergittert seyn und gehen ewig in einem
traurigen 8 herum. die nützlichen Hausthiere mag man allenthalben
hin übersetzen und nach dem besondern Bedürfnis zurichten.»[84]

Zunächst hatten die Grimms mit den ‹Wunderhornmännern›
eine bestimmte Form der Aufmerksamkeit verbunden: Sie beach-
teten Gedichte, die bislang übersehen worden waren. Diesem unscheinbaren Gegenstand widmeten sie nun ihre «fortdauernde Lust
und Liebe».[85] Dabei hatten sie bald eine ganz andere Haltung ausgebildet als Arnim und Brentano. Sie wurden zu Wortliebenden: zu
Philologen. Im August 1807 jedoch beurteilte Jacob Grimm die «Erneuerung» der alten Poesie durch Tieck, Arnim oder Brentano noch
positiv, weil sich so die alte Poesie «wieder ganz ins Volk u. Leben
zurückführen» lasse.[86] Brentano, der in dieser Zeit nach Kassel kam,
versuchte, seinen «Herzbruder» Arnim dorthin zu locken: «[…] wir

können es hier außerordentlich gut und besser noch als damals in Heidelberg, denn ich habe hier zwei sehr liebe, liebe altteutsche vertraute Freunde Grimm genannt, welche ich wie früher für die Alte Poesie interessirt hatte und die ich nun nach zwei Jahrelangem fleißigen sehr konsequentem Studium so gelehrt und so reich an Notizzen, Erfahrungen, und den vielseitigsten Ansichten der ganzen Romantischen Poesie wieder gefunden habe, daß ich bei ihrer Bescheidenheit über den Schatz den sie besitzen erschrocken bin, sie wissen, bei Weitem mehr als Tieck von allen den Sachen.»[87]

Die «zauberhafte Umwandlung» Kassels

Ende Juli 1807 hält Wilhelm sich in Gotha auf, um seine Tante zu besuchen und die Bestände der Schlossbibliothek zu sichten. Henriette Zimmer hatte die Kurfürstin ins Exil zu deren jüngster Tochter begleitet. Wieder erfährt Wilhelm aus nächster Nähe, welche Erschütterungen die großen historischen Ereignisse in seiner Familie bewirken. Tagsüber bewahre die Tante Haltung, «aber Nachts weint und seufzt sie dann, und macht sich wieder trauriger». Geradezu lustvoll gebe sie sich ihrem Schmerz hin. Das Exil raube ihr «ein ruhiges, glückliches Alter». In der Bibliothek ist Wilhelm «recht fleißig». Handschriften, die schon viele vor ihm kopiert haben und über die bald Publikationen zu erwarten sind, lässt er links liegen.[88]

Zur gleichen Zeit trifft in Kassel Clemens Brentano mit seiner künftigen Ehefrau Auguste Bußmann ein, der Nichte des Frankfurter Bankiers Bethmann und eine Tochter der Gräfin Flavigny, Großmutter Cosima Wagners. Die Hochzeit findet am 21. August 1807 in Fritzlar statt. Jacob hält Auguste für «sehr sanft und gut». Das Paar scheint zu harmonieren.[49] Dieser Eindruck sollte täuschen.

Brentano zieht in Kassel zunächst bei seiner Schwester und seinem Schwager Jordis ein. Seine Ankunft werde, so Jacob, großen Einfluss auf ihre Studien haben, denn Brentano habe seine Bibliothek mitgebracht, «die, nach allem zu urtheilen vielleicht einzig in dieser Art seyn muß. Da werden wir unzähligen Stoff zu allen Arbeiten finden, zu meiner großen Freude». Brentano lobt auch die ersten Beiträge der Grimms im *Neuen literarischen Anzeiger*, aber darauf gibt Jacob nicht viel. Ihm ist klar, dass Brentano «eine gelehrte Behandlung dieser Poesie» im Grund ablehnt.[90]

Im November 1807 fahren drei Kutschen in Kassel ein: Sie transportieren Savigny, Achim von Arnim, Bettine, Meline und Clemens Brentano, der Arnim nach Halle entgegengereist war. Sie alle hatten in Weimar Goethe besucht. Savigny zieht nach einem kurzen Aufenthalt mit Bettine und Meline weiter. Arnim und Clemens Brentano bleiben in Kassel. Nun beginnt die gemeinsame Redaktion des zweiten und dritten *Wunderhorn*-Bands, die Arnim und Brentano zum größten Teil in Kassel erledigen.[91]

Auch Johann Friedrich Reichardt kam im Gefolge der Reisegesellschaft nach Kassel. Er gehörte zu den bekanntesten Komponisten seiner Zeit. Goethe schätzte ihn als musikalischen Berater und als Komponisten von Vertonungen seiner Werke, die oft durch Reichardt erst Popularität erlangten. Der Dichter besuchte den Komponisten auf dessen Landsitz in Giebichenstein, dieser war – wie im November 1807 – bisweilen zu Gast in Weimar.[92] Nun hatte Jérôme Bonaparte Reichardt zum «Directeur général des théâtres et de son orchestre» berufen.[93] Der König setzte sich leidenschaftlich für Musik und Theater ein. Die von ihm geförderte Kapelle gehörte zu den herausragenden Orchestern Deutschlands. Für die Oper engagierte man die Stars der Szene, das Ballett war beim Publikum höchst beliebt.[94]

Rund um das *Wunderhorn* bildete sich eine kleine Arbeitsgemeinschaft. Reichardt, den die Grimms bald regelmäßig besuchten,[95] beriet die Herausgeber in musikalischen Belangen, und außer Jacob und Wilhelm wurden auch deren Brüder Ludwig und Ferdinand eingespannt: Ludwig gestaltete die Titelblätter des dritten Bands mit und trat so erstmals als Künstler an die Öffentlichkeit,[96] Ferdinand schrieb die Grimm'sche Sammlung von Volksliedern für Arnim und Brentano ab.[97] Zudem bot das Projekt den Grimms die Möglichkeit, mit wissenschaftlichen Instanzen Kontakt aufzunehmen, etwa mit dem Göttinger Bibliothekar Georg Friedrich Benecke, der für die weitere Karriere der Grimms von großer Bedeutung sein sollte.[98]

Dieses Geflecht aus Bekanntschaften, Freundschaften und Verwandtschaften bestand zwar zum Teil nur in Plänen und Projekten. Aber man kann es sich gar nicht engmaschig genug vorstellen. Brentano beispielsweise wollte Reichardt, der sich im Übrigen bei Goethe für Ludwig Grimm einsetzte,[99] für den Plan gewinnen, Tieck als Theaterdichter anzuwerben. Auch Arnim wollte er auf diese Weise am Theater unterbringen. Offenbar schwebte Clemens ein zweites Jena, Marburg oder Heidelberg vor – für eine ‹Kasseler Romantik› wäre noch Platz gewesen. Allerdings beschied ihn Arnim, dass er Reichardts Einfluss wohl überschätze. Doch Brentano setzte ohnehin nicht allzu viel Hoffnung auf den Hofkapellmeister, der lieber «einen Violinspieler um 600 Taler» als einen erfolgversprechenden Theaterdichter engagieren werde. Erst im Mai 1817 sollte Tieck dann tatsächlich Kassel besuchen, und Wilhelm Grimm gewann «keinen angenehmen Eindruck» von ihm, so wie Tieck seinerseits die Stadt eilig wieder verließ.[100]

Ein Jahr nach der Besatzung Kassels hatte sich das gesellige Umfeld verändert. Das französische *savoir vivre* war eingezogen. Die Bürger übten sich in der Kunst der Flanerie; die Anzahl der Kaffeehäuser stieg sprunghaft an.[101] Kassel war die Hauptstadt eines ansehnlichen Königreichs geworden. Früher hörte man immer wieder den Vorwurf, für eine Residenzstadt wirke der Ort eher verschlafen und nutze sein Potenzial nicht – «die schönsten Straßen und Parks sind hier so öde», meinte ein zeitgenössischer Beobachter, «als wären die Einwohner unter- und überirdischer Gattung».[102] Nun sorgten das kulturelle Leben des Hofs mit Theater und Musik, die Konzentration von Beamtenschaft und Militär und der entsprechende finanzielle Boom für frischen Wind. Das «einst todtenstille Cassel», erinnerte sich Paul Wigand, erstrahlte im «Glanz eines Napoleonischen Hofes»: «Ein Zuströmen von Menschen,

auch viele Abenteurer und wissenschaftliche Charlatans, reich be-
zahlte Beamte, glänzende Uniformen, Luxus und Ueppigkeit, In-
triguen und Stellenjagd.»[103]

Die «unvergeßlichen Eindrücke dieser zauberhaften Umwand-
lung», von der Wigand berichtete, gingen auch an den Brüdern
Grimm nicht vorbei. Der zum Hofbankier aufgestiegene Karl Jordis
und seine Ehefrau pflegten in ihrer Stadtwohnung und auf ihrem
Sommersitz Schönfeld offizielle Geselligkeit. Jeden Freitag gaben sie
einen Ball, «wo man nebst der Familie Brentano einige Franzosen
sieht und ganz fidel sein kann», wie Clemens Brentano meinte.[104]
Die Grimms fühlten sich dort nicht wirklich wohl. Das gilt vor allem für Jacob. Es bereitete ihm einige Schwierigkeiten, sein soziales
Temperament auf Geselligkeitstemperatur herabzukühlen. Er deutete das brieflich nur an: Jordis musste ihn offenbar hart wegen seines unhöflichen Betragens rügen. Savignys Sorge, dass Jacob sich
immer mehr zurückziehe, war durchaus begründet. Jacob selbst bestätigte, man könne ihn mit Recht «verschlossen und eingekehrt»
nennen.[105]

Brentano profitierte nicht allein von den Kenntnissen der Grimms
bei der Liedersammlung für das *Wunderhorn*, sondern war auf sie als
Beziehungsmanager angewiesen: Seine noch junge Ehe versank im
Chaos. Bald nach der Heirat verschlechterte sich das Verhältnis zwischen ihm und Auguste dramatisch. Laute Auseinandersetzungen,
ja, Handgreiflichkeiten waren an der Tagesordnung. Mit derselben
Energie, mit der sie sich angezogen hatten, stießen sie sich nun ab.
Die «romantische Frau», wie Hans Magnus Enzensberger Auguste
in seiner Ehrenrettung nannte,[106] wollte sich von Clemens nicht zu
einer besseren Haushälterin degradieren lassen, die auch in jeder
Konvenienzehe zu finden gewesen wäre. Mit einer beeindruckenden Eigensinnigkeit beharrte sie darauf, dass jene Leidenschaft und
Liebe, die die Romantiker in Briefen, Romanen und Gedichten be-
schworen und mit deren Poesie Clemens sie für sich eingenommen
hatte, in der Realität ihren Platz finden müsse. Aber gerade Bren-

tano, dessen bizarre Gefühlswelt sein eigenes Leben in dauernder Unordnung hielt, brachte dafür kein Verständnis auf.

Wie Savigny und andere Freunde suchten die Grimms fieberhaft nach Möglichkeiten, um das Beziehungsdrama mehr oder weniger glimpflich zu beenden. Jacob Grimm nahm gemeinsam mit Savigny an dem Familienrat teil, der bei den Brentanos und Bethmanns im März 1808 in Frankfurt abgehalten wurde. Da an ein auskömmliches Zusammenleben von Clemens und Auguste nicht zu denken war, organisierten Familie und Freunde die Trennung. Zurück in Kassel, fand Jacob alles beim Alten. Er berichtete davon, wie Brentano seiner Frau «eine tüchtige Ohrfeige» versetzte. Auguste rechnete Jacob zur Partei ihres Ehemanns, worin sie sich – Jacobs Selbsteinschätzung nach – jedoch täuschte: Sein Blick sei weder durch «Haß» gegen Auguste noch durch «Liebe» zu Clemens getrübt. Er wünsche lediglich, dass endlich Ruhe einkehre, und sei es dadurch, dass man Auguste in ein Kloster bringe.[107]

Die Grimms als Eheberater? Auf diesem Gebiet fehlte ihnen jede Erfahrung. Andere Frauen als ihre Mutter, die Tanten und die Schwester hatten bislang keine Rolle im Leben der Brüder gespielt, und das sollte auch noch eine Weile so bleiben. Brentano führte ihnen immerhin vor Augen, welche Folgen die romantische Liebe haben konnte, wenn man sie ernst nahm, und wie anspruchsvoll das Programm war, das sie den Liebenden auferlegte.

Brentano plante zunächst eine Auszeit, und auch dabei standen ihm Jacob und Wilhelm zur Seite. Er stellte seine Bücher und Bilder bei ihnen unter und brachte seine Frau zu Johann Adam Mannel in Allendorf: Wie andere wenig begüterte, aber kinderreiche Pfarrhäuser nahm Mannel gegen Entgelt Gäste «zur Erholung oder zur Erziehung» bei sich auf. Mannel und die Grimms schätzten einander freundschaftlich; der Pfarrer war ein geachteter Gesprächspartner in literarischen Fragen. Seine Tochter Friederike nahm an der geistreichen Geselligkeit in Kassel teil und trug zur Märchensammlung der Grimms bei. In ihrer Darstellung erscheint Auguste, anders als in den Darstellungen der Freunde oder Verwandten Brentanos, nicht als halb wahnsinniges, unreifes Mädchen. Vielmehr sieht sie, dass in Auguste «so viel Seele» ist und dass die «Mißverständnisse» auf beiden Seiten liegen.[108]

Brentano jedenfalls hatte sich den gewünschten Freiraum geschaffen. Von Heidelberg aus, wo er am 29. April eintraf, stellte er den Abschied von Auguste als Befreiung dar: «Unter Peitschenhieben des Kutschers, unter Murren und Schimpfen der Frau […] kam ich bei den trefflichen Leuten an, blieb zwei Tage dort, Madam konnte dem unaussprechlich lieben Wesen Friederickens nicht wiederstehen, sie mußte sie lieben, wieder Willen, Madam weinte, wimmerte, ahndete von Nimmer wiedersehen, ich sprang mit dem heiteren Pfarrer übern Zaun und hinter mir war ein Gespenst verschwunden; die Welt war mir lieb, wie einem Invaliden, und die grüne Erde tratt mein Fuß gern, trotzend und liebkosend, denn sie verschlang und bewahrt mir Liebes.»[109]

Die nächste Episode im Ehedrama begann, als Savigny 1808 nach Landshut berufen wurde und Clemens beschloss, gemeinsam mit Auguste dem Schwager zu folgen. Auguste unternahm einen, vielleicht fingierten, Selbstmordversuch. Im Frühjahr 1809 kehrte sie für längere Zeit nach Allendorf zurück. Mannels Tochter Friederike fand in ihr erneut einen dankbaren Gast: «So freundlich, so theilnehmend, so hingebend in unsre Verhältnisse könnte kein Weib sein.»[110] Und über die Eheleute schrieb Friederike: «sie und er haben ihre Ansicht, und nach der ihrigen hat sie schwer gelitten. Clemens Brentano hat die seinige, und er wird nicht minder Recht vor sich haben».[111] Die Grimms versorgten Brentano währenddessen mit Nachrichten von Auguste. 1810 berichtete Brentano dann den Brüdern über die Scheidungsanbahnung und versuchte durch sie, Informationen über Auguste zu erlangen – das Gerücht kursierte, der Pfarrerssohn habe sie geschwängert.[112] Aber erst vier Jahre später wurde die Verbindung offiziell getrennt.

Die Grimms sahen ein Ehedrama der vollendeten Eigensinnigkeit, in dem sich die Protagonisten ganz ihren subjektiven Neigungen hingaben. Subjektivität aber verbuchten sie generell als Defizit. Äs-

thetisch bewirke sie, so vor allem Jacob, dass sich der gemeinschaftliche Geist auflöst, aus dem die alte Poesie hervorgegangen ist; politisch glaubt die sich selbst überschätzende moderne Subjektivität
daran, dass sich die Verhältnisse von heute auf morgen verändern
lassen, ohne die Geschichte zu berücksichtigen.

Regierungsverhältnisse aus diesem modernen Geist nahmen in Kassel Gestalt an. Jérôme Bonaparte war mit seiner frischangetrauten
Ehefrau Katharina, der Tochter des Königs von Württemberg, am
7. Dezember 1807 auf Napoleonshöhe eingetroffen. Aber im schlecht-
beheizten Sommerschloss wurde es nicht recht gemütlich. Daher
zog der neue Regent drei Tage darauf unter lautem Jubel der Bevölkerung in Kassel ein. Freilich gefiel der Königin auch das Stadtschloss nicht: «Man sieht in den Minderwertigkeiten der Sachen»,
schreibt sie ihrem Vater, «die Knausrigkeit und den buchstäblichen
Geiz des ehemaligen Kurfürsten.»[113]

Jérôme hatte einiges zu tun. Nicht nur musste er die Neuerungen auf den Weg bringen, die das Land nach den Vorstellungen seines Bruders zum Modellstaat machen sollten. Er musste sich vor allem auch um die Finanzen kümmern. Denn Wilhelm I. war zwar
rasch geflohen, hatte sich aber die Zeit genommen, den Staatsschatz
Hessen-Kassels – mit der reichlich entgoltenen Unterstützung des
französischen Militärgouverneurs Lagrange – zu verstecken oder ins
Ausland zu transferieren.[114] Auf diese Weise sicherte sich Wilhelm I.
die finanzielle Grundlage, um Hessen nach seiner Rückkehr gegen
die wirtschaftliche und gesellschaftliche Modernisierung abschotten
zu können.

Kurz nach dem Einzug des französischen Königs bewarb sich Jacob am 14. Dezember 1807 um eine Stelle als Hofbibliothekar.[115] Das
Gesuch machte die Dringlichkeit des Anliegens deutlich: Jacob ver-
wies auf seine fast mittellose Familie. Er betonte seine Kompetenzen in der Universalgeschichte, im Römischen Recht und in der römischen Rechtsgeschichte sowie in den alten und neueren Sprachen
(Französisch, Spanisch, Dänisch). Während des Studiums und sei-

ner Arbeit an der Kaiserlichen Bibliothek in Paris habe sich ein stei-
gendes Verlangen herausgebildet, die Geschichte von Literatur und
Dichtung zu erforschen. In verschiedenen Zeitschriftenpublikatio-
nen zur alten deutschen Dichtung habe er seine Qualifikation unter Beweis gestellt.[116] Johannes von Müller setzte sich bei Hof für ihn
ein. Wieder nutzten die literarischen Netzwerke, denn Jacob war
Müller durch Arnim vorgestellt worden.[117] Müller vermittelte den
Kontakt zum Kabinettssekretär des Königs Étienne Jules Cousin de
Marinville.[118]

Jacob lehnte Savignys Angebot ab, ihm in München eine Stelle als
Bibliothekar zu vermitteln. Er nahm Rücksicht auf seine Mutter und
auf die Familie.[119] Aber am 27. Mai 1808 starb Dorothea Grimm im
Alter von zweiundfünfzig Jahren. Das kam nicht unvorbereitet. Die
Brüder hatten sich während des Studiums ständig Sorgen gemacht.
Dennoch traf es die ganze Familie schwer. In Briefen an Henriette
Zimmer beschrieb Wilhelm genau den Krankheitsverlauf. Acht Tage
dauerte das allmähliche Sterben. Es begann mit Kopfschmerzen,
unter denen Dorothea Grimm immer wieder gelitten hatte, gefolgt
von Brechanfällen. Der hinzugezogene Arzt war der Meinung, es bestehe kein Anlass zur Besorgnis. Allerdings blieben seine Medikamente ohne Wirkung. Neue Symptome kamen hinzu: Seitenstechen,
Kurzatmigkeit. Man versuchte, durch einen Aderlass und andere
Maßnahmen das Leiden zu mindern. Erste Besserungen machten
der Familie Hoffnung, nach drei Tagen verschlechterte sich der Zustand wieder. Nun wurden Blutegel angesetzt. Das linderte zwar den
Schmerz, entkräftete Dorothea Grimm jedoch zusätzlich. Ihre Kinder gaben ihr zur Stärkung Wein und Kaffee, wärmten der Kranken die Hände. Der Mutter blieb noch Zeit, um bewusst Abschied
zu nehmen. Dann starb sie: «um ½ 7 Uhr ging noch der Atem, sie
kannte aber niemand mehr, und um ¾ 7 Uhr hörte er leise auf, und
sie war bei Gott».[120]

Jacob ist dreiundzwanzig Jahre alt. Die Eltern sind tot, die Tante
befindet sich mit der Kurfürstin im Exil. Er fühlt sich für seine Geschwister verantwortlich. Aber er erhält weder die Stelle als Hofbi-

bliothekar noch beim Hauptarchiv.[121] Der Kasseler Hof führt auch unter neuer Regierung die Serie narzisstischer Kränkungen fort, die während der Schulzeit begann. Denn «unter allen Competenten», so Jacob in angemessener Bescheidenheit gegenüber Savigny, wäre «keiner emsiger und lustiger zu dem Dienst gewesen» als er. «Indessen ist es sehr natürlich, daß ich als ein simpler Secretair bei dem Minister durchgefallen bin, da ich durchaus keine andere Connexion hatte als den Joh. Müller, und dieser bestimmt in der Sache keinen Vortrag gehabt hat, mithin gegen mich außer aller Schuld ist.»[122]

Immerhin verhilft Johannes von Müller ihm zu einem Etappenerfolg. Jacob bekommt am 29. Juni 1808 eine Stelle als Privatbibliothekar beim König – ohne jede Prüfung seiner Kompetenz, wie er in seiner Autobiographie betont.[123] Er arbeitet auf der Napoleonshöhe, der vormaligen Wilhelmshöhe. Zwar ärgert sich Jacob über die Beschaffenheit der Liebhaberbibliothek, deren Bestand ihm zudem bei den eigenen Arbeiten nicht viel weiterhilft. Aber ihm bleibt wieder einiger Freiraum. Jérôme ist beinahe der einzige Benutzer der Bibliothek.

Besondere Privilegien genießt Jacob durch seine neue Stelle nicht. Als im Sommer 1808 Soldaten rekrutiert werden sollen, machen sich die französischen Machthaber mehr als unbeliebt. Auch Jacob muss mit der Einberufung rechnen. Da nur ein bestimmtes Kontingent benötigt wird, trifft es nicht alle diensttauglichen Männer. Jacob gehört zu denen, die ein Freilos ziehen. Andernfalls hätte er einen enormen finanziellen Aufwand treiben müssen, um einen Ersatzmann zu stellen.[124] Es wäre gleichwohl eine lohnende Investition gewesen: Von den achttausend Mann, die Jérôme zur Unterstützung der französischen Truppen im Kampf gegen den Volksaufstand in Spanien mobilisierte, kam nur jeder Zehnte lebend zurück.[125]

Die Grimms mochten den Besatzern mit patriotischem Unbehagen begegnen, aber die beruflichen Chancen, die die neue Regierung bot, nahm zumindest Jacob gern an. Dieses Verhalten war durchaus typisch. Kassels Bewohner wussten die Neuerungen Jérômes zu schätzen. Der Großteil der Offiziere und der Beamtenschaft war zur Kooperation bereit. Widerstand ging eher von der Landbevölkerung, von der Geistlichkeit und vom Landadel aus.[126] Noch 1812, als selbst Jérôme Bonaparte schon das nahe Ende der Herrschaft seines Bruders und damit seiner eigenen Regierung voraussah, richtete sich Jacob Grimm auf eine länger andauernde Beamtenexistenz in Westphalen ein.[127]

Jacob befindet sich nun in einer recht komfortablen beruflichen Lage. Er umgeht die Anordnungen, «welche die Franzosen so gerne machen», schafft sich Freiräume und hofft auf gute «Connexionen», die ihm bei seinen philologischen Studien weiterhelfen. Zwar wird sein «Dienst», wie er am 18. November 1808 an Savigny schreibt, «immer mehr ein Hofdienst», der ihn dazu zwingt, Zeit im «Cabinet» totzuschlagen. Aber die Verpflichtungen halten sich doch in Grenzen.[128]

Die Grimms richten sich auf eine bescheidene Lebensweise ein. Jacob führt die Bücher, Wilhelm kümmert sich darum, dass im Alltag alles gut läuft. Alle vier Wochen soll eine Zugehfrau zum Flicken und Bügeln der Kleidung kommen, so der erste Plan.[129] Die Tante, wünscht sich Wilhelm, möge ihren Neffen und ihrer Nichte «mütterliche Liebe» schenken. Das tut sie auch und steuert etwas zum Unterhalt bei.[130] «Wir arbeiten fleissig zusammen in einer Stube», schreibt Wilhelm später an Malsburg, «in einer Sache, und in einer treuen Gesinnung zu einander, dieses Gemeinschaftliche hat einen eigenen Reiz und wenn etwas lebendig erhalten und das erstarren und verholzen der Kenntnisse abwenden kann, so ist es dieses.»[131]

Jacob und Wilhelm greifen viele verschiedene Fäden auf: Neben der Arbeit am *Wunderhorn* beginnt Wilhelm mit seinen Studien zu dänischen Liedern – ein Auszug erscheint 1808 in Arnims und Brentanos *Zeitung für Einsiedler*; 1811 wird daraus seine erste Buchpublikation werden: *Altdänische Heldenlieder, Balladen und Märchen*. Die Brüder fassen den Plan, Romane der Frühen Neuzeit als kulturhistorische Quellen auszuwerten.[132] Zwar wird daraus nichts, aber die Materialien gehen in die gemeinsame Sagensammlung ein, die sie von nun an zusammentragen und 1816 mit den *Deutschen Sagen* erstmals der Öffentlichkeit zugänglich machen. Wenig später beginnt Jacob Grimm eine Sagenkonkordanz, die im Lauf der Zeit zu einem monumentalen Register der internationalen Sagengeschichte anwächst.[133]

Im Hintergrund steht die Idee der «großen Arbeit». Die Grimms wollen die «Geschichte der Poesie» so behandeln, wie die Romantiker die Mythologie – als international verzweigtes Netzwerk von Motiven und Themen. In einer gemeinsam verfassten Rezension, die 1809 in den *Heidelbergischen Jahrbüchern* erscheint, schreiben Jacob und Wilhelm: «Die geschichte der alten poesie soll nichts anders vorhaben, als die verschiedene gestalt zu erläutern und zu beschreiben, worin die sage erschienen ist, und sie so weit als möglich auf ihren ursprung zurückzuführen.»[134] Die Aufgabe des Historikers bestehe folglich darin, den Resten der alten Überlieferungen nachzuspüren und den historischen Zusammenhang darzulegen, in dem Mythen, Sagen oder Volkslieder stehen. Auch von Kindermärchen ist in dieser Zeit bereits die Rede. Jacob verspricht Savignys Tochter im Frühjahr und Sommer 1808 mehrfach einige Stücke und bittet Savigny, er möge Märchen notieren, die ihm zu Ohren kommen. Als seine Schwester Lotte sich im folgenden Jahr in Marburg aufhält, berichtet er ihr von einer «alten Frau», die Brentano Märchen erzählt habe. Lotte solle sie zu sich kommen lassen, um von ihr gegen ein Entgelt Märchen zu erfahren.[135]

Der erste Beitrag, der das breite Themenspektrum ausführlicher darstellt und eigenständig entwickelt, stammt im Übrigen nicht von Jacob, sondern von Wilhelm Grimm. In den von Carl Daub und Friedrich Creuzer zur Ergänzung der *Heidelbergischen Jahrbücher* herausgegebenen *Studien* veröffentlicht er 1808 einen über hundert Seiten langen Beitrag *Über die Entstehung der altdeutschen Poesie und ihr Verhältnis zu der Nordischen*.[136] Wie in einer Art Keimzelle versammelt Wilhelm die Forschungsperspektiven, die er und Jacob in den nächsten Jahrzehnten in umfangreichen Publikationen umsetzen werden. Darin schreibt er wohl auch seinem neuen französischen König ins Stammbuch: «Überhaupt ist nichts misslicher, als wenn die Cultur einer Nation nicht in ihrer eignen Natur gegründet, sondern durch eine fremde gewaltsam fortgetrieben wird.»[137]

Während Jacob und Wilhelm sich arrangieren und ihren Arbeitsrhythmus finden, verläuft der Alltag mit den anderen Geschwistern nicht ganz so reibungslos. Lotte schlägt eher nach ihrem zweitältesten Bruder und muss geschont werden. Henriette Zimmer hatte sie jedoch ermahnt: «Liebe Lotte, du bist ja kein Kind mehr du bist Ja 15 Jahr alt u kanst schon Viel leisten in der Haußhaldung ohne deinen Körber anzugreiffen»; die Mutter habe ihr oft gesagt, «die Lotte will ich zu einer guden Haußhälderen erzieen».[138] Lotte gesteht ihrer Tante, dass sie «keine lust zum Haußhaldung» habe, wofür Henriette Zimmer bei einem jungen Mädchen auch Verständnis aufbringt. Aber sie fügt ihrem ‹teuren Lottchen› hinzu: «Thätig seyn auf alles acht geben das nichts zu Schaden komt, u zu lernen waß zum Kogen gebrauch wird u im einkauffen waß am Nützlig ist auf dieses must du doch acht geben.» Erst allmählich erledigt sie den Haushalt und folgt damit der Vorgabe ihrer Mutter und Tante: «es ist die Zierde u die Ehre eines Mädgen wenn Sie sich zum fleiß u einer Haußhaldung gewöhnt.»[139]

Vielleicht erklären sich viele der Klagen von Jacob und Wilhelm aus der bisweilen angespannten Haushaltslage, vielleicht aus der beruflich letztlich unbefriedigenden Situation. Es geht um Grundsätzliches. Die konkreten Anlässe sind nichtig. An Ferdinand vermissen sie einen klaren Lebensplan, der in irgendeiner Weise «Achtung» verdient: «Ob ein solch Leben noch 10 Jahre fortgeführt ihn nicht zu einem Blödsinnigen machen muß», meint Wilhelm, «kann leider keine Frage seyn.»[140] Carl erweist sich zwar als ebenso untauglich, aber immerhin sei er «rechtschaffen und ehrlich». Damit erregt er das Mitleid von Jacob und Wilhelm. Und um Lotte schließlich

machen sie sich Sorgen, weil sich ihr «sonderbar hart steinern Ge-
müt […] mit aller Liebe nicht zwingen» lasse; sie sei stets «verdrieß-
lich und langweilig».[141]

Nur mit der Entwicklung des jüngsten Bruders Ludwig sind Jacob
und Wilhelm zufrieden: Anfangs kommt er Jacob noch «roh u. unwissend» vor, dann aber hilft ihm das Zeichnen weiter.[142] Über die
Mitarbeit am *Wunderhorn* gelangt er in Kontakt mit der Heidelberger Romantik: Anfang Juni 1808 bricht der Achtzehnjährige Richtung Heidelberg auf.[143] Joseph Görres nimmt ihn bei sich zu Tisch
auf, Arnim und Brentano, die ihn als Mitarbeiter für ihre *Zeitung
für Einsiedler* gut gebrauchen können, lassen ihn bei sich wohnen.
Brentano will ihn nach München an die Akademie vermitteln und
rät Jacob und Wilhelm, Savigny in die Pflicht zu nehmen, der «bei
den vielen Connexionen» einiges bewegen könne.[144]

Ludwig wird von Arnim und Brentano in Heidelberg herzlich
aufgenommen. Dennoch hat er «Heimweh» nach der Schwester,
und er vermisst die Mutter.[145] Von seinen beiden ältesten Brüdern
fühlt er sich vernachlässigt. Wilhelm reagiert darauf in einem langen Brief vom 8. August 1808 mit einer etwas gewagten Argumentation, aber voller Verständnis: Dass Jacob und er sich so selten bei
ihm melden, sei ein Zeichen großer Zuneigung – sie denken so oft
an ihn, dass sie das Schreiben vergessen. Wilhelm erinnert Ludwig
daran, dass er stets für ihn Zeit gehabt, sich für jedes seiner Bilder
interessiert habe: «Du weißt, daß ich ungern von meinen Arbeiten
gehe, und doch bin ich immer zu Dir gekommen, wenn Du mich
gerufen hast».[146]

Ludwig bleibt rund ein halbes Jahr in Heidelberg, von Juli bis Dezember 1808. Die Stadt kommt ihm vor «wie ein Gefängnis». Er ist
heilfroh, als er sie verlässt und nach Landshut zieht. Dort wohnt er
abwechselnd bei Brentano und im Haus der Savignys. Bettine liest
ihm abends oft etwas vor.[147] Im Frühjahr 1809 geht Ludwig dann
nach München, wo er bei dem berühmten Kupferstecher Karl Ernst
Christoph Heß, «einem unendlich liebvollen, biedern, hülfreichen
Mann», unterkommt.[148]

Die Berechnung der Studienkosten gibt einen kleinen Einblick, wie es um die finanziellen Verhältnisse der Grimms gestanden haben mag. Zunächst überschlägt Brentano die Kosten für die Unterbringung von Ludwig auf 400 fl (= Gulden) jährlich – er, Savigny und Bettine werden gern etwas beisteuern.[149] Am 10. Oktober korrigiert Brentano seine Rechnung, nachdem er sich «mit ein paar jungen Mahlern» unterhalten hat, die mit sehr viel weniger auskommen:

«Stübchen mit monatlich frischem Bett	a 4 fl – jährlich 48 fl
Mittagstisch mit noch andern Malern reichlich	a 13 xr – 72 fl
Ein Seidel milch und eine Semmel	
Frühst.	3 xr – 18 fl
Ein Schoppen Bier und ein Stück Brod	
zu Abend.	3 xr – 18 fl
Ein Hemd Halstuch Schnupft. Strumpf	
Wöchentlich Wäsche	5 xr – 4 fl
	160 fl»[150]

Später berichtet Brentano, dass Ludwig zwar bei Heß «gut aufgehoben» sei, aber «zu seinem großen Leid [...] bei zwei 80 Jährigen Weibern» wohne, «durch deren Schlafstube er in seine Stube muß und da sie um 8 Uhr zu Bett gehen, muß er um 7 Uhr zu Hauß sein».[151] Tatsächlich scheint Heß es gut mit Ludwig Grimm zu meinen. Er behandelt seinen Schüler «fast wie sein Kind».[152]

An der *Zeitung für Einsiedler*, die Arnim mit Unterstützung Brentanos herausgibt, wirkt nicht nur Ludwig Grimm mit. Auch Jacob und Wilhelm finden hier vorübergehend ihr zweites Publikationsorgan – Brentano kündigt Arnim an, die Grimms würden sich besonders engagieren; «sie wollen unter der Firma Die Gebrüder Vatermörder von Gellnhausen arbeiten».[153] Allerdings meint Brentano bald, er habe sich in den Grimms getäuscht. Jacob scheint ihm zurückhaltend, geradezu geizig. Er sei kaum zu bewegen, für die

Zeitschrift etwas beizusteuern, obwohl Brentano ihm doch so viel Anregung durch seine Bibliothek verschafft habe.[154] Umgekehrt beschwert sich Jacob, dass Brentano ihn deswegen unter Druck setze; er werde den Herausgebern des *Einsiedlers* jeden Gefallen erweisen, aber seine Arbeiten seien nun einmal nicht «auf geradezu Herausgeben» gerichtet.[155]

Die *Zeitung für Einsiedler* erschloss die verschiedenen Zugänge zur Vergangenheit von den gelehrten bis zu den eher populären Wegen.[156] Fast alles, was damals und heute romantischen Rang und Namen hatte, publizierte dort: neben Arnim und Brentano beispielsweise Fouqué, Görres, ‹Maler› Müller, Jean Paul, Philipp Otto Runge, August Wilhelm und Friedrich Schlegel, Tieck, Uhland oder Zacharias Werner. Sogar von Hölderlin finden sich drei Gedichte. Gleich dem *Athenaeum* war der *Einsiedler* ebenso kurzlebig wie esoterisch. Anfang Juni 1808 meldet Brentano aus Heidelberg, «den Einsiedler ließt kein Mensch […], die Leute sagen, sie verstünden das kunterbunte Zeug nicht».[157] Jacob wünscht sich zwischenzeitlich, das Journal möge allenfalls ein halbes Jahr überleben, damit es seine eigentümliche Freiheit nicht verliere.[158] Sein Wunsch wird übererfüllt. Am 1. April 1808 erscheint die erste Nummer, am 30. August die letzte.

Jacob Grimm publiziert in der *Zeitung für Einsiedler* drei Beiträge: In den *Gedanken wie sich die Sagen zur Poesie und Geschichte verhalten* baut er die grundlegenden Thesen der im *Neuen literarischen Anzeiger* erschienenen Artikel weiter aus und rückt die Gegenüberstellung von «Natur-» und «Kunstpoesie» ins Zentrum. Die «Naturpoesie» sei für das ganze Volk beziehungsweise die gesamte Nation da; sie gehe aus einer kollektiven Autorschaft hervor und verbreite sich mündlich. Die «Kunstpoesie» hingegen verbucht Jacob als historisch spätere Erscheinung. Sie zirkuliere schriftlich unter den Gebildeten und lasse sich einzelnen Autoren zurechnen.

Wie schon im *Neuen literarischen Anzeiger* – als Docen sich gegen diese These gewendet hatte[159] – kann sich auch hier der Herausgeber nicht zurückhalten. Arnim fügt eine Anmerkung hinzu: «Wir wünschen den historischen Beweis davon, da nach unsrer Ansicht in den ältesten wie in den neuesten Poesieen beyde Richtungen vertreten erscheinen.»[160] Diesmal führt Jacob die Auseinandersetzung brieflich. Erneut findet er kaum Unterstützung, bleibt aber konsequent bei seiner Meinung.

Wilhelm publiziert in der *Zeitung für Einsiedler* erste Übersetzungen der *Altdänischen Heldenlieder*. Bedeutsam ist dies nicht zuletzt deswegen, weil er damit implizit gegen seinen Bruder Position bezieht. Jacob nämlich hält die Übersetzung von ‹Naturpoesie› für unstatthaft. Der Streit wird in den folgenden Jahren offen und vehement zwischen den Brüdern und ihren Freunden ausgetragen. Aber auch Wilhelm bleibt bei seiner Haltung. Die Buchfassung seiner ‹dänischen Lieder› wird mit einer poetischen Übertragung der Gedichte erscheinen.[161]

Im *Einsiedler* bekannten sich die Grimms öffentlich zu ihren literarischen Wurzeln. Das war durchaus riskant, weil sie nicht nur in die Streitigkeiten um den *Einsiedler*, sondern auch um das *Wunderhorn* hineingezogen werden konnten.[162] Sosehr die Grimms sich aus methodischen Gründen von Arnim und Brentano distanzierten: Ihnen öffnete sich der Blick hinter die Kulissen, und sie lernten aus nächster Nähe, wie brutal und bisweilen unfair es im Literaturbetrieb zuging. Jede Veröffentlichung im aufgeheizten Publikationsgeschäft ‹um 1800› musste mit parteiischer Kritik rechnen. Es galt, der unbarmherzigen Gewalt der Konkurrenten mit einer gewissen Skrupellosigkeit zu begegnen.

Exemplarisch dafür war der Streit Arnims und Brentanos mit Johann Heinrich Voß, der ihnen vorwarf, sie hätten das Publikum mit dem *Wunderhorn* mutwillig getäuscht. Als neuen Titel schlug er vor: «Alte deutsche Lieder und Schnurren, auf Glauben zusammengerafft, umgearbeitet und ausgeflickt; zugleich mit neuen Liedern, auch eigenen, untermengt, von N. N.» Brentano schreibt an Arnim über den heimlichen Grund der Attacke: «Alles das haben wir dem Einsiedler zu dancken.»[163] Hier nämlich war als Anhang die

Geschichte des Herrn Sonet und des Fräuleins Sonete, des Herrn Ottav und des Fräuleins Terzine als *Romanze in 90 + 3 Soneten* erschienen, in der Arnim sich über Voß' Kritik an den romantischen, ‹unklassischen› Formen der mittelhochdeutschen, spanischen und italienischen Lyrik lustig gemacht hatte. Dass Voß sich zudem irrtümlich von einem Gedicht des *Wunderhorn* persönlich angegriffen fühlte und Brentano seine Scherze auch zuvor schon auf Kosten des «Hofraths» getrieben hatte, dürfte die Eskalation befördert haben: Als Voß 1806 in Heidelberg ein Haus erwerben wollte, hatte Brentano ihn «aus Jux und Tollerei» um fünfundzwanzig Prozent überboten – Voß fand den kostspieligen Scherz verständlicherweise weniger lustig.[164]

Aufschlussreich war für die Grimms auch, dass sie an ihrer Rolle in der Voß-Polemik ihren Marktwert ablesen konnten. Denn als Brentano auf die Fälschungsvorwürfe mit Textkritik und mit literaturgeschichtlichen Argumenten antworten wollte, sah er, dass es ihm «an mancherlei Literar Notizen» fehlte und dass er auf die Grimms angewiesen war. Von ihnen wünschte er sich daher «Gelehrte Kritick» aller drei Bände.[165] Seinem Verleger Johann Georg Zimmer kündigte Brentano an, Jacob Grimm arbeite ihm zu.[166] In einer Anzeige, die er im Februar und März 1809 in verschiedenen Journalen schaltete, versprach Brentano, «mit der Beyhülfe einiger Freunde» eine «Geschichte der Volkslieder» mit historisch-kritischem Anspruch vorzulegen. Und in einer weiteren Anzeige aus dem folgenden Frühjahr präzisierte er, dass ihm die «Freunde Grimm in Cassel» beistehen würden[167] – offenbar waren die Grimms in wenigen Jahren zu einer werbetauglichen Autorität auf dem Feld der ‹altdeutschen Studien› geworden.

Die Grimms freilich halten eine historisch-kritische Perspektive dem *Wunderhorn* gegenüber für unangemessen. Arnim, der sich dieser Meinung anschließt, schreibt daher an seinen Herausgeberkollegen, «es wäre, als wenn man Mineralogie aus einem gemauerten Hause studiren wollte, das eben frisch mit Kalk beworfen und angemalt ist».[168] Auch Savigny gegenüber erklärt Wilhelm

Grimm: «Von dieser critischen Seite darf das Wunderhorn nicht an-
gefaßt werden [...], die Idee in welcher es gesammelt ist kann und
muß verteidigt werden, und das hat Arnim getan.»[169]

Die Grimms übernehmen die Rolle der Sachwalter von ‹Genauigkeit› und ‹Gründlichkeit›, wie es die Arbeit in einer Bibliothek und
deren Verwaltung erfordert – wird ein Buch im Katalog falsch eingetragen, findet es der Benutzer nicht mehr: Es ist, als ob es gar nicht
existierte. Durch ein Arbeitsethos aus dem Geist der Bibliothek profilieren sie sich und werden schnell zu Kapazitäten. Und die Verwaltung von Handschriften und Büchern beeindruckte nicht nur die
Fachleute: Jérôme Bonaparte war so zufrieden mit seinem Bibliothekar Jacob Grimm, dass er ihn am 17. Februar 1809 zusätzlich zum
Auditeur au Conseil d'Etat ernannte[170] – dies galt als besondere Auszeichnung, denn das Amt war 1803 vom damaligen Konsul Napoleon eingeführt worden, um junge Männer durch regelmäßige Teilnahme an Sitzungen des Staatsrats für die Regierungsgeschäfte zu
qualifizieren.[171] Mit der neuen Stelle stieg Jacobs Gehalt auf tausend
Reichstaler, ohne dass ihn die Arbeit daran hinderte, seine private
Leselust zu befriedigen. Sogar in den wenigen Stunden, die er in der
Bibliothek des Königs oder im Kabinett zubringen musste, konnte
er oft für sich in Ruhe lesen oder exzerpieren.[172] Freilich musste er
sich dazu ins ungeliebte höfische Kostüm zwängen, den «gestick-
ten Rock» überwerfen, seinen Federhut aufsetzen und den Degen
anschnallen.[173]

Wilhelm hatte eher mit inneren Zwängen zu kämpfen. Nachts
überfielen ihn Angstzustände und Albträume,[174] oder er lag schlaflos
in seinem Bett und fühlte «die seltsamen Gänge des Bluts».[175] Vermutlich litt er an Herzrhythmusstörungen, der sogenannten *essenzi-
ellen paroxysmalen Tachycardie*. Das ist an sich nicht gefährlich, wie
man heute weiß, für den Patienten aber äußerst belastend:[176] Uner-
wartet auftretende Beklemmungen, die sich bis zur Todesangst stei-
gern, gehören zu diesem Krankheitsbild. «Der Schmerz», erinnerte
sich Wilhelm Grimm in seiner Selbstbiographie Jahre später, «den

ich mit nichts vergleichen konnte, als dem Gefühl, es fahre von Zeit zu Zeit ein glühender Pfeil durch das Herz, war mit beständiger Beängstigung verbunden. Manchmal brach er in ein heftiges Herzklopfen aus, das ohne äussere Veranlassung auf einmal kam und eben so mit einem Schlag endigte; einigemahl hat es ununterbrochen zwanzig Stunden gedauert und mich in dem höchsten Grade der Erschöpfung verlassen; ein Gefühl, ich sei dann dem Tode sehr nahe, war gewiss nicht ungegründet.»[177] Wilhelm nutzte die nächste Gelegenheit, um sich von einem Spezialisten behandeln zu lassen.

Kritik und Krise der Brüderlichkeit

Im Frühjahr 1809 verlässt Johann Friedrich Reichardt die Residenzstadt, in die ihn Jérôme Bonaparte als Hofkapellmeister geholt hatte. Reichardt, der mit den Zuständen in Kassel unzufrieden war und den es ohnehin stets wegzog, hatte finanziell über seinen Verhältnissen gelebt und seinen Ruf ruiniert.[178] Auf dem Weg zu seinem Landsitz in Giebichenstein, in dem im Lauf der Jahre Goethe, Tieck, Novalis oder Wackenroder wie auch viele andere Künstler der Zeit zu Gast waren, begleiten ihn Clemens Brentano und Wilhelm Grimm. Wilhelm will sein Herzleiden bei dem Starmediziner Johann Christian Reil in Halle auskurieren. Der ausführliche Briefwechsel, den die Brüder Grimm in dieser Zeit führen, ist der Schlüssel für ihre Beziehung: Hier erschreiben sie sich ihr Modell einer Lebens- und Arbeitsgemeinschaft.

Die Reise führt Wilhelm über Gotha, wo er seine Tante besucht und einen Abstecher in die Bibliothek macht, nach Erfurt und Weimar. Goethe hält sich nicht in der Stadt auf. Dafür lernt Wilhelm die Schauspielerin Karoline von Jagemann und den Dichter Zacharias Werner kennen.[179] Schließlich fährt die Gruppe weiter, überquert mitternachts bei Mondschein das Schlachtfeld von Auerstedt und erreicht am letzten März-Tag via Naumburg und Merseburg ihr Reiseziel Halle: Auch dort zündle, berichtet Wilhelm seinem Bruder, die «Kriegsflamme» herum «wie ein Irrlicht». Es geht das Gerücht, Halle sei von den Franzosen besetzt worden, nachdem aufständische Truppen unter der Führung Ferdinand von Schills sowie «das schwarze Corps des Herzogs von Braunschweig» durchgezogen waren.[180]

Wilhelm kommt im Haus von Reils Schwester unter, in dem sich Reichardts Stadtwohnung befindet. Dessen Schwiegersohn, der norwegische Philosoph Heinrich (Henrik) Steffens, lebt mit ihm unter einem Dach. Steffens hatte Wilhelm bereits zuvor, vermittelt über Reichardts Tochter Louise, bei der Durchsicht seiner «dänischen Lieder» geholfen und setzt diese Arbeit nun fort.[181] In seinem Mitbewohner findet Wilhelm einen Gesprächspartner, der sich in der Literaturgeschichte auskennt und verwandte Vorstellungen davon hat, wie sich Poesie und Mythologie entwickeln,[182] und er begegnet in ihm einem jener heillosen romantischen Charaktere «ohne alles Gleichgewicht und Ruhe», in denen «etwas zerstörendes und gewaltsam heftiges» rumort.[183]

Reil diagnostiziert bei Wilhelm eine Anomalie des Herzens – genauer: eine Erschlaffung des Herzmuskels, der gestärkt werden müsse – und verordnet Salben und Balsam sowie ein Pulver zum Einnehmen.[184] Wilhelm findet Reil vortrefflich, tüchtig und freundlich. Jede Begegnung flößt ihm mehr Respekt ein vor diesem Arzt, der die «Tiefe der Speculation» mit einer kristallinen Rationalität vereine. Er glaube zwar nicht an die völlige Wiederherstellung seiner Gesundheit, aber «Beßerung und Erleichterung» wären ihm schon genug. Das sei er «jenen schrecklichen Augenblicken» schuldig, in denen er «Todesangst» empfinde.[185]

All das berichtet Wilhelm nach Kassel nicht bloß deswegen so ausführlich, um Jacobs brüderliches Interesse zu befriedigen. Dahinter steckt auch – wie der folgende Briefwechsel zeigt – die Sorge, Jacob könnte die Behandlung für zu teuer halten und seinem Bruder unterstellen, er wolle auf Kosten seiner Familie eine angenehme Zeit verbringen.[186] Tatsächlich hatte Jacob vor Beginn der Reise Vorbehalte, die er allerdings im Lauf der nächsten Wochen aufgab, als er sah, dass die Kur die Leiden seines Bruders linderte. Nachdrücklich betonte er, Wilhelm möge sich alle Bequemlichkeiten leisten und auch am Wein nicht sparen. Wilhelm bezog jedoch eine billige Studentenstube. Und vor allem: Er war fleißig, arbeitete tagelang, wertete die Bibliothek aus und beobachtete den Antiquariatsmarkt.[187]

Bei aller Liebe und Zuneigung belastet Jacob seinen Bruder. Im Mai 1809 berichtet Wilhelm ihm: «Von dir hatt ich einen wunderlichen Traum an demselben Tag. Was vorher gegangen weiß ich nur dunkel und verwirrt, ich irrte durch viele Stuben, deren Thüren all aufstanden. ich nahm die Sachen aus Commoden und Schranken und wollte sie einpacken, wie zu einer Reise. Und wenn ich sie aus einer all herausgethan hatte, so lagen sie immer wieder in einer andern in seltsamer Ordnung übereinander gelegt, jemand unbekanntes half mir dabei, wobei ich mich immer fürchtete deßen Hände zu berühren. Auf einmal war ich weg und allein auf dem Weg nach einem hohen Berg. Nun weißt du, daß auf dem Gotthard in der Schweitz ein vergittertes Behälter ist, in welcher die Erfrorenen neben einander gestellt werden und so lange erstarrt da stehn. Nun war ich vor einer solchen vergitterten Höhle, darin saßest du und stütztest dich auf den Kopf. Wie ich neben dir stand, richtest du dich leis auf, deine Augen waren blutroth und du sagtest mit schwacher Stimme: warum bist du nicht früher gekommen, ich habe schon zwei Nächte hier gefroren. Darüber mußte ich entsetzlich weinen in unbeschreiblicher Angst, und wachte auf und mein ganzes Gesicht war verzogen, aber äußerlich hatte ich nicht geweint.»[188]

Dieser Traum klingt, als käme er direkt aus den Werkstätten romantischer Schauerliteratur. Vielleicht war es doch befreiend, dass Wilhelm der direkten Beobachtung Jacobs zeitweise entkommen konnte.

Die Kur jedenfalls zeigt Erfolge, auch wenn Wilhelm einige fruchtlose Experimente über sich ergehen lassen muss.[189] Mehrfach wechselt Reil die Behandlungsmethoden, da der Patient die Mittel nicht verträgt. Den Morgen verbringt Wihelm zwischenzeitlich damit,

Tinkturen aufzutragen, seine Brust mit Spiritus einzureiben, Pulver (nur bei abnehmendem Mond!) und Pillen zu schlucken. Reil probiert nicht allein verschiedene Medikamente an ihm aus, sondern auch eine Magnetkur. Aber das magnetische Amulett behagt dem Patienten nicht: Das Herz schlägt unordentlich, Schwindelgefühle und Schweißausbrüche machen ihm zu schaffen, im Mund stellt sich ein seltsamer Metallgeschmack ein.[190] Und schließlich setzt Reil den Philologen ins «neu eingerichtete Eisen- und Soolbad» – Wilhelm vermutet, dass er die Premiere im Bad absolvieren soll, um Werbung für das Bad zu machen.[191]

An der Neugier Jacobs auf Nachrichten über die «neue Cur» kann man ermessen, wie spektakulär die Bäderkur war. Denn Wilhelm wird nicht einfach in einen Bottich mit Wasser gesetzt, sondern zudem mit elektrischem Strom behandelt. Mitte Juli liefert er einen ersten Therapiebericht: «Nach dem Bade geh ich auf das Clinikum, wo ich electrisirt werde, eine prächtige große Maschine von Mahagoni Holz, wird da gedreht, auf einen Tisch mit Glasbeinen worauf ein armen Sünder Stühlgen, muß ich mich setzen, und mit Ketten werd ich dann in Verbindung gebracht, und die Electricität strömt durch mich. Ich empfinde davon nichts, als ein Misbehagen, rührt mich aber jemand, oder auch nur meinen Rock an, so fahren starke Funken heraus die knistern und durch mich schlagen.»[192]

Reil will dem «Blutstrom eine andere Richtung» geben und überhaupt die inneren Blockaden lösen.[193] Die romantische Medizin, wie er sie praktiziert, begreift den Körper als Organismus, der sich selbst stabilisiert. Auch Wilhelms Marburger Arzt Conradi, der ihn in den folgenden Jahren weiterbetreuen wird, setzt darauf, dass der Arzt lediglich die «Lebenskraft» wieder ins richtige Maß bringt und dann der «Natur» ihren Lauf lässt.[194] Ältere Heilmethoden wie der Aderlass oder das Schröpfen, die Wilhelm bei seiner Tante in Steinau oder bei der Behandlung seines todkranken Vaters und seiner sterbenden Mutter beobachtet hatte, versuchten, das Gleichgewicht des Körpers herzustellen, indem sie diesen öffneten und schlechte oder überflüssige Säfte ableiteten. Die neue Medizin hingegen schließt den Körper in sich ab. Der Arzt versteht sich weniger als eine Art Mechaniker, der von außen eingreift, sondern arbeitet eher mit diffusen Kräften wie eben Elektrizität oder Magnetismus, die den Körper dazu bringen sollen, seine Funktionen selber zu regulieren.

Reils Methoden faszinierten Wilhelm Grimm auch deswegen, weil dem Philologen die Prinzipien dieser Medizin wohlvertraut waren. In allen möglichen Bereichen der Gesellschaft variierte die Romantik die Idee, dass sich ein Ganzes von alleine ordnet. So kannte Wilhelm aus Kassel mittlerweile politische Konzepte, die sich die ‹gute Regierung› nicht von einem souveränen Herrschaftsmechaniker versprachen, der mit Lineal und Schraubenzieher den Staatskörper justiert, sondern von einem König, der die Kräfte des ‹Volks› stimuliert und in die richtige Richtung lenkt. Aus Marburg kannte Wilhelm eine Pädagogik, die das Individuum dazu bringen wollte, selbständig zu werden. Er kannte das Ideal einer Geselligkeit, in dem sich Subjekte wechselseitig regulieren, ohne ihre Freiheit dabei aufzugeben. Und er kannte die juristischen Vorbehalte, mit der Historiker wie Savigny denjenigen begegneten, die herrisch in ein bestehendes Rechtssystem eingreifen wollten. Brentano und vor allem Arnim schließlich vermittelten ihm eine Idee davon, welche Macht kollektive Kreativität entwickelt: Die ‹Volkspoesie› erwächst demnach aus der wechselseitigen Anregung der Menschen in einer Gemeinschaft.

Das Zusammenspiel dieser Elemente konnte Wilhelm im Übrigen auch auf Reichardts Giebichensteiner Gut erleben: Dort zelebrierte der Komponist, der die Idee vom ‹Volkslied› in seiner Zeit wesentlich mitgeprägt hat, den Einklang von freundschaftlicher Begegnung, Musik und einer Garten- und Landschaftsästhetik, die die Schönheit einer harmonischen Natur zwanglos darzubieten schien. Was Reichardt als Lebensform realisierte, verhandelten die romantische Philosophie und Mythologie, die Naturkunde und eben die Medizin: Sie alle betrachteten das ‹Leben› ganzheitlich. Auf ihre je eigene Weise gingen sie davon aus, dass sie es mit einem System von

Wechselwirkungen zu tun haben. Daher riet Reil seinem Patienten auch, die «ganze Lebens Gewohnheit» zu verändern.[195]

Die Notwendigkeit, das ‹ganze Leben› des Patienten in den Blick zu nehmen, stellt den Arzt vor besondere Probleme: Er kann seinen überkomplexen Gegenstand nur nach und nach erkunden und begeht daher notwendigerweise Behandlungsfehler. Wilhelm Grimm bekommt das am eigenen Leib zu spüren. Sein Körper reagiert auf den elektrischen Strom abwehrend. Manchmal bilden sich Blasen auf seiner Haut. Allerdings hat er noch Glück: Er berichtet von der Elektrisierung zweier Juden, die «entsetzlich dabei schreien».[196] Entscheidend aber war, dass Wilhelm Fehler akzeptierte. Wie als Sprachforscher hielt er es auch als Patient für normal, dass die Ergebnisse nach und nach verbessert wurden.

Im Lauf der Zeit sprechen die Erfolge für Reil, und Wilhelm hat den Eindruck, dass ihm die freie Zeit und die Spaziergänge in der reizenden Gegend guttun. Er spürt den «unbeschreiblich heitern wohlthätigen Charakter» der Landschaft und der Gärten. Aus den Ruinen der alten Burg Giebichenstein sei eine «wunderbare Anlage» gemacht worden, die Wilhelm «mit nichts zu vergleichen weiß».[197]

Jacob fehlen solche Glücksmomente in Kassel. In den Briefen wirkt er unleidlich: Seine Tätigkeit auf der Napoleonshöhe hält er im Prinzip für pure Zeitverschwendung. Verwaltungsangelegenheiten, Gehaltsfragen oder der Umgang mit einem unfähigen Bediensteten, den er, «theils der Gewohnheit wegen, theils wirklich meiner Stelle zu Gefallen», engagiert habe, zehren mittlerweile an seinen Kräften. Er muss mit der Kutsche aufs Schloss fahren oder das Wirtshaus nach dem Staatsrat besuchen, und das verursacht unnötige Ausgaben.[198] Im August 1809 wird ihm zudem die «Generalsecretärstelle» angetragen.[199] In dieser Position hätte er etwa die «Geschäfte» nach Maßgabe des Königs «an die verschiedenen Sectionen» verteilen, im Staatsrat das Protokoll führen oder die Ergebnisse der Generalversammlung des Staatsrats an den König übermitteln müssen. Auch die Archivierung der Staatsgeschäfte oblag dem Generalsekretär –

Genauigkeit und publizistisches Geschick konnten dabei nicht schaden. Das Gehalt hätte zwei Drittel der Bezüge von Staatsräten betragen, die immerhin 14 000 Franken erhielten.[200] Jacob lehnt ab. An seinem Mentor Johannes von Müller hatte er beobachtet, wie sich ein engagierter Beamter im Amt sinnlos verschleißt.[201]

Zur unbefriedigenden Situation im Brotberuf kommt der Ärger über seine jüngeren Geschwister Ferdinand, Carl und Lotte hinzu, die Jacob teils für faul oder unfähig, teils für missmutig und undankbar hält. Er leidet schwer unter der Abwesenheit seines Lieblingsbruders, und dies auch deswegen, weil sich das Verhältnis zum Rest der Familie zunehmend verschlechtert. Ferdinand redet zwischenzeitlich nicht mehr mit ihm, die Geschwister zeigen sich scheu und verschlossen. Die Situation wirkt oft bedrückend.[202] Im Kasseler Haushalt fehlt Jacob schlicht die Mutter. «Ach, wenn sie doch noch lebte», klagt er, «seit ihrem Tod ist unser Haushalt unangenehm geworden, weil sich keins an das andere bindet, u. keine Ordnung mehr weder beim Eßen noch sonst, es ist mir oft, als möchte ich dafür in ein Wirtshaus gehen, vielleicht auch, weil ich mich mit vielen Kleinigkeiten abgeben oder sie anhören muß. Und ich fühle bestimmt, wenn man mäßig und still lebt, wie wir, so ist Ordnung und Reinlichkeit das erste.»[203]

Aber Jacobs schlechte Laune erklärt sich nicht nur dadurch, dass ihm die Geschwister auf die Nerven gehen oder dass ihm das Hofzeremoniell zuwider ist. Er sucht nach seiner Position im Leben. In einer Reihe von Briefen an Wilhelm erörtert Jacob daher seine generelle Abneigung gegen Geselligkeiten. Er träume von einer kleinen Stadt mit zwei- bis dreitausend Einwohnern, in der er von einem mittelmäßigen Gehalt ohne Dienst- und Fremdverpflichtungen existieren könne. Den Anforderungen eines ‹feinen› Gesellschaftslebens wolle er sich nicht aussetzen: Wenn man sich daran gewöhne, lebe man «nicht mehr so rein». Jacob dreht an der zivilisationskritischen Schraube. Das Unbehagen an der kalten Gesellschaft wäre nach Rousseau, nach Herder, Schiller, Schlegel oder Fichte nicht weiter verwunderlich. Jacob aber geht einen Schritt darüber hinaus.

Mit der ‹Geselligkeit› wertet er sogar noch jene Sphäre ab, in die seine Zeitgenossen aus der zerstreuenden ‹Gesellschaft› fliehen.

Wilhelm kennt Jacob und wundert sich nicht, dass die Kasseler Gesellschaften seinen Bruder langweilen – «es ist aus derselben Ursache, aus welcher du nicht gern spatziren gehst, ohne einen Zweck, Milch eßen u dgl. Du kannst für dich still studiren und arbeiten, aber nicht für dich blos seyn, und alles nicht arbeiten macht dir Langeweile». Und er fügt hinzu: «Gesellschaften müßen seyn, denn meiner Meinung nach ist der Mensch durchaus gesellig».[204]

Während Wilhelm sich in Halle diversen medizinischen Experimenten aussetzt, unternimmt Jacob eine Art Sozialexperiment und begibt sich versuchsweise in «Gesellschaften u. Partien». Aber sie werden ihm schon «nach diesen einigen Versuchen herzlich zu wider». Weder bei der Familie Wild, die er anfangs gern besucht und die zu den wichtigsten Beiträgern für die Sammlung der *Kinder- und Hausmärchen* gehörte, noch im eher mondänen Haushalt von Luise Jordis, in dem «immerfort Franzosen da sind», fühlt er sich wohl. Er sehnt sich nach der Unterbrechung seiner Einsamkeit, findet jedoch stets nur «Einförmigkeit ja Leerheit».[205]

Jacob, ein durchaus redseliger und guter Unterhalter, nahm die Aufklärung und die Romantik beim Wort. Er versuchte, deren Ideal von ‹Freimütigkeit› in die Praxis umzusetzen, und erteilte sich die Lizenz, offen und hart die Meinung zu sagen. Er hielt wenig von einer «kurzen angenehmen Unterhaltung» und «ein paar witzigen Reden, worauf ich doch nichts weiter zu sagen habe, als daß es schön ist oder gut».[206] Zugleich schätzte er das Schweigen. Auch damit lag er durchaus im Trend. Denn wo ältere Verhaltensratgeber zum klugen Schweigen rieten, um nicht zu viel preiszugeben, empfahl die Romantik das Schweigen, weil das Individuum nicht alles preisgeben kann, mithin seine Individualität im Gespräch notwendigerweise verfälscht.[207] In der Romantik trat also an die Stelle der Angst, zu viel zu sagen, die Sorge, nicht alles sagen zu können. Genau dies meinte Jacob, als er Savigny seine Zurückhaltung erklärte: Bei der Offenbarung seines «Gemüts» bestehe stets die Gefahr, dass das Innerste «halb oder gar verkehrt ausgedrückt» werde.[208]

Jacob fühlte sich nicht wohl: nicht im Beruf, nicht bei den Freunden und Bekannten, nicht in der Familie. Solange Wilhelm bei ihm war, konnte er das ertragen. Jetzt aber fehlte ihm der Bruder. Zudem schlich sich ein seltsames Misstrauen ein. Richtete sich Jacobs Geselligkeitskritik letztlich gegen Wilhelms kostspieligen Aufenthalt in Halle? Wilhelm unterstellte ihm das in einem Brief: «Es gibt nur zweierlei, gerade heraus alles zu sagen oder nichts, das erste ist das beste, zu sagen aber daß man etwas zu sagen habe quält blos.»[209] Auf diese Mischung aus Vorhaltung, Belehrung und Verdächtigung reagierte Jacob mehr als gereizt: «wie konntest du es über dich bringen, eine solche stelle, die mich ich kann nicht sagen wie erschrocken hat, zu schreiben, ja bis zum Schluß deines Briefs aufzubehalten? ich habe mich in dein Herz dafür geschämt u. Gott gebe, daß du schon vorher und nicht erst jetzo bereut, was du so übereilt, unverständig u. lieblos schreiben mogtest. Denn weil du es übereilt gethan hast, so konntest du es auch ohne Liebe u. gegen allen Verstand thun». Jacob begriff nicht, wie es Wilhelm überhaupt möglich war, auch nur «einen Augenblick» an ihm zu zweifeln.[210]

In dem wunderbar intensiven und kontroversen Briefwechsel während Wilhelms langer Reise des Jahres 1809 verknäulten er und Jacob eine ganze Reihe offener Probleme: Es ging dabei nicht nur um Persönliches, sondern auch um Sachfragen. Die Brüder tauschten sich wieder über den aktuellen Literaturbetrieb aus, verhandelten die neuesten Werke Goethes, Jean Pauls oder Ludwig Tiecks, kritisierten ihre eigenen Rezensionen oder besprachen das Problem der Modernisierung älterer Poesie. Wilhelm musste sich dabei von dem Älteren vieles gefallen lassen: Bei seiner Wertung der mittelhochdeutschen Literatur liege er ebenso regelmäßig daneben wie bei der Würdigung von Gegenwartsliteratur; die Kompetenz in musiktheoretischen Fragen erkannte Jacob ihm schlechterdings ab; und selbst bei der Bewertung von Wilhelms Gesprächspartnern in Halle mischte er sich ein und korrigierte seinen Bruder.[211]

Diese Streitkultur werden die Brüder in den nächsten Jahren pflegen. Jacob verpflichtete ihn darauf, ihm «ohne Vorurtheil» die Meinung zu sagen.[212] In Halle aber mussten erst einmal die Fundamente dafür gelegt werden. Vor den beiden lag eine gewaltige Aufgabe, denn in den vehement geführten Streitigkeiten während Wilhelms Abwesenheit aus Kassel war letztlich der Beweis zu erbringen, dass ihre wechselseitige Liebe «der einzige Grund» ihres Lebens sei.[213] Wie also sollten sie ihr intimes Brüderverhältnis auf all die Unterschiede abstimmen, die sich zwischen ihnen zeigten? Die ‹Brüder Grimm› bezogen ihre Positionen, loteten aus, wie weit sie gehen konnten, und arrangierten sich, ohne sich wirklich auf eine Linie zu einigen.

Jacob und Wilhelm repräsentierten zwei Seiten einer Medaille: Während Jacob sich herausnahm, offen und entsprechend grob zu agieren, bezog Wilhelm eine flexible Position. Im Lauf der Zeit stellte er sich auf einen ausgleichenden Standpunkt und votierte für Meinungsvielfalt bei grundsätzlicher Einigkeit. Jacob und Wilhelm entwickelten auf diese Weise zwei Lösungsmodelle für ein und dasselbe Problem. Darin liegt ihre unbedingte Modernität. Sie verbanden Eigensinn und Flexibilität, unnachgiebige Härte wider alle Regeln des Anstands und die Fähigkeit, unterschiedliche Perspektiven zuzulassen.

Selbst wenn Wilhelm sich nach dem Vorbild Jacobs hätte zurückziehen wollen – in Halle wäre ihm das kaum gelungen. Reil hatte einen hochprofessionellen Kurbetrieb aufgebaut. Die neue Badeanstalt, von deren Eröffnung Wilhelm im Juni 1809 berichtete, entwickelte sich zum Publikumsmagneten. Freilich: Noch war Halle kein Tourismuszentrum. Um das für Bäder typische Unterhaltungsangebot zu liefern und sich gegen die Konkurrenz aus Lauchstädt durchzusetzen, mussten die Hallenser Bürger selbst Programm machen. Wilhelm erzählt etwa von einer großen «Fete», welche die Vornehmsten der Stadt für die Badegäste veranstalteten. Alles sei sehr schön, kostspielig und langweilig gewesen. «Ich war natürlich eingeladen und konnte nichts thun als auf die Kosten der guten Stadt Halle es mir wohlschmecken laßen und von dem vortrefflichen Wein, den Reil mir gegenüber, bei sich hatte stehn trinken, Nirensteiner Champagner u. s. w.» Den Tanz verbringt Wilhelm mit Tee-Trinken. Auch eine Schlägerei sei «glücklich etablirt» worden. Was will man mehr? Reil jedenfalls hatte Erfolg. Die Badegäste wurden zahlreicher; Vergnügungen, Landfahrten, Tanztees sorgten für Stimmung.[214]

Den täglichen Gesellschaften, den Tanz-Salons und Theateraufführungen konnte sich Wilhelm nicht gänzlich entziehen, polemisierte aber in den Briefen an seinen Bruder eifrig gegen den Amüsierbetrieb. Die Bühnendarbietungen fand er «ganz erbärmlich», eine Einladung zum Tee bei Reil «etwas steif» und zu «vornehm». Entsprechend abschätzig blickte Wilhelm auf Reils Tochter (gewaltige Nase, verständig, aber auch ein wenig phantasielos) und auf dessen Frau («unleidlich gemein», lautet der abschließende Befund). Der montagabends stattfindende «Profeßor Clubb» führte ihm lediglich selbstgefälliges, «lächerliches Vieh» vor Augen. Die Tage Wilhelms waren ausgebucht. «An groß Arbeiten ist dabei nicht zu gedenken, wiewohl du auch nicht glauben mußt, daß ich ganz faul bin.» In jedem Fall genoss er, wie es in Wilhelms Abschiedsworten für Johanna Reichardt-Steffens heißt, die «Liebe und Freundschaft», mit der er in Halle und Giebichenstein aufgenommen wurde: «gedenken Sie eines armen Menschen deßen Herz zu geschwind und deßen Schritt zu langsam ist, als daß er weit kommen würde».[215]

Wilhelm Grimm in Berlin

Arnim lädt Wilhelm im Juni 1809 nach Berlin ein, und Brentano bietet ihm am 22. Juli an, gemeinsam von Halle dorthin zu fahren.[216] Arnim war vor etwa einem halben Jahr aus Heidelberg an seinen Geburtsort zurückgekehrt und lebte in der preußischen Metropole in einer finanziell desolaten Situation. Manchmal reichte das Geld nicht einmal für ein Mittagessen; die Spargelbeete, die er in seinem Garten anlegte, halfen da kaum weiter. Der Versuch, in Staatsdienste zu kommen, scheiterte, auch wegen der wüsten Polemiken rund ums *Wunderhorn*.[217] Die Beschäftigung mit Poesie war riskanter, als man meinen sollte.

Wilhelm Grimm nimmt die Einladung an, obwohl ihm bereits in Halle «die einfache Herzlichkeit fehlt, die stille Freude des Zusammenseins und ungesuchten Sprechens, in welcher ich zu Jacob lebe, und ohne welche ich nicht sein möchte». Tatsächlich werden in Berlin die Herzprobleme wieder auftreten. Wilhelm traut sich dort zu viel zu und setzt seine «Pillen» ab.[218]

Am 11. August 1809 trifft Brentano, der Goethe in Jena besucht hatte, in Halle ein. Am 2. September überrascht Wilhelm seinen Bruder mit der Nachricht, er werde in die preußische Hauptstadt reisen – dem Vorwurf, er sei verschwendungssüchtig, greift er voraus: Er habe Brentano erklärt, dass ihm «nach Abzug der Badekosten und für den Arzt (10 Louisd'or) nur noch 18 Thlr.» blieben, worauf dieser «bös» geworden sei und gemeint habe, «ich solle still schweigen, wenn ich kein Geld habe, so habe er und ich solle mit»; wenn Wilhelm darauf bestehe, könne er ihm, Brentano, die Auslagen vom Honorar für eine künftige Edition erstatten. Zudem werde sich Jacob über die philologischen Funde in Berlin freuen.[219] Immer wieder aber bittet Wilhelm in den nächsten Wochen von Berlin aus seinen Bruder um Geld, vor allem auch für Buchankäufe, das er bereitwillig erhält. Am Ende präsentiert er seine Schlussabrechnung nicht ohne Stolz: Er hat es mit vierzig Talern zwei Monate in Berlin ausgehalten und dabei achtzehn Taler in Bücher investiert.[220]

Am 18. September kommen Brentano und Wilhelm Grimm in Berlin bei Arnim an. Die drei Freunde beziehen Quartier in der Mauerstraße 34, Ecke Behrenstraße. Um die Ecke wohnt Adam Müller, der wenig später mit Heinrich von Kleist die *Berliner Abendblätter* herausgeben wird; Fichte residiert nur einen Steinwurf weit entfernt in der Friedrichstraße; und dazwischen, in der Taubenstraße an der Kreuzung zur heutigen Glinkastraße, liegt das Domizil Friedrich Schleiermachers. Die Intellektuellendichte war in diesem Bezirk außerordentlich hoch.

Die Erdgeschosswohnung wird Arnim, Brentano und Grimm vom Postrat Karl Heinrich Philipp Pistor zur Verfügung gestellt, der mit Arnim studiert hatte und mit der Stieftochter Reichardts verheiratet war.[221] In drei Räumen kann sich die Wohngemeinschaft ausbreiten. Zunächst erhält Wilhelm das Zimmer mit Blick in den Hof, tauscht dann aber mit Brentano, der zum Arbeiten mehr Ruhe braucht, und zieht in das zur Straße hin gelegene «Prunkgemach». Seine Garderobe befindet sich in keinem guten Zustand. Er muss Jacob um die Zusendung von dessen alten Hosen bitten. Und auch die Einrichtung ist ärmlich. Bei Brentano dienen «ein paar Kasten» als Tisch und Stuhl. Es herrscht eine «unerhörte Unordnung», wobei Wilhelm bemerkt: «Bei mir hatte es noch am besten ausgesehen, das war sehr natürlich und gar nicht meine Schuld, denn meine Geräthe waren ein Bett, ein Tisch und ein Sopha davor als Stuhl, weiter nichts. Alle Besuche mußte ich annehmen, Mangels an Stühlen halber, mein Sopha mußte Fronte machen und wir nahmen Platz darauf.»[222]

Zwar verträgt Brentano «eine gute Unordnung», aber bei Arnim sind die Grenzen seiner Liberalität erreicht: Er ordnet kurzerhand über drei Tage die Bibliothek des Freundes, so dass Arnim sich darin nicht mehr zurechtfindet. Das Chaos lässt sich kaum bändigen: «Die Commode war mit Röcken, Wäsche, Büchern pyramidenförmig aufgehäuft, alle Schubladen waren herausgezogen, in den Ecken waren Gewehre aller Art aufgepflanzt, die zwei vorhandenen Stühle waren besetzt mit Büchern, Briefschaften, Hausgeräth, z. B. Gläsern, Messern, wozwischen rothe Tücher als Friedensfahnen heraushingen und Ruhe unter dem verschiednen Zeug hielten. Der einzige Tisch war auf dieselbe Art versorgt, Arnim sitzt nie und schreibt an einem Pult, auf einem Brett, auf dem nichts liegen konnte, aber hier schreibt er mitten in dieser Unordnung die herrlichsten und göttlichsten Dinge.»[223]

Dem Chaos der Privaträume kontrastiert aufs genaueste die

Übersichtlichkeit der prominenten Straßenzüge. Wilhelm Grimm ist vom ersten Moment an hingerissen von der preußischen Metropole. Gleich nach seiner Ankunft führt Arnim ihn und Brentano im Wagen durchs nächtliche Berlin, das ihnen «den größten Eindruck von den prächtigen erleuchteten Häusern» vermittelt.[224] An seine Tante schreibt Wilhelm am 10. Oktober 1809: «Berlin ist die schönste Stadt, die ich gesehen».[225] Ähnlich ging es vielen Besuchern – die breitangelegten Straßen, allen voran natürlich die Allee Unter den Linden, die mächtigen Plätze, die wunderbar ausgestalteten höfischen Gebäude und Gärten im Zentrum der Stadt imponierten Reisenden seit dem 18. Jahrhundert.[226]

Dies ist freilich nur eine Ansicht. Wilhelm nimmt unterschiedliche Perspektiven auf die Stadt ein, je nach Briefpartner. Auch Jacob schildert er die Schönheit Berlins, fügt aber hinzu, man gewöhne sich bald, «es als etwas sehr ordinäres anzusehen»;[227] es ist kein Zufall, dass Wilhelm zum Vergleich die «Neustadt in Cassel» heranzieht[228] und Berlin als eine vergrößerte Version jenes Stadtteils begreift, der auf ihn schon als Schüler einen unwirtlichen Eindruck gemacht hatte. Von den zunehmend elenden Rückansichten allerdings, die Berlin bereits Anfang des 19. Jahrhunderts zu bieten hat – in den Jahren 1802 / 03 waren weit mehr als vierzigtausend Menschen in Manufakturen und Fabriken beschäftigt, vornehmlich in der Textilindustrie[229] –, ist in Wilhelms Schilderungen nichts zu erahnen. Die Brüder Grimm, die sich so sehr für das ‹Volk› interessieren, bekommen davon wenig mit.

Die preußische Metropole ist eine junge Stadt. Zur Jahrhundertwende wird überall geplant und gebaut. Das wenige, was an ältere Substanz erinnert, wird mit leichter Hand niedergerissen. Berlin, so Wilhelm Grimm an seinen Bruder, «wird immer die Spitze aller modernen hellen, glatten eleganten Städte bleiben».[230] Hier, mitten im märkischen Sand, sind die eher unangenehmen Seiten des preußischen Orientalismus zu spüren. Berlin, die «Sandstreubüchse des Heiligen Römischen Reichs»[231], schreibt Friedrich von Cölln 1806, «liegt in den Sandwüsten Arabiens [...]; oft sieht man nichts, denn der kleinste Zephyr erregt einen so unerträglichen Staub, daß man die Augen fest zudrücken muß».[232]

Bei Wilhelm Grimm setzt der märkische Sand andere Assoziationen frei. An Savigny schreibt er im Januar 1810, wieder zurück in Kassel: «Erstlich muß doch jeden diese äußere Pracht und Eleganz imponiren, von der es einem nur hernach nicht vorkommt als stände sie auf festem Grund, eben weil sie [die Stadt, S. M.] auf Sand und nicht auf Meerespfählen ruht, wie Städte welche die Nothwendigkeit erbaut. So hat man das Gefühl als würden diese prächtigen Häuser zusammenfallen und als Ruinen dastehen, während man von andern Städten glaubt, daß sie endlich miteinander zusammenwachsen müßten».[233] Allmählich und im Rückblick wird Berlin für Wilhelm Grimm zum Inbegriff der Moderne, zum Sinnbild für die Instabilität des Gemachten, das nicht organisch gewachsen ist.

Bis Berlin zur Ruine wurde, sollte es noch mehr als ein Jahrhundert dauern. Und auch bei der unbedingten Modernität war mehr Phantasie im Spiel als städtische Realität. Tatsächlich war Berlin Anfang des 19. Jahrhunderts, an heutigen Maßstäben gemessen, überschaubar. Man konnte das Spree-Athen bequem in vier Stunden umwandern und dabei auf den übergroßen Nachbau des Eingangstors der Akropolis stoßen: das Brandenburger Tor. Sogar innerhalb der sechzehn Kilometer langen Stadtmauer ging es oft wenig städtisch zu. Die Szenerie war immer wieder eher ländlich, geprägt von Hütten, Wiesen und Feldern.[234]

Als Imagination einer Stadt hingegen war Berlin, unabhängig von seinem tatsächlichen Zustand, Signal für die Modernisierung aller Lebensverhältnisse. Gerade für Goethe, der nur wenige Tage in Berlin verbrachte, verkörperte die Metropole die lärmende Umtriebigkeit, das Sodom einer neuen Zeit und ihrer bedenklichen Tendenzen, ihrer Härten und Grobheiten, wie sie sich im Lauf des 19. Jahrhunderts in der Figur des Großstädters verdichteten.[235] Es lässt sich daher nicht ausschließen, dass Wilhelm Grimms Perspektive entscheidend durch Goethe geprägt wurde, den er auf der Heimreise nach Kassel in Weimar besuchte. Ebenso wie Wilhelm seinen Mentor Savigny, den die Berliner Universität umwarb, vor der Metropole warnte, hatte Goethe dem Historiker Georg Satorius von dem Schritt dorthin abgeraten: Er halte es für «frevelhaft», sich in die Berliner Sumpflandschaft zu begeben, man «mag schwimmen und waten», wie man wolle[236] – irgendwo zwischen Wüste und Sumpf also entwickelte sich dieses kulturelle und politische Zentrum der Zukunft.

Und noch etwas mutete Wilhelm seltsam an: «[...] in allen diesen ungeheuren Gebäuden hört man nichts als seinen eigenen Fußtritt und seine eigene Stimme, so öd und verlassen stehn sie da, ich kann Ihnen nicht sagen, wie wunderlich und betrübt einem das vorkommt.» Wilhelms Visite fiel in das gesellschaftliche Vakuum, das die Flucht des Hofs vor den Franzosen nach Königsberg hinterlassen hatte. Von den Angehörigen der preußischen Königsfamilie hielt sich nur die hessische Kurprinzessin in Berlin auf und empfing Wilhelm Grimm. Am 10. Dezember 1808 waren zwar preußische Truppen wieder in Berlin einmarschiert, aber erst am 23. Dezember 1809, etwas mehr als einen Monat nach Wilhelms Abreise, kehrte das Königspaar zurück.[237]

In Berlin lernte man in dieser Zeit aus der Niederlage gegen Napoleon: Nun war klar, dass das ‹Volk› direkt von den Vorgängen betroffen war – der *Aufruf an mein Volk*, den der preußische König Friedrich Wilhelm III. 1813 veröffentlichen sollte und mit dem er das ‹Volksheer› ins Leben rief, lag auf einer ideellen Linie mit den von den Grimms verfolgten Guerillakämpfen in Spanien seit 1808 oder dem Aufstand der Tiroler Bauern von 1809, der Andreas Hofer in einen Volkshelden verwandelte.

Als sich Wilhelm in Berlin aufhielt, kursierte immerhin bereits seit 1807 Friedrich Wilhelms III. Bonmot, «der Staat müsse durch geistige Kräfte ersetzen, was er an physischen verloren habe».[238] Es hätte auch von Jérôme Bonaparte stammen können. Und wie man in Kassel allmählich die poetischen Grundlagen der Politik entdeckte, glaubte man in Preußen in Dichtung und Philologie die Instrumente gefunden zu haben, von denen man sich – mit Hardenbergs Worten – eine «Revolution im guten Sinne […] zu dem großen Zwecke der Veredelung der Menschheit» versprechen durfte.[239]

Von dieser Aufbruchstimmung spürt man in Wilhelms Briefen aus Berlin kaum etwas. Auch für Wilhelm ist Berlin «das wahre Land der Besuche und der Gesellschaften», wie der Historiker Niebuhr es formuliert hat: Arnim und Brentano führen Wilhelm Grimm mit vielen Künstlern, Schriftstellern und Buchhändlern zusammen.[240] Aber die Anmerkungen in den Briefen an seinen Bruder sind insgesamt nur kurz und oft abwertend. Man besucht den «Buchhändler Juden Hitzig, der ein alter Freund von Clemens ist und Bier schwitzt»;[241] Adam Müller sieht zumindest «nicht dumm» aus, auch wenn «eine gewiße Lüge sich durch all seine Schriften verbreitet»; Franz Horn spricht «langweilig»; Chamisso schämt sich seiner extravaganten Kleidung und ist «im Sprechen genirt». Immerhin wirkt die legendäre Schauspielerin Friederike Bethmann, die Rahel Varnhagen oder August Wilhelm Schlegel zu Begeisterungsstürmen hinriss, «in der Gesellschaft […] recht angenehm, und erzählte gut» – «die übrigen Schauspieler sind alle nach dem ordinären Schlag».[242] Bei Georg Andreas Reimer, in dessen Verlag unter anderem Werke von Fichte, Arndt, Schleiermacher, Wilhelm von Humboldt, Kleist, Tieck oder Steffens erscheinen, trifft Wilhelm die berühmte Salondame Henriette Herz, deren «schöner Kopf und deren verständiges Wesen» Wilhelm für sie einnimmt – allerdings nur, solange sie sitzt; im Stehen fehle ihr der «frauliche» Ausdruck.[243] Für Wilhelm Grimm besteht die «junge poetische Literatur» Berlins aus einer «Anzahl Leute nicht ohne Geist und Talent», nimmt sich seiner Ansicht nach aber nur aus der Ferne gut aus.[244]

Wilhelms Berliner Zeit wird von der Geselligkeit, die auf ihn derart schäbig wirkt, jedoch nur zur Hälfte bestimmt, denn er kommt mit der Bibliotheksarbeit, mit dem Sichten von Büchern, den Abschriften und Vergleichen kaum hinterher. «Wenn du nur hier wärst!», schreibt er Jacob gleich im ersten Brief; er werde von Arbeit überrollt.[245] Über die Bibliotheken erfährt man allerdings erstaunlich wenig, außer dass sie Wilhelm einen Berg altdeutscher Quellen auf den Arbeitstisch häufen. Nur nebenbei erwähnt Wilhelm, dass er das Lese-Institut von Rudolph Werckmeister benutzt, das seinen Abonnenten täglich von neun bis zwanzig Uhr über hundertsiebzig internationale Zeitungen und Zeitschriften zur Verfügung stellt – gerade Wilhelm, der Lesezirkel organisiert, hält die Institution für «fatal und ängstlich».[246]

Und so lebt er «zwischen Fleiß und Flüchtigkeit»,[247] sammelt Material für künftige Studien. Brentano ist mit seinen Romanzen beschäftigt, und Arnim verfertigt in Rekordzeit das Trauerspiel *Halle und Jerusalem* «voll unendlicher Schönheit».[248] Gleichzeitig geht das «lustige[ ] berliner Leben» voran, «Visiten laufen und Arbeiten läuft parallel neben einander, mit dem letzten thun wir auch die Buße ab, in dem wir uns den altdeutschen Bücherstaub wie Asche auf das Haupt streuen für mancherlei Tollheiten und Lustigkeiten die wir dort erlebt».[249] Am liebsten jedoch geht Wilhelm einfach über die Straße hinüber zu Pistor, dem Vermieter von Arnims Wohnung. Dort findet er jene ‹ungeschliffene› Art, die ihm behagt: «sehr treu, brav, gutmüthig wie wenige, dabei geistreich und von Talenten», ein Idealbild ‹edler Bürgerlichkeit und Häuslichkeit›.[250] Zwar besuchen die drei Freunde das Theater, aber das spielt letztlich keine Rolle, und schon gar nicht die Welt der städtischen Oper. Politisches kommt in den Briefen nicht vor. Und selbst wenn man den Berlin-Besuch Grimms noch der Vorphase des Aufstiegs Berlins zur «Kulturmetropole» zuordnen würde: Müsste man nicht zumindest die Spur einer Anteilnahme an einer intellektuell revolutionären Stimmung erwarten?

Erst im Rückblick, in seinem Brief an Savigny vom Januar 1810, greift Wilhelm Grimm die gewissermaßen offizielle Sichtweise Berlins auf: Die Stadt sei wie keine andere von «Bildung» durchdrungen und beweise ein bemerkenswertes Maß an «Freiheit und Liberalität». Dem «gesellschaftlichen Leben» habe diese Bildung «Feinheit,

Witz und Leichtigkeit» vermittelt. Aber Wilhelm versieht diese Eigenschaften mit einem negativen Vorzeichen. Er zeigt sich erschreckt
von der «unglaublichen Frivolität». Das bürgerliche Milieu präge
«den widrigsten Contrast» aus durch die Verbindung von Gemeinheit und einer Art von «Vornehmheit».[251] Savigny, der zwischenzeitlich den Ruf an die in Gründung befindliche Berliner Universität
angenommen hat, dankt für den «anschaulich darstellenden» Brief,
fügt jedoch hinzu, Wilhelms Charakteristik der Stadt hätte ihm beinahe den Entschluss, nach Berlin zu gehen, verleidet, wenn er sich
nicht «allgemach auch diese Züge in ein leidliches Ganze mit verarbeitet hätte».[252]

Wilhelm folgt allerdings der neuen Berliner Politik mehr, als er
meint. Denn indem er die Hauptstadtkultur schätzt, ohne die eitle
Ausstellung von ‹Bildung› zu vergötzen, verkörpert er den Geist jenes Staatsbürgers, der in den preußischen Reformen gebildet werden soll. Gerade indem er sich unbeeindruckt vom Repräsenta-
tionswahn der Stadt zeigt, ebenso ruhig wie konsequent seine Arbeit
erledigt und Stunden der bürgerlichen Erholung einbaut, ohne
sich der Lust an der Geselligkeit ausschweifend hinzugeben, spiegelt er einen Prozess wider, der die Berliner Reformpolitik prägt: Es
geht um die Bildung des ‹Menschen›, und dieser Mensch nimmt als
Staatsbürger im 19. Jahrhundert nicht zuletzt die Gestalt des still ar-
beitenden und gleichwohl gesellig gestimmten Philologen an, der
im Umgang mit der Überlieferung ein Ethos der Treue, der Beständigkeit und der konsequenten Selbstverpflichtung ausbildet.

Kein Text bringt das so deutlich zum Ausdruck wie Fichtes sonn-
tägliche *Reden an die deutsche Nation*, die der Philosoph im Marstall
Unter den Linden von Dezember 1807 bis März 1808 hielt und die
umgehend im Druck erschienen. Wie die Berliner Zuhörer begeis-
terten die *Reden* auch die Grimms. Jacob wünschte sie sich in ein
«populäres gemeines Gewand» gekleidet, «daß sie jeder lese». Es sei
«eins der köstlichsten Bücher, die je geschrieben worden sind».[253]

Fichte wandte sich ausdrücklich an die «Deutschen schlechtweg»,
um ihnen mitzuteilen, dass «eine gänzliche Veränderung des bishe-

rigen Erziehungswesens [...] das einzige Mittel» sei, «die deutsche Nation im Dasein zu erhalten», eine Erziehung, die im Sinn einer «Nationalerziehung» das «Volk» anspricht, von dem «alle Fortentwicklung der Menschheit in der deutschen Nation» ausgegangen sei.[254] Konsequent führt diese Vorstellung einer politischen Gemeinschaft zum Kern romantischer Politik: Fichte wie die Grimms verankern das Politische in den psychischen Tiefen des Subjekts.

Wilhelm kritisiert Berlin also durchaus im Geist der preußischen Reformpolitik. Ob er im Übrigen während seines Aufenthalts tatsächlich so unter der Hauptstadtkultur gelitten hat, wie es in den Briefen an Jacob anklingt, ist fraglich. Denn wie in Halle bekommt ihm auch jetzt das Leben ohne seinen großen Bruder recht gut. Clemens Brentano berichtet seiner Schwester Bettine jedenfalls, dass Wilhelm in der Berliner Gesellschaft gut aufgenommen worden sei, obwohl der erste Eindruck nicht immer für ihn gesprochen habe – seine «fremdartigen Späße» habe man zunächst mit Verwunderung registriert. Er wirke gesünder als in Kassel, «hatte einen außerordentlichen Appetit, dem gemäß seine Lippen bei Annäherung der Speisen in Oscillationen kamen, worüber er viel von uns hören mußte, wackelte viel mit den Händen und Füßen, schlug an alles mit dem Stock und excerpirte alles, war fleißig bis in die Nacht, stand spät auf, brach sein drittes Stück Zucker, eh er es in die Tasse warf, als wärs im zu groß, wenns auch noch zu klein war, brachte aus jeder Gesellschaft eine Caricatur nach Hause».[255]

In den Briefen, die Wilhelm aus Berlin nach Kassel schickt, gleicht er seine Haltung mit der seines Bruders ab. Daher pendeln sich seine Wertungen auf den kritischen Taktschlag von Jacobs Reisebericht aus Paris ein. Wilhelm beweist, dass auch er die einfache, unprätentiöse Geselligkeit schätzt; dass auch er den gesellschaftlichen Betrieb ablehnt; dass auch er vom Amüsement nichts hält, seine Energie in die Sprach- und Literaturgeschichte investiert und alles andere als erzwungene Ablenkung allenfalls hinnimmt. Er verarbeitet die Sensationsfülle Berlins, indem er sie als Symptome der geistigen Ödnis und kulturellen Oberflächlichkeit entlarvt. Diese moderne Welt vermag weder Dauer zu stiften noch Halt zu geben. Die Brüder Grimm verpassen folglich nichts, wenn sie in Kassel bleiben. Berlin ist ja – wie Wilhelm an seine Tante schrieb – nichts anderes als eine größer geratene Variante der Kasseler Neustadt, und so findet er in der preußischen Metropole die Eigenschaften wieder, die Jacob an Kassel bemängelt hatte: Die Umtriebigkeit läuft ins Leere, es entstehen keine echten Werte, und die philologische Tätigkeit wird durch das Stadtleben allenfalls blockiert. Berlin widerspricht in jeder Hinsicht der Idealvorstellung vom schweigenden Miteinander am Schreibtisch.

Wie steht es jedoch um das wissenschaftliche Potenzial Berlins? Noch ist 1809 die Berliner Universität nicht gegründet – das war erst im folgenden Jahr so weit. Aber sollte in dieser Stadt, in der August Wilhelm Schlegel vor begeistertem Publikum seine Vorlesungen *Über schöne Literatur und Kunst* gehalten und darin eine Sammlung deutscher Volkslieder gefordert hatte, nicht auch die Philologie weiter sein als andernorts?[256]

Wilhelm Grimm begegnet etwa Erduin Julius Koch, auf dessen Literaturgeschichte kein Philologe dieser Zeit verzichten konnte, weil sie eine Art Fundus für künftige Forschungen zur Verfügung stellte.[257] Koch verdankt er viele bibliographische Hinweise, und einige Monate später berichtet Wilhelm, er habe mit dem «altdeutschen literator» eine «zärtliche Freundschaft» geschlossen, er glaube dessen «schmatzende Küße noch auf den Backen» zu spüren.[258] Aber in seinen Briefen an Jacob weiß Wilhelm vor allem zu berichten, dass Koch «ganze Nächte in Bordellen» verbringe.[259] So lässt er das frivole Klima Berlins auch auf die Hauptstadt-Philologie abfärben und gibt zu verstehen, dass es ihr an der liebenden Treue gegenüber dem Forschungsgegenstand fehle.

Das gilt ebenso für Friedrich Heinrich von der Hagen, der Wilhelm überhaupt erst mit Koch bekannt gemacht hatte.[260] Von der Hagen gehörte der Generation nach Koch an und war in dieser Zeit die Hauptfigur bei der Erforschung der mittelalterlichen deutschen

Literatur. Er wird am 21. September 1810 eine außerordentliche Professur für Deutsche Sprache und Literatur an der Berliner Universität erhalten, die erste germanistische Fachprofessur, und 1811 nach Breslau auf eine ordentliche Professur für Germanische Philologie wechseln. Auch das war eine Premiere: Friedrich Heinrich von der Hagen besetzte das erste Ordinariat für Germanische Philologie in Deutschland.

Seit 1805 machte sich von der Hagen mit einer Vielzahl kleinerer Beiträge in Journalen und Sammelwerken einen Namen. 1807 hatte er das *Nibelungen Lied* sowie, gemeinsam mit Johann Gustav Gottlieb Büsching, eine *Sammlung deutscher Volkslieder* ediert, 1808 den ersten Band seiner *Deutschen Gedichte des Mittelalters* auf den Markt geworfen, 1809 das *Buch der Liebe*. Außerdem gab er eine eigene Zeitschrift heraus, das *Museum für Altdeutsche Literatur und Kunst*. An ihm führte für die Grimms kein Weg vorbei. Entweder mussten sie sich mit ihm verbünden. Oder gegen ihn ins philologische Feld ziehen. Sie werden sich, nach einigen Scharmützeln und Enttäuschungen und nachdem sie schon etwas besser Fuß gefasst haben, für den ‹öffentlichen Krieg› entscheiden.[261] Konfliktlinien gab es genug, auch auf Nebenkriegsschauplätzen. So avancierte von der Hagens Volksliedersammlung in der zeitgenössischen Literaturkritik zum positiven Gegenmodell von *Des Knaben Wunderhorn*, obwohl er damit eigentlich nur die Sammlung Arnims und Brentanos hatte ergänzen wollen.

Zwischen von der Hagen und den Grimms bestanden viele Gemeinsamkeiten und damit eben auch viele direkte Konkurrenzen:[262] Sie begannen ihre Karrieren nicht als Altphilologen, sondern als Juristen; sie waren Autodidakten; und sie gehörten derselben Generation an. Allerdings war von der Hagen fünf beziehungsweise sechs Jahre älter als die Grimms, und das verschaffte ihm einen entscheidenden Vorteil. Während die Grimms sich an ihre ersten Studien machten, hatte er seinen Posten auf dem Feld der deutschen Philologie bereits bezogen. Die Grimms waren die Newcomer. Ihnen stellte sich eine anspruchsvolle Aufgabe: Sie mussten den arrivierten Gelehrten zu einem ‹Dilettanten› abstempeln und sich selbst als ‹Kenner› profilieren.

Von der Hagen kannte die Grimms, denn er hatte zu Jacobs Kontroverse mit Docen um das Verhältnis von Minnelied und Meistersang einen kleinen Beitrag beigesteuert. Umgekehrt hatte Wilhelm gerade von der Hagens *Nibelungen*-Edition in den *Heidelbergischen Jahrbüchern* zerpflückt. Und am selben Ort hatten die Brüder Grimm am Beispiel einer Edition *Deutscher Gedichte des Mittelalters* ihre Konkurrenten ausführlich kritisiert.[263] «Ich erwarte», schrieb Jacob seinem Bruder bereits im August 1809, «daß Hagen et Cons. bald gegen uns schreien».[264] Im Geheimen hatte von der Hagen das bereits getan. «Ein gewisser Grimm», heißt es in einem Brief, der Mitte des Jahres in Berlin in die Post gegangen war, «ich glaube zu Kassel, hat kürzlich in den Heidelberg. Jahrb. angefangen meine Nibelungen sehr schnöde anzulassen» – «ich werde ihm gelegentlich das Maul stopfen».[265] Auch Wilhelm glaubte, dass von der Hagen «nichts ärgerlicher ist als unser Auftreten, da er schon alles durch Bekanntschaften Briefe bei Seite glaubte gesetzt zu haben um ganz allein regiren zu können».[266] Die Begegnung mit ihm war also die wichtigste, die Wilhelm in Berlin bevorstand.

Zunächst zeigt sich von der Hagen kulant. Er verhält sich Wilhelm gegenüber «ungemein freundlich», «gut und artig», erweist sich in jeder Hinsicht hilfsbereit und hat «keinen bösartigen Zug im Gesicht». Regelmäßig empfängt er den Besucher aus Kassel und tauscht sich mit ihm aus. Es scheint, als ob man kooperieren würde. Von der Hagen bietet den Grimm-Brüdern sogar Publikationsgelegenheiten an und gibt sich einsichtig zumindest bei einem Teil der von Jacob in der Docen-Kontroverse geäußerten Kritikpunkte. Gegen Ende Oktober lädt er zu einem «höchst kostbare[n] Abendeßen in seinen mehr als fürstlichen Zimmern, wohin wir erst um 11 Uhr gingen nach der Vorstellung des Götz von Berlichingen».[267]

Die letzte Begegnung für lange Zeit findet am 12. November 1809 statt, als von der Hagen bei Arnim, Brentano und Grimm eingeladen ist. Dabei kommt es zu einem Streit mit Wilhelm über die Entstehung des Nibelungenlieds: Von der Hagen vertritt die Ansicht, das Epos sei Produkt eines individuellen Schöpfungsprozesses, wogegen Grimm und Arnim ihre Theorie der nationalen Volkspoesie ins Feld führen. Wilhelms Fazit: «Merkwürdig ist mir Hagens Äußerung darum, weil sie ihn charakterisirt; fleißig, verständig, im Einzelnen scharfsinnig, hat er doch keine Ansicht von der Art, mit welcher sich die Poesie geschichtlich äußert, oder von ihrem Leben.»[268]

Der Streit drehte sich offenbar um Grundsätzliches: um Sachfragen und um die Haltung, mit der die Sache behandelt wird.[269] Während von der Hagen sich auf ältere Forscher bezog, wollten sich die Grimms davon distanzieren. Von der Hagen setzte auf Anschlussfähigkeit, die Grimms auf Neuanfang und Konfrontation. Gerade sie, die die Geschichtsvergessenheit ihrer Gegenwart beklagten, verabschiedeten sich von ihren Vorgängern, zumindest was die programmatische Seite ihrer Tätigkeit betraf. Damit machten sie sich einen Namen, wenn auch nicht unbedingt einen guten. Der Verleger Julius Eduard Hitzig, den Wilhelm Grimm seinem Bruder als bierschwitzenden «Buchhändler Juden» vorgestellt hatte, bemerkte später gegenüber von der Hagen, die Grimms seien «grimmige, daher fletschende Bestien». Und Friedrich Schlegel schilderte sie seinem Bruder August als ziemlich unwissend und «sehr rohe Teppen».[270]

Von der Hagen durchschaute die Strategie der Grimms. Im Rahmen der eskalierenden Polemiken zwischen ihm und den Kasseler Brüdern wird er ihnen 1812 «gernrezensirende Vornehmheit» und Selbstgefälligkeit vorwerfen, die «in ihrer Anmaßung die früheren Entdeckungen und Darstellungen Anderer verläugnet, oder nur verächtlich darüber hinblickt, und sich gebärdet, als wüßte sie alles zuerst und am besten, und müßte alles erst durch sie angefangen und vollendet werden.»[271]

Freilich hatten die Grimms nicht nur Imagepolitik zu bieten, sondern auch eine Reihe von Sachargumenten. Denn während sie das Nibelungenlied einer literaturhistorischen Epoche zuordneten, die nichts mit der Gegenwart zu tun hat, empfahl von der Hagen das Epos, weil man darin «mitten unter den zerreißendsten Stürmen» eine «lebendige Urkunde des unvertilgbaren Deutschen Karakters» finde.[272] Da er um die historische Distanz wusste, lieferte er eine «Erneuung und Wiedererweckung des alten, so lange unverdient vergeßenen Originals».[273] Die Grimms sahen, dass auf diese Weise langfristig nichts zu gewinnen war. Wie sollte es mit den altdeutschen Studien weitergehen, wenn die patriotische Hochstimmung nach den napoleonischen Kriegen verklungen sein würde? Wilhelm verabschiedete von der Hagens Modernisierung als «an sich falsch»: «es ist ein abgerissener Zweig in dürren Grund gesteckt, der bald welkt».[274] Oder anders: *«Es ist Modernisierung, die schlechter ist als das Original, und doch nicht modern.»*[275]

Die Grimms wussten durchaus um von der Hagens Leistungen: Er sei «unter denen, mit welchen wir in einer Art, aber noch unentwickelten Streites liegen, ohne Zweifel der beste und gelehrteste, aber ein wenig geschmacklos». Im Vergleich mit den Schaumschlägern im philologischen Betrieb bringe er «doch etwas hervor». Mit anderen Berliner Konkurrenten der Grimms will Wilhelm von der Hagen jedenfalls nicht in einen Topf werfen.[276]

Dennoch findet Jacob sein Vorurteil, dass in von der Hagens «Wesen und Studiren etwas treibendes, nicht behagliches (behagenliches)» liege, durch Wilhelms Beobachtung vor Ort bestätigt.[277] Die «Hauptansicht» von der Hagens habe «etwas durchaus todtes»; seine Studien seien «nicht so zusammenhängend» wie die ihren[278] – wenn man an die vielen kleinen Abhandlungen von Jacob und Wilhelm denkt, mit denen sie sich bis zu ihren ersten Buchpublikationen 1811 dem Publikum präsentieren, wirkt diese These durchaus überraschend. Wilhelm seinerseits führt von der Hagen im Rückblick auf seinen Ausflug in die preußische Metropole als Beispiel jener seltsamen Mischung aus ‹Gemeinheit› und ‹Vornehmheit› an, die Berlin charakterisiere. Von der Hagen sei zwar «ein guter Kerl», aber er habe «eine Frau aus dem öffentlichen Haus genommen, wo sie schon sechs Jahre gewesen […]; und so ist etwas Widerliches in seinem Wesen und Tun». Seine Schriften sind für Wilhelm vornehmlich «literärisch», «höchst manirirt» und «craß modern».[279]

Wo also im Streit mit Friedrich Heinrich von der Hagen auf einer ersten Ebene Fragen der fachlichen Kompetenz diskutiert wurden, ging es in zweiter Linie um eine Imagekampagne auf einem hartumkämpften Markt. Die Grimms, die noch nicht so lange im Publikationsgeschäft waren, hatten letztlich weniger vorzuweisen als ihr Konkurrent. Brentano brachte das Problem ihnen gegenüber auf den Punkt: «Wenn Sie nur irgend Etwas herausgeben könnten, was Ihnen einen so lauten Namen wie Hagen machte, so würden Ihnen gewiß alle Manuscripte ebenso zufließen und Ihre Untersuchungen erleichtern.»[280] Und Wilhelm zog in einem Brief an Jacob seine Schlüsse: «Den Unterschied zwischen seinem und unserm Studiren hab ich recht deutlich geschehen [sic!], er hat mit der ganzen Welt Verbindungen angeknüpft, und reist selbst so weit er kann, und er gewinnt daher mit Leichtigkeit eine Menge Bücher, MSS. Nachrichten und kann auf diese Art mit Übermacht agiren. […] Ich habe daher die Nothwendigkeit gesehen, daß wir uns in Correspondenzen setzen und dann soviel als möglich reisen. Ein Drittes was er thut müßen wir wohl bleiben laßen, nämlich viel Geld zum Ankauf anwenden, er bezahlt die Bücher stets mit dem letzten Preis.»[281]

Jacob wusste das natürlich alles schon vorher – «von der Nützlichkeit der Correspondenten habe ich dir selber schon einmal geschrieben». Das stimmt.[282] Wenn also die Fakten gegen die Brüder Grimm sprachen, war es umso wichtiger, dass Wilhelm Berlin moralisch disqualifizierte. Die Aufgaben für die Zukunft standen ihnen jetzt jedenfalls genau vor Augen: Sie mussten sich als Buchautoren profilieren, sie mussten ihr Netzwerk ausbauen, und sie mussten erreichen, dass ihre Arbeitsethik in der Zukunft zum Kriterium für die Unterscheidung zwischen den guten und den schlechten Forschern werden würde.

Wilhelm vermochte dabei zwischen den Belangen der Wissenschaft und den Bedürfnissen des Alltags zu unterscheiden. Sein Bruder verfolgte einen sehr viel strikteren Kurs. Dass Wilhelm ihm gegenüber nicht ganz mit offenen Karten gespielt haben könnte, lassen die mit Karikaturen der Berliner Bekanntschaften verzierten Verse vermuten, die er bei seiner Abreise aus Berlin in Arnims Stammbuch schrieb:

> «Wiewohl ist eine schwere Zeit,
> hab ich dennoch verbracht mit Freud
> zwei Monat in Berlin allhier
> bei Clemens Brentano und bei Dir;
> denn wo ist Leid, da ist auch Freud,
> und wo ist Freud, da ist auch Leid.
> Hatt ich z. B. einen Verdruß,
> unter den Linden war doch ein Lebensgenuß.
> Und umgekehrt wie süß ein Kuß,
> passiert nichts weiter! eine harte Nuß.
> Der Grenadier ist blau und rot,
> kriegt doch ohne Brot die Schwerenot.
> Um zu geben auch von mir
> von beiden ein Exempel hier:
> war ich zu leben hier in Freud,
> tut nun das Weggehn mir gar leid,
> und dir zu danken erfreute mein Herz,
> nun ist meine Armut mir ein Schmerz.
> Wilhelm Carl Grimm»[283]

4. Zwischen Wissenschaft und Politik (1810 – 1815)

Die «innere Einigkeit der Gegensätze»

Am 20. November 1809 verlässt Wilhelm in trauriger Stimmung Berlin. Es ist der Geburtstag seiner im Mai des Vorjahres verstorbenen Mutter. Der Wagenmeister verwickelt ihn unnötigerweise in eine Unterhaltung, dann steigt auch noch «eine höchst fatale geschwätzige Jüdin» zu – Wilhelm ist gegen den intellektuellen Antisemitismus nicht immun, wie Achim von Arnim ihn verbreitet.[1] An einem Grenzübergang wird Wilhelm nach Wertsachen durchsucht. Um vier Uhr morgens kommt er endlich in Halle an. Er besucht Bibliotheken, genießt noch einmal die Familienidylle um Johanna Reichardt-Steffens und ihre Kinder, noch einmal die Gespräche mit deren Ehemann Henrik und macht sich schließlich auf den Weg nach Weimar. Steffens begleitet ihn zur Kutsche: «Ich muste mich allein auf einen offenen Wagen setzen, ein kalter Wind wehte mich von allen Seiten an und blies mir die Augen trocken, es war mir, als ob mir jemand theures gestorben wär.»[2]

Ebenso missmutig und niedergeschlagen, wie Wilhelm aus Berlin abgereist war, setzt er die Fahrt fort. In Naumburg muss er in einem zugigen Gasthaus zwei Tage lang auf den «bedeckten Postwagen» warten und vertreibt sich die Zeit mit einem Besuch bei Benedikte Naubert, der «Verfasserin der Volksmährchen». Dann geht es nachts um drei Uhr Richtung Weimar über Auerstedt, wo die Häuser, die nach der großen Doppelschlacht von Jena-Auerstedt abgebrannt waren, schon wieder aufgebaut sind.[3]

Bei seiner ersten Reise durch Weimar hatte Wilhelm Goethe verpasst. Nun sollte er ihn endlich treffen. In seiner Tasche befindet sich ein Empfehlungsschreiben von Arnim, dessen *Wunderhorn-* und *Einsiedler*-Projekte Goethe wohlwollend quittiert hatte. Bereits während des Besuchs Arnims und seiner Freunde 1807 bei Goethe war das Gespräch bei Tisch auf die «zwei jungen Leute[ ] in Kassel» gekommen, «die schöne Kenntnisse und Sammlung, die altdeutsche Literatur betr.», vorzuweisen hätten, wie Goethes Sekretär Riemer damals notierte.[4]

Wilhelm steigt am 11. Dezember im legendären Weimarer Wirtshaus *Elephant* ab, in dem so gut wie alles, was literarisch Rang und Namen hatte, schon zu Gast war. Beinahe wäre auch diesmal die Begegnung mit Goethe gescheitert, der sich gerade von einer Krankheit erholte. Wilhelm gibt daher nur den Brief von Arnim in Goethes Haus ab. Anschließend macht er, ebenfalls mit einem Empfehlungsschreiben Arnims ausgestattet, Johanna Schopenhauer seine Aufwartung, der Salondame Weimars. Für den Abend schickt Goethe seinen Adlatus Riemer zur Betreuung. Er führt Wilhelm ins Theater.

Am nächsten Tag besichtigt Wilhelm zunächst die Bibliothek, denn sein Besuch ist nicht zuletzt eine Forschungsreise.[5] Dann steht er endlich Goethe gegenüber. Er kannte Bilder des Dichterfürsten, aber von der «Hoheit Vollendung Einfachheit und Güte dieses Angesichts» ist er dennoch überrascht. Eine Stunde lang parliert man über das Nibelungenlied und die nordische Poesie, über die Edda und alte Romane. «Daß er mit so einem geringen Menschen dem er doch eigentlich nichts zu sagen habe, reden möge», nimmt Wilhelm für seinen Gastgeber ein. Und am Tag darauf lädt Goethe seinen jungen Besucher sogar zu Tisch. Von ein Uhr bis halb vier dauert das Gastmahl, das «ungemein splendid» ausfällt, mit «Gänseleberpasten, Hasen und dgl. Gerichte». Goethe zeigt sich «noch freundlicher, sprach recht viel und invitirte mich immer zum Trinken, indem er die Bouteille zeigte und leis brummte, was er überhaupt viel thut; es war ein sehr guter rother Wein und er trank fleißig, beßer noch die Frau» – Christiane von Goethe, geborene Vulpius, erscheint Wilhelm «sehr gemein», sei aber ein «recht hübsches Mädchen». Man spricht über Ludwig Grimms Porträt von Bettine von Arnim. Wilhelm präsentiert seine *Altdänischen Heldenlieder*.[6] Während seines Aufenthalts versuchte Wilhelm, seinen Gastgeber zu einem Vorwort für die Sammlung zu bewegen. Reimer würde die Ausgabe in sein Verlagsprogramm aufnehmen, wenn er auf die verkaufsträchtige Empfehlung eines «Ausgezeichneten» wie Goethe rechnen könnte. Andernfalls wäre von einem Buch, das sich vor allem an Gelehrte richte, wenig Erfolg zu erwarten. Goethe signalisiert Interesse, wird sich aber, wie Wilhelm schon früh vermutete, letztlich «ohne ein Wort» zurückziehen.[7]

Der Dichter-Tourist Wilhelm sieht sich schon dadurch geehrt, dass ein «großer Mensch» sich überhaupt so viel Zeit für ihn nimmt. Und dass Goethe ab und an ins Frankfurterische fällt, lindert bei Wilhelm, der seinen hessischen Zungenschlag nicht verbergen kann und in Berlin sogleich als Provinzler zu erkennen war, «die Schmach eines gemeinen Sprechens», wie er an Johanna Reichardt-Steffens schreibt.[8] Die Lässigkeit, die Goethe bei aller ‹Hoheit› der Erscheinung an den Tag legt, mit anderen Worten: die hochprofessionelle Ungezwungenheit eines viel Besuchten, überspielt die Minderwertigkeitskomplexe des Aufsteigers.

Ähnlich ergeht es Wilhelm im Salon Johanna Schopenhauers. Zunächst fühlt er sich unbehaglich. Das Gespräch dreht sich um Gegenstände, von denen er nichts versteht, und die erste Lesung langweilt ihn. Allmählich taut er jedoch auf, erkennt in den Gästen die Figuren der *Wahlverwandtschaften* wieder und macht sie sich gleichsam über den Umweg der Literatur zu Bekannten. Schließlich trägt Wilhelm, zeit seines Lebens ein beliebter Vortragskünstler, sogar ein neues Wiegenlied von Stephan Schütze in Anwesenheit des Autors vor.[9]

Wilhelm bleibt bis Heiligabend. Goethe empfängt ihn noch mehrmals. Von fern sieht er Wieland; die Schiller-Witwe wird ihm vorgestellt; er trifft Goethes Schwager Christian August Vulpius, dessen

Räuber-Romane die Brüder Grimm einst verschlungen hatten. Und immer wieder betreut ihn Riemer, der Wilhelm als «Jüngling im vollen Sinn des Wortes» schildert, «wohlgebaut, schlank, eher ein wenig zu groß, bescheiden, ohne ängstlich, zutraulich, ohne dringend zu sein».[10] Riemers überbordende Freundlichkeit jedoch ekelt Wilhelm zunehmend an.

Am ersten Weihnachtstag macht Wilhelm sich auf die Rückreise. Von Weimar aus fährt er über Gotha nach Kassel, wo er am 4. Januar 1810, dem Geburtstag Jacobs, ankommt. Zu Hause erzählt Wilhelm gern von Goethe; er imitiert ihn, wirft sich in Pose, stolziert mit auf den Rücken gelegten Armen durchs Zimmer und ahmt Goethes Dialekt nach. Auch Jacob, dem Wilhelm 1811 zum sechsundzwanzigsten Geburtstag eine Goethe-Büste aus Weimar bestellt, spiegelt sich in dem Weimaraner.[11]

Wieder probieren die beiden jungen Philologen Rollen aus, diesmal die Figur ‹Goethe›, weil sie einen kulturellen Typus verkörpert.[12] Wilhelms Einsicht, dass große Kunstwerke «verschiedenartige Urtheile erzeugen, und unendliche Ansichten zulaßen», hätte auch von Goethe stammen können.[13] Mehr als die meisten anderen erfährt dieser Autor zeit seines Lebens, wie vielfältig die Meinungen und Wertungen über Dichtungen ausfallen und wie illusionär das Vertrauen auf eine vernünftige Literaturkritik ist, die zu einer einhelligen Meinung kommt. Auf die seit der Aufklärung vielbeklagte Anarchie des Literaturbetriebs reagiert er durchaus ähnlich wie die Grimms: Er hofft auf die intensive Lektüre einiger weniger Leser, und er weiß, dass Positionen bezogen werden müssen, aber immer auch andere Sichtweisen möglich sind. Man kann kontroversen Meinungen langmütig oder aggressiv begegnen. Verhindern lassen sie sich nicht. In der öffentlichen Kritik auf die Macht des besseren Arguments zu vertrauen wäre blauäugig. Jeder Autor oder Kritiker muss nach Verhaltensnormen in einer Situation suchen, in der Meinungen immer angreifbar sind, in der es keine stabilen Positionen und keine ordnende Hand gibt – die Grimms bieten dafür das Konzept der ‹Brüderlichkeit› und der ‹Freimütigkeit› an, Goethe die vielbeschworene ‹Hoheit› seines Wesens: eine Mischung aus Unnahbarkeit und weitgestreutem Interesse, die Wilhelm Grimm schon bei der ersten Begegnung faszinierte.

Das Verhältnis zu Goethe ist nur eines der Beispiele dafür, wie die Brüder Grimm in den Jahren von 1810 bis 1813 ihren Standpunkt und ihre Rolle suchen. So wertet Wilhelm bei seinen Versuchen, die Berlin-Reise zu deuten, das Großstadtleben ab und im gleichen Zug die Kasseler Existenz am Arbeitstisch auf. Aber das deckt sich offenkundig nicht recht mit den Erfahrungen. Vielmehr projiziert Wilhelm auf Berlin die Symptome dessen, was Savigny im Allgemeinen als «Krankheit der Zeit» bezeichnet: die tiefe Kluft zwischen Anspruch und Realität, zwischen Form und Inhalt.[14] Das fällt auch den Zeitgenossen auf. Wilhelm habe Berlin «unstreitig von einer anderen Seite gesehen» als er, meint Savigny nach seinem Umzug in die preußische Hauptstadt – keinen der negativen Eindrücke Wilhelms kann er nachvollziehen.[15]

Nur wenig später revidiert Wilhelm ein weiteres Mal sein Urteil über Berlin. Im April 1810 heißt es: «Ach Gott! ich habe dich müssen lassen, Berlin, du wunderschöne Stadt, und den Läbensgenuß, der nun mit dem geistigen so schön verbunden ist […]! Hier geht es still zu, wir haben kaum mit ein paar Orgelleuten, einem Kirchendiener, der jeder bei zehn Schritten oft zwanzigmal den Hut abzieht, und einem gegenüber wohnenden Juden unsern Spaß.» Den Gesprächen mit den Kasseler Bekannten fehle die Leichtigkeit; obwohl man sich über nichtssagende Alltäglichkeiten unterhalte, herrsche prätentiöse Selbstüberschätzung vor. Bei Lulu Jordis stehen den Grimms die Folgen der «Krankheit der Zeit» direkt vor Augen. Das Interieur der Wohnräume im Haus Jordis erscheint ihnen wie ein Luxus-Katalog unsinniger Verschwendung: seidene Vorhänge, türkische Teppiche, Pariser Möbel, ein Kamin aus echtem Marmor. Die Unterhaltungen bleiben trivial.[16]

Jacob sieht Kassel eigentlich genauso. Aber wenn sein Bruder, der nicht ‹eingegraben› liegen will, gegenüber Arnim meint, Kas-

sel gleiche bisweilen fast einem «Gefängnis»: Könnte sich dahinter
nicht auch eine heimliche Kritik an Jacob verbergen?[17] Gewiss: Die
Zweisamkeit an den Schreibtischen mit Jacob gehört zu den großen Glücksmomenten in Wilhelms Leben. Was aber wäre, wenn ihn
seine Krankheit nicht so sehr geschwächt hätte? «Was soll jemand»,
schreibt er wieder an Arnim, «dessen Herz so geschwind geht, daß
seine Füße nicht mehr weit kommen, und kaum noch einen Wald
erreichen können, sich einmal im Grünen zu ergehen, der sich mit
seinen Armen an keinen Ast hängen darf, um hinauf zu steigen, in
den Zweigen zu sitzen und sich die Früchte selber abzupflücken, was
soll der anders thun, als sich zum Wort wenden, und den Trost sich
vor Augen halten, daß Gott auch das Wort ist, und blos der Mensch
Schuld, wenn sie ihn nicht darin erkennen oder er daraus weicht?»[18]

Bei Jacob läuft es im Beruf wie gehabt. Er klagt über die Tätigkeit,
die ihn nicht befriedigt, weiß aber den Freiraum zu schätzen, der
ihm bleibt: «Von fünf Uhr Abends an» kann er in der Regel tun und
lassen, was er will.[19] Mit einer Mischung aus Langeweile und Abscheu verrichtet er seinen Dienst. In seiner Prachtuniform fühlt er
sich unwohl, und aus «vielen guten Tagen» werde ihm «gleichsam
das Herz herausgebrochen, daß der Morgen gestört und der Abend
getrübt ist».[20]
    Vor den anderen Beamten fehlt Jacob jede Achtung. Lediglich die
Beziehung zum Kabinettssekretär Antoine-André Bruguière wird
enger. Mit ihm verbindet Jacob das Interesse für das Studium der
mittelalterlichen und der ‹orientalischen› Literatur, auch wenn es
letztlich zu keinem tieferen Austausch kommt.[21] Aber Bruguière behandelt seinen Untergebenen «liberal und gut» und hält unnötige
Arbeit von ihm ab.[22]
    Immerhin der Gedanke an das Geld, das Jacob für sich und seine
Geschwister verdient, macht ihm die Situation erträglich. Zudem
entdeckt er bald, dass er eigentlich nur zu den Staatsratssitzungen
kommen müsste, die der König persönlich leitet.[23] Seinen Widerwillen gegen den in sich leerlaufenden Hofbetrieb schwächt das nicht

ab. Es ist ein ständiges Hin und Her. Die Nebensächlichkeit des Brot-
berufs passt Jacob in den Lebensplan, bleibt aber unbefriedigend.
Oft muss er sich grundlos auf den Weg ins Schloss machen. Am
1. September 1810 schreibt er an Wilhelm, der sich damals gerade in
Marburg aufhält, dass er sich darüber im Klaren sei, wie leicht sein
Dienst ausfalle, dass ihn aber gleichwohl die Einzelheiten plagten –
«zweimal täglich den Weg zu Fuss thun, ist höchst lästig, und
10 Fra[nken] kann ich natürlich nicht jedesmal auf die Kutsche
wenden».[24] So wohnt er denn für eine Zeit auf Napoleonshöhe, wo
es ihm «an Bequemlichkeit fehlt». Er hat zwar freies Logis, muss
aber für «Eßen u. Frühstück» selbst sorgen, und «da nun das hiesige
Wirtshaus mitten in seiner Schlechtigkeit das größte Prellhaus ist, so
wird auch mein Aufenthalt kostspielig».[25]

Für wie wenig wichtig man seine Tätigkeit hält, bekommt Jacob
häufig zu spüren. Als etwa der Bibliotheksraum im Schloss Napoleonshöhe für andere Zwecke benötigt wird, muss Jacob in anderthalb Tagen rund zwölftausend Bücher aus den Regalen räumen: Sie
werden durcheinandergeworfen und auf einen dunklen Boden ge-
schafft. Einige tausend Werke kommen nach einiger Zeit in die Bibliothek des Kasseler Stadtschlosses. Aber auch dort befinden sich
die Bücher nicht in Sicherheit. Beim Schlossbrand vom 24. auf den
25. November 1811 steht die Bibliothek in Flammen. Jacob macht
sich mitten in der Nacht auf, Wilhelm bleibt besorgt zu Hause. Ein
Verunglückter wird, von Fackelträgern begleitet, an ihm vorbeige-
tragen. Leibgardisten packen so viele Bücher wie möglich in große
Leintücher und schütten sie auf den Schlossplatz. In den brennen-
den Räumen verirrt sich Jacob beinahe; nur mit knapper Not, an
den Wänden entlangtastend, gelangt er wieder ins Freie. Bis in die
Morgenstunden lodern die Flammen, die «Straßen und die weißen
Dächer standen in hellem Widerschein, als wenn sie mit tausend
Fakeln erleuchtet wären, der Lärmen das Geschrei, das Feuerru-
fen des Thurm-Wächters, das Läuten der Glocken und Trommeln
durch alle Gaßen lautete recht fürchterlich dazwischen». Der Fun-
kenflug bedroht auch das Haus der Grimms. Am Ende ist das

Schloss bis auf die Grundmauern abgebrannt und die Bibliothek zerstört, aber nur wenige Bände gehen verloren. Allerdings, so erinnert sich Jacob, «lag alles auf einem haufen. das waren nicht meine angenehmsten tage».[26]

Die finanziellen Möglichkeiten erlauben den Grimms keine großen Sprünge, und bisweilen schränken Steuerabgaben und Inflation den Haushalt auf einen Minimalbetrieb ein – Westphalen litt schwer unter Napoleons Kriegsforderungen.[27] In Kassel war die Lage besonders drückend. Wilhelm berichtet der Tante regelmäßig, wie er und seine Geschwister den Gürtel enger schnallen. Der Wein, den sie «doch immer brauchen», wird zunächst «wohlfeil» eingekauft, dann durch Bier ersetzt; Butter versucht Wilhelm aus Steinau zu bekommen, wo sie billiger ist. Probleme bereitet die Beschaffung von «Winterholz». Aus einem alten weißen Kleid schneidert Lotte Halstücher für ihre Brüder. Sie sparen am Essen.

Zeitweise wird die Lage geradezu dramatisch. Im März 1810 etwa berichtet Wilhelm, dass die Geschwister nur noch zwei Mahlzeiten täglich zu sich nehmen; Jacob müsse gut gekleidet bei Hof erscheinen, und die Preise seien in Kassel derart gestiegen, «daß es selbst in Paris wohlfeiler sein soll».[28] Oder 1811, als Wilhelm, Carl und Ferdinand zum Armeedienst eingezogen werden sollen: Es droht «Confiscation des Vermögens», falls sie sich nicht melden. Jacob rät zur Ruhe: Wilhelms Gesundheit mache ihn dienstuntauglich; und «dem Carl mögen sie nachlaufen».[29] Irgendwann wächst Gras über die Angelegenheit.

Zu dieser Zeit, im Sommer 1811, beginnt Wilhelm mit nächtlichen Aufzeichnungen für den Bruder: Seine Herzbeschwerden sind wieder unerträglich. Er erwartet seinen baldigen Tod und notiert Erinnerungen, Träume und Stimmungen, damit Jacob später seine Freude daran habe. Das hat Tradition bei den Grimms: Dorothea Grimm hatte ihren Söhnen bisweilen brieflich von Träumen berichtet, und auf Anregung Brentanos protokollierte Wilhelm seine Träume bereits 1810 systematisch;[30] auch Jacob zeichnet bisweilen seine nächtlichen Visionen auf.

Wilhelm also notiert für den Bruder seine inneren Stimmungen, weil auf der «Liebe» zu Jacob allein sein ganzes Leben ruhe, so wie umgekehrt der «Grund» von Jacobs Herz die «Liebe» sei.[31] Zugleich bemerkt Wilhelm, dass er «immer empfindlicher» werde.[32] Das ist einmal mehr genau formuliert: Tatsächlich wiederholt Wilhelm die Gefühle und Gesten der Empfindsamen, wie er sie aus den Romanen seiner Schul- und Studienzeit kennt: Er weint viel, ist tief traurig, zieht sich aus der Gesellschaft zurück und pflegt seine *Night-Thoughts*, wie sie Edward Young in seinem gleichnamigen Gedicht aus der Mitte des 18. Jahrhunderts ausgebreitet hat. Die Überlegung, was passiert, «wenn einst ich todt bin», wie es in Klopstocks berühmter Fanny-Ode heißt, gehörte zu den beliebten Gedankenspielen der Empfindsamen.

Wilhelms Leiden soll damit nicht bagatellisiert werden. Aber wie auch immer die Erfahrungen mit seiner Krankheit waren: Er artikuliert und verarbeitet sie in literarischen Mustern. Ähnlich steht es um das Lob der Einsamkeit, das Jacob und Wilhelm anstimmen. Sie geben kein getreues Abbild ihres Alltags. Wer wie nebenbei den «Einzug der Kaiserin Mutter» erwähnt und nach dem verheerenden Schlossbrand in kürzester Zeit wieder ruhig die Arbeit fortsetzt, zeigt vor allem, dass er eigene Prioritäten setzt und seine Aufmerksamkeit nicht an Sensationen verschwenden will.[33] Und ganz so mönchisch und klausnerisch, wie es bisweilen scheinen mag, leben die Brüder auch gar nicht. Weihnachten 1810 etwa kommt eine ansehnliche Gesellschaft im Haus der Grimms zusammen. Alle Freundinnen der Schwester sind eingeladen, eine befreundete Familie, ein «holländische[s] Fräulein», «zwei andere gute Mädchen» und ein Freund des Bruders Carl.[34] Als ein Mitglied ihrer Lesegesellschaft sich auf die Reise nach Rom macht, geben die Grimms ein Abschiedsfest: «In unserer nicht zu großen Stube war unglaublich eine Tafel für 24 Personen, mit 18 Lichtern aufgeschlagen, auser Tafelmusik und unaufhörenden Gesundheiten mit Trompeten, von 8 bis Nachts 3, und auch getanzt wurde dabei. […] Kein Unfall trübte die Freude dieses Festes, alle schienen von demselben Geiste belebt und nur eine Familie zu seyn.»[35] Und der erwähnte Lesekreis, das sogenannte ‹Freitagskränzchen›, trifft sich regelmäßig bis 1813. Dem Zirkel gehören zeitweise rund zwei Dutzend Teilnehmer an, darunter die Schwestern Wild und Hassenpflug, denen die Brüder Grimm viele Märchen verdanken.[36]

Das Selbstbild der zweisamen Brüder reagiert auch auf den eingeschränkten Haushalt der Familie Grimm. Sie machen das Notwendige zum Erwünschten. Zugleich enttäuschen sie mit einiger Lust gesellige Erwartungen. So beschreiben sie ihre «Lesegesellschaft» aus dem Geist der romantischen Philisterkritik: «Sanfte Damen hatten sich auf edle Poesien zart bereitet, es wurde aber unsererseits nichts gereicht» – stattdessen servieren die Brüder Christian Reuters *Schelmuffskys warhafftige curiöse und sehr gefährliche Reisebeschreibung* (1696/97). Bei den derberen Passagen des Schelmenromans schlagen die «sanften Damen» und ihre Töchter die Augen nieder.[37]

Natürlich hätten die Grimms die Erwartungen ihres Lesekränzchens, das auf «edle Poesien» eingestimmt war, erfüllen können. Wie schon während der Schul- und Studienzeit zeigt zumal Wilhelm sich in seinen Briefen an Paul Wigand als eine wandelnde Rezensionsanstalt, listet auf und beurteilt, was an prominenten Neuerscheinungen gerade auf den Buchmarkt kommt: Goethe, Jean Paul, Kleist, Tieck, die Schlegels, Uhland, Günderode, Fouqué und andere.[38] Und es bleibt nicht beim privaten Urteil: Wilhelm rezensiert gemeinsam mit Arnim Fouqués *Sigurd* und bringt damit den Autor gegen sich auf.[39] In der *Zeitung für die elegante Welt*, der *Leipziger Literaturzeitung* und der *Allgemeinen Literatur-Zeitung* lobt er 1810 und 1811 die Werke Heinrich von Kleists.[40] Zu den *Berliner Abendblättern* von Kleist und Adam Müller steuert er kleinere Beiträge bei. Das Journal, eine «ideale Wurstzeitung», wie Wilhelm ironisch meint, legt er seinem Freund Wigand besonders ans Herz.[41] Das einzige vollständige Exemplar hat sich im Nachlass der Brüder Grimm erhalten.

Auch Jacob schätzt Kleist. Er spiegelt sich selbst in der Lektüre und zeigt sich «ganz durchaus vergnügt mit dem Kohlhaas».[42] Kleist berichtet in der Erzählung den Fall eines erbarmungslosen Rechthabers, der aus einem «Gefühl» heraus handelt, das in den Untiefen seines Gemüts verankert ist: Dass ihm zwei Pferde unrechtmäßig zuschanden gemacht werden und dass seine Frau beim Versuch, das Recht zu erwirken, stirbt, vergilt der im Grunde vorbildliche «Staatsbürger» Kohlhaas mit Mord und Totschlag. Die Unmenschlichkeit der Rachgier irritiert Jacob nicht, er findet darin im Gegenteil gerade «das Menschliche». Wilhelm fasziniert an *Michael Kohlhaas* vor allem, wie hier die «Kraftäußerungen» eines Menschen dargestellt werden, «der sich von einer Idee begeistert fühlte», sodass «selbst die durch Ausschweifung oder Schwärmerei entstellte Idee nicht ohne eine gewisse Größe ist».[43]

So weit haben es Jacob und Wilhelm dann doch nicht getrieben. Aber die harten Konflikte gehen nach Wilhelms Rückkehr aus Berlin weiter. Jacob hält mit Kohlhaas'scher Unerbittlichkeit an seinen Meinungen fest. In den nächsten zwei Jahren debattiert er intensiv mit Wilhelm, Arnim und Savigny. Es beginnt mit der Kontroverse über Arnims Roman *Armuth, Reichthum, Schuld und Busse der Gräfin Dolores* (1810),[44] geht weiter mit der Diskussion über das Verhältnis von Natur- und Kunstpoesie und mündet schließlich in den Streit um die Übersetzung. In allen drei Fällen steht Jacob allein da, gibt aber nicht nach. Er kann weder Wilhelm noch Arnim davon überzeugen, dass die *Gräfin Dolores* ein völlig misslungener Roman ist; er kann sie nicht zu der Einsicht bewegen, dass Natur- und Kunstpoesie historisch aufeinanderfolgen; und Jacob kann Savigny so wenig wie seinem Bruder die Überzeugung vermitteln, dass Wilhelms Modell einer ‹treuen› Übersetzung, das dieser in den *Altdänischen Heldenliedern* anwendet, nichts taugt.

Jacob reizt die Möglichkeiten aus, die ihm sein Bruder und seine Freunde für ‹aufrichtige› und ‹freimütige› Kritik bieten. Fast könnte man glauben, er wolle herausfinden, wie viele Zumutungen seine Diskussionspartner ertragen. Aber das würde alles zu sehr ins Spielerische verlegen. Denn Jacob ist, das sehen er und Wilhelm ähnlich, nicht aus einer Laune heraus unnachgiebig. Wilhelm meint, Jacobs «Irrthümer hängen so genau mit seinem Charakter zusammen, daß, jemehr sich dieser zu äußern Gelegenheit hat, jene immer härter werden». In bestimmten Fragen würden sie nie übereinkommen. Aber Wilhelm ist sich ebenso sicher, dass Jacob «aus Treue» zu ihm «die ganze Edda ohne Nachdenken verbrennen» würde.[45]

Auch Arnim bringt viel Verständnis für Jacobs eigentümliche Hartnäckigkeit auf. Mehr noch: Er freut sich regelrecht über die Meinungsverschiedenheiten, weil diese, «statt uns zu trennen, auf eine gründlichere Art, als Ansichten überhaupt vermögen, uns verbinden».[46] In der Widmung seiner Erzählung *Isabella von Ägypten* (1812) an die Brüder Grimm heißt es: «Ihr Freunde wißt, daß ich von keiner Schule, / Daß ich um keines Menschen Beifall buhle; / Ihr wißt daß wir uns oft um Wahrheit stritten, / Und keinen Irrtum aneinander litten.»

Man kann sich nicht genug darüber wundern: Wieso ist Jacob so unbarmherzig? Warum vertraut Wilhelm bei allen verbalen Ohrfeigen, die ihm sein Bruder gibt, so fest auf Jacobs Treue und Liebe? Und warum zeigen sich Freunde wie Arnim oder Savigny so offen für uneinsichtige Kritik?

Auf ihre je eigene Weise glauben alle diese Romantiker an die «innere Einigkeit der Gegensätze», wie Wilhelm es einmal in einem Brief an Arnim formulierte.[47] Sie alle leiden an der Moderne: Politisch hat die Französische Revolution liebgewonnene Gewissheiten regelrecht guillotiniert; sie haben den Eindruck, dass das gesellige Amüsement die Menschen mehr zerstreue, als dass es sie verbinden würde; gewachsene gesellschaftliche Strukturen zerfallen, ohne dass ein Ersatz dafür in Aussicht wäre. Aber sie alle vertrauen fest darauf, dass es eine ‹höhere› oder ‹tiefere› Ordnung gibt, die es poetisch, philologisch oder rechtshistorisch zu erkunden gilt. Gefühlsgewissheit und Gefühlssicherheit, voraussetzungsloses Vertrauen und unhinterfragbare Gemeinsamkeiten garantieren das friedliche Miteinander – tatsächlich ist Michael Kohlhaas eher der Prototyp dieser

Form der gefühlsgewissen Menschlichkeit als dessen Gegenbild, und seine Geschichte zeigt, was passiert, wenn jene Selbstverständlichkeiten im zwischenmenschlichen Verkehr gestört sind. Im Glauben an die «innere Einigkeit der Gegensätze» verbirgt sich das Lebensprinzip der Brüder Grimm, das sie in der Forschung finden und in diese hineintragen. Und nicht zufällig ist in ihren literaturgeschichtlichen Studien immer wieder von ‹Verwandtschaft› oder von ‹Familienähnlichkeiten› die Rede.[48]

Wie die Einheit in der Mannigfaltigkeit bewahrt werden könne, das ist eines der großen intellektuellen Probleme der Zeit. Findet sich die Einheit im Ich, wie die Philosophen meinten? Im Kunstwerk oder im Genie, wie die Künstler und Kunsttheoretiker vermuteten? Oder in der Nation, wie Politiker behaupteten? Jacob gerät hier bezeichnenderweise an die Grenze dessen, was er argumentativ noch darlegen kann oder will, wie er Arnim gegenüber erklärt.[49] Die «innere Einigkeit der Gegensätze» jedenfalls hält letztlich alles zusammen. Dieses Prinzip dirigiert das Verhalten der Brüder Grimm gegenüber dem Forschungsgegenstand genauso wie gegenüber Freunden oder Familienangehörigen: Jenseits aller Differenzen gibt es für sie eine Bindungskraft, die jeden Streit und alle Uneinigkeit übersteigt.

Die Nagelprobe darauf, wie alltagstauglich das Prinzip der «inneren Einigkeit der Gegensätze» ist, konnten Jacob und Wilhelm gleich bei sich zu Hause machen. In einem wütenden Brief über die Kasseler Geselligkeiten bekennt Jacob Anfang September 1810: «Diese gesellschaftliche fatale Einwirkung der Menschen aufeinander betrachte ich als das grösste Unglück mit unserer Zeit, sonst blieb alles mehr in den Familien wenigstens in Deutschland.»[50] Allerdings bricht es in demselben Brief förmlich aus Jacob heraus, wie schlecht es um seine Geschwister steht. Die Situation eskaliert. Das «Unrechte unseres Haushaltes» fällt Jacob besonders lebhaft auf. Sein Bruder Carl geht ihm schlicht auf die Nerven. Jacob zankt sich mit ihm, ärgert sich über die albernen Fragen, die Carl bei Tisch über das Wetter und andere Belanglosigkeiten stellt.[51] Jacob ist offenbar nicht der Typ für Plaudereien.

Lottes und Ferdinands Verhalten überzeugt Jacob fast davon, dass die beiden aus dem Haus müssen. Vorher werde es nicht gutgehen. «Sie thun nichts böses, aber auch nichts gutes, wenigstens nicht gegen uns andere und erliegen unbeschreiblicher Faulheit.» Wenn er von der Arbeit nach Hause kommt und den ganzen Tag nichts gegessen hat, ist oft niemand zu Hause. Auf dem Tisch liegt alles wild durcheinander. Er kann froh sein, wenn ihm «ein Bischen gewärmte Suppe u. Gemüß» auf den Tisch gestellt wird. Von Lotte erwartet er keine mütterliche Zärtlichkeit, aber doch ein wenig mehr Respekt und vielleicht sogar Zuwendung. Oft geht sie jedoch, ohne ein Wort mit ihm zu wechseln, vorüber, grüßt nicht, erkundigt sich nicht nach seinem Befinden. Vielleicht fiele es gar nicht so ins Gewicht, wie sehr sich die Schwester verschließt, wenn sich Ferdinand und Lotte untereinander nicht rege austauschen würden. Jacob hört von Lotte allenfalls «halb durch die Thüre: ‹hör J. du musst mir Geld geben, aber viel›». Und manchmal denkt er darüber nach, eine Zeitlang fortzugehen, «dass mich die andern lieber bekämen».[52]

Jacob und Wilhelm versuchen, das Leben ihrer Brüder in geordnete Bahnen zu lenken. Ludwig war fürs Erste in München untergebracht. Anders sieht es mit Ferdinand und Carl aus. Auch sie konnten wie Ludwig keine Universität besuchen, weil dafür das Geld fehlte. Jacob und Wilhelm sehen in ihnen nur zwei junge Menschen, die mehr oder weniger perspektivlos im Kasseler Haushalt herumlungern.

Zum Jahreswechsel 1810/11 muss sich etwas Katastrophales ereignet haben. Jacob und Wilhelm schreiben in Briefen vom «größten Unglück» Ferdinands, das ihnen «Angst» und «Kummer» bereite, ohne genauer zu erklären, was passiert war.[53] 1812 beschließt Ferdinand dann, Ludwig in München zu besuchen, «zur Zerstreuung für sein Gemüth», wie Jacob meint.[54] Dort verdient er ein wenig Geld durch Arbeit in Buchhandlungen und mit Schreibarbeiten, liegt aber Jacob und Wilhelm weiter auf der Tasche. Dennoch ist man in

Kassel zunächst froh, dass er aus dem Haus und in guten Händen ist: «Er war so außer der Welt und allen Verhältnissen, und dabei in völliger Geringschätzung derselben, daß er sich in nichts als in ein paar Empfindungen herumtrieb, die im Anfang und Grund etwas wahres gehabt haben, in die er sich aber, weil er an nichts ruhen, sich stützen und halten konnte, so hineindrängte und quälte, daß er fast in lauter Unwahrheit und Unnatur war, und dabei das immer für das wahrste und edelste und allein gültige auf der Welt hielt.»[55]

Musste das Jacob und Wilhelm so fremd sein? Sicher: Anders als sie hält Ferdinand offenbar nichts von asketischer Arbeit. Aber er schreibt und liest viel, und dass er sich den gesellschaftlichen und geselligen Verpflichtungen nicht hingibt, hätte Jacob und Wilhelm ebenso bekannt vorkommen können wie der Hang zur Rechthaberei gegen alle äußeren Widerstände oder die Neigung, sich melancholisch-empfindsam in die eigenen Erlebniswelten zurückzuziehen. Und warum wundert gerade Jacob sich darüber, dass Ferdinand auf der Reise nach München am Grab des Romanautors Ernst Wagner haltmacht und Gottlob Cramer besucht, der sich mit Büchern wie *Leben und Meinungen, auch seltsamen Abenteuern Erasmus Schleichers* (1789) keinen Platz in den Literaturgeschichten sichern konnte? Rund zehn Jahre früher hatten er und Wilhelm sich nicht weniger enthusiastisch in den eher trivialen Romanwelten verloren.

Ferdinand führt das Leben eines romantischen Taugenichts, der sich durchaus intensiv beschäftigt, aber eben nur mit den Dingen, die ihn gerade persönlich berühren. Er hilft seinen älteren Brüdern, die schon beim *Wunderhorn* auf seine Unterstützung zählen konnten, beispielsweise bei ihrer Sagensammlung.[56] Dass er sich 1819 allerdings selbst daranmachte, seine gesammelten Sagen herauszugeben, konnte seine älteren Brüder, die auf Konkurrenz sehr sensibel reagierten, wenig begeistern: Sie quittierten die Edition eher verhalten und kritisch.[57]

Auf ihren Bruder Carl blicken Jacob und Wilhelm nicht ganz so verärgert, aber doch mit großen Sorgen. Im November 1809 hatte

er seine Stelle bei Jordis verloren. Der Versuch, ihn bei einem Kaufmann in Kassel unterzubringen, war gescheitert. Bis Anfang 1811
strapaziert Carl die Geduld seiner ältesten Brüder und macht sich
dann nach Hamburg auf. Dort findet er eine Anstellung, verliert sie
jedoch im Herbst 1813 und landet erneut in Kassel, wo er sich als
Freiwilliger zum Kampf gegen Napoleon meldet. Danach wird er einige Zeit als Weinvertreter arbeiten.[58]

Bei all dem Jammern und Klagen über die Geschwister fällt eines
auf: dass Jacob und Wilhelm nicht ernsthaft auf die Idee kommen,
die Familienbande zu kappen. Lotte mag auf sie verstockt und wenig umgänglich wirken, Ferdinand wie ein Tagträumer auf dem besten Weg zum «Blödsinnigen», und Carl scheint ihnen letztlich untauglich für ein bürgerliches Erwerbsleben. Dennoch halten sie an
der «inneren Einigkeit der Gegensätze» in der Familie fest. Selbst
der freimütige und schweigsame Jacob übt sich hier in duldsamer
Toleranz. Arnim meinte gegenüber Brentano sogar, Jacob sei «zu
sanft, sonst brächte er den jüngsten Bruder zu einem Handwerker
und die Schwester in eine strenge Pension, sie nimt sich der Wirtschaft gar wenig an, was doch zu ihrem Vermögen nicht passt».[59]

Jacob und Wilhelm arbeiten damit auch ihre familiären Schulden ab. Sie haben ja gewissermaßen auf Kosten ihrer jüngeren Brüder gelebt und jene akademische Ausbildung genossen, die ihnen
ihre Karriere ermöglicht hat, die aber Ludwig, Ferdinand und Carl
aus finanziellen Gründen verschlossen blieb. Freilich erweist sich
das als Milchmädchenrechnung: «Die zwei Brüder in München»,
schreibt Jacob im November 1812 an Savigny, «fallen uns hart, sie
hatten darum nicht studieren sollen, weil das Vermögen nicht hin-
reichen würde, jetzo kosten sie schon mehr, als das Studiren ausgemacht hätte.»[60]

Diese Duldsamkeit versteht sich, wie gesagt, nicht von selbst, auch
nicht für Jacob und Wilhelm: Sie müssen sich stets daran erinnern,
wie ‹lieb› sich alle Bewohner der Kasseler Marktgasse 17 haben. Am
9. März 1814 dankt Jacob für einen Brief, in dem Wilhelm über die
jüngeren Geschwister berichtet hatte, und gibt die Familienparole

aus: «es geht doch nichts darüber als zu sehen, daß alle, die einem zugehören, in den Hauptstücken, ungeachtet aller andern Verschiedenheiten, immer zusammentreffen».[61] Wie die Naturpoesie stimmt auch die Familie die Individuen auf einen gemeinschaftlichen, vorbewussten Akkord ein.

Philologische Exkursionen auf dem Weg zu den Märchen

Während den Brüdern Grimm ihr Lebens- und Forschungsprinzip immer deutlicher vor Augen steht, läuft der Publikationsbetrieb weiter. Für die *Hamburgische Zeitung* übernehmen sie 1809 kurzzeitig die Korrespondenz aus Kassel und verdienen sich damit ein wenig Geld dazu.[62] Diese Aufgabe hatte zuvor Paul Wigand erledigt, der am 31. Dezember 1808 von König Jérôme zum Friedensrichter in Höxter ernannt wurde. Vor allem aber engagieren sie sich im wissenschaftlichen Rezensionsgeschäft. Der Streit mit von der Hagen eskaliert; Friedrich David Gräter, Professor und Rektor am Gymnasium Schwäbisch-Hall, stellt sich auf die Seite der Grimm-Gegner. Mit Christian Friedrich Rühs, einem Berliner Historiker, gehen sie gnadenlos ins Gericht – in der Auseinandersetzung um dessen Edda-Ausgabe schlagen die Brüder mehrfach zu. Sie halten das Buch für «geradezu dumm», den Mann für «vernagelt». Selbst von Arnim, der mit Rühs befreundet war, lassen sie sich nicht zur Mäßigung bewegen.[63] Auch andere bekommen die Härte der Grimms zu spüren, mit der sie sich Respekt, aber nicht unbedingt Sympathien verschaffen.

Ihren eigentümlich sarkastischen, bisweilen über- und hochmütigen Humor bewahren sich Jacob und Wilhelm. Als Büsching eine «alberne neue Bearbeitung der Nibelungen» veröffentlicht, entwirft Jacob einen ebenso «albernen Aufsatz für den Reichsanzeiger», in dem er die Edition ironisch rezensiert. Weil der Redakteur Jacobs Handschrift erkennen und der ganze Scherz dadurch auffliegen würde, bittet er Wigand, den Artikel zu kopieren und abzusenden.

Zwar werde Büsching das gleich durchschauen, «aber ein Spaß wär es, wenn sich andere Ehrenmänner auf Widerlegungen einließen».[64] Der Artikel erscheint dann tatsächlich im *Allgemeinen Anzeiger der Deutschen*. In den kritischen Gewaltausbrüchen der Grimms ist auch eine gehörige Portion Lust an der Konfrontation verborgen.

In den Jahren nach 1810 steckte die Kasseler Arbeitsgemeinschaft weiter ihr Feld ab, und dabei durfte ihr niemand in die Quere kommen. Zu den polemischen Schriften dieser Zeit gehört auch das erste Buch des nunmehr sechsundzwanzigjährigen Jacob Grimm: *Über den altdeutschen Meistergesang* (1811), in dem er die Kontroverse mit Docen und von der Hagen aus seinen publizistischen Anfängen mit einer Fülle an Beobachtungen zur Form-, Medien- und Sozialgeschichte der deutschen Dichtung fortsetzte.

Letztlich ging es Jacob um den prinzipiellen Unterschied von Natur- und Kunstpoesie, und dies war eine hochspekulative, eher philosophische als philologische Frage. Das abschließende Wort gehörte in Jacobs Buchpremiere daher der *Naturphilosophie* des Mediziners Lorenz Oken.[65] Oken hatte Wilhelm Grimm bei seiner erfolglosen Bibliotheksrecherche des Jahres 1809 in Jena unterstützt. Wie so oft verknüpfte auch diese Anmerkung Referenz und Reverenz, und dabei dürfte wiederum Jacobs Lust am Streit hineingespielt haben. Denn Oken widmete 1809 den ersten Band seiner *Naturphilosophie* Schelling und Steffens, und er musste sich immer wieder mit Anfeindungen derjenigen auseinandersetzen, die die romantische Naturphilosophie für unseriöse Phantasterei hielten. Jacob wusste also, welche Flagge er in seiner Schlussbemerkung hisste. Tatsächlich sprach denn auch ein Rezensent von dem «mystischen Wuste», in dem Grimms Argumentation bisweilen versinke. Die «philosophischen Gegensätze» lagen selbst Arnim «etwas hart im Magen».[66]

Mit Oken teilten Jacob und Wilhelm das Interesse daran, «wie das Absolute, Göttliche in eine Vielheit von Erscheinungen, in eine Welt zerfallen ist, und wie es in der Welt dennoch ganz fortwirkt».[67] Forscher wie Oken oder die Brüder Grimm waren der Ansicht, die

Natur sei von einem Prinzip durchdrungen, und das meinten sie durchaus konkret. Daher reflektierte Jacob auf versteckte Weise in seinem Buch die Verhältnisse im Kasseler Haushalt. Er widmete es «Meinen zwei lieben Brüdern Wilhelm und Ferdinand Grimm [...] aus Treue, Liebe und Einigkeit».[68] Vor allem aber variierte Jacob mit der Zueignung das dreiblättrige Kleeblatt der Titelvignette, das er selbst entworfen und gezeichnet hatte. Es sollte das Verhältnis von «Mannichfaltigkeit» und «Identität» im Verhältnis von Minne- und Meistersang illustrieren: Entgegen den augenscheinlichen Unterschieden, die Docen oder von der Hagen zwischen diesen beiden Gattungen sahen, beharrte Jacob Grimm auf deren Einheit jenseits aller Differenzen.[69] Familie (Jacob, Wilhelm und Ferdinand), Poesie (Minne- und Meistersang) und Natur (die Blätter der Pflanze) – sie alle entwickeln sich nach ähnlichen Gesetzmäßigkeiten.

Es lag für Jacob offenbar nahe, Natur- und Literaturgeschichte mit familiären Verhältnissen zu assoziieren. Und nicht nur das: Als dritten Gegenstandsbereich führt er die Politik ein. So kommt er, vorbereitet durch Titelvignette und Widmung, in der Vorrede ohne weitere Umstände auf Regierungsformen zu sprechen: Die Naturpoesie übe «die Herrschaft der Natur über alle Herzen» aus. Wie für Wilhelm war auch für Jacob die wahre Poesie eine Rede des menschlichen Herzens zu einem ‹verwandten› Herz.[70] Jacob sah hier die «Unbewußtheit der Tiefe» am Werk.[71] Vor diesem Hintergrund formulierte er sein Glaubensbekenntnis einer politischen Romantik: Die bindende Kraft einer Gesellschaft sei die «Liebe», «so wie der Staat einzig und allein in dem Worte: Vaterland, verstanden wird, und ohne die Einheit der bis zum Tod bereiten Herzen alles Recht und alle Sicherheit eine elende Verrichtung bleibt, so stirbt alle Verbindung oder hat nie gelebt ohne jenen befruchtenden Thau».

Mit der Meistergesang-Studie setzte sich Jacob zugleich von den literarischen Interessen Arnims und Brentanos ab.[72] Entsprechend kehrte er den Habitus des Forschers heraus: Er untersuchte mit dem Meistergesang einen Gegenstand, der für viele Literaturkritiker um 1800 als ausgemacht langweilig galt;[73] er verschwendete seine Auf-

merksamkeit an Details; er bewies Bereitschaft zur unabschließba-
ren Selbstverbesserung und die Fähigkeit zum kritischen Austausch –
dies sind die Kernelemente von Jacobs Forschungsmentalität. Das
Buch endet folgerichtig nicht mit dem Kapitel «Zusammengenom-
menes Resultat», sondern mit der Rubrik «Berichtigungen und Zusätze» und antwortet anschließend auf einen soeben erschienenen
Beitrag von der Hagens.

Zu diesem Selbstmarketing gehörte ein robustes Auftreten im
Publikationsbetrieb. Nach Erscheinen des Bändchens begann Jacob mit einer Kampagne:[74] Für die Besprechung in den *Göttingischen Gelehrten Anzeigen* gewann er mit einer gewissen Hartnäckigkeit den befreundeten Benecke,[75] dessen *Beyträge zur Kenntnis der
altdeutschen Literatur* er gerade in den *Heidelbergischen Jahrbüchern*
gelobt hatte. Dort wiederum besprach jetzt Görres, dessen Mythenforschung die Grimms vielfach positiv erwähnt hatten, Jacobs Buch.
Zudem versuchte Jacob, bei den *Jahrbüchern* und bei der *Allgemeinen Literaturzeitung* in Halle Selbstrezensionen zu platzieren, was
die zuständigen Redakteure jedoch als unschicklich ablehnten. Jacob brachte seinen Artikel schließlich in der *Neuen Leipziger Literaturzeitung* unter.

Allmählich also machten sich die Brüder Grimm in immer größeren
Kreisen einen Namen, aber ihre Sammlung wuchs doch weitgehend
im Verborgenen. Als Arnim vom 22. bis 26. Januar 1812 einige Tage
in Kassel verbrachte, war er – wie schon Brentano zur *Wunderhorn*-
Zeit – verblüfft, dass die Brüder Grimm noch einmal «scharfsinni-
ger und gelehrter geworden» seien und dass ihre Sammlung «Rie-
senschritte» gemacht habe.[76] Eine sichere Position hatten sich die
Grimms jedenfalls noch nicht erobert. Zuversicht und Resignation
wechselten ab. Einmal rechneten sie damit, bald berühmt zu sein;
ein anderes Mal erkannten sie ihre Arbeiten für «so außer der Zeit,
daß es kein Mensch drucken will».[77]

Um diese unsichere Lage zu bewältigen, hatten sich die Grimms
eine Agenda gemacht. Vor allem mussten sie ihr Netz von Korre-

spondenten ausbauen, die Nachrichten aus dem Betrieb und Materialien aus den Archiven nach Kassel bringen sollten. Ohne gewichtige Editionen – so schien es – konnten sie sich gegen Konkurrenten wie Friedrich Heinrich von der Hagen, dessen Publikationen von Kassel aus konsequent mit Kritiken und Polemiken begleitet wurden, nicht behaupten.[78] Brentano hatte das Problem auf den Punkt gebracht: «Wenn Sie nur irgend Etwas herausgeben könnten, was Ihnen einen so lauten Namen wie Hagen machte, so würden Ihnen gewiß alle Manuscripte ebenso zufließen und Ihre Untersuchungen erleichtern.»[79]

Dabei spielten nicht zuletzt finanzielle Mittel eine erhebliche Rolle. So hatte Jacob etwa Brentano am 24. September 1810 von einer Edition böhmischer ‹Volksbücher› berichtet und hinzugefügt, er möge um alles in der Welt von der Hagen gegenüber nichts davon erwähnen, auch nicht nebenbei im zufälligen Gespräch – von der Hagen habe Ansehen und Geld genug, um die Brüder Grimm zu übervorteilen. Bei Abschriften, auf die die Philologen in dieser Zeit ohne Fernleihe und ohne Kopiergeräte angewiesen waren, gab Geld ebenfalls den Ausschlag.[80] Oft genug veranstalteten die Konkurrenten ein Wettrennen, um als Erste wichtige Editionen vorzulegen. Gängige Praxis war dabei, durch öffentliche Ankündigungen die Hand auf einen Text zu legen und ihn für sich zu reklamieren, gleich, wie weit die Vorbereitungen zur Publikation gediehen waren – die «lächerliche Ansichreißigkeit», die Jacob Grimm an von der Hagen verurteilte, war ihm durchaus vertraut.[81]

Um gegen von der Hagen aufzuholen, bemühten sich die Grimms vor allem um Beziehungen zu den ‹nordischen Gelehrten›, in deren Bibliotheken noch unbekannte Schätze zu entdecken waren. Diese Aufgabe übernahm Wilhelm, dem sich über Steffens Kontakte zu dänischen Gelehrten eröffneten.[82] Das lief nicht reibungslos. Eifersucht und Interessenkonflikte, Missverständnisse, politische Umstände oder schlicht «Faulheit» behinderten den Austausch von Quellen, Materialien und Informationen.[83]

Allerdings hatten die Brüder Grimm einen Verbündeten, der für solche Verhältnisse geradezu disponiert war: den westphälischen Gesandten am Kopenhagener Hof Hans Georg von Hammerstein-Equord. Hammerstein war ein Hasardeur, wie er in Romanen steht. Die Grimms waren ihm 1810 in Kassel begegnet. Diverse Universitäten hatten ihn als Ruhestörer und Unruhestifter hinausgeworfen, weil er sich deutlich mehr mit Duellen und Raufereien als mit seinem Studium beschäftigte. Er hatte zwei Frauen entführt und sich mit zwei weiteren verlobt. Nach der Ausbildung zum diplomatischen Dienst war er als Kammerherr und Landjägermeister tätig, verlor beim Spiel hohe Summen und versteckte sich längere Zeit in der Verkleidung eines spanischen Mönchs. Erfolgreich war er erst als Militär: zunächst als Husar auf Seiten Österreichs im Kampf gegen die Franzosen, deren Sieg freilich auch er nicht verhindern konnte. Dann schlug er sich auf die Seite des früheren Gegners, unterbrochen nur von einer Zeit als vagabundierender Mandolinespieler und Troubadour. In Diensten Jérôme Bonapartes reüssierte er. Die Franzosen schickten ihn nach Spanien zum Kampf gegen die Engländer, danach für knapp ein Jahr als westphälischen Gesandten nach Kopenhagen und schließlich mit Napoleon in den Russlandfeldzug. Dieser Lebemann also stellte sich in seiner kurzen Kopenhagener Zeit in den Dienst der Grimm'schen Sache, öffnete ihnen Türen und besorgte Abschriften – «ohne den Einfluß seiner Stelle», bemerkte Wilhelm gegenüber Goethe, «würde es nicht so leicht möglich seyn dazu zu gelangen, weil die Dänen mißtrauisch sind und eifersüchtig darauf».[84] Mit seinen «Hußaren Principien» kam Hammerstein ziemlich weit. Und dass er bisweilen die Anliegen der Grimms über den dänischen König zu lancieren verstand, war sicherlich kein Nachteil.[85]

Auch Hammerstein konnte nicht verhindern, dass eines der wichtigsten Grimm-Projekte scheiterte: die Edition der *Edda*. Jacob und Wilhelm hatten sich mit dem skandinavischen Sprachforscher Rasmus Kristian Rask zusammengetan, der die sprachhistorische und textkritische Aufbereitung des *Edda*-Manuskripts übernehmen sollte. Rask fühlte sich jedoch von Hammerstein hinters Licht geführt. Vor allem aber verfolgte er die Absicht, eine dänische Übersetzung der *Edda* herauszugeben. Er verzögerte daher das Unternehmen zu seinen Gunsten.[86]

Für die Grimms, die ihre *Edda*-Edition 1811 angekündigt hatten, war das umso ärgerlicher, als von der Hagen 1812 einen Band mit *Edda*-Liedern vor den Grimms herausbrachte – es war ihm gelungen, Abschriften aus dem sogenannten *Codex Regius* aus der königlichen Bibliothek in Kopenhagen zurückzuhalten, die ihm nur unter Berufung auf die Grimms zugesandt worden waren.[87] «Zwischen Hagen und uns ist ein öffentlicher Krieg ausgebrochen», schrieb Jacob am 26. September 1812 an Arnim, «was mir gewiß leid und ein Aerger ist, denn es kann nicht fehlen, daß wir hier und da einige Mannschaft einbüßen.»[88] Jacob bezichtigte den Konkurrenten öffentlich, bei der *Edda*-Edition betrügerisch vorgegangen zu sein. Dieser reagierte 1812 und 1813 auf die polemische Offensive mit einer Reihe von Artikeln, in denen er sich weniger die Argumente als die Art des Argumentierens vornahm. Er bemängelte die Eitelkeit der Grimms; er polemisierte gegen die Polemik der Kasseler «Witzenbürger»; und er erklärte: *Auf einen groben Klotz gehört ein grober Keil.*[89]

Indem von der Hagen zur gelehrten ‹Höflichkeit› mahnte, griff er eine alte Diskussion über die ‹Höflichkeit der Gelehrten› wieder auf, die schon ein Jahrhundert zuvor geführt worden war.[90] Achim von Arnim riet den Brüdern zu mehr Zurückhaltung in ihren öffentlichen Äußerungen. Und auch Savigny wünschte sich, sie hätten «den Schein großer Bitterkeit vermieden».[91] Die Verhaltensregeln hatten sich jedoch inzwischen verändert. Früher konnte man einem Kritiker noch entgegnen, Kritik sei generell eine unhöfliche, unziemliche Sache.[92] Der moderne Wissenschaftsbetrieb aber setzt nicht auf Höflichkeit, sondern auf Konkurrenz. Und weil sich die Öffentlichkeit für gelehrte Kriege interessierte, punkteten die Grimms gegen von der Hagen, ohne ein vergleichbares Werk vorweisen zu können.[93] Jacob Grimm jedenfalls gestand Arnim gegenüber ein, dass die Sache «vielleicht etwas glimpflicher» hätte ablaufen können.[94]

Das alles darf man sich nicht allzu geplant vorstellen. Die Grimms wussten nicht genau, wohin die Reise gehen sollte. Man sieht das sehr gut an der ersten Buchpublikation von Wilhelm Grimm, den *Altdänischen Heldenliedern, Balladen und Märchen,* die wie Jacobs Meistergesang-Abhandlung ebenfalls 1811 erschienen. Der uninformierte Leser hätte die *Heldenlieder* durchaus für ein belletristisches Werk halten können: In Format, Druck und Ausschmückung erinnert die Ausgabe, die nur die Übersetzungen ohne Originaltexte enthielt, an das *Wunderhorn.* Das Motto stammt aus Arnims *Gräfin Dolores,* gewidmet ist das Werk Arnim und Brentano.[95] Wilhelm habe die «freie Lust an der Poesie» nicht stören wollen, erklärt er im Vorwort, und daher alles Wissenschaftliche in den Anhang verbannt.[96]

Wohin gehört das Buch? Sollte es eher als Beitrag zur Literatur wahrgenommen werden wie das *Wunderhorn?* Oder war es für den engen Kreis jener Spezialisten gedacht, die sich allmählich zu einer wissenschaftlichen Gemeinschaft zusammenrauften? Jacob jedenfalls verstand nicht, warum Wilhelm gegenüber Brentano und Arnim den Anhang, der ihm «das beste und liebste in seiner mühsamen Arbeit» ist, nur als Beiwerk behandelte.[97]

Im Hintergrund schwelte der Bruderzwist in Kassel. Im März 1811 hatte Jacob den Juristen Savigny als neutralen Richter im ‹Übersetzungs-Streit› mit seinem Bruder hinzugerufen: Wilhelm setze auf die «Erneuerung der alten Poesie» durch Übersetzungen; er, Jacob, halte das «ganz für untunlich».[98] Savigny möge entscheiden. Dabei machte sich Jacob keine Illusionen darüber, dass der Buchmarkt die Entscheidung schon getroffen hatte: Ohne Übersetzungen wäre es schwer für eine «Quellenausgabe», die «Unterstützung des Publicums» zu finden.[99] Deshalb plädierte Jacob im Fall der *Edda*-Ausgabe für die «untreuen Übersetzungen», die von vornherein deutlich machen, dass es ihnen nicht darum geht, das Original zu vertreten, sondern die nur die notwendigste Verständnishilfe leisten wollen. Savigny jedenfalls schlug sich klar auf Wilhelms Seite.[100]

Ein wenig also schielten beide, sowohl Jacob als auch Wilhelm, auf den Buchmarkt. Aber der laufende Betrieb blieb gegenüber der Wissenschaft skeptisch. Der Berliner Buchhändler Reimer glaubte nicht, dass man mit einer «allgemeinen Neigung» für alte Dichtung rechnen könne. Ohne die verkaufsfördernde Empfehlung eines «Ausgezeichneten» wie Goethe wollte er die *Altdänischen Heldenlieder* nicht in sein Verlagsprogramm aufnehmen. Auch mit Zimmer in Heidelberg zogen sich die Verhandlungen hin. Und Brentanos Vorschlag, die *Heldenlieder* als vierten Teil des *Wunderhorns* zu publizieren, geriet zur Luftnummer, obwohl Arnim 1810 unter Mitarbeit von Brentano und Wilhelm Grimm eine «tolle Ankündigung» dafür in den *Heidelbergischen Jahrbüchern* lancierte.[101] Als das Buch endlich bei Zimmer erschien, waren die Probleme nicht überwunden. Gräter polemisierte in den *Heidelbergischen Jahrbüchern* gegen die Ausgabe, das Publikum kaufte die *Heldenlieder* nicht, und die Zahlungsmoral des Verlegers ließ zu wünschen übrig.[102]

Im März 1811 listete Jacob die gemeinsamen Projekte auf. Seine und seines Bruders Studien gingen «so in einander», dass sie «in Zukunft nur zusammen herausgeben können und wollen»: Von der geplanten *Edda*-Ausgabe ist die Rede, einer Edition des «altdeutschen Lieds von Reinhart Fuchs», einer «Sammlung altnordischer Sagen in Prosa» sowie dem eher vagen Vorhaben einer «Ausgabe anderer altdeutscher Gedichte, abhängig von der Erlangung gewisser Handschriften».[103] Es ist eine Liste künftigen Scheiterns: Das *Edda*-Projekt versandete nach einem von drei geplanten Bänden; den «Reineke Fuchs» gab Jacob erst mehr als zwanzig Jahre später heraus; und aus der «Sammlung altnordischer Sagen in Prosa» sollte gar nichts werden, auch wenn sie in den *Heidelbergischen Jahrbüchern* des Jahres 1811 bereits angekündigt wurden.

Die erste Edition, die Jacob und Wilhelm 1812 gemeinsam veranstalteten, steht hingegen gar nicht auf diesem Programm: *Das Lied von Hildebrand und Hadubrand und das Weißenbrunner Gebet* – diese beiden ältesten deutschen Gedichte aus dem achten Jahrhundert erschienen unter dem Markennamen der *Brüder Grimm*. Das Interessante daran ist nicht der Text selbst, denn der war schon seit fast hundert Jahren bekannt und schon zweimal herausgegeben worden, unter anderem von Schillers Schwager Wilhelm Friedrich Reinwald.[104] Interessant ist vielmehr die Art und Weise, wie die Grimms den Text edierten: Es handelt sich nämlich um eine Ausgabe für Spezialisten, die kritische Ausgaben mit historischen Anmerkungen zur Sprachgeschichte, zur Metrik oder zur Rezeptionsgeschichte suchen. Auf ein breiteres Publikum nehmen die Brüder Grimm dabei kaum Rücksicht. Arnim hält das Ganze für «verteufelt gelehrt» und meint, sie hätten die Edition auch als Dissertation einreichen können: Jeder hätte dafür mit Sicherheit «1/2 Doctor, oder Dr./2» verliehen bekommen.[105]

Zumindest in diesem Fall hatte Jacob seinen Bruder also auf Linie gebracht, und es scheint fast, als sei ihm ein Stein vom Herzen gefallen – «ein Resultat war mir besonders angenehm, vor dessen Gegenteil ich sonst bange war, ich habe gesehen, daß es mit unserm Zusammenarbeiten gut und der Sache förderlich geht».[106] Endlich hatte sich gezeigt, dass die lange beschworene Arbeitsgemeinschaft tatsächlich dazu in der Lage war, gemeinsam zu forschen.

Das blieb keine Selbstverständlichkeit. Die *Edda*-Ausgabe etwa enthält eine ‹wörtliche› Übertragung Jacobs und eine freie Übertragung Wilhelms mit eigener Seitenzählung unter der Überschrift «Lieder der alten Edda. Deutsch», die den Ton der *Kinder- und Hausmärchen* aufnimmt. Wilhelm wollte diesmal hart bleiben, um Jacobs Unnachgiebigkeit nicht weiter zu befördern.[107] Und auch sonst war das *Edda*-Projekt eher ein Desaster: Dass es, obwohl die Vorarbeiten für die geplante dreibändige Ausgabe weit vorangeschritten waren, beim ersten Band blieb, der nach jahrelangen Verhandlungen und Diskussionen 1815 erschien,[108] ist den Konkurrenten zu verdanken, die die Fertigstellung behinderten, gegen die Grimms polemisierten und ihrerseits schneller Publikationen auf den Markt warfen. Es lag aber auch am mangelnden Engagement der Verleger. Das kam nicht von ungefähr. Rund anderthalb Jahre nach der Veröffentlichung kann der Verleger Reimer «wenig Tröstliches» über den Verkauf melden: «Es werden nicht viel mehr über 100 Exemplare abgesetzt sein.» Schroffer konnten die Illusionen, die sich Wilhelm Grimm gemacht hatte, nicht zerstört werden. Er hatte zwar auf keinen «glänzenden», aber doch auf regen Absatz des Grundlagenwerks bei den Bibliotheken sowie auf «eine gewisse Neigung im Publikum» gerechnet.[109]

Ähnlich frustrierend verlief Jacobs Arbeit an einer Edition spanischer Romanzen. Im Frühjahr 1809 war der Plan aufgetaucht, im November 1810 war sich Jacob sicher, dass die Romanzen bald herauskommen würden. Aber er fand in ganz Deutschland keinen Verleger.[110] Das Manuskript, bis auf ein Glossar nur in Spanisch verfasst, war eine editorische Provokation und zugleich eine politische. Denn die Beschäftigung eines Kasseler Hofbeamten mit spanischer ‹Volkspoesie› war fast schon anrüchig – mit großem Interesse verfolgten die Grimms den spanischen Widerstand gegen Frankreich.[111] Und was hätte wohl Napoleon, der seinen Bruder als König von Westphalen eingesetzt und damit Hessen von der Landkarte entfernt hatte, davon gehalten, wenn ihm im Mai 1812 die Vorrede unter die Augen gekommen wäre, die mit «Cassel en Hassia, mes de mayo 1812. J. G.» schließt? Erst im Frühjahr 1815 druckte das Wiener Verlagshaus Jacob Meyer u. Co. die Sammlung unter dem Titel *Silva de romances viejos*. Ein geplanter zweiter Band kam gar nicht mehr zustande.[112]

So unglücklich wie im Fall der Editionen hätte die Publikationsgeschichte im Fall der Grimm'schen Aufsätze ausfallen können. Um zu vermeiden, dass auch sie ungedruckt blieben, und um sich von anderen Herausgebern unabhängig zu machen, gründeten die Grimms 1813 schlicht eine eigene Zeitschrift: die *Altdeutschen Wälder*.[113] Sie erschien in drei Bänden in den Jahren 1813, 1814 und 1816. So gut wie alle Beiträge stammen von den Brüdern Grimm, nur ein Artikel von Benecke, zwei von Docen.[114] Das Programm lautet: Vielfalt der Gegenstände, Einheit der Methode – «wir haben diese Zeitschrift streng für Leute vom Handwerk bestimmt», erklärte Wilhelm gegenüber Goethe.[115]

Die Herausforderungen an die Leser waren immens. In Deutschland lebten nun einmal nicht nur Philologen, und selbst unter diesen gab es genug, die mit den Grimms nicht einverstanden waren. Die *Altdeutschen Wälder* jedenfalls waren in jeder Hinsicht zu radikal konzipiert. Zu radikal zunächst für die Verleger: Die Grimms ließen die Zeitschrift auf eigene Kosten drucken. Zu radikal für potenzielle Beiträger: Sie blieben aus. Und zu radikal schließlich auch für die Leser: Sie interessierten sich nicht für die Beiträge.

Selbst diejenigen, die den altdeutschen Studien mit Sympathie gegenüberstanden, machten Front gegen das Projekt. August Wilhelm Schlegel, der die *Altdeutschen Wälder* 1815 für die *Heidelbergischen Jahrbücher* besprach, zeigte den Grimms in einer wunderbar polemischen Rezension, wo ihre Grenzen lagen. Schlegel erkannte zwar den «nicht geringen Scharfsinn» der Grimms an, ihre «ausgebreitete Belesenheit» und «einen unermüdlichen Fleiß in Aufspürung auch des Unbemerktesten», aber er reagierte als Anwalt der Leser allergisch auf die Attitüde des Spezialisten, der keine Rücksicht auf das Publikum nimmt.[116] Zu diesen ‹Nachlässigkeiten› zählte für Schlegel nicht zuletzt, dass die Grimms jedes historische Zeugnis ihrer Sagen- und Literaturgeschichte einverleibten: «Wenn man aber die Rumpelkammer wohlmeinender Albernheit ausräumt, und für jeden Trödel im Namen der ‹uralten Sage› Ehrerbietung begehrt, so wird in der That gescheiten Leuten allzu viel zugemuthet.»[117] Das kam bei den Grimm-Skeptikern gut an. Schlegels Kritik regte Sulpiz Boisserée in einem Brief an Goethe zu jener wunderbaren Formulierung von der «Andacht zum Unbedeutenden» an, die wie keine andere den Zauber der Grimm'schen Forschungen bezeichnet – das war negativ gemeint, trifft aber den Kern aller philologischen Tugenden.[118]

Beiden Brüdern warf Schlegel zudem eine Überfülle sprachhistorischer Fehler vor.[119] Die Grimms, so Schlegel, seien noch nicht einmal mit den «ersten Grundsätzen der Sprachforschung» vertraut.[120] Er traf damit einen wunden Punkt, denn die Brüder Grimm glaubten erkannt zu haben, dass sich die großen Thesen zur Natur- und

Kunstpoesie sowie zum internationalen Zusammenhang von Sagen, Mythen und Literaturen auch auf die Sprache und ihre Geschichte übertragen ließen.[121] «Alle Wörter», schrieb Jacob, «scheinen mir gespaltene und sich spaltende Strahlen *eines* wunderbaren Ursprungs», und deswegen suchte er vornehmlich nach geheimen etymologischen Bezügen.[122] Die Grimms schlossen damit an Spekulationen der befreundeten Philosophen und Philologen Görres, Creuzer oder Steffens an, vor allem aber an Johann Arnold Kanne.[123] Ziel von Kannes Darlegungen war es, wie er in *Pantheum* (1811) erklärte, «die Einheit aller Sagen und Religion» zu erweisen, und zwar auch durch «Sprachenvergleichung».[124]

Nun waren sich die Grimms darüber im Klaren, dass bei ihren Etymologien viel Spekulation im Spiel war, aber die Forschungsperspektive faszinierte sie.[125] Einmal mehr setzten sie auf die modernen Tugenden des gewagten Experiments. Schlegel hingegen klagte – erstaunlich konservativ – ein seriöses wissenschaftliches Vorgehen ein: Die Thesen müssen überprüfbar sein, sie müssen eine empirische Basis haben, und sie müssen sich auf Gesetzmäßigkeiten beziehen. Aber genau da lag das Problem. Denn man wusste einfach noch viel zu wenig darüber, nach welchen Regeln sich die deutsche Sprache entwickelt hatte.[126]

Schlegel zielte auf das Forschungsprogramm einer «ganzen Schule».[127] Er zwang die Brüder Grimm, sich noch einmal auf ihre wissenschaftlichen Tugenden zu besinnen, und er bestärkte auf diese Weise Jacob auf dem Weg zur *Deutschen Grammatik*, jenem fast schon legendären Gründungsdokument der deutschen Sprachwissenschaft. Im Rückblick zeigte sich Schlegel daher versöhnt. Am 21. Dezember 1822 schrieb er an Wilhelm von Humboldt über Jacob Grimms Grundlagenwerk: «Ich schätze diese Arbeit so hoch wegen der rein historischen Behandlung und des unendlichen Fleißes im Einzelnen bei einer durchgeführten Idee im Ganzen» – er werde Jacob Grimm sein Wertschätzung mitteilen, weil er früher doch «sehr hart» mit dem jungen Forscher umgegangen sei.[128]

1815 bemerkte der Medienprofi Wilhelm im Rückblick auf die vergangenen Jahre: «Also werden wir ietzt genug recensirt.»[129] Aufmerksamkeit ist alles. Aber um die auf sich zu ziehen, genügten
Briefverkehr, Editionen und Rezensionen nicht. Ein wichtiger Punkt
auf der Agenda der Brüder Grimm waren daher Reisen, um vor Ort
auf Handschriftensuche zu gehen.[130] Ende Mai 1811 fuhr Jacob etwa
in Familienangelegenheiten nach Gotha und von dort über Weimar
und einige andere kleinere Stationen nach Dresden und Leipzig.[131]
Wichtiger waren die Aufenthalte in Göttingen im Mai 1810 und
im Juli 1812. Der «fleißige stille Ort» fiel ihm «recht lebhaft» gegen
das «nichtsnutzige Leben» in Kassel auf.[132] Jacob knüpfte Kontakte
zu Professoren, und er festigte die Beziehung zu dem Bibliothekar
Georg Friedrich Benecke.[133]

Während Jacob so den Kontakt zur Universität ausbaute, der die
Perspektiven der späteren beruflichen Laufbahn in Göttingen eröffnete, erweiterte Wilhelm die privaten Netze – ohne diese Verbindungen wären Sammlungen wie die *Kinder- und Hausmärchen* oder
die *Deutschen Sagen* nicht denkbar. Im August 1810 reiste Wilhelm
nach Marburg, Hersfeld und Fulda auf der Suche nach Märchen
und Handschriften für das große Literaturgeschichtsprojekt.

Folgenreich war 1811 seine Exkursion nach Höxter zum alten
Freund Paul Wigand und von dort zur Familie Haxthausen nach
Bökendorf. Werner von Haxthausen kannten die Brüder Grimm bereits aus Kassel, wo Johannes von Müller die Freundschaft zwischen
ihnen vermittelt hatte – Haxthausen, so Müller, sei ein «Kenner fast
aller Sprachen bis inclus. nach Persien hinein».[134] Mit den Grimms
verband ihn die Leidenschaft für das Sammeln von ‹Volkspoesie›.[135]
Nun wollte Wilhelm seinen Bruder Alexander kennenlernen.

Werner von Haxthausen kündigt seiner Familie den Gast brieflich
an: Wilhelm habe eine herrliche Poesiesammlung auf Lager, sei allerdings «anfangs etwas verlegen, da er sehr kränklich, und wenig von
seinem Studienpult kommt, sonst ein sehr braver und geschickter
Mann».[136] Die Haxthausens empfinden gleich Sympathie für ihren
Gast, und Wilhelm fühlt sich bei ihnen ausgesprochen wohl. Alexan-

ders «Schwestern, vier, sind angenehm und zierlich, Abends sangen sie sämmtlich Volkslieder», meldet er nach Kassel.[137] Jede der jungen Frauen hat ihre eigene handschriftliche Liedsammlung, und Wilhelm kopiert sich daraus einige Stücke. Etwa ein Fünftel der *Kinder- und Hausmärchen* stammt aus dem ‹Bökendorfer Märchenkreis›.[138]

In adliger Geselligkeit bestätigen sich somit die Ideen der Brüder Grimm von der gesellschaftlichen Funktion der ‹Naturpoesie›. In dieser Enklave findet sich das ‹Volk›, von dem die Grimms schwärmen. Hier ergeben sich über die Liebhaberei zum ‹Volkslied› ganz zwanglos soziale Beziehungen; hier stiften Gesang und Erzählung innige Beziehungen zwischen Frauen und Männern, Adligen und Bürgerlichen, Menschen aus verschiedenen Landesteilen, die sich zuvor noch nie begegnet waren – Wilhelm sendet nach seiner Abreise Lieder nach Bökendorf und bleibt so dauerhaft «Mitglied und Theilnehmer unser Abent-Unterhaltung», wie Fritz von Haxthausen im September 1811 schreibt.[139]

Ein zweites Mal reist Wilhelm im Juli 1813 nach Höxter und Bökendorf. Er trifft diesmal auf eine große Gesellschaft. Besonders angetan ist er von Therese von Droste-Hülshoff, einer geborenen Haxthausen, und ihren beiden Töchtern Jenny und Annette. Mit der angehenden Dichterin versteht er sich weniger gut, mit ihrer älteren Schwester umso besser – sie habe «was recht angenehmes und liebes». Jenny und Annette kennen wie die Haxthausen-Töchter eine Menge «Märchen, Lieder und Sagen, Sprüche u. s. w.». Auch ein Schneider und ein Dienstmädchen werden «abgehört». Annette von Droste-Hülshoff zeigt sich am kenntnisreichsten, nur findet Wilhelm es «schade, daß sie etwas Vordringliches und unangenehmes in ihrem Wesen hat, es war nicht gut mit ihr fertig werden». «Frühreif» sei sie, wolle stets brillieren.[140]

Noch ein halbes Jahr später verursacht die jüngere Droste-Schwester Wilhelm Albträume. Am 12. Januar 1813 beschreibt er eine solche nächtliche Vision: Annette «war ganz in dunkle Purpurflamme gekleidet und zog sich einzelne Haare aus und warf sie in die Luft nach mir; sie verwandelte sie in Pfeile und hätte mich leicht blind

machen können, wenn's Ernst gewesen wäre» – eine Mischung aus
Medusa und Königin der Nacht, die das wichtigste Sinnesorgan des
kränklichen Philologen bedroht: die Augen. Der Eindruck, den die
junge Frau auf Wilhelm gemacht hat, war offenbar fatal. Im Rückblick meint Annette von Droste-Hülshoff übrigens umgekehrt, Wilhelm Grimm habe ihr «jahrelang den bittersten Hohn und jede Art
von Zurücksetzung bereitet, so daß ich mir tausendmal den Tod gewünscht». Sie weiß selbst, dass das ein wenig übertrieben ist.[141]

Die Zeit in Bökendorf vergeht zwischen Arbeit und Ausflügen in
den Park, bei denen Wilhelm als Sänger und Vorleser die Damen
‹amüsiert›.[142] Man gibt sich alle Mühe, die Klischees der Romantik zu erfüllen: Waldhörner erklingen, eine Flöte spielt auf, und die
Mädchen singen Volkslieder. Am nächsten Tag besucht man die Verwandtschaft auf der Hinnenburg, die altadlige Lebensart pflegt.[143]
Überhaupt, so Wilhelm nach einem späteren Aufenthalt bei den
Haxthausens, habe sich auf dem Land «noch manche schöne Sitte
erhalten» – wieder ist vom Volksliedgesang, von Waldhorn und Flöte
die Rede.[144] Die Fiktion romantischer Landgeselligkeit aus Romanen
und Erzählungen vermischt sich hier mit der populären Liebhaberei
fürs deutsche Altertum. Beides steht im Dienst der Erinnerung an
ein ideales Adelsbild: Die Haxthausen-Töchter taufen ein Bauernmädchen auf den Namen ‹Kriemhild›, man trägt altdeutsche Tracht,
und bei den Stickarbeiten werden Ornamente verwendet, wie man
sie von gotischen Kirchenfenstern kennt.[145]

Der Bökendorfer Kreis bringt Poesie, Geschichte und Geselligkeit
in jenen wechselseitigen Zusammenhang, dem die Brüder Grimm
in ihren Forschungen auf der Spur sind. So will Wilhelm den Damen durch Gedichte, Lieder und kleine Erzählungen im Gedächtnis
bleiben. Er sendet Anna, Karoline und Ludowine von Haxthausen
eine kleine poetische Gedächtnisstütze, und eben auch Jenny von
Droste-Hülshoff, die darüber vor Freude ganz außer sich gerät.[146]
Zunächst habe sie Wilhelm, wie sie in ihrem Tagebuch notiert, nur
flüchtig angeschaut. Seine «hessische Aussprache» habe ihr miss-

fallen. Nachdem sie jedoch genauer hingesehen hat, gerät sie ins Schwärmen: «Er ist ziemlich groß, hat schwarzes, wenigstens dunkelbraunes Haar, die schönsten sprechendsten braunen Augen, die ich je sah, eine schöne Stirn, hübsche Nase, Mund ist nach meinem Geschmack, einer der hübschesten, interessantesten Menschen, die ich kenne, bei dem die kleinste Bewegung seiner Seele in den Augen und auf dem ganzen Gesichte sichtbar ist.» Von seiner Rezitationskunst ist sie hingerissen. Bei der Abreise schämt sie sich ihres «unaufhörlichen Weinens». Auch Grimm erscheint ihr «sehr düster».[147] Wilhelm war weniger fasziniert. Neben den Notizen über Annette von Droste-Hülshoff verblassen die Bemerkungen über Jenny. Was er sagt, ist immer wieder nur das eine: Jenny sei das sanfte und stille Gegenteil ihrer Schwester.[148]

Findet sich in Jenny von Droste-Hülshoff endlich die Frau im Leben zumindest des einen der Brüder Grimm? Wilhelm führt im Lauf der Zeit einige vertraute Briefwechsel mit Frauen: mit den Haxthausen-Schwestern, mit Wilhelmine von Schwertzell, mit Bettine von Arnim und eben auch mit Jenny von Droste-Hülshoff.[149] Das hat durchaus mit beruflichen Anliegen zu tun. Denn während die Grimms mit den Haxthausen-Brüdern die Beziehung zur Familie anbahnen, setzen die Haxthausen-Schwestern die Beziehung fort. «Mit ihren Brüdern», schreibt Jacob Grimm am 28. März 1824 an Ludowine und Anna von Haxthausen, «sind wir zuerst bekannt geworden, die haben aber, nach und nach, an dem, was uns zusammenbrachte, die rechte Lust verloren und sich anderen Neigungen hingegeben; Sie aber halten Farbe und freuen sich noch immer an Mährchen, Liedern und Sprüchen und theilen uns mit, was Ihnen zukommt, weil Sie wißen, daß wirs noch ebensogern wie sonst haben und ordentlich brauchen können.»[150]

Während die Männer aktiv ihre eigenen Forschungsinteressen verfolgen dürfen, hält man Frauen per se für passiv. Sie stehen für die ‹naturpoetische› Verbreitungsform von Literatur. Einmal mehr greift die traditionelle Assoziation von ‹Frau› und ‹Natur›. Auf seine direkte, wenig charmante Weise formuliert dies Jacob ge-

genüber Arnim im Juli 1811: Zwar fehle es ihm an «Erfahrung» im
Umgang mit dem anderen Geschlecht – er «sehe und spreche seit
Jahren gar keine Frau, welches blos in unserer Lebensart hier seinen Grund hat» –, doch traue er sich ein Urteil zu: Alles weise
darauf hin, «daß Frauen stets eine große, und im guten Fall un-
bewußte heilige Gewalt auf das Leben gehabt haben, große Thaten sind aber nie durch sie geschehen; in der Poesie haben sie vorzüglich die alte Sage gepflegt und erhalten, gleichsam ohne diesen
Thau hätte das Meiste verdorren müssen, aber man kann nicht sagen, daß sie je gedichtet haben».[151] Empirische Forschung sieht anders aus.

Mit anderen Worten: Jacob und Wilhelm hatten ein durchaus
professionelles Interesse an Frauen, und entsprechend konventionell klingen die ersten Briefe, die Wilhelm Grimm und Jenny von
Droste-Hülshoff wechseln. Er schickt ihr Bilder von seinem Bruder Ludwig und erwartet als Gegenleistung Märchenbeiträge,[152] die
auch – von Jenny «wörtlich» aufgezeichnet – bald und immer wieder eintreffen. Einmal plagt sie sich so damit, Märchen aufzuschreiben, dass sie für ihre «Artigkeit» mit «Kopfweh» bezahlen muss.[153]
Die nächste Beziehungs-Etappe nehmen Wilhelm und Jenny erst,
als die Droste-Hülshoffs im August 1818 Kassel besuchen.

War Jennys Zuneigung zu Wilhelm mehr als eine Jugendschwär-
merei? Hat sie sich 1813 gar unsterblich verliebt? Und wie stand es
um Wilhelm? Erwiderte er die Gefühle? Man weiß es nicht. Auf jeden Fall waren schon damals, 1813, die Vermutungen und wohl auch
die Neckereien groß.[154] Später, am 21. April 1817, notierte Jenny in
ihr Tagebuch: «[…] es fängt an, mir ganz unausstehlich zu werden,
daß die Tanten sich einbilden, ich machte mir ganz besonders etwas
aus Grimm. Das ist eine Vermutung, der ich oft genug widerspro-
chen habe und die sich auf nichts gründet, als daß ich einige Freude
bezeigt über sein Gedicht, ihm einige Märchen geschickt habe und
mich mit einigem Interesse nach ihm erkundige.»[155]

Kinder- und Hausmärchen, gesammelt durch die Brüder Grimm

Das Publikum, die Kollegen und die Verleger meinten es anfangs nicht unbedingt gut mit den Brüdern Grimm. In dieser Situation griffen sie eine Idee von Arnim und Brentano auf, die bereits im Rahmen ihres *Wunderhorn*-Projekts die Leser dazu aufgefordert hatten, Märchen zu sammeln. Die Grimms hatten schon bald einiges zusammengetragen.

Zunächst verfolgte Brentano die Idee weiter und bat die Kasseler Freunde, ihm – wie schon im Fall der Volkslieder – zuzuarbeiten. «Der Clemens», schrieb Jacob Mitte August 1809, «kann die Sammlung von den Kindermährchen herzensgern haben, u. es wäre schlecht, wenn wir seine Güte durch so Kleinigkeiten nicht erkennen wollten, wenn er auch anders damit verfährt als wir es im Sinn hatten. Dieser Grund gilt überhaupt.»[156] Am 17. Oktober 1810 schickten die Grimms das Konvolut ihrer Märchen an Brentano, behielten aber eine Abschrift bei sich zurück – «ganz frei nach meiner Art» wolle er sie behandeln, versprach der Empfänger.[157] Erst als aus Brentanos Projekt nichts wurde, machten sich die Grimms an ihre Märchen-Ausgabe.

Den entscheidenden Anstoß zur Publikation gab Arnim bei einem Besuch in Kassel im Frühjahr 1812. Jacob erkundigt sich am 6. Mai bei ihm, ob Arnim sich in Berlin nach einem Verleger für die «Kindermärchen» umschauen könne – er plane ein preiswertes Buch, das zudem dazu anregen solle, weitere Märchen zu sammeln. Die Rechnung geht auf: Rund einen Monat nach Jacobs Anfrage meldet Arnim, Reimer wolle die Kindermärchen übernehmen. Wilhelm lockt beim brieflichen Verkaufsgespräch im August 1812 den Verleger damit, «daß es ein wohlfeiles und von unschuldigen Menschen viel gekauftes Buch werden möge».[158]

Das Publikum schien sich seit einiger Zeit für Märchensammlungen zu interessieren: Johann August Musäus hatte 1782 den ersten Band seiner Reihe *Volksmärchen der Deutschen* präsentiert und

Wilhelm Günther bald danach *Kindermärchen aus mündlichen Erzählungen gesammelt* (1787). Es folgte Benedikte Naubert, die Wilhelm 1809 auf dem Weg nach Weimar besucht hatte, mit *Neue
Volksmärchen der Deutschen* (1789 bis 1793). Anonym waren 1791 / 92
eine Sammlung von *Ammenmärchen*, 1799 ein *Märleinbuch für
meine lieben Nachbarsleute* und 1801 ein Band mit *Feen-Mährchen*
erschienen. Ein Namensvetter der Grimms, Albert Ludwig Grimm,
publizierte 1808 einen Band mit *Kindermährchen*. Und wenige Monate vor Erscheinen der *Kinder- und Hausmärchen* brachte Johann
Gustav Büsching 1812 seine *Märchen und Legenden* heraus. Diese
Sammlungen kennen heute nur noch Spezialisten. Die *Kinder- und
Hausmärchen* hingegen sind das weltweit bekannteste deutsche
Buch neben der Luther-Bibel, mit Übersetzungen in über hundertsechzig Sprachen.

Reimer profitierte nur wenig von diesem Erfolg.[159] Die beiden ersten Bände der *Kinder- und Hausmärchen* lagen 1812 und 1815 vor. Als
1819 die zweite Auflage erschien, war Band eins der Erstauflage vergriffen, aber von den rund tausend Exemplaren des zweiten Bands
waren dreihundertfünfzig liegengeblieben und wurden eingestampft.
Auch danach riss man den Buchhändlern die *Kinder- und Hausmärchen* nicht gerade aus den Händen. Dass man die wissenschaftlichen
Anmerkungen der Erstausgabe in einen separaten Band (1822) aus-
lagerte, war also keine erfolgreiche Maßnahme. 1833 zog Reimer Bilanz: Von der zweiten Auflage habe er noch mehrere hundert Stück
auf Lager.

Inzwischen lag seit 1825 eine Auswahl von fünfzig Märchen vor,
die die Brüder Grimm nach dem Vorbild der enorm erfolgreichen
englischen Übersetzung der *Kinder- und Hausmärchen* von Edgar
Taylor aus dem Jahr 1823 veranstaltet hatten.[160] Diese Sammlung bereitete der ‹großen Ausgabe› den Weg. Beide Ausgaben wurden allerdings erst in den 1830er Jahren zu einem Dauerseller. Von 1833 an
erschien die ‹kleine Ausgabe› beinahe kontinuierlich im Dreijahres-
rhythmus;[161] seit der dritten Auflage von 1837 wurde auch die ‹große
Ausgabe› regelmäßig aufgelegt.[162]

Die Brüder Grimm brauchten beim Märchen-Projekt wiederum Beharrungsvermögen. In ihren eigenen Märchen konnten sie dafür Vorbilder des Fleißes und der Aufopferung finden. Den verborgenen «Schatz» der Überlieferung könne nur derjenige bergen, der sich auszeichne durch «unschuldige Einfalt», «strenge Treue» und «milde Freundlichkeit», schrieb Jacob etwa 1809.[163] Konsequent daher, dass Wilhelm in den Anfang des Märchens von «Schneeweißchen und Rosenrot» eine Variante jener Formel einbaute, mit der Jacob ihm die brüderliche Treue geschworen hatte: «Wir wollen uns nicht verlassen»,[164] versprechen die Mädchen einander. Die Geschwisterbeziehungen vieler Märchen könnten, gerade was die vielfältigen Konflikte betrifft, als Spiegel der Familienverhältnisse im Haus Grimm gelesen werden.[165]

Wilhelms märchenhafte Gesinnung reicht noch weiter. Als er Jahrzehnte später die Kindheitsorte in Steinau besuchte, fühlte er sich, wie er in seiner Autobiographie 1831 berichtet, der Gegenwart entrückt, und dies mit einer gemischten Empfindung, die am besten das Doppelgesicht der Grimm'schen Arbeit an der Vergangenheit festhält: «Als ich mit diesen Erinnerungen in dem Garten auf und ab gieng, kam ich mir selbst wie ein abgeschiedener Geist vor, der zu der ehemaligen Heimath zurückgekehrt ist. Ob das heftige Gefühl, das mir die Seele erfüllte, Schmerz oder Freude war, weiss ich nicht, es war wohl beides zugleich.»[166] Fast scheint es, als verwandle sich Wilhelm hier in eine Figur aus den *Kinder- und Hausmärchen* oder aus den *Deutschen Sagen*. Geschichten von Menschen, die aus der Zeit gefallen sind, finden sich darin immer wieder, etwa in der Sage von den *Heilingszwergen*, in der Legende von den *Zwölf Aposteln* oder in der Erzählung von den Elfen, bei denen ein Jahr wie eine halbe Stunde vergeht.[167]

Das zweite Märchen von den *Wichtelmännern* verarbeitet das Motiv am schönsten: «Es war einmal ein armes Dienstmädchen, das war fleißig und reinlich, kehrte alle Tage das Haus und schüttete das Kehricht auf einen großen Haufen vor die Türe. Eines Morgens, als es eben wieder an die Arbeit gehen wollte, fand es einen

Brief darauf, und weil es nicht lesen konnte, so stellte es den Besen in die Ecke und brachte den Brief seiner Herrschaft, und da war es eine Einladung von den Wichtelmännern, die baten das Mädchen, ihnen ein Kind aus der Taufe zu heben. Das Mädchen wußte nicht, was es tun sollte, endlich auf vieles Zureden, und weil sie ihm sagten, so etwas dürfte man nicht abschlagen, so willigte es ein. Da kamen drei Wichtelmänner und führten es in einen hohlen Berg, wo die Kleinen lebten. Es war da alles klein, aber so zierlich und prächtig, daß es nicht zu sagen ist. Die Kindbetterin lag in einem Bett von schwarzem Ebenholz mit Knöpfen von Perlen, die Decken waren mit Gold gestickt, die Wiege war von Elfenbein, die Badwanne von Gold. Das Mädchen stand nun Gevatter und wollte dann wieder nach Haus gehen, die Wichtelmännlein baten es aber inständig, drei Tage bei ihnen zu bleiben. Es blieb also und verlebte die Zeit in Lust und Freude, und die Kleinen taten ihm alles zuliebe. Endlich wollte es sich auf den Rückweg machen, da steckten sie ihm die Taschen erst ganz voll Gold und führten es hernach wieder zum Berge heraus. Als es nach Haus kam, wollte es seine Arbeit beginnen, nahm den Besen in die Hand, der noch in der Ecke stand, und fing an zu kehren. Da kamen fremde Leute aus dem Haus, die fragten, wer es wäre und was es da zu tun hätte. Da war es nicht drei Tage, wie es gemeint hatte, sondern sieben Jahre bei den kleinen Männern im Berge gewesen, und seine vorige Herrschaft war in der Zeit gestorben.»[168]

Der dienstfertigen Magd wird mit Achtung und Reichtum in der Welt der Wichtelmänner entgolten, dass sie das Kleine und das Abgeschiedene auf seinem Weg ins Leben begleitet. Aber sie bezahlt dafür mit Isolation in der Welt der Menschen und mit der Erfahrung, wie unbarmherzig die Zeit vergeht.

Diese Aufmerksamkeit fürs Kleine und Unscheinbare hat die Aufklärung kultiviert. Nach wie vor aber konnte Wilhelm damit provozieren. Denn die Sorge für die Kleinigkeiten war nicht einmal wissenschaftlich unumstritten. Kurz nachdem der erste Band der *Kinder- und Hausmärchen* dem Publikum vorlag, schrieb August

Wilhelm Schlegel in seiner Besprechung der *Altdeutschen Wälder*
den Brüdern Grimm ins Stammbuch, nur einige wenige «Ammenmärchen» seien bewahrenswert. Deren Funktion erfülle sich, wenn
sie Kinder zum Einschlafen bringen, aber von «gescheiten Leuten»
für solche «Albernheit» auch noch «Ehrerbietung» zu verlangen, sei
ein wenig viel verlangt.[169]

Offenkundig sah Schlegel sich nicht in der Rolle eines Geburtshel-
fers für Wichtelmännereien. Die Grimms hingegen meinten, «daß
gerade das verachtete bedeutend und wichtig» sein könnte,[170] und
führten daher immer wieder das kindliche Vergnügen an Nichtigkeiten und an der Lust des Sammelns als Vorbild ihrer Forschungstätigkeit an. Wie die «reinen Augen» der Kinder ihre Aufmerksamkeit an alle Kleinigkeiten verschwenden, an einen Vogel wie an ein
«Käferchen» oder ein «Blümchen», ohne sich um den logischen Zusammenhang zu kümmern, so begannen die Grimms ihre Forscher-
tätigkeit mit den Kleinigkeiten der Sprach- und Literaturgeschichte,
die sie ohne Absicht auf eine abgeschlossene Darstellung präsentierten.[171] Und wie für die Helden ihrer Märchen sind es für sie nicht die
Sensationen, die schönsten Frauen und die größten Edelsteine, die
letzlich den Sieg einbringen. Nur wer den bisweilen tölpelhaft-nai-
ven Mut besitzt, sich über herrschende Werte hinwegzusetzen, oder
entsagungsvoll einfache Arbeiten verrichtet, erringt das Königreich
und die Prinzessin oder den Schatz. Aber dieses Glück gibt es eben
nicht immer umsonst. In dem Wichtelmänner-Märchen muss die
Heldin es mit Einsamkeit bezahlen. Wie Wilhelm fällt sie aus der
Zeit.

Selbst im Fall ihres größten Erfolgs könnte man noch eine kleine
Geschichte des Scheiterns der Brüder Grimm schreiben. Denn wieder stellte sich die Frage, für wen dieses Buch eigentlich gedacht
war: Sollte man die vielen Episoden von Mord und Totschlag, von
unverdientem Glück, erfolgreicher Hinterhältigkeit und skrupello-
ser Brutalität tatsächlich Kindern vorlesen? Sollte man umgekehrt
Geschichten von Zwergen und Hexen erwachsenen Lesern zumuten,

die ihren Geschmack im besten Fall an Goethe und Schiller geschult hatten? Und warum sollte sich die Wissenschaft für diese Niedlichkeiten interessieren? Die Grimms hatten viele Fragen zu beantworten und viele Zweifel zu beseitigen. Wie so oft setzten sie dabei auf Konfrontation und Neuanfang im Dienst an der Überlieferung. Sie waren einmal mehr die modernsten Traditionalisten ihrer Zeit – es «existirt noch keine Sammlung in Deutschland» wie die *Kinder- und Hausmärchen*, heißt es in der Vorrede.[172]

Die Grimms schrieben ihre *Kinder- und Hausmärchen* für die Gegenwart auf: Immer wieder klingt bei den Grimm'schen Kindheitsbildern die Trauer darüber an, dass der naive Glückszustand vergangen sei. Aber das ist ein ebenso produktives wie großes Missverständnis. Es gab für die *Form*, wie die Grimms sich das Märchen-Erzählen vorgestellt haben, kein Vorbild – nicht ein einziges der Grimm'schen Märchen ist aus Kindheitserinnerungen von Jacob und Wilhelm Grimm oder ihrer Geschwister direkt in die Sammlung eingegangen.[173] Jene Kindheitsidyllen des Märchen-Erzählens sind selbst märchenhafte Orte.

Märchenhaft war das Unternehmen der Märchensammlung in vielerlei Hinsicht. An Mystifikationen und Verschleierungen ist die Grimm'sche Sammlung reich. Das gilt für die Gestaltung und Verarbeitung des Materials, und das gilt für ihre Quellen.[174] An den befreundeten Gelehrten Rasmus Nyerup schrieb Wilhelm beispielsweise am 12. Juli 1812, ihre einzige Quelle sei die «mündliche Überlieferung gewesen».[175] Diese Behauptung verbreiteten sie immer wieder. In den *Göttingischen Gelehrten Anzeigen* wurde die dritte Auflage der großen Ausgabe als «eine Sammlung mündlicher, großentheils von uns selbst aufgefaßter Ueberlieferungen» angekündigt.[176] Aber eben das war sie keineswegs. Die Grimms haben selten die Wanderschuhe geschnürt und das Notizbuch gepackt, um märchensammelnd über die Dörfer zu ziehen. Sie haben vor allem die Bücher der Bibliotheken durchforstet, auf Post oder Besuch gewartet und gelegentlich einmal bei ihren Nachbarn in Kassel vorbeigeschaut. Wilhelm verdreht die Tatsachen doch recht gewaltsam, wenn er gegenüber Hammerstein beteuert, er habe die Märchen «fast sämtlich aus mündlicher Überlieferung gesammelt».[177]

Zu den wichtigsten Beiträgern gehörten gebildete und literarisch versierte junge Frauen aus dem Adel und Bürgertum: Friederike Mannel aus Allendorf, die Töchter der Familien Wild und Hassenpflug, von Haxthausen und von Droste-Hülshoff. Zwar wurden auch Bedienstete, Knechte und Mägde von den Frauen ausgefragt. Aber die Ergebnisse durchliefen dabei immer den Filter routinierter Leserinnen.[178]

Eine der raren Ausnahmen bilden die Aufzeichnungen des pensionierten Dragonerwachtmeisters Johann Friedrich Krause aus Hoof bei Kassel: Er schrieb den Brüdern Grimm Märchen auf und erhielt dafür deren gebrauchte Kleidung. Zumindest dieser alte Soldat war tatsächlich so ‹hessisch›, wie das die Grimms von anderen Zulieferern behaupteten.[179] «Meine Liebe-Herren-Wohldäter Herr Jacob und Hr. Wilhelm. – Ich denke däglich an Ihnen», beginnt einer seiner Briefe, «Morgen, und abents. Wenn ich mich aus- und anzihe: aber die aldages Beinkleider sein zerrißen.»[180] Doch selbst dieser ungelenk formulierende Ex-Soldat war ein geübter Leser.

Für die Theorie von der Volksdichtung, die dem Mund des einfachen Mannes oder der einfachen Frau abgelauscht wird, taugte das alles nicht recht. Daher vermieden die Brüder Grimm bei den Angaben zur Herkunft der Märchen Namen. Der anonyme Volksgeist heißt nun einmal nicht ‹Friederike Mannell› oder ‹Ludowine von Haxthausen›, sondern trägt den Namen von Landstrichen: «Aus Baiern», «aus der Leinegegend» oder «aus Hessen» lauten die Hinweise in den Anmerkungen seit dem zweiten Band von 1815. Da sich Personen jedoch damals wie heute besser vermarkten lassen, manipulierten die Grimms geschickt die Tatsachen oder retuschierten sie zumindest so, dass sie besser ins Bild passten: Als Prototyp der ‹Märchenfrau› entwarfen die Grimms so etwa das Porträt der «Viehmännin», die sie als «Bäuerin aus dem nah bei Cassel gelegenen Dorfe Zwehrn» verkauften. Von ihr wollen sie «einen ansehnlichen Theil der hier mitgetheilten, darum ächt hessischen, Märchen» erhalten haben. Es handle sich um eine rüstige Frau im Alter von etwas mehr als fünfzig Jahren, die viele Märchen «wörtlich» im Gedächtnis bewahrt habe – das werde «in seiner Wahrheit nicht zu verkennen seyn».[181]

Mit der «Wahrheit» haben es die Grimms hier nicht zu eng gesehen:[182] Dorothea Viehmann, die über dreißig Beiträge geliefert hat und deren ‹Porträt› Ludwig Grimm für das Frontispiz der zweiten Auflage der Kinder- und Hausmärchen in Kupfer stach, stammte aus einer Hugenottenfamilie und brachte viel aus der französischen Märchentradition mit, wie im Übrigen auch die Hassenpflugs der französischen Kultur nahestanden: Die Vorfahren des Vaters waren Hugenotten; bei ihnen zu Hause wurde französisch gesprochen. Die ‹Viehmännin› war zudem keine Bäuerin, sondern Tochter eines Wirts und Ehefrau eines Dorfschneiders. Die Grimms lernten sie über zwei Töchter eines französischen Predigers kennen, denen Viehmann Lebensmittel verkaufte. Irgendwann tauchte die Schneidersgattin mit ihrem Korb auf dem Rücken in der Kasseler Marktgasse 17 auf und besuchte die märchensammelnden Brüder dann regelmäßig. Einmal mehr mussten die Grimms nur warten und konnten ihre ‹Feld-Forschung› vom Schreibtisch aus erledigen. Immerhin darf man vermuten, dass Viehmann viel Erzählgut von den hessischen Fuhrleuten aufgeschnappt hat, die bei ihrem Vater im Gasthof Knallhüte einkehrten.

Materialien aus bürgerlichen, weiblichen, literarisch gebildeten Quellen flossen den Kinder- und Hausmärchen reichlich zu, während sich die Recherche gerade an den Orten und bei den Personen, wo das ‹Volksgut› der Theorie nach hätte zu finden sein sollen, als schwierig erwies. Immer wieder baten die Grimms ihre Bekannten und Freunde um Unterstützung. 1811 etwa fragte Wilhelm Grimm seinen alten Freund Paul Wigand, ob er sich bei einer «alten Frau nach Märchen (oder zutraulicher durch deine Frau)» erkundigen könne.[183] Selbst versuchten die Grimms auf Reisen, die Märchensammlung zu erweitern – bei der zweiten Exkursion nach Bökendorf notierte Wilhelm nicht nur die Lieder und Märchen der jungen adligen Damen, sondern befragte auch einen Schneider, ein Dienstmädchen und einen Schäfer.[184] Wie schwierig solche Feldforschung war, zeigt Lotte Grimms vergeblicher Versuch, im September 1809 bei der erwähnten «Märchenfrau» in Marburg Erzählgut einzusammeln.[185] Wilhelm war überzeugt: «Daß die Lotte keine Märchen mitgebracht ist blos ihre Schuld sie ist nicht recht und vertraulich mit der Frau umgegangen», Brentano habe «sie 6 – 8 erzählt».[186] Wilhelm hätte nicht so großspurig auftreten sollen. Als er sich im Herbst 1810 selbst an die ‹Marburger Märchenfrau› wandte, scheiterte er wie Lotte: «Das Orakel wollte nicht sprechen, weil die Schwestern im Hospital es übel auslegten, wenn es herumging und erzählte, und so wäre leicht alle meine Mühe verloren gewesen, hätt ich nicht jemand gefunden, der eine Schwester des Hospitalvogts zur Frau hat und den ich endlich dahin gebracht, ihre Schwägerin dahinzubringen, von der Frau ihren Kindern die Märchen sich erzählen zu lassen und aufzuschreiben.»[187]

Offenbar tauschten sich hier vornehmlich Frauen und Kinder aus. Die Grimms haben das gesehen. So erklärt sich die Widmung der *Kinder- und Hausmärchen* «an die Frau Elisabeth von Arnim für den kleinen Johannes Freimund»: Sie verstanden ihre Märchensammlung als wissenschaftlichen Beitrag zur Literatur- und Sagengeschichte, zugleich jedoch möge man sie als ein «Erziehungsbuch» verwenden, wünschten sich die Brüder Grimm, als sie den ersten Band an Freunde und Rezensenten verschenkten.[188] Allerdings reagierte die Kritik gerade darauf negativ: Das wissenschaftliche Vorhaben einer Dokumentation passe nicht zum pädagogischen Anspruch eines Vorlesebuchs. Oder wie der Namensvetter und Märchenherausgeber Albert Ludwig Grimm formulierte: «Niemand kann zweien Herren dienen.»[189]

Wilhelm berücksichtigte diese Kritik und stärkte im Lauf der Bearbeitung in den Märchen die Exempel von bürgerlicher Arbeitsethik, Moral und Häuslichkeit. Märchen, die wegen ausufernder Gewalt, Obszönität oder sexueller Anspielungen als nicht jugendfrei erscheinen konnten, nahm er noch einmal genau ins Visier. Das Paradebeispiel dafür ist «Rapunzel»: In der Vorlage der Grimms und in der ersten Fassung der *Kinder- und Hausmärchen* bemerkt die Fee, dass männlicher Besuch im Spiel sein muss, weil Rapunzel seine «Kleiderchen» zu eng werden – bald wären die Fee und Rapunzel in ihrem Turm wohl zu dritt gewesen. In der zweiten Fassung von 1819 hingegen verrät Rapunzel den Herrenbesuch durch bloße Unbedarftheit: «Sag Sie mir doch», fragt Rapunzel die Zauberin, «wie kommt es nur, Sie wird mir viel schwerer heraufzuziehen als der junge Königssohn?»[190]

Aber selbst wenn die Schwangerschaft literarisch verhütet wurde: Will man wirklich, dass die Kinder der Moral der Grimm'schen Märchen folgen? Nehmen wir das Märchen vom Froschkönig, das die Grimms für besonders alt hielten und daher an den Anfang jeder Ausgabe stellten: Gewiss gehorcht die junge Tochter dem Befehl des Vaters und nimmt das Tier, das ihr Lieblingsspielzeug aus dem Brunnen fischte, bei sich auf – man lernt: Versprechen muss man halten, auch gegenüber einem Frosch. Aber zur Erlösung kommt es durch eine Unbeherrschtheit, die nichts mit Folgsamkeit zu tun hat: «Es half nichts, sie mußte thun, wie ihr Vater wollte, aber sie war bitterböse in ihrem Herzen. Sie packte den Frosch mit zwei Fingern und trug ihn hinauf in ihre Kammer, legte sich ins Bett und statt ihn neben sich zu legen, warf sie ihn bratsch! an die Wand; ‹da nun wirst du mich in Ruh lassen, du garstiger Frosch!›»[191] Im Bett liegt danach statt eines leblosen Tiers ein höchst vitaler Prinz. Ungehorsam und Zorn werden mit der Rückkehr eines Thronfolgers belohnt.

Wilhelm Grimm beharrte schon aus verkaufsstrategischen Gründen darauf, dass die *Kinder- und Hausmärchen* kindertauglich seien – häufig ergebe sich aus den Märchen auch eine «gute Lehre, eine Anwendung für die Gegenwart».[192] Ein Beispiel nennt er nicht. Damit bediente er die Erwartungen von Lesern, die sich von Märchen und von Kinderliteratur generell einfache Handlungsanweisungen versprachen. Für sie demonstrieren der Wolf und die sieben Geißlein, dass man fremden Männern die Tür nicht öffnet, und das Märchen von Frau Holle belegt den Wert von Arbeitsamkeit und Hilfsbereitschaft. Aber darum ging es den Grimms im Grunde nicht.[193] Ebenso wenig, wie sie alte Heldenlieder ausgruben, weil diese unmittelbar zur Nationalerziehung beitragen könnten, legitimierten sich die Märchen in erster Linie durch Lehrhaftigkeit. Das Erziehungskonzept der Brüder Grimm ist komplizierter und hat von der Pädagogik der Spätaufklärung und der Romantik gelernt.

Erneut lagen sie ganz auf der Linie der aktuellen Ästhetik ihrer Zeit. Nicht umsonst beglaubigte Wilhelm seine Thesen zur eher beiläufigen Lehrhaftigkeit des Märchens mit einem Zitat aus Goethes *Dichtung und Wahrheit*: «Die wahre Darstellung hat keinen didaktischen Zweck.»[194] Entgegen Wilhelms Behauptung, die Märchen seien nicht auf den poetischen Stand der Dinge berechnet, griff er – wie vor ihm Ludwig Tieck im Fall der Minnelieder oder wie er selbst und sein Bruder beim Konzept der ‹Naturpoesie› – auf die Autonomieästhetik von Klassik und Romantik zurück. Das Märchen «trägt seine Nothwendigkeit in sich», heißt es in der Vorrede.[195] Das hätte man auch über das in sich vollendete Kunstwerk sagen können, wie es von der Ästhetik der Spätaufklärung konzipiert wurde.

Nicht also Regelwissen vermitteln die Märchen. Vielmehr formen sie eine Art Weltverhältnis. «Kindermärchen werden erzählt», so Wilhelm, «damit in ihrem reinen und milden Lichte die ersten Gedanken und Kräfte des Herzens aufwachen und wachsen.»[196] In ihnen geht es um das Geben und Nehmen, um den Aufbau und Erhalt sozialer Bindungen und darum, wie junge Frauen und Männer erwachsen werden.[197] Die Märchen stellen «Situationen» im «Leben» dar, nicht zuletzt von Verlassenheit und Leid, und sie präsentieren häufig eine Haltung, die weiterhilft: Treue.[198]

‹Treue› kann auch eine Treue zu sich selbst und zu Neigungen bedeuten, die auf den ersten Blick eher negativ erscheinen. Das lässt sich wiederum am Beispiel des Märchens vom Froschkönig zeigen: Die Prinzessin wirft aus Wut den Frosch gegen die Wand – «bratsch!» –, daraufhin verwandelt sich das tote Tier in einen Prinzen. Das passt nicht zur bürgerlichen Trivialmoral, aber zur ‹Logik

des Märchens›.[199] Denn ‹unbewusst› erfüllt die Prinzessin die Er-
lösungsvorgaben. Der Prinz erklärt ihr seit der vierten Auflage der
Märchen (1840) die Hintergründe etwas genauer: «er wäre von einer
bösen Hexe verwünscht worden, und niemand hätte ihn aus dem
Brunnen erlösen können als sie allein, und morgen wollten sie zusammen in sein Reich gehen»[200] – die Prinzessin erhält einen Prinzen, ja, mehr noch: Der überglückliche Diener, der ‹treue Heinrich›,
der sich so sehr über die Verwandlung seines Herrn in einen Frosch
betrübt hatte, darf endlich wieder seine Dienste verrichten.

Die Untugenden im Kleinen führen in der besten aller möglichen
Welten im Großen und Ganzen zum Wohl aller. Die unsichtbare
Hand des Märchens hat alles so arrangiert, dass die Herrschaftsverhältnisse auf eine angenehme Weise stabilisiert werden: Der Diener freut sich über die Rückkehr seines Herrn. Das war modernste
politische Theorie, wie sie in der Aufklärung entwickelt und in der
Romantik gedanklich vertieft wurde. Selten dürfte die Lehre von
den «Private Vices Publick Benefits», also von den «privaten Las-
tern», die sich als «öffentliche Tugenden» herausstellen, auf so ori-
ginelle Weise in Szene gesetzt worden sein – mit dieser Formel hatte
Bernard de Mandeville 1714 in seiner *Bienenfabel* ein sich selbst
steuerndes Gesellschaftssystem beschrieben und damit das zentrale
Prinzip einer liberalen Ökonomie formuliert: Wenn alle ihrem privaten egoistischen Gewinnstreben nachgehen, wird auf zauberhafte
Art und Weise das öffentliche Wohl gefördert.[201]

Die Märchen waren für die Grimms einer der Idealfälle, an denen
sich das ‹unbewusste› Empfangen und das ‹unbewusste› Schaffen ablesen lassen.[202] Die Gattung, so wie sie die Grimms präsentierten und
ausgestalteten, führte zu einem «Erziehungsbuch» nicht für alle Zeiten, sondern für eine ganz bestimmte Gesellschafts- und Familien-
form: Die Märchen stiften jene «wollüstige Furcht» (Goethe), die seit
der Spätaufklärung das psychologische Gerüst der Kindheit bildet.

Diese ganz eigene Form des Märchens, die ‹Gattung Grimm›[203],
setzt auf die Familienwerte des bürgerlichen Lebens, die Wilhelm

Grimm im Lauf der Bearbeitung immer mehr in den Vordergrund stellte. Aber sie blendete dieser realistischen Heimeligkeit zugleich das Wunderbar-Unheimliche ein und gehört damit zur Literaturgeschichte der Romantik und zur Psychogeschichte des bürgerlichen Subjekts mit all seinen Neurosen. Auch Wilhelm wusste ja, als er sich in seiner Autobiographie in einen Märchenhelden verwandelte, der aus der Zeit gefallen ist, nicht genau, «ob das heftige Gefühl», das ihm die Seele erfüllte, «Schmerz oder Freude war» – «es war wohl beides zugleich».[204]

Die Ambivalenz zwischen «Schmerz» und «Freude» kommt durch den Widerspruch von Inhalt und Tonlage zum Ausdruck. Die *Kinder- und Hausmärchen* erzählen oft von einem Leben, das einer anderen Zeit angehört: In den Familien herrscht ein eher ‹rauhes› Klima, das von Gewalt, Stiefmütterlichkeit, Arbeit und Verzicht geprägt ist. Der Erzähl*ton* des «Es war einmal» vermittelt indes jene Behaglichkeit, für die in der zeitgenössischen Pädagogik die Mutter und die mütterliche Stimme sorgen sollten.[205] Im Zusammenspiel des schauerlichen Inhalts und der behaglichen Tonlage erzeugen die Märchen ebenjene «wollüstige Furcht», die das bürgerliche Individuum an der eigenen Kindheit als Ursprung seines Unbewussten fasziniert.

Das Interesse am Märchen zehrte damit vom zeitgenössischen Trend zur Mutterpädadogik. So zielte der Namensvetter Albert Ludwig Grimm in seiner Märchensammlung von 1809 anders als Musäus auf Kinder als Publikum, und anders als dieser leitete er die eigentümliche Anziehungskraft der Märchen nicht aus ihrer Unterhaltungsfunktion ab. Sie sollten offenbar weder zerstreuen noch direkt anweisen, sondern das Kind an eine intime Familiarität gewöhnen. Abends, so Albert Ludwig Grimm, sollen die Märchen vorgelesen werden, und zwar vornehmlich von den Müttern: «Besonders Euch seyen diese Blätter geweyht, Ihr Mütter! besonders dir, glückliche Mutter acht blühender Kinder, die du in mütterlicher Brust noch rein bewahrest ein Herz aus den Tagen der goldenen Kindheit. Mögen sie dir, mögen sie jeder Mutter, die sie benutzt, eine stillerfreuliche Abendunterhaltung für die Kinder gewähren.»[206]

Bis die *Kinder- und Hausmärchen* zu ihrem Ton fanden und so geschmeidig eingängig wurden, wie es die romantische Mutterpädadogik forderte, waren einige Bearbeitungsschritte notwendig. Brentano etwa meinte nach Lektüre der ersten Fassung, «die Erzählung» sei «(aus Treue) äußerst liederlich, und versudelt, und in Manchen dadurch sehr langweilig». Das Ganze komme ihm wie ein schmutziges, zerrissenes Kinderkleid vor. Er sei nun erst recht froh darüber, dass man beim *Wunderhorn* anders verfahren sei.[207]

Im Prinzip jedoch entfernten sich die Brüder Grimm in diesem Fall gar nicht so weit von den ‹Wunderhornmännern›. Auch sie trugen dazu bei, die verlorene Tradition, die sie bewahren wollten, allererst zu schaffen. Zwar behauptete Wilhelm in der Vorrede der *Kinder- und Hausmärchen* ausdrücklich, kein «Umstand» sei «hinzugedichtet oder verschönert und abgeändert worden»,[208] aber er wies in den späteren Auflagen auch darauf hin, dass die Texte natürlich von ihm bearbeitet wurden. Man hatte offenkundig aus den Polemiken gegen die Bearbeitungspraxis des *Wunderhorns* gelernt und fuhr zweigleisig: Die Sammlung bewahre die «Eigentümlichkeit» der Märchen, allerdings liege ihr «kein sorgloses und unachtsames Auffassen» zugrunde, «im Gegenteil ist Aufmerksamkeit und ein Takt nötig, der sich erst mit der Zeit erwirbt, um das Einfachere, Reinere und doch in sich Vollkommenere von dem Verfälschten zu unterscheiden».[209] Und gerade wegen dieser langwierigen Bearbeitung behaupteten die Grimms das Eigentumsrecht an den Märchen – sie seien eben kein Gemeingut, auf das jeder beliebig zugreifen könne.[210]

Ob aber die Leser aufgrund solcher Bemerkungen damit gerechnet haben, dass etwa im Fall von «Schneeweißchen und Rosenrot» die Vorgeschichte und der gesamte Schluss aufs Konto von Wilhelms Fabuliertalent gehen?[211] Woran erkennt man «das Einfachere, Reinere und doch in sich Vollkommenere»? Und wann hat ein Herausgeber ausreichend «Aufmerksamkeit und Takt», um bei allen Eingriffen ins Material dessen «Eigentümlichkeit» nicht zu zerstören? Arnim legte den Finger genau in diese Wunde, und Jacob gestand ohne Umschweife zu, dass das Märchensammeln mit Treue im ‹mathematischen› Sinn nichts zu tun habe.[212] Er wusste sich darin mit Wilhelm einig. Bei den Aufzeichnungen der beiden fallen zwar die Unterschiede ins Auge – Wilhelm notierte bereits erzählend, Jacob interessierte sich vor allem für den Stoff und skizzierte die Märchen knapp und konzentriert –, aber Jacob war in jedem Fall mit den Bearbeitungen einverstanden, bei denen Wilhelm nach der ersten Auflage zunehmend die Regie übernahm.[213]

Es gibt viele Gründe für Wilhelms Bearbeitung des Märchenmaterials. Bisweilen fanden sich neue Quellen, sodass eine Erzählung *inhaltlich* ‹vollständiger› gemacht werden konnte. Zugleich aber zielten die Verbesserungen auch auf einen bestimmten Erzähl*ton*.[214] Nehmen wir als Beispiel wieder das Einleitungsmärchen vom Froschkönig. In der ersten handschriftlichen Fassung von 1810 lautet der Anfang: «Die jüngste Tochter des Königs ging hinaus in den Wald, und setzte sich an einen kühlen Brunnen. Darauf nahm sie eine goldene Kugel und spielte damit, als diese plötzlich in den Brunnen hinabrollte. Sie sah wie sie in die Tiefe fiel und stand an dem Brunnen und war sehr traurig. Auf einmal streckte ein Frosch seinen Kopf aus dem Waßer und sprach: warum klagst du so sehr.»[215]

In der Erstausgabe klingt der Anfang des Märchens deutlich anders: «Es war einmal eine Königstochter, die ging hinaus in den Wald und setzte sich an einen kühlen Brunnen. Sie hatte eine goldene Kugel, die war ihr liebstes Spielwerk, die warf sie in die Höhe und fing sie wieder in der Luft und hatte ihre Lust daran. Einmal war die Kugel gar hoch geflogen, sie hatte die Hand schon ausgestreckt und die Finger gekrümmt, um sie wieder zu fangen, da schlug sie neben vorbei auf die Erde, rollte und rollte und geradezu in das Wasser hinein.

Die Königstochter blickte ihr erschrocken nach, der Brunnen war aber so tief, daß kein Grund zu sehen war. Da fing sie an jämmerlich zu weinen und zu klagen: ‹ach! wenn ich meine Kugel wieder hätte, da wollt' ich alles darum geben, meine Kleider, meine Edelgesteine, meine Perlen und was es auf der Welt nur wär'.› Wie sie so

klagte, steckte ein Frosch seinen Kopf aus dem Wasser und sprach:
‹Königstochter, was jammerst du so erbärmlich?›»[216]

Wilhelm charakterisiert die Figuren und Situationen genauer. Vor
allem aber baut er Signale mündlicher Rede ein: Er verwendet for-
melhafte Ausdrücke,[217] weitet die dialogischen Passagen aus und
setzt erstmals den Erzähleingang ein, der zum Markenzeichen werden sollte («Es war einmal»). Auf diese Weise gewinnt der Leser oder
Hörer den Eindruck, er habe es mit einer lebendigen Erzählung zu
tun. Freilich steigert Wilhelm bis zur letzten Auflage geradezu systematisch die Komplexität der Satzstrukturen: Die Zahl der Neben-
sätze verdoppelt sich. Jene Mündlichkeit ist ein schöner Schein; die
Märchen gründen als Lese- und Vorlesebuch auf der Schrift.

In der letzten Ausgabe von 1857 lautet der Anfang des Froschkö-
nig-Märchens schließlich: «In den alten Zeiten, wo das Wünschen
noch geholfen hat, lebte ein König, dessen Töchter waren alle schön,
aber die jüngste war so schön, daß die Sonne selber, die doch so vieles gesehen hat, sich verwunderte, sooft sie ihr ins Gesicht schien.
Nahe bei dem Schlosse des Königs lag ein großer dunkler Wald, und
in dem Walde unter einer alten Linde war ein Brunnen; wenn nun
der Tag sehr heiß war, so ging das Königskind hinaus in den Wald
und setzte sich an den Rand des kühlen Brunnens: und wenn sie
Langeweile hatte, so nahm sie eine goldene Kugel, warf sie in die
Höhe und fing sie wieder; und das war ihr liebstes Spielwerk.

Nun trug es sich einmal zu, daß die goldene Kugel der Königstochter nicht in ihr Händchen fiel, das sie in die Höhe gehalten hatte,
sondern vorbei auf die Erde schlug und geradezu ins Wasser hin-
einrollte. Die Königstochter folgte ihr mit den Augen nach, aber die
Kugel verschwand, und der Brunnen war tief, so tief, daß man keinen Grund sah. Da fing sie an zu weinen und weinte immer lauter
und konnte sich gar nicht trösten. Und wie sie so klagte, rief ihr jemand zu ‹was hast du vor, Königstochter, du schreist ja daß sich ein
Stein erbarmen möchte›. Sie sah sich um, woher die Stimme käme,
da erblickte sie einen Frosch, der seinen dicken häßlichen Kopf aus
dem Wasser streckte.»[218]

Bis in die letzte Ausgabe verfolgte Wilhelm konsequent die einmal eingeschlagene Richtung. Er weitet Bauelemente des Märchens aus, auch im Blick auf eine ausgeglichene Struktur der Erzählung insgesamt. Einzelne Szenen werden anschaulicher, nicht zuletzt das Märchensetting mit Königshof und dunklem Wald wird bunter ausgemalt. Vor allem verstärkt Wilhelm gezielt die Signale jener eigentümlichen Erzählhaltung («Nun trug es sich einmal zu …»), die eine nur schwer bestimmbare Behaglichkeit erzeugt, mit der auch die seltsamsten und grausamsten Geschehnisse ohne Schockeffekt berichtet werden. Hier wird munter geprügelt, gemordet, gelogen und betrogen, aber den Leser versetzt diese Brutalität und Hinterhältigkeit lediglich in eine schaurig-schöne Stimmung. Diese eigentümliche Distanz ist auch ein Effekt davon, dass Wilhelm die Märchenhandlung durch dialogische Elemente und Anschaulichkeit vergegenwärtigt und sie zugleich immer weiter entrückt: Wir befinden uns eben in längst vergangenen Zeiten, «wo das Wünschen noch geholfen hat».

Grimms Bearbeitung zielt auf die Gegenwärtigkeit des Entrückten. Die Märchen und die Märchensammlung zehren vom Pathos des ‹noch›. Sie bilden, so die Behauptung, eine vom kulturellen Verfall bedrohte Gattung – diese Marketingstrategie könnte angesichts der vielen zeitgenössischen Märchensammlungen durchaus fragwürdig erscheinen. Wilhelm schreibt: «Es war vielleicht gerade die Zeit, diese Märchen festzuhalten, da diejenigen, die sie bewahren sollen, immer seltener werden […], denn die Sitte darin nimmt selber immer mehr ab, wie alle heimlichen Plätze in Wohnungen und Gärten einer leeren Prächtigkeit weichen, die dem Lächeln gleicht, womit man von ihnen spricht, welches vornehm aussieht und doch so wenig kostet.»[219]

Die *Kinder- und Hausmärchen* bedienten also kein überzeitliches kindliches Bedürfnis und keine Form der mütterlichen Zuwendung, die dem Menschen an sich eigen wäre. Sie formierten vielmehr ihre Leser und Hörer zu einem geeigneten Publikum. Sie trugen gewissermaßen allererst dazu bei, die Bedürfnisse, die sie dann stillten, zu erzeugen. Daher vergingen nach der Erstausgabe (1812/15) auch rund zwanzig Jahre, bis der Verkauf der *Kinder- und Hausmärchen* endlich an Fahrt gewann. Seitdem schreiben sich die Grimm'schen Märchen in das kollektive Gedächtnis ganzer Generationen ein.

Die *Kinder- und Hausmärchen* erzeugten Gemeinschaft – das hatte vielfältige Dimensionen: soziale, politische und ökonomische. Die Märchen sollten 1812 nicht umsonst als «Weihnachtsgeschenk fertig werden», wie die Grimms und ihr Verleger planten.[220] Tatsächlich faszinierte um 1800 an den Märchen eine bestimmte Form der Kundenbindung. So hätte Musäus nichts dagegen, wenn die Leser sich ein wenig kindisch verhalten würden: Zugunsten eines Märchens lasse ein Kind alles stehen und liegen und «hört stundenlang mit gespannter Aufmerksamkeit zu».[221]

Während Musäus aber noch auf das lektüresüchtige Publikum seiner Zeit abzielte, verabreichten die Grimms die Kindermärchen als verzuckerte Pille gegen die Lesewut, ähnlich wie Tieck seine Minnelieder und Arnim und Brentano ihre Volkslieder gegen die Vielleser in Stellung gebracht hatten. Sie möge, bat Jacob die Familie Arnim, «jeden Abend eins oder ein paar» lesen, nicht alle auf einmal, «sonst machts müde». Auch seien Märchen nicht für «das einmalige Anhören oder Lesen» gedacht, «an das sich unsere Zeit gewöhnt hat». Die Grimms favorisierten «das Dauernde» als «etwas Ruhiges, Stilles und Reines».[222]

Gemeinschaftsbildend sollten die Märchen wirken, und immerhin bemerkenswert ist, dass Wilhelm später die Märchenbeiträgerin Dorothea Wild heiraten sollte, so wie Lotte Grimm die Ehefrau von Ludwig Hassenpflug wurde, dessen Schwestern für die Grimms viele Märchen aufgezeichnet haben – die Märchen handeln nicht nur vielfach von Hochzeiten, sie stifteten sie offenbar auch. Sie sind Produkt des ‹naturpoetischen› Gebens und Nehmens, und sie regten diesen ‹unbewussten› Austausch an. Sogar die Kurprinzessin habe «Antheil» an den Brüdern Grimm genommen, «der Märchen wegen», berichtete Savigny.[223] Die Beiträger kamen ebenfalls über die Märchen miteinander in Kontakt. Im Februar 1810 reiste Marie Hassenpflug mit einem Empfehlungsschreiben Wilhelm Grimms zur Familie Mannel, um sich dort zu erholen. Wilhelm versprach Friederike Mannel, sie werde ihren Gast «lieb gewinnen», und fügte hinzu: «Ich habe sie auch um Märchen gebeten und wenn Sie beide fleißig sammeln, so wirds nicht fehlen.»[224]

Was sich im Kleinen, innerhalb ihres Bekanntenkreises abspielte, hätten die Grimms gern auch auf die große Bühne der Politik übertragen. Zwar seien die Märchen in gewisser Weise menschliches Allgemeingut, «denn es giebt wohl kein Volk, welches sie ganz entbehrt. Selbst die Neger im westlichen Afrika vergnügen ihre Kinder mit Erzählungen [...]», heißt es in der Märchen-Vorrede.[225] Zugleich aber liege in den «Volks-Märchen [...] lauter urdeutscher Mythus».[226] 1815 versprechen die Grimms ihren Lesern, dass alles, was die Textbände liefern, «rein deutsch und nirgends her erborgt» sei.[227] Deswegen streichen sie im Lauf der Zeit auch einige Märchen – der «gestiefelte Kater» fällt beispielsweise als französisches Erbstück aus dem Repertoire. In den Anmerkungen allerdings arbeiten sie die internationalen Zusammenhänge auf, in denen die Märchen stehen.

Die Märchen, so Wilhelm in einem Nachtrag, sollten etwas «dem ganzen Vaterlande Gemeinsames» sein.[228] Es gehört daher zu den symbolisch hochbedeutenden Zufällen im Leben der Brüder Grimm, dass die Erscheinungsdaten der beiden ersten Bände der *Kinder- und Hausmärchen* den Niedergang der napoleonischen Herrschaft nach dem Russlandfeldzug (1812) und die Neuordnung Europas auf dem Wiener Kongress (1814/15) rahmen. Wie so oft finden sie in den Umgangsformen, die ihr Forschungsgegenstand provoziert, das Modell einer gleichsam zwanglos-zwingenden Form politischer Herrschaft wieder: «Wo sie [die Märchen, S. M.] noch da sind, da leben sie so, daß man nicht daran denkt, ob sie gut oder schlecht sind, poetisch oder abgeschmackt, man weiß sie und liebt sie, weil man sie eben so empfangen hat, und freut sich daran ohne einen Grund dafür: so herrlich ist die Sitte, ja auch das hat diese

Poesie mit allem unvergänglichen gemein, daß man ihr selbst gegen einen andern Willen geneigt seyn muß.»[229] Insofern war es konsequent, dass Jacob gerade auf dem Wiener Kongress die Gelegenheit sah, das Sammelprogramm der Arbeitsgemeinschaft Grimm einer ausgewählten Öffentlichkeit zu präsentieren.

Die Rückkehr des Kurfürsten

Dass das «Volk» eine beachtenswerte Größe darstellt, wurde nicht nur den Märchen- und Sagenforschern zunehmend klar, sondern fiel auch der großen Politik auf, nicht immer angenehm: Jérôme Bonaparte musste mit den Aufständen im eigenen Land zurechtkommen. Die Rebellen hatten sich am 22. April 1809 auf dem Marktplatz von Homberg zusammengefunden und waren am folgenden Tag unter Führung von Wilhelm Freiherr von Dörnberg, der vor allem die Interessen des Militärs und des Landadels vertrat, auf die westphälische Armee getroffen. Dieser gutorganisierten Militärmacht hatten sie wenig entgegenzusetzen. Weder schlossen sich Teile der regulären Truppen den Aufständischen an, noch gelang der Schulterschluss mit der österreichischen Armee, gegen die Napoleon gerade Krieg führte.[230] Jacob Grimm sah erschüttert, «wie Deutsche von Deutschen durch die Straßen gefangen eingebracht wurden». Er werde nie in seinem Leben einen Wagen vergessen, «worauf fünf Bauern eng aneinander saßen, ganz still, mit gelben Haaren, und die Menge Menschen ruhig anschauten, aber bleich und gut im Gesicht. Man hofft und glaubt, daß nicht mit großer Strenge verfahren wird, denn der König ist wirklich gütig».[231]

In einer zeitgenössischen antifranzösischen Polemik wurde berichtet, dass «Hunderte von Bauern Wochenlang» im Kasseler Kastell an der Wilhelmsbrücke, das bereits Wilhelm I. als Staatsgefängnis eingerichtet hatte,[232] eingekerkert wurden. Der Eingang zum Gefängnis sei «unaufhörlich von weinenden Gattinnen, Müttern, Töchtern und Söhnen, von Freunden und Bekannten besetzt» gewesen.[233] Der König fällte, wie nicht anders zu erwarten, eine Reihe von Todesurteilen, verschonte aber viele, die nach strenger Auslegung des Kriegsrechts mit der Hinrichtung hätten rechnen müssen. Jérôme erkannte die Zeichen der Zeit. Seine Milde war nur die Kehrseite einer Veränderung politischer Macht. Denn an die Stelle der königlich-souveränen Gewalt über Leben und Tod setzte er die Staatsgewalt mit ihrem Überwachungsapparat: Die geheimpolizeilichen Maßnahmen wurden verstärkt, weil die Pläne um Dörnberg ebenso übersehen worden waren wie die Vorbereitung eines im Juni 1809 folgenden Aufstands. Die Polizei musste ihre Funktionstüchtigkeit beweisen und baute ihr Agenten- und Spitzelsystem aus.[234] Als etwa in Marburg die Nachricht über einen französischen Rückzug eintraf, so berichtet Wilhelm, seien einige Zeitungsleser im Casino vor eine Landkarte getreten und hätten daraufhin am nächsten Tag von der Polizei den Verweis bekommen, sich in Zukunft bei «dergleichen Nachrichten» nicht mehr «mit *lächelnder Miene* vor die Karte zu stellen».[235]

Die Geheimpolizei las von Gesten, Haltungen und physiognomischen Details politische Einstellungen und Stimmungen ab; sie achtete auf Sitten, Gebräuche, Lebensverhältnisse und Alltäglichkeiten;[236] und sie zielte auf das Innere des ganzen Staats – die Grimms machten das wenig später bei der politischen Situationsbestimmung nicht anders. Was sich in den Theorien vom Volksgeist ein wenig blumig anhört, wurde in Form der Überwachung öffentlicher Stimmungslagen harte Realität. Aber eines erkannte Jérôme ebenso wenig wie der alte hessische Kurfürst: dass die Grundlage der neuen Herrschaftstechniken nicht nur die (polizeiliche) «Erkenntnis», sondern auch die «Liebe […] seines Volks» sein sollte, wie Jacob Grimm es formulierte. Auch Wilhelm meinte, Jérôme habe seine Untertanen sicher nicht schädigen wollen, «aber wie ein wirklicher Fürst kein Wohlwollen für sie» gefühlt.[237] Mit anderen Worten: Hätte Jérôme sich nicht geweigert, Deutsch zu lernen,[238] und hätte er die Schriften der Grimms gelesen, dann wäre ihm klargeworden, dass politische Macht lokal verankert ist, dass sie auf die spezifische Situation

vor Ort zu reagieren hat und dass sie nur dann erfolgreich ausgeübt werden kann, wenn sie ‹volkstümlich› ist und ‹Liebe› zwischen
Herrscher und Untertanen stiftet. Im Übrigen aber fand Jacob seinen ehemaligen Arbeitgeber, die französische Regierungszeit resü-
mierend, recht gutmütig. Ganz anders die Königin, die vormalige
Prinzessin von Württemberg. Sie habe er gehasst, weil sie «als eine
Deutsche sich jederzeit undeutsch und albernstolz ausgewiesen»
und keinen positiven Einfluss auf ihren Ehemann ausgeübt habe.[239]

Die historische Wetterlage Europas änderte sich. Jérôme spürte das.
Bereits im Dezember 1811 prophezeite er seinem Bruder Napoleon
den baldigen Untergang und forderte ihn auf, seine Expansionspo-
litik zu mäßigen.[240] Freilich hielt das Jérôme nicht davon ab, noch
1812 einen großangelegten Plan für die Erweiterung Kassels mit einem zentral gelegenen Jérôme-Platz zu bedenken.[241]

Während man in Kassel Pläne für die Zukunft schmiedete, erlebten Napoleon und seine «Grande Armée» das Desaster des Russland-
feldzugs.[242] Preußens König Friedrich Wilhelm III. reagierte zögerlich.
Er hatte einigen Beratungsbedarf, bis er – in Allianz mit Russland –
im Frühjahr 1813 Napoleon den Krieg erklärte. Im Herbst 1813 über-
schlugen sich dann die Ereignisse in Westphalen: Am Morgen des
28. September rückten russische Truppen in die Kasseler Neustadt
ein. Jérôme flüchtete. Der Rest der Stadt war durch Barrikaden befestigt. Einen Tag lang blieb die Lage unsicher. Als aber die Russen
die Stadt unter Kanonenfeuer nahmen, öffnete eine Gruppe von
jungen Stadtbewohnern den Angreifern die Tore, und die verblie-
benen französischen Truppen kapitulierten. Die Folgen des Angriffs
schilderte kurz und knapp Friederike Ernst, die spätere Frau Ludwig Grimms, in ihrem Tagebuch: «Denselben Morgen wurden noch
durch Canonen Kugeln 3 Menschen todtgeschossen, 1 ein Porcelain-
flicker, 2 ein Hirtinn, und 3 dem Gärtner Meiß sein Sohn.»[243]

Die Grimms bekamen das alles mit. Wilhelm berichtete für den
Preußischen Correspondenten von der chaotischen Umbruchphase.[244]
Richard Maria Harnier, ein enger Freund, war unter den aufstän-

dischen Kasseler Bürgern. Auf der Flucht vor der französischen Infanterie schlüpfte er bei den Grimms unter.[245] Vermutlich hielt sich auch August von Haxthausen, dessen Bruder Werner zu den Aufständischen um Dörnberg gehört hatte, bei ihnen auf.

Die anrückenden russischen Truppen waren zu schwach, um Kassel zu halten, und zogen sich schon am 3. Oktober wieder zurück. Am 14. Oktober kam Jérôme noch einmal in die Stadt und wurde – wie befohlen – mit hellerleuchteten Häusern feierlich empfangen. Mitte Oktober jedoch schlugen die Alliierten Napoleon in der ‹Völkerschlacht› bei Leipzig. Am 26. Oktober war es mit der Herrschaft seines Bruders in Westphalen endgültig vorbei.[246] Am Abend dieses Tages informierte König Jérôme die Bürger seiner «guten Stadt Kassel» im *Moniteur*: «Seine Majestät der König finden sich durch den Drang der Zeitumstände veranlaßt, sich von Ihren Staaten zu entfernen.»[247] Kotzebue schrieb unter Pseudonym ein «rührendes Singspiel» auf Jérômes «Abschied aus Kassel». Der Schlusschor der Kasseler lautet:

«Tretet ein, o ihr Befreier,
Fort ist nun das Lumpenpack!
Seyd willkommen! Seyd uns teuer!
Russen, Preußen und Cosack.»[248]

Offenkundig bedeuteten die politischen Veränderungen nicht zwingend geschmackliche Verbesserungen.

Vier Tage nach Jérôme Bonapartes Abgang, am 31. Oktober, zog der Kurprinz in Kassel ein und wandte sich bald darauf in einer Proklamation an die Landeskinder: «Hessen! Mit Eurem Namen nenne Ich Euch wieder», begann er seine Begrüßung, um seine Untertanen danach auch an ihren zweiten Namen, den der «Deutschen», zu erinnern. Er lobte die unverbrüchliche «Treue und Anhänglichkeit» an ihren Fürsten. Er sei vom Schlachtfeld zu den Hessen zurückgekehrt, nun sollten die Hessen in den Krieg ziehen: «Meldet Euch deswegen bei denen, die Ich hierzu beauftragen werde.»[249]

Am 21. November beendete schließlich auch der Kurfürst sein siebenjähriges Exil. Sein Einzug war beeindruckend: In einer Kutsche, vor die sich Bürger Kassels spannten, fuhr Wilhelm I. durch die blumengeschmückten Straßen. «Über die Menge ragte der siebenzigjährige Greis hervor», berichtete Wilhelm Grimm im *Rheinischen Merkur*, «und sah gerührt auf sein Volk herab, das den Wagen zog, während die Kurfürstin fast erdrückt wurde von Blumen und Kränzen, so gut sie der Winter geben wollte.»[250] Die Aufschrift der Ehrenpforte stammte von den Brüdern Grimm. Sie selbst liefen kurz danach neben dem offenen Wagen her, in dem ihre Tante im Gefolge der Kurfürstin wieder nach Kassel zurückkehrte.[251] Wilhelm Grimm entwarf auch die Inschriften für die neuen hessischen Kanonen, die die befreundete Familie Henschel in ihrer Fabrik herstellte und die 1814 in Frankreich auf die napoleonischen Truppen gerichtet werden sollten.[252]

Vielleicht kannte der patriotische Taumel tatsächlich keine Grenzen. Wilhelm Grimm jedenfalls verfolgte bei seiner Festbeschreibung durchaus ein strategisches Ziel. Er vergegenwärtigte die Szenen enthusiastischer Untertanentreue, um dem Kurfürsten, der an den überkommenen Vorstellungen souveräner Machtausübung festhielt, den Geist der ‹neuen Zeit› zu vermitteln. «Es ist gut», bemerkte er in dem zitierten *Merkur*-Artikel, «solche Vorgänge in der Erinnerung nicht untergehen zu lassen, weil dabei das Innere des Volks sich frei aufthut und den Blick in das unbewusst Grosse und Tiefe gestattet, das eben, weil es unbewusst ist, der Einzelne nicht auszusprechen vermag.»[253] Dahinter stand die romantische Idee, dass sich das politische System nicht auf autoritärer Gewalt, sondern auf «Liebe und Zutrauen», auf dem Unbewussten einer gesellschaftlichen Ordnung gründe. Und diese Idee verbreiteten die Grimms in den folgenden zwei Jahren nicht mehr allein in Theorien der Volkspoesie oder der Märchendichtung, sondern in Zeitungen und auf diplomatischen Missionen.

Der Krieg diente dabei als eine Art Katalysator: Das Militär war das erste gesellschaftliche Feld, auf dem der moderne Nationalismus das ‹Volk› entdeckte und als politische Kraft wirksam werden ließ. Zumal die preußischen Visionäre wie Scharnhorst, Gneisenau oder Clausewitz dachten ihre Heeresreform als Gesellschaftsreform, und umgekehrt konzipierten sie ihre Gesellschaftsreform von der Heeresreform aus.[254] Die Befreiungskriege aktivierten rhetorisch eine politische Haltung, die die Staatsangelegenheiten zur Sache jedes Einzelnen machen und Untertanen in Staatsbürger verwandeln sollte. Jetzt schien es tatsächlich möglich, jene romantische Idee umzusetzen. In der Realität hielt der Erfolg sich allerdings in Grenzen.[255]

Auf Schloss Wilhelmshöhe war man zu solchen romantischen Phantasien nicht gestimmt. Der Kurfürst musste erst einmal eine Armee auf die Beine stellen. Ein Frauenverein gründete sich zur Ausrüstung eines freiwilligen Jägerkorps. Und die Grimms kündigten eine Ausgabe des *Armen Heinrich* von Hartmann von Aue zur Pränumeration, also zur Vorabbestellung, an, um Geld für die Ausrüstung der hessischen Freiwilligen zu sammeln. Die mittelalterliche Verserzählung ist eine Art Trostgedicht für schwere Zeiten. Sie handelt von einem Ritter, der vom Aussatz befallen wird und wie Hiob durch das Leiden «gottes hulde» erkennt. Nur eine Jungfrau, die sich für ihn freiwillig opfert, kann ihn heilen. Eine Pächterstochter ist zu dieser Tat entschlossen, aber erst als Heinrich darauf verzichtet und seine Krankheit als Gottesgabe annimmt, wird er gesund und heiratet über alle Standesgrenzen hinweg das opferbereite Mädchen.

Die Grimms widmeten das Buch den «königlichen Hoheiten der Kurfürstin und Kurprinzessin von Hessen in tiefster Ehrerbietung» als ein Exempel, «wie kindliche Treue und Liebe Blut und Leben ihrem Herrn hingibt und dafür herrlich von Gott belohnt wird». Und in der Vorrede erklärten sie dieses ‹deutsche Gedicht› zum «Opfer» in einer Zeit, in der sich «unser gesammtes Vaterland in seinem Blut von dem französischen Aussatz wieder geheilt und zu Jugendleben gestärkt» habe.[256] Durch die Widmung an die Frauen überkreuzten die Grimms dabei Geschlechterrollen und ständische Hierarchien. Denn wer war hier Herr, wer Diener? Verpflichteten die Grimms das Kurfürstenhaus auf weibliche Hingabe zum siechen Volk? Oder sollte das niedere Volk sich in schweren Zeiten für die Fürstenfamilie opfern? Die beigefügte Übersetzung jedenfalls, so die Grimms weiter, werde das Buch «zu einem allgemein lesbaren Volksbuch machen». Zudem profitierten gelehrte Leser von der gründlichen Textkritik – Büsching hatte 1810 eine von Jacob Grimm negativ rezensierte Ausgabe des *Armen Heinrich* veröffentlicht.[257] Patriotismus und Wissenschaftspolitik gingen Hand in Hand.

Das Verzeichnis der Pränumeranten, das der Edition des *Armen Heinrich* zwei Jahre später vorangestellt wird, weist 156 Käufer aus. Sie stammten zum großen Teil aus dem Bekanntenkreis der Grimms oder aus dem Umfeld des Kasseler Hofes. Das waren deutlich weniger als gehofft. Nicht einmal die patriotische Stimmung und die Chance, sich gegenüber dem zurückgekehrten Kurfürsten als engagierte Untertanen zu präsentieren, verbesserten die Bedingungen für die Grimm'schen Bücher.[258] Dennoch erzielte die Edition einen Erlös, der immerhin fast das Doppelte des Gehalts betrug, das Wilhelm bald bei seiner ersten Anstellung als Bibliothekssekretär verdienen sollte – am Ende des Pränumerantenverzeichnisses heißt es: «Von den H. H. J. und W. C. Grimm sind mir Ein Hundert Vier und Neunzig Thaler für den Frauen-Verein ausbezahlt worden. / Marie Robert.»[259]

Das war nicht der einzige Dienst am Vaterland. Jacob und Wilhelm drängten ihre Brüder, die patriotische Familienehre im Feld zu verteidigen. Es wäre eine Schande, meinte Wilhelm, «wenn keiner dabei wäre».[260] Ludwig und Ferdinand waren mehr oder weniger freiwillig zum Waffendienst bereit. Ludwig folgte Ende Januar 1814 dem Aufruf des Kurfürsten und zog als Leutnant im 3. Landwehrregiment nach Frankreich. An Ferdinand ging «die Bewegung der Zeit» vorbei. Zwar hatte ihn wie seine Brüder die patriotische Welle zum Jahreswechsel 1813/14 ergriffen, aber es dauerte nicht lang, bis sich seine nationale Aufwallung erheblich dämpfte. Er ließ sich Zeit

mit dem freiwilligen Dienstantritt.[261] Carl, der seinen ältesten Brüdern versicherte, er werde «Alles thun was ihr von mir wünscht»,
landete bei den freiwilligen Jägern.[262]

Wilhelm I. hatte allen Grund, sich über den patriotischen Eifer seiner Untertanen zu freuen, denn die Wiederherstellung Kurhessens aus dem Bestand des Königreichs Westphalen musste mit
2,5 Millionen Gulden und 24000 Soldaten als Kriegslastenbeitrag
entgolten werden.[263]

Im Rahmen der Restaurationspolitik von Wilhelm I., der alles auf
den Stand der Dinge des Jahres 1806 zurückdrehen wollte, hätte Jacob wieder seine Stelle als Kriegssekretär übernehmen sollen. Aber
der angebotene Lohn reicht nicht aus, um seine Geschwister zu er-
nähren.[264] «Mit der mir selbst in dieser Sache geziemenden Offenheit» erklärt er in einem offiziellen Brief vom 10. Dezember 1813,
seine Stärken lägen in den «literärischen Studien» und er würde weder der Sache noch sich selbst einen Gefallen tun, wenn er die Berufung annähme. Sechs Tage später bewirbt er sich um die Stelle eines
Gesandtschaftssekretärs, zu der ihn das «Studium der Geschichte»
besonders qualifiziere.[265] Jacob muss nicht lange warten. Am 23. Dezember ernennt ihn der Kurfürst zum Legationssekretär mit einem
Gehalt von sechshundert Talern und schickt ihn ins Lager der Alliierten, die die napoleonische Armee nach Paris zurücktreiben.

Zur selben Zeit entscheidet sich auch Wilhelms berufliche Zukunft. Er ist siebenundzwanzig Jahre alt, hat kein Vermögen, dafür
aber vier jüngere Geschwister, die auf seine Unterstützung angewiesen sind.[266] Zunächst bemüht er sich vergeblich um den Redak-
teursposten der *Kasseler Zeitung*, dann mit einem Schreiben vom
11. Dezember 1813 – also einen Tag, nachdem Jacob den Posten des
Kriegssekretärs abgelehnt hat – um die Stelle eines Bibliothekssekre-
tärs: Der Regierung Jérôme habe er nicht dienen wollen und daher
in den letzten Jahren zurückgezogen gelebt. Jetzt, «nach der glücklichen Befreiung des Vaterlandes», dränge es ihn in den Staatsdienst.
Angesichts seiner körperlichen Beeinträchtigung sei die Stelle gera-

dezu ideal für ihn.[267] Die Bibliothekare Strieder und Völkel unterstützen die Bewerbung und verweisen auf «die rühmlichen Proben
von Wissenschaft»; auch Tante Zimmer macht ihren Einfluss bei
Hof geltend. Am 4. Februar 1814 wird Wilhelm mit einem Jahresgehalt von hundert Reichstalern eingestellt.

Jacob Grimm befindet sich inzwischen im Großen Hauptquartier
der Alliierten auf dem Vormarsch nach Paris. Er verfolgt nun als Legationssekretär des hessischen Gesandten Graf Dorotheus Ludwig
von Keller die letzten Schlachten Napoleons aus nächster Nähe. Die
Gesandtschaft sollte in Paris die kurhessischen Interessen vertreten.
Jacob war zudem für die aus der königlichen Bibliothek entwendeten Bücher zuständig.

Seinen Vorgesetzten erträgt Jacob anfangs mehr, als dass er ihm
wirklich sympathisch wäre. Im Lauf der Zeit erkennt er zwar auch
die Vorzüge der jovialen Art des Grafen.[268] Auf lange Sicht aber bestätigt Jacob seine Vorbehalte. Keller repräsentiert für ihn einen Typus, der ihm in der Welt der Diplomaten und Politiker häufig begegnen wird. Er vermisst an ihm die Substanz und damit auch die
Fähigkeit, sich wirklich auf etwas einzulassen. Kurz: Keller stellt auf
eine mehr oder weniger charmante Art das genaue Gegenteil dessen
dar, was Jacob am ‹Volk› so fasziniert: eine stabile Gesinnung, eine
tiefe und ruhige Wesensart.[269] Zudem zehren Kellers Gewohnheiten,
die ausführlichen Mahlzeiten in Gasthäusern beispielsweise, an Jacobs Geldbeutel. Es wird schwer, wie geplant, etwas vom Lohn zu-
rückzulegen, zumal der Vormarsch länger dauern wird als gedacht.

Napoleon, der «Weltseele», wie Hegel den französischen Erobe-
rer nannte, war es gelungen, noch einmal eine Armee zusammenzu-
ziehen. Von «150–200,000 Mann» ist in Jacobs Briefen die Rede.[270]
Dennoch bleibt das Tempo der vorrückenden Truppen anfangs
hoch. Blücher setzt die französische Armee unter Druck. Binnen
zwei Monaten, vermutet Jacob am 20. Januar von Basel aus, könne
man in der französischen Hauptstadt einmarschieren.[271] Und auch
Wilhelm berichtet aus Kassel, die Zeitungen kündigten einen bal-

digen Frieden an.[272] Sie haben das Gefühl, am Anfang einer neuen Epoche zu stehen.

Jacobs Reise beginnt trotz aller Überhastung recht angenehm. Heidelberg findet er als «alte» Stadt so komfortabel, dass er sich vorstellen kann, dort für immer zu wohnen. Er schaut sich Boisserées Bildersammlung an und das im Entstehen befindliche große Werk über den Kölner Dom; er trifft den Verleger Zimmer sowie Creuzer und Wilken, die Redakteure der *Heidelbergischen Jahrbücher*.[273] In Karlsruhe besucht er Johann Peter Hebel, mit dem er sich am Ende recht herzlich versteht.

Über Rastatt, Freiburg und Basel geht es weiter nach Frankreich. Wo immer sich die Möglichkeit bietet, besucht Jacob Bibliotheken. Jede freie Minute verwendet er darauf, aus dem aktuellen Tagesgeschehen abzutauchen in die vergangenen Welten der Manuskripte und alten Bücher. Bisweilen erweckt er den Eindruck, er nehme die Befreiungskriege nur zum Anlass, endlich einmal wieder nach Paris zu kommen, um dort philologische Entdeckungen machen zu können.[274] In seinen Briefen berichtet er zwar ausführlich von den politischen Ereignissen, denn er rechnet noch damit, dass Wilhelm die Redaktion der *Kasseler Zeitung* übernehmen wird, und will ihm als Kriegsreporter Material aus erster Hand liefern.[275] Mindestens ebenso dringlich aber wie die Sorge um den Schlachtenverlauf, um das Leben und Sterben der verelendeten Soldaten klingen die Fragen nach dem Stand der Publikationsvorhaben zu Hause: Wie es um den Druck des *Armen Heinrich* stehe? Welche Fortschritte der Verlag der *Edda* und die Sammlung der Kindermärchen machen?

Wilhelm hat alle Hände voll zu tun. Nebenbei verwaltet er, so gut es eben geht, die «unerträglich» umfangreiche Korrespondenz seines Bruders und tritt seine neue Stelle an. Er sorgt sich um Carl, Ferdinand und Ludwig. Einquartierungen belasten die Haushaltskasse – in einem Brief an Arnim berichtet er, dass Lotte ihr Zimmer sieben russischen Soldaten überlassen musste.[276] Im Übrigen funktioniert auch im Krieg das alte Zuträgersystem: Haxthausen lässt sich nachts auf einer Vorpostenwacht von einem Kameraden ein Märchen erzählen; der Soldat wurde am anderen Tag erschossen.[277]

Bei aller Zuversicht: Es fällt den Brüdern Grimm schwer, sich mit
den raschen Veränderungen zu arrangieren. «Die Geschichte geht so
schnell», klagt Wilhelm einmal gegenüber Arnim.[278] Das Lebensziel
von Jacob und Wilhelm Grimm besteht in der ungestörten Arbeit
an den historischen Zeugnissen; an den großen Geschichtsereignissen ihrer Zeit aber müssen sie ebenso widerwillig wie unmittelbar teilnehmen. Sie fühlen sich der Vergangenheit und dem «Volk»
verpflichtet; dessen Bedeutung aber wird von den politischen Entscheidungsträgern nicht erkannt.[279] Äußere Ereignisse unterbrechen
die Arbeitsroutine, die den vorgesetzten Autoritäten abgetrotzt wird.
Und hinter allem steht die Sehnsucht nach einem Ideal familiärer
Geborgenheit, das gerade aus der Entfernung immer anziehender
erscheint.

So betrachtet Wilhelm, während wie jeden Morgen die «Theemaschine» kocht, Jacobs verwaisten Stuhl als Zeichen einer Leerstelle,
die die Weltpolitik hinterlassen hat. Würde er hereinkommen, versichert Wilhelm seinem Bruder, könne er sich sofort wieder niedersetzen und mit seinen Studien fortfahren, alles sei beim Alten.
Nichts wäre Jacob wohl lieber gewesen. Denn auch für ihn bedeutet
die Teilnahme an den Entscheidungsschlachten vor allem eine Störung jener Arbeiten, die ihn wirklich interessierten. Den geliebten
Lebens- und Forschungszusammenhang zu Hause vergisst er in keinem Augenblick. Er träumt sich «alle Nacht» nach Hause zu seinen
Geschwistern, und tagsüber in der Kutsche, wo er zwischen Wachen
und Schlafen hin und her pendelt, kehrt er in der Phantasie ständig nach Kassel zurück.[280] Auch bei Wilhelm löst die Abwesenheit
Jacobs einen Impuls zur Flucht aus der Gegenwart aus: Traurig sieht
er bei Jacobs Abreise dessen Laterne hinterher, bis sie verschwunden
ist. Dann macht er sich daran, die Familienbriefe zu ordnen – «jede
Familie sollte ihr Archiv haben».[281]

Obwohl die Vergangenheit der Familie im privaten Archiv bewahrt und geschützt wird: Gesichert ist sie keinesfalls. An derselber Stelle berichtet Wilhelm, dass ein defekter Ofen beinahe einen Brand verursacht hätte. Wäre er wegen der Abwesenheit seines Bruders nicht eine Viertelstunde früher als sonst aufgestanden, hätten die Flammen die Erinnerungszeugnisse vernichtet. Rund zwei Wochen später wird es noch brenzliger. Abends um elf Uhr kommt ihm auf dem Nachhauseweg «der Rauch so dick entgegen, daß nichts mehr zu sehen war, als die dunkele Flamme hindurch». Ein Brauhaus in der Nähe stand in Flammen. «Die Gefahr wuchs schnell, wir packten in aller Geschwindigkeit, ich unsere Papiere und Bücher, die Lotte Hausrath und der Lui und Harnier schleppten es fort.»[282]

Wilhelm also wendet sich den Familienbriefen zu, Jacob verliert sich im Traum vom ruhigen Leben. Der eine sucht einen Ausweg aus den Unzulänglichkeiten der Gegenwart in den stets vom Verlust bedrohten Quellen der Archive, der andere in der träumerischen Vergegenwärtigung des Abwesenden, die immer wieder gestört wird. Beide antworten damit auf eine zentrale Erfahrung ihres Lebens: Ordnungsverlust und Haltlosigkeit.

Wilhelm wäre genug Zeit für die Arbeit im Familienarchiv geblieben, denn die Lage im Kampf gegen Napoleon war verwirrender als gedacht. Das brutale Vorgehen der nach Frankreich einmarschierenden Truppen macht die Grenze zwischen Freund und Feind unkenntlich. «Freude und Mitleid» vermischen sich in Jacobs Gefühlen beim Anblick der Kriegsgefangenen.[283] Eisige Kälte und mangelnde Verpflegung setzen den meist sehr jungen Soldaten zu. Es sei zum Erbarmen. Freilich geht es den Gefangenen oft noch besser als ihren Bewachern. Jacob fährt an einem kranken bayerischen Soldaten vorüber, der «nur eine warme Suppe» fordert. Mitten auf der Straße stirbt ein junger Österreicher; der Heerzug macht einfach einen kleinen Bogen um den Siechenden.[284] Die Sieger wirken eher wie Verlierer. Zudem bringen die eigenen Truppen durch Plünderungen, Vergewaltigungen und Massaker die Zivilbevölkerung gegen sich auf – «wenn in vielen Dörfern alle Mädchen und Weiber genothzüchtigt sind, wenn eine brave, schöne Tochter im Beiseyn des Vaters mit aller Gewalt ihrer Stärke zwei Männer zurückwirft und dann 20 kommen und ihrer Herr werden, so kann man solchen einzelnen Erzählungen und Schmerzen nicht einmal mehr das allgemeine große Elend, was uns die Franzosen gethan haben, zur Entschuldigung entgegensetzen.»[285]

Die «Kriegssachen» stehen ebenfalls nicht so wie gewünscht und erwartet. Mehrfach zwingt Napoleon das alliierte Hauptquartier zu überhasteten Rückzügen. Die «Weltseele» gewinnt noch einmal große Schlachten und bringt den Einmarsch bedenklich ins Stocken. Die Tage verstreichen in «Hoffen, Erwarten, Täuschung, Ausgehen nach Neuigkeiten, Formen, schlechtem Geschwätz u. ohne Frohheit». Wenn er «an das Große und Erfreuliche denke», so Jacob weiter, sei er «doch nur auf der einen Seite angewärmt, auf der andern kalt; gerade wie mirs leiblich beim Caminfeuer geht». Denn selbst wenn er keinen Zweifel hat, dass Napoleon besiegt werden wird: Er sieht viele schlechte Vorzeichen für eine künftige Neuordnung der Verhältnisse. Die Mächtigen, stellt er immer wieder fest, fühlen nicht wirklich, was sie im Namen des Volkes zu tun haben. Das «Heiligste, Einfachste, das was der größte und beste Theil unseres Volkes klar will, wofür Hunderttausende gestorben sind, steht so auf dem Spiel, daß uns nur Gott rettet oder die finstere Verblendung unseres Widersachers».[286]

Nach zwei Monaten befindet sich Jacob nicht, wie gehofft, in Paris, sondern in Dijon. Plötzlich heißt es, die Franzosen seien bedrohlich nah herangerückt und ein Bauernaufstand habe sich ihnen angeschlossen. «Über Hals und Kopf» wird eingepackt, «es war ein unbeschreibliches Gewirr auf den Strasen».[287] Zum vorerst letzten Mal. Am 5. April berichtet Jacob nach Kassel, dass Paris am 31. März eingenommen und Napoleon abgesetzt worden sei.

Aber schon die Reise nach Dijon bedeutete für Jacob eine Erholung: Die Straßen machten endlich wieder einen friedfertigen Eindruck. «Weder todte Pferde, noch verbrannte Häuser, noch Cosacken» bestimmten das Bild, «sondern neugierige Dörfer, mit strickenden und spinnenden Leuten, einer Menge Weiber und Kin-

der, u. ackernden Bauern auf den Feldern». Dijon erscheint ihm
«fast» wie eine deutsche Stadt, freilich ansehnlicher, solider und aus-
gedehnter als Kassel. Wären die Häuser ein wenig höher und schöner, er würde sich wie in Frankfurt fühlen.[288]

In dieser Situation des Interims, in der die Vorrückenden sich
auf dem Rückzug befinden, eine französische Stadt «fast» wie eine
deutsche wirkt und der Krieg ein friedliches Antlitz zeigt, arbeitet
Jacob einen seiner eigentümlichsten, aufregendsten und schönsten
Texte aus: die *Besinnungen aus meinem Leben*, datiert auf «Langres
und Dijon März 1814». Wie sein Bruder wendet er sich dem Familienarchiv der Vergangenheit zu, nur dass er keine Briefe zur Hand
hat, sondern allein den Fundus seiner Erinnerungen an die früheste
Kindheit. Bereits auf der Reise notierte Jacob immer wieder impres-
sionistische Beschreibungen seiner Umgebung für die Daheimge-
bliebenen: die Architektur der Städte, das Verhalten der Bevölkerung, Sitten, Sprachformen und die Einrichtung der Zimmer.[289]

Nun aber steigt er ins Bergwerk seines Gedächtnisses und holt
Bruchstück für Bruchstück ans Licht, was ihm einfällt, zunächst aus
der Zeit in Hanau von 1788 bis 1792, dann aus den Jahren in Steinau.
Damit folgt er seinem Bruder, der in Halle durch das Vorbild Bettine Brentanos auf die Idee einer Biographie aus den Tiefenschich-
ten der Erinnerung gekommen war. Bettine nämlich, hatte er Jacob
berichtet, erzähle «einem jungen Menschen ihr Leben, der alles genau aufschreibt, welches eine der wunderbarsten Geschichten geben
muß, sie geht bis zum dem geringsten z. b. zu den Kleidern, die sie
getragen, Clemens [Brentano] spricht, daß es etwas herrliches sey,
wie ich wohl glauben kann, den[n] in diesen Kleinigkeiten ist auch
ein großer Reitz».[290] Wilhelm wünschte damals, er hätte alles aufgeschrieben – «es würde einem dann sein Leben, seine Gedanken und
Empfindungen einfallen, die man in diesen Stuben und Kleidern
gehabt».[291] Auch er holt dieses Versäumnis vom März bis August 1813
nach und erkundet in handschriftlich überlieferten Aufzeichnungen
seine «frühste Kindheit», wobei ihm vor allem einzelne Augenblicke
und deren Stimmung im Gedächtnis geblieben sind.[292]

Beide, Jacob und Wilhelm, widmen sich den unscheinbaren Details: den Tapetenmustern, den Kinderspielen und Spielsachen, dem
ersten Schulunterricht, den Speisen, den Gesten und den Beschäfti-
gungen ihrer Eltern, dem Mobiliar oder der Kleidung. Wie so oft ist
Jacob mehr von den Details besessen: «Kleider. Des Morgens und
Abends noch Kittel, hinten zugebunden, mit breiten übergeschlage-
nen Hemdskragen, die Kittel von braun und graugeblümtem Cat-
tun. Am Tag violettfranzleinene Jacken oder kleine Röcke, Winters
graue Biberoberröcke, mit weißen Knöpfen. Haare anfangs geschnit-
ten, bis an die Schulter hängend, bald aber führten sich aus Nachahmung der Frohnschreibers und der Steinauer Mode Zöpfe ein, je
härter geknürt desto beßer, die Mutter machte sie gern nicht fest genug. Des Frohnschreibers Fritz hatte schlechtes Haar und daher einen falschen Zopf, der ihm auf die Gefahr des Böswerdens ausgezogen wurde, runde Hüte, rother Sonntagsrock. Hosen so eng wie
möglich und kurz. Schlupfenschuhe.»[293]

Mit einer «gleichschwebenden Aufmerksamkeit», wie Sigmund
Freud es genannt hätte, bewahrt Jacob Grimm Splitter der Vergangenheit, die Jahrzehnte später therapiebedürftige Erwachsene allenfalls in liegender Stellung auf einer Wiener Couch zu Protokoll gegeben hätten. Aus der Schulzeit erinnert er: «Auf dem Heimweg hatte
ich einmal Sorge richtig nach Haus zu kommen, um meine Noth-
durft zu verrichten, es geschah aber glücklich und des Sitzens auf
dem erleichternden Topf erinnere ich mir noch mit Behagen.»[294]

Die Autobiographie dient als Abwehrzauber gegen die Vergänglichkeit. Und wie immer erweist sich die Erinnerung an die Vergangenheit als gefährdet, weil die Gegenwart ihre Rechte fordert. Am
Ende seiner Aufzeichnungen notiert Jacob: «Hier wurde ich weiter zu schreiben durch die in Dijon eingetroffene Nachricht von der
Einnahme Paris gehindert.»[295]

Wilhelm hat unterdessen einige Probleme im Haushalt zu bewältigen: Bereits im Februar, nachdem der Brand in der Nachbarschaft
ihr Hab und Gut bedrohte, hatte er über einen Wohnungswechsel

nachgedacht.[296] Im März, geplagt von Geldsorgen, berichtete er, dass ihnen ein befreundeter Architekt eine schöne Wohnung in einem der kurfürstlichen Häuser zu günstigen Konditionen vermitteln könnte.[297] Ein Antrag auf Gehaltserhöhung, um die er am 4. April ersucht – er sei nicht einmal imstande, von dem gewährten Lohn «die Kosten der Wohnung und unaufhörlichen Einquartierung zu bestreiten» –, wird abgelehnt.[298] Der bisherige Vermieter weigert sich, die Miete herabzusetzen, und so entschließt sich Wilhelm, die Wohnung in der Marktgasse aufzugeben und in eine Wohnung am Beginn der Wilhelmshöher Allee zu ziehen.

Der Umzug gestaltet sich aufwendiger als gedacht. Wilhelm selbst scheint ein wenig überrascht, welche Menge an alten Schriften, Papieren und Büchern sich inzwischen angesammelt hat. Vom Urgroßvater an sei alles aufbewahrt worden. Sieben Zentner Altlasten verbrennt er kurzerhand. Acht Tage hätten er und Lotte nur mit Büchern und alten Schriften geheizt.[299] So einfach hatte man sich die Ordnung des Familienarchivs dann doch nicht vorgestellt. Der Rest, darunter Bücher Brentanos, Zeichnungen des Bruders Ludwig und natürlich die Bibliothek der Grimms, wird in Tücher geschlagen und auf Wagen verpackt.

Die neue Wohnung im zweiten Stock eines herrschaftlichen Gebäudes bietet etwas mehr Platz als die alte und ist vor allem feuersicher. Dafür nimmt Wilhelm einige Unbequemlichkeiten in Kauf und verzichtet auf eine Küche. Es gibt ein Arbeitszimmer und einen Raum für Bücherregale. Wilhelm schläft in einer kleinen Kammer neben dem Vorzimmer. Lotte bewohnt einen großen Salon, dessen Fenster in Richtung Stadt gehen, und schläft in einem Dachstübchen, gleich neben der Kammer der Magd. Der Haushalt muss genau rechnen. Im Januar leistet sich Wilhelm «sehr wohlfeil» sechs neue Stühle und zwei Sessel, weil ansonsten «kein einziger Stuhl mehr ganz war und sich niemand ohne Warnung niedersetzen durfte».[300]

Die Umgebung wirkt ländlich und still. Die benachbarten Häuser sind nur teilweise bewohnt. Auf der anderen Seite schaut Wilhelm

aufs freie Feld. Um zehn Uhr begibt er sich in die Bibliothek, um ein
Uhr kehrt er wieder nach Hause zurück, erledigt die philologischen
Geschäfte und pflegt die Zimmerpflanzen. Spaziergänge unternimmt er selten, weil er bereits bei seinen Wanderungen durch den
Büchersaal der Bibliothek genug Bewegung bekommt. Fürs Theater, das Lotte und Ludwig häufiger besuchen, interessiert er sich
kaum mehr. Einmal wöchentlich trifft er sich mit dem Arzt Richard
Harnier, dem Philosophen David Theodor August Suabedissen und
dem Mathematiker Christian Ludwig Gerling zu einer Gespächs-
runde. Man gönnt sich ein Glas Wein oder Punsch und führt «vernünftige Discurse über die Welthändel».[301]

Während Wilhelm das Zuhause einrichtet, versucht Jacob in Paris zurechtzukommen. Am 18. April war er dort eingetroffen. Die
Strapazen der Reise und die Unruhen der letzten Tage haben ihn so
missmutig gemacht, dass er die antifranzösischen Stereotypen aus
dem Koffer holt: Die Franzosen sind oberflächlich, die Deutschen
tiefsinnig; links des Rheins gibt man sich eitel und gewandt, rechts
des Rheins gemütlich und gutmütig. Und hat die französische Bevölkerung die Härten, die ihr die alliierte Armee zufügt, nicht doch
verdient? Napoleon sei gewiss die eine Hälfte der Schuld zuzu-
weisen, die andere aber liege beim «Volk». Es scheint ihm «überhaupt, als ob ein Franzos für eine große, heilige Sache nie etwas wagen kann». Vieles an diesen dumpf-patriotischen Attacken erklärt
sich wohl auch daraus, dass Jacobs politische Zuversicht zunch-
mend schwindet. Die Verhandlungen mit Frankreich laufen nicht so,
wie er sich das vorgestellt oder zumindest gewünscht hat. Die «tiefer empfundene Gerechtigkeit des Volks» werde unterdrückt. Russland und England verstehen das «deutsche Wesen» nicht. Österreich
und Preußen verfolgen ihre eigenen Interessen – sie nehmen für Jacob «die Sache nicht deutsch genug» und verlieren das vornehmste
Ziel aus den Augen: die «Einheit und Einigkeit Deutschlands».[302]
 In der französischen Metropole hat sich seit seinem letzten Aufenthalt im Jahr 1805 nicht viel getan. Das Gewirr und der Lärm der

Straßen missfällt ihm noch mehr als damals. Neben anderen Bekannten, etwa Werner von Haxthausen, trifft er Karl Jordis, der inzwischen mit seiner Geliebten zusammenlebt. Auch seiner Noch-Ehefrau, Brentanos Schwester Lulu, stattet Jacob einige Besuche ab. In Kassel hatte er unter deren gesellschaftlichen Ambitionen gelitten, nun freut er sich darüber, vertraute Gesichter zu sehen. Am 26. April findet er endlich seinen Bruder Carl, der bereits seit drei Wochen in Paris ist. Er begegnet auch August Wilhelm Schlegel. Abwechslung verspricht schließlich eine Sitzung der *Académie celtique*, deren Mitglied Jacob seit 1811 ist. Die Veranstaltung langweilt ihn jedoch gewaltig.

Von seiner offiziellen Tätigkeit, der Suche nach den aus Kassel geraubten Kunstwerken, erfährt man so gut wie nichts. Eine Inventarliste der 1806 und 1813 entwendeten Gegenstände von der Hand Jacob Grimms hat sich erhalten. Kurz vor der Flucht der Franzosen war er gezwungenermaßen beim Kunst- und Bücherraub behilflich gewesen. Unterstützt vom Kasseler Bibliothekar Völkel, lässt Jacob sich nun von dem französischen Beamten, der die Bücher in Kassel eingepackt hatte, die Bände wieder aushändigen. Auch bei den Kunstwerken erzielt die Kasseler Delegation bescheidene Erfolge: Einige Kisten mit Gemälden werden sichergestellt und nach Kassel geschickt – erst beim Auspacken bemerkt man, dass sich darunter 252 Stücke aus Braunschweiger Besitz befinden. Am Ende seiner Mission bemerkt Jacob, er habe sich mit der ganzen Angelegenheit «viel geplagt», was ihm aber niemand zu danken wisse.[303]

Am 12. Juni reist Jacob aus Paris ab. In Metz wühlt er sich allein durch sechshundert Bände Handschriften, weil der Bibliothekar sich weigert, ihm zu helfen. Er besichtigt das von russischen Truppen überfüllte Nancy und gerät in einen katholischen Gottesdienst, in dem er aus Müdigkeit sitzen bleibt; auf der Weiterreise ärgert er sich über die Franzosen in der Kutsche, «unaufhörlich bereit zu politisiren nach ihrer Art und zu Grobheiten gegen Deutsche, so daß man sich ohne Händel zu kriegen gar nicht einmischen darf u. mag».[304]

Im Elsass fühlt Jacob sich endlich wieder wohl: Die Bauweise der Städte, die Architektur der Häuser, die Kleider und Manieren vermitteln ihm das Gefühl von deutscher Heimat. Aus diesen Eindrücken und Stimmungen wird er in seinem ersten Artikel für den *Rheinischen Merkur* politische Konsequenzen ziehen und das Elsass für Deutschland reklamieren. Die gutbürgerliche kleine Stube, die er in Straßburg mietet, erinnert ihn an die Marburger Studentenzeit und liegt zufällig im Haus des «Bibliotheksaufwärters» – «also wohne ich unter dem nämlichen Dach, wo die Handschriften stehen, derentwegen ich hier bin».[304] Jetzt bräuchte er nur noch Zeit. Aber die wird ihm nicht gewährt.

Der Wiener Kongress

In Kassel, wo Jacob im Juli 1814 wieder eintraf, kann er nur kurz durchatmen. Bereits im September begleitet er in seiner Funktion als Legationssekretär die kurhessische Gesandtschaft auf den Wiener Kongress. Hier sollten die Konsequenzen aus den Revolutions- und Befreiungskriegen gezogen werden.[306] Die politischen Ideen, denen die Grimms anhingen, spielten dabei keine Rolle. Nicht bei der territorialen Umordnung des ehemaligen Deutschen Reichs, nicht bei der Konstitution eines neuen Deutschen Bundes und seiner Verfassung. Der Kongress tanzte auf seinen rauschenden höfischen Festlichkeiten und in den Hinterzimmern der Geheimdiplomatie nach dem Rhythmus der alten Adelsgesellschaft.

Die kurhessische Gesandtschaft wurde wieder von Graf von Keller geleitet; als zweiter Gesandter stand ihm der Geheime Regierungsrat Freiherr von Lepel zur Seite. Auch wenn er offiziell Kellers Ratgeber war, hatte Jacob keinen erkennbaren Einfluss auf die Tätigkeit der Gesandtschaft, die auch die sogenannten «mindermächtigen Staaten» vertrat – Keller war Sprecher dieser Staatengruppe, die ihre Rechte gegen die beiden Großmächte Österreich und Preußen sowie gegen die Mittelstaaten Bayern, Hannover, Württemberg und Baden durchzusetzen versuchte. Kurhessen verfolgte auf dem

Wiener Kongress wie auch danach einen einsamen Kurs gegen die Bundespolitik, und das nicht ohne Erfolg: Im Zuge der auf dem Kongress beschlossenen Gebietsverschiebungen stockte der Kurfürst die Einwohnerzahl seines Landes um mehr als ein Zehntel auf rund 567 000 auf.

Am 27. September kommt die kurhessische Delegation in Wien an. Die Arbeit liegt Jacob nicht besonders. Er muss vor allem den Briefwechsel mit Kassel führen, also chiffrieren und dechiffrieren, Reinschriften von Protokollen, diplomatischen Noten oder Berichten anfertigen, deren Wortlaut Keller oder Lepel absegnen. Als Keller zusätzlich die Gesandtschaft für Herzog Friedrich Wilhelm von Braunschweig übernimmt, tritt Jacob auch hier in den Geschäftsverkehr ein. Er erledigt zwar die anstehenden Aufgaben, und die überlieferten Aktenpakete belegen, dass das nicht wenig war. Aber er hat für die Welt der Diplomatie so wenig Verständnis wie diese für ihn.

Mit seinem Vorgesetzten kommt er recht gut aus, wenn er es schafft, sich zurückzuhalten. Auf dem kleinen Schiff, das sie in Regensburg besteigen, fällt das allerdings nicht leicht. Die Gesellschaft geht ihm gehörig auf die Nerven. Der mitreisende Erbprinz Heinrich von Reuß-Greiz zieht verbal gegen «die Jacobiner mit der gewöhnl. Dummheit» zu Felde. Jacob bekommt mit ihm «fast Händel, nicht sowohl seinetwegen, als weil man sieht, wie die Oberhäupter in Deutschl. noch denken».[307] Dass er die Nächte bei Frost ohne Decke und Mantel auf einer «harten Bretkante» zubringen muss und sich dabei erkältet, trägt nicht dazu bei, seine Laune zu verbessern.

Die Politiker und Diplomaten, so findet Jacob, konzentrieren sich nicht auf die Sache, sondern auf Statusfragen. Der Kasseler Sekretär bekommt das ganz konkret zu spüren. Die Gesandtschaft wohnt in der Wiener Vorstadt. Jeden Tag muss Jacob «durch Staub und Wind» in die Innenstadt laufen, und dies nur, weil Keller «meint, er müße eine art Sommerwohnung mit Garten haben, oder vermuthlich auch dabei sparen will».[308] Zudem stört Jacob sich an der «unend-

lichen schlemmerischen Geschwätzigkeit» von Keller.[309] Jacob fühlt
sich jetzt viel dünnhäutiger, ungeduldiger als in der westphälischen
Zeit, wo er die ungeliebte Tätigkeit bei Hof noch besser ertrug.

Bei den Fürsten und ihren Beratern vermisst Jacob nach wie vor
jegliches Format, das sie für die Erfordernisse der Zeit tauglich gemacht hätte. Der zentrale Vorwurf: «unverschämteste Undeutsch-
heit».[310] Das richtet sich zunächst gegen die Hegemonialpolitik
Preußens und Österreichs, dann auch und vor allem gegen die Politik der europäischen Großmächte. Die Hoffnung Jacobs lautet kurz
und bündig: «Unsere bevorstehende deutsche Verfaßung wird hoffentlich den Rechten des Volks aufhelfen.»[311]

Seine Vorstellungen einer künftigen Verfassung formuliert Jacob in der Kritik eines Entwurfs, den der nassauische Gesandte gemeinsam mit seinem Bruder, dem badischen Gesandten, verfasst
hat.[312] Jacob setzt sich detailliert mit Fragen der Stimmenverteilun-
gen, der Aufstellung von «Landwehr und Landsturm» und der Gesetzgebung auseinander. Hinter allem steht eine Grundsatzentschei-
dung. Während der erste Paragraph in der Vorlage den Entschluss
zum Deutschen Bund an den Anfang stellt («Die Staaten Deutschlands vereinigen sich zu einem Bunde [...]»), setzt Jacob in seinem «Grundparagraph» einen ganz anderen Akzent: «Das deutsche
Reich ist ein heiliges und einiges und will sein Recht und seinen Gebrauch hiermit setzen und ordnen, wie nachfolget. / Denn wir wollen in keinen neuen Bund treten, sondern den ewigen alten wieder
aufgehen laßen.» Daher gehört zu den Grundbestimmungen lediglich, «1. daß jeder Deutsche frei, / 2. daß jeder Deutsche gebunden ist, an sein Vaterland».[313] Eine genauere Zweckbestimmung des
Deutschen Bundes hält Jacob für unnötig: «Der einzige Zweck ist
deutsch zu seyn und zu leben und wie der Zweck des Lebens selbst
über aller Definition.»[314]

Mit anderen Worten: Eine Verfassung begründet keine politische
Ordnung, sie bringt lediglich die ohnehin vorhandene Verfasstheit
einer Nation zum Ausdruck. Daher will Jacob bei der Stimmver-
teilung so viel wie möglich «volksmäßig» verfahren, um «die deut-

sche Erde» nicht «nach und nach gleich und zur Maschine gelenkig» zu machen – dies nämlich sei die Absicht der Großmächte auf dem Wiener Kongress.[315]

Jacobs Vorschläge gründen auf intensiven rechtshistorischen Studien. Zugleich bezieht er sich auf den sogenannten Kodifikationsstreit, den sein Lehrer Savigny gerade mit dem Heidelberger Kollegen Anton Friedrich Justus Thibaut ausficht.[316] Savigny setzte sich in der berühmten Programmschrift *Vom Beruf unserer Zeit für Gesetzgebung und Rechtswissenschaft* (1814) für die organische Entwicklung des Gesetzes aus den bestehenden Rechten und Rechtstraditionen ein. Diese Position sollte auch die von ihm mitherausgegebene *Zeitschrift für geschichtliche Rechtswissenschaft* stützen. Im Einleitungsaufsatz erläutert Savigny seine «Lehre», derzufolge jeder Mensch zugleich zu denken ist «als Glied einer Familie, eines Volkes, eines Staates», so wie jedes «Zeitalter eines Volkes» als Element «aller vergangenen Zeiten» verstanden werden sollte – «dann also muß jedes Zeitalter etwas Gegebenes anerkennen, welches jedoch nothwendig und frey zugleich ist».[317]

Jacob liefert zwei Beiträge für Savignys Zeitschrift.[318] Sein großer Aufsatz *Von der Poesie im Recht* (1815) wertet gezielt das deutsche Recht auf: «recht und poesie» seien «miteinander aus einem bette aufgestanden», weil beide nicht einfach willkürlich erfunden wurden.[319] Mit anderen Worten: Jacob will das Gesetz aus der Alltagspraxis, aus den kulturellen Gewohnheiten einer Gesellschaft ableiten. Für ihn lautet die zentrale Frage, wie das Gesetz seine Geltung bewahrt, wenn diese nicht selbst wieder rechtsförmig garantiert werden kann. Die Kraft des Gesetzes lässt sich juristisch nicht begründen, denn dies würde zu einer unendlichen Begründungsspirale führen.

Gleiches gilt für die Politik, wenn es nicht ein gleichsam vor- und unpolitisches Einverständnis der Staatsbürger gibt. Die politischen Konsequenzen formuliert Wilhelm aus, als er im Auftrag Savignys im *Rheinischen Merkur* die historische Rechtsschule gegen Angriffe verteidigt. Auch er meint, der «Ursprung» des Rechts liege «im Geist des Volks». Und auch seine Argumentation zielt auf jene Grundlagen des Rechts, die das Recht selbst nicht mehr zu sichern vermag.[320]

Jacob und Wilhelm Grimm dachten Recht und Politik auf einer grundsätzlichen Ebene, für die sich die Spieler beim Wiener Staatenpoker kaum interessierten. Im besten Fall durfte Jacob seine Gedanken in Ruhe entwickeln, im schlechteren Fall ergaben sich Konflikte, in denen die politischen Haltungen aufeinanderprallten. Mit Keller kam Jacob aus, mit Lepel geriet er direkt aneinander. Lepel warf ihm offiziell vor, seine Pflichten zu vernachlässigen: Die Dokumente seien unvollständig, die Protokolle oft unzuverlässig. Tatsächlich musste in Kassel nachgearbeitet werden.[321] Zudem verstand Lepel nicht, dass Jacob seine Freizeit in Bibliotheken zubrachte, statt sich auf dem politischen Parkett zu bewegen, seine Ohren offenzuhalten und Informationen für die diplomatische Mission zu sammeln.[322] Jacob ging in die Offensive und verteidigte sich in einem Brief vom 10. August 1815 an den Kurfürsten gegen den Vorwurf, der auf die «kränkendste und unanständigste Weise» gegen ihn vorgebracht werde. Er sei bislang «vorwurfsfrei» dagestanden, und das solle auch so bleiben; wie die Akten zweifelsfrei belegten, habe er seine «Hände nicht gespart».[323]

Wilhelm meinte ohnehin, dass sein Bruder sich auf seine Art politisch nützlichere Bekanntschaften verschaffe.[324] Dazu gehörten der Wiener Hofbibliothekar Jernej Kopitar, der Jacobs slawistische Forschungsinteressen beförderte, die Kreise von Adam Müller, Friedrich Schlegels «Mittwochsgesellschaft» sowie eine Reihe von Künstlern, Sammlern und Buchhändlern.[325] Einmal mehr realisierte Jacob in der Wissenschaft zumindest für kurze Zeit, was in der Politik ein schöner Traum blieb. Hier stärkte er die ‹Rechte des Volkes›; hier machte er sich an Gemeinschaftsbildung jenseits geschichtsvergessener Machtstrategien und kluger Diplomatie, und dies durchaus mit strategischem und diplomatischem Geschick. Denn er investierte nicht allein jede freie Minute in die Arbeit auf der Hofbibliothek, sondern er gründete gemeinsam mit anderen Interessierten, denen er von Brentano empfohlen worden war, die «Wollzeilergesellschaft» – der Name leitet sich vom Treffpunkt der Gruppe ab: einem Gasthaus, das nahe des Stephansdoms in der Wollzeile lag.

In der Gründungsurkunde heißt es: «Im Gedanken, daß unter dem gemeinen deutschen Volk, an das die falsche Bildung von außenher noch nicht gekommen ist, eine unglaubliche Kraft von Sage, Lied und Spruch hafte», sei es nunmehr «hohe Zeit», sich «an die schriftliche Samlung der mit schnödem Spott beworfenen Weisheit» zu machen.[326] Die Gesellschaft nahm nur «Arbeitsbienen», keine «Ehrenmitglieder» auf.[327]

Jacob verfasste einen Appell zur «Aufsammlung der Volkspoesie», der als «Circularbrief» kursierte.[328] Der Sammelaufruf gehört zu einer ganzen Reihe von Versuchen der Brüder Grimm, gemeinschaftliche Forschungsunternehmen ins Leben zu rufen, wie es Arnim und Brentano im Rahmen des *Wunderhorn*-Projekts bereits getan hatten.[329] Man verpflichtete die Sammler darauf, «getreu» das aufzuzeichnen, was sie «aus dem Mund der Erzählenden» hören. Das richtete sich direkt gegen die Missachtung des ‹Volks› auf dem Wiener Kongress.

Der Wiener «Circularbrief» erbrachte jedoch keinen größeren Ertrag. Und kurze Zeit nach Jacobs Abreise aus Wien löste sich auch der Verein faktisch auf. Das war letztlich konsequent, denn die Grimms zielten ja auf informelle Verbindungen, nicht auf gesatzte Gemeinschaft. Und so blieben denn auch persönliche Bekanntschaften bestehen, etwa zu Joseph von Laßberg, der später Wilhelms Freundin Jenny von Droste-Hülshoff heiraten sollte.

Wissenschaftlich folgenreich waren vor allem die Anregungen Kopitars: Die Grimms hatten sich schon seit längerer Zeit für slawische Sprachen und Literatur interessiert.[330] Jacob führte über die Vermittlung Arnims und Brentanos seit 1810 einen Briefwechsel mit dem tschechischen Gelehrten Josef Dobrovský, der die Geschichte der «böhmischen Sprache» erforschte. In Wien lernte er nun über Kopitar den gleichaltrigen Vuk Stefanović Karadžić kennen. Karadžić hatte 1814 gerade eine serbische Grammatik veröffentlicht und beschäftigte sich auf Anregung von Kopitar mit der Sammlung serbischer «Volkslieder», für die man in Deutschland seit dem Sturm und Drang schwärmte. Jacob besprach 1815 und 1816 die beiden Bände des *Kleinen volkstümlichen slawisch-serbischen Liederbuchs* enthusiastisch als «sammlung reines, frisches volksgesangs». Später stellte er den Kontakt zwischen Karadžić und Goethe her.[331] Auf diesem Weg und über die «Neunzehn serbischen Lieder», die 1818 als Übersetzung der Brüder Grimm in dem Almanach *Die Sängerfahrt* erschienen, regte Jacob wesentlich das im 19. Jahrhundert geradezu entflammte Interesse an serbischer ‹Volksdichtung› an.[332]

Jacob also verstand sich nicht als Horchposten seiner Obrigkeit – er machte selber Politik, nur eben nicht mit den Mitteln der Kongressdiplomatie, sondern zunächst als Wissenschaftler, dann als politischer Publizist. Bereits nach seiner Rückkehr aus Paris hatte er seinen ersten Artikel für den *Rheinischen Merkur* geschrieben,[333] in dem Wilhelm sich ebenfalls publizistisch engagierte. Die von Joseph Görres herausgegebene Zeitung gehörte mit einer Auflage von dreitausend Exemplaren zu den einflussreichsten Blättern der Zeit. Sie erschien seit Januar 1814 für fast genau zwei Jahre, dann wurde sie von der preußischen Regierung verboten.[334]

Auch mit ihrer publizistischen Tätigkeit beschritten die Brüder Grimm einen zukunftsweisenden Weg. Denn die «Öffentlichkeit», so hat es Michel Foucault einmal formuliert, «ist die Bevölkerung von der Seite ihrer Meinungen her gesehen».[335] Die Grimms ‹machten Stimmung›, das heißt, sie brachten Meinungen ins Spiel und beeinflussten die Politik ‹von unten›.[336] Hätte Lepel die Situation richtig eingeschätzt, wäre er auf seinen Gesandtschaftssekretär vielleicht nicht ganz so schlecht zu sprechen gewesen. Denn Lepel hatte bereits von den Pariser Verhandlungen nach Kassel gemeldet, angesichts der übermächtigen Verhandlungspartner gehe es für die ‹Mindermächtigen› darum, überhaupt eine «günstigere Stimmung» zu erzeugen.[337] Die Diplomaten auf dem Wiener Kongress haben das erkannt. Der preußische Staatskanzler Karl August von Hardenberg, der die Bedeutung ‹öffentlicher Meinung› schon zuvor sehr ernst genommen hatte, betrieb gezielt Kampagnenjournalismus, um das Meinungsklima für die preußische Sache zu verbessern,[338] der österreichische Außenminister Klemens Wenzel Lothar von Metternich zielte seinerseits darauf, der Position seines Landes Gehör zu verschaffen – Friedrich Schlegel war während des Wiener Kongresses und danach als Beobachter des Frankfurter Bundestags der Agent dieser Pressepolitik.[339]

Auch der *Rheinische Merkur* machte sich als «Stimmführer» des Volks die Verwaltung von Meinungen zur Aufgabe, wie Görres am 1. Juli 1814 in einem programmatischen Artikel erklärte.[340] Görres' Zeitung ergänzte ihrem Selbstverständnis nach die politische Regierung, konkurrierte auf diese Weise aber auch mit den Machthabern. So beschäftigte sich Jacob in seinen Artikeln unter anderem mit der Sachsen-Frage: Das Land hatte sich auf die Seite Frankreichs gestellt und sollte nun zum Spielball der Großmächte werden – Preußen erhob Gebietsansprüche. Die kurhessischen Delegierten waren angewiesen, auf jegliche Stellungnahme zu verzichten. Jacob Grimm hielt sich nicht an den Befehl und schlug sich im *Rheinischen Merkur* auf die Seite Österreichs. Delikat war sein Vorgehen, weil er Görres Informationen vermittelte, die er erst eine Woche später chiffriert nach Kassel schickte.[341]

Jacob und Wilhelm Grimm bezogen in ihren Zeitungsartikeln in vielen Punkten eine gemeinsame Position: Sie waren sich darüber im Klaren, dass das alte deutsche Reich der Vergangenheit angehörte.[342] Die ‹neue Zeit› fordere eine neue Form der deutschen Einheit, und deren Grundlinien müssten der politischen Willkür entzogen werden. Die Grimms suchten eine unterschwellig vorhandene Ordnung. Jacob etwa leitete aus der «Form des Landes» oder aus der Teilung der deutschen Sprache in «zwey große Mundarten» seine Vorstellung der deutschen Einheit in der Mannigfaltigkeit ab, denn wie «Boden und Sprache als ursprünglich verschieden und innerlich geteilt erscheinen, so ist es unläugbar auch das Naturell und Wesen der beyden Glieder dieses in zwey getheilten Volkes». Auf dieser Grundlage entwickelt er sein Konzept eines Gleichgewichts der Mächte, in dem Preußen und Österreich die beiden Schwerpunkte bilden, aber alle kleineren Länder ihre Freiheiten und Eigenheiten bewahren.

Wieder stellte sich dasselbe Problem, mit dem die Brüder in der Philologie und in ihrer Familie kämpften: Wie lässt sich ‹Einheit› so denken, dass man dem Ganzen und seinen Teilen gleichermaßen gerecht wird? Die Grimms lösten es im Geist der romantischen Poesie, deren Ästhetik ja immer auch politische Untertöne hat. Die «Systeme ineinandergeflochten und sich im Innersten durchdringend», so Jacob, sollten die gegensätzlichen politischen Interessen einander «in einer sanften Schwebung» halten.[343]

Jacob und Wilhelm entwickeln das Profil des modernen politischen Journalisten: Sie beobachten scharf, ziehen schnell ihre Schlüsse und reklamieren Meinungsführerschaft.[344] Rhetorisch schlagen sie dabei bisweilen über die Stränge. Im Februar 1815 schreibt Brentano an Wilhelm Grimm, Jacob habe sich «durch manches in seinen politischen Aufsätzen, welches etwas Rekenhaft naiv klang, hier nicht genutzt».[345] Bisweilen formuliert Jacob in der Tat so steil, dass man ihn kaum für voll nehmen kann: «Was liegt Teutschland daran», heißt es etwa über die teilweise Annexion Sachsens durch Preußen, «daß Preußen eine Million Pohlen weniger hat, worunter ein Drittheil Judenseelen, ein Drittheil Franzosenseelen stecken.»[346] In einer unveröffentlichten Replik macht Arnim sich über den Autor lustig, dessen Identität ihm damals nicht bekannt war: «Gewiß ist der Mann ein Literator, der schon oft auf seinem Stübchen ein Paar Tausend Schriftsteller hat über die Klinge springen lassen, dem Knaben gleich – der Mohnköpfe abmäht.» Nachdem er erfahren hat, von wem der Beitrag stammt, fasst er sich in einem Brief an Jacob moderater: «Es geht nicht so in der Geschichte wie in der Literatur, wo einer die Bemühung von Millionen zum Himmel erhebt, der andre in das höllische Nichts eintaucht.»[347]

Wie sein Bruder sondiert auch Wilhelm die politische Lage als politische Zeitstimmung.[348] Bereits in seinem Kriegsbericht aus Kassel für den *Preußischen Correspondenten* hieß es über den Augenblick der Befreiung: «Wer jetzt durch die Strassen gieng, dem musste es vorkommen, als habe die Luft umgeschlagen, Druck und Spannung sei vorbei, man könne einmal wieder frei athmen und vergnügt um sich sehen. Es war alles in wenigen Stunden unglaublich verändert.»[349] Die Grimms denken historische Prozesse als atmosphärische Zustände, als Stimmungslagen.

Man mag dies für realitätsfern halten, zumal angesichts der Enttäuschungen, die die Regierungsentscheidungen Jacob und Wilhelm bereitet haben. Aber damit würde man nur die Potentatenperspektive des Wiener Kongresses einnehmen. Denn letztlich erkennen die Grimms die Zeichen der Zeit: Politik basiert nicht auf der souveränen Herrschaft einzelner Entscheidungsträger, sondern auf historischen Stimmungslagen, einer komplexen Situation verteilter Gewalt, in der soziale und politische Kräfte zum Ausgleich gebracht werden müssen.[350] Im Übrigen werden weder Jacob noch Wilhelm sich Illusionen hingegeben haben. Sie waren Realpolitiker genug. Bereits als der Kurfürst in Wien auf dem Kongressparkett auftaucht, klagt Jacob darüber: Es werde «der Sache» nichts nutzen und ihr höchstens schaden – «alles das beruht auf politischem Unverstand».[351]

Die Brüder Grimm also erspüren Stimmungen, und zugleich tragen sie dazu bei, die historische Atmosphäre mit dem Stoff zu versorgen, aus dem sie gemacht ist: nationale Sagenwelten, Symbole, Erzählungen und Mythen. Auch damit halten sich die Grimms an den Zeitgeist. So meint Wilhelm von Humboldt in seiner *Denkschrift über die deutsche Verfassung* (1813), das «Gefühl» für ein einheitliches Deutschland beruhe nicht allein auf Gemeinsamkeiten von «Sitten, Sprache und Literatur». Für mindestens ebenso wichtig hält er die «Erinnerung» an eine «engere Verbindung, welche die Väter verknüpfte, und die nur noch in der Sehnsucht der Enkel lebt».[352] Die romantische «Sehnsucht» nach Heimat wird hier zur Grundlage der Reichspolitik.

Die Grimms haben einen Resonanzraum aus Bildern, Motiven und Geschichten gestiftet, der Gemeinsamkeiten suggeriert – selbst heute noch versteht so gut wie jeder eine Anspielung auf Rotkäppchen, Schneewittchen oder Dornröschen. So ist es ihnen gelungen, Grundlagen einer Gemeinschaftsstimmung zu erzeugen. Dabei verstanden sie die Intimität der Familie als gemeinschaftsbildende Kraft auch der Nation: ‹Natürlich› soll die Grenzziehung sein, ‹mütterlich› das Verhältnis zwischen den einzelnen Elementen des Staates.[353] Gegen die diplomatischen Ausgleiche und Winkelzüge stellt Jacob den typischen Helden der Hausmärchen: «wir bedürfen jetzt unschuldiger kinder», meint er in einem Bericht aus Wien, «die alles schlechte mit einfachen schlüssen niederschlagen, und das urtheil auf der straze offen liegend finden.»[354]

Der hessische Kurfürst allerdings hatte wohl ein anderes Märchen im Sinn: Als er seine Herrschaft wieder einrichtete, dachte er weniger an die Geschichte von des Kaisers neuen Kleidern, in der einzig ein Kind die Wahrheit vom nackten König offen ausspricht, als an das in tiefen Schlummer versunkene Königreich aus Dornröschen. Schon Anfang 1814 bemerkte Wilhelm Grimm, dass es mit den inneren Angelegenheiten in Kurhessen nicht zum Besten stehe, denn der «Kurfürst hatte anfangs die Idee, die 7 Jahre als eine verschlafene Zeit zu betrachten und sie nicht zu zählen».[355] Und daran hielt er konsequent fest; der Kurfürst habe, klagte Wilhelm Grimm in einem Bericht «aus Hessen» vom 17. April 1815, «alle die alten Neigungen unversehrt zurückgebracht».[356] Konkret zeige sich das etwa darin, dass die Soldaten keinen ausreichenden Sold erhielten und die Versorgung der Truppe unzulänglich sei. Freiwillige Einsatzbereitschaft werde so geradezu verhindert. Ebenso schlecht stehe es um den Beamtenapparat. Auch dort kürze der Kurfürst ohne Not das Gehalt. Die wieder eingeführte Zensur mache schlechten Eindruck. Die Polizei setze die westphälische Überwachungspraxis fort. Auf diese Weise verhindere Wilhelm I., «dass alle in gleicher Liebe das gleiche Ziel erkennen». Unverhohlen droht Wilhelm dem Regenten: «Es ist ein gewaltiger Ruf abermals durch Deutschland zur

Wehr erklungen, und in helleren Strömen braust das frische Leben des Volkes. Dem Schall entgeht keiner, ihn verschmähe keiner, über den die Gewässer nicht zusammenschlagen sollen.»[357]

Weder die große Politik auf dem Wiener Kongress noch die Landespolitik ihres Kurfürsten ließ sich auf den Zeitgeist ein, wie ihn die Brüder Grimm zu erkennen meinen. Am 30. April 1815 richtete Jacob daher die Bitte um Entlassung aus dem Dienst des Legationssekretärs nach Kassel: «Da ich bei der in der Fremde zu führenden unordentlichen und unbequemen Lebensart je länger je mehr leide, insonderheit aber die vielfachen Schreibereien meine Augen gefährden, thue ich notgedrungen an Eure Königliche Hoheit die unterthänigste Bitte: mich von meinem dermaligen Amt eines Gesandtschaftssecretärs, von der Zeit an, wo der hiesige Congreß auseinandergehet, in Gnaden zu entbinden.»[358]

Für Jacob stand einiges auf dem Spiel. Denn zwei Wochen zuvor war Henriette Zimmer gestorben. Damit war jeglicher finanzielle Rückhalt in der Familie verlorengegangen, auch wenn es ein kleines Erbe zu verteilen gab. «Wir sterben immer mehr zusammen», schreibt Jacob an Wilhelm, «und haben gar keine Verwandten mehr; in wie wenig Jahren können wir alle mit all unsrer Liebe, Sorge und Mühe in ein Häufchen Erde zusammensinken. ich bin jetzo so hauptsächlich an dich gebunden, daß ich nicht aus noch ein wüßte, wenn du mir mangeltest.»[359]

Politische Exkursionen

Wilhelm konnte inzwischen ein wenig Erholung gebrauchen, denn während sein Bruder auf diplomatischer Mission unterwegs war, betreute er nicht nur den Haushalt in Kassel und kümmerte sich um seine Geschwister, sondern hielt auch die Publikationsprojekte am Laufen. Am 17. August 1815 bittet er um Urlaub: «Bei meiner sitzenden Lebensart und schwächlichen Gesundheit hat mir mein Artzt schon voriges Jahr eine Bewegung durch eine kleine Reise und Ge-

nusz der frischen Luft im Herbst als nöthig und sehr heilsam verordnet.»[360] Der Antrag wird bewilligt, und zwei Tage später, am 2. September 1815, befindet sich Wilhelm in Frankfurt auf dem Weg zu
einer Rheinfahrt gemeinsam mit dem Bruder Ludwig und Savigny.

Wie in seinen Zeitungsartikeln erkundet Wilhelm auf der Rheinreise die politische Zeitstimmung. Denn der Rhein ist nicht irgendein Fluss, zumal nicht im Jahr 1815, sondern ein kulturelles
und politisches Symbol für ‹Deutschland›. Der Rhein, so Wilhelm
brieflich, sei der «deutsche Flusz vor allen und die lebendigste Ader
Deutschlands, dem er sein Blut nun wieder zuströmt».[361] Und so ist
die Rheinreise für Wilhelm eher eine Reise durch die Rhein*gegend*.
Der Fluss markiert weniger eine Grenze als eine Zone, und die erlebt Wilhelm als Begegnungsstätte von Freunden und Bekannten.

In Frankfurt trifft Wilhelm erneut Goethe, der mit Sulpiz Boisserée unterwegs ist. Ludwig darf einige Zeichnungen vorlegen. Goethe, den Ludwig trotz eines «kleinen Ministerbauch[s]» für «gut
proportioniert» hält, gesteht ihm immerhin Talent zu. Einige Blätter lobt er außerordentlich. Die Tage verfliegen mit vielen Begegnungen, Landpartien und abendlichen Vergnügungen.[362] Dann geht
es von Mainz aus mit dem Schiff nach Köln. Man besucht Görres in
Koblenz. Ludwig Grimm bleibt noch einige Tage, klettert mit Görres «auf alle umliegenden Berge» und verabschiedet sich nach München. Auf dem Gut Franz Brentanos in Winkel verbringt Wilhelm
eine Nacht. In Heidelberg besucht er gemeinsam mit Savigny die
Gemäldesammlung der Brüder Boisserée und trifft wieder auf Goethe – «er war so gnädig ein paarmal dazuseyn als wir die Bilder besa-
hen kam auch einmal zu mir und fragte nach unsern literar. Arbeiten». Wilhelm begegnet seinem alten Bekannten Friedrich Creuzer
und wird dem Juristen Thibaut vorgestellt, der sich gerade mit Savigny in dem erwähnten rechtshistorischen Grundsatzstreit befindet; Wilhelm erhält einen «widrigen Eindruck» von ihm. Von Heidelberg aus macht er dann einen Abstecher nach Hanau.[363]

Den Rhein lernt Wilhelm nicht in seiner heutigen Gestalt kennen.[364] Er sieht einen Fluss, dessen Ufer keine klaren Konturen hat

und dessen Lauf sich von Jahr zu Jahr ändert. Die Schlingen und Schleifen verschieben sich bei jedem Hochwasser. Abrieb und Sedimente halten die Ufer in Bewegung. Auf einigen Strecken lässt sich gar kein Flussbett mehr erkennen, weil der Rhein eher wie eine Lagunenlandschaft wirkt.

Zum Symbol für die deutsche Einheit wird der Rhein, weil Eingriffe an einem Teil des Flusses immer auch Auswirkungen auf den Rest der Anrainer hatten. Nur eine konzertierte, nationale Anstrengung konnte jene Zähmung des Flusslaufes bewirken, die den Anwohnern der Rheingegenden insgesamt helfen würde. Gerade gegen Ende des alten Deutschen Reichs gab es entsprechende Planungen, die sich aber in der verzettelten Lage der Klein- und Kleinststaaterei nicht umsetzen ließen. Erst unter französischem Einfluss und durch die Neuordnung der politischen Landkarte Deutschlands nach 1806 wurde die Planung realistisch – wieder war Frankreich das Land, das die Deutschen gewissermaßen sich selbst als Nation entdecken ließ: Johann Gottfried Tulla, der mit den Grimms die Neigung zu großen, ganzheitlich und langfristig konzipierten Projekten gemein hatte, entwarf 1809 einen Generalplan und formulierte 1812 eine entsprechende Denkschrift: *Die Grundsätze, nach welchen die Rheinbauarbeiten künftig zu führen seyn möchten.*

Der Rhein, dessen Regulierung den gesamten Staatsapparat in Bewegung setzte, sollte das Staatsgebiet seinerseits vereinheitlichen. Der Technokrat Tulla war der Meinung, dass der Rhein als ‹natürliche› Grenze zugleich auch die politische Grenze bilden sollte. Ebendies hielten die Grimms für eine ‹künstliche› Lösung. Wie viele andere ihrer Zeitgenossen meinten sie, dass allein Sprachgrenzen politisch von Bedeutung sein sollten und die von Frankreich im Rahmen der Revolutionskriege annektierten linksrheinischen Gebiete auf jeden Fall wieder Deutschland eingegliedert werden müssten.

In seinen Reisebriefen beschreibt Wilhelm den Fluss als kulturellen Ort: Der Rhein mit seinen pittoresken Felsen, Weinbergen und alten Burgen gehöre «so ganz zum deutschen Wesen, daß wohl jedem das Herz schlägt, wenn er ihn zum erstenmal sieht u. dann auf seinem smaragdgrünen Waßer hinabfährt». Köln, Sinnbild historischer Substanz, liege «wie ein ungeheures Schiff auf einer großen Ebene», der Dom beeindruckt Wilhelm als Beispiel gotischer Baukunst über alle Maßen. In Koblenz genießt er den Umgang mit Görres. In Heidelberg verbringt er seine Zeit so gut wie ausschließlich damit, die «überherrlichen altdeutschen Bilder» zu betrachten, an denen er die «Vereinigung von Natur und Geist» bewundert.[365]

Die politische Idee vom «deutschen Wesen» bettet Wilhelm auf diese Weise in einen Zusammenhang ein aus Natur (Rhein), Geschichte (Köln), Geselligkeit (Koblenz) und Kunst (Heidelberg) und folgt damit den Reiseführern der romantischen Literatur.[366] Friedrich Schlegel hatte 1805 den Rhein und die Rheingegend mit ihrer von Burgruinen besetzten Landschaft als ein «in sich geschlossenes Gemälde und überlegtes Kunstwerk eines bildenden Geistes» erfasst. Der «vaterländische Strom erscheint uns», so Schlegel weiter, «wie ein mächtiger Strom naturverkündender Dichtkunst».[367] Auch hier also verbinden sich Politik, Geschichte, Kunst und Kultur auf eine so innige Weise, dass der Beobachter jederzeit vom einen Register ins nächste wechseln kann. Um es mit Clemens Brentanos Gedicht «Rückkehr an den Rhein» zu formulieren: «Wer einmal in dir geschwommen, / wer einmal in dir getrunken, / der ist Vaterlandes trunken.»

Während Wilhelm sich erholt, erfährt Jacob einmal mehr, wie es tatsächlich um die Kulturpolitik steht. Er wird erneut auf diplomatische Mission geschickt und soll in Paris nach geraubten Büchern und Kunstgegenständen fahnden. Bereits bei der Besetzung Kassels hatte General Lagrange die achtundvierzig Gemälde entdeckt, die der Kurfürst vor den Franzosen in Sicherheit bringen wollte.[368] Sie kamen, dezimiert auf sechsunddreißig Stück, in die Sammlung Kaiserin Joséphines auf Schloss Malmaison – mit Kunstwerken wie Lorrains «Tageszeiten»-Zyklus oder Rembrandts «Kreuzabnahme» konnte man sich auch als Ehefrau Napoleons sehen lassen. Der

Rest der Bilder landete vermutlich zunächst in Lagranges Wohnung, dann auf dem Kunstmarkt. Nach dieser ersten Beschlagnahme waren von einem eigens aus Paris angereisten französischen Fachmann noch einmal Hunderte von Gemälden abtransportiert worden. Und bevor die französische Herrschaft im Oktober 1813 endete, blieb Jérôme genug Zeit, weitere Kunstschätze Kassels auf den Weg nach Paris zu bringen: Unablässig fuhren schwerbeladene Wagen Richtung Frankreich.[369]

Jérôme folgte damit der Kulturpolitik seines großen Bruders. Die französische Revolutionsarmee hatte auf ihren Kriegszügen systematisch Kunstwerke konfisziert. Die «Soldsklaven der Tyrannei», so lautete der entsprechende Befehl vom Juli 1794, waren zu verjagen, «Werke der Malerei und Bildhauerei sowie andere Erzeugnisse des Genies» nach Frankreich zu verbringen, da deren «angemessener Aufenthaltsort um der Ehre und des Fortschritts der Künste willen am Wohnort und Besitz freier Menschen sein soll».[370] Napoleon verwirklichte die Politik des systematischen Kunstraubs mit der ihm eigenen Gründlichkeit: Ihn begleitete der Generalinspekteur der französischen Museen, Dominique-Vivant Denon, der sich einen Namen als «l'emballeur» («der Einpacker») machte. Mit ihm sollte es Jacob Grimm in Paris persönlich zu tun bekommen.

1814 hatten sich die Alliierten mit Restitutionsansprüchen zurückgehalten. Man wollte die Gefühle der französischen Bevölkerung nicht gegen die Siegermächte aufbringen, indem man die geraubten Kunstgüter nun seinerseits aus den Museen räumte. Nachdem jedoch Napoleon für ‹hundert Tage› zurückgekehrt und im Juni 1815 bei Waterloo endgültig geschlagen worden war, sah man keinen Grund mehr zur Contenance. Die Schonzeit für die Raubkunst war vorbei. Auch der hessische Kurfürst sandte am 25. Juli 1815 erneut Beamte nach Paris. Sie fanden eine ganze Reihe von Gemälden aus den Kasseler Beständen, darunter Bilder von Rembrandt, Rubens, H. Holbein und van Dyck. Von den 2065 Gemälden, die insgesamt aus Frankreich abtransportiert wurden, gin-

gen immerhin 421 wieder nach Kassel. 382 der kurhessischen Kunstwerke blieben vermisst.[371]

Nachdem der geheime Rat Buderus von Carlshausen am 4. August in Paris eingetroffen war, meldete er am 26. August seinem
Fürsten nach Kassel, er sei auf wertvolle Manuskripte gestoßen, die
man anstelle unauffindbarer Wertgegenstände verteilen könnte. Um
diese «in wissenschaftlicher Hinsicht höchst schätzbare Sammlung»
zu sichten, möge man einen Fachmann nach Paris schicken. Jacob
Grimm sei die Idealbesetzung für diesen Posten. Die preußische Regierung bitte den hessischen Kurfürsten, er möge seinen Beamten
bei weiterlaufendem Gehalt freistellen. Für Kost und Logis werde
gesorgt, die Reisekosten würden sich die «Fürsten» teilen, die von
Jacob Grimms Arbeit profitieren.[372]

Jacob wird erneut abgeordnet. Überrascht meldet er seinen Brüdern Wilhelm und Ludwig, die gemütlich den Rhein entlangreisen,
er habe plötzlich Befehl erhalten. Es gehe um die Wiederbeschaf-
fung von Büchern und Handschriften. Näheres habe man ihm nicht
mitgeteilt. «So bin ich denn wieder aus meinen ruhigen Arbeiten
gezogen.»[373] Immerhin reist er diesmal auf weiten Strecken in einer
bequemen Kutsche.

Die Kasseler Beamten vor Ort hatten bereits viele der geraubten
Kunstwerke entdeckt. Nach anfänglichen Erfolgen blieben zunehmend die kniffligen Fälle übrig.[374] Jacob verzweifelt beinahe darüber.
Da sich die Diplomaten nicht auf geregelte Wege einigen können, muss er sich ohne Rückendeckung durchschlagen. Viele An-
läufe, Tricks und Kniffe laufen ins Leere. Er hört sich um, recherchiert, schreibt Briefe, stapelt hoch und befördert sich selbst zum
«Chargé d'affaires», «um der Sache etwas mehr relief zu geben, da
ein bloszer Secretair […] nichts ausrichten kann».[375] An den russischen Zaren Alexander, der einige Kasseler Kunstschätze im Gepäck
und wenig Interesse an offiziellen Entschädigungsvereinbarungen
hatte, wendet Jacob sich direkt, alle Konventionen ignorierend. Wilhelm unterstützt die Forderungen durch einen Artikel im *Rheinischen Merkur*, in dem er die Praktiken des Zarenhofs anprangert.[376]

Andere Verhandlungspartner geht Jacob derb an, wenn Höflichkeit nicht weiterhilft. Gemälde, die in Brüssel hängen, versucht er,
über den niederländischen Gesandten sicherzustellen. Viele Kunstwerke werden zudem nach England verkauft. Auch von dieser Seite
war also keine Unterstützung zu erwarten. Überhaupt räumen die
Siegermächte nun die französischen Museen munter, aber ohne
Plan und Koordination aus. Im Louvre sehe man «schon große Lücken, leere Rahmen, Staub und Bretter», meldet Jacob am 23. September.[377] Bereits im dritten offiziellen Bericht vom 8. Oktober 1815
schreibt er resigniert: «Wie sehr ich mich nach der Heimreise sehne
von hier weg, wo einem alles und jedes durch stetes Herumlaufen,
Fahren, Warten und Verweisen von einem Ort an den andern er-
schwert und verdorben wird, brauch ich kaum zu bemerken. Ein
ganzer Tag dieser leeren Fülle von Geschäften führt oft zu keinem
einzigen Zweck.»[378]

Die Zeit läuft davon. Der ‹Einpacker› Denon, der nach wie vor
als Direktor des Louvre tätig ist, verbringt Kunstschätze in Provin-
zialmuseen. Die Nerven liegen blank: Als die «venetianischen Rosse»
vor den Tuilerien abtransportiert werden sollen, schützt eine ungari-
sche Kompanie die Arbeiten; Kavallerie patrouilliert mit gezogenem
Schwert.[379] Jacob macht den Vorschlag, aus französischen Museen
Entschädigung zu verlangen, zumindest als Drohgebärde. Aber auch
das bringt die französischen Verantwortlichen nicht dazu, einzulen-
ken und zu kooperieren. Kaum besser geht es bei den Manuskripten.
Die Franzosen blockieren Jacobs Recherche in Bibliotheken und Archiven. Zudem ist es ihm peinlich, bei den Bibliothekaren, die ihn
früher unterstützt und zuvorkommend behandelt haben, nun als
Beutekunstjäger aufzutreten.

Jacobs Bemühungen werden ihm in Kassel nicht gedankt – er
hatte das bereits am Anfang seiner Reise vorausgesehen.[380] Immerhin erreicht ihn nach seiner Rückkehr aus Paris ein Schreiben des
preußischen Staatskanzlers Karl August von Hardenberg, der ihn
ausdrücklich für sein Engagement lobt.[381] In Paris aber drücken die
Misserfolge auf seine Stimmung. Konsequent also, dass Jacob im

Spätherbst 1815 wieder einmal um seine Entlassung bittet. Carlshausen hält das Schreiben jedoch zurück. Jacob beschwert sich. In seinem Brief an den Vorgesetzten vom 14. November 1815 klingt viel von der Bitterkeit mit, die die politischen Erfahrungen der letzten zwei Jahre bei Jacob hinterlassen haben. Vor allen Dingen müsse er sich «treu» bleiben. Er wolle eher auf alle Ansprüche verzichten, die er sich durch seinen langen «treuen Dienst» erworben habe, als sich «fernerhin in der diplomatischen Laufbahn gebrauchen zu lassen».[382] Eine Anstellung als Gesandtschaftssekretär beim neuen Bundestag in Frankfurt komme für ihn nicht in Frage.

Tatsächlich war Jacobs Kündigung, am 28. Oktober 1815 von Paris aus formuliert, rhetorisch vehement: Er dankt darin dem Kurfürsten für das «Zeichen Allerhöchster Zufriedenheit», bemerkt aber, dass weder sein Gesundheitszustand noch seine eigentlichen Kompetenzen ihn für eine diplomatische Laufbahn empfehlen. Zudem meint er, nach zehnjährigem Dienst in öffentlichen Ämtern einen besseren Posten verdient zu haben «als einen solchen, der mich zu einer unordentlichen, unbequemen Lebensart verbindet, meine Besoldung verzehrt und mir im Grunde die Arbeit eines blossen Cancellisten auflegt».[383]

Für solche Klagen gab es bei Hof eine Anlaufstelle: Die Kurfürstin protegierte anstelle der verstorbenen Tante die Brüder und unterstützte zudem Ludwig Grimm finanziell.[384] Sie hatte großes Verständnis für Jacob und setzte sich dafür ein, dass ihr Mann den Philologen mit weiteren diplomatischen Missionen verschone.[385] Aber der Kurfürst hielt offenbar große Stücke auf seinen Legationssekretär. Es ging noch eine Weile hin und her. Einmal hieß es, alles sei im Sinne Jacobs geregelt, ein anderes Mal, der Kurfürst halte an seinem Plan fest, Jacob nach Frankfurt zum Bundestag zu schicken.

Die Entscheidungen über die Zukunft werden auch deswegen dringlich, weil der Oberbibliothekar Strieder am 13. Oktober 1815 überraschend verstorben war. Wilhelm sieht die Chance zum Aufstieg. Im Februar 1814 hatte er sich noch gewundert, dass er den Titel des zweiten Bibliothekars nicht erhielt, wo er doch dessen Arbeit faktisch erledige. Im November 1814 ließ er seinem Bruder den Vortritt bei der Bewerbung auf diesen Posten.[386] Der Kasseler geheime Rat beschloss jedoch im Sommer 1815, der «Suplicant» Jacob Grimm müsse unter Lepels Leitung erst seine Aufgaben erledigen, Lücken in den Akten vom Wiener Kongress schließen und eine Reihe von Protokollen und Dokumenten sauber abschreiben.[387] Dazu kam es allerdings nicht: Jacob wurde zur diplomatischen Mission nach Paris abkommandiert. Die Stelle blieb vorerst vakant.

Jetzt also, im Oktober 1815, entwickelt Wilhelm selbst Ambitionen. Jacob, so Wilhelms Plan, könnte dann die Stelle des Hofarchivars übernehmen, und allen wäre geholfen.[388] Jacob stimmt ihm in allen Punkten zu, betont aber auch, wie wichtig ihm die Archivarstelle sei. Das unausgesprochene Risiko bestand für ihn darin, dass der Posten des Archivars und der des zweiten Bibliothekars bislang aneinandergekoppelt waren und nun möglicherweise auch Wilhelm beide Stellen zugesprochen werden könnten. Jacob beklagt ausführlich, wie sehr er sich für seine Familie aufgeopfert habe: Um bei all den unsinnigen Tätigkeiten bei Hof noch zu den eigentlich wichtigen Arbeiten zu kommen, sei er hastig und ungesellig geworden, worüber sich seine Geschwister, denen seine Mühen zugute gekommen seien, immer lustig gemacht hätten.[389]

Wilhelms Antrag wird vom Kurfürsten abgewiesen – «beruhet» lautet der entsprechende Aktenvermerk. Diese Entscheidung enttäuscht Wilhelm, denn er glaubt, ein Anrecht auf den Posten zu haben. Noch aber hält er an dem alten Plan fest.[390] Sollte Jacob die offene Bibliothekarsstelle angeboten werden, so bittet er seinen Bruder eindringlich, möge er sie ablehnen und erklären, dass sie Wilhelm gebühre.[391]

Aber es kommt anders: Im Dezember 1815 kehrt Jacob nach Kassel zurück und bezieht zunächst sein Gehalt als Legationssekretär weiter. Dann «wagt» er am 14. April 1816, die «allerunterthänigste Bitte um Ertheilung der ledigen Hofarchivarienstelle zu erneuern».[392] Zwei Tage darauf erhält er seine Ernennung – allerdings nicht zum Archivar, sondern zum zweiten Bibliothekar neben dem Oberbibliothekar Johann Ludwig Völkel. Worum sich Wilhelm erfolglos so sehr bemüht hatte, spricht der Kurfürst Jacob bedenkenlos zu. «Es kann auch nicht scheinen», schreibt Jacob an Savigny, «daß ich dem Wilhelm vorgesetzt worden bin, weil ich dem Staat viele Jahre länger diene, wie er, und ihn überdem vorher befragt habe, da es dann seine Meinung war, daß ich die Stelle unter den vorwaltenden Umständen durchaus nicht absagen solle.»[393] War die Vermutung, dass Jacob keine Rücksicht auf die Wünsche seines Bruder nahm, wirklich so abwegig?

Wie zuvor erhielt Jacob ein Jahresgehalt von sechshundert Talern. Zusammen mit dem Geld, das Wilhelm nach Hause brachte, kamen sie nun auf neunhundert Taler und waren vorerst finanziell saniert. Endlich befanden sie sich nicht nur als Forscher auf dem richtigen Weg, sondern waren auch beruflich abgesichert. Immerhin zwei ihrer Brüder, Ferdinand und Ludwig, waren fürs Erste versorgt: Ferdinand war 1815 im Verlag Reimers in Berlin untergekommen, Ludwig betrieb in Kassel und München seine Studien. Die Projekte, die Jacob und Wilhelm so viel Ärger und Arbeit gemacht hatten, waren – wie fragmentarisch auch immer – abgeschlossen und auf dem Markt: der zweite Band der Märchen sowie die *Altdeutschen Wälder*, die Edition des *Armen Heinrich*, der spanischen Romanzen und der *Edda*. «Dankbar», so Wilhelm später, «haben wir die glückliche Zeit genossen, wo wir eine willkommene und belehrende Beschäftigung in dem pünktlich verwalteten Amte fanden, daneben Musse zum Studieren und zur Ausführung mancher literarischer Pläne.»[394]

5. Eine «glückliche Zeit» (1816 – 1829)

In der Bibliothek

Im Rückblick auf die Jahre zwischen 1816 und 1829 hielt Jacob Grimm diese Zeit für die glücklichste seines Lebens: «in solcher ruhe [...] ergrünte unser herz wie auf einer aue.»[1] Die Brüder Grimm hatten sich für Kassel entschieden: Für einen Ruf an die Bonner Universität stellte Jacob sich 1816 nicht zur Verfügung und verhielt sich gegenüber dem Plan, ihn und seinen Bruder nach Berlin zu holen, eher reserviert.[2]

Die berufliche Sicherheit war wichtig. Denn nach wie vor verfolgten die Brüder ein hochriskantes Projekt, das beim Publikum vielfach auf Skepsis stieß. Daran erinnerte sie der Misserfolg der Buchpremiere nach Jacobs Dienstantritt: Im Mai 1816 lag der erste Band der *Deutschen Sagen, herausgegeben von den Brüdern Grimm*, im Druck vor. Damit hatten Jacob und Wilhelm einen weiteren Baustein zur großen Literaturgeschichte geliefert, die sie nun schon seit rund zehn Jahren Stück für Stück rekonstruierten.[3] Dem ersten Band mit den ‹Ortssagen› sollte 1818 der zweite mit den ‹historischen Sagen› folgen.

Das Sammelprojekt lag auf einer Linie mit den *Kinder- und Hausmärchen*. Wie bei den Märchen schien eine Reihe von Vorläuferpublikationen das Interesse des Buchmarkts zu signalisieren.[4] Wieder zielten die Grimms auf mündliche Überlieferung aus dem ‹Volk› und griffen vor allem auf Buchquellen zurück oder wurden von literarisch gebildeten Zulieferern mit Material versorgt;[5] wieder gaben sie als Parole aus, dass die Überlieferung ‹treu› aufgezeichnet werden sollte, bearbeiteten aber durchgehend das Material; wieder lancierten sie ihre Informationen so, dass die Leser auf falsche Fährten geführt wurden – und wieder blieb der Erfolg hinter den Erwartungen zurück: Der Verkauf ging schleppend voran, die Kritik reagierte verhalten. Erneut erklang der alte Vorwurf, die Grimms hätten, wie ein Artikel im August 1816 im *Freimüthigen* beklagte, nichts als einen «ungeheure[n] Karren voll unnützen Schuttes und Steinbrocken» vor dem Leser ausgeschüttet. Der Rezensent versteht nicht, warum man ihn mit den «Einfälle[n] Altdeutscher Weiber und ihrer Gleichen» behelligt.[6]

Beim zweiten Band aktivierten die Grimms zwar nach den schlechten Erfahrungen mit der Kritik ihre Freunde, und Achim von Arnim und Georg Friedrich Benecke verfassten wohlwollende Rezensionen. Aber wieder hagelte es teils bösartige Besprechungen. Jacob und Wilhelm waren so frustriert, dass sie einen dritten Teil der *Deutschen Sagen*, der einen ausführlichen Anmerkungsapparat liefern sollte, nicht veröffentlichten. Im Juni 1819 diagnostizierte Jacob eine allgemeine «Erschlaffung des Publicums», selbst bei den «sogenannten Geschichtsforschern».[7] Dass die *Deutschen Sagen* zu einem Fundbuch der Dichtung des 19. Jahrhunderts werden sollten, in dem sich Autoren von E. T. A. Hoffmann über Heinrich Heine, Franz Grillparzer, Annette von Droste-Hülshoff oder Ludwig Uhland bis hin zu Theodor Storm, Richard Wagner oder Gerhart Hauptmann bedienen würden, war nicht abzusehen.[8]

Glücklich also mochte die Zeit in Kassel am Schreibtisch gewesen sein, aber sobald sie von ihrer Arbeit aufblickten, sah die Lage nicht ganz so rosig aus. Wilhelm Grimm berichtete Goethe am 1. August 1816, die Erträge der letzten Jahre überblickend, dass die «altdeutsche Literatur» allenfalls bruchstückhaft erschlossen sei, dass das breitere Publikum im schlechten Fall «Abneigung», im besseren Fall eine «gewiße Gleichgültigkeit» zeige.[9] Und so schwankte ihre Stimmung denn auch immer wieder zwischen Zuversicht und Melancholie.

Bisweilen geht Jacob ins «Waldauer wirtshaus», trinkt dort ein «glas milch», betrachtet den Sonnenuntergang und «trollt dann vergnügt nach haus».[10] Aber diese Vergnügtheit wechselt doch oft mit fast schon depressiven Momenten. Die erste Eintragung in Jacobs Tagebuch, das er am 4. Januar 1820 beginnt, hält fest, dass er den heutigen Tag trübe und jammervoll zubringe. Er glaube nicht daran, dass sich seine Stimmung verbessern werde – «Gottstehemirbei». Im Sommer 1821 bekennt er sogar Savigny gegenüber, ihm sei «traurig», ja «lebensmüde» zumute. Er verbringe seine Freizeit «in träumerischen, weichen und verschlossenen Gedanken auf einsamen Spaziergängen».[11] Mehr als dieses knappe «Geständnis» darf man von Jacob nicht erwarten.

Auch Wilhelm pflegt die Tugend des ruhigen, arbeitsamen Lebens. Als Suabedissen 1815 die Stadt verlässt, schreibt er ihm am 15. Dezember: «ich habe niemanden mehr, zu dem ich vertraulich reden könnte oder wollte; der brave Gerling ist der einzige, zu dem ich zuweilen mit Vergnügen gehe». Aber auch dieser Gerling kehrt Kassel im folgenden Jahr den Rücken.[12] Wilhelm meint, er und Jacob seien «wie eine Pflanze, welcher in diesem Erdreich die Wurzeln allmälig absterben».[13]

Wilhelm stilisiert sich gern als eine geradezu eremitische Figur, und dies so sehr, dass sich Freunde schon um ihn sorgen. Das «Einsamstehen, das Zurückziehen» möchte Wilhelmine von Schwertzell ihrem Freund gern abgewöhnen. Sie wünscht ihm zumindest zwei, drei vertraute Freunde, aber Wilhelm blockt ab: Er spüre durchaus nicht die Sehnsucht danach, einer «völlig vertrauten Seele die Tiefe aufzudecken».[14] Hinzu kommen immer wieder ernste Krankheiten: die alten Herzbeschwerden, «Schmerzen in den magennerven», Ohnmachtsanfälle.[15]

Bei Licht betrachtet sind die Grimms ruhige, zurückgezogene Arbeiter, die jedoch ungezwungene Geselligkeit sehr wohl zu schätzen wissen – und dann ganz gern wieder in ihre zweisame Einsamkeit zurückkehren. Bei allen Verlustgefühlen, Sehnsüchten und Ängsten achten sie darauf, dass ihre depressiven Neigungen nicht überhandnehmen, und sie erinnern sich daran, dass sie die von Gott auferlegte «Pflicht» zur «Heiterkeit» nicht vergessen.[16] Als eine Art Refugium gegen die Missstände ihrer Gegenwart dient ihnen dabei die Bibliothek.

In der kurfürstlichen Büchersammlung erledigten die Grimms eine Halbtagsarbeit. Der Bestand belief sich auf rund sechzigtausend Bände. Drei Stunden hatte die Bibliothek geöffnet. Den Rest des Tages konnten sich Jacob und Wilhelm fast frei einteilen, und auch während der Arbeitszeit blieb oft Raum, um eigene Interessen zu verfolgen. Sie sahen die Messekataloge durch, verhandelten mit Buchhändlern und Buchbindern, erledigten die anfallenden Abrechnungen und katalogisierten die neuen Bücher. «Mein Amt», so Jacob, «bestehet auszer in der Erhaltung, Bewahrung und Bearbeitung des bisherigen Bücher- und Handschriftenvorraths auch in der Fortführung der Bibliothek oder im Ankauf derjenigen Werke, welche der Anlage des Ganzen und dem Gange der Wiszenschaften nach für die Bibliothek angemeszen sind.»[17]

In diesem unscheinbaren Nachsatz liegt freilich ein großes Projekt verborgen. Denn indem die Grimms die Bibliothek an dem «Ganzen und dem Gange der Wiszenschaften» orientierten, bestimmten sie deren Funktion in Kassel neu. Traditionell hatte die Büchersammlung, die sich ebenso wie die Schaustücke im *Museum Fridericianum* befand, dazu gedient, die Macht des Regenten zu demonstrieren,[18] und dieses Verhältnis zu Büchern pflegte auch der Kurfürst. 1816 beispielsweise ließ er die Sammlung von Ritterromanen, mit denen er seine Löwenburg ausstaffiert hatte, ins Schloss bringen, weil er gern darin schmökerte. Da er aber auf die repräsentativen Bücher auch am alten Ort nicht verzichten wollte, ließ er sie in Holz nachbilden und vom Buchbinder mit originalgetreuem Schmuck verzieren. Von der Idee, bei dieser Gelegenheit die Bestände kostengünstig zu erweitern, wollte er nichts wissen: «an dieser Unwahrheit», so Wilhelm gegenüber Savigny, «hatte er kein Vergnügen, und es mußten genau dieselben Titel, wie im Schloß, und in derselben Folge oben abgedruckt und [...] copirt werden».[19] Dass

Bibliotheksarbeit etwas mit Forschung zu tun haben könnte, verstand Wilhelm I. nicht.

Während die Bibliothek in den Jahren zuvor vernachlässigt worden war, verfolgten die Grimms nun eine planvolle Anschaffungspolitik. Sie versuchten, wie die Bibliothekare vor ihnen, kostbare und seltene Werke zu erwerben, machten die Bibliothek zugleich jedoch zu einer hervorragenden Fachsammlung für Sprach- und Literaturwissenschaftler. Das «meiste Neue, was unser Fach berührt», so Jacob, könne selbst bei eingeschränktem Etat besorgt werden.[20]

Die Grimms definierten die von ihnen verwalteten Bücher also als Forschungsgegenstand, weil jeder Leser nur so klug ist wie die Bibliothek, die er benutzt. Das gilt auch für Jacob und Wilhelm Grimm. Im Bücherarsenal ihres Lehrers Savigny stießen sie auf ihren Forschungsgegenstand: die mittelalterliche Literatur. In den Bücherwelten der Pariser *Bibliothèque Impériale* vermittelte Savigny seine Arbeitshaltung an Jacob Grimm. Und in der Bibliothek ihres Freundes Brentano entdeckten sie die ‹Volkspoesie›. Es erscheint konsequent, dass die Brüder Grimm weithin als Bibliothekare wahrgenommen wurden. Man überlegte mehrfach, sie genau in dieser Funktion zu berufen: 1808 und 1829 in München, 1829 in Berlin, 1838 und 1845 in Weimar, 1838/9 in Oldenburg. Und auch nach Göttingen kamen die Grimms später nicht primär als Philologen, sondern vor allem als hochqualifizierte Buchverwalter.[21]

Zwischen Bücherregalen befindet sich die Grimm'sche Werkstatt der Worte. Sammeln und Sichten, Ordnen und Verzeichnen – darin besteht ein Großteil ihrer Arbeit.[22] Doch darin erschöpft sich die Bedeutung der Bibliothek als Lebenswelt keinesfalls, weil Forschung für die Grimms eine Haltung bedeutet, die das gesamte geistige und körperliche Dasein durchdringt. Schon als Kinder führten sie ein Leben zwischen Bücherregalen und schweiften zwischen den Buchrücken im Haushalt der Eltern herum.[23] Von da an prägten Bücher ihr Leben: Bücher bildeten das Bindeglied zwischen den Brüdern. Sie verschafften ihnen Freunde, Bekannte und Feinde. Der Umgang mit Büchern rhythmisierte den Tageslauf und bestimmte die Routen ihrer Reisen, frustrierte oder beglückte sie. Und im Austausch über die gemeinsamen Bibliothekspläne fiel 1805 jener Entschluss, der sie zu einer untrennbaren Brüdergemeinschaft zusammenschweißen sollte: «wir wollen uns einmal nie trennen».

Während Wilhelm sich seine Freiheiten gegenüber den Bücherwelten in etwas größerem Maß bewahrt, spürt Jacob, wie sie ihn verändern: Er merkt, wie die Jahre vergehen, und stellt verwundert fest, wie sehr ihn das Lesen, Exzerpieren und Schreiben, das Blättern in Büchern, die Entzifferung von Handschriften, der Vergleich von Texten und die Deutung der historischen Zeugnisse beeinflusst hat. Er fühlt, dass er bestimmte Gespräche nicht mehr erträgt, dass er bestimmte Höflichkeitskonventionen nicht mehr einhalten kann, dass seine Normen und Werte durch das asketische Dasein zwischen den Regalen der Bibliothek geformt wurden. So groß ist die Macht der Bücher, dass Jacob für sie sogar sein Leben aufs Spiel setzt, als er beim großen Schlossbrand durch Feuer und Qualm irrt, um so viel wie möglich von der Bibliothek zu retten.

Die wenigen Besucher, die bis in die Bibliotheksräume vordringen, teilen nur selten die Interessen der Brüder Grimm. Wie der Kurfürst, verstanden auch sie die Bibliothek offenbar immer noch als eine repräsentative Institution, nicht als Arbeitsraum – das Kasseler Adressbuch von 1828 verspricht, die Bibliotheksangestellten, darunter auch die Grimms, würden «jedem Fremden zuvorkommend höflich» begegnen und ihm «die Natur-, Kunst- und wissenschaftlichen Schätze im Museum und in der Bibliothek mit lobenswerter Bereitwilligkeit» präsentieren.[24] Einige sind von der Masse der Bücher überfordert, andere wollen ohnehin nur einen Blick auf die Sammlung werfen, bewundern die Länge des Lesesaals und fragen nach der Anzahl der Bände. Ihre Schaulust befriedigt Wilhelm in der Regel mit einem schönillustrierten Buch, das «leicht zu tragen ist». Dann führt er sie zu der Kanonenkugel, die die russischen Kosaken bei der Befreiung Kassels in die Bibliothek geschossen haben, die «an ein paar juristischen Commentaren ihre Kraft gebrochen hat und ohne zu zünden niedergefallen ist». Er erzählt ausführlich davon, zeigt die entstandenen Schäden, «wo jeder sich noch im Pulver die Finger schwärzt und nicht weiter auf die Bibliothek zurückkommt».[25]

Bei so viel Unverstand taten die Brüder Grimm gut daran, ihre Privatbibliothek sorgfältig zu pflegen. Hier entstand ein Bücherkosmos, der alle Fachgebiete abdeckte und Werke in einer Vielzahl von Sprachen umfasste bis hin zum Chinesischen oder Mongolischen.[26] Diese Arbeitsbibliothek sollte Jacob und Wilhelm nach Möglichkeit unabhängig machen. Das galt für die Forschungsliteratur wie für die Quellen. Der Umgang mit den Büchern orientierte sich an diesen Interessen.

Insbesondere Jacob hinterließ während der Lektüre Spuren, zeichnete gleichsam quer durch die Bibliothek eine mentale Landkarte, um sich in der Unübersichtlichkeit der Bücherlandschaft nicht zu verirren: Anstreichungen und Unterstreichungen, Randnotizen und andere Bemerkungen machten den fremden Text den eigenen Fragestellungen gefügig. Im Vorderdeckel notierte Jacob biographische Bemerkungen zum Verfasser und sortierte auf diese Weise die Bücher immer schon literaturgeschichtlich ein. Am Ende eines Buchs folgten oftmals Stellenverweise mit Schlagworten, die bisweilen so umfangreich ausfielen, dass Blätter in die Bücher eingeheftet werden mussten. Schließlich kamen Hinweise auf weitere Ausgaben des Werks und auf Rezensionen hinzu. So arbeitete Jacob das Einzelwerk in die Bibliothek ein. Dazu gehörte auch, dass die Grimms – nicht zuletzt in eigenen Schriften – Verbesserungen anmerkten, die etwa auf neue Lektüren, Bücher- und Handschriftenfunde reagierten.

In der kurfürstlichen Bibliothek versuchten die Grimms ebenfalls, quer durch die Bestände ein Netzwerk zu knüpfen, indem sie bei Sammelwerken im Katalog nicht nur den Obertitel aufnahmen, sondern auch die darin enthaltenen Einzeltitel verzettelten, Signaturen für Sachgruppen verteilten, Namensverweise und weitere Informationen über Schlagworte einarbeiteten.[27] Gerade aber bei der Ordnung der Bibliothek tauchte ein Problem auf, das die Grimms wiederum als Forschungsproblem kannten. Indem die Sammler sich der Überlieferung zu- und damit in die Vergangenheit zurückwenden, blicken sie zugleich wie mit einem Janushaupt nach vorn in eine ungewisse Zukunft. Denn wie soll man wissen, was einmal wichtig und unwichtig, was relevant und was irrelevant sein wird?

Zwar behauptete Jacob einmal, er sei kein «erzbibliothecar»,[28] und dem Idealbild, wie es der Bibliothekstheoretiker Friedrich Adolf Ebert in *Die Bildung des Bibliothekars* (²1820) entworfen hat, genüge er keinesfalls.[29] Aber damit meinte er wohl weniger, dass er ein schlechter Buchverwalter sei. Er verstand sich als Forschungsbibliothekar und als Bibliotheksforscher. «Zu einem Bibliothecar von Fach», schrieb er Arnim, «der an nichts Lust hat, als an Büchertiteln und Catalogen, ohne Rücksicht auf der Bücher Inhalt, bin ich von Natur nicht gemacht.»[30] Im Übrigen rang Jacob Grimm genau mit den Problemen, die Ebert schilderte: Die Grimms mussten darüber entscheiden, was überlieferungswert war, und es künftigen Nutzern zugänglich machen. Sie wollten das aufnehmen, «was den Fortschritt der Wiszenschaft bezeichnet» – auf diese Weise wurde ihr «Amt schwer und mühsam», wie Jacob einmal meinte, «weil das fehlende aufgefunden und beurtheilt seyn will».[31] Wenn der Bibliothekar nach Ebert «das Organ zwischen Vor- und Nachwelt» ist, dann muss er «in gewisser Art über der Mitwelt stehen». So verwandelten sich Bibliotheken «zu wissenschaftlichen Archiven für künftige Geschlechter».[32]

Jacob bemühte sich insbesondere darum, dass die Pflichtexemplare nachgereicht wurden, die die Buchdrucker und Buchhändler nach einer Verfügung aus dem Jahr 1793 an die Bibliothek abzugeben hatten. Dabei gehe es nicht vorrangig um eine kostenlose Lieferung von wichtigen und auch finanziell interessanten Büchern, sondern eher darum, dass «auf diesem Wege gewisse vaterländische Druckschriften, die an sich geringen Gehalt haben, aber für die hessische Geschichte zufällig einmal Werth bekommen können, für die

Nachwelt erhalten werden»[33] – auch wenn ein Buch im Augenblick nicht gelesen wird, so wird es doch einmal einen Leser finden. Oder nicht.

Eine Möglichkeit, die Herausforderungen der Bibliothek zu bewältigen, bestand in der Forschungskooperation: Die Lesergemeinschaft sollte der Bücherfluten Herr werden. Der nächste Versuch in der langen Reihe von Projekten seit dem *Wunderhorn* wurde von Berlin aus gestartet.[34] Dort bereitete der frühere preußische Staatsminister und Reformer Freiherr Karl vom Stein gerade die Gründung einer Gesellschaft vor, die eine großangelegte Sammlung historischer Quellen durchführen sollte.[35]

Savigny, der an den Planungen für eine Forschungsgesellschaft federführend beteiligt war, hatte Jacob bereits im November 1814 in Wien davon unterrichtet und von seinem Ziel, Wilhelm und ihn als Sekretäre einer solchen ‹deutschen Gesellschaft› zu installieren.[36] Er hielt sie über die weiteren Entwicklungen auf den Laufenden. Am 25. Mai 1816 teilte er Jacob mit, er habe sie zu «Generalsecretären ausersehen als die tauglichsten Personen, die zu diesem Berufe in Europa, Asia, Afrika und Amerika zu finden sind, was sich mit einer Anstellung bey der Universität zu Cöln sehr gut vereinigen ließe». Tatsächlich: Wenn es, wie Savigny meinte, um die «Verbrüderung der Deutschen verschiedener Staaten» geht, waren die Brüder Grimm prädestiniert dafür.[37]

Der sogenannte Berliner Plan zielte darauf, das historische Staatswissen des Mittelalters von den Alltäglichkeiten (Sitten, Gebräuche etc.) über die geographische, ökonomische bis hin zur rechtlichen Verfassung gemeinsam aufzuarbeiten.[38] Vom Stein hatte während eines Besuchs bei Görres auch mit Goethe darüber gesprochen, und zwar kurz bevor Wilhelm Grimm auf seiner Rheinreise dort angekommen war.[39] Wilhelm hatte zudem im Juni 1816 während eines Besuchs bei Goethe in Weimar erwähnt, er sei der Ansicht, nur «ein geselliges Arbeiten und Unterstützung von oben her» könne die historische Erforschung voranbringen.[40] Im August 1816 bat Goethe

dann Wilhelm um sein Urteil und um Nachricht darüber, «unter
welchen Hoffnungen und Aussichten Sie geneigt seyn könnten mit
einzuwirken».[41]

Wilhelm verfasste unter dem Datum vom 20. September 1816 gemeinsam mit Jacob ein ausführliches Gutachten für Goethe:[42] Die
«Stimmung» hielten sie für durchaus günstig, warnten aber vor
zu luftigen Plänen. Damit lagen sie, wie sich zeigen sollte, richtig.
Der ‹Berliner Plan› wurde erst mit einiger Verzögerung und in einer schlankeren Version realisiert: in dem Forschungsinstitut der
Monumenta Germaniae Historica, das aus der 1819 durch den Freiherrn vom Stein gegründeten «Gesellschaft für ältere deutsche Ge-
schichtskunde» hervorging und bis heute besteht.[43]

Wilhelm legte seiner Stellungnahme ein eigenes Konzept bei, das
Goethe an den Weimarer Großherzog und an den Freiherrn vom
Stein weiterreichte. In Wilhelms «Plan zu einer Gesellschaft für altd.
Literatur» wird sehr viel detaillierter und konkreter als im ‹Berliner
Plan› eine staatlich geförderte Organisation entworfen, deren Auf-
gabe es wäre, flächendeckend «Denkmäler», «Volkssitten», «Rechts-
bräuche», «Sagen und Lieder», Material für die Erforschung von
«Mundarten» sowie insbesondere Handschriften zu sammeln. Die-
ses Archiv sollte jedem Forscher das Material zur Verfügung stellen,
das er für seine Arbeiten benötigte.

Wie alle anderen Versuche, organisierte Forschungskooperatio-
nen anzustiften, blieb auch dieser Plan der Brüder Grimm unreali-
siert. So verwundert es nicht, wenn Jacob Grimm eine eher skepti-
sche Haltung gegenüber gelehrten Gesellschaften einnimmt. Wieder
steht ein altes Grimm'sches Argument im Hintergrund, dass nämlich «die Herrlichkeit von Einwirkungen, Einflüßen, Mittheilun-
gen der Menschen unter einander» auf der Hand liege, dass solche
Kooperationen aber «von selbst und unschuldig» entstehen sollten,
nicht als «förmliche Gesellschaft».[44]

Die Brüder Grimm variieren ihre gesellschaftspolitischen Vorstellungen in der Forschungspolitik. Wilhelm schreibt über die Ein-
zelforscher: «Diese sind ganz frei und es findet keine Beschränkung

statt. Jede wißenschaftliche Bildung nimmt einen nothwendigen Gang, den keines Menschen Kraft bestimmen kann und dem man selbst eine falsche Richtung in einem einzelnen Punct nicht gewaltsam abschneiden darf, weil diese mit dem eigenthümlich trefflichen zusammenhängen kann.»[45] Irrtümer und Fehler sind demnach geradezu die Voraussetzungen dafür, dass im Lauf der Zeit hervorragende Ergebnisse erzielt werden. Offenbar stellen die Grimms sich auch hier vor, dass Forschung wie ein sich selbst regulierender Prozess abläuft, den souveräne Eingriffe behindern oder gar verhindern. Die Arbeit in der Bibliothek und die Organisation von Forschung haben einen politischen Kern. Dies gilt in noch größerem Maß für die zweite Antwort auf die Fülle der Bücher neben der Kooperation der Leser: die Zensur.

Seit dem 19. April 1816 war Jacob als zweiter Bibliothekar Mitglied der Zensurkommission, gemeinsam mit dem Regierungsrat und Leiter des Hofarchivs Burkhard Wilhelm Pfeiffer, dem ersten Bibliothekar und späteren Bibliotheksdirektor Johann Ludwig Völkel sowie dem General-Superintendenten Justus Philipp Rommel, der den Vorsitz führte.[46] Zensur gab es in Hessen schon seit mehr als hundertfünfzig Jahren. Es war keine Besonderheit, dass man sich um Moral, Politik und Religion sorgte,[47] und ebenso wenig außergewöhnlich war es, dass man infolge der Französischen Revolution verstärkt auf die politische Meinungsäußerung achtete – die französische Geheimpolizei unter der Regierung Jérômes hatte hier die Schrauben nur noch ein wenig mehr angezogen. Die am 10. Februar 1815 befohlene Wiederherstellung der «Censur-Anstalt», wie sie im Jahr 1780 eingesetzt worden war, gehörte somit zwar zur Restaurationspolitik Wilhelms I., bedeutete aber an sich keine drastisch neue Einschränkung der Meinungsfreiheit. Im Gegenteil: Noch rund zwei Monate nach seiner Berufung in die Zensurkommission wusste Jacob Grimm weder definitiv, wer ihr angehörte, noch war ihm klar, worin eigentlich genau seine Aufgabe bestand.

Das änderte sich mit einem Entwurf vom Sommer 1816, der die

Zensurkommission nach preußischem Vorbild genauer instruieren sollte: Geplant war, für die kurhessischen Buchdrucker die Vorzensur einzuführen, wie sie auch in anderen Ländern üblich war, damit Druckschriften «nichts enthalten, was den Lehren der christlichen Religion, den Sitten und der Staatsverfassung Nachtheil verursachen oder die guten Verhältnisse mit auswärtigen Staaten beeinträchtigen könnte». Darüber hinaus sollten der Bücherimport rigoros kontrolliert und das Zeitungs- und Journalwesen überwacht werden.[48]

Sowohl die Kasseler Regierungsmitglieder als auch die Beamten der Zensurkommission hielten das für praktisch undurchführbar. Jacob Grimm verfasste eine neunseitige Stellungnahme und wurde daraufhin von seinen Kollegen beauftragt, auch offiziell auf die Instruktion zu antworten. Am 20. August 1816 ging die Denkschrift an die vorgesetzte Stelle und stieß durchaus auf Verständnis, aber wenig Entschlussfreude: «Bleibt offen!» lautete das ‹abschließende› Urteil.

Was hatten Jacob Grimm und seine Kollegen zu bedenken gegeben?[49] Die Drucker in Kassel, so meinte er, publizierten im Regelfall keine problematischen Schriften und würden daher durch umfassende Vorzensur nur unnötig drangsaliert. Diejenigen, die «etwas irreligiöses, unsittliches oder dem Staate sonst anstößiges im Schilde» führten, fänden jederzeit eine Druckerei außer Landes. Die Einfuhr ausländischer Schriften lasse sich zudem schwer kontrollieren und belaste den inländischen Buchhandel ökonomisch – das Publikum verlange nach aktueller Ware. Jacob erkannte, dass Massenmedien wie Bücher, Zeitschriften und Zeitungen mit den alten Mitteln der absolutistischen Macht nicht in den Griff zu bekommen waren. Wenn sie sich daran versuchte, konnte sie allenfalls stören, hier und da vielleicht einen Teilerfolg erringen. Insgesamt aber zeigte sie eher ihre Ohnmacht als ihre Fähigkeit, klare Entscheidungen herbeizuführen und ihre Gesetze durchzusetzen.

Ohne es offen auszusprechen, wandte Jacob seine politischen und wissenschaftlichen Überzeugungen auf ein konkretes Kontrollproblem an. Wie in der Forschungsarbeit akzeptierte er auch auf dem Buchmarkt minderwertige Produkte und falsche Meinungen, weil in der Summe das Bestmögliche herauskommt und Eingriffe von außen mehr schaden als nutzen. Die Zensur hingegen erreicht ihr hochgestecktes Kontrollziel gerade nicht. Als störender Eingriff in die Kultur bedroht sie geradezu die innere Sicherheit, die Ruhe und Stabilität der gesellschaftlichen und politischen Ordnung. Jacob kommt zu dem Schluss, «daß eine Censureinrichtung nach den Vorschriften Allerhöchster Verordnung in Kurhessen unausführbar, schon im bloßen Versuch kostspielig, im Erfolg zweideutig und nichtig, dem Lande nachtheilig und den freien Stand der Wissenschaften schädlich beengend zu werden scheine; daß sie selbst bösgesinnte und unverständige Menschen zu solchen Anzüglichkeiten aufreizen könne, deren Unterdrückung ihr vorgesetzter Zweck war».

So drängelten sich die vier Zensoren nicht gerade zur Arbeit. Bei der Vorzensur wurden sie mehrfach tätig; bei der Nachzensur importierter Bücher musste man sie eher auf bedenkliche Schriften hinweisen; und die Überwachung des Zeitungs- und Journalwesens nahmen sie überhaupt nicht in Angriff. Wirklich aktiv wurden sie zum ersten Mal im März 1817, als der Kurfürst selbst drei Schriften konfiszierte, zur Beurteilung einreichte und die Kommission dazu brachte, die Verleger an die Vorzensur zu erinnern.[50] Öfter als über gefährliche Inhalte mokierten sich vor allem Völkel und Grimm über die schlechte Qualität der Bücher, «welches aber keine Ursache zum Verbot ist», wie man zutreffend bemerkte. 1817 wurden zehn Schriften zensiert, 1818 und 1819 waren es nur noch vier oder fünf.[51]

Die Situation änderte sich nach den Karlsbader Beschlüssen mit dem «Bundes=Preßgesetz» vom 20. September 1819. Aber nach wie vor verhielten sich Rommel, Pfeiffer, Völkel und Grimm abwartend, was niemanden weiter störte. Jacob Grimm orientierte sich bei Konflikten zwischen dem Bundesgesetz und den Kasseler Zensurbestimmungen an der toleranteren Option.[52] Als er dann allerdings 1822

dem Ministerium vorschlagen wollte, die Kommission schlicht aufzulösen, bremsten ihn seine Kollegen ab. Umgekehrt beharrte Jacob
strikt darauf, dass der Dienstweg eingehalten wurde, als der Kurfürst formlos an der Zensurkommission vorbei eine Druckerlaubnis
erteilte. Insgesamt dürfte Jacobs Geständnis gegenüber einem Wiener Gelehrtenfreund vom Oktober 1823 treffend sein: «Mein Cen-
soramt ficht mich wenig an, dergleichen treiben wir gelinder als Ihr
Herren dort und alles wischt durch.»[53]

In der Politik, in der Forschungsorganisation und in der Verwaltung
des Buchverkehrs orientierten sich die Grimms an den Grundprin-
zipien, die sie zunächst am Gegenstand ihres Sammeleifers entdeckt
hatten. Denn bei der Entstehung und Verbreitung von ‹Naturpoesie› geht es so selbstverständlich, so zwanglos und frei zu, wie sie das
auch bei der neuen Regierung oder in historischen Vereinen gern
gesehen hätten. Die Grimms muteten sich und ihrer Umgebung damit sehr viel Unsicherheit, Risikobereitschaft und Duldsamkeit zu.
Die Bibliothek war für sie durchaus eine Schule der Toleranz, weil
ihnen hier die Fülle der unausgeschöpften Möglichkeiten regalme-
terweise vor Augen stand.

Die Grimms votierten allerdings nicht aus reiner Menschen-
freundlichkeit dafür, in bestimmten Grenzen Missverständnisse,
Irrtümer und Meinungsvielfalt zu akzeptieren. Eine klare, stän-
disch organisierte Gesellschaftsordnung wäre aus ihrer Sicht durchaus von Vorteil.[54] Sie hätten abweichende Meinungen und Bücher
sehr wohl verboten, wenn dies möglich gewesen wäre. Doch sie ge-
horchten der normativen Kraft des Faktischen und übten sich in
Toleranz. Die politische Gewalt, mit der es die Grimms in Kassel
zu tun bekamen, war jedoch nicht dazu bereit, den «Geist der Zeit»
anzuerkennen.

Vor der Bibliothek

Wilhelm I. setzte nach seiner Rückkehr aus dem siebenjährigen Exil alles daran, die Innovationen der französischen Regierung rückgängig zu machen. Nur das benachbarte Hannover zeigte sich ähnlich reaktionär wie Hessen-Kassel.[55] Welchen Preis die Bevölkerung, gerade auf dem Land, dafür zu zahlen hatte, kümmerte ihn nicht.[56] Er beharrte als einziger deutscher Fürst auf dem Titel eines Kurfürsten. Und es war ihm nicht peinlich, seinen Soldaten wieder den Zopf als Tribut an die gute alte Zeit zu verordnen. Er schaffte die Gewerbefreiheit und das neue Rechts- und Verwaltungssystem ab, nahm Ernennungen zurück, griff in die Besitzverhältnisse ein. Nur die Regelungen, von denen er sich selbst einen Vorteil versprach, behielt er bei, etwa im Fall der Besteuerung des Adels oder der Personalsteuer. Immerhin wollte er 1816 durch einen verhältnismäßig progressiven Verfassungsentwurf seinen Kritikern den Wind aus den Segeln nehmen. Am 3. März 1816 schrieb Jacob voller Zuversicht: «Unsere heßische Constitution soll dieser Tage erscheinen, ist mit den Landständen berathen worden u. enthält viel Gutes und sogar ausgezeichnetes, wozu gerade vielleicht manche böse Umstände haben zus. wirken müßen.»[57] Aber die Verhandlungen mit den Ständen scheiterten, und der Entwurf verschwand in der Schublade.[58]

Auch wenn es noch rund fünfzehn Jahre dauern sollte, bis in Kassel eine Verfassung verabschiedet wurde: Die Selbstherrlichkeit, mit der Wilhelm I. und auch sein Nachfolger Wilhelm II. regierten, hatte keine Zukunft. Man könnte es fast als Menetekel betrachten, dass das letzte große Projekt Wilhelms I. auf grandiose Art scheiterte: An der Stelle des abgebrannten Schlosses wollte er als Fanal die Kattenburg errichten. Das protzig geplante Gebäude, «eine Art pharaonischer Königsbau»[59], hätte alle Dimensionen gesprengt. Aber der Bau kam nur bis zum ersten Stockwerk. Übrig blieb eine Ruinenlandschaft, die allmählich überwucherte und jahrzehntelang im Zentrum Kassels daran erinnerte, wie unzeitgemäß einmal in der

Stadt regiert wurde. Das Baumaterial verwendete man ab 1840 für den Bau der Kasseler Gemäldegalerie.[60]

Das Gefälle zwischen dem erregten Pathos der Befreiungskriege und der gedämpften Stimmung danach war groß. Die Unzufriedenen organisierten sich vor allem in den studentischen Burschenschaften. Als Datum des öffentlichen Protests wählten sie den dreihundertsten Jahrestag der Reformation und den vierten Jahrestag der ‹Völkerschlacht› bei Leipzig: Am 18. Oktober 1817 trafen sich rund fünfhundert Studenten auf der Wartburg. Man schwelgte rhetorisch in vaterländischen Gefühlen und beschwor die deutsche Einheit. Einige beschränkten sich nicht darauf – wie Heinrich Heine später polemisierte –, «bei Fackellicht [...] Dummheiten» zu sagen, «die des blödsinnigsten Mittelalters würdig waren», sondern tobten ihren «beschränkte[n] Teutomanismus» auch in einer Bücherverbrennung aus.[61] Federführend dabei war Hans Ferdinand Maßmann, der seit 1815 mit den Grimms in Verbindung stand und dem Jacob Grimm 1837 den vierten Band seiner *Deutschen Grammatik* widmete.[62]

Im Feuer landeten nicht Bücher, die wohl ein wenig zu kostspielig waren, sondern Symbole, darunter der kurhessische Zopf.[63] Das Wartburgfest griff also direkt die Kasseler Verhältnisse an. Jacob Grimm schreibt darüber am 19. November 1817 an Wigand: «Was auf der Wartburg geschehen ist, hat mir wohlgefallen, auch die Riemannische Rede besonders; es wird auch nicht ohne lebendige Frucht bleiben.»[64] Die Rede des Burschenschaftlers Heinrich Hermann Riemann war Ausdruck der Enttäuschung: «das deutsche Volk hatte schöne Hoffnungen gefaßt, sie sind alle vereitelt; alles ist anders gekommen, als wir erwartet haben» – das sprach den Grimms aus der Seele, musste sie aber eigentlich zugleich treffen. Denn gehörten nicht auch sie zu jenen von Riemann beklagten Männern, die «kleinmütig geworden» waren und «in stiller Beschäftigung mit der Wissenschaft Entschädigung» suchten?[65]

Die Grimms teilten nicht die Befürchtung, dass auf der Wartburg der Staatsstreich vorbereitet wurde. Wilhelm etwa begrüßte die Anzeichen von «Gemeinsinn und die Lebendigkeit», und «dasz der Student etwas über die Schnur haut, ohne es unrecht zu meinen, weisz man ja».[66] Im Übrigen störte er sich an dem Streit, der die politische Diskussion bestimmte. Man möge sich weniger um abstrakte «Grundsätze» als um die «Wirklichkeit» kümmern.[67] Weil sich Politik und Gesellschaft für die Grimms in naturwüchsigen, organischen Formen entwickelten, betrachteten sie die organisierte Studentenschaft – etwa die Burschenschaften oder die Turnbewegung Friedrich Ludwig Jahns[68] – ebenso skeptisch wie die staatliche Reaktion «von obenher».[69]

Mit den Karlsbader Beschlüssen von 1819, die auf die Kontrolle der öffentlichen Meinung zielten, um Veranstaltungen wie das Wartburgfest zu verhindern, konnten die Grimms entsprechend wenig anfangen. Der ordnungspolitische Impuls mochte ihnen gar nicht so fernliegen. Aber als Philologen achteten sie eben einmal mehr auf Inhalt *und* Form. Und die Art und Weise, wie Ruhe im Staat erzeugt werden sollte, hielten Jacob und Wilhelm für völlig unangemessen. Die sogenannte Demagogenverfolgung, die in Preußen mit besonderem Eifer betrieben wurde, lehnte Wilhelm ab. «Nicht einmahl haben sies über sich bringen können», schreibt er an einen Freund, «die alberne Verschwörungsgeschichte durch Offenheit zu versöhnen, hunderttausend Briefe sind erbrochen worden, um ein Paar Menschen in zweifelhaften Schein zu bringen.»[70]

Auch Jacob stört sich an dem Missverhältnis von Schaden und Ertrag. Das «System von Furcht und Ängsten, Mißtrauen, Beschuldigungen und allen den kleinlichen und schändlichen Handgriffen der Polizei» richtet sich auf einige wenige, oft genug nur eingebildete Verbrechen. Statt aber den Staat dadurch sicherer zu machen, zerstöre man «unwissend die Liebe und Ruhe, von der ein kleiner Teil hingereicht hätte, um den Ausbruch des besorgten Übels zu verhindern». Jacob würde stets für «die liberalen Dinge» stimmen, also für die Pressefreiheit etwa. Zugleich aber klagt er über die vielen Neuerungen und über die mangelnde Achtung vor dem Alten. Die Freiheit der Untertanen will er lieber durch überlieferte Konventionen, nicht durch gesetztes Recht gesichert wissen. Er vermisst die «Liebe der Untertanen zu ihren Fürsten, alten Gewohnheiten und Sitten». Und selbst bei Gesetzen, die an sich «wohl überlegt und selbst völlig gerecht» erscheinen mögen, fragt er immer danach, wie sie die politische Atmosphäre beeinflussen. «Unpolitisch» geht demnach diejenige Regierung vor, die nicht auf die «Stimmung» achtet, die ihre Maßnahmen erzeugt.[71]

Missmutig und gespannt beobachteten die Grimms die Entwicklungen und forderten von der Politik Fingerspitzengefühl. Es gebe keinen Grund für den Staat, «einen solchen tactlosen Lärm zu schlagen» – anders als in Frankreich, England oder Spanien handle es sich im eigenen Land nur um eine Form von «wahrhaft unschuldigen und kinderhaften deutschen Unruhen».[72] Von diesen Unruhen waren sie nur mittelbar betroffen. Die Grimms lebten recht zufrieden in ihrer Bibliotheksenklave und arbeiteten an ihren philologischen Studien. Aber von oben gab es dafür keine Unterstützung, etwa für den ‹Berliner Plan›, der ja eine Art wissenschaftlicher Parallelaktion zu den ‹vaterländischen› Umtrieben darstellte.[73]

Jenen Takt, den die Grimms in der Politik vermissten, suchen sie einmal mehr in der Geselligkeit. In den Jahren nach 1816 bewegen sie sich in unterschiedlichen, sich zum Teil überschneidenden Kreisen: Da sind die Jugend- und Schulfreunde wie Johann Heinrich Christan Bang oder Paul Wigand. Bang und Wigand tragen zu den *Deutschen Sagen* bei; mit ihnen werden die Neuerscheinungen des Buchmarkts ebenso diskutiert wie sprach- oder rechtshistorische Fragen. Und auch sonst steht man einander zur Seite: Als Bang auf eine Stelle an einem Frankfurter Gymnasium spekuliert, erklärt Jacob Grimm einem Mitbewerber, «dem Vernehmen nach sey schon alles besetzt».[74]

Neben den Beziehungen aus der Jugend halten auch jene Bindungen lang, die sich mit den typischen Routen der Arbeitsreisen verbinden lassen. Marburg etwa ist ein dauernder Anlaufpunkt.[75] Im-

mer wieder kommen die Grimms durch Frankfurt und werden in
der Brentano'schen Familie und deren Umfeld freundlich und herzlich empfangen: Dazu gehören die Senatoren Johann Gerhard Thomas und Gottfried Scharff, der Bibliothekar Johann Friedrich Böh-
mer, der Bankier Friedrich Scharff oder der Pelzhändler Leopold
Stein.[76]

In Frankfurt treffen die Brüder Grimm gelegentlich Bettine
Brentano, die umgekehrt immer wieder in Kassel einen Besuch
abstattet und mit ihrer lebhaften Art «Freude» im Grimm'schen
Haushalt verbreitet.[77] Seit 1811 ist sie mit Achim von Arnim verheiratet und lebt inzwischen mit ihm auf einem Landsitz bei Wiepersdorf. Wilhelm besucht sie dort im Mai 1816, um Arnim nach einer
schweren Krankheit ein wenig aufzubauen. Später kommen Clemens Brentano und Savigny hinzu. Brentano, den Wilhelm schon
länger nicht mehr gesehen hat, erscheint ihm «nicht sehr verändert», ein wenig dicker vielleicht und mit einer stärkeren Neigung
zur «Frömmigkeit». Gemeinsame Pläne, die Brentano gleich wieder
entwerfen will, blockt Wilhelm ab. Die literarischen und die philologischen Interessen und Arbeitsweisen haben sich zu sehr ausein-
anderentwickelt.[78]

Auch in Kassel stehen die Grimms in regem Gesellschaftsver-
kehr. Man besucht einander zum Kaffee, zum Essen oder zu Vorlese-
runden. Gelegentlich laden die Grimms zu sich oder gehen ins Theater. Vor allem Wilhelm bewegt sich auch in höfischen Kreisen, zu
denen Grafen und Gräfinnen, die Frau des Oberhofmarschalls und
Diplomaten gehören: Bei Philippine von Calenberg besuchen sie
musikalische Abendgesellschaften, im Salon Carolines von der Malsburg, einem der geselligen Mittelpunkte Kassels, sind sie gern gesehen – der Jugendfreund Friedrich von Schwertzell hatte den beiden
Hofbibliothekaren den Zugang zu diesen Zirkeln verschafft.[79] Zu
ihm und vor allem dem weiblichen Teil der Familie, in dem Wilhelm
nicht zuletzt als Vorleser gefragt war, hält der Kontakt über lange
Jahre. Auf dem Familiengut Willingshausen, aus dem Schwertzell
eine Art Kulturzentrum gemacht hatte, erholt sich Wilhelm mehr-

fach. Er liegt dann, in seinen Mantel eingewickelt, im Park, genießt die Sonne und hört den Vögeln zu.[80]

Das blieb wissenschaftlich nicht folgenlos: 1817 und 1818 stellte Schwertzell in der Umgebung des Gutes, auf dem Jettenberg, in Grabhügeln Nachforschungen an und entdeckte dabei vermeintliche Runensteine. Man rief Wilhelm Grimm zu Rat und sicherte ihm das Vorrecht bei der wissenschaftlichen Auswertung der Ausgrabungen zu.

So enthalten die Schwertzells die Funde etwa dem Marburger Professor Dietrich Christoph Rommel vor, was diesen nicht daran hindert, die Ausgrabungen zu einer wissenschaftlichen Sensation zu erklären. Über ihn meinte Wilhelm brieflich, es gebe kaum etwas, das Rommel nicht ausgraben würde: Einmal habe er Kasseler Töpferarbeiten des 18. Jahrhunderts zu Bruchstücken antiker Gefäße erklären wollen. Für Wilhelm waren die Runenfunde nichts weiter als «zufälliges Gekritzel».[81] Tatsächlich fand man sehr viel später, im 20. Jahrhundert, heraus, dass es sich um Wurmspuren handelt. Immerhin regte Wilhelm das Gekritzel dazu an, eine mehr als dreihundert Seiten dicke Nebenarbeit zu veröffentlichen: *Über deutsche Runen* (1821).[82] Wilhelm wollte in dieser Studie zum einen die besonderen Leistungen der ‹deutschen› Runenschrift beweisen und zum anderen zeigen, dass die ‹deutschen Runen› wie andere Schriften auf eine Art Uralphabet zurückgehen. Die meisten seiner Kernthesen wurden im Lauf der Zeit widerlegt. Gleichwohl war sein Beitrag, die erste deutsche Studie zur Runenkunde, im 19. Jahrhundert lange Zeit gültig.[83]

Wenngleich die Grimms in der Geselligkeit ein wenig für die politischen Missstände entschädigt werden, so bleibt dies doch nicht ohne Spannungen. Denn die Vorbehalte vor allem Jacob Grimms gegen die städtische Kultur der Unterhaltung und Geselligkeit sind nach wie vor groß. So groß, dass sie sich bisweilen geradezu eruptiv äußern. Vom 6. bis 14. Mai 1818 sind die Haxthausen-Schwestern sowie Freifrau Ferdinandine von Heereman-Zuydtwick mit ihrer Tochter in Kassel zu Gast. Aus Göttingen stößt August von Haxthausen hinzu. Die Stimmung war gut, das Wetter schlecht. Die Grimms, so ihr eigener Eindruck, unterhielten die Besucher nicht so, wie sie sich das gewünscht hatten. Auf die Befürchtung, er und Wilhelm könnten ihre Pflichten als Gastgeber nur unzulänglich erfüllt haben, reagiert Jacob mit einem kleinen zivilisationskritischen Kommentar: «Alles, womit sich die feinen Weltleute vergnügen, hat etwas habgieriges, unersättliches und dennoch langweiliges an sich.»[84] Es bleibt bei einem eigentümlichen Zwiespalt. Jacob und Wilhelm empfangen warmherzig ihre Gäste. Sie sind herzlich im Umgang. Aber sie konservieren einen letzten Rest von Ungelenkheit und einen Vorbehalt dagegen, ihren Seelenhaushalt zu öffnen.

Genau an dieser Grenze spielt das Verhältnis von Wilhelm Grimm zu Jenny von Droste-Hülshoff, die sich einige Jahre zuvor begegnet und Freunde geworden waren. Jennys Besuch im August 1818 wird zur Gratwanderung zwischen konventioneller Geselligkeit und Intimität. Gemeinsam mit ihr kommen ihre Schwester Annette und ihr Vater Clemens August sowie August und Karoline von Haxthausen nach Kassel.[85] Gleich bei ihrer Ankunft werden die Frauen und der «Papa» beim Theater abgesetzt. Am nächsten Tag besichtigt man die Bildergalerie, einige Kasseler Sehenswürdigkeiten und die Parklandschaft. Abends unterhält Wilhelm die Damen, während Jacob sich wegen Kopfschmerzen entschuldigt. Jenny von Droste-Hülshoff schreibt über Jacob: «Er gefiel mir gut, aber wie August denken konnte, er würde bei mir den Wilhelm ausstechen, das ist mir unbegreiflich.»[86]

So vergehen die Tage. Wilhelm führt die Besucher herum, pflückt mit den Damen Blumen und erzählt während einer abendlichen Kutschfahrt aus seinem Leben – «so lieb», meint Jenny von Droste-Hülshoff, «daß ich gern die ganze Nacht so gefahren wäre».[87] Und wie vielen anderen Besuchern präsentieren die Grimms auch diesen Gästen die Bibliothek als Schauraum. Sie zeigen einige illustrierte Bücher; und Wilhelm erzählt einmal mehr die Geschichte von der

Kanonenkugel, die die russischen Truppen bei der Einnahme Kassels in die Regale geschossen haben.

Wilhelm kümmert sich besonders um Jenny von Droste-Hülshoff. Zumindest kommt es ihr so vor. Sie beobachtet ihn genau, registriert seine Stimmungslagen, achtet auf die kleinen Gesten der Zuwendung oder Vernachlässigung. Kurz: Jenny sucht nach jenen Zeichen, aus denen die Sprache der Liebe besteht, denn die romantische Liebe erweist sich daran, dass man einem Individuum totale Aufmerksamkeit schenkt. Dabei gibt es keine Nebensächlichkeiten, nichts kann zu gering sein, um daraus Grundsätzliches für den Stand einer Beziehung abzuleiten. Wilhelm hingegen bewegt sich in dem durchaus verwandten, aber eben weniger exklusiven Muster der geselligen Freundschaft. Am vierten Abend erinnert er an das Kreuz, bei dem er und Jenny sich bei seinem Besuch in Bökendorf verabschiedet haben, und trägt ihr dann sogleich viele Grüße an den Freundeskreis auf. Sie hingegen notiert in ihrem Reisebericht: «Wilhelm war so lieb, daß ich einzig auf ihn achtete und nicht weiß, was die andern angefangen haben.» Der Abschied fällt ihr schwer: Erst küsst Wilhelm Annettes Hand, dann ihre, «wobei wir aber nichts sagten; ich hatte auch in dem Augenblick keinen Gedanken und, wenn er etwas sagte, so habe ich es nicht verstehen können».[88]

Wilhelm vermittelt nicht den Eindruck, er würde sich in gleichem Maß emotional engagieren. Erst im folgenden Jahr meldet er sich brieflich wieder, um sich für ein Geburtstagsgeschenk zu bedanken. Er formuliert seinen Brief konventionell, und selbst wenn man darin Anklänge an eine exklusive Zuneigung entdecken wollte: Wilhelms Wunsch, Jenny möge bei ihrem nächsten Besuch «Alle von Bökendorf» mitbringen, so dass «wenigstens drei Wagen» gefahren kommen, löst alles wieder in unverfängliche gesellige Zuneigung auf.[89]

Zwischen dem Brief Jennys vom 2. Dezember 1821 und ihrem nächsten Schreiben vom 26. April 1824 liegt eine ungewöhnlich lange Pause. Man hat auch hier einen tieferen Grund vermutet,[90] weil Wilhelm sich ebenso ausführlich wie geheimnisvoll darüber auslässt, warum er die Schreibpause nicht unterbrochen hat: «Wie vieles würde ich Ihnen sagen und erzählen, und wie könnte ich eines mit dem andern verbinden und in Zusammenhang bringen, wenn ich es mündlich thun dürfte!»[91] Das sind zunächst nur die empfindsamen Brieftopoi des Schweigens, das aus der Überfülle der Seelentiefe resultieren soll. Auch an die Haxthausens schreibt Wilhelm in dieser Zeit keine Briefe, bis auf einen vom Juni 1822: Er entschuldigt sich dafür, dass er völlig überlastet sei und keine Zeit für die Korrespondenz finde; zugleich erkundigt er sich nach Jenny von Droste-Hülshoff, ohne jedes Anzeichen eines schlechten Gewissens.[92] Das nächste Mal sehen sich die beiden erst 1824, und dies auch nur auf der Durchreise Jennys für eine halbe Stunde, die sie gemeinsam mit Anna von Haxthausen bei den Grimms verbringt.[93] Die Beziehung läuft in den Bahnen einer herzlichen und freundschaftlichen Verbundenheit.

Wilhelm bietet durchaus die Möglichkeit an, sein Benehmen als liebevolle Zuneigung zu interpretieren. Aber mehr auch nicht. Jenny liefert gewichtigere Indizien, und zumindest im Rückblick, als nach Wilhelms Heirat mit Dorothea Wild die Verhältnisse geklärt sind, sorgt man sich in ihrer Umgebung, als habe man es mit einer verlassenen Liebhaberin zu tun. Amalie Hassenpflug schreibt Anfang Januar 1825 über ihre Freundin Jenny: «[…] sie wird aber in ihrer Einsamkeit glücklicher sein wies Dortchen es mit dem Wilhelm werden kann.»[94] Jenny von Droste-Hülshoff indes denkt zwar oft und mit einer gewissen sentimentalen Rührung an Wilhelm. Aber selbst wenn sie tieftraurig darüber gewesen sein sollte, dass Wilhelm nun nicht mehr als Objekt ihrer Sehnsüchte in Frage kam: Letztlich hätte es sich um ein unmögliches Verhältnis gehandelt. Sowohl der Konfessionsunterschied zwischen der streng katholischen Familie von Droste-Hülshoff und dem hessischen Reformierten Grimm als auch der Standesunterschied verboten den Gedanken an eine Heirat.[95]

Wenn Wilhelm und Jenny sich in ihren Briefen so auffällig häufig über Blumen austauschen und sogar Blumen versenden, mag dies darauf hindeuten, dass beide sich nach einem ‹natürlichen› Verhältnis sehnen, das mehr auf Gefühl und weniger auf gesellschaftlichen Konventionen beruht.[96] Jenny jedenfalls beharrt auch bei ihrem Besuch in Kassel im Sommer 1827 auf einer hochsensiblen Behandlung durch Wilhelm. Sie hat den Eindruck, ihr Gastgeber brüskiere sie, als Wilhelm sich ihr gegenüber die «Nöthigung» verbittet, seine Gedanken offen zu äußern.[97] 1831 sollte Jenny dann einen Freund der Grimms kennenlernen: Joseph von Laßberg. Er brachte alle konfessionellen und sozialen Voraussetzungen mit und erinnerte zudem als leidenschaftlicher Sammler mittelalterlicher Handschriften ein wenig an Wilhelm Grimm. 1834 heiratete sie ihn.

Jacob Grimms Deutsche Grammatik

Die politischen Prozesse verliefen nicht so, wie sich Jacob Grimm das erhofft hätte; in der Geselligkeit fand er zwar schon mehr von jener Liberalität, die er sich von den Regenten wünschte; wirklich befriedigen aber konnte ihn nur der wissenschaftliche Austausch. Nichts macht dies so deutlich wie der Beginn des Briefwechsels mit Karl Lachmann, der legendären Gründerfigur der Deutschen Philologie.[98]

Jacob war auf den Benecke-Schüler Lachmann aufmerksam geworden, als dieser 1816 eine Studie *Über die ursprüngliche Gestalt des Gedichts von der Nibelungen Noth* vorgelegt hatte. In den folgenden Jahren wird Lachmann sich seine wissenschaftlichen Meriten vornehmlich als Editor historisch-kritischer Ausgaben verdienen, etwa des Nibelungenlieds (1826), der Werke Hartmanns von Aue (1827, 1838), Walthers von der Vogelweide (1827) und Wolframs von Eschenbach (1833), von wichtigen antiken Autoren wie Properz (1816), Tibull und Catull (1829) oder Lukrez (1850), aber auch der Werke Lessings (1838ff.) oder des Neuen Testaments (1831). Lachmann gehörte das ganze 19. Jahrhundert über zu jenen Figuren, an denen ein Germanist nicht achtlos vorübergehen konnte. Man verehrte ihn, man polemisierte gegen ihn, aber man verhielt sich auf jeden Fall zu seiner Person, seinem Werk und zu jener Art von Philologie, deren Ethos Lachmann wie kein Zweiter verkörperte. Lachmann stand für die Verwissenschaftlichung des Fachs, und das bedeutete: Er sagte jeder Form der Liebhaberei den Kampf an. An ihm schieden sich die ‹Kenner› von den ‹Dilettanten›. Kompromisse waren nicht seine Sache. So schrieb er beispielsweise am 7. Juni 1826 an August Wilhelm Schlegel: «Ew. Hochwohlgeboren haben vor 15 Jahren gesagt, Herr von der Hagen sei von Ihnen angeregt worden. Aber ich bin es weder durch Sie noch durch diesen Jünger. Auch hat noch niemand Spuren einer Mitschülerschaft mit Herr von der Hagen an mir bemerkt. Meine philologischen Lehrer haben mich von der Liebe zur Wahrheit und vom Factischen ausgehn gelehrt, nicht von blendendem und vornehmem Wortprunk; und so oft ich geirrt haben mag, ihrer Gesinnung bin ich nie untreu geworden.»[99]

Lachmann und Jacob Grimm knüpfen ihre Beziehung aus der Ferne. In Kassel kommt am 11. Dezember 1819 der erste Brief aus Königsberg an, wo Lachmann im Vorjahr eine Professur für «Theorie, Kritik und Litteratur der schönen Künste und Wissenschaften» angenommen hatte. Er antwortet damit auf ein Eröffnungsschreiben Jacob Grimms, das sich nicht erhalten hat, und er tut dies auf eine bemerkenswerte Weise.[100] Nach einer kurzen Einleitung von gerade einmal zwei Sätzen, in denen er sich dafür entschuldigt, dass er «ausführlich und oft unordentlich» aus seinen gesammelten Materialien zitiert,[101] ist der höfliche Teil des Briefs vorerst beendet. Nun folgt eine seitenlange Auflistung von Belegstellen zur historischen Sprachlehre, mit denen Lachmann den soeben erschienenen ersten Band von Jacob Grimms *Deutscher Grammatik* korrigiert oder ergänzt.

Hier reden Spezialisten unter sich. Wer nicht schon weiß, welche Probleme verhandelt werden, versteht nichts. Im folgenden Briefwechsel werden Jacob Grimm und Karl Lachmann es weiterhin so halten – oder gleich auf jedes unnötig freundliche Wort verzichten. Über das Alltagsleben der beiden erfährt man aus dem umfangreichen Briefwechsel der ersten Jahren so gut wie nichts, allenfalls

plaudern sie ein wenig über Neuigkeiten des Wissenschaftsbe-
triebs und ziehen über «Dilettanten» her: über ‹widerliche›, ‹krie-
chende›, ‹tückische›, ‹eingebildete›, ‹lumpige›, ‹unverschämte›
Menschen.[102]

Lachmann sieht genau, dass sein erster Brief an Jacob nach gängigen Konventionen monströs ausfällt. Nachdem er seine Listen abgeschlossen hat, schreibt er: «bei einer ersten Bekanntschaft, die durch
Briefe gemacht wird, darf man sich ja, wenn mans nur ehrlich mit
einander meint, weniger schämen sich zu belästigen und zu über-
schütten. Man kommt sonst nicht so bald zusammen».[103] Freundschaft zwischen Menschen und die professionelle Zuneigung zu
philologischen Fragen folgen dem gleichen Muster. In beiden Fällen schenkt man jenen Kleinigkeiten Beachtung, die andere übersehen.[104] Jacob Grimm und Lachmann verhalten sich also nicht, wie
man auf den ersten Blick meinen könnte, ‹unfreundlich›. Sie sparen
sich nur die konventionellen Formen der Höflichkeit, und gerade
dadurch signalisieren sie, dass sie eines Geistes Kind sind und gegen
die Dilettanten die Reihen schließen: «Lassen Sie uns also freundschaftlich privatim einander helfen.»[105]

Die Fachleute bilden ihr Kartell ganz im Zeichen jener Forschungsmentalität, die Jacob Grimm im Lauf der Zeit entwickelt hat.
Man setzt sich intensiv und rückhaltlos auseinander und konzentriert sich dabei – der Idee nach – auf die Sache, nicht auf persönliche Eitelkeiten. Die gesellschaftlichen Normen des höflichen Ver-
kehrs spielen keine Rolle. Jacob zieht sich fast schon einsiedlerisch
zurück und verfolgt mit einer Intensität seine wissenschaftlichen
Projekte, die seinem Bruder Respekt einflößt, aber auch ein wenig
Angst macht – an Benecke berichtet Wilhelm über Jacob: «[…] er
hat eine Ausdauer, die mir Gott versagt hat. Nicht blos einen Tag,
sondern eine Anzahl hinter einander kann er von Morgen bis in die
Nacht sitzen, ohne sich fast zu regen; es ist ebenso, wie er wohl zwei
Tage ohne Nahrung (es ist wirklich wahr) zubringen kann, während
mir das Hungern immer schlecht geräth.»[106]

Jacob verhält sich jedoch gerade am Schreibtisch nicht nur ungesellig. Er pflegt vielmehr eine Geselligkeit, die nicht von der Gesellschaft deformiert ist. Das Versprechen der Geselligkeit, einen ebenso ungezwungenen wie leichtfüßigen und offenen Kontakt zwischen den Menschen herzustellen, realisiert sich für Jacob nicht in den Salons der Kasseler Gesellschaft, sondern zwischen den Bücherregalen seines Arbeitszimmers. Auf dem Blatt Papier muss er seine Meinung nicht zurückhalten; hier muss er keine Rücksichten nehmen; hier kann er so offen sein, wie es das Gespräch kaum gestattet.[107]

Auch wenn Gelehrte traditionell als gesellschaftsuntauglich gelten, teilt gerade der wissenschaftliche Austausch sehr viele Ideale mit der Theorie der Geselligkeit: die Aufmerksamkeit für Nebensächlichkeiten etwa, das feine Gespür für Nuancen oder die intellektuelle Beweglichkeit. ‹Wissen› ist für die Fachleute dabei instabil und vorläufig. Der Gesellschaft verkauft man ‹Wissen› gern als etwas, was man hat und was sich beispielsweise in einem Lexikon ablegen lässt. Das soziale Vertrauen der Wissenschaft gegenüber gründet auf dieser Unterstellung. Innerhalb der Wissenschaft sieht das ganz anders aus. Hier formiert sich ‹Wissen› allmählich in einem Prozess der Vermutung, der wechselseitigen Kritik und Anregung. Sicher ist dieses ‹Wissen› nie. Jacob Grimm und Karl Lachmann sind daher keineswegs ein Herz und eine Seele. Und so fällt dann auch Jacobs Totenrede auf Lachmann, in der er in der Berliner Akademie der Wissenschaften am 3. Juli 1851 noch einmal die gemeinsame Beziehung resümiert, überaus kritisch aus. Entscheidend ist jedoch die Prämisse: Lachmann, so versichert Jacob einleitend, hätte über die Darstellung vielleicht hier und da den Kopf geschüttelt, aber: Er hätte weiter zugehört.[108]

Diese Art und Weise, Probleme zu bilden, zu verhandeln und vorläufig zu lösen, ist wichtig, um den Stellenwert der *Deutschen Grammatik* – eigentlich eine Grammatik der germanischen Sprachen – zu verstehen. Denn mit dieser gigantischen Leistung stellte Jacob Grimm sich sein arbeitsethisches Zeugnis aus. 1819 wurde der erste Band gedruckt, den Jacob 1822 und 1840 in überarbeiteten Fassun-

gen vorlegte (Buchstaben- und Lautlehre, Deklination und Konju-
gation); der zweite Band erschien 1826 und der dritte 1831 (Wortbil-
dungslehre), der vierte 1837 (Syntax).[109]

Über seine Arbeit schreibt er am 28. Dezember 1819 an Lachmann: «Ich fühle es jetzt, nachdem ich versucht, die Grammatik
herauszugeben, und seitdem unablässig fortgelernt habe, wie unvollkommen und mangelhaft meine Kenntniß und Arbeit gewesen;
doch gereut sie mich nicht, weil ich mich doch auf dem Wege weiß,
auf dem ich weiter komme; an ein Auslernen wird kein verständiger
Mensch denken und was liegt daran, daß etwas trivial werde, sobald
wir uns durch die niedere Stufe zu der höheren heben.»[110]

Jacob hat wirklich nicht an ein «Auslernen» gedacht. Und neben der Überfülle an Erträgen zur Geschichte und Struktur germa-
nischer Sprachen ist eben dies das eigentlich Faszinierende an dem
Mammutprojekt: Wie hier einer immer und immer wieder neu sein
Material sortiert, über Jahrzehnte hinweg das Interesse nicht verliert und am Ende doch eine intellektuelle Ruinenlandschaft hinterlässt, die sich selbst nach seinem Tod weiter ausdehnt: Von 1870
bis 1898 erscheinen die «neuen und vermehrten Abdrucke» der
Grimm'schen Grammatik, in die der Nachlass eingearbeitet wurde.
Dennoch blieb die *Grammatik* ein einsames Unternehmen. Sosehr
die Zeitgenossen die Arbeit Grimms bewundert haben, kaum einer
knüpfte eigenständig daran an.[111]

Die Zeitgenossen haben Jacob staunend bei der Textproduktion
zugesehen. Jacob selbst hatte die Hoffnung, wie er am 8. Oktober
1820 gegenüber Bang bemerkte, «dasz die folgenden nicht neben
mich bauen, sondern auf mich bauen werden, wenn sie auch so zu-
bauen, dasz von mir nichts mehr zu sehn seyn wird».[112] Fast scheint
es, als knüpfe Heinrich Heine an diese Selbstcharakterisierung an,
wenn er 1837 in *Elementargeister*, an Frankreich adressiert, über die
Brüder Grimm schreibt: «Unschätzbar ist das Verdienst dieser Männer um germanische Altertumskunde. Der einzige Jacob Grimm hat
für Sprachwissenschaft mehr geleistet als Eure ganze französische
Akademie seit Richelieu. Seine deutsche Grammatik ist ein kolossa-

les Werk, ein gotischer Dom, worin alle germanischen Völker ihre Stimmen erheben, wie Riesenchöre, jedes in seinem Dialekte. Jakob Grimm hat vielleicht dem Teufel seine Seele verschrieben, damit er ihm die Materialien lieferte und ihm als Handlanger diente bei diesem ungeheuren Sprachbauwerk. In der Tat, um diese Quadern von Gelehrsamkeit herbeizuschleppen, um aus diesen hunderttausend Zitaten einen Mörtel zu stampfen, dazu gehört mehr als ein Menschenleben und mehr als Menschengeduld.»[113]

Es waren eigentümliche Zeiten, als man über eine Grammatik so ins Schwärmen geraten konnte. Ludwig Grimm bemerkte gegenüber seiner Schwester nach Erscheinen des ersten Bands: «Überall höhrt man dem Jacob seine d. Gramatik loben, der Minister v Stein hat sie immer vor sich liegen u studirt darin die Tony B. hat mir gesagt der H v Stein habe ihr gesagt das wäre ein zum erstaunen grundgelehrtes Werk u daß allerbeste was seit langer Zeit erschienen wäre.»[114] Ohnehin begann nun allmählich für die Brüder Grimm die Zeit der Ehrungen: 1819 verlieh die Universität Marburg Jacob und Wilhelm Grimm die Doktorwürde – es ging also für Jacob Grimm auch ohne Studienabschluss, allerdings nicht ohne Geld: Dreizehn Reichstaler waren für Druckkosten, Trinkgelder und wohltätige Zwecke zu entrichten.[115]

Dass Jacob Grimm und Heinrich Heine beide zum Bild des über Generationen hinweg entstehenden Bauwerks griffen, ist kein Zufall. Denn vermutlich spiegelte sich auch Jacob in dem großen Projekt des Kölner Dombaus – Boisserées im Entstehen befindliche Edition der Baupläne hatte er während seines Aufenthalts in Heidelberg genauer kennengelernt und für die Kasseler Bibliothek subskribiert.[116] Die ‹Grammatik› und das ‹Domwerk› zielten auf die «Darstellung der besondern Regeln und des eigenthümlichen Systems» einer Ausdrucksform, wie Georg Moller, ein Mitarbeiter Boisserées, es 1818 formulierte. Dafür, so Moller weiter, benötige man eine Bestandsaufnahme, keine «gewagte[n] Theorien».[117]

Musste Jacob, wie Heine vermutete, mit dem Teufel paktieren, um seine faustische Aufgabe zu bewältigen? Sollte dies so gewesen sein, bräuchte man sich um Grimms Seelenheil nicht zu sorgen. Mephisto hätte seinen Job schlecht erledigt. Denn für Jacob gab es keinen Augenblick der grammatischen Arbeit, den er in seiner vollendeten Schönheit hätte stillstellen wollen. So beginnt der erste Band der *Deutschen Grammatik* mit einer ausführlichen Widmung an Savigny, und dies eben nicht, weil Savigny Grimms grammatische Kenntnisse befördert hätte, sondern weil dieser Name für eine bestimmte Arbeitsweise steht: In seiner «Lehre» lernte Jacob, «was es heiße, etwas studiren zu wollen». ‹Fleiß› und ‹Bedächtigkeit›, ‹Treue› und ‹Strenge› – so lauteten die Programmbegriffe in einer Zeit, in der die Euphorie für das deutsche Altertum verflogen war und in der sich nun die stillen Arbeiter ans Werk machten.[118]

Tatsächlich zeigt die junge Generation von Sprachwissenschaftlern um 1800 ein eigenes Profil. Anders als etwa bei den Schlegels oder Wilhelm von Humboldt ist ihr Habitus nicht in einem adligen oder zumindest überaus kultivierten bürgerlichen Milieu geprägt worden, und ihre sprachwissenschaftlichen Interessen laufen auch nicht mehr gewissermaßen nebenher: Die neuen Koryphäen waren Philologen, die die Erforschung der Sprache zu ihrem Hauptgeschäft gemacht haben und die auf diesem Weg aus unteren oder mittleren sozialen Schichten aufgestiegen sind. Dies gilt gerade auch für die Sprachforscher, die Jacob Grimms Arbeit an der *Deutschen Grammatik* wesentlich angeregt haben: Der Däne Rasmus Kristian Rask war ein Bauernsohn, der Vater des deutschen Indogermanisten Franz Bopp Futter- und Wagenschreiber. Die Grimms ihrerseits stammten aus der Familie eines Amtmanns.[119]

Grimms *Deutsche Grammatik* war eine genialische Leistung, aber sie stand keinesfalls allein. In der ersten Hälfte des 19. Jahrhunderts explodierte das Angebot an sprachhistorischen Arbeiten geradezu. Die *Deutsche Grammatik* gehört in die Reihe der Grundlagenwerke wie Friedrich Schlegels *Sprache und Weisheit der Inder* (1808), Rasmus Kristian Rasks Schriften zum Altnordischen, Friesischen und Angelsächsischen oder Franz Bopps Studie *Über das Conjugations-*

system der Sanskritsprache (1816).[120] Wieder also musste sich Jacob Grimm auf einem durchaus bestellten Feld positionieren, musste sein Angebot profilieren und auf die Alleinstellungsmerkmale hinweisen. So bezog er in der Vorrede zur Grammatik Posten gegen den höchst lebendigen Markt der Schulgrammatiken. Er kritisierte, dass die «freie Entfaltung des Sprachvermögens in den Kindern gestört und eine herrliche Anstalt der Natur, welche uns die Rede mit der Muttermilch eingibt und sie in den Befang des elterlichen Hauses zu Macht kommen lassen will, verkannt werde».[121]

Weiterhin wendete er sich dagegen, die ‹lebendige› Sprache philosophisch zu bevormunden, sowie gegen jede Form des Purismus und der Sprachgängelung. Jacobs Votum für die ‹Freiheit› der Sprache bezieht sich an jeder Stelle auf die politischen und gesellschaftlichen Begebenheiten: «Sobald die Critik gesetzgeberisch werden will, verleiht sie dem gegenwärtigen Zustande der Sprache kein neues Leben, sondern stört es geradezu auf das empfindlichste.»[122] Jacob griff hier genau die Vokabeln und Gedankenfiguren auf, die er zeitgleich in seinem Votum gegen die kurhessischen Zensurbestimmungen ins Spiel brachte. Und er wertete jene Teile der Gesellschaft auf, die von der kurfürstlichen Regierung gerade missachtet wurden: zum einen die ungelehrten niederen Schichten, zum anderen «Mädchen und Frauen»[123] – die Kurfürstin oder die Kurprinzessin wären aus Sicht der Grimms sehr viel bessere Regenten gewesen als Wilhelm I. oder dessen Sohn.

Die Brüder Grimm hielten stets an einer Überzeugung fest: «Heißen Grammatik und Wörterbuch Absetzung und Festschmiedung einer Sprache, so sollte es lieber keine geben.»[124] Wie aber verhinderte Jacob, dass auch seine *Deutsche Grammatik* die Sprache ihrer ‹Lebendigkeit› beraubte? Wie vermied er eine Festlegung des «unermüdlich schaffenden Sprachgeistes»?[125] Er glich seine Darstellung dem Gegenstand an. Das gilt für Jacobs Tendenz zu archaisierenden Wendungen und für seine wildwuchernde Bildlichkeit, für die er sich insbesondere Naturvergleichen bedient.[126] Und das gilt für die Vorläufigkeit seiner Darstellung, mit der er seine ‹Ergebnisse› so flüssig und flexibel hielt, wie es dem Gegenstand angemessen ist. Jacob verfolgte ‹Spuren›, er wühlte in ‹Trümmern› der Sprache. Allmählich setzte sich ein Gebäude zusammen.[127] Aber die Konstruktion blieb einsturzgefährdet, «weil durch wenige Zeilen neues Textes die mühvollsten Untersuchungen unnöthig gemacht und über den Haufen geworfen werden können».[128]

Bereits der Entstehungsprozess zeigt, dass es Jacob nicht um den Ewigkeitswert seiner Ausführungen ging. Lachmann dürfte ihm aus der Seele gesprochen haben, als er meinte: «Es ist unausstehlich, wie die Leute gleich alles *fertig* sehn wollen.»[129] Denn Jacob formulierte nicht in aller Ruhe, sondern er sammelte das Material und schrieb dann die Grammatik «Bogen für Bogen» direkt für den Drucker – «darunter mag», wie er Wigand gegenüber bemerkt, «Plan und Methode im Einzelnen leiden, hat aber auch den Vortheil einer größern Regsamkeit».[130] Wie sehr die historische Grammatik auf die Gegenwart angelegt war, sieht man auch daran, dass Jacob sein Handexemplar wie ein «Archiv persönlicher Erinnerungen» nutzte, in das er zahllose Blumen, Blätter, Kränze, Bänder, Federn hineinlegte.[131] Entsprechend vorläufig waren die Ergebnisse, und entsprechend schnell folgte 1822 eine zweite Auflage, in der er den «ersten aufschuß» der *Grammatik* «mit stumpf und stiel» niedermähte. Jacob wollte der «wahrheit» Wege frei «sprengen»,[132] und dabei ging er gern das Risiko ein, manchmal die Wahrheit zu verfehlen.

Jacob jonglierte und experimentierte mit Gedankenfiguren. Diese Haltung, die permanent dazu bereit ist, sich selbst zu verbessern, war sachlich gerechtfertigt – der Stand der Forschung und die Sprachkenntnisse erweiterten sich ständig. Wie Jacob Grimm darauf reagierte, lässt sich beispielsweise an den berühmten «Adversarien» nachvollziehen, die seit dem Mai 1819 zwischen ihm und Benecke, bisweilen auch zwischen ihm und Lachmann hin und her gingen: Es handelt sich dabei um Briefe, in denen offene Probleme aufgelistet wurden, die vom Briefpartner in einer zweiten Spalte kommentiert werden konnten, ohne dass der Brief noch einmal abgeschrieben werden musste – die letzten erhaltenen Blätter tragen die Nummer 962. Pausen kannten die Forscherfreunde kaum. An einer Stelle merkte Benecke zwischen einer Vokabelaufzählung an: «So eben schlägt die erste Stunde des N[euen] Jahres. Prosit daz niuwe jar!» Jacob war zumindest dieses eine Mal weniger konsequent. Er notierte dazu: «gratias, ich war nicht so fleißig, sondern betrachtete den Mond und trank Glühwein».[133]

Unter solchen Bedingungen erweist sich ein positives Verhältnis zur Kritik, die sich ohnehin nicht vermeiden lässt, als vorteilhaft. Kurioser Beleg für Jacobs Haltung Kritik gegenüber ist die *Recension der deutschen Grammatik* von Karl Hartwig Gregor von Meusebach. Dieser hatte ihm Fehler nachgewiesen, die auf mangelnder Kenntnis der Literatur des 17. Jahrhunderts beruhten, und Jacob selbst gab die Recension «unwiderlegt» als eigenständiges Buch heraus. Dadurch bezeugte er, dass ihn der «liebe Gott» wirklich nicht mit einem «Autoritätsmaul» ausgestattet hat.[134] Indem er das Auge des Betrachters in die Vergangenheit der Sprachgeschichte lenkte, versetzte er zugleich den Blick in die unablässige Beweglichkeit der modernen Zeitstimmung.

Eine Möglichkeit, die Unsicherheiten der Moderne zu bewältigen, bestand also darin, sich ihr gewissermaßen auszuliefern: Der dauernde Wechsel verwandelt sich dann von einem Schreckbild in ein Zeichen der Lebendigkeit. Eine andere Möglichkeit bestand darin, unter der unruhigen Oberfläche der Erscheinungen nach stabilen Beziehungen zu suchen. Auch diesen Weg beschritt Jacob Grimm, und er führte ihn auf den Parnass der Sprachforschung.

Die philologischen Sammler vertrauten in der Frühzeit der Germanistik darauf, dass sich aus den Bruchstücken irgendwann ein zusammenhängendes Ganzes ergeben würde. Die Beziehungen, die zwischen diesen Bruchstücken gestiftet wurden, waren oft so oberflächlich und zufällig wie die Etymologien aus den *Altdeutschen Wäldern*.[135] Mit der *Deutschen Grammatik* suchte Jacob Grimm hinter und unter diesen Phänomenen Regelmäßigkeiten.[136] Wobei auch

hier gilt: «Man entdeckt oft regeln, deren resultate nicht alle vor-
auszusehen sind und weisz im anfange nichts sonderliches damit
anzufangen.»[137]

Wie seine Zeitgenossen Rask oder Bopp betrachtete er die Sprache als Organismus, dessen Funktionen durch die Verhältnisse seiner Bestandteile erklärt werden müsse,[138] und nach dem Vorbild der
zeitgenössischen Biologie und Naturkunde ging Jacob Grimm von
der These aus: «Die Sprache wie die Natur insgemein, thut keine
Sprünge.»[139] Mit dieser Überzeugung machte er sich an die systema-
tische Sprachanalyse auf engumgrenzten Untersuchungsfeldern.[140]
Die ‹dilettantischen› Etymologien, die auf mehr oder weniger vagen Ähnlichkeiten beruhen und die unterschiedlichsten Sprachen
wild miteinander kombinieren, halfen dabei nicht mehr weiter.
Stand dort die spekulative Vorstellung im Hintergrund, dass alle
Sprachen irgendwie aus einer Ursprache stammen, so suchte Jacob
nun eher nach konkreten historischen Abhängigkeiten,[141] und es
waren gerade scheinbar unbeträchtliche Kleinigkeiten, die ihn auf
die Spur tiefliegender Funktionsprinzipien führten. Dazu gehört
die Entdeckung des sogenannten i-Umlauts, eine Veränderung des
Vokalstands in den germanischen Sprachen, die sich seit der Völkerwanderung durchgesetzt hat. Dabei verändern sich etwa die Vokale
a, o und u zu ä, ö und ü, wenn die nachfolgende Silbe ein i oder j
enthält.

Die Sprachforscher waren dieser Regelmäßigkeit schon etliche
Jahre auf der Spur; Jacob lehnte das Erklärungsmuster lange ab.
Dann aber, am 19. November 1816, berichtete er Benecke von seinem Erweckungserlebnis: «Der vielbesprochene Umlaut in unserer
alten Sprache ist mir nun völlig klar geworden, d. h. ich kann ihn
historisch begründen und beweisen.»[142] Endlich verstand Jacob, dass
die Zukunft der Sprachforschung in historisch-genetischen Sprach-
untersuchungen lag und dass Detailanalysen und -erklärungen weiter helfen als große, alles umfassende Erklärungsprinzipien. Mit diesem Gedanken im Hinterkopf konnte Grimm in den folgenden zwei
Jahren in kürzester Zeit den ersten Band der *Deutschen Gramma-*

tik mit seinen rund siebenhundert Seiten schreiben.[143] Später formulierte er das «Grimmsche Gesetz», das systematisch den konsonan-
tischen Lautwandel erklärt, der die germanischen Sprachen von den
übrigen indogermanischen Sprachen unterscheidet.

Dennoch blieb Jacob sich treu, und gelegentlich bekannte er dies
recht offen. Er verzichtete keinesfalls auf gewagte Analogien und
spekulative Hypothesen. Im September 1821 schrieb er an Benecke:
«Ob ich mit meinen theorien in der luft oder auf der erde hause,
wird die zeit lehren; mir schwindelt nicht leicht.»[144] Nach wie vor
hielt er an Gedankenfiguren fest, die er aus der idealistischen Geschichtsphilosophie borgte.[145] Dabei leitete Jacob das Ideal einer
perfekten Sprache aus den Sanskritstudien ab, die seit dem späten
18. Jahrhundert, etwa von den Schlegels, betrieben wurden, nur dass
er die Merkmale einer Sprache, die «alt», «trefflich» und «vollkommen» ist, dem Deutschen zusprach.[146]

Bei aller Leidenschaft für die «ursprüngliche» Vollkommenheit
der deutschen Sprache: Maßgebend war für Jacob Grimm, dass er
die Entdeckung von Regeln nicht dazu benutzen wollte, Zustände
der Sprache zu zementieren. Es ging ihm darum, «das unstillste-
hende, nach zeit und raum veränderliche element unserer sprache
nachzuweisen».[147] Die konsequente Kleinschreibung, die er in der
zweiten Fassung des ersten Grammatik-Bands einführte, hat im Übrigen – zumindest in der scherzhaften Erklärung gegenüber Meusebach – ebenfalls einen politischen Hintersinn, denn «die groszen
Buchstaben heben die Neutralität und Gleichheit aller Wörter in
dieser Republik auf, führen einen ungegründeten Adel ein».[148] Für
ein derart ‹republikanisches› und unfestes, letztlich modernes Welt-
verständnis hatte Jacobs Arbeitgeber nichts übrig. Als Jacob ihm den
ersten Band der *Grammatik* überreichte, ließ der Kurfürst lediglich
ausrichten, er hoffe, Jacob vernachlässige «über solchen Nebengeschäften» nicht seinen Dienst.[149] Mit dem Nachfolger Wilhelms I. er-
ging es Jacob nicht besser. Im Gegenteil.

Regierungswechsel

Am 14. Januar 1820 stirbt die Kurfürstin. Das ist ein Schlag für die Grimms, weil sie damit ihre Fürsprecherin bei Hof verlieren: «Sie hatte uns wirklich lieb», meint Wilhelm, «nicht sowohl unsertwegen, als wegen der seligen Tante, die ihr eigentlich keine Dienerin mehr sondern eine Freundin war.»[150] Am 27. Februar des folgenden Jahres stirbt auch der Kurfürst. Wilhelm erhält beim «Leichenbegängnis» die Rolle des «Marschall[s] des 12t Zugs, der das Museum u. die bildenden Künste enthielt»; dort zieht auch Jacob mit der Trauergesellschaft.[151]

Wilhelm II. übernimmt die Regierung. Er tritt immerhin ein wenig moderner auf als sein Vater. Bereits einen Tag nach dem Leichenumzug notiert Wilhelm Grimm in sein Tagebuch: «Heute fielen die Zöpfe.»[152] Armee und Verwaltung werden nicht nur vom Zopfzwang erlöst, sondern auch nach preußischem Vorbild modernisiert.[153] Es rege sich, so Wilhelm Grimm im Dezember 1821, «eine gewisze Lebendigkeit», man befinde sich in einer «Zeit der Experimente».[154]

Sein Bruder gibt sich weniger optimistisch. Schon auf dem Wiener Kongress hatte er gegenüber Savigny an der Regierungsfähigkeit des damaligen Thronfolgers gezweifelt: Der Kurprinz sei «starr, roh und von weniger Hoffnung».[155] Tatsächlich verfolgt Wilhelm II. gegenüber dem Bund den eigensinnigen Weg seines Vaters strikt weiter und bleibt auf Isolationskurs. Am 20. August 1821 meldet Jacob an Savigny: «Unsere neue Regierung ist nicht so, daß sie einem gefallen könnte.»[156] Die positiven Impulse gehen nicht aus dem guten Willen des Regenten hervor, der den Luxus liebt und sich moralisch durch das Verhältnis zu seiner Mätresse disqualifiziert.

Wilhelm II. war 1797, im Alter von neunzehn Jahren, mit der damals sechzehnjährigen preußischen Prinzessin Auguste verheiratet worden, der Tochter Friedrich Wilhelms II. Es ging um politische Koalitionen zwischen Hessen und Preußen, vor allem aber um Anleihen in Höhe von 1,5 Millionen Talern, die Preußen dringend benötigte – die Staatskasse war nach dem Krieg mit Frankreich leer. Der Kurprinz ergab sich jedoch nicht in die Heiratspolitik, sondern folgte seiner Neigung: Er zerstritt sich mit Auguste bis aufs Blut und wandte sich seiner Mätresse Emilie Ortlöpp zu, der Tochter eines Berliner Goldschmieds – das hatten die Grimms wohl nicht gemeint, als sie den «Rechten des Volkes» zur Geltung verhelfen wollten.

Bereits am Morgen nach dem Tod seines Vaters, so erfahren die Grimms, zieht die Juwelierstochter ins Kasseler Schloss ein. Einige Tage später wird sie in den Stand einer Gräfin Reichenbach erhoben.[157] Wieder kann sich Jacob nicht mit der politischen ‹Stimmung› anfreunden. Es sei nicht so, dass wirklich etwas «Böses» geschehe, «aber man fühlt sich unheimlich und nicht sicher». Die politischen Reformen des neuen Regenten schadeten dem «moralischen Ansehen» der «Autoritäten» und «ihrer Bedeutung unter dem Volk»; die «sittliche Macht» werde geschwächt. Den Stellenwert von «Universität und Wissenschaftssachen» begreife Wilhelm II. überhaupt nicht. Der Bibliothek fehle Geld, das dringend für Neuanschaffungen benötigt werde, wohingegen der Hof fürs Theater Mittel verschwende.[158]

Um sich von seinem Vater konsequent abzugrenzen und sich neue Loyalitäten zu sichern, ersetzt der neue Kurfürst altgediente Männer durch seine Gefolgsleute. Von dieser Personalpolitik sind auch die Grimms betroffen. Sie stehen in Kontakt mit «Leuten, die in Ungnade gefallen sind», und sie «sind mit der Kurfürstin bekannt, was uns jetzt eher schaden als nützen kann».[159] Zudem dient Wilhelm seit November 1820 auf Bitten von Auguste als Prinzenerzieher, und der Sohn Wilhelms II. steht ganz auf der Seite seiner Mutter. Schon 1816 hätte Wilhelm diese Funktion übernehmen können: Suabedissen, der seit 1812 den kurhessischen Prinzen Friedrich Wilhelm erzog, war damals gerade von zwei Universitäten gerufen worden; als Wilhelm ihn in Leipzig auf der Reise nach Wiepersdorf zum kranken Achim von Arnim besuchte, saß er jeden Tag beim fürstlichen Nachwuchs zu Tisch. Damals hatte er das Angebot, Suabedissen nachzufolgen, mit Bestimmtheit und ohne weitere Begründung abgelehnt.[160]

Wilhelm Grimm gibt einem Schüler Geschichtsunterricht, der Bücher vor allem als Raumschmuck schätzt. Wilhelm sucht nach einem pädagogischen Zugriff, wechselt verschiedentlich den «Ton».[161] Der Erfolg hält sich in Grenzen. Von Anfang an zeigt sich der Schüler eher gelangweilt und desinteressiert. Schon am 6. November heißt es in Wilhelms Tagebuch: «Heute die zweite Stunde bei dem Prinzen, er drehte sich beständig die Locke auf der linken Seite.»[162] Luxusgüter reizen die Aufmerksamkeit des Jungen mehr als Kunstwerke oder gar gelehrte Abhandlungen. Auch dass Wilhelm von Auguste eingeladen wird, um etwa aus Tiecks Erzählungen oder aus Walter Scotts Romanen vorzulesen[163] und dem Sprössling auf diese Weise nebenbei ein wenig Kultur zu vermitteln, ändert nichts am Bildungsnotstand der männlichen Linie des Fürstenhauses.[164] Immerhin lernen die Grimms bei solchen Gelegenheiten das höfische Leben von seiner legeren Seite kennen. Die Kurfürstin sei «so gütig, freundlich und von so edlem Herzen», schreibt Wilhelm an Jenny von Droste-Hülshoff, «daß Sie sich einen solchen Abend doch nicht allzusteif vorstellen müssen und nicht selten wird, wenn es Gelegenheit gibt, gelacht».[165]

Wilhelms Tätigkeit als Prinzenerzieher und die «Paarmal», die Auguste sie im Jahr zum Essen einlädt, müssen die Grimms teuer bezahlen. Sie stehen, wie man hört, beim Kurfürsten «schlecht angeschrieben». Und das hat Folgen: Bei den allgemeinen Gehaltserhöhungen der Beamten werden die Brüder ebenso übergangen wie bei den anstehenden Beförderungen. Man verordnet ihnen eine kostspielige, «an sich widerwärtig zu tragende Uniform». Urlaubsgesuche werden abgelehnt. In Kassel herrscht ein beklemmendes politisches Klima.[166]

Die Kurprinzessin lebte seit 1815 getrennt von ihrem Mann.[167] Im ehemaligen Schloss Schönfeld, das einst die Familie Jordis bewohnte, fand sie im Mai 1821, nun als Kurfürstin, ihr Refugium.[168] Befreit von allen realpolitischen Entscheidungszwängen, konnte sie das romantische Ideal der Herrscherin verkörpern, das freundliche Gegenbild zu ihrem Ehemann, der mit seiner Mätressenwirtschaft und mit seinen selbstherrlichen Entscheidungen dem Zerrbild spätabsolutistischer Willkür entsprach. Auguste versammelte politisch interessierte Staatsbürger um sich, Teile des Offizierskorps und der Beamtenschaft, Künstler und Gelehrte, die sehr unterschiedliche politische Ziele verfolgten. Auch die Grimms waren oft auf Augustenruhe, wie das Schloss nun hieß, zu Gast. Man pflegte kultivierte Geselligkeit unter der Obhut einer liebevollen Herrscherin, die ihre Sorgfaltspflicht für das ‹Volk› erfüllte. Dass die Grimms ihr und ihrer Schwiegermutter die Edition des *Armen Heinrich* als Zeichen eines hochgestimmten Patriotismus zueigneten, war ebenso bezeichnend wie das Porträt, das Auguste selbst von ihrem Sohn anfertigte und das sie als Geschenk der Stadt Kassel übergab: Es zeigt Friedrich Wilhelm zwischen zwei hessischen Bauern, die dem Knaben die Hände halten.[169]

Auf Augustenruhe gab es keine wilden politischen Debatten; es wurden keine revolutionären Ränke geschmiedet.[170] Genau dessen aber verdächtigte man die politische Opposition um Auguste. 1822 war sogar von einem Mordkomplott die Rede – der Kurfürst entschloss sich aus Sicherheitsgründen dazu, seine Theaterloge panzern zu lassen. Allerdings blieb die Verschwörung so geheim, dass man nicht einmal genau sagen kann, ob es überhaupt eine gab.[171] Wilhelm II. ergriff die Gelegenheit, um führende Köpfe des Kreises um Auguste aus Kassel zu entfernen. Lange sollte es die Kurfürstin danach nicht mehr in der Nähe ihres Mannes aushalten. 1826 begann die Zeit ihres zweiten, nun freiwilligen Exils, zunächst im niederländischen Haag, dann in Koblenz (1827), Bonn (1828) und Fulda (1829–31). Den Grimms blieb sie herzlich verbunden; 1832 übernahm sie die Patenschaft von Wilhelms Tochter, die er nach der Kurfürstin benannte.

Die Geschichte wiederholte sich. Denn wie Jérôme nach den hessischen Aufständen ausgewählte Personen bestrafte und dann die diffuse Überwachung durch die Sicherheitspolizei verstärkte, so ver-

dichtete auch Wilhelm II. die Kontrolle. Wilhelm Grimm berichtete
später, dass man sich in Kassel nach jedem offen ausgesprochenen
Wort nach einem Lauscher umgesehen habe. Der Überwachungsapparat führte zu einer ganz eigentümlichen Verfeinerung der philologischen Aufmerksamkeit: Selbst ein weggeworfenes Bonbonpa-
pier sei von einem Polizeidiener aufgehoben worden, der darin eine
geheime Nachricht zu finden hoffte.[172] In einem Artikel für die *Hannoversche Zeitung* erinnert sich Wilhelm Grimm: «Die Polizei, öffentliche und heimliche, angeordnete und freiwillige, durchdrang
alle Verhältnisse und vergiftete das Vertrauen des geselligen Lebens.
Alle Stützen, auf welchen das Dasein eines Volkes beruht, Religiö-
sität, Gerechtigkeit, Achtung vor der Sitte und dem Gesetz, waren
umgestossen oder gewaltsam erschüttert.» Jeder Widerspruch gegen den herrschaftlichen Willen sei als Verbrechen wahrgenommen
worden.[173]

Auch die Verwaltungsreformen, die Wilhelm II. unternimmt, betreffen die Brüder Grimm. Die Abrechnung des Bibliothekshaushalts,
die 1823 ganz in die Hände Jacobs übergeht und vorher recht unkompliziert erledigt wurde, soll nun über das Oberhofmarschallamt
laufen. In einer Beschwerde vom 19. Dezember protestiert Jacob gegen diesen «auf allen Bibliotheken Deutschlands» unüblichen Ver-
waltungsaufwand. Er fühlt sich persönlich angegriffen und formuliert dieses Unbehagen deutlich.

Der Antrag wird abschlägig beschieden. Auch ein zweiter Antrag
vom 7. März 1824, in dem Jacob die Folgen der Verwaltungsreform
drastisch schildert, ändert nichts an den vorgeschriebenen Dienst-
wegen. In einem weiteren Beschwerdebrief vom 10. Mai bittet er unter anderem um die ihm zustehende Anrede mit «Herr» und wirft
der übergeordneten Behörde vor, dass sie vom Bibliothekswesen offenkundig nichts verstehe.[174] Hier allerdings vergreift sich Jacob im
Ton. Er erhält eine Zurechtweisung wegen seiner «mehr als gewöhnlichen Unbescheidenheit» sowie wegen seiner Unkenntnis des Rech-
nungswesens und seiner Neigung zur ungeregelten Verwendung der

Bibliotheksmittel: «so gibt das Oberhofmarschallamt seine volle Misbilligung darüber dem Bibl. Grimm hiermit zu erkennen [...] und warnt ihn endlich, mit dem Bemerken, vor künftigen ähnlichen Ungebührlichkeiten, dasz man widrigenfalls davon aller höchsten Ort aller unterthänigst Anzeige machen werde».[175] Jacob antwortet darauf mit einem Schreiben, in dem er teils Besserung gelobt, teils ausführlich erläutert, warum die Vorgaben nicht ausgeführt werden könnten. Er hoffe auf Verständnis für einen Mann, der sich für zu Unrecht angeklagt halte und «dem Staate seit 19 Jahren in verschiedenen Verhältnissen unbefleckt-treu» diene.[176]

Eine Konsequenz des Konflikts war besonders unangenehm: Die Aufsichtsbehörde verfügt, dass der gesamte Katalog mit seinen rund achtzig Folianten abgeschrieben werden müsse, was Jacob schlicht für eine «verlorne» Arbeit hält.[177] Ungefähr eineinhalb Jahre verschwenden er, Wilhelm und Völkel ihre «edelsten stunden» darauf. Es sei das «sauerste» Geschäft seines Lebens gewesen.[178] Offiziell erklärt er: «Das frohe Gedeihen meiner Berufsgeschäfte, welche ihrer Vielseitigkeit wegen, eine ruhige, freie Gemütsstimmung fordern, leidet darunter empfindlich; die Zahl der mechanischen Arbeiten, deren mir schon genügend aufgebürdet sind, steigt immer mehr u. an das otium literarum ist nicht weiter zu gedenken.»[179]

Jacob tritt bereits hier so couragiert dem Staat gegenüber auf wie später in der Zeit der ‹Göttinger Sieben›. Und er erledigt seinen Job. Denn zum Ethos des Bibliothekars gehört, wie der von Jacob konsultierte Bibliothekstheoretiker Ebert schreibt, nicht allein die «Ordnungsliebe bis ins Einzelne herab» und nicht allein «eine sich selbst aufopfernde Gefälligkeit und Dienstfertigkeit» den Bibliotheksbenutzern gegenüber, sondern er zeichnet sich zugleich «durch unerschrocknen Ernst gegen Personen» aus, «welche in ihrem Dünkel vermeinen, der Bibliothekar müsse ihnen nicht nur sich selbst, sondern auch seinen Beruf und seine Bibliothek aufopfern».[180] Noch politisch also, scheint es, übt die Bibliothek auf Jacob Grimm ihre Macht aus.

Das schlechte Verhältnis zum Kurfürsten hatte, wie Jacob und Wilhelm vermuteten, noch eine weitere Konsequenz. Er ließ ihnen am 11. Dezember 1821 die Wohnung kündigen, um dort eine Behörde unterzubringen.[181] Vierzehn Tage blieben den Grimms zunächst Zeit. Das war zu wenig. Es herrschte Wohnungsmangel. Sie konnten einen Aufschub bis Ostern erwirken. Die neue Bleibe in der Fünffensterstraße im Haus eines Schmieds, in das sie am 29. April 1822 zogen, war jedoch eher eine Übergangslösung. Die Häuser standen dicht an dicht, der Stabstrompeter der nahegelegenen Kaserne phantasierte auf seinem Instrument, «womit er einem das Gehirn zerreiszt», und die Wohnung bot nicht genügend Raum. Der Haushalt musste zusammenrücken. Mit ironischem Stolz berichtete Jacob, er habe sein Zimmer umgeräumt und könne jetzt «drei Gäste setzen». Er vermisse den Blick in die Natur; «jetzt gucke ich Nachbarshäusern ins Gesicht und sehe nur zwei kleine Ecken Himmel».[182] Immerhin lernte Wilhelm von dem Schmied, dessen Werkstatt im Erdgeschoss des Hauses lag, «manchen technischen Ausdruck».[183]

In dieser Wohnung blieben sie zum Glück nicht lange. Die nächste Station in der Bellevuestraße, in der sie im Mai 1824 Logis nahmen, machte ihrem Namen alle Ehre.[184] Die Grimms blickten wieder in die freie Natur: auf die Orangerie, die Aue, das Flusstal. «Wie schön und rein», schwärmt Wilhelm gegenüber Jenny von Droste-Hülshoff, «ist der Duft des Morgens und Abends, wie prächtig der reiche Sternenhimmel und der aufgehende Mond! Dabei ist es fast immer still und nichts von dem Stadtlärmen zu hören.»[185] Die weite Aussicht vermittelt ihnen beinahe das Gefühl, auf dem Land zu leben. «Rechts habe ich mein Arbeitszimmer», schreibt Wilhelm an Wigand, «links der Jacob u. nach dem Hof zu, weil er keine Sonne brauchen kann, hat Louis sein Mahlzimmer.»[186] Aber auch das war keine stabile Lösung. Die Vermieterin meldete Eigenbedarf an, und im Mai 1826 räumten die Brüder ihre Bücher und Möbel zwei Häuser weiter an der Ecke zur Georgenstraße ein. Das Haus gehörte der späteren Schwiegermutter ihres Bruders Ludwig.

Nach den vielen Streitigkeiten zwischen den Geschwistern war inzwischen auch das Familienleben ohne Mutter eingespielt. 1820 hatte Jacob seinen Geschwistern einen Privatdruck mit dem Titel: *Hausbüchel für unser Lebenlang* geschenkt. Das Buch mit einem Porträt Lottes ist in erster Linie ein immerwährender Kalender. Die Geschwister sollten die Geburts-, Sterbe- und Namenstage der Familie eintragen, damit sie auch «in der Fremde wissen, wann unsere Tage fallen und sich erinnern, daß die unter uns, welche beisammen geblieben sind, nach der alten Weise dem Fest seine Ehre anthun». Im Vorwort bittet er um Nachsicht für seine bisweilen unbeherrschte Art: «Bleibt mir alle gut und duldet das Menschliche an mir, das einmahl aufhören wird, wenn die Hauptsache, nämlich daß wir uns lieb haben, fortdauert. Was mich anbelangt, so will ich alle Scharten, die an mir sind, nach und nach auszuwetzen trachten, wenn auch meine Klinge dadurch kleiner wird» – «brüderlich» und «schwesterlich» mögen alle einander «getreu» sein.[187]

Der Malerbruder Ludwig, der 1816 gemeinsam mit Georg Brentano eine Italienreise unternommen hatte, lebte seit dem 17. Oktober 1817 wieder in Kassel und gliederte sich reibungslos in die Arbeitsgemeinschaft von Jacob und Wilhelm ein. Ferdinand hielt sie als Mitarbeiter des Verlegers Reimer von Berlin aus über die Hintergründe des Literaturbetriebs auf dem Laufenden und versorgte sie mit Informationen.[188] Nur Carl bereitete seinen ältesten Brüdern zwischenzeitlich Sorgen: Er hatte seine Stelle als Weinvertreter bald wieder verloren und war um das Ersparte gebracht worden, das er in eine hamburgische Kaufhandlung investiert hatte. Von 1819 an lebte auch er wieder in Kassel. Zwei Jahre später erhielt er erneut in Hamburg einen Posten. Am 22. April 1821 notierte Wilhelm in sein Tagebuch: «Der Carl ging heute Morgen fort, nach 10 Uhr kam er zu mir u. nahm Abschied, er war sehr bewegt, weinte u. fiel mir um den Hals; er geht nun in den dreißigern in die Welt, wie ein Anfänger, sein Glück zu suchen. Er ging durch den Hof hinten, an dem Hause vom Landgrafen Friedrich sah ich ihn hinabgehen: Um halb 12 ging ich auf die Post, wie er so im Wagen saß und i[ch] von unten zu ihm

hinauf sah, glich er der seel. Mutter, die that geradeso den Mund zusammen.»[189]

Eine Veränderung freilich gab es, die den Geschwisterhaushalt
durcheinanderbrachte: Am 2. Juli 1822 heiratete Lotte Grimm den
Gerichtsassessor Daniel Ludwig Hassenpflug, mit dem sie sich bereits im Herbst 1816 verlobt hatte – Hassenpflug war zum Oberge-
richtsrat ernannt worden und konnte nun einen Haushalt ernäh-
ren. Lottes Brüder kannten ihn schon seit der Jugendzeit; Lotte war
mit den Schwestern ihres künftigen Ehemanns ebenso vertraut wie
ihre Brüder, denen die Hassenpflugs bei der Märchensammlung
halfen. Man gehörte gemeinsamen Lesezirkeln an, und auch nach
der Heirat traf man sich jeden Donnerstag, um gemeinsam Zeitungen und Zeitschriften zu lesen und zu diskutieren – ein Bild Ludwig
Grimms hält fest, wie sich Lektüre, Geselligkeit und das Familienleben mit den Kindern bei diesen Treffen miteinander harmonisch
verbanden.[190]

Die Heirat veranlasste Jacob in einem Brief an Wigand vom
15. Oktober 1822 zu einer Lagebestimmung. Sie fällt nicht glänzend
aus. Finanziell seien die Verhältnisse nach wie vor angespannt, «und
Aussichten zum Beßerwerden sind jetzt hier gar keine».[191] Dazu kamen recht pragmatische Probleme: Wer sollte nun für Ordnung
sorgen? «Wir führen wieder einen halbstudentischen Haushalt»,
berichtet Jacob am 14. Juli 1822 Savigny, «wobei mich einiges, z. B.
das Zusammensuchen und Aufschreiben der Wäsche schwer ankommt.»[192] Es bestand Handlungsbedarf.

Im Nachlass der Brüder Grimm findet sich ein Theaterzettel. Er kündigt ein Lustspiel in einem Akt an: *Einer muss heiraten.* Als Hauptfiguren treten die beiden Universitätsprofessoren Jacob und Wilhelm
Zorn auf sowie Tante Gertrude und deren Nichte Louise. Der Autor, der das Stück unter dem Pseudonym Alexander Wilhelmi veröffentlichte, heißt Alexander Viktor Zechmeister. Das Drama erschien
1853 in Dresden.[193] Es handelt davon, dass die Tante der Zorns das
gelehrte Betragen der beiden Brüder nicht mehr mit ansehen kann

Im Steinauer Amtshaus wohnte die Familie Grimm von 1791 bis zum Tod des Vaters Philipp Wilhelm Grimm im Jahr 1796.

Das Ölgemälde von K. G. Urlaub zeigt den dreijährigen Jacob Grimm.

1797 zeichneten Jacob und Wilhelm die Enthauptung Ludwigs XVI. – Die politische Unordnung nach der Französischen Revolution und die Revolutionskriege haben die Grimms als Kinder bewusst erlebt.

Links: Ludwig Emil Grimms Zeichnung zeigt einen Blick aus dem Haus in der Kasseler Marktgasse 17, in das die Grimms nach Jacobs Rückkehr aus Paris im Herbst 1805 zogen.

Unten: «Nach der glücklichen Befreiung des Vaterlandes» bewarb sich Wilhelm auf eine Stelle als Bibliothekssekretär, die er im Frühjahr 1814 erhielt.

Auf dem Aquarell, das die Brüder Grimm um 1800 nach einem Kupferstich von J. W. Kobold malten, haben sie die Aussicht aus dem Kasseler Stadtschloss auf den Paradeplatz im Westen festgehalten.

Rechts: 1815 befand sich Jacob Grimm auf diplomatischen Missionen in Paris und beim Wiener Kongress. Ludwig Emil Grimm porträtierte ihn als kurhessischen Legationssekretär.

Unten: Der Stich zeigt den «Einzug der Verbündeten in Paris durch die Porte St. Martin am 31. März 1814» – rund drei Wochen später traf auch Jacob Grimm dort ein, um nach den geraubten Kasseler Kunstschätzen zu suchen.

Im *Museum Fridericianum* war die kurfürstliche Bibliothek untergebracht, die die Brüder Grimm nach den Befreiungskriegen betreuten.

Von der ersten Wohnung in der Kasseler Bellevuestraße schwärmte Wilhelm in einem Brief an Jenny von Droste-Hülshoff: «Wie schön und rein ist der Duft des Morgens und Abends, wie prächtig der reiche Sternenhimmel und der aufgehende Mond! Dabei ist es fast immer still und nichts von dem Stadtlärmen zu hören.»

Wilhelm Grimm 1822 als kurhessischer Bibliothekssekretär, porträtiert von seinem Bruder Ludwig.

Dorothea Wild 1815. Zehn Jahre später heiratete sie Wilhelm Grimm.

«So ist es, wenn donnerstag bey der Lotte die Zeitungen gelesen werden. Cassel im Sommer 1829 so gesehn.» Am Fenster stehend Jacob, auf dem Sofa Wilhelm mit Dorothea, vorn im Bild Ludwig Emil Grimm, links der Schwager Ludwig Hassenpflug, dahinter Lotte mit der kleinen Bertha. Die Kinder sind (von links) Carl und Fritz Hassenpflug, Herman Grimm.

apapa a papd wische wangen

Links: Jacob mit seinem Neffen Herman 1829 am Frühstückstisch.

Unten: Die Göttinger Goetheallee war im 18. Jahrhundert zur Wohnstraße und Flaniermeile für die Professoren der neugegründeten Universität ausgebaut worden. Die Grimms lebten im Haus Nr. 6, nur wenige Meter entfernt von ihrem Arbeitsplatz in der Universitäts-bibliothek.

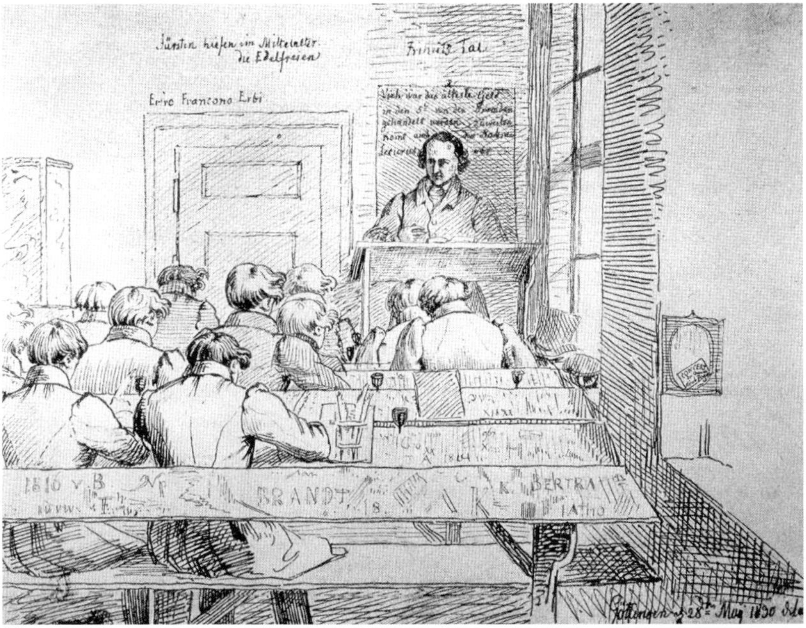

Oben: Für Jacob Grimm, der 1830 seine erste Vorlesung in Göttingen hielt, hatte das «auftreten zu bestimmter stunde auf den catheder […] etwas theatralisches».

Rechts: Während Jacob im Vorfeld des Jubiläums der Göttinger Universität vehement gegen den Auftritt der Professoren im Talar votierte, ließ sich Wilhelm 1837 in der traditionellen Tracht von seinem Bruder Ludwig abbilden.

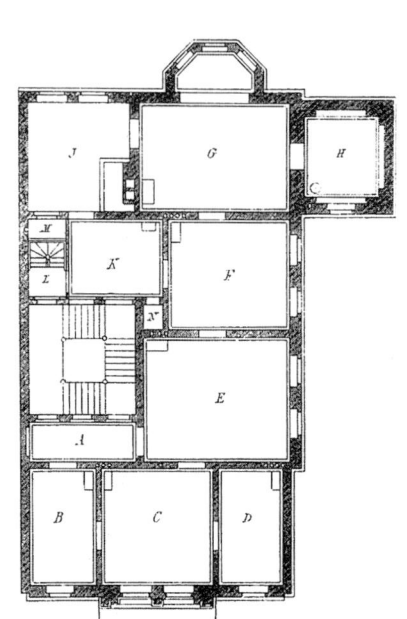

Grundriss der Grimm'schen Wohnung in der Berliner Lennéstraße: «Das zweite Geschoss wird von zwei Brüdern bewohnt, von denen der eine verheiratet ist und zwei Söhne hat. A ist der Vorraum für Mäntel und Hüte, B Bibliothek und Vorzimmer des ältern Bruders, C Arbeitszimmer desselben, D Schlafzimmer, E Arbeitszimmer des jüngern verheiratheten Bruders, F Wohnzimmer der Frau, mit dem Eingange durch den Raum K, G gemeinschaftliches Esszimmer und Wohnzimmer für die Kinder, H Schlafzimmer der beiden Eheleute. Die zwei Söhne schlafen in der für jede Wohnung unter dem flachen Dache zugehörigen Stube […]. I ist die Küche, M Speisekammer, N Commodité; der Entresol über K dient für die Dienstboten.»

Ähnlich wie die Häuser in dieser Szene aus dem Berliner Tiergarten lag auch die Wohnung der Brüder Grimm in der Lennéstraße, die sie 1841 bezogen, «ausserhalb der Mauern», «wo am Rande des Waldes eine neue Stadt heranwächst, von den Bäumen geschützt, von grünendem Rasen, Rosenhügeln und Blumengewinden umgeben, von dem rasselnden Lärm noch nicht erreicht».

Von den Märzunruhen, hier eine Szene vom Alexanderplatz in der Nacht vom 18. auf den 19. März, berichtete Wilhelm seinem Bruder Ludwig: «Das knatternde Peletonfeuer, das Krachen der Kanonen und Kartätschen war furchtbar, zumal in der Nacht. Dabei brannte es an verschiedenen Stellen, und wenn das Geschütz einige Augenblicke schwieg, hörte man die schauerliche Sturmglocke.»

Jacob Grimm nahm an der Nationalversammlung in der Frankfurter Paulskirche teil – dass man ihn hier links unten mit einem Buch in der Hand und mit einer abwendenden Haltung sieht, ist bezeichnend für seine zunehmende Enttäuschung durch den parlamentarischen Betrieb.

Oben: Um 1860 aquarellierte Moritz Hoffmann die Berliner Arbeitszimmer der Brüder Grimm. Bei Jacob stand links oben auf den Bücherregalen, hinter denen die Tür zur Studierstube Wilhelms verborgen lag, die Ahnengalerie. Ein Besucher schildert einmal, dass Jacob sich nach einem Überraschungsbesuch wie ein «aus der Ruh gestört gewesener Biber in seine viereckige Bücherwohnung» zurückgezogen habe.

Links: Jacob Grimm. Photographie um 1860.

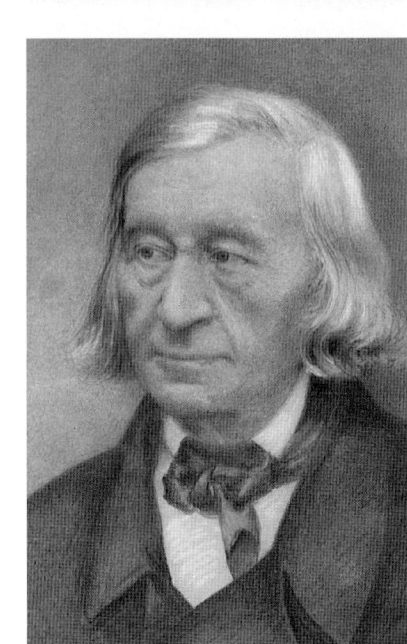

Oben: Wilhelm blickte von seinem Schreibtisch aus in Richtung Fensterseite. Rechts
an der Tür zum Zimmer seines Bruders
steht dessen Büste. Auf der gegenüberlie-
genden Seite hing ein Bild seiner Ehefrau
Dorothea. In seinem Zimmer waren nur
wenige Bücher der Grimm'schen Bibliothek
untergebracht, weswegen sich Jacob während der gemeinsamen Arbeit am *Deutschen
Wörterbuch* einmal beschwerte, sein Bruder
habe «die größte Neigung», Bücher «in seine
Stube zu holen, wo er sie auf Tische legt, daß
man sie schwer wieder findet. Trägt er sie
aber an die alte Stelle, so ist ein unendliches
Thür-Auf- und Zuschlagen, das uns beiden
lästig wird.»

Links: Wilhelm Grimm. Photographie um
1857.

Jacob mochte das Bild nicht, das Hermann Biow, einer der bekanntesten Porträtfotografen seiner Zeit, 1847 von ihm und seinem Bruder gemacht hat: Wilhelm sitze «da im stul wie ein kranker und ich habe das ansehn eines herangerufenen Hausverwalters».

und daher beschließt, die beiden «Bücherwürmer», «Pergament-
motten» und «Tintenfische» unter die Haube zu bringen: «Heirathen müßt Ihr! Ein Paar tüchtige Frauen müssen in's Haus! Die
werden Euch schon Mores lehren!»[194]

Jacob und Wilhelm sind schockiert, aber die Tante lässt nicht
locker. Es sei auch der Wunsch des Vaters gewesen, woraufhin Jacob Zorn präzisiert: «Aber Tante, er sagte doch nur: *Einer* muß heirathen.»[195] Die Brüder losen, Jacob verliert und bereitet sich auf die
Brautwerbung vor. Aber Wilhelm, der bald sein Interesse für die
Auserwählte entdeckt, macht Louise hinter dem Rücken seines un-
geschickten Bruders selbst den Hof. Denn die «Cousine» liebt zuerst
Wilhelms Bücher, die nicht so gelehrt sind wie die seines Bruders,
dann Wilhelm selbst; und dieser verliebt sich umgekehrt in die Le-
serin seiner Werke, die zudem noch die Gelehrten verehrt und gern
die Schülerin eines Wissenschaftlers wäre. Jacob «schmollt» ein wenig, beschließt aber am Schluss: «Ich lasse mich nicht mehr verlei-
ten, bleibe ledig und bei meinen Büchern. Der Vater sagte ja auch
nur: *Einer muß heirathen!*»[196]

Einer muss heiraten, und Jacob Grimm ist bereits vergeben: an
seine Arbeit. In der Grimm-Forschung gibt es Spekulationen, ob er
möglicherweise Luise Bratfisch, einer Verwandten mütterlicherseits,
die 1816 in den Dienst des Kurfürstenhauses getreten war, einen Heiratsantrag gemacht hat. Aber die Belege reichen nicht einmal zu
Spekulationen wie im Fall von Wilhelms Beziehung zu Jenny von
Droste-Hülshoff.[197] Auch das Vorhaben Eberhard Gottlieb Graffs,
seine Tochter Thusnelde 1825 mit ihm zu verheiraten, blieb eine ein-
seitige Angelegenheit.[198] «Da ich keine frau habe», schrieb Jacob am
25. März 1824 an Wigand, «folglich keine kinder bekommen kann,
muß ich mich mit sogenannten geisteskindern behelfen.»[199] Damit
spielt er auf den alten Topos an, dass die Bücher des Gelehrten Kinder sind. Mit der Neubegründung der philologischen Haltung, für
die Benecke, Lachmann oder die Brüder Grimm stehen, gewinnt der
Vergleich von Liebe und philologischer Forschung neuen Dimensionen hinzu. Denn beide, Liebende und Philologen, bezeugen ihre

besondere Qualität dadurch, dass sie sich mit Dingen beschäftigen, die andere Leute nicht interessieren und auch nicht interessieren sollen – mit Eifersucht muss man hier wie dort rechnen.

Für Außenstehende sehen Verliebte bisweilen nicht weniger sonderbar aus als Gelehrte. Vor allem aber haben sie eines gemeinsam: Wahre Liebende und wahre Wortverliebte lassen sich nicht ablenken. Die einen profilieren sich gegen die bloß geschlechtliche, vielfach verteilte Begierde, die anderen gegen eine Leselust, die ein Buch nach dem anderen konsumiert. Gegen den «arbeitsscheuen Liebhabereifer», so Karl Lachmann, und gegen die «ungründliche Bemühungen eines Liebhabers» setzt die Philologie in ihrer Wissenschaftsethik «Fleiss und Treue»[200] – das sind nicht zufällig die Tugenden eines biederen Ehemanns.

Einer also muss heiraten. Und das kann nur Wilhelm sein, zumal er schon eine Kandidatin in Aussicht hat: Das *Hausbüchel*, das Jacob seinen Geschwistern schenkte, war nicht nur für Wilhelm, Carl, Ferdinand, Ludwig und Lotte bestimmt, sondern auch für Dorothea Wild. «Daß ich dich mit hineingezogen habe, ehrliches Dortchen, vergib mir», schreibt Jacob, «denn es geschah, theils um durch dich das Büchelchen etwas ansehnlicher zu machen, da unsere Verwandtschaft fast ausgestorben und ohne rechten Anhalt ist, theils weil ich dich so lieb habe, als meine Geschwister, was gewiß genug sagen will.»[201] Ebendieses «Dortchen» heiratet Wilhelm am 15. Mai 1825. Morgens zwischen elf und zwölf Uhr findet die Einsegnung statt, wie Jacob in der Familienbibel vermerkt. Die Braut bringt ein Vermögen von immerhin siebentausend Talern mit in die Ehe.[202]

Die 1793 geborene Dorothea Wild war fast eine Sandkastenbekanntschaft der Brüder Grimm und eine Vertraute ihrer Schwester Lotte. Im Alter von sieben Jahren hatte Dorothea Freundschaft mit Jacob und Wilhelm geschlossen, als diese nach Kassel kamen. Ihr Vater hielt nicht allzu viel von der Beziehung zu den Zugezogenen – «die waren ihm», heißt es in Dorotheas Erinnerungen, «zu gelehrt und galten auch für mokant».[203] Interessant wäre gewesen, was ihr Urgroßvater mütterlicherseits von den Grimms gehalten hätte: Der

Philologe Johann Matthias Gesner war als Leiter der Göttinger Universitätsbibliothek einer der Vorgänger von Jacob und Wilhelm an der Stelle, die sie 1830 übernehmen sollten.[204]

In Kassel wohnten die Grimms in der Marktgasse anfangs neben dem Haus, in dem sich die Apotheke der Familie Wild befand. Dorothea gehörte wie ihre Schwester Lisette zu den geselligen Kreisen, denen die Grimms literarisch Unterhaltung verschafften und die ihrerseits den Brüdern Material für ihre Märchensammlung zukommen ließen. Wilhelm schreibt: «Ich habe meine Frau schon als Kind gekannt, und meine Mutter hat sie als ihr eigenes geliebt, ohne dass sie dachte, sie könnte es jemals werden.»[205] Er und seine Geschwister hätten sie ebenfalls «wie eine Schwester» geliebt – «wenn jemand zu uns und unserm Wesen paszt, so ist sie es», meint Wilhelm, und «so hat meine Ehe nichts fremdartiges und nichts, woran ich mich zu gewöhnen hätte».[206]

Nach der Eheschließung hat Wilhelm zwar nicht den Eindruck, «in Flitterwochen» zu leben, sonnt sich aber doch im «Vorgefühl» eines glücklichen Lebens.[207] Im Übrigen verbittet sich Wilhelm jede Anspielung auf die Namen ‹Grimm› und ‹Wild›; er habe «sie schon so oft gehört, dasz der Witz keinen Eindruck mehr» auf ihn mache, zumal sie sich beide längst wie «brodeszende Menschen, leidlig zahm und sanftmüthig» verhielten.[208] Tatsächlich führten Wilhelm und Dorothea eine Vorbildehe. Im April 1826 kam ein erster Sohn zur Welt, der den Namen seines Patenonkels Jacob erhielt – das Kind starb im Dezember desselben Jahres, und im Traum durchlebte Wilhelm immer wieder die «lange und schreckliche Nacht seines schweren Todes», in der Jacob zwölf Stunden am Bett seines Neffen saß bis zu dessen letztem Atemzug.[209] Am 6. Januar 1828 feierte man dann die Geburt Herman Grimms. Zwei weitere Kinder sollten noch folgen: am 31. März 1830 Rudolf, am 21. August 1832 Auguste.

Die geschwisterliche Freundschaft zwischen Wilhelm und Dorothea hatte sich ganz zart und allmählich in eine Ehe verwandelt. Lange Jahre pflegten Dorothea und Wilhelm ein vertrauliches Ver-

hältnis und erkundeten, wie es um die Gefühle des jeweils anderen
bestellt sein könnte. In Wilhelms Tagebuch, das er von 1820 bis 1822
führte, taucht kein Name so häufig auf wie der seiner späteren Ehefrau – einige Male findet sich darin sogar ein kleiner Eintrag von ihr.
Immer wieder gehen sie gemeinsam spazieren; er bringt sie von einem Abend bei Freunden oder im Theater nach Hause. Sie erzählt
ihm Träume oder auch nur Klatsch aus der Kasseler Gesellschaft.

Am 30. Juli 1820 berichtet sie bei einem abendlichen Spaziergang,
sie habe von einem Heiratsantrag aus einer befreundeten Familie
geträumt. Dazu Wilhelm: «Ich fragte, ob es dabei gar nicht an mich
gedacht hätte? es antwortete nein.»[210] Am 21. September notiert er:
«Das Dortchen erzählte mir: es wird dich kränken, aber ich habe
den Canitz heut Morgen zweimal geküßt» – es handelte sich um einen harmlosen Scherz. Wilhelm bittet zumindest um einen Kuss:
«Es wartete ein wenig, dann that es das mit Freundlichkeit.»[211] Nun
achtet Wilhelm genau auf die kleinen Zeichen – ob Dorothea ihm
etwa mit besonderer Absicht eine Blume schenkt, die sie «von der
Brust genommen hatte»?[212] Er träumt, dass er mit ihr «schon lange»
zusammenlebt, und hofft, dass sie ihm sagt, «nun will ich dich recht
lieb haben».[213] Am 11. Mai 1821 wird es dann heikler. Sie berichtet
von einem Traum, in dem Wilhelm ihr erschien: «du hattest an jedem Haar einen Schweißtropfen hangen u. sagtest den hast du mir
ausgepreßt, wisch mir die Haare auch ab, u. das that ich auch».[214]

Dass ein Mann, der mit seinem Bruder zusammenlebt, sich zur
Heirat entschließt, als die Schwester den Haushalt nicht mehr versorgt; dass die Auserwählte den Namen der Mutter trägt, von der
Mutter ihres Mannes zu dessen Schwester und vom Schwager zur
Mutter erklärt wird[215] – all dies könnte in die Untiefen der Psychopathologie der bürgerlichen Familie führen.[216] Und dass über die
Grimm'schen Verfahren der Eheanbahnung eine Komödie geschrieben wurde, zeigt, wie skurril das Ganze auch auf die Zeitgenossen
wirkte. Freilich darf man nicht übersehen: Auch Lotte Grimm heiratete mit Hassenpflug gewissermaßen in die Nachbarschaft; und
später wird der Sohn von Dorotheas Schwester Lisette zum Ehe-

mann der Tochter Ludwig Grimms.[217] Immerhin in der Komödie *Einer muss heirathen!* erschrickt Jacob Zorn, als Tante Gertrude ihre Nichte als Heiratskandidatin vorschlägt. Die Tante wiegelt ab: «Eine so weitläufige Verwandtschaft hat gar nichts zu sagen. Sie ist nicht reich, aber schön und, was die Hauptsache ist, gut und brav.»[218]

Es war durchaus üblich, das Risiko von Ehekrisen dadurch zu minimieren, dass man das Gelingen der Beziehung gewissermaßen in einem geschwisterlichen Verhältnis vortestete. In Novalis' Roman *Heinrich von Ofterdingen*, den die Grimms während ihrer Studienzeit gelesen haben, heißt es: «Eine gemeinschaftlich genoßne Jugend ist ein unzerreißliches Band. Die Erinnerung ist der sicherste Grund der Liebe.»[219] Die Grimms leben in einer Gesellschaft, in der man – bei aller empfindsamen und romantischen Aufladung der Liebe – die Ehe noch immer für zu wichtig gehalten hat, um sie einfach zwei Menschen und deren Gefühlswallungen zu überlassen;[220] bei Brentano hatten sie gesehen, dass Leidenschaft allein keine ausreichende Grundlage für ein erfolgreiches Eheleben bietet. Zudem passt die geschwisterlich vorbereitete Ehe ins Lebenskonzept der Brüder Grimm: Willkür und Plötzlichkeit halten sie in jeder Hinsicht für schädlich. Die Ehe bleibt damit – anders als es das moderne Konzept der romantischen Liebe vorsieht – offen für ‹verwandte› Sozialbeziehungen. Für die Brüder Grimm war das von grundlegender Bedeutung, denn sie sollten ja in den Grenzen der Schicklichkeit eine Ehe zu dritt führen. So bindet Wilhelm beispielsweise Dorothea in den brüderlichen Briefwechsel ein, als er den Reisebericht seines Marburgaufenthalts im Frühling 1823 an «Dortchen» sendet und Jacob bittet, ihn dort einzusehen.[221] Dorothea ihrerseits greift nach der Heirat mit Wilhelm bisweilen in die Korrespondenz ein und notiert auf Briefen ihres Mannes an seinen Bruder eine kleine Botschaft für Jacob.[222]

Manchmal redet Dorothea scherzhaft von ihren «zwei Männern».[223] So hat Jacob «Dortchen» nicht nur ins *Hausbüchel* aufgenommen, sondern schenkt ihr 1821 auch ein «Allerhandbuch», in das sie Kochrezepte einträgt.[224] Das mochte für Jacob ein gutes Omen sein. Jedenfalls hofft er vor der Heirat, dass danach «auch in unsern äußerlichen Haushalt [...] mehr Ordnung eintreten wird».[225] Wigand erklärt er: «Wir bleiben zusammen wohnen, versteht sich, in immer bestandner gemeinschaft.»[226] Und nach vollzogener Trauung meldet Jacob seinem Freund Görres, die Harmonie in der brüderlichen Wohngemeinschaft habe nicht gelitten. Auch Wilhelm betont, dass die Geschwister wie bisher zusammenleben, «obgleich es andre nicht glauben wollen».[227] Den «feinen Beobachtungen zum Trotz, welche behaupten, ein verheiratheter Mann verändre sich nothwendig und werde ein ganz anderer, habe ich mich, wie es scheint u. auch andere sagen, gar nicht verändert» – was nicht nur von Vorteil sei, wie Wilhelm schalkhaft anmerkt.[228]

Ein wenig mögen sich die Brüder Grimm wie die glücklichen Zwerge aus einem ihrer berühmtesten Märchen gefühlt haben. Die nämlich graben tagsüber nach Schätzen und wünschen sich von ihrem Schneewittchen nur, dass abends das Essen auf dem Tisch steht, wenn sie von der Arbeit kommen. Auch die sonstigen Aufgaben sind klar definiert: «wenn du unsern Haushalt versehen und kochen, nähen, betten, waschen und stricken willst, auch alles ordentlich und rein halten, sollst du bei uns bleiben und soll dir an nichts fehlen».[229] In der ersten Auflage macht das verstoßene Kind sich wortlos ans Werk. Erst später entwickelt es sich zur vorbildlichen Ehefrau: «Ja», antwortet Schneewittchen auf die Frage, ob es Wirtschafterin im Zwergenhaushalt werden wolle, «von Herzen gern».[230]

Jacob und Wilhelm hatten allen Grund, über Dortchens Einzug glücklich zu sein. Denn mit wachsender Berühmtheit verändert sich auch ihr privater Alltag. Bereits im Januar 1821 hatte sich Jacob echauffiert: «Das Störendste sind Correspondenzen, wodurch man sich nicht belehrt und anregt; das Widrigste empfohlene Fremde, denen man schon in den ersten Minuten ansieht, daß sie einen um Stunden bringen.»[231] Tatsächlich leiden die Grimms bisweilen unter dem gelehrten Durchgangsverkehr. «In diesen Monaten», meint Wilhelm einmal im September 1828, «streichen die Professoren wie die Zugvögel»[232] und rasten dabei gern in Kassel. Im April des Vorjahrs klagt Wilhelm, sie hätten «seit ein paar Wochen einen gelehrten Besuch über den andern gehabt». Das bedeute für ihn durchaus eine geistige Bereicherung, für seine Frau jedoch vor allem Arbeit: Sie «will von den Gästen nicht profitieren, musz aber sorgen und herbeischaffen, was wir leiblich genießen». Öfter klagt zumal Jacob darüber, dass durch Besuch, Plaudereien und Gefälligkeiten ein ganzer Tag verlorengehe.[233]

Neben den bedeutenden Gelehrten der damaligen Zeit, deren Namen heute eher Spezialisten bekannt sind, und neben den alten Freunden wie den Arnims, den Brentanos oder den Savignys, gibt es eine Reihe weiterer prominenter Namen auf der Liste der Besucher: Friedrich Schleiermacher, August von Platen, Hoffmann von Fallersleben, Heinrich Heine, Johanna Schopenhauer oder Wilhelm von Humboldt.

Im April 1827 macht August Wilhelm Schlegel in Kassel Station. Jacob und er hatten im Vorjahr einen Briefwechsel begonnen, in dem Schlegel die *Deutsche Grammatik* lobte.[234] Der Besuch war brieflich angekündigt, und nun steht «AWSchlegel in Person» vor der Tür.[235] Dorothea tischt auf; man bemüht sich, den Erwartungen des vornehmen Gastes zumindest einigermaßen gerecht zu werden. Schlegel parliert, reicht Schinken-Gedichte zur Mahlzeit und Anekdoten aus dem Literaturbetrieb zum Nachtisch und charmiert seine Gastgeber mit «schmeichelnden Wohlklänge[n] indischer Lieder».[236] Es war offenbar ein anregender, angenehmer Abend. Und dennoch erkennen die Grimms im Verhalten des Gastes Zeichen jener geistigen Unseriosität, der Prätention einer französischen Vornehmheit, die Wilhelm bei Schlegel bereits nach dessen Kritik an den *Altdeutschen Wäldern* diagnostiziert hatte.[237]

Schlegel, berichtet Wilhelm in einem Brief an Lachmann, war «frivol, eitel und kokett, aber gutmüthig, geistreich, unterhaltend und ebenso kenntnißreich, als geschickt dies geltend zu machen». Er habe einen gigantischen Brillantring getragen sowie weitere Edelsteine am Halstuch. Aber Schlegel kann auch anders. An den folgenden Tagen «zeigte er sich ohne diesen Schmuck, und schon einfacher und natürlicher und holte seine indischen Herrlichkeiten ohne große Anstalten herbei.»[238] Am Verhalten lässt sich somit ablesen, dass auch in Schlegel ein guter Kern steckt, und dies betrifft seine Umgangsformen ebenso wie seine philologischen Kompetenzen. So beklagt Jacob Grimm bei aller fortlaufenden Kritik an Schlegel, dass Lachmann gegen diesen «fortwährend hart» sei, «fast zu hart» – Jacob habe Schlegel in der Jugend wichtige Anregungen verdankt. Nun schmeichelt ihm eine lobende Erwähnung in den «critischen schriften» des mondänen Gelehrten.[239]

Die Grimms genossen die Anerkennung ihrer Gelehrtenkollegen; der von Dorothea geleitete Haushalt lief reibungslos; nur ihre berufliche Situation war noch verbesserungsbedürftig. Dazu ergab sich Ende der 1820er Jahre die Gelegenheit: Am 31. Januar 1829 starb der Direktor der kurfürstlichen Bibliothek Johann Ludwig Völkel. Schon 1823 hatte Wilhelm darauf spekuliert, dass er und Jacob nach Völkels Tod befördert würden, «wenn man nicht eine ganz ungewöhnliche Ungerechtigkeit, zu der doch kein Grund da ist, an uns ausüben will».[240] Dies wäre die Entschädigung für all die Missachtung und für die Zurücksetzungen gewesen, die Jacob und Wilhelm Grimm in ihrer Kasseler Zeit erdulden mussten. Am 2. Februar 1829 verfassten sie ihr Bewerbungsschreiben:

«Allerdurchlauchtigster Kurfürst,
Allergnädigster Kurfürst und Herr!
Bei dem Tode des Directors der Kurfürstl. Bibl. im Museo wagen wir es, Ew. Königlichen Hoheit in tiefster Ehrerbietung uns zu nähern und vor Allerhöchstdenselben unsere allerunterthänigste Bitte niederzulegen. Einen Theil unseres Lebens haben wir beide nach unsern Kräften der Verwaltung der Bibliothek vorgestanden, der jüngere als Secretar seit fünfzehn Jahren, der ältere als Bibliothecar seit dreizehn Jahren, nachdem er bereits zehn Jahre vorher in andern Ämtern dem Allerhöchsten Hause gedient hatte. Wir

haben unsere Pflicht mit gewiszenhafter Treue erfüllt und mit dem unabläszigen Streben, alles, was der Bibliothek zum Nutzen gereichen könnte, auf jede mögliche Weise zu fördern.

Beide in das Mannesalter herangerückt, von einem geringen Gehalt lebend, bitten wir ehrfurchtsvoll auf Ew. Königlichen Hoheit Gnade, von welcher das Glück unseres Lebens abhängt, vertrauend:

dem Bibliothekar die erste, dem Secretar, die dadurch erledigte zweite Bibliothekarstelle huldreichst zu verleihen.

Wir würden niemals aufhören Ew. Königlichen Hoheit Gnade mit dem vollkommensten Danke zu verehren, die wir in tiefster Ehrerbietung ersterben».[241]

Auf dem ersten Blatt des großzügig angelegten Schreibens gab es freien Platz. Darauf notierte Wilhelm II. in schwerfälligen Schriftzügen mit eigener Hand: «Res[olvitur]: Beyde Gesuche werden abgeschlagen. Wilhelm K[urfürst]».[242] Präziser konnte ein Schlag ins Gesicht kaum ausfallen. An ihnen vorbei wird Dietrich Christoph Rommel befördert – jener unfähige Dilettant, der Wurmspuren für Runen und Scherben aus Kasseler Haushalten für Reste der römischen Antike gehalten hatte und von dem die Brüder Grimm aus eigener Erfahrung wissen, dass er sich in der Kasseler Bibliothek nicht zurechtfindet.[243]

Der Kurfürst ahnt weder etwas vom Ruhm der Grimms noch von der Unfähigkeit Rommels. Dafür sieht man andernorts endlich die Chance, Jacob und Wilhelm abzuwerben. Bereits 1827 hatte der Bremer Senator Johann Smidt, dem Jacob während seiner Zeit als Legationssekretär begegnet war, den Grimms das Angebot gemacht, nach Göttingen zu wechseln. Damals lehnte Jacob mit den altbekannten Argumenten ab. Vor allem die «Unzertrennlichkeit» von seinem Bruder gab den Ausschlag.[244] Am 22. März 1829 erreicht die Grimms nun «unter der Hand» über Benecke der Antrag, nach Göttingen zu wechseln: Jacob als Bibliothekar und Professor der Philosophie, Wilhelm als Unterbibliothekar. Smidt unterstützt

auch diesen Antrag. Der Historiker Arnold Hermann Ludwig Hee-
ren betätigt sich als Vermittler.[245] Das zuständige Staatsministerium
in Hannover hatte den König, um ihn zur Bewilligung der Stelle
zu bewegen, ausführlich auf die zentrale Bedeutung der Bibliothek
für die Göttinger Universität hingewiesen. Die überalterte Leitung
brauche dringend kompetenten Nachwuchs. Dafür komme eigentlich nur Jacob Grimm in Frage, um dessen Anwerbung man sich
rechtzeitig kümmern müsse, zumal von ähnlichen Plänen aus Berlin zu hören sei.[246]

Die Verhandlungen dauern nicht lang. Es war vor allem zu klären,
unter welchen Bedingungen Wilhelm Grimm, Jacobs «unzertrennlicher alter ego»,[247] seinen Bruder begleiten konnte. Die Brüder sind
dazu bereit, ihr ruhiges Leben aufzugeben. Das fällt ihnen, obwohl
sie immer wieder Demütigungen zu ertragen hatten, nicht leicht.
Sie fühlen sich tief mit Kassel verbunden: «Mutter, Kind, andere
nah verwandte geliebte Menschen liegen dort begraben.»[248] Wie belastend die Vorgänge auch physisch waren, zeigt ein Brief Wilhelms
vom 24. August 1829 an Jenny von Droste-Hülshoff: «Im Frühjahr
wurde ich plötzlich von einem Gesichtsschmerz überfallen, der acht
Wochen anhielt und so entsetzlich war, daß ich in manchen Augenblicken einen Begriff davon hatte, wie man vor Schmerz wahnsinnig
werden kann.»[249]

Am 20. Oktober erhalten die Grimms ihre offizielle Berufung aus
Hannover. Am 2. November 1829 teilen sie der Kurfürstin ihre Entscheidung für Göttingen mit: Sie klagen noch einmal darüber, dass
man sie auf kränkende Weise zurückgesetzt habe. Die neue Stelle ge-
währe ihnen «einen gemeinschaftlichen Beruf». Sie hätten den Antrag der «berühmtesten und schönsten Bibliothek von Deutschland»
bedenkenlos ausgeschlagen, wäre es nur um «Neigung und Gefühl»
gegangen. Aber nun hätten sie sich entschlossen, der Stimme der
Vernunft und Pflicht zu folgen und ihre Heimat «mit dem tiefsten
Schmerz» zu verlassen. Die Kurfürstin bedauert den Weggang, hat
aber – zumal sie selbst nicht mehr in Kassel wohnt – Verständnis für
diesen Schritt: «Vergessen Sie unser nicht, lieber Herr Grimm.»[250]

Der Kurfürst hingegen legte noch nach. Gerüchteweise hören die Grimms, er solle gesagt haben: «die Herrn Grimms gehn weg! groszer Verlust! sie haben nie etwas *für mich* gethan!»[251] Dann aber begreift er, welchen Prestigeverlust der Weggang der Grimms bedeuten könnte, und bietet eine Gehaltserhöhung von jeweils hundert Talern für Jacob und Wilhelm an. Als der Wechsel bereits unter Dach und Fach ist, macht er erneut eine Offerte. An Benecke berichtet Jacob Grimm im Dezember 1829 entrüstet, man habe ihm dasselbe wie in Göttingen geboten, tausend Taler, Wilhelm sogar sechshundert und damit einhundert Taler mehr. Das war keine Nebensache, denn mit ihrem bisherigen Gehalt mussten Jacob und Wilhelm entweder durch Nebeneinkünfte zwei- bis dreihundert Taler dazuverdienen oder auf ihr Vermögen zurückgreifen.[252] Zudem sei der Kurfürst nun bereit, sie zu befördern. Aber sie seien «standhaft» geblieben, hätten ihre «neigung» missachtet und betrachteten es als ihre «pflicht», die geschlossenen Verträge einzuhalten. Auch ein Angebot aus München habe Jacob abgelehnt. Freilich fürchte er, einige Opfer bringen zu müssen: «hier in Cassel sehe ich nach etwas aus; in Göttingen, München verliere ich mich unter vielen andern».[253]

Die Befürchtungen sind unbegründet. Nicht nur hat die *Deutsche Grammatik* Jacob zum philologischen Heros erhoben. Gegen Ende der Kasseler Zeit bringen die Brüder Grimm zudem weitere große Werke heraus, die ihren Ruf festigen. Jacob veröffentlicht mit den *Deutschen Rechtsalterthümern* 1828 sein rechtshistorisches Meisterstück, Wilhelm mit der Untersuchung der *Deutschen Heldensage* 1829 sein philologisches Hauptwerk. Beide Studien sind mittlerweile in vielen Punkten überholt, haben die Forschung aber lange beschäftigt und sind auch heute noch nicht völlig ausgeschöpft, weil sie eine staunenswerte Menge von Materialien und Quellen zusammenführen. Vor allem aber liefern Jacob und Wilhelm damit bedeutende Beiträge zur politischen Kultur, und fast scheint es im Rückblick, als kommentierten sie damit heimlich die verfehlte kurfürstliche Politik in Kassel.

Jacob setzte mit den *Deutschen Rechtsalterthümern*, die ihm auf Betreiben Savignys die Doktorwürde der Berliner (1828) und der Breslauer Universität (1829) einbrachten, seine Studie zur *Poesie im Recht* fort – an keinem seiner Bücher habe er, wie er in der zweiten Auflage 1854 bekennt, «mit größerer lust geschrieben».[254] Nachdem er bereits mehrere kleinere Arbeiten zur Rechtsgeschichte veröffentlicht hatte, arbeitete er nun in einem fast tausendseitigen Monument die Materialien auf, die er seit 1813 zusammengetragen hatte.[255] Das gelang ihm nur, indem er das ‹Altertum› als Einheit nahm und dabei weder regional noch historisch allzu differenziert vorging. Er ordnete das «innerlich verwandte» nebeneinander an.[256] Auf diese Weise ließ er das Bild einer einheitlichen Rechtskultur entstehen und schuf so eine Art kulturelle Grammatik des Rechts mit ihren Symbolen, Formen und Praktiken, ihren sozialen und politischen Grundlagen. Gerade der Zusammenhang von Sprache und Recht, den Jacob bereits in dem Aufsatz über die *Poesie im Recht* dargelegt hatte, zeigte ihm, dass die Philologie eine bestimmte Form des Staatswissens verwaltet.

Es ging den Grimms nie allein darum, Kenntnisse zu vermitteln, sondern immer zugleich auch um die Haltung, mit der Kenntnisse erworben werden. Während die alten Zeiten aus ihrer Sicht für immer der Vergangenheit angehörten, steckten in der Art und Weise des Umgangs mit den historischen Zeugnissen die Empfehlungen für die Gegenwart. Wieder also bewies Jacob eine bestimmte Form der «aufmerksamkeit», die die Vergangenheit um ihrer selbst willen untersucht, die kein Zeugnis für zu gering erachtet und die Quellen «getreu» sammelt; wieder interessierte sich Jacob gerade für das ‹Volk›, das «in ehrfurchtsvoller scheu» an die Rechtsgebräuche glaubt. So betrachtet, leuchten in der alten Rechtskultur «neben jenem rohen, wilden oder gemeinen, das uns beleidigt, […] die erfreuende reinheit, milde und tugend der vorfahren».[257]

Jacob also hatte nichts gegen Härte und Gewalt, aber sie müssten durch gewisse Tugenden ausgeglichen werden, wenn eine stimmige Rechtskultur entstehen soll.[258] Für den hessischen Kurfürsten würde

dies bedeuten, auf das ‹Volk› zu vertrauen, statt durch die geheim-
dienstliche Überwachung sein Misstrauen zu signalisieren; es würde
bedeuten, sich nicht moralisch zu disqualifizieren und nicht eigensinnig Sonderinteressen zu verfolgen.

Im Licht der alten Rechtskultur fielen Jacob daher auch die
Missstände der Gegenwart deutlich ins Auge. In einer Anmerkung
spricht er Klartext: Er glaube, «die hörigkeit und knechtschaft der
vergangenheit war in vielem leichter und liebreicher, als das gedrückte dasein unserer bauern und fabriktaglöhner; die heutige
erschwerung der ehe für den armen und den angestellten diener
grenzt an leibeigenschaft; unsere schmachvollen gefängnisse sind
ärgere qual als die verstümmelnden leibesstrafen der vorzeit. Bis
zur abschaffung der todesstrafe hat sich all unsere bildung noch
nicht erheben können, fast nur für feigheit und diebstal, weil diese
verbrechen öffentlich verabscheut waren, kannte sie das rohe al-
terthum. Statt seiner persönlichen bußen haben wir unbarmherzige strafen, statt seiner farbigen symbole stöße von acten, [...][259]
statt seines gerichts unter blauem himmel qualmende schreib-
stuben, statt der zinshüner und fastnachteier kommt der pfänder
namenlose abgaben in jeder jahreszeit zu erpressen. [...] Eintöni-
ger mattheit gewichen ist die individuelle persönlichkeit, die kräftige hausgewalt des alten rechts».[260]

Kulturhistorische Diagnosen wie diese finden sich häufig seit
dem späten 18. Jahrhundert. Dass der Prozess der Zivilisation nicht
gewaltlos verläuft, sondern die Gewalt nur in anderer Form erscheinen lässt, gehört, wenn auch bisweilen verklausuliert, zum geläufi-
gen Arsenal der Kulturtheorien um 1800. Herder lieferte wichtige
Stichworte; die idealistische Geschichtsphilosophie rekonstruierte
die Modernisierung der Gesellschaft als Entfremdung und Versach-
lichung. Autoren wie Schiller, Schlegel, Schelling, Hölderlin, Hegel
oder Fichte konzentrierten sich dabei aber in der Regel auf das Bürgertum oder abstrakt auf den ‹Menschen›, während Jacob Grimm
seine Aufmerksamkeit gerade auch den unteren sozialen Schichten
widmete und konkret aufs Detail zielte.

Wilhelm Grimms Studie über die *Deutsche Heldensage* geht von denselben Prämissen aus wie die Arbeit seines Bruders. Mit seinem *opus magnum* knüpfte Wilhelm an die sagenkundlichen Forschungen an, die er seit den ersten Aufsätzen betrieben hatte.[261] Er präsentierte zunächst auf mehr als dreihundert Seiten «Zeugnisse über die deutsche Heldensage», eine ausführlich kommentierte Bibliographie, die Übereinstimmungen und Abweichungen der Quellen, Beobachtungen zu ihrem historischen Ort, zum geschichtlichen Bezug oder auch zu ihrer Form verzeichnet und mit der Wilhelm Grimm die Grundlagen einer Literaturgeschichte der Heldensage schuf.

Das Buch setzte eine schon fast zehn Jahre andauernde Diskussion um das Nibelungenlied mit Karl Lachmann fort, dem das Buch gewidmet ist. Es ging dabei um die Frage nach der ‹ursprünglichen› Fassung des Epos: Wurde es – wie Lachmann meinte – erst im Lauf der Zeit aus einzelnen Stücken geformt? Oder sollte man – wie Wilhelm Grimm vermutete – von einem «das Ganze umfassende[n] Gedicht» ausgehen, das allerdings möglicherweise nur als ‹Idee› existierte? «Ursprünglich» jedenfalls war für Wilhelm gleichbedeutend mit «vollkommen». Dabei betonte er ausdrücklich, dass er bloß die «Möglichkeit», keineswegs die «Wirklichkeit» dieser vollkommenen Fassung behaupte: «Das Ursprünglichste bezeichnet also nur die Gränze, bis zu welcher wir von unserm Standpuncte aus sehen können» – alles jenseits dieser Grenze verliere sich in Spekulationen.[262]

Von dieser Grenze geht das abschließende Kapitel über «Ursprung und Fortgang» der Heldensage aus. Die Grundthese lautet: «Die Sage folgt der Entwicklung des menschlichen Geistes oder, vielmehr, sie begleitet ihn von einer Stufe zur andern.»[263] Der Philologe beweise dann Sinn für das ‹Leben› der Dichtung, wenn er diesen Stufengang nachvollziehe: «Ruhend und in eine feste Form gebunden dürfen wir uns das Epos zu keiner Zeit denken. Vielmehr herrscht in ihm der Trieb zur Bewegung und Umgestaltung […]. Echte Fortbildung geht niemals aus Laune und Willkür, immer aus innerer Nothwendigkeit hervor»[264] – und das gilt für die Poesie genauso wie für die Politik, für die Organisation der Bibliothek ebenso wie für die Praktiken der Zensur. Der Kurfürst könnte daraus lernen, dass er sich eher von Wandel und Bewegung faszinieren lassen sollte, als sich in Phantasien der Kontrolle und Unterdrückung zu verlieren. Würde man in Göttingen mehr Verständnis als in Kassel für Menschen haben, die «aus innerer Nothwendigkeit» heraus handeln?

6. Göttingen (1830 – 1840)

In einer neuen Stadt

Jacob und Wilhelm Grimm machten sich auf den Weg zur «berühmtesten und schönsten Bibliothek von Deutschland», wie sie es ihrer Kurfürstin gesagt hatten – der Ältere als zweiter Bibliothekar und ordentlicher Professor an der Philosophischen Fakultät der Universität Göttingen, der Jüngere als Unterbibliothekar. Ihren neuen Wohnort, eine Stadt mit damals etwas mehr als zehntausend Einwohnern,[1] kannten sie seit langem. Zu den renommierten *Göttinger gelehrten Anzeigen* trugen sie seit 1818 bei. Die Göttinger Akademie der Wissenschaften hatte sie 1824 zu korrespondierenden Mitgliedern ernannt; im April 1830 stiegen sie zu ordentlichen Mitgliedern auf. Der Göttinger Verleger Dieterich engagierte sich für ihre Werke: 1811 hatte er Jacobs *Meistergesang*-Studie herausgebracht, danach die Bände der *Deutschen Grammatik* und die *Rechtsalterthümer* sowie Wilhelms *Über deutsche Runen*, den *Grave Ruodolf* und zuletzt sein Werk über die *Deutsche Heldensage*. Bei so vielen Verbindungen möchte man fast zweifeln, dass Wilhelms Frau Dorothea nur zufällig die Urenkelin Matthias Gesners, des ersten Leiters der Göttinger Universitätsbibliothek, war.

Auf einer Karikatur Ludwig Grimms wirkt der Auszug der Familie Grimm aus Kassel «sehr lustig und angenehm»:[2] In einem Fünfspänner sitzen die beiden Brüder mit Zylinder, ihnen gegenüber Dorothea mit dem kleinen Herman. Dahinter folgt in einer zweiten Kutsche die Kinderfrau. Ludwig begleitet die Gruppe zu Pferd mit gezogenem Degen, Lotte nimmt mit ihrer Familie in einem Schlitten an der Verabschiedung teil.

Eine solche Szene hat es jedoch nie gegeben. Zwei Tage vor der geplanten Abreise erkrankt die schwangere Dorothea Grimm. Sie wird in der schon ausgeräumten Kasseler Wohnung gepflegt. Den Weihnachtsabend 1829 verbringen Jacob und Wilhelm am Krankenbett. In den leeren Räumen herrscht eine gespenstische Stimmung. Für den Sohn Herman wird ein «kleines, armseliges Weihnachtsbäumchen angezündet».[3]

Am zweiten Weihnachtstag reisen die Brüder nach Göttingen voraus. Wilhelm wirft beim Vorbeifahren einen sentimentalen Blick auf die Bücher der kurfürstlichen Bibliothek – «ich nahm zum letztenmal», so schreibt er an Arnim, «von meinen alten Freunden, die funfzehn Jahr lang mein täglicher Umgang waren, Abschied und gab mich im Thor als königlich Hannöverscher Bibliothekar an».[4] Der Wagen lässt sich nicht richtig verschließen. Ein heftiger Wind setzt ihnen zu. Jacob versucht, einen Blumenstock unter seinem Mantel vor der Kälte zu schützen.

In Göttingen nimmt Benecke sie zunächst bei sich in der Groner-Tor-Straße 16 auf. Den Jahreswechsel verbringen sie, wie Jacob «¾ auf 11 Uhr» in seinem Tagebuch notiert, in düsterer Stimmung: «dieses Jahr zu Göttingen voll mancherlei Sorgen, wie es künftig gehen wird, einsam beschlossen. Dortchen noch zu Cassel, Wilhelm schon im Bett». Und er stellt fest: «Ein bedenkliches, schwieriges Jahr für mich, Gott helfe hindurch!»[5]

Auch der Dienstantritt steht unter keinem guten Stern. Gerade als Dorothea Grimm sich so weit erholt hat, dass sie sich die Reise zutraut – der Wagen für die Fahrt nach Göttingen ist schon bestellt –, erkrankt Herman lebensbedrohlich. Wilhelm erhält die Nachricht am 6. Januar, dem Tag, an dem er in der Bibliothek eingeführt wird. Er bewahrt Haltung, obwohl ihn eine ‹heimliche Angst› um seinen Sohn bewegt. Am liebsten würde er gleich nach Kassel fahren, aber er wird von einem heftigen Fieber ergriffen und kann erst zehn Tage später reisen: «Als ich früh Morgens anlangte, fand ich das arme Kind, das ich frisch und roth verlassen hatte, bleich und abgezehrt; es streckte seine magern Händchen nach mir aus und rief mich zu sich ans Bett; ich weiß keinen Tag meines Lebens, wo ich mich so wenig zu fassen wußte, ich konnte es ohne Thränen nicht ansehen.» Das Schlimmste hat Herman jedoch überstanden. In einem geschlossenen Wagen, dessen Fenster kurz vor Göttingen zufrieren, und mit Wärmflaschen versehen, bringen sie die Reise hinter sich.[6]

Bis sich die Lage normalisiert, vergehen allerdings einige Wochen: Die «Zwischenwohnung», in der sie sich notdürftig inmitten unausgepackter Kisten eingerichtet haben, lässt sich nur schlecht heizen. Dorothea und Herman erleiden noch einmal einen Rückfall. Erst Ende Februar sind sie wieder ganz gesund. Am 31. März kommt Hermans Bruder Rudolf zur Welt. Und am 29. April beziehen die Grimms endlich ihre Wohnung in der «Allee 6», der heutigen Goetheallee. Die Straße war im 18. Jahrhundert zur Wohnstraße und Flaniermeile für die Professoren der neugegründeten Universität ausgebaut worden. In unmittelbarer Umgebung liegen die meisten Universitätsgebäude, darunter auch die Bibliothek, die vom rückwärtigen Fenster der Grimm'schen Wohnung aus zu sehen ist. Zu ihrem Arbeitsplatz können die Brüder in zwei Minuten bequem schlendern.

Jacob und Wilhelm richten ihre Arbeitszimmer im hinteren Teil der Wohnung ein. Ihr Blick geht über weite Gärten. In einiger Entfernung steht eine Linde. Sie bewohnen das Haus gemeinsam mit dem renommierten Altphilologen und Archäologen Karl Otfried Müller, den sie bereits von früher kennen.[7] Mit dem Schüler August Boeckhs kommen sie in ihrer Göttinger Zeit sehr gut aus. Das Verhältnis der Familien ist herzlich. Das Zusammenleben funktioniert vielleicht deswegen so gut, weil Müller sich noch an seine Anfangszeit erinnert, als er sich an die steifen, prätentiösen Umgangsformen der Göttinger Altprofessoren erst gewöhnen musste.[8] Auch den Grimms fällt das alles andere als leicht.

Die Grimms kannten schon eine ganze Reihe der Professoren von ihren Stippvisiten in Göttingen und von den Gegenbesuchen in Kassel.[9] Jetzt aber richtete man sich auf dauerhaften Kontakt ein, und da fiel der gesellige Leerlauf doch sehr auf. «Über sechzig besuche waren zu machen und wieder zu empfangen, die wenigsten darunter konnten mit visitenkarten abgethan werden», schreibt Jacob im März 1830 dem alten Freund Wigand,[10] «Ehrenbezeigungen», «Diners» und «Soupers», ein «Ball» – sie hätten sich gern von diesen Verpflichtungen freigekauft, zumal sich wieder ein altes Unbehagen regt: In Göttingen geht es «luxuriöser» zu als in Kassel. Bei einer Einladung Beneckes werden «Hummer Salat, Lax Trüffeln aus Bordeaux in Pastete» und viele andere Köstlichkeiten gereicht. Dorothea berichtet: «Der Jacob hat sich wieder ausgezeichnet, vom Hummer hat er schon nichts gegessen, weil er das Zeug nicht mag auch keinen Lax endlich die Pastete die ihm auch nicht schmeckt»; ein «Stückchen Rindfleisch» wäre ihm lieber, habe er auf Nachfrage bekannt. «Die ganze Gesellschaft hat entsetzlich gelacht und der Benecke nathürlich mit.» Einer der Gäste habe gemeint: «sie sind ein gewaltiger Protestant sie protestiren gegen alles».[11]

Es geht um grundsätzliche Haltungsfragen und um die Bereitschaft, sich mit einer neuen Umgebung und ihren ganz eigenen Verhaltensmustern zu arrangieren. Das fällt auch Dorothea nicht leicht. Sie klagt, dass sie «sich an die hiesigen leute nicht gewöhnen kann und daß es hier bedeutend theurer ist als in Cassel». Die Gehaltserhöhung werde dadurch fast aufgezehrt.[12] Freilich zeigt sie ihrer Freundin Lotte Hassenpflug auch ein anderes Gesicht: «Bei allem Herzeleid und vieler Arbeit», schreibt sie 1831, «habe ich doch noch Staats gedanken, wenn ich auch selten ausgehe so möchte ich mich doch gern auszeichnen und nicht wie die Göttinger Damen gehn die immer wie es mir scheint so veralteten Putz an haben» – die Wünsche fallen allerdings bescheiden aus: Lotte möge ihr ein «Band über die Mütze zu binden» besorgen.[13] Als Wilhelm im Jahr darauf Weihnachtsgeschenke für seine Frau in Kassel bestellt, achtet er immerhin darauf, dass sie «modern u nach der neusten Mode» ausfallen.[14]

Die geselligen Verpflichtungen werden im Lauf der Zeit naturgemäß weniger. Aber in manchen Wochen folgt immer noch Besuch auf Einladung und Einladung auf Besuch. Ein Ball hier, ein Abendessen dort. Durchreisende Gelehrte und Freunde wie Meusebach, Lachmann oder Laßberg machen ihre Visiten. Studenten von Jacob sind zu Gast. Mit Johann Friedrich Ludwig Göschen, einem von Jacobs juristischen Fachkollegen, kommen sie von Anfang an gut aus, auch wenn sich daraus keine wirklich feste Freundschaft entwickeln wird. Unter den jüngeren Professoren stehen den Brüdern Grimm der Theologe Gottfried Friedrich Christian Lücke und der Jurist Friedrich Blume nahe.[15] Der Jurist Gustav Hugo ist ein gerngesehener Gesprächspartner. Und immer wieder schaut Benecke vorbei und qualmt ihnen einen Abend lang die Wohnung voll.

Besonders innig wird das Verhältnis zu dem philologisch ausgebildeten Historiker Friedrich Christoph Dahlmann, der in jungen Jahren mit Heinrich von Kleist herumgestreunt war. Dahlmann, ungefähr gleich alt wie die Grimms, war zwei Monate vor deren Dienstantritt als Professor der Politik, der deutschen Geschichte sowie der Kameral- und Polizeiwissenschaft aus Kiel nach Göttingen gekommen.[16] Wie die Grimms hatte man ihn bei anstehenden Beförderungen übergangen, und auch bei ihm waren politische Gründe im Spiel: Er hatte die dänische Regierung durch sein Engagement in der Schleswig-Holstein-Frage verärgert.[17] «Ich gehe am meisten und liebsten mit Dahlmann und seiner Familie um», schreibt Wilhelm am 18. Juli 1830 an Jenny von Droste-Hülshoff, «es ist ein offener, geistreicher und lebendiger Mann, der dabei einen gewissen nordischen Ernst – denn er stammt eigentlich aus Schweden – bewährt.» Man verbringt oft die Abende zusammen. Manchmal liest Wilhelm etwas vor. Schon Wilhelms ersten Geburtstag in Göttingen feiern sie gemeinsam. Da der Herzog von Cambridge am selben Tag Geburtstag hat, erklingt Punkt Mitternacht Musik, und Wilhelm tanzt die «Polonaise mit der Frau Hofräthin Dahlmann, einer jungen hübschen Frau aus Kiel».[18]

Auch über die neuesten politischen Entwicklungen verständigen sich die Freunde. Anlässe dazu gibt es in den nächsten Jahren genug, als die Folgen der französischen ‹Juli-Revolution› zu verarbeiten sind: Dahlmann wird von der Regierung beauftragt, an einem Entwurf für das Staatsgrundgesetz mitzuarbeiten. Zudem wirkt er als Abgeordneter der Universität im Landtag mit. Von 1831 bis 1833 hält er sich regelmäßig in Hannover auf und berät sich brieflich mit den Freunden aus Göttingen. Die Lektüre von Dahlmanns *Politik auf den Grund und das Maß der gegebenen Tatsachen zurückgeführt* (1835), die auch aus diesen Erfahrungen schöpft, ist für Jacob ein Muss. Die politischen Ansichten der Brüder Grimm sind in einer Reihe von Artikeln nachzulesen, die 1832 in der *Hannoverschen Zeitung* erscheinen. Das Blatt stand unter der Leitung von Georg Heinrich Pertz, der die «Monumenta Germaniae Historica» verantwortete und die Hofbibliothek leitete.

Dahlmann war den Grimms von Savigny empfohlen worden, und zwar gerade als Beistand gegen die «vornehmthuende[ ] Leerheit», die zum «alten Göttinger Unwesen» gehöre.[19] Die Newcomer können das Benehmen ihrer alteingesessenen Kollegen nur schwer ertragen. Sie verbuchen die etablierten Gelehrten wahlweise als «die alte[ ] Partei», «die Partei der misvergnügen Alten» oder die «orthodoxe Partei der alten Herren». Sie hingegen bilden «einigermaßen den Gegensatz zu dem alten Stamme», schreibt Wilhelm an Savigny, der nur zu gut weiß, wovon die Rede ist. Schon lange zuvor hatte er den Brüdern von der «steifleinenen, vornehmen Leerheit» an der Göttinger Universität berichtet, die von der «äußerlichen, täuschenden Blüthe» nur ein wenig bemäntelt werde.[20] Jetzt bestätigt Wilhelm diesen Eindruck: Die Professoren rieben sich in aberwitzigem Parteigezänk auf, nähmen sich aber ungemein wichtig, ohne dass sich hinter den leeren Formen notwendig Substanz verberge.

Noch 1833 schrieb Wilhelm an den alten Freund Suabedissen: «Ich bediene mich eines alten Vorrechtes Göttinger Professoren, liebster Freund, in dem ich Ihnen ein paar von unsern Würsten, von welchen man behauptet hat, sie seyen das Geschmackvollste was die Universität producire, übersende» – Wilhelm spielt damit auf die wohl berühmtesten Sätze über Göttingen am Anfang von Heines *Harzreise* an:[21] «Die Stadt Göttingen, berühmt durch ihre Würste und Universität, gehört dem Könige von Hannover, und enthält 999 Feuerstellen, diverse Kirchen, eine Entbindungsanstalt, eine Sternwarte, einen Karzer, eine Bibliothek und einen Ratskeller, wo das Bier sehr gut ist.» Für Heine war Göttingen ein Hort der Philister, es gebe sie in der Stadt wie «Sand, oder besser gesagt, wie Kot am Meer»; auch in der Universität entkomme man ihnen nicht, sie sei im Gegenteil das Zentrum des philiströsen Lebens: «Im allgemeinen werden die Bewohner Göttingens eingeteilt in Studenten, Professoren, Philister und Vieh; welche vier Stände doch nichts weniger als streng geschieden sind. Der Viehstand ist der bedeutendste.» So wunderbar hinterhältig und gemein äußerten sich die Grimms nicht über ihre neue Heimat. Einen Satz Heines empfanden sie vermutlich gleichwohl nach: «Die Stadt selbst ist schön und gefällt einem am besten, wenn man sie mit dem Rücken ansieht.»

Heimatliebe

Mit ihrem Umzug nach Göttingen wechselten die Grimms in eine neue Lebensform: vom Gelehrten- und Forschungsbibliothekar zum Universitätsgelehrten, der zugleich als Bibliothekar arbeitet. Um ihren wissenschaftlichen Ruf mussten sie sich nicht mehr sorgen. Sie hatten sich einen Namen gemacht mit großartigen Studien und mit bedeutenden Editionen auf allen möglichen Fachgebieten von der Literatur- bis zur Rechtswissenschaft, von der Märchen- bis zur Sagenkunde, von der Sprachgeschichte bis zur Geschichte der Schrift. In über dreihundertfünfzig Aufsätzen, Vorworten und Rezensionen hatten sie darüber hinaus ihre Netzwerke des Wissens erweitert, ihre Forschungslandschaft kartographiert und ihre Claims abgesteckt.

Diese staunenswerte Arbeitsleistung hatte ihren Ort: Kassel, die dortige Bibliothek, die unterschiedlichen Bekannten- und Freundeskreise – in diesem Geflecht waren die Grimms zu Hause. Jetzt erst erkannten sie, was die kurhessische Hauptstadt für sie bei allen

Konflikten mit der Obrigkeit bedeutet hatte. War Kassel zuvor kaum mehr als ein selbstverständlicher Hintergrund, der im besten Fall nicht störte, erschien er im Vergleich mit der neuen Situation als Arbeitsidylle. An den Fronten von Geselligkeit und Forschung, von Politik und Wissenschaft kam es in Göttingen zu weit mehr als den kleinen Scharmützeln, die die Grimms bisher überstanden hatten. Und so bemühten sich Jacob und Wilhelm in den kommenden Jahren immer wieder darum, aus den Strukturen der Universitätsstadt, in die sie nie wirklich hineinwuchsen, auszubrechen. Viele Eingaben belegen, wie sehr sie mit den Institutionen um Befreiung von lästigen Dienstpflichten gerungen haben.

Die Universität verstand sich als eigenständige Enklave in der Gesellschaft: Es gab etwa bei Feierlichkeiten besondere Riten und Kostüme, es gab eigene Gesetze und eine eigene Rechtsprechung. Die *Gesetze für die Studirenden auf der Georg-August-Universität zu Göttingen* regelten Verhaltensnormen, Fragen des Mietrechts, des respektvollen Umgangs, der Finanzplanung und viele andere Bestandteile des studentischen Alltags.[22] Nach wie vor pflegte man das alte ständische Selbstverständnis. Vor allem aber, und das erklärt das Unbehagen der Grimms, kannte das Universitätsleben innerhalb und außerhalb der Institution ungeschriebene Gesetze für akademische Sitten und Gebräuche.

Zeitgenössische Studienführer achten darauf. Sie informieren weniger darüber, in welchen Seminaren sich am schnellsten und effektivsten ein erfolgversprechendes Studium absolvieren lässt, sondern vermitteln vielmehr grundlegende Lebensorientierung. Typisch dafür ist eine kleine Schrift mit dem Titel *Der Göttinger Student* von 1813, die *Bemerkungen, Ratschläge und Belehrung über Göttingen und das Studentenleben auf der Georgia Augusta* verspricht. Darin lernt der Herr Studiosus viel über die Stadt, über die Umgebung und über die «Anschaffung der nötigsten Geschirre und Sachen», die «Feuerung für den Winter», über den Stiefelputzer, die Wäscherin, den Friseur und die «Besorgung des Frühstücks». Über wissenschaftliche Arbeitstechniken aber erfährt er nur wenig. Auch mit den Göttinger Bürgern wird der Neuankömmling bekannt gemacht: Sie seien traditionell eher «ungebildet und beschränkt»; im Lauf der Zeit jedoch hätten sie sich unter Einfluss der Universität «an eine andere Lebensweise» gewöhnt.[23] Auch hier also prallten ‹Lebensweisen› aufeinander, wobei die Universität sich durchgesetzt und das soziale Klima der Stadt nachhaltig geprägt hat. «Die ganze Stadt», so liest man 1819, «hat den einzigen Zweck, die Studien zu befördern.»[24] Immerhin rund sechs Prozent der Göttinger Haushalte waren 1829 beruflich der Universität verbunden.

Die Grimms wussten, welch tiefgreifenden Einfluss Institutionen und tägliche Routinen auf Lebensformen haben. Und dies gilt eben auch für die wissenschaftliche Tätigkeit. Nicht weniger als die Beziehungen zur Familie, zu Bekannten oder Freunden prägt sie bestimmte Gewohnheiten aus. «Gesetzt», heißt es in einem Brief Jacobs an Arnim vom 13. März 1830, «wir wären schon vor zwanzig Jahren an diese Universität gerathen, unsere Arbeiten hätten sicher einen weniger eigenthümlichen Gang genommen.» Man könnte auch sagen: Es wären ‹professoralere› Studien entstanden. Vielleicht, so meint Jacob, hätte er als Professor an der Georgia Augusta «ein sehr mittelmäßiges Buch im Fach der griechischen und lateinischen Philologie geschrieben».[25]

Vielleicht. Sicher aber hätte er im Fach ‹Deutsche Philologie› kein Buch geschrieben, weil es dieses Fach in Göttingen gar nicht gab. Benecke, Jacob und Wilhelm Grimm waren Professoren, deren Fachzuständigkeit nicht genau definiert war – das gehörte zum Konzept der Lehrfreiheit, das in Göttingen Tradition hatte. So taucht Jacob Grimm im Vorlesungsverzeichnis in den *Göttingischen Gelehrten Anzeigen* in den Rubriken «Rechtswissenschaft», «Orientalische und alte Sprachen» und «Literär-Geschichte» oder «Historische Wissenschaften» auf.[26]

Auf jeden Fall musste Jacob unter den neuen Bedingungen lernen, «mehr zerstreut und ungesammelt zu arbeiten».[27] Denn gleich nach ihrer Ankunft fällt den Grimms auf: Sie haben weniger Zeit. In den ersten Monaten ist Jacob sogar gezwungen, die Arbeit am dritten

Band seiner *Deutschen Grammatik*, von der schon dreihundert Seiten gedruckt sind, zu unterbrechen.[29] So etwas war er seit mehr als fünfzehn Jahren kaum mehr gewohnt. Während früher die Willkür der kurfürstlichen Regierung in ihren Forschungsrhythmus eingriff, hatten die Grimms sich jetzt auf eine dauerhafte, gewissermaßen institutionalisierte Störung ihrer Lebensform einzustellen.

In Kassel hatten sie in den vergangenen zweieinhalb Jahrzehnten eine eigene Forschungsmentalität ausgebildet. Sie konnten ihre Projekte ebenso eigenständig wie eigenwillig verfolgen, hatten sich mit den Verhältnissen insgesamt recht gut arrangiert und die Bibliothek im *Museum Fridericianum* nach ihren Vorstellungen gestaltet. In Göttingen hingegen mussten sie sich den Ansichten ihrer Vorgesetzten, des Oberbibliothekars Jeremias David Reuß und Georg Friedrich Beneckes, sowie dem Profil einer Universitätsbibliothek anpassen. Diese sei, klagte Jacob am 21. Juli 1830 in einem Brief an Lachmann, «ein beständig umlaufendes rad, in welches ich täglich sechs volle stunden treten muß; und ohne innerliche freude an der arbeit».[29]

In Göttingen bildete die Bibliothek das Zentrum der Universität. Sie war zunächst in einem Saal des ehemaligen Paulinerklosters untergebracht und hatte sich von dort aus über die angrenzenden Räume und Gebäude ausgebreitet. Bereits im 18. Jahrhundert durchwucherten die Bücherregale die Zimmer des Kollegiengebäudes. Zu Beginn des 19. Jahrhunderts besetzten sie die Paulinerkirche nahezu komplett, schließlich wurde es notwendig, Gebäudeteile anzubauen. Hatten die Grimms in Kassel rund sechzigtausend Bände zu betreuen, warteten nun jeden Morgen mehr als drei- bis viermal so viele auf sie. Im Sommer verbrachten sie täglich sechs, im Winter vier oder fünf Stunden am Arbeitsplatz.[30]

Die Grimms kannten die Göttinger Bibliothek recht gut. Vor allem Jacob war regelmäßig bei Benecke zu Gast gewesen, der sie im Fernleihverkehr und vor Ort mit Büchern versorgt hatte. Nun aber hatten sie die Seiten gewechselt: Statt die Bestände für ihre For schungen zu nutzen, sollten sie nur mehr Vorleistungen für andere Wissenschaftler erbringen – man verpflichtete sie auf die bloße Verwaltung von Büchern. Jacob war mit für die Neuanschaffungen zuständig, Wilhelm für die Ausleihen. Außerdem hatten sie sich um die «Umarbeitung der Cataloge» zu kümmern. Das war eine unendliche Aufgabe, und Jacob sah sich schon bis ans Ende seiner Tage an den Zettelkästen stehen.

Gegenüber Lachmann bemerkte er, es sei «ein dummer streich» gewesen, «von Cassel wegzugehen». Dort habe er sich als «freier mann» bewegt, in seinem neuen Job aber sei er so eingespannt, dass er sich «wie ein knecht im joch» vorkomme.[31] Aber nicht allein die Menge der Arbeit wollte Jacob nicht schmecken. Auch seine Rolle hatte er sich wohl anders vorgestellt, denn er war als designierter Nachfolger des damals achtzigjährigen Oberbibliothekars Jeremias David Reuß nach Göttingen geholt worden, sah sich jetzt aber mit einem überraschend beharrungskräftigen Vorgesetzten konfrontiert.[32]

Reuß, ein «höchst eigensinniger kleinlicher mann, der an den wunderlichsten grillen hängt»,[32] verfügte nicht über die fachliche und soziale Kompetenz, sich von den Brüdern Grimm oder anderen Fachleuten beraten zu lassen. Seine Anschaffungspolitik erzeugte empfindliche Lücken im Bestand, weil er sich strikt an den Rezensionszeitschriften orientierte und lediglich die Bücher erwarb, die dort gut besprochen wurden. Die Urteile selbst konnte er nicht bewerten. Zudem reagierte er nicht auf die schnellen Zeittakte der Forschung: Dank seiner Organisation der Betriebsabläufe brauchte es Jahre, bis ein neues Buch in die Regale eingestellt wurde.

Dass die Regierung Jacob Grimm 1833 an Reuß vorbei um ein Gutachten für die Zukunft der Bibliothek bat, zeigt zwar die Wertschätzung, die man ihm entgegenbrachte, aber im Arbeitsalltag half ihm das auch nicht weiter.[34] Und als man Jacob endlich mehr Befugnisse zuteilte, weil Reuß immer schwächer wurde, da gerieten die Grimms in die Affäre der sogenannten Göttinger Sieben und wurden entlassen.[35]

Benecke war da selbstverständlich ungleich kompetenter. Aber auch bei ihm entdeckte Jacob Züge von Engstirnigkeit und Pedanterie und «einige Unbequemlichkeit im Collegialischen». Mit den übrigen Bibliotheksmitarbeitern machte Jacob brieflich kurzen Prozess: Der eine sei faul, der Zweite unfähig, der Dritte zwar ein guter Philologe, aber ein unbrauchbarer Bibliothekar.[36]

Wilhelm klagt ebenfalls, die Bibliotheksarbeit raube ihm zu viel Zeit. Doch er sieht auch die Vorteile Göttingens. Im Juli 1830 berichtet er Jenny von Droste-Hülshoff, er habe viele alte Freunde wiedergetroffen und neue Bekanntschaften gemacht. Die ‹polizeiliche› Stimmung finde er ebenfalls behaglicher: In Göttingen, weit weg vom Hof, herrsche ein vergleichsweise liberales Klima; er schätzt «die völlige Unbefangenheit und Freiheit in den Aeußerungen, während in Cassel eine gewisse stumme Zurückhaltung einem fast zur andern Natur geworden war».[37] Dass Jacob sich schwerer tat, ist verständlich. Denn neben der Bibliotheksarbeit lastete auch der ganze akademische Betrieb auf ihm: Er musste eine Antrittsrede und Vorlesungen vorbereiten, «einen haufen bücher lesen» und Rezensionen schreiben. Dazu kamen nach wie vor «viele einladungen in abendgesellschaften, die ich jetzt noch nicht alle ausschlagen darf; kurz, wenn sich alles das nicht gewaltig setzt und legt, so werde ich mich oft nach dem ruhigen Cassel zurücksehnen».[38]

Die Antrittsrede gehörte zum Einführungszeremoniell an der Universität. Jacob hielt sie am 13. November 1830. Er wählte bezeichnenderweise das Thema *De desiderio patriae* (‹Von der Liebe zum Vaterland›)[39] und leistete sich damit in mehrfacher Hinsicht ein Schelmenstück: Zum einen erklärte er seinen Zuhörern recht unverblümt, wie sehr er sich aus Göttingen wieder weg zurück nach Kassel wünschte und dass sie keine großen Hoffnungen auf ihn zu setzen brauchten – «was immer wir nach dem Verlust der Heimat unternehmen», so Jacob, das misslinge.[40] Zum anderen kritisierte er in einer Rede, die akademischen Konventionen gemäß auf Latein gehalten wurde, den Gebrauch der traditionellen Gelehrtensprache – ein Volk, das seine Muttersprache vernachlässige, könne nicht «blühen».[41]

An Lachmann schrieb Jacob am 15. November: «Mit der rede ist es mir, so viel ich merke, ganz gut abgegangen, ich las ein paar tage vorher im Cicero und brachte mich in fluß [...]. Unter dem *desiderium patriae* meinte ich heimlich auch Hessen mit, führte es aber hauptsächlich auf Deutschland und die deutsche sprache aus.» Außerdem habe er sich «den spaß gemacht, ein stück aus Otfried einzuflechten und feierlich zu recitieren, was dann keiner unter den zuhörern verstand, etwa Benecken abgerechnet».[42]

Wichtiger als der akademische Scherz ist freilich das politische Programm der Antrittsrede. Dafür gab es einen ernsten Hintergrund: Jämmerliche Armut und politische Verfolgung zwangen viele Menschen – gerade auch aus Hessen – auszuwandern.[43] Nicht zufällig widmeten sich daher eine Reihe von wissenschaftlichen Studien der Sehnsucht nach der Heimat. «Heimweh» war einerseits traditionell ein medizinisches Problem – seit Johannes Hofers *Dissertatio medica de nostalgia* (1688) galt das starke Gefühl als Krankheit, an der Menschen sterben können. Andererseits wurden im 19. Jahrhundert verstärkt die kriminologischen Dimensionen des Heimwehs untersucht. Schriften wie Julius Heinrich Gottlieb Schlegels *Das Heimweh und der Selbstmord* (1835), Hermann Hettichs *Über das Heimweh, hauptsächlich in seinen Beziehungen zur Staatsarzneikunde* (1840) oder Ludwig Meyers *Der Wahnsinn aus Heimweh* (1855) machen deutlich, wie wichtig man dieses Gefühl nahm.[44]

Als politisches Gefühl verweist die Heimatliebe auf jenen unvordenklichen Grund einer Nation, den die Grimms in ihren politischen Überlegungen immer wieder umkreisen. «Denn wer glaubt wohl wirklich, er könne seine Heimat wie ein Kleidungsstück wechseln und, nachdem er das alte abgelegt, ein neues schöneres anziehen?» Der Mensch ist demnach nie souverän; die Heimatliebe zeigt ihm, wie sehr er von den äußeren Bedingungen abhängt.[45] Sie weist den Menschen als soziales Wesen aus, das stets auf andere angewiesen ist. Dabei nutzt Jacob einmal mehr die Möglichkeit, seinen Forschungsgegenstand ins Zentrum zu stellen: «Durch nicht anderes […] wird das Band zur Heimat und ihre Unentbehrlichkeit so beleuchtet und ans Licht gezogen wie durch die Gemeinschaftlichkeit der Sprache» *(«communione linguae»)*. Die Herausbildung einer gemeinsamen Schriftsprache habe die noch ausstehende politische Einigung vorweggenommen.

Aber nicht nur das: Das Sprechen selbst wird für Jacob Grimm zur politischen Tat. Die Politik soll sich am sprachlichen Ideal eines ‹freien› und ‹ungezwungenen› Ausdrucks der inneren Empfindung orientieren: «Wenn wir uns […] einer fremden Sprache bedienen, die zu leben und zu atmen aufgehört hat, ist es unumgänglich, daß zahllose Worte für uns ein Hemmnis bilden, mit denen wir unsere Begriffe und die innersten Glieder und Gelenke der Begriffe nur unvollkommen oder überhaupt nicht zu erfassen vermögen, so daß wir beständig *wie aus einem Gefängnis* sprechen.» Diejenigen, die mit geliehenen Worten reden, seien «nicht ihre eigenen Herren».[46] Die «Muttersprache» gibt dem Menschen somit das Gefühl von Freiheit und Selbstbestimmung mit auf den Weg. Sie sei das «festeste Fundament des Staates», und zwar gerade «bei solcher Veränderung und Verwirrung der Verhältnisse, bei welcher uns in dieser unserer Zeit ein Übergang aus überlieferten Gewohnheiten in eine ganz neue Ordnung bevorsteht».[47] In diese sprachliche Freiheit und Sicherheit konnte sich Jacob bei all den neuen Verpflichtungen nicht mehr so gut flüchten wie zuvor.

Das «geliebte Vaterland» war für die Grimms keine mythische Größe, sondern betraf sehr konkret vertraute Umgangsformen. Sie selbst wussten aus ihren kulturhistorischen Forschungen: Alles hat seine Zeit und seinen Ort; sowenig man eine Pflanze beliebig versetzen kann, so wenig können Menschen umstandslos ihr Leben von einem Ort an einen anderen verlagern. Aber Jacob und Wilhelm erleben diese Fremdheit nicht nur. Sie kultivieren ihre ureigene Lebensform: Von den nicht allzu hohen Bücherregalen herab blicken ihnen die Porträts ihrer Eltern und Großeltern über die

Schulter. Auf Wilhelms Tisch liegt eine vergoldete Dose mit einem Miniaturporträt der Mutter. Auf den Fensterbänken ihres Arbeitszimmers stehen die Lieblingsblumen: bei Jacob Goldlack und Heliotrop, bei Wilhelm Primeln und Lilien, die die Schwester Lotte so gern mochte. Der Blick der Brüder Grimm in die fremden Göttinger Gärten schweift so immer über ihre eigene Natur, die sie gewissermaßen aus ihrer Vergangenheit mitgebracht haben. Das dürfte auch Dorothea wichtig gewesen sein. Ihr Vater besaß um Kassel Gärten und Ländereien, und stets vermisste sie in ihrem eigenen Haushalt ein zumindest kleines Gartengrundstück. Topfpflanzen waren der dürre Ersatz dafür.[48]

Überhaupt nehmen die Grimms ihre Biographie im Licht der Natur wahr und umgekehrt. Von Spaziergängen bringen sie Blüten und Blätter mit nach Hause, die sie in ihre Bücher legen. Auf die Pflanzen notieren sie oft Datum und Fundort. Manchmal fügen sie einen Zettel bei, auf dem sie weitere Umstände notieren. So findet Herman Grimm beispielsweise eine Rosenknospe mit der Aufschrift: «Von der lieben Mutter ihrem Grab. Am 18. Juni um acht Uhr von mir abgebrochen für meinen lieben Bruder zum Andenken an mich.» Und als ob sich Jacob und Wilhelm an den langsamen Entwicklungsgang der Natur erinnern wollten, liegen auf ihren Arbeitstischen Mineralien als Briefbeschwerer: Auf Jacobs Tisch ruht «ein aus versteinerten Muscheln zusammengewachsenes Stück»; Wilhelm blickt beim Arbeiten auf einen Bergkristall.[49] Ebenso wie die Forschungsgegenstände, die die Brüder am Schreibtisch traktieren, symbolisieren die Mineralien eine Welt der allmählichen Entwicklung, der langsamen Veränderung und einer Stabilität im Wandel, die so leicht nicht aus der Ruhe zu bringen ist. Revolutionen gab es weder hier noch dort.

Und so versuchen sie, der Stadt auf ihre Weise den Rücken zuzukehren. In Herman Grimms Erinnerungen an Göttingen sehen wir Jacob und Wilhelm in vertrauter Haltung: «Ich weiß, wie ich als Kind in ihren Studierstuben leise umhergegangen bin. Nur das Kritzen der Feder war zu hören, oder bei Jacob manchmal ein leises

Hüsteln. Er beugte sich beim Schreiben dicht auf das Papier, an seinen Federn war die Fahne tief herunter abgeknappt, und er schrieb rasch und eifrig; mein Vater ließ die Fahne der Feder bis zur Spitze unvermindert stehen und schrieb bedächtiger. Die Züge des Einen wie des Andern waren immer in leiser Bewegung. Die Brauen hoben oder senkten sich; zuweilen blickten sie in die leere Luft. Manchmal standen sie auf, nahmen ein Buch heraus, schlugen es auf und blätterten darin. Ich hätte es nicht für möglich gehalten, daß Jemand es wagte, diese heilige Stille zu durchbrechen.»[50] Wie sehr auch immer Herman hier idealisiert: Für die geistige Haltung seines Vaters und seines Onkels findet er ein treffendes Bild.

Im Rückblick sehen Jacob und Wilhelm die Verhältnisse in Kassel im zarten Licht der Idylle. Gleichwohl fällt auf: Die Kontakte nach Kassel halten nicht lange. Die Briefwechsel mit den Freundeskreisen, die das gesellige Leben bestimmt haben, brechen recht schnell ab, auch wenn man sich gelegentlich noch besucht – in der Weihnachtszeit 1830 zieht Wilhelm Bilanz: In Göttingen haben sie Besuch von rund «40 Landsleuten» gehabt, vom Buchbinder der Kasseler Bibliothek bis hin zur Kurfürstin, die auf der Durchreise auch einige Stunden bei den Grimms verbringt. 1835 notiert Wilhelm dann: «Von Cassel höre ich nicht viel.» Und 1836 registriert er mit einem leichten Hauch von Melancholie, dass ihm aus der Kasseler Zeit nur das «Zusammenleben mit Jacob» geblieben sei – «wie ein Traum» komme ihm das alles vor, «als lägen hundert Jahre dazwischen».[51]

Im Universitätsbetrieb

Die Grimms blieben weiterhin enorm produktiv. Aber man merkt doch, dass ihnen weniger Zeit für ihre Forschungsprojekte zur Verfügung stand. Wilhelm konzentrierte sich aufs Editionsgeschäft: Ein zweiseitiges Faksimile des Kasseler ‹Hildebrandlieds› (1830) widmete er seinem Bruder – die Brüder nahmen auf diese Weise «ein

Stück des bisher besessenen» mit.[52] Es folgten *Vridankes bescheidenheit* (1834), der *Rosengarte* (1836) sowie die dritte Auflage der *Kinder- und Hausmärchen* (1837), mit der die Erfolgsgeschichte der «großen Ausgabe» begann, sowie *Ruolandes Liet* (1838).

Jacob griff in der Göttinger Zeit vor allem auf Vorarbeiten zurück. Er vollendete schon länger geplante Projekte, etwa die Edition zum Motivkomplex des *Reinhart Fuchs* (1834). Er brachte neue Bände seiner *Deutschen Grammatik* heraus – 1831 erschien der dritte Band, 1837 der vierte. Und mit der *Deutschen Mythologie* (1835) stellte er eine weitere gewaltige Überschau neben seine *Deutschen Rechtsalterthümer*.

Aber das genügt nicht, um ihm die verlorene Freiheit zu ersetzen. Jacob fühlt sich in Göttingen wie in einem Korsett. Wenn er nach «ordentlich vollbrachter tagsarbeit» einen kleinen Spaziergang um den Göttinger Wall machen will, um in aller Ruhe noch einige Gedanken hin und her zu bewegen, «so lauft alles voll collegen und es wird dann ein gespräch gepflogen, das mich eigentlich nichts angeht».[53] Zudem muss er sich nach wie vor auf langweiligen Besprechungen und Feierlichkeiten sehen lassen. Und zu allem Überfluss wählt man ihn in Hannover im Sommer 1831 zum Mitglied der Prüfungskommission für Lehramtskandidaten – das bringt zwar hundert Taler mehr Gehalt, aber eben wiederum stundenlanges Herumsitzen. Ende 1832 etwa fallen während eines Monats acht Prüfungstermine an, die jeweils sechs Stunden dauern. Von 1832 an ist Jacob noch dazu zweimal längere Zeit Mitglied im Senat der Universität (vom Wintersemester 1832/33 bis zum Sommersemester 1835 und vom Wintersemester 1835/36 bis zum Sommersemester 1837). Offenbar erledigt Jacob seine Aufgaben bravourös. Immerhin ernennt ihn der König 1833 zum Hofrat.[54]

Im Lauf der Zeit arrangiert er sich mit seiner Situation, auch wenn die Klagen nicht aufhören. «So geht nun meine zeit hin», lamentiert er, «pfeilschnell und einförmig, ich arbeite in einem fort von morgen bis abend und musz alle arbeiten liegen lassen, die mir lieb wären.»[55] Die Leitmelodie erinnert fatal an die heutigen Klagegesänge auf den Gängen der Institute, und auch die Lösungen ähneln sich: Jacob wünscht sich ein Forschungsstipendium, das ihn vor allem von der ungeliebten Bibliotheksarbeit befreit. Dann könnte er seine Kompetenzen endlich wieder zur Geltung bringen.[56]

Dabei zeigt sich die Bildungspolitik durchaus einsichtig. Sie ist dazu bereit, Spitzenforschung zu unterstützen. 1832 wird Jacob für den Nachmittag von seinen dienstlichen Verpflichtungen auf der Bibliothek entlastet: Dafür soll er eine kleine deutsche Grammatik für die Studenten schreiben. Jacob willigt ein, macht aber keinen Strich an dem Einführungswerk, gegen das er von Anfang an «einen wahren widerwillen» empfindet.[57] Er investiert die frei gewordene Zeit stattdessen in die Arbeit an der *Deutschen Mythologie*. Auch die Forschungsreisen, um die er in Kassel oft genug vergebens betteln musste, genehmigt ihm sein neuer Dienstherr umstandslos: 1831 reist er nach Süddeutschland und in die Schweiz, 1832 nach Heidelberg und Frankfurt, 1834 nach Antwerpen, Brüssel, Gent und Paris.[58] Im November 1834 wird Jacob zudem als erfolgreicher Dozent völlig vom Bibliotheksdienst befreit. Nur im Bibliotheksdirektorium muss er weiterhin mitwirken. Er erhält sogar hundert Taler Gehaltserhöhung, weil er das Fach Diplomatik von nun an in Vorlesungen mitbetreut.[59]

Nicht weniger ungewohnt als die Bibliotheksarbeit ist der Vorlesungsbetrieb. Die Grimms merken, «dass man sich dem academischen leben früher widmen muss, um ihm rechten geschmack abzugewinnen; im vorgerückten alter hält es schwer schwimmen zu lernen».[60] Das bekommt zunächst vor allem Jacob zu spüren. Bevor er zum ersten Mal ans Katheder tritt, zweifelt er, ob er körperlich solchen Veranstaltungen überhaupt gewachsen ist, und er fürchtet, den Studenten wegen seiner Liebe zum Detail kein stabiles Überblickwissen vermitteln zu können. Bereits 1823 hatte er für sich und seinen Bruder festgestellt: «Zu Professoren taugen wir wohl beide nicht.»[61]

Wilhelm weiß von vornherein, dass mit den Studenten nichts anzufangen sein wird: «Auch hier, wie aller Orten, werden nur Brod-collegia gehört und zwar mit Fleisz, aber das Ziel der Studien ist nicht mehr eine geistige Ausbildung, sondern der glücklich überstan-dene Examen. Einzelne allerdings machen eine Ausnahme»[62] – ob Ja-cobs Veranstaltung über die Rechtsaltertümer stattfinden werde, sei daher fraglich. Aber sie fand statt, nur dass Wilhelm seine Vorurteile deswegen nicht korrigierte.

Für seine Vorlesungen benutzt Jacob den Hörsaal, den Otfried Müller im Erdgeschoss ihres Wohnhauses eingerichtet hatte. Das war damals in Göttingen üblich. In der Regel werden vier Sitzun-gen pro Woche anberaumt, die jeweils rund fünfzig Minuten dau-ern. Es geht familiär zu. Als Jacob seine erste Vorlesung hält, schaut das Dienstmädchen mit dem kleinen Neffen Herman durchs Fens-ter, der lauthals «da steht der Apapa» kräht und seinen Onkel damit «irre» macht.[63] Ohnehin findet Jacob: Das «auftreten zu bestimmter stunde auf den catheder hat etwas theatralisches».[64] Er trägt ruhig und bescheiden vor. Der hessische Dialekt ist deutlich zu hören. Re-gelmäßig liest er über deutsche Grammatik und Literaturgeschichte, mehrfach über deutsche Rechtsaltertümer und Diplomatik. Nur im Wintersemester 1830 / 31 kommt das «angekündigte Collegium» über Otfried von Weißenburg nicht zustande, weil Jacob mindes-tens zwölf Hörer vor sich sehen möchte, sich aber nur elf anmel-den.[65] Für Lachmann sind das traumhafte Zahlen. Er würde es gar nicht wagen, einen Kurs über Otfried anzubieten; in seinem Nibe-lungen-Kurs sitzen «nur 8, darunter faule».[66]

Tatsächlich hatte Jacob keinen Anlass zu Beschwerden. Als Hein-rich Heine 1820 Beneckes Vorlesung über altdeutsche Sprache be-suchte, schrieb er an einen Freund: «Denk Dir, Fritz, nur 9 (sage neun) Studios hören dieses Collegium. Unter 1300 Studenten, wor-unter doch gewiß 1000 Deutsche, sind nur 9, die für die Sprache, für das innere Leben und für die geistigen Reliquien ihrer Väter Inter-esse haben. O Deutschland! Land der Eichen und des Stumpfsin-nes!»[67]

In der ersten Vorlesung, die Jacob im Sommer hält, kommen

knapp zwanzig Zuhörer – er findet das «sehr gering», wie er seinem Schwager Hassenpflug gesteht.[68] Für die Übung zur Grammatik im Winter 1831/32 melden sich wider Erwarten vierundzwanzig Interessenten an. Im Winter 1833/34 sitzen zweiunddreißig Zuhörer vor ihm.[69] Bei allen Klagen über die Mühen des Vorlesungsbetriebs schwingt ein wenig Stolz auf den Erfolg mit. Jacob findet geradezu populäre Themen: Im Sommer 1834 liest er über «deutsche literatur (allgemein, mit berücksichtigung aller wissenschaften, von der ältesten zeit bis auf heute)». Das bereitet ihm viel Arbeit, zumal in den Bereichen, in denen er sich von Haus aus weniger gut auskennt, etwa in der Geschichte der Medizin oder Theologie. Aber immerhin kommen viermal in der Woche achtundfünfzig Zuhörer, und das, wie Jacob gegenüber Savigny anmerkt, in Göttingen mit seinen achthundert Studenten – tatsächlich waren die Studentenzahlen nach einem außergewöhnlichen Hoch in den 1820er Jahren rapide gesunken, stiegen in den 1830er Jahren nur leicht an und sackten am Ende des Jahrzehnts nach der Affäre um die ‹Göttinger Sieben› noch einmal nach unten ab.[70] Die Vorlesung über Tacitus' *Germania* im Wintersemester 1835/36 wird von einundfünfzig Studenten besucht. Für diese Veranstaltung lässt Jacob eine Studienfassung der behandelten Texte drucken.[71]

1831 wird auch Wilhelm zum außerordentlichen Professor der Philosophischen Fakultät ernannt – es handelte sich um eine Vorsorgemaßnahme: Eine Lungenentzündung bedrohte sein Leben, und man wollte Dorothea eine Witwenrente sichern. Jetzt muss Wilhelm ebenfalls den Vorlesungsbetrieb bedienen und widmet sich vor allem der mittelhochdeutschen Dichtung mit Veranstaltungen zu Hartmann von Aue, zum Nibelungenlied, zu Walther von der Vogelweide oder zu Freidank.[72] Im Sommersemester 1832 schreiben sich zweiunddreißig Hörer ein, von denen siebzehn regelmäßig auftauchen. Dieses Publikum hatte ihm nicht zuletzt die 1831 eingeführte Examensordnung in den Hörsaal geschwemmt: Gymnasiallehrer mussten nun «in der altdeutschen Sprache» geprüft werden.[73]

Wilhelm kultiviert konsequent seine abschätzige Meinung über die Studenten. Überall mache sich Mittelmaß breit. Die «modernen Einrichtungen» sorgten dafür, «daß die Bäume nicht über die Gartenmauer hinaus wachsen, der Himmel gar hat nichts mehr von ihnen zu besorgen».[74] Hinter solchen Urteilen verbirgt sich viel Unsicherheit. Wilhelm fühlt sich bei der ersten Sitzung zunächst unwohl. Aber nach wenigen Minuten löst er sich von seinen Papieren und spricht frei. «Ich hatte die Aussicht theils auf die behaarten Köpfe, bei denen nämlich die sich bückten u. schrieben, theils in aufgesperrte Mäuler bei denen, welche bloß zuhörten.»[75] Und am Ende des Semesters berichtet Wilhelm stolz, die Studenten hätten nach der letzten Sitzung fast eine Viertelstunde Beifall getrommelt, «so daß das Dortchen oben ganz erschrocken ist u. gemeint hat, es donnere».[76]

Am 10. Mai 1831 hält Wilhelm seine Antrittsrede. Er spricht über das Verhältnis von Geschichte und Poesie und wiederholt in einer Art Grundsatzerklärung das, was er schon vielfach ausgeführt hatte: «Die Poesie ist das erste und einfachste und zugleich das großartigste Mittel, welches dem Menschen verliehen wurde, um ein hohes Gefühl, eine höhere Erkenntnis auszudrücken. Sie ist die Schatzkammer, in welche ein Volk seinen geistigen Erwerb niederzulegen und zu sammeln pflegt.»[77] Aber Wilhelm bleibt immer weniger Zeit, um diese Schatzkammer auszuräumen. Er stimmt ins Lamento seines Bruders ein. Durch die vielen Nebentätigkeiten «zersplittern» die wenigen Stunden, die das Hauptgeschäft in der Bibliothek ihm lässt. Zwar freut er sich, wenn etwa August von Haxthausen nach Göttingen kommt, doch die «Besuche von Freunden und drgl.» nehmen ihm wie seinem Bruder «die mühsam ersparten Augenblicke fast mit Gewalt» weg.[78] Am meisten schätzt er, wie schon in Kassel, die einsamen Spaziergänge.

Die Klagen der Grimms über den Vorlesungsbetrieb zeugen erneut von einem Konflikt von Lebensformen. Soll sich Jacob in der Bibliothek auf die Verwaltung von Buchtiteln konzentrieren, so im Vorlesungssaal auf stabiles Wissen, das seine Studenten brav aufzeichnen können – «den zuhörern, scheints mir, gefällt nur das, was sie auch bei andern zu hören kriegen, und was ich für besser halte, dabei sehe ich sie gleichgültig».[79] Die «Professorentätigkeit» insgesamt wirkt auf ihn wie eine «fabricierende Praxis», die Ergebnisse oft genug erzwingen muss.[80] Es widerstrebt ihm, seine Wissensschätze für die Vorlesungen aufzubereiten.

Jacob kostet das größere Mühe als Wilhelm, weil er mit sehr viel mehr Intensität und Selbsthingabe seine bisherige philologische Arbeitsleistung erbracht hat. Während Wilhelm seine Vorlesungen ausformuliert und immerhin in Auszügen veröffentlicht, verfügte Jacob, dass die Notizen, die er für seine Vorlesungen verwendete, verbrannt werden sollen. Dennoch hat auch er an seinen Ausführungen gefeilt und sie in der für ihn charakteristischen Art immer weiter verändert: Im Vorlesungssaal erscheint er mit seinem Manuskript und mit einem Haufen ergänzender Notizen, manchmal sogar nur mit Zetteln.[81]

So pflegen die Brüder durchaus einen je eigenen Vorlesungsstil, und dies beginnt bereits beim Themenzuschnitt. Jacob nimmt sich große Themen vor, die er im Überblick entsprechend gedrängt abhandeln muss – die fast tausend Seiten der *Deutschen Rechtsalterthümer* etwa verwandeln sich in eine Vorlesungsmitschrift von nicht einmal siebzig Seiten. Wilhelm beschränkt sich auf überschaubare Gegenstände und kann daher ruhiger und gelassener vorgehen. Seine Vorlesungen sind nur zwei- oder dreistündig angelegt; das Pensum aus literaturhistorischer Einordnung und Deutung lässt sich gut in Buchform umsetzen, wie er sie in seiner Freidank-Ausgabe konzipiert: An die Dieterichsche Buchhandlung in Göttingen schreibt er im Mai 1832, dass die Edition aus den Versen des Gedichts, einer literaturhistorischen Abhandlung sowie Anmerkungen und Register bestehen werde und den Zuhörern seiner Vorlesung «um die Hälfte des Ladenpreises» überlassen werden solle.[82]

Gemeinsam jedenfalls bedienen die Grimms die unterschiedlichen Interessen der Studenten – die Zuhörer können das mitnehmen, was sie für nützlich halten. Selbst Jacob spricht so langsam, dass das Auditorium fast wörtlich mitschreiben kann. An dieser althergebrachten Praxis des Diktats ist die romantische Revolution der Vorlesung, wie sie die Grimms bei Savigny in Marburg kennengelernt haben, scheinbar spurlos vorübergegangen. Jacob findet das bloße Mitschreiben gar nicht bedenklich, solange sich die Zuhörer für die lebendige Gedankenentwicklung interessieren. Er hält daher ebenso wenig von Studenten, die auf das «dictirmäßige» warten, wie von Dozenten, die ihren ganzen Vortrag nur auf die Mitschrift berechnen. An Dahlmann schreibt Jacob am 2. März 1833: «Wie Sie die Einseitigkeit des Lehrervortrags abändern wollen, sehe ich nicht gut ein. Soll der Lehrer Fragen thun und sich beantworten lassen? soll gemeinschaftlich unter seiner Leitung gearbeitet werden? Dadurch würde leicht die auf empfängliche Gemüther segensvoll einwirkende Lehrerautorität geschwächt werden.»[83]

Die Grimms wollen in ihren Vorlesungen Sachkenntnisse vermitteln und die Studenten zugleich methodisch schulen. Denn darin liegt der Bezug zur Gegenwart. Am Ende der Einleitung einer Freidank-Vorlesung fragt Wilhelm: «Warum jene längst entschwundene Zeit wieder hervorsuchen?» Und er betont nachdrücklich: «Gewiß nicht, um sie wiederherzustellen.» Entscheidend sei vielmehr «der Weg zu der richtigen Würdigung» historischer Zeugnisse.[84] Und das bedeutet, eine Forschungsmentalität zu entwickeln. So setzt sich Jacob in seinem Gutachten zur Zukunft der Universitätsbibliothek von 1833 dafür ein, dass die Studenten möglichst reibungslos an die Bücher kommen. Dabei streicht er die Vorrechte der Privatdozenten zusammen. Es geht ihm um die gemeinsame Arbeit aller Universitätsmitglieder.[85] Die Studenten sollen Initiative zeigen. Um sie zur Selbsttätigkeit anzuregen, stellt Jacob in seiner Vorlesung bisweilen entgegengesetzte Thesen vor. Einer von ihnen notiert etwa, dass «nach Savigny» das westgotische Recht dem bayerischen folge, während «nach Grimm» genau das Gegenteil der Fall sei – das Wissen hängt von Standpunkten ab.

Entsprechend werden die Studenten wie nebenbei darin trainiert,

Kritik zu üben. Die Grimms machen es ihnen vor. Besonders Wilhelm vertritt am Katheder recht offensiv seine Meinung gegen andere Positionen: Wilhelm Mohrs Edition des Hildebrandslieds? «Eine schlechte Ausgabe.» Die Waltharius-Sage aus dem 10. Jahrhundert? «Mangelhaft herausgegeben von Fischer / Karlsruhe.» Die Sage von König Rother in der Ausgabe von Büsching und von der Hagen? «Voller Lesefehler.» Grundsätzlich lernen die Studenten bei den Grimms, dass Wissen verhandelbar ist, auch wenn es noch so stabil erscheint. Am Ende seines «Nibelungenkollegs» listet Wilhelm beispielsweise unterschiedliche Hypothesen zur «Entstehung und ursprünglichen Bedeutung der Nibelungensage» auf, um dann seine Position dazu ins Verhältnis zu setzen. Und die Literaturgeschichte eines Kollegen empfiehlt er den Studenten mit dem Zusatz: «obgleich ich in vielen dingen und gerade in hauptsachen ganz anderer meinung bin».[86]

Selbst die Prüfungspraxis passt Jacob ins Ausbildungsprogramm ein: Er legt weniger Wert auf umfassende Sachkenntnis und achtet mehr auf die Fähigkeiten, sich Gegenstände anzueignen, die richtigen Fragen zu stellen und Forschungsperspektiven zu entwickeln. Wenn ein Student versteht, «gramm. untersuchungen anzuregen», dann übersieht Jacob gern auch einmal sachliche Fehler.[87] Den Erfolg ihrer Bildungsbemühungen konnten die Grimms nicht zuletzt während der Arbeit am *Deutschen Wörterbuch* ernten, wo sie von ehemaligen Studenten unterstützt wurden. Hier zeigte sich dann, dass ihre Schüler ihnen tatsächlich jene innere «Theilnahme» schenkten, die Wilhelm Grimm wichtiger als alles andere fand.[88]

Besonders deutlich wird Jacobs eigentümlicher Darstellungsstil bei seiner Vorlesung über die «Geschichte der deutschen Literatur von der ältesten zur neusten Zeit», die er im März 1834 ankündigte.[89] Und gerade im Anschluss an sie entspann sich ein Konflikt mit der neuen Wissenschaftlergeneration. Während Wilhelm in seinen Vorlesungen eine abgerundete Darstellung bietet, das einzelne Werk auf unterschiedlichen Ebenen analysiert und in seine historischen Kontexte einordnet, häuft Jacob Daten und bibliographische Angaben aufeinander, die er mehr oder weniger spärlich kommentiert.[90] Er liefert eine Art Baukasten ohne erzählten Zusammenhang der Fakten.[91] Seine Form der ‹Literaturgeschichte› erinnert an die Tradition der alten polyhistorischen *historia literaria* des 17. und 18. Jahrhunderts, die zur eher lockeren Reihung von Namen und Titeln neigte, weil es darum ging, ein gewissermaßen festumrissenes Feld allmählich auszufüllen. Bei Jacob Grimm jedoch weist der fehlende Zusammenhang auf ein riskantes, offenes, unabgeschlossenes Wissen, das in eine unsichere Zukunft hinein gedacht wird.

Die polyhistorische Form der Datensammlung war schon im 18. Jahrhundert immer mehr unter Sinnlosigkeitsverdacht geraten, und das traf auch Jacob Grimm. Dagegen versuchte man im 19. Jahrhundert zur ‹eigentlichen›, zur ‹inneren› Geschichte vorzustoßen.[92] Gesucht wurde nun der Zusammenhang. Die jüngere Generation drängte es zum Ganzen. Einer ihrer wichtigsten Vertreter, der 1805 geborene Georg Gottfried Gervinus, wurde 1836 auf Betreiben Dahlmanns nach Göttingen berufen. Seine mehrbändige *Geschichte der poetischen Nationalliteratur* (1835–42) feierten die Rezensenten als erste ‹echte› Literaturgeschichte, weil sie die Poesie weder philosophisch-abstrakt behandelt noch sich in einer Ansammlung von Daten, Zahlen und Fakten erschöpft.[93]

Gervinus wollte, wie er selbst in der Vorrede zum ersten Band formulierte, keines der «forschenden Werke der Gelehrsamkeit», sondern ein «darstellendes Kunstwerk» liefern.[94] Er wusste um die Verdienste der Grimm'schen Forschergeneration, aber er positionierte sich durchaus neu: «Wer eine Geschichte der Poesie schreiben will, darf, wie Grimm verlangt hat, seiner Forschung kein Ziel setzen: er muß Gutes und Schlechtes gleichmäßig seiner Betrachtung unterwerfen. Wer aber zugleich darstellen und in einem Geschichtswerke künstlerisch verfahren will, muß seine kleine Schöpfung nach inneren Gesetzen gestalten» – und genau hier trennten sich die Wege: Der Historiker neuen Schlags müsse seine Mühe darauf verwenden, «die Spuren der mühseligen Forschung und Vielleserei zu tilgen».[95]

Am 20. Dezember 1834 schickte Gervinus den ersten Band seiner Literaturgeschichte an die Brüder Grimm. Auch wenn er bisweilen von den Ansichten Jacob Grimms abweiche, sei ihm sehr wohl bewusst, dass er «im Ganzen» auf den Schultern des Adressaten stehe und dass «ein Buch dieser Art nur nach der kolossalen Anstrengung, mit der Sie und Ihre Nachfolger unsere alten Schätze aus Wust und Vergangenheit herausarbeiteten, überhaupt entstehen konnte».[96]

Gervinus traf damit einen wunden Punkt. Er erinnerte die Grimms an die Vorwürfe, die ihre Karriere als Altertumsforscher und Sammler stets begleitet hatten. Immer wieder schauten Leser ratlos in die Bücher, in denen vor allem Jacob dem Publikum Einblicke in sein Archiv und seine Werkstätte gewährte. Regelmäßig hatten die Rezensenten irritiert vor den Werken der beiden Brüder gestanden und beklagt, die Leser würden nur in eine «Rumpelkammer wohlmeinender Albernheit» geführt (A. W. Schlegel) oder mit einem «Karren voll unnützen Schuttes und Steinbrocken» (Garlieb Merkel) beliefert. Mit ihrer «Andacht zum Unbedeutenden» provozierten Jacob und Wilhelm Grimm das Publikum zeit ihres Lebens.

Das alles berührte das Selbstverständnis der Grimms: Für sie war es gewissermaßen natürlich, jede Kleinigkeit einzusammeln. Sie dramatisierten ja geradezu eine krisenhafte Wende von einer historischen Epoche in eine andere, bei der die Vergangenheit für immer verlorenzugehen und der Gegenwart alle historische Orientierung abhandenzukommen drohte. Zugleich hatte besonders Jacob stets betont, dass selbst scheinbare ‹Kleinigkeiten› die Sichtweisen fundamental verändern können.

Nun also, als arrivierten Professoren an einer der renommiertesten Universitäten Europas, begegneten ihnen die alten Vorwürfe erneut. Und diesmal konnten sie sich nicht mehr damit beruhigen, dass sie die großen Neuerer waren. Denn mit Gervinus trat ihnen ein Vertreter der jungen Generation gegenüber, der ihnen anerkennend auf die Schulter klopfte, dann aber selbstbewusst an ihnen vorüberging und sie hinter sich stehen ließ. Jacob Grimm wird zum

Vorläufer und Anstifter degradiert und verwandelt sich in einen Gelehrten aus «anderen Zeiten». Gervinus dankt ihm freundlich für seine Mühe und gesteht, dass dessen «Begeisterung» für die ältere Literaturgeschichte «nicht wenig beitrug, den ersten Gedanken zu einem solchen Werke in mir zu erwecken».[97] Nur den «ersten Gedanken»?

Kein Wunder, dass Jacob allergisch reagierte. Aber die persönliche Kränkung war nicht der Auslöser dafür: Schon 1833 hatte Gervinus mit einem Artikel in den *Heidelbergischen Jahrbüchern* «einen übeln eindruck» bei ihm hinterlassen; «der mann», schrieb Grimm damals an Lachmann, «will zwar der altdeutschen poesie alles mögliche einräumen, aber will schnell mit ihr fertig sein [...]. Das ist gerade unfleiß und ungründlichkeit, die nichts haben als gedanken wie phrasen.»[98] Damit begann ein Streit um allgemeine Fragen der Untersuchungshaltung, der Wissenschaftsethik und der Forschungsmentalität.

In seiner Rezension von Gervinus' Literaturgeschichte, die 1835 in den *Göttingischen Gelehrten Anzeigen* erschien, versucht Jacob Grimm, seine Vorbehalte zu begründen. Zwar verbucht er Gervinus' Darstellung als Innovation – es gebe kein vergleichbares Buch, wobei die Stärke des Verfassers in der Synthese der Daten liege, die aus den Quellen erarbeitet werde. Zugleich jedoch weist er auf den grundsätzlichen Unterschied hin, der zwischen ihnen besteht: «von unten herauf hat sich hr. Gervinus selten den gegenständen genähert, sondern er ist, wie ein gereister mann, aus der höhe der geschichte und ausländischen literatur zu den heimatlichen niederungen der deutschen poesie herabgekommen». Es fehle seinen Forschungen die notwendige «sicherheit im kleinen, wohl auch freude daran». Immerhin entschädige er den Leser durch weite Überblicke.[99] Das ist freundlich formuliert, bedeutet aber eine fundamentale Kritik. Jacob reagierte damit nicht zuletzt auf die Ahnung, das Grimm'sche Forschungsprogramm könnte immer noch oder schon wieder in Frage gestellt werden, und dies nach rund einem Vierteljahrhundert laufender Arbeit.

Zwar widmete Gervinus die zweite Auflage des Eröffnungsbands

seiner Literaturgeschichte 1840 den Brüdern Grimm.[100] Das dürfte
jedoch den Ereignissen um die ‹Göttinger Sieben› geschuldet gewesen sein. Er selbst jedenfalls betonte privat eher die strikte Differenz
gegenüber seinen Göttinger Kollegen.[101] Bisweilen stellte er sogar in
Frage, ob «Herr G.» überhaupt «recht verstanden» habe, worauf er,
Gervinus, eigentlich hinauswolle. In seiner *Antikritik* gegen Jacob
Grimm in der *Selbstanzeige* seiner Literaturgeschichte zeigte er sich
ebenso unversöhnlich.[102]

Die Konkurrenz hatte noch eine eher triviale Seite.[103] Gleich zu
Beginn seiner Göttinger Zeit bot Gervinus im Sommersemester 1836
eine Vorlesung zur «Literär-Geschichte der neuern Zeit» an, obwohl
ihm Dahlmann direkt davon abgeraten hatte: Jacob Grimm habe
«noch jeden Sommer die Geschichte der deutschen Literatur gelesen,
und er bringt sie auch gerade auf die neueste Zeit».[104] Gervinus blieb
dabei: Er hielt die Vorlesung dienstags, mittwochs, donnerstags und
freitags jeweils um sechzehn Uhr. Jacob Grimm, der seine Veranstaltung zur selben Uhrzeit montags, dienstags, donnerstags und freitags hatte abhalten wollen, zog zurück. Gegenüber Lachmann bemerkte er Mitte Februar 1836: «mich könnte fast verdrießen, daß er
diesen sommer gleich literargeschichte ankündigt, die ich auch lese,
ein colleg dessen wenig bedürfen, das ich mir herausgebildet hatte
und das auf andern universitäten gar nicht vorkommt» – und er
fährt fort: «Es sieht mich manchmal fremd an aus allen gassen und
ich möchte manigmal auf und davon.»[105]

Revolutionen

Gervinus bezog das selbstbewusste Pathos seiner Darstellung aus
zwei politischen Impulsen. Zum einen verkaufte er die Werke des
deutschen Altertums als «seelenvolle keime der höchsten national-
güter»,[106] zum anderen behauptete er, im 18. Jahrhundert habe die
deutsche Literaturgeschichte sich erfüllt; an die Stelle literarischer
Aktivität sei jetzt die politische getreten – die Widmung zum vierten

Band der Literaturgeschichte an Dahlmann lautet: «Unsere Dichtung hat ihre Zeit gehabt.»[107]

Diese Meinung teilte Jacob Grimm keinesfalls. Er wollte Politik und Kultur nicht gegeneinander ausspielen. In einer recht kühnen Analogie erklärte er in seiner Vorlesung zur Literaturgeschichte, das abstrakte Regelwerk der «Aesthetik» verhalte sich zur «Poesie» wie die «Politik» zur «wahren Regierung». Mit anderen Worten: Weil für ihn die Poesie die «lebendige erfassung und durchgreifung des lebens» darstellte, entwarf er nach wie vor eine ideale Regierung so, als ob sie gar nicht herrsche, sondern nur die ohnehin vorhandene Ordnung erkenne und deren «lebendige» Entwicklung fördere.[108] In der Poesie und im Umgang mit ihr waltete für Jacob Grimm nach wie vor ein politischer Sinn. Nach all den politischen Enttäuschungen der letzten Jahrzehnte: Wie konnte er noch immer an dieser romantischen Einstellung festhalten?

Jacob antwortete mit seinem Programm einer Poesie der Politik auf eine Serie von Revolutionen, die ganz Europa erfasst hatte. Die Entwicklungen bestätigten ihn in seinem schon seit den Befreiungskriegen entwickelten Regierungskonzept, zugleich aber demonstrierten sie, dass mit der Einsicht der Herrschenden so wenig zu rechnen war wie mit der Bereitschaft der Beherrschten, die Verhältnisse allmählich und langsam zu verändern. Es ging Schlag auf Schlag: 1830 hatte die Juli-Revolution in Frankreich König Karl X. gestürzt und ihn durch den ‹Bürgerkönig› Louis-Philippe ersetzt. Im darauffolgenden August war es zu Aufständen in Belgien gekommen, das sich von den Niederlanden lossagte und für autonom erklärte. Beides traf die politische Ordnung Europas im Kern: Die Juli-Revolution zeigte zum zweiten Mal nach der Französischen Revolution, wie schwach die Geburtsrechte des Königs mittlerweile waren. Und in den belgischen Unruhen zerstörten nationalpolitische Energien ein Konstrukt, das am Kabinettstisch gebastelt worden war. Polen versuchte auf ähnliche Weise, seine Souveränität zu erlangen. Dort wurde die Nationalbewegung durch eine Koalition von Russland, Preußen und Österreich unterdrückt. Im Februar 1831 brodelte es in Italien, und auch in Spanien und Portugal, in der Schweiz und in England verlor das Europa des Wiener Kongresses seine Stabilität.

In Deutschland hallten die größeren und kleineren Revolutionen bis hin zum Hambacher Fest am 27. Mai 1832 nach. An dieser ersten politischen Massendemonstration Deutschlands nahmen weit mehr als zwanzigtausend Handwerker, Bürger und Studenten teil, um gegen die Unterdrückung der Pressefreiheit und für die deutsche Einheit zu demonstrieren. Johann Georg August Wirth, einer der Organisatoren, erklärte in einer Rede, «dieses schöne Land» werde «verwüstet und geplündert, zerrissen und entnervt, geknebelt und entehrt, [...] ausgesogen von 34 Königen, ist es für die Mehrzahl seiner Bewohner ein Aufenthalt des Hungers, des Jammers und des Elendes».[109]

Die Grimms wussten sehr wohl um diese Missstände. Nicht umsonst hatte Jacob in einer Anmerkung der *Deutschen Rechtsalterthümer* in scharfen Worten «das gedrückte dasein unserer bauern und fabriktaglöhner» angeprangert.[110] Von liberalen Schauveranstaltungen aber hielten er und Wilhelm wenig. Sie sprachen vom «eckelhaften Hambacher Fest» oder vom «Hambacher Schrecken», der lediglich den Reaktionären die Möglichkeit zum harten Durchgreifen biete.[111] «Demagogen» wie Wirth wurden umgehend verfolgt. Sie schränkten die reaktionäre Macht der Regierungen nicht ein, sondern gaben dieser Gewalt Gelegenheit, sich weiter zu entfalten. Daher wandte sich Jacob gleichermaßen gegen die Aktion wie die Reaktion, weil sie einander in die Hände spielten. Er kritisierte zunächst die Protestveranstaltung, dann die Maßnahmen der Obrigkeit – beides bezog er wechselseitig aufeinander, beides hielt er gleichermaßen für untaugliche Antworten auf die revolutionäre Zeitstimmung.[112]

Die Grimms betrachteten die Revolutionen und Unruhen mit einer Mischung aus Sorge und Zuversicht. Das war nicht selbstverständlich. Barthold Georg Niebuhr etwa schreibt im zweiten Teil seiner *Römischen Geschichte* über die Juli-Revolution: «jetzt blicken wir vor uns in eine, wenn Gott nicht wunderbar hilft, bevorstehende Zerstörung, wie die römische Welt sie um die Mitte des dritten Jahrhunderts unserer Zeitrechnung erfuhr: auf Vernichtung des Wohlstands, der Freyheit, der Bildung, der Wissenschaft». So katastrophisch waren die Grimms keinesfalls gestimmt. Niebuhrs Prognose hielten sie für zu geschichtsmelancholisch.[113] Jacob bekannte sich zum Fortschrittsglauben und vertraute darauf, dass die Revolutionsereignisse «vieles wurmstichige» beseitigen.[114]

Angesichts der Restauration, die sich jeglicher Weiterentwicklung widersetzte, akzeptierte Jacob – trotz grundsätzlicher Vorbehalte – den Umsturz als politisches Mittel. In einem Brief an Savigny vom 29. September 1830 formulierte er sein politisches Glaubensbekenntnis: Prinzipiell fühle er sich der Monarchie verbunden; sie sorge, wie unvollkommen auch immer, am besten für Sicherheit und Ruhe. Gleichwohl erkenne er das historische Recht der Verfassungsbewegung an. In dem Verlangen nach einer Konstitution liege «eine unabwendliche über uns alle hereinbrechende gewalt, eine macht derjenigen vergleichbar, die auch zur zeit der reformation gewirkt hat». Und zumindest im Gedankenspiel zählte sich Jacob sogar zu den Revolutionären: «Was mich betrifft, ich gestehe daß ich zu Paris entschieden es mit den bürgern gehalten hätte, wie ich zu Luthers zeit dem glauben meiner väter abtrünnig und protestant geworden wäre. [...] Es gibt augenblicke wo man bloß zu handeln hat, ohne rücksicht auf vergangenheit oder zukunft.»[115]

Die Grimms beurteilten die Revolutionen nicht abstrakt. Sie schätzten revolutionäre Situationen ein. So «gönnt» Jacob den Polen «ihre befreiung», während er den Aufruhr in Belgien aus der Ferne zunächst mit Skepsis betrachtete.[116] In Italien begrüßte Wilhelm die Intervention durch Österreich.[117] In Braunschweig, Hessen und Sachsen sei, so Jacob, «heilsames» erreicht worden – «im gewohnten gleise wäre gar nichts auszurichten gewesen, sondern es muszte in dieser etwas rauhen fractur geschrieben werden».[118] Tatsächlich waren an den zuletzt genannten Ländern die Reformen der napoleonischen Zeit entweder vorbeigegangen, oder die Herrscher hatten mit einem Salto mortale in die Vergangenheit diejenigen Neuerungen rückgängig gemacht, die nicht in ihr souveränes Machtkonzept passten.[119]

Zu diesen Ländern, das wussten die Grimms aus eigener Erfahrung, gehörte auch Kurhessen. In Kassel reagierte die Bevölkerung so besonnen, aber auch so beherzt auf die Juli-Revolution, wie es sich die Grimms wünschten: Am 15. September 1830 überreichte eine Delegation der Kasseler Bürger dem Kurfürsten Wilhelm II. eine Petition, in der die Beseitigung der gröbsten Missstände gefordert wurde. Eine Lithographie Ludwig Grimms, der seine Brüder in Göttingen brieflich über die neuesten Entwicklungen auf dem Laufenden hielt, stellt diese Szene als Konfrontation des statuarisch erstarrten, einsamen Kurfürsten mit der lebendig bewegten Gruppe der Bürger dar.[120] Auf diese Weise setzte Ludwig den Vorwurf ins Bild, den seine älteren Brüder gegen die Staatsführung immer wieder erhoben: Es fehle den Regenten an einer ‹lebendigen› Haltung.

Tatsächlich sah es in Hessen nicht gut aus: Arbeitslosigkeit herrschte in den Städten, Armut auf dem Land. 1830 schürte eine Missernte die Not. Die Steuern waren zu hoch und flossen nicht in Maßnahmen zur Verbesserung der Verhältnisse, sondern wurden bei Hof verschwendet. Die Mätresse des hessischen Kurfürsten, Gräfin Reichenbach, tat sich dabei besonders hervor. Der preußische Gesandte hielt in einem Bericht vom 20. Februar 1830 fest: «Der Kurfürst plündert sein Land und seine Untertanen.» Über die Gräfin kursierte ein Gassenhauer mit dem Refrain: «Alles seufzt zum Gott des Lichts: Ach die Hure läßt uns nichts!»[121]

Bei Aufständen richtete sich die Wut von Land- und Stadtbevölkerung gegen die Symbole der Ausbeutung. In Hanau etwa, der Geburtsstadt der Brüder Grimm, zerstörten die Bürger das Zollamt. In Kassel ging man pragmatisch vor: Dort wurden am 6. Septem-

ber 1830 Brotläden gestürmt, weil die Brottaxe anstieg, obwohl der
Getreidepreis gesunken war – manch einen Beobachter mochte das
daran erinnern, dass die Französische Revolution mit der Plünde-
rung von Bäckereien begonnen hatte.

Immerhin wirkte das revolutionäre Potenzial so bedrohlich, dass
die Nachbarstaaten auf Beschluss der Deutschen Bundesversammlung vorsorglich Truppen an den Grenzen Hessens aufmarschie-
ren ließen.[122] In Kassel gründete sich eine Bürgergarde, um für Ruhe
zu sorgen. Die Lage war für den Kurfürsten derart verfahren, dass
er am 5. Januar 1831 eine Verfassungsurkunde unterzeichnete, die
drei Tage später feierlich verkündet wurde.[123] Er verzichtete auf einen Teil seiner selbstherrlichen Macht. Das fiel ihm vermutlich auch
deswegen leicht, weil er sich am 9. März mit seiner Geliebten in den
Ruhestand verabschiedete, die Regierungsgeschäfte seinem Sohn
überließ und Kassel nie mehr betrat.[124]

Fast könnte man meinen, in Kassel sei einmal der Moment sichtbar geworden, den die Grimms in ihren historischen Studien immer wieder umkreisen: wenn sich aus einer diffusen historischen
Stimmung heraus ein Volkswille artikuliert. Denn die berechtigten
Revolten erschienen den Grimms ganz frei von Willkür. Die Bürger,
so Wilhelm gegenüber Savigny, hätten lediglich auf «Herstellung jener, von dem Kurfürsten, und ihm allein, untergrabenen Stützen alles bürgerlichen Lebens» gedrängt.[125]

Wilhelm konnte das selbstbewusst vortragen, weil er sich vor
Ort einen Eindruck von den Ereignissen verschafft hatte. Am
16. September 1830, einen Tag nach der Übergabe der Petition, war
er nach Kassel gereist. Dort erlebte er, wie die Situation fast eskalierte: Als der Kurfürst – einen vorangegangenen Beschluss ignorierend – der Bürgergarde verbietet, sich zu bewaffnen, werden die
Kasseler unruhig. Soldaten marschieren in den Straßen auf, man
versammelt sich auf dem Marktplatz. Wilhelm bringt Frau und
Kinder in Sicherheit. Dann wühlt er sich durchs Gedränge. Gerüchteweise hört er, der Polizeidirektor sei nach Wilhelmshöhe ge-

prescht, um den Kurfürsten zum Einlenken zu bewegen. Die Stimmung wird immer fiebriger, das «Getöse und Geschrei» schwillt an. Im letzten Augenblick dann die erlösende Botschaft: Der Kurfürst bestätigt seine ursprüngliche Entscheidung und erlaubt der Bürgergarde das Tragen von Waffen – «ein Platzregen, der eintrat, verschaffte in einer Viertelstunde dem Markt und den Straßen ein friedliches Ansehen».[126]

Diese politische Gewitterstimmung passt ins Bild einer Politik aus dem Geist des Volks: Auf konkrete Missstände antwortet der sich spontan artikulierende Wille eines Kollektivs. Für andere Erhebungen in Kurhessen bringt Wilhelm weniger Verständnis auf. «Dort», so schreibt er Jacob am 6. Oktober 1830 von Kassel aus, «ist es meist nur Aufruhr von Gesindel, das plündern u. zerstören will u. die ordentlichen Einwohner hatten sich dagegen aufgestellt» – ein Finanzbeamter sei Hals über Kopf im Nachthemd geflohen, seine Frau und seine Kinder hätten um ihr Leben flehen müssen, Kaufleute die Revolte gegen die Zollverwaltung für ihre eigenen Interessen genutzt. Die Kasseler Bürger hingegen hätten auf direkte Provokationen des Kurfürsten reagiert und nur das eingefordert, «was recht ist».[127]

Wieder anders stellt sich für Wilhelm die Situation in Fulda dar: Hier hält er sich vom 27. September bis zum 4. Oktober 1830 bei der Kurfürstin in ihrem freiwilligen Exil auf. Wie in alten Zeiten liest Wilhelm ihr abends vor. Man lädt ihn regelmäßig zu Tisch. Einmal mehr glaubt er zu erkennen, wie ihre Regentschaft das Land glücklich gemacht hätte, denn sie sucht geradezu den Kontakt mit den Menschen auf der Straße und lässt sich von den Gerüchten um Aufruhr oder Rebellion nicht irremachen. Das stiftet Vertrauen, ganz im Gegensatz zu jenem System des permanenten Argwohns, das als «Demagogen»-Verfolgung die «politischen Verhältnisse drückte und verkrüppelte». Vertrauen – und mit dieser Meinung steht Wilhelm in der Tradition der preußischen Reformer Altenstein, Hardenberg und Stein – ist jener soziale Kitt, auf den die Politik angewiesen ist.[128]

Von der Verfassung erwartet Wilhelm nicht viel. Es sind die alten

Argumente: Das Recht könne sich selbst nicht rechtsförmig schützen, die Autorität der Gesetze gründe im gewachsenen Ansehen des Staates und seiner Vertreter. Der Versuch, «jetzt alles von A bis Z in Ordnung» zu bringen, «die verwickelten Verhältnisse» mit einem Handstreich zu entwirren, sei zum Scheitern verurteilt. Dennoch verteidigt Wilhelm gegenüber seinem Schwager Hassenpflug das Verfassungsbegehren als Zeichen der Zeit: «Mir gefallen die modernen Constitutionmacher so wenig, wie dir, aber wie sollten sie ausbleiben bei dem Zuschnitte, den die Welt nun einmal hat, wem ein Bein abgeschossen ist, der läßt sich ein hölzernes machen u. zwar vom besten Mechanicus.»[129] Vielleicht hat die Grimms auch die Liste der Erfolge beeindruckt, die die Protestbewegungen in Kurhessen errungen haben: Kontrolle der Polizei, Schutz des Briefgeheimnisses, Zurücknahme der Zensur, finanzielle Umverteilung, bildungspolitische Fortschritte und vieles andere mehr.[130]

Auch auf das Königreich Hannover wirkte die revolutionäre Stimmung ansteckend. Eine Flut von Bittschriften kündigte seit dem Herbst 1830 die Ausschreitungen an. Göttingen entwickelte sich dabei zu einem der Unruheherde, und dies auch wegen der Universität: Der Rückgang der Studentenzahlen hatte die Wirtschaft abflauen lassen. Steigende Lebensmittelpreise schürten zusätzlich den Unmut der Stadtbevölkerung.[131] Viele kleine Ereignisse trugen zur Eskalation bei, unter anderem der Protest gegen den Kollegen Gustav Hugo, der einen regierungskritischen Passus in einer Dissertation zensiert hatte.

Im Januar 1831 beobachten die Grimms dann den «ausbruch der hiesigen höchst widerwärtigen empörung».[132] Jacob beschreibt in einem Brief, wie Bürger und Studenten am 8. Januar die Wachen besetzen, sich in der Stadt verschanzen und mit weißen Binden am Arm, mit Säbeln und Gewehren durch die Straßen ziehen. Die Protestierenden wollen politische Mitbestimmung erzwingen und fordern, dass die Steuerlasten endlich gesenkt werden. Ihre konstitutionellen Vorstellungen orientieren sich an der kurhessischen

Verfassung.[133] Drei Privatdozenten – Julius Heinrich Ahrens, Johann Ernst Hermann von Rauschenplat und Carl Wilhelm Theodor Schuster – agitieren. Die Professoren stellen sich ins Abseits. Ihre Kreativität beschränkt sich auf das Spiel mit den Initialen der aufrührerischen Dozenten: Göttingen habe den «ARSCH» zum Kopf gemacht.[134]

Von den gesellschaftlichen und politischen Hintergründen berichten die Brüder Grimm nichts. Sie konzentrieren sich auf die Oberfläche der Ereignisse. Wilhelm sieht, wie vor dem Haus Studententrupps mit roten und blauen Fahnen vorbeimarschieren, gefolgt von einer Abteilung berittener Bürger.[135] Man stellt eine Nationalgarde auf, teilt Kompanien ein, übt den Ernstfall und verbarrikadiert die Stadttore.[136] Die Universität entsendet Dahlmann als Vermittler nach Hannover. Nach etwas mehr als einer Woche steht ein Großaufgebot der Armee vor den Toren, und das Treiben hat ein Ende. Die Aufrührer fliehen ins Ausland, einige werden verurteilt. Zuvor aber drohten Studenten damit, die Stadt und vor allem die Bibliothek anzuzünden. Für Wilhelm Grimm war all das zu viel. Bei der Wache auf der Bibliothek, die bis zum Einmarsch der Truppen geschützt werden sollte, zog er sich jene Lungenentzündung zu, die ihn fast das Leben gekostet hätte. Dass dies die Sympathien der Grimms für die misslungene Revolution nicht gerade verstärkte, versteht sich.[137]

Reformen ließen sich nun nicht mehr vermeiden: Adolph Friedrich, der Herzog von Cambridge, vereinbarte als Vertreter des Königs mit den Ständen das Staatsgrundgesetz von 1833, das unter Leitung des Grimm-Freundes Dahlmann entworfen wurde – die Missachtung dieses Verfassungsvertrags durch König Ernst August sollte den Widerspruch der ‹Göttinger Sieben› provozieren und zur Entlassung der Brüder Grimm führen.

Der Aufstand lenkte das Augenmerk der Regierung auf die Universitätsstadt. Man wusste in Hannover nun, wie sensibel die politische Stimmung dort war.[138] Tatsächlich hatte der Aufruhr vornehmlich Konsequenzen für die Studenten und die jungen Dozenten, denn sie hatten sich einmal mehr als Revolutionäre in den Vordergrund gespielt. Jeder von ihnen wurde befragt, ob er an den Aufständen teilgenommen habe und wie er es in Zukunft damit halten werde.[139]

Darüber hinaus beschloss der Senat der Göttinger Universität 1831 und 1833, nachdem Studenten die Frankfurter Hauptwache gestürmt hatten, um damit – vergeblich – ein Signal für einen großen Umsturz zu setzen, das strikte Verbot aller studentischen Vereinigungen. Jacob nahm dazu kontrovers Stellung und wiederholte die Argumente, die er als kurhessischer Bibliothekar gegen die Zensur vorgebracht hatte: Verbote, meinte er, brächten wenig – «der Zwang hält bloß zurück, treibt aber nicht vorwärts, er dämpft, erquickt aber nicht».[140] Man würde, so führte er weiter aus, durch kleinliche Untersuchungen und das damit ausgedrückte Misstrauen gegenüber den Studenten das akademische Leben stören.[141] Mehr noch: Ein Verbot würde vielleicht sogar die gefährlichen Umtriebe befördern, weil der «gesellschaftliche Hang» sich jetzt heimlich ausleben müsste. «In den Gemüthern der Jugend könnte auch die Entziehung deßen, was ihr von je gestattet war, eine Bitterkeit gegen den Staat erzeugen, an die vorher kein Gedanke war.» Schließlich lehnte Jacob sich politisch noch weiter aus dem Fenster: Etwaige Beschlüsse des Bundestags, die in die Richtung eines Totalverbots gehen, verdächtigte er als Einflussnahme Österreichs und Preußens, die – Österreich mehr, Preußen weniger – keine gesamtdeutsche Perspektive verfolgten und «kein Herz für Universitäten» hätten.[142]

Während es in Göttingen vorerst bei einer revolutionären Episode blieb, beruhigte sich die politische Lage in Kassel nur oberflächlich. Jacob und Wilhelm interessierten sich für das politische Desaster in ihrer Heimatstadt nicht nur aus alter Anhänglichkeit, sondern auch, weil ihre Familie direkt davon betroffen war. Ihr Schwager Ludwig Hassenpflug, der Mann von Lotte, stieg 1832 in kurzer Zeit zum Justiz- und Innenminister Kurhessens auf und half dem nun regierenden Kurprinzen, sich immer wieder über die Verfassung hinwegzusetzen. Hassenpflug wurde zum Inbegriff der Reaktion und schaffte es mühelos auf einen der vorderen Plätze in der Rangliste der unbeliebtesten Politiker seiner Zeit. Für bösartige Satiren und harte Polemiken lieferte er reichlich Material. Er handelte sich eine Ministeranklage nach der anderen ein. Hassenpflug reagierte kaltschnäuzig, unter anderem mit der Auflösung des Landtags. Seinen Konfrontationskurs fuhr er kompromisslos und demonstriert seine Position geradezu provokativ: 1832 verbot er, der Einführung der kurhessischen Verfassung zu gedenken – gleichwohl erleuchteten die Bürger Kassels feierlich ihre Häuser.[143] Die Situation wurde im Lauf der Zeit bedrohlich für alle Seiten. 1834 berichtete Wilhelm, die Polizei habe ein «Aktenstück der Pariser Propaganda» abgefangen, in dem unter anderen der Kurfürst und Hassenpflug als Ziele von Anschlägen genannt worden seien.[144] Auch bei wohlwollenden Beobachtern verscherzte sich Hassenpflug alle Sympathien.[145]

In der kurhessischen Regierung vermissten die Brüder Grimm generell «liebe zu dem land und dem volk».[146] Für Jacob und Wilhelm hatte das eine sehr konkrete Bedeutung. Als die Kurfürstin im Sommer 1830 überraschend die Familie Grimm besuchte, konnte sich Dorothea, die soeben Herman gebadet hatte, gerade noch einen schwarzen Rock über ihren grauen Kittel ziehen. Als sie der Kurfürstin die Hand küssen wollte, küsste diese umgekehrt Dorothea «recht herzlich» – «es war eine Liebe und Zärtlichkeit».[147] Diese Liebe wird der Kurfürstin auch von der «Menge» entgegengebracht, als sie zu den Verfassungsfeierlichkeiten wieder in Kassel einzieht: Sie sei fast erdrückt worden, berichtet Hassenpflug im Januar 1831. Im Theater stimmt sie lauthals in den spontanen Gesang von «Heil Dir im Siegerkranz, Vater des Vaterlands» ein.[148] Fast schien es, als entfalte ihre ‹liebevolle› Anwesenheit eine magische Macht, die allerdings nur kurzfristig dazu benutzt wurde, um das aufgebrachte Volk zu beschwichtigen.[149]

Als Günstling des ‹lieblos› regierenden Kurprinzen und späteren Kurfürsten stand Hassenpflug somit auf der politischen Gegenseite

von Jacob und Wilhelm. Die Brüder erwarten von der kurhessischen Regierung, dass sie die eingeführte Verfassung achtet; Hassenpflug pfeift auf alle konstitutionellen Rechte. Für Jacob und Wilhelm beseitigen die Unruhen nach der Juli-Revolution Missstände
und markieren eine politische Entwicklung, hinter die man nicht
mehr zurückgehen kann; Hassenpflug verteidigt die Selbstbedie-
nungsmentalität der alten Herrscherriege und versucht, das historische Rad nicht allein anzuhalten, sondern sogar nach hinten zu
drehen.

Aber ganz so einfach verlaufen die Parteilinien nicht. Die
Grimms und Hassenpflug teilten eine gemeinsame romantische
Vergangenheit. Ludwig Hassenpflug selbst kannten die Grimms
schon etwa seit 1809. Die Hassenpflug-Schwestern nahmen an dem
Lesekreis der Grimms teil, der Wesentliches zu den *Kinder- und
Hausmärchen* beisteuerte. Ludwig Hassenpflug und die Grimms
gehörten zu den geselligen und intellektuellen Zirkeln, die sich in
der Zeit nach dem Wiener Kongress in Kassel herausbildeten. Im
späteren Briefwechsel zwischen Göttingen und Kassel setzte sich
der Austausch fort: Hassenpflug versorgte die Grimms immer
wieder mit neuester Literatur. Auch personalpolitisch hielt man
zusammen: Hassenpflug erkundigte sich bei den Grimms nach
Kandidaten für Universitätsämter. Sie empfahlen umgekehrt An-
wärter für Stellen, bei deren Besetzung Hassenpflug seine Finger
im Spiel hatte. Auch von außen wurden immer wieder Anfragen
an die Grimms herangetragen. Sie fühlten sich zeitweise fast schon
ein wenig wie das Göttinger Vorzimmer des kurhessischen Justiz-
und Innenministers.[150]

Tatsächlich bestehen in der «Grundansicht», so bekennt Wilhelm
Grimm, Gemeinsamkeiten zwischen ihm, seinem Bruder und Hassenpflug. Alle drei finden den Liberalismus widerwärtig oder sogar ekelhaft. Alle drei sehen den Landtag und die kurhessische Verfassung durchaus kritisch. Die Institutionen und die juristische
Textgattung erscheinen den Grimms zu leblos, und ähnlich meint
Hassenpflug, dass das «lebendige Leben sich der Einzwengung in

Rechtsformen widersetzt».[151] Die Grimms aber finden diese Verkrustungen eben auch bei der kurhessischen Regierung.

In grundlegenden Wertungen also mögen die Grimms gar nicht so weit von Hassenpflug entfernt sein, als politischen Akteur aber betrachten sie ihn skeptisch. Sie bleiben Philologen einer politischen Kultur, beurteilen in der Regel die Geschehnisse aus der Ferne und versuchen, die atmosphärischen Bedingungen der Zeitstimmung zu erspüren.[152] Bei Hassenpflug vermissen sie das Bewusstsein dafür, dass sich historische Kräfte nicht unterdrücken, nur ab- und umlenken lassen: Unnachgiebigkeit provoziert extreme Reaktionen; die Radikalen übernehmen die Macht, und es kommt zu weiteren Revolutionen, die das «Elend» vermehren. Den Grimms geht es um die Auflösung politischer Spannungen, um die Verteilung sozialer «Energie» und um die Bändigung historischer «Kraft».[153]

Solche Vorstellungen vom ‹politischen Klima› und seinen Kräften verbanden sich um 1830 mit einer politischen Krankheitslehre, denn in Europa grassierte nicht nur die Revolution, sondern auch die Cholera. Der Krankheitserreger wirkte wie eine Mutation des politischen Virus, an dem ganz Europa litt. Immer wieder erwähnen die Grimms in Briefen, wie sich die Seuche ausbreitet, und verfolgen den Weg der Krankheit Schritt für Schritt nach. Als die Cholera im Mai 1831 Preußen erreicht, werden die Grenzen gesperrt. Aber gegen die Ansteckung helfen solche Mittel nicht. Im August tauchen die ersten Fälle in Berlin auf. Den Tod Hegels, eines der prominentesten Opfer der Epidemie, nehmen die Grimms ohne weitere Bemerkungen zur Kenntnis, mit Anteilnahme hingegen hören sie von Bettine von Arnim, die sich auf den Straßen der preußischen Hauptstadt rührend um Kranke kümmert. Der weiblichen Fürsorge entspricht die politische Zuwendung zum Volk, die die Grimms an der hessischen Kurfürstin so schätzen. Der regierende Kurprinz hingegen meidet den Kontakt mit den Menschen und versucht, sich gegen die Cholera auf der Wilhelmshöhe zu verschanzen.[154]

Für die Grimms und ihre Freunde besteht somit ein enger Zusammenhang zwischen der politischen Bewegung und der Verbreitung der Krankheit. Hassenpflug etwa bemerkt, dass die «Constitution so wenig als die meisten ärztlichen Mittel gegen die Cholera etwas verfangen wird». Wilhelm hingegen meint, dass die Verfassung die einzige Arznei sei, die den politischen Gesundheitszustand verbessern könne. Dies schreibt er direkt unter dem Eindruck der Epidemie, denn am Schluss seines Briefes berichtet er vom ersten Cholerafall in Göttingen: «offenbar liegt in der Luft das Übel». Der Zusammenhang von politischer Wetterkunde und Medizin, den die Grimms wie ihre Gesprächspartner herstellen, hilft ihnen dabei, ihre politischen Ansichten weiter zu vertiefen.[155]

Der Bezug wirkte überzeugend auf die Grimms, weil es in der Politik wie bei der Epidemie einerseits um eine diffuse Bedrohung ging, die von keinem einzelnen Menschen gesteuert und kontrolliert werden konnte – sie betraf alle, unabhängig von sozialen Grenzen. Andererseits hing die Infektionswahrscheinlichkeit von der Haltung ab, die der Einzelne einnahm: Wilhelm stimmte mit seinem Hausarzt Johann Wilhelm Heinrich Conradi darin überein, dass die Cholera keinesfalls notwendig ansteckend sei; «in der Regel» greife sie nur Leute an, «die ihre Gesundheit schon auf irgend eine Art zerstört hatten».[156] Und ein zeitgenössisches Lexikon erklärte, die Cholera wähle besonders «Erschöpfte und namentlich Trunkenbolde zu ihren Opfern».[157] Entscheidend, so schien es den Zeitgenossen, war demnach bei der Cholera wie bei der Politik das Zusammenspiel von diffusen äußeren Bedingungen und individueller Anfälligkeit. Unter Umständen seien bereits «geringfügige Ursachen, wie z. B. eine Erkältung oder Gemüthsbewegung, eine Überladung des Magens, ja schon der Genuß einer schwerverdaulichen Speise, unreifen Obstes, schlecht ausgegohrener Getränke u. s. w.» ausreichend, um die «Empfänglichkeit für die Krankheit» zu erzeugen.[158] Ähnlich könnte man die einzelnen Entscheidungen der kurhessischen Regierung für Petitessen halten, wenn sie nicht grundsätzlich etwas über ihr Verhältnis zum ‹Volk› ausgesagt hätten.

Die herkömmlichen Maßnahmen der Machtausübung versagen angesichts dieser Form der Bedrohung. Grenzkontrollen helfen hier nicht weiter. Die revolutionären Unruhen und die Cholera verbreiten sich über ganz Europa. Das Beharren der alten Regierungsriege auf hergebrachten Trennlinien, auf alten Privilegien und traditionellen Selbstverständlichkeiten ist der Realität offenbar nicht angemessen; die Epidemien fordern andere, grundlegende Lösungen, die nicht auf Unterdrückung und Schwächung der Krankheitserreger, sondern auf die Stärkung der gesunden ‹Kräfte› zielen.

Gegen die anstehenden Angriffe auf Ordnung und Gesundheit muss man sich demnach durch eine bestimmte Lebenseinstellung wappnen. Es bedarf einer Art sozialer Hygiene, die den Körper von innen heraus immunisiert. Die «besten und zuverlässigsten» Mittel gegen die Krankheit seien «Furchtlosigkeit, eine einfache nüchterne Lebensweise, Vermeidung von Erkältungen, Schwelgereien, Ausschweifungen, übermäßigen geistigen und körperlichen Anstrengungen». Der Rückzug ins Private wird empfohlen, wobei freilich die «zur Erhaltung nützliche Bewegung in freier Luft», der «Umgang mit Freunden» oder die «Verrichtung seiner Geschäfte» nicht aufgegeben werden dürften. Zu vermeiden seien lediglich jene Kontakte, die auch politisch zu Unruhen führen könnten: mit Fremden, mit verdächtigen Personen, mit Menschen, die mit vielen anderen Kontakt haben, also gewissermaßen auf promiske Weise gesellig sind.[159]

Dieser Maßnahmenkatalog entspricht durchaus der politischen Heilkunde der Grimms. Ihr Bildungsprogramm und ihr Regierungskonzept zielen darauf, dass die ‹Kräfte› eines Landes gepflegt werden: Die «nationelle kraft», so Jacob, sichere den gesellschaftlichen Zusammenhalt. Die Politik und die Wissenschaft müssten dafür sorgen, dass das «geschwächte nationalgefühl neues leben» erhält.[160] Erst wenn sich die Politik davon verabschiedet, ihre Macht «durch bloßes Niederhalten, Verbieten, Zürnen und Schelten» zu demonstrieren, erst wenn sie ihre «Liebe» bewiesen hat, dann wird die Bevölkerung «willige Folge und Gehorsam» leisten, und dann werden «die Wunden» der Nation heilen.[161]

Die Politik der Wissenschaft

Während die Folgen der Juli-Revolution in Hessen und Hannover noch spürbar sind, macht sich Jacob Anfang September 1831 auf eine Reise nach Süddeutschland. Er will Materialien für sein Archiv von «Weisthümern» sammeln, also von Zeugnissen des alten, ungeschriebenen Gewohnheitsrechts, um sie seiner philologisch-politischen Apotheke als Mittel gegen die Krankheiten der Zeit hinzuzufügen: «Die weisthümer», so erklärt Jacob später in einer Selbstanzeige, «sind noch ungehemmte ausflüsse des frischen, freien rechts, das unter dem volke selbst als brauch entsprungen [...] und keiner gesetzgebung von seite des herrschers bedurfte.»[162]

Zum ersten Mal seit dem Umzug nach Göttingen kehrt er dabei im Herbst 1831 nach Kassel zurück. Angesichts der Klage über Göttingen und angesichts der zur Schau gestellten ‹Sehnsucht› nach der kurhessischen ‹Heimat› ist es bezeichnend, dass er nicht den Kontakt zu alten Freunden genießt, sondern nur die Begegnung mit Lotte und vor allem die ruhigen Spaziergänge und die stille Einkehr am Grab der Mutter – in der Universitätsstadt vermisste er eben eher die Atmosphäre seiner früheren Lebensumstände als die konkreten Bedingungen.

Von Kassel aus führt ihn der Weg über Frankfurt, wo er wieder einmal herzlich aufgenommen wird, nach Hanau: Wie in Kassel vermeidet Jacob auch hier den Kontakt zu Menschen und nimmt nur die Witterung seiner Kindheit auf. Er streift durch die Straßen, schleicht sich unbemerkt in sein Geburtshaus und versorgt die Bilder seiner Erinnerung mit sinnlicher Gewissheit. Überhaupt verhält er sich nach dem Vorbild romantischer Reisender à la Tiecks ‹Franz Sternbald›. An Dahlmann schreibt er am 20. September 1831 von seiner nächsten Reisestation Karlsruhe aus: «So bin ich denn wie-

der einmal über ein kleines Stückchen der Erde hingerollt, immer
vornen im Cabriolet sitzend, vor mir die Landschaft und laufende
Pferde und Postillone erst in rothen, dann in blauen, endlich in gelben Wämsern, mit Hörnern, die auf ihrem Rücken hüpfen, aber
nicht geblasen werden; durch Wiesen, die besonders bei Nacht nach
frischem Grummet, und durch Wälder, die nach gefallnem Laub
und Tannenzapfen duften» – das alles erinnere ihn an frühere Reisen, «ja an die frühesten, die ich als Kind gemacht».[163]

In Speyer und Idstein wird ihm der Zugang zu Archiven ver-
wehrt. In Karlsruhe entdeckt er erste Quellen, wird aber von den
Archivaren drangsaliert: Der Archivvorsteher schaut sich penibel seine Notizen an und streicht ohne erkennbaren Grund einige
Sätze heraus. Die Stadt findet er im Übrigen insgesamt unangenehm, langweilig. Immerhin fallen ihm die «Damen» auf, weil sie
«ganz bauschige Oberermel und Röcke tragen, so daß man meint,
sie hätten drei oder vier Röcke übereinander angethan».[164] Von
Kehl aus besucht Jacob Straßburg. Dort sind zunächst die Stadttore verschlossen, weil «eine kleine revolution ausgebrochen» ist,
so dass ihm beinahe der «spasz verdorben worden» wäre.[165] Übers
Kinzigtal geht die Fahrt in den Schwarzwald bis nach Konstanz,
wo er mit Werner von Haxthausen, dessen Familie und Jenny von
Droste-Hülshoff zusammentrifft. Zwar wäre Jacob lieber allein
weitergereist, aber nun macht sich eine größere Gruppe auf zu Joseph von Laßbergs Landsitz in Eppishausen im Schweizer Kanton
Thurgau.[166]

Mit Laßberg verbindet Jacob eine alte Bekanntschaft aus Wiener Zeiten. Am liebsten würde er sich in aller Ruhe in Laßbergs umfangreiche Handschriftensammlung vertiefen. Doch stattdessen
steht eine viertägige Tour durch die Schweiz auf dem Programm,
inklusive Besteigung des Rigi. Das macht «Epoche» im Leben von
Laßberg, denn auf dem Ausflug bahnt sich die Ehe zwischen dem
einundsechzigjährigen Gastgeber und der fünfundzwanzig Jahre
jüngeren Jenny von Droste-Hülshoff an.[167] Als Jacob das alles hinter sich hat, atmet er auf: «Zum glück wichen jetzt die westphäli-

schen Fräuleins und ich konnte wenigstens noch zwei oder drei tage bei Laszberg sitzen.»[168] Er arbeitet intensiv und hinterlässt, wie Laßberg schreibt, «einen Haufen durcheinandergeworfener Bücher und Schriften» auf dem Tisch.[149]

Schließlich geht es weiter: mit dem Dampfschiff über den Bodensee, dann nach Ulm und Stuttgart. Jacob knüpft Kontakte zu Kennern, wertet einige Quellen aus. In Stuttgart lernt er die schwäbische Literaturszene kennen. Bei Gustav Schwab trifft er eine ansehnliche Runde, darunter Wolfgang Menzel, den einflussreichen Redakteur des *Morgenblatts für gebildete Stände*. Mit dem Kreis der ‹schwäbischen Romantik› standen die Grimms schon seit rund zwanzig Jahren in Kontakt. Vor allem mit Schwab teilten Jacob und Wilhelm ähnliche literarische und literaturhistorische, später auch politische Interessen, und dasselbe gilt für Ludwig Uhland: Jacob hätte ihn gern in Tübingen besucht, aber allmählich leert sich seine Reisekasse. Er muss auf den Abstecher verzichten. Uhland habe dies – wie Schwab berichtet – sehr «geschmerzt».[170]

Jacob macht sich auf die Rückreise. In Heidelberg lernt er unter anderem Franz Mone kennen. Von dessen mythologischen Spekulationen hält Jacob zwar nichts, findet aber immerhin einen fleißigen Sammler. In Frankfurt trifft er nach langer Zeit Clemens Brentano wieder. Die Begegnung wird für Jacob zur Qual. Clemens berichtet von seinem Aufenthalt bei der stigmatisierten Nonne Anna Katharina Emmerick, deren Visionen er von 1818 bis 1824 aufgezeichnet und dichterisch aufbereitet hatte. Für Jacob sind das «höchst peinigende abenteuerliche sachen», von denen er am liebsten nichts wissen mag.[171]

Zurück in Göttingen, wo Jacob am 20. Oktober eintrifft, beginnt wieder das Jammern: «Ich kam aus dem schöneren, frischeren und lebendigeren Süddeutschland», berichtet er Meusebach, «da wollt' es mir hier noch weniger gefallen und all meine sehnsucht, von hier wieder abzuziehen, ist mit neuer stärke erwacht.»[172] Von außen betrachtet sind das Klagen auf hohem Niveau. Tatsächlich war Jacob trotz seiner vielfältigen Verpflichtungen weiterhin enorm produktiv. Die Sammlung der *Deutschen Weisthümer*, die nach der Reise auf drei- bis vierhundert ungedruckte Quellen angewachsen war, blieb zwar lange liegen,[173] aber dafür trieb er nun ein altes Projekt voran, das er und Wilhelm schon seit 1810/11 planten: Sie hatten mehrfach Editionen zum Motivkomplex von Fuchs und Wolf, also zu dem Fabelkreis um den ‹Reineke Fuchs›, angekündigt und eine ganze Reihe von fabeltheoretischen Aufsätzen und Bemerkungen veröffentlicht.[174] Wilhelm hatte sich im Lauf der 1820er Jahre von dem Projekt zurückgezogen, Jacob trug sich immer noch damit. Und in Heidelberg hatte Franz Mone ihn auf eine lateinische Quelle hingewiesen, die älter als alle ihm bekannten Zeugnisse war. Die bald darauf erscheinende kommentierte Edition Mones hielt Jacob für verunglückt, aber sie machte in ihm, wie er Lachmann gegenüber erklärte, «die alte lust wieder rege», seine Archivmaterialien endlich für den Druck aufzubereiten.[175]

Jacob deutete die Zeugnisse als Reste eines alten Epos, von dem nur noch Bruchstücke und mehr oder weniger korrupte Bearbeitungen greifbar sind. Wichtig war ihm dabei vor allem, dass er eine genuin deutsche Tradition verfolge, dass also der «Reinhart Fuchs» nicht auf griechische oder orientalische Fabeln zurückgeführt werden könne. Wie in der Sprach-, Literatur- oder Sagengeschichte postulierte Jacob auch hier einen geheimnisvollen Ursprung, von dem aus sich die einzelnen nationalen Traditionen eigenständig entwickelt hätten.

Eine zweite wichtige Leitthese richtet sich gegen die Deutung der Fabel als Personalsatire und als didaktisches Instrument, mithin als Dichtung, die bewusst und zweckgerichtet vorgeht, von einem Autor konzipiert und auf einzelne Menschen hin berechnet wurde.[176] In der fast dreihundertseitigen Einleitung, in der er die theoretischen und historischen Grundlagen der Fabelforschung klärt, verknüpft er beides über seine alten Konzepte von der sich selbst genügenden «Volks-» und «Naturpoesie».[177] Wie aller «volkspoesie» gelinge es gerade der Fabel, «sich nach ort, gegend und den veränderten verhältnissen menschlicher einrichtungen unermüdlich von neuem zu gestalten und wieder zu gebären».[178]

Diesem geheimnisvollen Ursprung war Jacob auch mit der *Deutsche Mythologie* auf der Spur, an die er sich parallel zum *Reinhart*-Projekt machte – am 1. Juni 1834 schrieb Jacob an Meusebach: «Ich bin, wie sie wissen, in mythologischen kindsnöthen, kann aber nur mittwoch morgens und sonntag morgens und nachmittags kreiszen, es wird daher lange dauern, bis ich entbunden bin.»[179] In dieser Studie wollte er die Religion der ‹alten Deutschen› rekonstruieren.[180] Während er sich beim *Reinhart Fuchs* auf die ‹natürlichen› Bezüge zwischen Mensch und Tier konzentrierte und auf der Stufenleiter der Wesen einige Schritte hinabstieg, führte die *Deutsche Mythologie* ihn in die umgekehrte Richtung. Metaphorisch jedoch verband Jacob die Recherche nach den Resten der Tierfabel und nach den Spuren der Mythologie dadurch, dass es sich für ihn dabei um ‹gesunkenes› Kulturgut handelte.[181] In beiden Fällen also musste der Forscher sich gleichsam nach unten beugen, um seiner Sorgfaltspflicht für die Zeugnisse der Vergangenheit zu genügen. Beiden Gegenstandsbereichen wandte sich Jacob mit einer Geste zu, die für ihn immer auch politische und moralische Symbolkraft besaß – es ist, als verneige er sich vor der Vergangenheit.

Zwar musste Jacob bei der Arbeit an der *Deutschen Mythologie* feststellen, dass die Quellenbasis für diese genuin «deutsche» Form von Religion recht schmal war. Aber genau das nahm er zum Anlass, um an allen möglichen Stellen – etwa in Märchen oder in christlichen Texten und Praktiken – nach den verdeckten Spuren zu suchen. Er deutete mit viel spekulativer Energie die Volksdichtung insgesamt als einen Hort des Mythos.[182] Auf diese Weise ist die ‹deutsche Mythologie› gleichermaßen gegenwärtig wie vergangen. Sie trägt historische wie überhistorische Züge.[183] Jacobs Darstellung bewegt sich somit stets in der Spannung von Geschichtlichkeit und Zeitlosigkeit. Damit zeigte er einmal mehr, wie kulturelle und damit auch gesellschaftliche und politische Einheiten funktionieren: Im Bürger treffen individuelle, historische Bedingungen und überindividuelle, überhistorische Bedingungen zusammen; er soll sich als Individuum das Allgemeine des Staats oder der Nation zu eigen machen. Dass dies einer Zerreißprobe gleichkommt, erfuhr Jacob am eigenen Leib – seine «Liebe zu dem Vaterland» galt ja gleichermaßen und in spannungsvollem Verhältnis einem imaginären ‹Deutschland› wie dem ‹Hessen› seiner Erfahrungswelt.[184]

Mit der Studie zur Tierfabel und mit der *Deutschen Mythologie* knüpfte Jacob an seine Frühphase an.[185] Damals wie heute stand für Jacob zur Debatte, wie man in einer Zeit, in der sich vermeintliche Stabilitäten als brüchig erwiesen, in der die Welt in Einzelteile zu zersplittern schien und der Verlust von gesellschaftlicher, politischer und geistiger Einheit sich als wesentliche Erfahrung aufdrängte, eine neue untergründige Einheit finden könne.[186] In Jacobs Göttinger Zeit ging diese Suche nach Beziehungen und Verbindungen weiter. Seit der *Deutschen Grammatik* erkundete er gewissermaßen ein kulturelles Ensemble, in dem Sprache *(Deutsche Grammatik)*, Poesie *(Reinhart Fuchs)*, Recht *(Deutsche Rechtsalterthümer, Weisthümer)* und Religion *(Deutsche Mythologie)* einander bedingen.

Wie in der *Deutschen Grammatik* bot Jacob Grimm dem Publikum auch in den Werken der Göttinger Zeit einen Einblick in einen andauernden Forschungsprozess und verpflichtete seine Leser daher auf die Tugenden, die politisch gefragt waren: auf Langsicht und auf das Vertrauen in eine Einheit, die nicht immer leicht zu erkennen blieb. Die Ausgabe des *Reinhart Fuchs* entwickelte er in Briefen, Rezensionen und Korrekturen immer wieder weiter. Die *Deutsche Mythologie* sollte 1844 in einer überarbeiteten und erweiterten Neuausgabe erscheinen, die Jacob unablässig ergänzte. Im selben Jahr stellte er einen dritten Band in Aussicht.[187] Diese Ankündigung gehört zum Streit mit seinem «Schüler» Wilhelm Müller: Als Müller ihn mit der Studie *Geschichte und System der altdeutschen Religion* (1844) zu einem bloßen Vorarbeiter erklärte, begann Jacob eine harte und polemische Kontroverse, weil rund zehn Jahre nach der Auseinandersetzung mit Gervinus wieder ein Vertreter der jüngeren Generation den Vorwurf formulierte, das Grimm'sche Forschungsprogramm häufe lediglich ungeordnete Datenmassen an. Tatsächlich erinnert der Aufbau der *Deutschen Mythologie* fatal an die Verfahren der frühneuzeitlichen Gelehrtenkultur, wo vage Ähnlichkeiten gereicht hatten, um zwei Phänomene nebeneinander zu gruppieren.[188] Und so sah Jacob sich denn auch erneut dem Vorwurf ausgesetzt, er habe nichts «als eine starre unwissenschaftliche masse von stoffen» geliefert, «die auf ihre zusammenstellung im geiste» warten lasse.[189]

Wilhelms Editionen zielen wie die Studien seines Bruders auf deutsche Traditionen. Beide betonen die kulturhistorische Relevanz der alten Dichtung, etwa für die «Kenntnis des alten Rechtes»[190]; beide interessieren sich für die Nähe oder Ferne zu jener idealisierten Vorzeit, die sie für reiner, treuer und aufrichtiger halten als die Gegenwart.[191] Die Brüder Grimm sind nach wie vor fasziniert von einer Poesie, die – wie Wilhelm in seiner Edition des *Rosengarte* (1836) schreibt – von einer «unbewußten poetischen Kraft» hervorgebracht worden sei und nicht von «Absichtlichkeit und Bewußtseyn» zeuge.[192] Beide setzen die Einfachheit an den Anfang der Geschichte und verstehen Vielfalt als Trübung, Verwirrung und Vernichtung dieser ursprünglichen Ganzheit, ohne damit die Wiederkehr goldener Zeiten zu fordern: Für die Grimms bleiben die Bedingungen der Gegenwart unhintergehbar.[193]

Aber im Gegensatz zu Jacob setzt Wilhelm einmal mehr auf Austausch und Vermittlung. Dies gilt für die Texte, die er behandelt: Sie alle stammen aus der Brückenzeit zwischen der natur- und der kunstpoetischen Phase. Im Falle von Freidanks *Bescheidenheit* ediert er 1834 sogar einen Text, der mit seinen ‹sprichwörtlichen› Qualitäten noch in Wilhelms Gegenwart Aufmerksamkeit reklamieren durfte.[194] Auch die Art, wie er die Texte präsentiert, fügt sich ins Konzept eines Herausgebers, der seinen Lesern fremde Literaturwelten erschließen, vergangene Dichtung verständlich machen will: Wilhelm verfasst jeweils ausführliche, zum Teil über hundert

Seiten lange Einleitungen, die sich mit der literaturhistorischen Einordnung der Texte befassen. Er beschreibt und vergleicht die Handschriften genau; er recherchiert die Quellen, sammelt die verfügbaren Informationen zu Dichtern und ordnet Werk und Autor in die historischen Zusammenhänge ein.

An einem zentralen Punkt treffen sich die Brüder Grimm dann wieder: Wie Jacob interessiert auch Wilhelm sich für die Zeitstimmung, von der eine Dichtung gleichsam getragen wird und die sie in sich auffängt. Sie erkunden historische Situationen, die von diffusen Einflussverhältnissen bestimmt werden. So betont Wilhelm in seiner Ausgabe von *Ruolandes Liet* (1838), Historiker würden in dem mittelalterlichen Text vergebens nach konkreten Bezugspunkten für historische Ereignisse suchen, und fügt dann hinzu: «aber wenn ihnen daran gelegen ist, zu begreifen was eine so großartige Bewegung, wie die Kreuzzüge waren, hervorrief, so werden sie ihm [dem Lied, S. M.] einige Aufmerksamkeit nicht versagen dürfen».[195]

Ebensolche historischen Triebkräfte sahen die Grimms in ihrer Gegenwart am Werk, nicht zuletzt in der Universität. Jacob etwa verfolgte mit einer Vorlesung über die deutschen Rechtsaltertümer offen ein patriotisches Ausbildungsziel, das Regungen, Emotionen und unvordenklichen Überzeugungen galt. Kurz: Er wollte das «Gefühl für Vaterlandsliebe» vertiefen. «Unbewußt» habe sich, so Jacob, ein spezifisch deutsches Recht entwickelt, das die regionalen Besonderheiten übergreife: «Alle deutschen Stämme streben jetzt mehr nach Einheit des Rechts, deren Zustandekommen natürlich von den künftigen politischen Schicksalen des deutschen Volkes abhängt.»[196]

In dieser Weise verstand Jacob auch die pädagogische Aufgabe des Hochschullehrers. Parallel zu den Debatten im Senat über den Umgang mit den studentischen Vereinigungen verfasste er zwei große Rezensionen über bildungspolitische Schriften, die eine davon zu Savignys Programmschrift über *Wesen und Werth der deutschen Universitäten* (1833) – Wilhelm hielt die Besprechung für vortrefflich und empfahl sie nicht zufällig gerade seinem Schwager Hassenpflug zur Lektüre.[197] Wie bei Jacobs Vorstellungen einer «wahren Regierung» bestand die Aufgabe des Dozenten für ihn darin, die Selbstentfaltung des Studenten anzuregen, und zwar indem man ihn mit der Geschichte des Denkens so vertraut macht wie den Staatsbürger mit der Geschichte seiner Nation: «den schülern» solle der Universitätslehrer die «genesis des wissenschaftlichen denkens unmittelbar zur anschauung bringen und die verwandte geistige kraft in ihnen zur reproduction reizen».[198]

Jacob entwarf ein Modell wechselseitiger Anregung. Wenn der Lehrer sich seinen Schülern mit «liebe» zuwende und ihnen zeige, wie man mit «liebe» die Gegenstände behandle, dann würden umgekehrt die Schüler diese Haltung übernehmen, ihrem Lehrer und der Universität liebevoll zugetan sein. Um das aber zu erreichen, müsse die Universität vor bildungspolitischen Eingriffen von außen bewahrt werden und sich selbst organisieren. Abonniere man das Studium hingegen auf Nützlichkeit, erzeuge man bei den Studenten «trägheit und abstumpfung». Staatliche Ausbildungsvorschriften für die Studenten unterlaufen demnach das Prinzip der selbstverständlichen und insofern zwecklosen Freiwilligkeit. Sie verfehlen das große Ziel: die «anregung ihrer eigenen thätigkeit». Die Universität – und dies hätte Jacob genauso über das Recht oder die «wahre Regierung» schreiben können – habe die Aufgabe, «die rechte des individuellen und lebendigen zu wahren und zu schützen».[199] Ohne zu politisieren, trugen die Grimms auf ihre Weise die politischen Probleme bis in den Vorlesungssaal. Ihre Vorstellung von einer «wahren Regierung» vermittelten sie den Studenten als philologisches Handwerk, das eine Vorschule der Selbsttätigkeit und eben auch der Selbstverpflichtung darstellt.[200]

Familienkonflikte

Wilhelm konnte an diesem Ausbildungsprogramm nur unregelmäßig teilnehmen: Sein Gesundheitszustand hatte sich nach der Lungenentzündung, die er sich im Januar 1831 während des Göttinger Aufstands zugezogen hatte, dauerhaft verschlechtert. Damals war er dem Tode nah gewesen: Er hustete Blut und fühlte sich, als läge er «wie auf Dornen»; sein ganzer Körper war von einem dicken Ausschlag bedeckt. «Der Hermann», schrieb Dorothea nach Kassel an Lotte Grimm, «fürchtet sich vor ihm und sagt der Papa hat so große schwarze Augen.» Wilhelm wurde von Wahnvorstellungen gequält und glaubte, den Verstand zu verlieren. Aus Angst, «Dortchen u. Jacob würden mir vertauscht», fragte er sie «ganz scharfsinnig nach Dingen, die sie nur allein wissen konnten». Seine Familie verschwieg ihm den Tod Achim von Arnims eine Woche lang, um ihn zu schonen.[201]

Der drohende Verlust machte Jacob einmal mehr bewusst, wie sehr sein Bruder zu seinem Leben gehörte – nur in Wilhelms Umgebung liefen die alten Routinen der Kasseler Zeit weiter; Wilhelm war der ideale Leser seiner Bücher; und seine Gegenwart vermittelte Jacob das Gefühl von Heimat. In der Widmung des dritten Bands der *Deutschen Grammatik* schreibt er über die ängstlichen Tage Anfang 1831: «Lieber Wilhelm, als du vorigen winter so krank warst, musste ich mir auch denken, daß deine treuen augen vielleicht nicht mehr auf dieses buch fallen würden. Ich saß an deinem tisch, auf deinem stuhl, und betrachtete mit unbeschreiblicher wehmuth, wie sauber und ordentlich du die ersten bände meines buchs gelesen und ausgezogen hattest; mir war als wenn ich es nur für dich geschrieben hätte und es, wenn du mir genommen würdest, gar nicht mehr möchte fertig schreiben.»[202]

Wilhelm rappelt sich wieder auf. Aber die Angst um seine Gesundheit verschwindet nicht.[203] 1833 trifft die Brüder dann ein schlimmes Ereignis: Während Dorothea mit ihren Kindern im Mai die Familie in Kassel besucht, erkrankt die hochschwangere Lotte Grimm an einer Lungenentzündung. Jacob reist sofort hinterher. Bei seiner Schwester stellen sich frühzeitige Wehen ein. Die Geburt verläuft verhältnismäßig unkompliziert. Aber Lotte ist stark geschwächt. Auch Wilhelm fährt beunruhigt nach Kassel. Lotte richtet sich schon auf ihr Ableben am Todestag der Mutter, dem 27. Mai, ein. Bald jedoch geht es ihr besser, nicht zuletzt wegen der aufopferungsvollen Pflege durch Dorothea.

Jacob reist nach Göttingen zurück und wartet vergeblich auf Wilhelm und seine Schwägerin. Denn jetzt zeigen sich bei Dorothea die gleichen Symptome wie bei Lotte: Fieber, Seitenstechen, heftiger Bluthusten. Wilhelm, selbst gesundheitlich angeschlagen, weicht nicht von ihrer Seite. Nach einer Woche sind die ängstlichsten Stunden überstanden. Am 12. Juni kann Dorothea die ersten Schritte machen. Doch am Tag darauf spitzt die Situation sich zu: Lotte leidet so große Schmerzen, dass sie den Tod herbeisehnt. Die Prozeduren, denen man sie unterzieht, werden immer absonderlicher. Nachts flößt man ihr zur Stärkung schlückchenweise Champagner ein. Man versucht, ihre Nerven mit einem glühenden Eisen zu reizen, das ihr in den Nacken gebrannt wird. Lotte lallt nur noch, singt vor sich hin. Am Morgen des 15. Juni 1833 um neun Uhr stirbt sie – Wilhelm hat die letzten Worte mit ihr gewechselt, den letzten Kuss von ihr erhalten, ihren letzten Pulsschlag gefühlt. Jacob trifft erst elf Stunden später ein.[204]

Der Tod der Schwester nimmt Wilhelm sehr mit. In Wiesbaden, wo er sich seit 1831 regelmäßig zur Behandlung seines Gicht- oder Rheumaleidens aufhält, will er sich von der Erschütterung erholen.[205] Die Reise führt ihn erneut über Kassel. Dort hängt er am liebsten auf einsamen Spaziergängen in der Aue seinen Gedanken an die Familie nach, und auf der Kur wird er es ebenso halten. Der Bäderbetrieb fasziniert ihn zwar, zumal die reibungslose Routine, mit der in einem Speisesaal mehr als zweihundert, manchmal dreihundert Menschen mit Essen versorgt werden. Zweimal besucht er das Theater mit recht passablen Aufführungen, und selbstverständlich knüpft er Kontakte, was sich bei dem enormen Publikumsverkehr gar nicht vermeiden lässt. Aber die «fremden Gesichter» werden ihm «widerwärtig».[206] Er sucht auch hier die Ruhe. Morgens trinkt er, wie von seinem Arzt Conradi verordnet, einige Gläser Heilwasser, macht einen kleinen Ausflug, frühstückt und badet. Nach einer Ruhepause folgt wieder ein Spaziergang, dann ein ausgedehntes Mittagessen. Anschließend zieht sich Wilhelm erneut zurück. Vor dem Abendessen um neun Uhr dreht er noch einmal eine Runde im Kurpark.

Das tut ihm gut. Bis zum 8. August wird er sich dort aufhalten. Die Kur lindert die Schmerzen, die Übelkeit und der Ekel vor dem Essen verschwinden. Nachts kann er einige Zeit durchschlafen. Wenn ihm der Tag zu lang wird und er ein wenig Abwechslung benötigt, sind der Frankfurter Senator Gerhard Thomas oder der Hamburger Senator Martin Hieronymus Hudtwalker zur Stelle und nehmen ihn mit auf einen Ausflug in die Umgebung. Er genießt die Rheingegend und gibt sich – wie bei seiner Rheinreise 1815 – den romantischen Landschaftsgefühlen hin. Er spürt endlich wieder, schreibt er seiner Frau nach Göttingen, «was für eine schöne Sache die Gesundheit ist».[207]

Auch in Wiesbaden begegnen ihm die Zeichen der Zeit: Ende Juli besucht der abgedankte hessische Kurfürst mit seiner Mätresse für zwei Tage den Kurort. Auf Wilhelm wirkt der ehemalige Regent abgemattet, alt. «Ich empfand einen Jammer über diese Herabwürdigung eines deutschen Fürsten.» Der Kurfürst verzichte auf «alle äußern Zeichen seiner Würde», selbst auf die Wappen. Im Spielsalon erscheint er «in ordinairen Civilkleidern mit einem grauen Hut». Am Spieltisch wird er zur Zirkusattraktion, den die Gaffer ihren Kindern zeigen: «dort siehst du ihn, der ists mit dem Sapeurbart».[208] Immerhin macht der alte Mann ordentlich Gewinn.

Im darauffolgenden Jahr reist Wilhelm erneut zur Kur nach Wiesbaden.[209] Diesmal allerdings sei er, wie Jacob an Wigand berichtet, «kränker» heimgekommen, als er hingefahren sei: «sein gichtisches magenübel warf sich nun auf das herz, an dem er […] in früheren jahren so viel gelitten hat». Wieder schwebt Wilhelm in Lebensgefahr, kann mehr als ein halbes Jahr seinen Aufgaben an der Bibliothek nicht nachkommen. Fortan wird er von Nervenanfällen geplagt, die ihm die «Stimmung» verderben. 1836 ist er noch immer nicht «ganz hergestellt» – «in der schlimmsten zeit meint er, das herz wolle ihm abfallen, es sei ein unbeschreibliches gefühl». Er wird geradezu depressiv. Die ganze Familie lebt «traurig und bekümmert». Wilhelm bemüht sich zwar um Normalität. Aber das gelingt ihm mehr schlecht als recht. Er scheut den Umgang mit anderen Menschen. In Anwesenheit von Besuchern reißt er sich zusammen, doch sobald er nicht mehr unter fremder Beobachtung steht, kehrt er wieder in sich selbst zurück, arbeitet still vor sich hin, sucht einsame Wege bei seinen Spaziergängen und wirkt ohne alle Lust und Freude an dem, was er tut. Bei Jacob bleibt umso mehr Arbeit liegen. «Der Himmel schenke uns ruhigere tage!» – dieser Wunsch sollte so bald nicht in Erfüllung gehen.

Immerhin mit zwei der anderen Brüder läuft es gut. Carl hatte in Kassel, wohin er 1826 zurückgekehrt war, sein Auskommen als Sprachlehrer gefunden und 1828 eine *Anleitung zur doppelten italienischen Buchhaltung* publiziert. Ludwig war 1832 unter tatkräftiger Mithilfe des Schwagers Hassenpflug auf eine Professur an der Kasseler Kunstakademie berufen worden und hatte im selben Jahr Marie Böttner geheiratet – «die Frau hat Vermögen», wie Wilhelm treffend bemerkte, «also ist auch seine äußere Lage sorgenfrei und das gönne ich ihm von Herzen».[210] Der Schwiegermutter gehört das Haus in der Bellevuestraße, in dem die Grimms bis zu ihrer Abreise nach Göttingen wohnten und in dem nun Ludwig mit seiner Familie lebt.

Sorgen bereitet den beiden ältesten Grimm-Brüdern hingegen nach wie vor Ferdinand. Seit März 1834 lebt er wieder in ihrem Haushalt. Der Verleger Reimer hatte ihn nur aus Gefälligkeit bei sich behalten. Ferdinand kam mit dem geringen Lohn in der preußischen Hauptstadt nicht aus. Immer wieder benötigte er Jacobs und Wilhelms Unterstützung, die er mehr oder weniger bereitwillig erhielt. Aus den meisten seiner Projekte wurde nichts.[211]

Am 4. Januar 1834 hatte Ferdinand seine Lage geschildert: Er brauche ein wenig Geld, um seinen Haushalt in Berlin auflösen zu können. Er selbst wisse am besten, dass er Reimer eher zur Last gefallen sei, bat aber auch um Nachsicht: «Ganze Wintermonate bis zur späten Nacht saß ich in ungeheizter verschloßener Stube, von Lumpen und Bettkissen umwikkelt, alle zehn Minuten die erstarrten Finger am Licht aufthauend um was zu verdienen: der Lohn war schon nahe zum Ergreifen, als ein unerhörtes Geschick alles mir wieder entriß.» Mit diesen Andeutungen konnten Jacob und Wilhelm nicht viel anfangen. Sie boten ihm Unterkunft in Göttingen an. Darauf ging Ferdinand nach einigem Hin und Her ein.[212]

Wilhelm findet Ferdinand «ebenso bizarr, eigensinnig und nicht zu überzeugen, wie sonst; übrigens gut, wohlmeinend, nicht ohne ein edles Element im Charakter».[213] Die Stimmung verschlechtert sich zunehmend. Jacob klagt zwei Jahre nach Ferdinands Einzug: «Was er thut, denkt und für pläne hat, weisz ich nicht, er geht viel spazieren und beobachtet die rothkelchen und bachstelzen; eigentlich scheint er blosz am theater gefallen zu haben und am umgang mit kindern. dabei finden wir ihn im höchsten grad unverändert, so eigensinnig und seltsam, wie in seinen kinderjahren.»[214] Wäre nicht Dorothea als guter Geist der Familie da, wüsste Jacob sich nicht mehr zu helfen.[215] Dass Ferdinand 1835 eine kleine Familienparodie unter dem Titel *Tante Henriette* veröffentlicht hatte, in der es auch um das seltsame Heiratsverhalten der Brüder ging, trug zur Verbesserung des Klimas nicht gerade bei.[216]

Im Sommer 1836 ist Ferdinand auf einmal verschwunden. Jacob fühlt sich erleichtert. Wilhelm fürchtet, sein jüngerer Bruder wolle zum Theater. Das hält Jacob für unwahrscheinlich – Ferdinand sei zu faul, um Rollen zu lernen. Tatsächlich taucht Ferdinand nach wenigen Wochen ebenso plötzlich wieder auf, wie er verschwunden war. Er habe Jacob und Wilhelm lediglich ausweichen wollen, solange Dorothea sich in Kassel aufhielt.[217] Jetzt reicht es Jacob. Er wirft Ferdinand hinaus, um ihn zur Besinnung zu bringen.

Für Wilhelm ist der Fall damit erledigt: Er wird nie wieder Kontakt zu Ferdinand aufnehmen. Jacob bleibt immerhin brieflich mit ihm in Verbindung. Ferdinand treibt sich nun in Wolfenbüttel herum. Anfang 1837 hält Jacob ihm brieflich eine weitere Standpauke: «Solange Du außer Stand bist Dir selbst Deinen Unterhalt zu schaffen, will ich Dir monatlich 8 Reichsthaler schicken, wobei sich aber versteht daß wir uns auf weitere Bezahlung anderer von Dir gemachter Schulden nicht einlassen und erwarten daß Du uns durch Geldforderung und Anleihe bei Andern keine Schande machst. Es wird dann Ehrensache für Dich seyn Dich durch eigene Anstrengung in eine Lage zu versetzen in welcher Du dieser Beihilfe nicht mehr bedarfst, oder Dich ihrer würdiger zu machen, als es durch Dein bisheriges Betragen geschehen ist. Alsdann wird sich auch unsere, von Dir auf alle Weise beleidigte brüderliche Liebe Dir wieder zuwenden können. Jac. Grimm.»[218]

Im Dezember 1837 bittet Ferdinand erneut um Unterstützung, erhält diese auch, stellt dann aber Nachforderungen, weil Jacob ihm nicht die ganze Summe schickt. Unter normalen Umständen hätte Ferdinand vielleicht auf eine versöhnliche Weihnachtsstimmung spekulieren dürfen. Doch er platzt mitten in die Affäre um die ‹Göttinger Sieben›. Jacob verschafft sich brieflich Luft: «Du hast eine Art Geld zu fordern, welche die Geneigtheit es Dir zu geben nicht besonders vermehrt [...]. Wir sind nicht verpflichtet unser Letztes mit dir zu theilen und deine uns bisher erwiesene brüderliche Dankbarkeit dafür hinzunehmen. Du fühlst so zart, daß in dem Augenblick, wo Du uns in Bedrängnis weißt, Du bei uns leihen willst oder Dich über Abzüge beklagst. Überlege also [...] daß die längst auf Dir lastende Pflicht für Dich Selbst zu sorgen sich nunmehr verzehenfacht. Jacob.»[219]

Ferdinand bleibt keine große Wahl. Die hohe Arbeitslosigkeit drängt auch ihn ins Abseits. Er lebt außerhalb der Stadt bei einer Gärtnerfamilie in einer feuchten, engen Stube. Heizung kann er sich nicht leisten. Er ernährt sich von «alter Wurst». Die Kälte, so schreibt er nach Kassel, «nagt an meiner Lunge, eine krampfige Hand ist tagelang zum Führen der Feder unbrauchbar». Mit den Kleidungsstücken, die ihm Jacob schickt, behilft er sich ein wenig. Das Misstrauen seines ältesten Bruders schmerzt ihn. Aber er spricht ihn von allen Fürsorgepflichten los: «Längst ist deine brüderliche Pflicht als erfüllt zu betrachten; Dein Letztes darf ich freilich nicht in Anspruch nehmen.»[220]

Im Herbst 1838 veröffentlicht Ferdinand unter dem Pseudonym Philipp von Steinau noch die *Volkssagen der Deutschen*, auf die seine älteren Brüder abschätzig reagieren. Im darauffolgenden Winter berichtet er von seinen kümmerlichen Lebensverhältnissen: von seiner Einsamkeit, der Kälte in seiner Kammer, seiner Abneigung gegen die Stadtbewohner. Er lauscht dem Pochen der Kohlmeisen an der Fensterscheibe, dem Ruf der Eulen im Wind und den Schreien der «hungrigen Hasen».[221] Ferdinand zeichnet schaurig-schöne Szenen der Armut und Misanthropie in seinen wunderbaren Briefen. Es ist jammerschade um dieses schriftstellerische Talent.

In seiner misslichen Lage arbeitet er an einer weiteren Sammlung. Sie erschien 1846 unter dem Titel *Burg- und Bergmärchen*, diesmal sogar unter seinem richtigen Namen. Aber da war er bereits tot. Am 31. Dezember 1844 hatte Jacob erfahren, dass Ferdinand im Sterben liege. Er machte sich unverzüglich auf den Weg nach Wolfenbüttel, hielt aber den Zustand für nicht so bedrohlich. Er täuschte sich ein letztes Mal in Ferdinand. Am folgenden Tag, dem 6. Januar 1845, schrieb Jacob an Wilhelm, dass Ferdinand nachts gegen zwei Uhr gestorben sei. «Ihm ist wol, das letzte stück seines lebens, das er auf 56 j. gebracht hat, ist ihm hart und schwer genug geworden. Gott erhalte uns übrigen noch solange es ihm gefallen wird.»[222] Zu diesem Zeitpunkt waren Jacob und Wilhelm bereits aus ihren Professuren vertrieben worden, hatten sich kurzzeitig wieder in Kassel eingerichtet und schließlich in Berlin neue Stellungen gefunden. Die Affäre um die ‹Göttinger Sieben›, zu der es 1837 kam, im Jahr des hundertjährigen Bestehens der Universität, lag lange hinter ihnen.

Im Herbst 1836, Ferdinand hatte gerade Göttingen verlassen, bereitete die Georgia Augusta sich allmählich auf die Jubiläumsfeier vor. Während draußen die politische Stimmung immer beklemmender wurde und an der Universität selbst ein «unheimlicher Polizeigeist» das Verhältnis von Professoren und Studenten belastete,[223] debat-

tierte der akademische Senat, ob die Professoren bei den Festlichkeiten im Talar und mit Barett einziehen sollten. Die Tracht war in
Göttingen 1802 abgeschafft und der Fundus für 113 Taler verkauft
worden – der Erlös kam der Witwenkasse der Universität zugute.
Nun sollte zum Jubiläum nach dem Vorbild der theologischen Fakultät der alte Brauch wieder zum Leben erweckt werden. Einig war
man sich keinesfalls. Die medizinische Fakultät etwa lehnte den Talar kategorisch ab. Auch Jacob sprach sich vehement dagegen aus.
Warum sollte man sich nicht auf «schwarze Kleidung nach übli-
chem Schnitt» einigen? Nur am scharfen Tonfall lässt sich ermessen,
dass es hier um sehr viel mehr als um Äußerlichkeiten ging.[224]

Über die Kleidungsfrage eskalierte sogar beinahe ein Streit zwischen den Freunden Jacob Grimm und Dahlmann, der damals als
Prorektor den Vorsitz im Senat führte. Jacob warf ihm vor, ein Erfül-
lungsgehilfe der Regierung in Hannover zu sein. Dahlmann forderte
von ihm die «Beachtung collegialischer Verhältnisse und Mäßigung
für die Zukunft». Grimm seinerseits fand: «Des Herrn Prorectors
Reizbarkeit und Scheu vor Widerspruch haut hier über die Schnur.»
Am Ende nahm Jacob seine Unterstellungen zurück, beharrte aber
auf einem weiteren Sondervotum. Ohne Erfolg: Das Universitätskuratorium in Hannover genehmigte am 22. Dezember 1836 die alt-
backene Kleiderordnung.

Jacob hatte nicht nur recht pragmatische Gründe dagegen vorgebracht – es sei schlicht Geldverschwendung, zumal man den Talar zum Essen ohnehin ablegen müsse, denn er schränke die Be-
wegungsfreiheit zu sehr ein. Sondern er hatte vor allem auf die
symbolische Bedeutung hingewiesen: Durch die Kostümierung
spalte sich die universitäre Gemeinschaft in Dozenten und Studenten auf. Er hoffe hingegen darauf, so wichtige Festtage in «un-
gehinderter Gemeinschaft aller zu begehen». Einmal mehr bewies
Jacob Grimm einen modernen Sinn für Geschichte: Wieso sollte
man überlebte Insignien künstlich wieder einführen? «Das Zeitalter hat sie verworfen, und den Gelehrten längst darauf angewiesen,
im Geistigen seine Würde zu suchen.» Wilhelm war da nicht ganz

so rigoros. Jedenfalls ließ er sich von seinem Bruder Ludwig, der im Herbst 1837 anlässlich der Jubiläumsfeier nach Göttingen kam, im Talar porträtieren.

Die Festlichkeiten begannen am 17. September 1837 morgens um sechs Uhr mit Glockengeläut. Während der König eintraf, formierte sich der Umzug aus Stadtprominenz und Würdenträgern, auswärtigen Gästen, Hochschullehrern und Studenten. Das Ganze wurde generalstabsmäßig geplant. Die Straßen hatte man für den Durchgangsverkehr gesperrt. Eine polizeiliche Bekanntmachung vom 12. September forderte die schaulustigen Bürger dazu auf, sich «geeignete Plätze in den Häusern der betreffenden Straßen zu verschaffen und diese vor neun Uhr Morgens einzunehmen» – an ausgewählten Stellen erlaubte die Verwaltung auch «Fußbänke».[225]

Nach einem feierlichen Gottesdienst wurde vor der neuen Aula am heutigen Wilhelmsplatz das Standbild Wilhelms IV. enthüllt, der drei Monate zuvor gestorben war. Sein Nachfolger, Ernst August, hielt Audienz, dann folgte ein Festmahl und am Abend ein Konzert. In den nächsten Tagen fanden weitere Umzüge statt, diesmal begleitet von Kanonendonner und Chören. Es gab Reden, Konzerte, Bankette und ein Feuerwerk. Artisten führten Hochseilakte und Trampolinsprünge vor.[226]

Die Grimms erwiesen sich bei den Festivitäten, zu denen viel Prominenz angereist war, als gute Gastgeber. Ludwig Grimm war aus Kassel gemeinsam mit dem alten Grimm-Freund Werner Henschel zu Besuch gekommen. Auch Ludwig Hassenpflug hielt sich in Göttingen auf. Er hatte in Kassel am 5. Juni 1837 seinen Abschied genommen, weil nun sogar er sich nicht mehr mit dem Kurprinzen vertragen konnte, und war vorübergehend bei den Grimms eingezogen.[227] Ludwig erinnerte sich an die üppige Bewirtung im Haus seiner Brüder: Im Vorderzimmer war ein Buffet aufgebaut. Es gab kalten Braten, Koteletts, Schinken, die berühmten Göttinger Würste, Weiß- und Rotwein. «Da ging es her wie in einem Taubenschlag. Die Leute kamen, stillten ihren Hunger, tranken und gingen wieder fort.» Wildfremde Besucher nahmen einen Imbiss zu sich, weil die

Gasthäuser alle besetzt waren. Selbst Berühmtheiten wie Alexander von Humboldt schauten kurz vorbei.[228]

Bei dem großen Ball am 19. September waren auch die Grimms mit von der Partie. Die Veranstaltung war mit etwa zweitausend Personen derart überfüllt, dass kaum Platz zum Tanzen blieb. Nicht wenige Studenten betranken sich sinnlos, was aber einkalkuliert war: Die «völlig Betrunkenen» wurden in einen eigens dafür reservierten Raum verfrachtet. Schwer vorzustellen, dass Jacob und Wilhelm sich inmitten dieses Trubels wohl gefühlt haben. Immerhin behandelte die Universität ihre besinnungslosen Studenten sorgsamer als zwei ihrer berühmtesten Professoren nur wenige Zeit später.

Die ‹Göttinger Sieben›

Während der Jubiläumsfeier besuchte König Ernst August, der auch Rektor der Hochschule war, die Universität. Aufgrund der unterschiedlichen Erbfolgeregeln war mit dem Tod Wilhelms IV. die Personalunion zwischen Hannover, Großbritannien und Irland beendet. Der König hielt sich nun nicht mehr Hunderte von Kilometern weit entfernt in England auf, sondern regierte direkt im eigenen Land.

Der Empfang soll, einem zeitgenössischen Bericht zufolge, kühl gewesen sein.[229] Dennoch dürfte dem einen Auge, das dem schlachterfahrenen Ernst August nach den Revolutionskriegen geblieben war, der Auftritt seiner Professoren in ihren Talaren gefallen haben. Die unzeitgemäße Tracht kam den geschmacklichen Vorlieben des sechsundsechzigjährigen Anti-Liberalen entgegen, denn er wollte wieder zurück in die gute alte Zeit: als Regenten noch souverän entscheiden durften, als Könige noch echte Herrscher waren und Untertanen ihren Namen noch zu Recht trugen – auf Porträts und bei öffentlichen Auftritten in seiner Husarenuniform kultivierte er das Bild des soldatischen Befehlshabers.

Während Wilhelm IV. 1833 das Staatsgrundgesetz akzeptiert und damit eine verhältnismäßig liberale Verfassung abgesegnet hatte, ignorierte sein Nachfolger es von Anfang an. Schon bei der Einführung der Verfassung hatte er als designierter Thronfolger seine Bedenken formuliert.[230] Nun, am 5. Juli 1837, gerade einmal zwei Wochen nach dem Tod Wilhelms IV., demonstrierte er mit einem Patent seine souveräne Macht: Er trat seine Herrschaft an, ohne die Stände einzubeziehen. Vor allem aber erklärte er: Da die Verfassung ohne seine Zustimmung eingesetzt worden sei, fühle er sich nicht daran gebunden.[231]

Das waren zwar nur vorläufige Regelungen zur Abschaffung der Verfassung von 1833, deren Rechtmäßigkeit der König nun erst einmal prüfen ließ. Die Georgia Augusta hätte das gleichwohl in mehrfacher Hinsicht stören müssen: Sie war nicht ganz unbeteiligt am alt-absolutistischen Selbstverständnis des Regenten, denn Ernst August hatte in Göttingen studiert und dort seine staatsrechtliche Ausbildung erhalten – die Universität konnte ihm nicht austreiben, die Gelehrten als «Federvieh der Tintenkleckser» zu verachten.

Zudem war das Staatsgrundgesetz unter Mithilfe der Universität zustande gekommen, genauer: unter Leitung Dahlmanns. Dieser forderte dann auch gemeinsam mit seinen Kollegen Wilhelm Albrecht und Jacob Grimm den Senat dazu auf, sich in einem Ausschuss mit der «Verfassungsfrage» zu beschäftigen. Aber im Vorfeld des Jubiläums wollten sich die anderen Professoren die Feierlaune nicht verderben lassen.

Am 1. November, die Festlichkeiten waren vorüber, schaffte Ernst August in einem zweiten Patent vollendete Tatsachen:[232] Er hob die Verfassung von 1833 auf, erklärte die ältere Verfassung von 1819 für gültig und entband «die sämtlichen Königlichen Diener», also auch die Göttinger Professoren, von ihrem Eid auf das Staatsgrundgesetz. Der Landtag war schon zwei Tage zuvor aufgelöst worden.[233] Die Minister – entlassen und als Departementchefs, von ihrem Eid entbunden, wieder eingesetzt[234] – murrten nicht weiter, als der König auf ihre Bedenken entgegnete: «Nachdem Ich habe gehört und gelesen die Einwendung […] fühle ich es Meine [!] Würde nicht gemäß, daß in Zweifel zu lassen was ist Meine wahre Meinung und Intention und deswegen bleibt es bei dem von mir vollzogenen Patent.»[235]

Dahlmann organisierte den Widerstand und verfasste gemeinsam mit einigen Kollegen am Abend des 17. November als «untertänigste Vorstellung» die später sogenannte ‹Protestation›, die allerdings nur sechs von insgesamt einundvierzig Göttinger Professoren mit ihm unterschrieben: der Jurist Wilhelm Eduard Albrecht, der Orientalist Heinrich Ewald, der Physiker Wilhelm Eduard Weber sowie Georg Gottfried Gervinus und eben auch Jacob und Wilhelm Grimm. Mit Datum vom 18. November 1837 reichten die ‹Göttinger Sieben›, von «ihrem Gewissen gedrungen», ihre schriftlich formulierten Bedenken beim Universitätskuratorium in Hannover ein.[236] Die öffentliche Wirkung war ungeheuer.

«Bei aller schuldigen Ehrfurcht» brachten die sieben Professoren zunächst ihre rechtlichen Einwände gegen das staatsstreichartige Vorgehen vor: Selbst wenn, wie Ernst August argumentierte, das Staatsgrundgesetz nicht in allen Teilen ordnungsgemäß verabschiedet worden sein sollte, hebe das die Verfassung insgesamt nicht auf. Zudem könnten Verfassungen nicht von der Einwilligung des jeweiligen Thronfolgers abhängig gemacht werden, denn dies untergrabe die «Königlichen Rechte». Als «schwerste» Anklage gegen das Staatsgrundgesetz werteten die Protestierenden schließlich die der Verfassung «zur Last gelegte Verletzung wesentlicher Königlicher Rechte». Dagegen machten sie geltend, dass die Verfassung im Gegenteil die «landesherrlichen Rechte» sicherstelle – die deutsche Bundesversammlung habe keine Einwände gegen die Hannover'sche Verfassung erhoben, vielmehr habe «das Staatsgrundgesetz dieses Königreichs in ganz Deutschland das Lob weiser Mäßigung und Umsicht gefunden». Somit seien die «unterthänigst Unterzeichneten» davon überzeugt, dass das Staatsgrundgesetz nach wie vor gültig sei, und wollten es nicht hinnehmen, «daß dasselbe ohne weitere Untersuchung und Vertheidigung von Seiten der Berechtigten, allein auf

dem Wege der Macht zu Grunde gehe». Sie fühlten sich ihrem bestehenden «Eid» weiterhin verpflichtet und würden weder Beschlüsse
akzeptieren, die auf der neuen Rechtslage beruhen, noch den Huldigungseid leisten.[237]

Im Klartext: Sie verweigerten dem König den Gehorsam. Dazu
aber waren sie nicht berechtigt, schon weil solche Bedenken nur von
den Ständen formuliert werden durften. Und die ‹Göttinger Sieben› hatten ja nicht einmal die Universität geschlossen hinter sich.
Mit den Worten des Universitätskuratoriums: Es sei nicht «Sache
des einzelnen Staatsdieners und Unterthans» in Verfassungsfragen
die «dem Landesherrn zustehenden Befugnisse irgend einer Diskussion zu unterziehen».[238] Was aber ist zu tun, wenn die dazu beru-
fenen Instanzen bei einem Verfassungsbruch schweigen?[239] Wer war
Herr der Verfassung? War der Staat, wie die ‹Wiener Schlussakte›
festhielt und wie man auch in Göttingen gelehrt hatte, nur ein «Ob-
ject der dem Fürsten zustehenden Souveränität» und die Verfassung
nichts als ein Geschenk, das der König jederzeit wieder zurückneh-
men konnte?[240]

Für die Grimms standen die verfassungsrechtlichen Fragen nicht
im Zentrum. Sie hielten von Verfassungen generell nicht allzu viel.
Wilhelm hege «keine zärtlichkeit» für das Staatsgrundgesetz, «es
wird wol, wenn man es näher betrachtet, so sein wie alle moderne
gesetzgebung». Der «materielle Inhalt des Grundgesetzes» habe
bei dem Protest keine Rolle gespielt.[241] Wilhelm meinte an anderer
Stelle sogar, er achte jeden, der aus voller Überzeugung für das königliche Patent vom 1. November eintrete – nur: Ebendiese Überzeugung vermisse er selbst bei denen, die nicht protestierten.[242] Die
Grimms traten also nicht als Vorreiter einer demokratischen Verfassungspolitik auf. Woran sie sich vielmehr störten, war die Symbolkraft des königlichen Handstreichs, der eine Verpflichtung vom
Tisch wischte, die der Idee nach auf wechselseitigem Einverständnis
mit den Volksvertretern beruhte.[243] Jacob betonte: «es ist vor allem
königlich, wort zu halten.»[244] Darauf kam es ihnen an. Und Wilhelm
schrieb an den preußischen Gesandten von Canitz: «Es liegt in der

Natur der Sache daß ein König ein Grundgesetz nicht einseitig und aus bloßer Machtvollkommenheit aufheben und den darauf geleisteten Eid lösen kann.»[245]

Die Brüder Grimm konzentrierten sich auf diesen Punkt, weil der Coup Ernst Augusts nicht allein ihre tiefsten politischen Überzeugungen betraf, sondern auch die Grundlagen ihrer Wissenschaft und damit ihres Lebens. Wie die Unterzeichner der ‹Protestation› betonten, beruhe «das ganze Gelingen ihrer Wirksamkeit […] nicht sicherer auf dem wissenschaftlichen Werthe ihrer Lehren, als auf ihrer persönlichen Unbescholtenheit». Sie hätten die «studirende Jugend stets vor politischen Extremen gewarnt, und […] in der Anhänglichkeit an ihre Landesregierung befestigt».[246] Wenn aber die Regierung, und sei es nur dem Anschein nach, einseitig eine Absprache aufkündigt, dann trifft das die politische Haltung, die die Professoren ihren Studenten vermittelt haben: Warum sollte man sich zur «Anhänglichkeit an ihre Landesregierung» verpflichtet fühlen, wenn ebendiese Regierung ihre Pflichten selbst missachtet?

Damit stellten die Protestierenden grundsätzliche Fragen, die alle gesellschaftlichen Bereiche betrafen. Das zeigt schon die Art, wie Ernst August seine Macht und seine Rolle als Machthaber verstand, denn er orientierte sich am alten patriarchalen Familienmodell.[247] Nicht weniger als die Grimms, die sich auf das «tief verletzte sittliche und rechtliche Gefühl» beriefen, führte er seine Gefühle zur Begründung für den Verfassungsbruch ins Feld, und zwar seine Gefühle für die Untertanen, die denen eines «Vaters für seine Kinder» entsprechen, wie es im königlichen Patent vom 1. November heißt.[248] Konkret waren die Gefühle des väterlichen Königs aber wohl vor allem dadurch verletzt, dass die Landeskinder mit der Staatsverfassung von 1833 das Gesamtbudget des Königreichs kontrollierten.

Auch die Grimms spiegelten die politischen Beziehungen in Familienverhältnissen, und damit standen sie unter den Protestierenden keinesfalls allein. So klärt Dahlmann am Anfang seiner *Politik*, in der die Grimms viele Wahrheiten fanden, «wie der Staat zu den

Menschen stehe», und verkündet: «Der Staat ist uranfänglich. Die Urfamilie ist der Urstaat; jede Familie, unabhängig dargestellt, ist Staat.» Wichtig ist jedoch: Dahlmann geht nicht von einem patriarchalen Familientypus aus, sondern von einer um die Mutter herum gruppierten Familie.[249] Während nämlich väterliche Machtordnung auf Entscheidung und Befehl gründe, übe die Mutter eine unterschwellige und deshalb umso tiefer greifende Erziehung aus. Sie forme nicht zuletzt den kindlichen Gefühlshaushalt und ziele daher mehr auf das ‹Wollen› als auf das bloße ‹Sollen›. Als politische Symbolfigur steht sie für eine nichtsouveräne Macht.[250]

Die Protestierenden beklagten also, dass Ernst August ihren Bildungsauftrag gefährde. Während sie die Studenten auf politische Langsicht verpflichteten, handle der König kurzsichtig. Umgekehrt gilt für die Professoren: Wenn sie sich leichtfertig von ihren einmal geleisteten Eiden verabschieden würden, wie sollten sie weiterhin glaubwürdig auftreten? Das konnte weitreichende Konsequenzen haben. Denn die «Wirkung der Rechtsanstalten» beruht, wie Dahlmann in seiner *Politik* erklärt, auf den «Bildungsanstalten» eines Staats – falls das «Sollen» nicht ins «Wollen» überführt werde, gingen Gesetze nicht in die Rechtspraxis über und blieben entweder völlig wirkungslos oder sorgten nur von Fall zu Fall für Ordnung. Das hatte bereits Fichte in seinen *Reden an die Nation* ausführlich erörtert, und wie dieser setzte auch Dahlmann auf «Volksbildung»: Sie dirigiere den «Geist einer Nation».[251]

Für all das also fehlte Ernst August das Verständnis. Bei einem Diner in Berlin rief er 1842 Alexander von Humboldt über den Tisch zu: «nun herr v. Humboldt, was machen meine verlaufenen göttinger professoren? aber sie wißen ja professoren, tänzerinnen und huren kann man überall für geld wiederhaben» – das war ein schaler Witz, den Ernst August vier Jahre zuvor schon einmal so ähnlich gebracht hatte.[252] Ums Geld jedoch geht es Wissenschaftlern allenfalls in zweiter Linie. Die Grimms hätten gelassen ihre Stunden auf der Bibliothek absitzen, Kataloge überarbeiten und nebenbei eine Vorlesung pro Semester halten können. Nur: Das tun sie nicht. Sie opfern ihre Lebenszeit. Ohne dass sie es ‹sollen›, ‹wollen› sie das deutsche Recht erkunden, die Mythologie durchforschen, die Grammatik untersuchen, alte Texte herausgeben und kommentieren. Das war weit mehr, als Ernst August jemals hätte bezahlen können.

Zudem war dem König offenbar entgangen, dass seine Landesuniversität größte Schwierigkeiten hatte, geeignete Nachfolger für die Entlassenen zu finden. An Jacob berichtet Wilhelm voller Genugtuung, man habe in Göttingen den Eindruck, «es sey ein Zauberkreis um die Univ. gezogen, den niemand durchbrechen möge».²⁵³ Falls sich doch ein tollkühner Gelehrtenheld dazu berufen fühlte, dann versuchten die Grimms – wie Jacob im Falle ihres ehemaligen Schülers Wilhelm Havemann, der als Nachfolger Dahlmanns im Gespräch war –, ihn mit allen rhetorischen Mitteln unter Druck zu setzen und davon abzubringen.²⁵⁴ Humboldt jedenfalls entgegnete auf die blöde Bemerkung des Hannover'schen Königs über Professoren, Tänzerinnen und Huren: «E. M., mit den beiden letzten classen habe ich nie in verbindung gestanden, was die professoren betrifft, so bin ich selbst ein halber professor.»²⁵⁵

Die Universität tat sich schwer, ihre Rolle bei der ‹Protestation› der ‹Göttinger Sieben› zu finden. Am 30. November besuchten ranghohe Vertreter der Universität und Repräsentanten der Stadt Göttingen den König auf seinem Jagdschloss in Rotenkirchen. Im Rahmen der üblichen Huldigungsbezeugungen versicherte der Prorektor Friedrich Christian Bergmann, dass die Verfasser der ‹Protestation› nicht für deren Veröffentlichung verantwortlich seien. Die Zeitungen orientierten sich jedoch an einer Darstellung von Regierungsseite und berichteten, die Universität habe sich offiziell von den Protestierenden distanziert – der Prorektor wurde von den Studenten zum Sündenbock gemacht und musste sich bald um neue Fensterscheiben für seine Wohnung kümmern.²⁵⁶ Auf die Zeitungsmeldungen wiederum reagierten sechs Professoren, veröffentlichten am 17. Dezember in der Kassel'schen *Allgemeinen Zeitung* eine Gegendarstellung und erklärten, sie hätten sich nicht tadelnd über ihre sieben Kollegen geäußert. Unter ihnen befand sich auch Jacobs und Wilhelms Nachbar Karl Otfried Müller.[257]

Tatsächlich hatte die Delegation der Universität den entscheidenden Punkt berührt. Denn vielleicht wäre alles glimpflich abgelaufen, wenn es sich um eine interne Angelegenheit gehandelt hätte. Das Hannover'sche Universitätskuratorium, an das die ‹Protestation› gerichtet war, rief zur Zurückhaltung auf und versicherte, man werde das Schreiben vertraulich behandeln.[258] Und im Nachhinein beteuerte Ernst August gegenüber seinem Neffen, dem späteren preußischen König Friedrich Wilhelm IV., er hätte die Angelegenheit vielleicht auf sich beruhen lassen, wenn von diesen «siebe[n] Herren jeder einen Brief geschrieben hätte, sei es an mich, sei es an den Kurator der Universität».[259] Aber die ‹Protestation› wurde öffentlich. Das wog in den Augen der Regierung schwer und machte den Protest in besonderer Weise «strafwürdig».

Wer genau für die Verbreitung verantwortlich war, ist bis heute umstritten.[260] Dahlmann sandte kurz nach Verfertigung der ‹Protestation› eine Kopie nach Kiel an seinen Schwager – es sei ihm «nicht im Geringsten» daran gelegen, «daß das Aktenstück ein Geheimnis bleibt». Jacob Grimm verschickte vier Tage später eine Kopie. Auch Gervinus machte den Text unter anderem Studenten zugänglich. Besonders irritiert, dass bereits am 18. November, also an dem Tag, als die ‹Göttinger Sieben› ihre Unterschrift unter das Schriftstück setzten, die englische Zeitung *Galigniani's Messenger* unter Berufung auf ein französisches Blatt meldete, sieben Professoren der Göttinger Universität würden dem König den Huldigungseid verweigern.[261]

Binnen kurzer Zeit jedenfalls kursierten Tausende von Abschriften. Dahlmanns Schüler Heinrich Oppermann schilderte, wie die ‹Protestation› im Schneeballprinzip vervielfältigt wurde: Einer las vor, die anderen schrieben mit; weitere Abschriften wurden verteilt und wiederum abgeschrieben. Die Kopien gingen an Freunde und Verwandte im In- und Ausland.[262] Danach berichteten alle Zeitungen über die Affäre.

Nachdem es in Deutschland für einige Jahre mehr oder weniger ruhig geblieben und es der Polizei nach dem Hambacher Fest und dem Frankfurter Wachensturm gelungen war, die Verbreitung unbequemer Ansichten zu unterdrücken, drohte die öffentliche Meinung wieder außer Kontrolle zu geraten. Die Liberalen erklärten die ‹Göttinger Sieben› zu Helden, die Konservativen verurteilten sie als Verräter. Ernst August musste handeln. Er kannte Göttingen noch gut als revolutionären Unruheherd aus den frühen 1830er Jahren. Wenn nun nicht mehr nur die Studenten gegen das System revoltierten, sondern auch die Professoren: Wohin sollte das führen? Außerdem wollte er nicht schon zu Beginn seiner Regierungszeit als Trottel dastehen, der nicht einmal das staatsrechtliche Abc beherrschte.

Freilich lag genau hier das eigentliche Problem. Denn der König agierte ja nicht mehr allein gegen sieben Personen, sondern gegen die «öffentliche Meinung» – das wäre ihm zumindest klargeworden, wenn er ein wenig in Dahlmanns *Politik* geblättert hätte. Die «öffentliche Meinung», so war dort zu lesen, bringe eine Macht hervor, die mehr als alle politischen Institutionen «aus der Tiefe» wirke.[263] Sie stoße die traditionelle Machthierarchie um, weil durch die «Macht der Sprache» ein Mann, «der nichts bedeutet, übermächtig» werden könne. Zugleich artikulierten sich in der «öffentlichen Meinung» die «Herzensangelegenheiten eines Volks». Das wiederum heißt: Wenn man ein «Volk» haben will, das mit dem Herzen bei der politischen Sache ist, dann muss Pressefreiheit herrschen. Nicht dass Dahlmann als Realpolitiker die Zensur sofort abschaffen wollte. Aber wie Jacob Grimm zu seiner Zeit als Mitglied in der kurhessischen Zensurkommission riet er dem Staat, keine unrealisierbaren Verbote aufzustellen. Die Regierung sollte die «öffentliche Meinung» eher behutsam bilden, als den vergeblichen Versuch unternehmen, diese zu unterdrücken.[264] Überhaupt musste Jacob den Eindruck gewinnen, dass die Konflikte der letzten fünfundzwanzig Jahre erneut ausgetragen wurden. Hatte er nicht bereits als politischer Journalist auf dem Wiener Kongress die

Vertreter Kurhessens davon überzeugen wollen, wie wichtig Öffentlichkeitsarbeit ist?

Der Hannover'sche König ahnte davon nichts. In seinem Bescheid erklärte «Ernst August, von Gottes Gnaden König von Hannover, Königlicher Prinz von Großbritannien und Irland, Herzog von Cumberland, Herzog von Braunschweig und Lüneburg etc.» den Professoren, er werde auf eine Untersuchung wegen der Veröffentlichung der ‹Protestation› großzügigerweise verzichten, halte es aber wegen der darin formulierten «Grundsätze» für seine «heilige Verpflichtung», unverzüglich Maßnahmen zu ergreifen, «um ferneren höchst schädlichen und nachtheiligen Folgen vorzubeugen». Der Ton, in dem das Urteil abgefasst ist, verdeutlicht das absolutistische Selbstverständnis des Königs: «Nach den heiligen, von der göttlichen Vorsehung Uns aufgelegten, Pflichten können wir Männern, welche von solchen Grundsätzen beseelt sind, die Verwaltung des ihnen verliehenen höchst einflußreichen Lehramtes unmöglich länger gestatten, indem Wir sonst mit Recht besorgen müßten, daß dadurch die Grundlagen der Staaten nach und nach gänzlich untergraben würden und die künftige Dienerschaft nicht nur in Unserm Königreiche, sondern auch in andern Ländern eine solche Bildung erhielte, wodurch sie für Staat und Kirche auf gleiche Weise nachtheilig werden müßte.»[265]

Es kam zu einem schnellen Verfahren. Am 4. Dezember 1837 standen die ‹Göttinger Sieben› vor dem Universitätsgericht. Eine Woche später nahmen die Angeklagten ein zweites Mal Stellung. Noch am selben Tag unterzeichnete der König die Entlassungsurkunden für alle sieben Professoren. Dahlmann, Gervinus und Jacob Grimm wurden zudem dazu verurteilt, binnen drei Tagen das Königreich zu verlassen – ihnen wurde die öffentliche Verbreitung der ‹Protestation› strafverschärfend angelastet. Am 14. Dezember nahmen die Professoren zwischen vierzehn und fünfzehn Uhr ihre Entlassungsurkunden entgegen. Zwei Stunden später «wogte die Weenderstraße von Studierenden», wie der Polizeibericht festhält. Da sie der Aufforderung, sich zu zerstreuen, nicht folgten, ließ der Polizeidirektor «einige verhaften und die mehrmalige Wiederholung dieser Procedur säuberte […] die Straßen».[266]

Die *Hannoversche Allgemeine Zeitung* berichtete: «In der Dämmerung war die Nachricht durch die ganze Stadt verbreitet und erregte lebhafte Theilnahme. Bestürzung, Neugier, Trauer trieben Viele auf die Gasse. Zahlreiche Studentengruppen zogen durch die Straßen, auf die Allee zu Grimm's, gegen das Geismarthor, an dem Ewald, gegen das Weenderthor, vor welchem Dahlmann und Albrecht wohnten; allein die Thore waren gesperrt. Landdragoner, theils mit gezogenem Säbel, marschirten durch die Haufen; Pedelle mahnten im Namen des Prorectors zur Ruhe, und forderten die Studenten auf, sich nach Hause zu begeben. Die Thorwachen waren doppelt und mehrfach besetzt und sind es noch jetzt.»

«Lärmposten» wurden bis nach Weende hin aufgestellt, «Gardes du Corps» von Northeim her beordert. Gegen neunzehn Uhr beruhigte sich die Lage. Die Tore blieben aber vorerst geschlossen. Das Universitätsgefängnis war überfüllt, einige verhaftete Studenten sperrte man kurzerhand in die Aula. Am nächsten Tag fielen die Vorlesungen größtenteils aus. Es kam wieder zu studentischen Aufläufen. Berittene Soldaten trieben die Menschengruppen auseinander, konnten aber einen Protestzug nicht verhindern. Schließlich wurde der Belagerungszustand über Göttingen verhängt.[267] Man tat also aus ordnungspolitischer Sicht gut daran, die Hauptfiguren binnen drei Tagen aus dem Land zu werfen.

Am Morgen des 17. Dezember verlassen Dahlmann, Gervinus und Jacob Grimm Göttingen. Den Pferde- und Kutschenverleihern hatte man verboten, ihre Transportmittel für das Geleit der Verbannten zur Verfügung zu stellen. So hatten sich in der Nacht zuvor mehr als zweihundert Studenten zu Fuß auf den Weg zur Landesgrenze gemacht, um dort ihre Dozenten zu feiern. Gegen zwölf Uhr empfangen sie die Wagenkolonne mit Vivat-Rufen. Die Professoren halten kurze Ansprachen, man isst gemeinsam zu Mittag, singt einige Lieder.[268] Dahlmann fährt nach Leipzig, dann nach Jena; Gervinus nach Darmstadt; Jacob Grimm nach Kassel.

Jacob zieht bei seinem Bruder Ludwig in der Bellevuestraße ein; Wilhelm bleibt zunächst in Göttingen, weil er die Wohnung in der Allee noch bis in den Herbst gemietet hatte. Er vermisst seinen Bruder; auch die Kinder fragen immer wieder nach ihrem ‹Apapa›. Der belebt in Kassel alte Kontakte, etwa mit der Kurfürstin, bei der er «voller Gnade» aufgenommen wird.[269] Bei Ludwig fühlt er sich so weit ganz wohl, auch wenn er von seinem kleinen Hinterzimmer aus nicht, wie in Göttingen, über Gärten, sondern auf einen dunklen Hof blickt.[270] Ludwig und seine Frau Marie sind «herzensgut», aber natürlich stört sich Jacob an den Abläufen im Haushalt, an die er nicht gewohnt ist; ihm fehlt die eingespielte Familienroutine mit Wilhelm, Dorothea und den drei Kindern.[271] Bald zeigt er sich gereizt. «Wir essen wie die puppen», mokiert er sich gegenüber Wilhelm über die Umgangsformen im Haus seines kleinen Bruders. Es geht ihm dort viel zu «ceremoniös» zu. «Das kind ist gesund, darf aber die meisten speisen nicht anrühren, ich höre nie dass es weint oder unartig ist, so gut wird es dressiert, mit allem ist es zufrieden»[272] – Letzteres musste Jacob, der an den meisten Dingen etwas auszusetzen fand, nun wirklich befremden.

Aus ganz Deutschland erreichen die ‹Göttinger Sieben› Solidaritätsadressen. In Leipzig gründet sich der erste «Göttinger Verein», dem an vielen Orten weitere folgen. Diese Vereine sorgen mit Privatspenden für den Unterhalt der Entlassenen, bis 1842 zuletzt auch Dahlmann wieder in Amt und Würden ist.[273] Immerhin kommen auf diese Weise 22 357 Reichstaler zusammen[274] – legt man Jacob Grimms Göttinger Einstiegsgehalt zugrunde, hätte er davon bis fast zu seinem Tod leben können. Die ‹Göttinger Sieben› hatten Kultpotenzial, und entsprechend waren bald Fan-Artikel erhältlich. Es kursierten Bilder der politischen Heroen, und zwar nicht nur auf Papier, sondern auch auf Bierkrügen oder Pfeifenköpfen; den Grenzübertritt der ausgewiesenen Professoren gab es in Blei gegossen als Kinderspielzeug zu kaufen.[275]

Auf ganz verschiedene Weise signalisierte man Zustimmung. Der

Lehrer von Wilhelms Sohn Rudolf verzichtete auf das Schulgeld. Ein Händler auf der Kasseler Messe gewährte sofort Rabatt, als er hörte, dass ein Kleid für «Frau Professor Grimm» bestimmt sei.[276] Der Jurist Gustav Hugo feierte sein Dienstjubiläum im Mai 1838 in Kassel, so dass auch Jacob daran teilnehmen konnte. Im Übrigen äußerte Hugo in Göttingen mehrfach frei seine Meinung zugunsten der Entlassenen: In Verhandlungen der Universität gab er offenherzig zu Protokoll, er werde Entscheidungen, die man unter Ausschluss der entlassenen Professoren fälle, nicht anerkennen.

Die Brüder Grimm beobachten das alles sehr genau. Von wem können sie Geld annehmen, ohne als Sympathisanten einer politischen Partei zu gelten? Savigny hatte sie, aus Angst vor dem «falschen Schein einer revolutionären Verbrüderung», nachdrücklich davor gewarnt, über die Spendenaktionen in die Parteistreitigkeiten hineingezogen zu werden.[277] Jacob und Wilhelm wägen ab, halten mit Dahlmann Rücksprache, nehmen einiges an, schicken anderes, das sie verdächtig machen könnte, wieder zurück. Mit dem «Parteiwesen der Zeit», so Wilhelm dezidiert, wolle er nichts zu schaffen haben: «Unsere Sache hat nichts mit dem politischen Treiben gemein, wir sind fest entschloszen uns nicht für die liberale Fahne anwerben zu lassen.»[278] Sie registrieren, wer ohne Wenn und Aber auf ihrer Seite steht, wer sich auf einmal zurückhält und wer gegen sie Stellung bezieht. Nun zeigen die Menschen ihr wahres Gesicht, meint Wilhelm: «Es ist wie im Herbst, wenn bei einem Nachtfrost auf einmal alle Blätter fallen und am Morgen die Äste kahl dastehen.»[279]

Es werden nämlich durchaus auch feindselige Stimmen laut. Als Gegner profiliert sich vor allem der Jurist Christian Friedrich Mühlenbruch. Bei einem Ball nennt er die ‹Göttinger Sieben› und ihre Sympathisanten «Dummköpfe» und verursacht dadurch ein großes «Spektakel».[280] Als er beim nächsten Mal in seine Vorlesung geht, ist der Raum übervoll – Mühlenbruch kommt nicht zu Wort; ein «furchtbarer Lärm» mit «Schreien, Pfeifen, Stampfen etc. was dazu gehört» verhindert jeden sinnvollen Unterricht. Polemiken gegen

Mühlenbruch kleben an den Hauswänden. Das nimmt den Professor
so mit, dass er um einen halbjährigen Kuraufenthalt ersucht. Nicht
einmal das zuständige Ministerium steht voll und ganz hinter ihm:
Man lobt seine Gesinnung, empfiehlt aber doch Zurückhaltung, um
keine weiteren Streitereien zu provozieren.[281]

Die Grimms werden überaus empfindlich. So wie die staatlichen ‹Demagogenriecher› hinter jeder regierungskritischen Äußerung revolutionäre Umtriebe vermuten, verdächtigt Jacob auch gute
Freunde. Besonders bei Savigny und Lachmann glaubt er, Vorbehalte
zu erkennen. Diesem unterstellt er die Angst vor Konkurrenz und
daher mangelndes Engagement für eine Berufung der Brüder nach
Berlin; jener scheint ihm zu sehr Politiker, um seine wahre Meinung
frei zu äußern. Wilhelm ist etwas weniger misstrauisch. Er verteidigt
Lachmann gegen die Verdächtigungen und bittet für seinen Bruder
um Nachsicht: «Jacob, bei dem Eifer womit er alles angreift, möchte
es freilich machen, wie er es mehrmals gemacht, wenn er sich nicht
wohl befand, er nahm die Arznei, die für den ganzen Tag bestimmt
war, auf einmal, um die Sache gleich abzutun» – er bleibe doch der
«treueste und liebreichste Mensch auf der Welt».[282] Aber auch Wilhelm geht in Lauerstellung und achtet darauf, wer den Verkehr mit
ihm neu definiert. Benecke etwa, berichtet er Dahlmann und Lachmann im März 1838, habe ihn seit der Entlassung nur einmal für
ganze zehn Minuten besucht.[283]

So wie die Grimms ihr Umfeld beobachten, so beachtet man umgekehrt ihr Verhalten. Die Zeitungen informieren über jeden ihrer
Schritte. Die Grimms haben sich in Personen des öffentlichen Inter-
esses verwandelt. Daher müssen sie konsequent Imagepolitik betreiben. Sie nutzen ihre Kontakte zu Journalisten und lancieren Artikel
oder schreiben selbst Beiträge.[284] Die Klatschreporter des Vormärz
geben sich gut informiert. Am 6. Januar 1838 etwa hält ein Zeitungs-
artikel über Kassel fest, dass «der hier anwesende Professor Grimm
[…] häufig von ihrer königl. Hoheit der Kurfürstin zum Thee geladen» werde, «im Uebrigen sehr zurückgezogen und nur den Studien» lebe – Jacob notiert auf den Zeitungsausschnitt: «ganz falsch».

Noch mehr ärgert ihn die Nachricht, die Kurfürstin habe den Brüdern Grimm ihre «chatoulle» geöffnet, sie also finanziell unterstützt.[285] Dass Jacob auf einer Reise nach Leipzig zwischenzeitlich in
Würzburg angekommen war, erfährt sein Bruder aus der Zeitung.
Und als Jacob und Ludwig sich im April 1838 mit Wilhelm und seiner Familie in Heiligenstadt treffen, um geschäftliche Angelegenheiten zu besprechen, findet sich darüber gleich ein Artikel in Gutz-
kows *Telegraph für Deutschland*. Dort wurden die beiden Brüder in
einem anderen Artikel als «zwei Fürsten» dargestellt, die jetzt «ohne
Obdach in Deutschlands Gauen pilgern».[286]

Die Grimms werden zu politischen Stars. Franz von Dingelstedt
jubelt in seiner Hommage an die Brüder, die 1840 in gekürzter Fassung im *Telegraph* erscheint:

«Wie heißt das Licht, zu dem in dunklen Nächten
Der Schiffer aus dem Kampf der Woge fleht,
Der Doppelstern, der plötzlich in Gefechten
Hell leuchtend ob bedrohten Häuptern steht,
Das Brüderpaar, das leitend zu der Rechten
Verirrter Wanderer am Abgrund geht?
Dort blinkt es ja von jenen blauen Fluren,
Das Zwillingsbild der heil'gen Dioskuren.
So standen sie, aus einem Schoos geboren
Und an derselben Muse Brust geneigt,
Zu einem Ziel in Wort und That verschworen,
Von einem Lorbeer freundlich überzweigt,
Von uns vereint besessen und verloren,
Zweimal begehrt und niemals fest erreicht,
Aus einem Guß zween blanke Erzfiguren
Auf Thongestell, – die Heßen-Dioskuren!»[287]

Auf diese Art dichtet der Autor der *Lieder eines kosmopolitischen
Nachtwächters* noch weitere sechs Strophen vor sich hin. Wilhelm
Grimm konnte sich nur schwer entscheiden, ob er sich mehr über

«hoffärtige Verhöhnungen» oder über «abgeschmackte Lobprei-
sungen» ärgern sollte.[288] Jacob jedenfalls meinte, das spätere Einlei-
tungsgedicht von Hoffmann von Fallerslebens *Unpolitischen Liedern*
drücke «nicht übel» ihre «Stimmung» aus:

> «Von allen Wünschen in der Welt
> Nur Einer mir anjetzt gefällt,
> Nur: Knüppel aus dem Sack!
> Und gäbe Gott mir Wunschesmacht,
> Ich dächte nur bei Tag und Nacht,
> Nur: Knüppel aus dem Sack!»[289]

Für Jacob und Wilhelm gab es drängende Fragen zu lösen. Wohin
sollten sie sich wenden? Welchem Land, welcher Stadt und welcher
Institution sollten sie sich anvertrauen? Zur Auswahl stand natürlich Kassel, dann aber vor allem Berlin, wo Jacob auf ihre Verbindungen zur Akademie der Wissenschaften zählte. Sie spekulierten
auf Posten an der Marburger Universität oder in der Bibliothek. Zur
Universität Zürich, wohin vor allem Gervinus drängte, versuchte
Laßberg zu vermitteln. In Hamburg schienen sich Möglichkeiten
am akademischen Gymnasium zu eröffnen. Über Hugo erreichte sie
ein Angebot aus Oldenburg. Oder sollte man sich doch ganz anders
orientieren? In eine kleine ruhige Stadt, in der die «Sehnsucht nach
Stille und Ruhe», nach zurückgezogener Arbeit sich am besten erfüllen ließe? Wilhelm brachte Heidelberg ins Spiel. Einen Ruf nach
Breslau erwogen sie nicht ernsthaft, weil sie anderen Bewerbern, darunter Hoffmann von Fallersleben, nicht im Weg stehen wollten. In
Weimar überlegte man, sie als Bibliothekare in die Stadt zu holen.[290]

Kurzzeitig spielte Jacob sogar mit dem Gedanken, ins Ausland zu
gehen, nach Schweden etwa. Gerüchteweise war von Lüttich die Rede.
Bettine von Arnim versuchte, die Grimms zum Umzug nach Paris zu
bewegen. Aber der Wechsel ins Ausland wäre für Jacob nur ohne seinen Bruder möglich gewesen,[291] und das schloss er kategorisch aus:
«Fest steht nur», schrieb er an Savigny, «daß ich mich nicht von Wil-

helm trenne.»[292] Für Wilhelm, der an seine Familie dachte, war darüber hinaus wichtig, dass der künftige Wohnort «Ärzte, Gymnasium für die Kinder, u. Bibliotheken» zu bieten hatte.[293] Finanziell fühlten sich die Brüder nicht gedrängt. Von ihrem Ersparten konnten sie eine Zeitlang leben. Hinzu kamen die reichhaltigen Gaben der vielen Freunde und Förderer im ganzen Land. Zudem versuchten sie in den ersten Wochen nach der Entlassung, ihr Gehalt einzuklagen. Das Verfahren zog sich hin und wurde dann 1841 abschlägig beschieden.[294]

Im Juni und Juli 1838 unternimmt Jacob eine längere Reise, um die Lage zu sondieren. Zunächst fährt er nach Kissingen, wo er die Dahlmanns für vierzehn Tage auf Kur besucht – Frau Dahlmann gerät vor Freude so außer sich, dass sie einen Fieberanfall erleidet. Danach geht es nach Würzburg und Nürnberg, von wo aus Jacob mit der Eisenbahn einen kurzen Ausflug nach Fürth unternimmt. In Erlangen kommt ihm alles «professorisch und studentisch» vor; die Studenten bringen ihm Ständchen und lassen ihn hochleben. Das geht Jacob noch an einigen Stationen seiner Reise so. Am Ende gewöhnt er sich geradezu an diese Huldigungen.[295] Bamberg macht einen guten Eindruck. Über Coburg kommt Jacob am 2. Juli 1838 endlich in Leipzig an.

Von dort aus hatte man ihm ein interessantes Angebot unterbreitet: Salomon Hirzel und Karl Reimer, die Inhaber der Weidmannschen Buchhandlung, schlugen ihm und Wilhelm vor, ein großes Wörterbuch der deutschen Sprache zu verfassen. Das hätte sie für längere Zeit finanziell abgesichert und ihnen zudem die ersehnte Unabhängigkeit verschafft. Seit den 1820er Jahren hatten immer wieder Verleger wie Johann Friedrich Cotta aus Stuttgart oder Christian Friedrich Winter aus Heidelberg versucht, sie für ein solches Projekt zu gewinnen. Stets hatten die Grimms sich gewehrt. Im März 1838 hatte Reimer, angekündigt von Dahlmann, sich erlaubt, noch einmal an sie heranzutreten.[296]

Man bemüht sich redlich um Jacob, aber die Stadt behagt ihm nicht: Sie erscheint ihm zu vornehm, zu groß, zu staubig, zu laut. Auch das Klima an der Universität sagt ihm nicht zu. Zwar hatte der König von

Sachsen den ‹Göttinger Sieben› anfangs Asyl angeboten, dann aber, als es konkret um die Berufung Dahlmanns ging, einen Rückzieher gemacht. Hinzu kommen die hohen Lebenshaltungskosten.

Von Leipzig aus fährt Jacob nach Dresden, wo er einen Abend mit Tieck verbringt. Dann geht es über Naumburg nach Jena. Hier bleibt er wieder einige Zeit bei dem gesundheitlich angeschlagenen Dahlmann. Er muss sich wie in Erlangen und Leipzig «durch eine menge von professoren durchessen» und freut sich schon auf die baldige Ruhezeit in Kassel. Über Weimar fährt er in der ersten Augustwoche dahin zurück.[297] Nach dieser Reise steht fest: Das Wörterbuch-Projekt nehmen die Brüder Grimm in Angriff. In der Wohnortfrage aber plädiert Jacob nun entschieden für Kassel. Von der dortigen Regierung erwarten sie keine Unterstützung. Immerhin wissen sie recht genau, woran sie sind.[298]

Mitte Oktober 1838 trifft auch Wilhelm mit seiner Familie in Kassel ein. Der Umzug wird mit drei Wagen über die Bühne gebracht, die auf der Reise mehr als zwei Tage dem Regen ausgesetzt sind.[299] Am 17. Oktober kommt Dorothea an, Wilhelm wenige Tage später. Beim Einräumen schaut Bettine von Arnim vorbei und hält zwei Tage lang den Betrieb auf. Dann zieht sich Dorothea auch noch eine schwere Prellung zu: Beim Auspacken war ihr ein Ofenstück auf den Fuß gefallen. Die Brüder schaffen das Gröbste auch allein.

Nun sind wieder alle in ihrem alten Haus in der Bellevuestraße versammelt. Der erste Winter in Kassel wird hart. Dorothea erkrankt schwer, vermutlich erlitt sie einen Nierenabszess: Fieberanfälle, starke Schmerzen, Husten, Schlaflosigkeit – fast täglich berichtet Wilhelm darüber nach Göttingen an Hugo.[300] Im Sommer aber fühlen sich die Rückkehrer in der «schönen Aussicht» so wohl wie früher. «Ich wohne Parterre», schreibt Wilhelm im Juli 1840 an Gervinus, «und die Sonne, der blaue Himmel, selbst der Duft der Linden dringt aus dem Park in mein Zimmer.»[301]

Jacob und Wilhelm Grimm ‹über ihre Entlassung›

Nach ihrer Entlassung begannen die ‹Göttinger Sieben›, mit Ausnahme von Weber, Rechtfertigungsschriften zu verfassen. Auf unterschiedliche Weise versuchten sie, persönliche Glaubwürdigkeit mit den verfassungsrechtlichen Fragen zu verbinden: Der Historiker Dahlmann setzte mehr auf Quellenkunde und veröffentlichte eine Reihe von Dokumenten;[302] der Jurist Albrecht konzentrierte sich auf prinzipielle rechtliche Probleme; der auch theologisch versierte Ewald legte eine Art Glaubensbekenntnis unter reichlicher Bezugnahme auf biblische Motive vor; der politisch immer schon aufrührerisch gestimmte Gervinus las dem König moralisch die Leviten; und die Rechtfertigung der Philologen Jacob und Wilhelm Grimm hat deutlich am meisten literarische Qualitäten – ihnen ging es vor allem um den «sittlichen» Eindruck.[303]

Die Selbstverteidigungen waren nicht aufeinander abgestimmt. Im Gegenteil. Wilhelm etwa betonte mit Blick auf Gervinus: «Meine Ansichten sind den seinigen fast in allen Richtungen entgegengesetzt, aber ich halte ihn für einen geistreichen Menschen und seine Natur für ehrenwerth. […] Ich habe ihn nicht oft gesehen, noch seltener Weber, Ewald gar nicht, und mit allen dreien über unsere Angelegenheit erst nach Unterzeichnung der Protestation gesprochen, und die Leute denken das sey eine Clique gewesen!»[304]

Am 2. Januar 1838 unterrichtete Jacob seinen Bruder in Göttingen davon, dass er vor etwa einer Woche angefangen habe, «über die sache etwas nieder zu schreiben, was vielleicht gedruckt werden könnte».[305] Dahlmann informierte er zwei Wochen später: «Ich verlange für unsern Schritt nicht den Beifall andrer Leute, nur, daß unsre Gesinnung rein und ungefälscht der folgenden Zeit überliefert werde»[306] – mit anderen Worten: Es sollte ein Quellentext für die künftige Geschichtsschreibung entstehen. Ende des Monats kündigte Jacob seinem Bruder den Aufsatz an; Mitte Februar schickte er ihn ab: Wilhelm möge ganz frei die Ausführungen beurteilen, verbessern und die Linien so klar ziehen, dass jedes Missverständnis ausgeschlossen bleibe.[307] Wilhelm orientierte sich an diesen Vorgaben, setzte aber auch eigene Akzente. Einigen Formulierungen verlieh er mehr Nachdruck, andere schwächte er ab, um dem Leser Raum für die «Phantasie» zu verschaffen. Jacob war mit allen Veränderungen und Ergänzungen «vollkommen einverstanden». So entstand in Gemeinschaftsarbeit eine auf größtmögliche öffentliche Wirkung berechnete Polemik: «Die Schrift», versicherte Wilhelm seinem Bruder, «zumal in dieser eindringlichen Weise abgefast, wird großes Aufsehen machen, mehr als du vielleicht denkst.»[308] Danach ging die Erklärung noch an Dahlmann. Er fand Wilhelms Veränderungen ebenfalls einleuchtend. Jacobs Angebot, die Polemik unter beider Namen erscheinen zu lassen, lehnte Wilhelm gleichwohl ab. Schließlich mussten er und seine Familie es noch mehrere Monate lang in Göttingen aushalten.

Eine Zeitlang zögerten sie mit der Veröffentlichung, denn in Göttingen war nicht alles entschieden – mehrfach versuchte die Universität, deren Ansehen schwer gelitten hatte, ihre verlorenen Professoren zurückzugewinnen. Außerdem war nicht klar, wo die Schrift erscheinen könnte. Zunächst dachte Jacob an Leipzig, weil sich die Sächsische Regierung anfangs auf die Seite der ‹Göttinger Sieben› gestellt hatte. Aber der Zensor forderte zu viele Eingriffe, unter anderem an den Stellen, an denen Jacob seine Gegner persönlich angriff – solche Invektiven hatte Savigny ebenfalls bemängelt.[309] Schließlich erschien *Jacob Grimm über seine Entlassung* im April 1838 in Basel bei der Schweighauserischen Buchhandlung.

Noch vor Erscheinen der Buchfassung publizierten Schweizer Zeitungen Ausschnitte, die dann von deutschen Blättern nachgedruckt werden.[310] Das war nicht im Sinn Jacobs, weil auf diese Weise die Zensur zu früh auf die kleine Broschüre aufmerksam wurde. In Göttingen kam es dann auch zu Hausdurchsuchungen, nachdem der Buchhändler die Käufer der Schrift identifiziert hatte: Entweder mussten sie ihr Exemplar aushändigen oder schriftlich darlegen, warum sie es behalten wollten. Die Begründungen sind kurios: Hugo erklärte, es sei eine Schrift für Gelehrte, also wolle er sich damit belehren; andere wollten sie behalten, weil sie die Broschüre nun einmal gekauft hätten; wieder andere gaben vor, den Text gerade nicht finden zu können; und einer stellte fest, die Lektüre liege «im Interesse der Universität».[311]

Das «Interesse der Universität» dürfte wohl eher ironisch angeführt worden sein. Für die Grimms war das jedoch ein entscheidender Punkt. Denn im Zentrum der Affäre um die ‹Göttinger Sieben› stand für sie die Beziehung von Wissenschaft und Politik in einer revolutionären Zeit, gegen die man nicht einfach handstreichartig Politik machen kann.[312] Die Grimms plädierten weder für Stillstand noch für Rückschritt, noch für einen Umsturz. Sie wollten Stabilität im Wandel, wie sie in der Wissenschaft und in der Politik von der «Gewohnheit» gewährleistet werde.[313]

Ausgehend von diesen Überlegungen stellt Jacob in der Entlassungs-Schrift sich und seinen Bruder zunächst als zurückgezogene Wissenschaftler dar, die sich stets aus Parteistreitigkeiten herausgehalten und ihre Pflichten erfüllt hätten, von der Obrigkeit jedoch oft enttäuscht worden seien: «Nie, von früh auf bis jetzt, ist mir oder meinem Bruder von irgend einer Regierung Unterstützung oder Auszeichnung zu Theil geworden.»[314] Aus der Perspektive seiner «Unabhängigkeit» skizziert Jacob kurz den Verfassungsbruch Ernst Augusts, mit dem dieser vor allem das Prinzip der wechselseitigen Absprache zwischen dem König und den Landständen verletzt habe. Dann beschäftigt er sich mit der Haltung der Universität, klärt sein Verständnis der ‹Protestation› und betont, dass selbst die Entlassung nicht rechtmäßig verlaufen sei, weil die entsprechenden Gremien nicht einbezogen wurden.

Im abschließenden Teil, in dem Jacob die Folgen der Affäre für Deutschland beschreibt, hat Wilhelm mehrere Seiten gekürzt. Seine Begründung, die Jacob offenbar eingeleuchtet hat, zeigt noch einmal, worauf es den Brüdern Grimm vor allem ankam: Ohne die Kürzung wäre der Akzent am Ende auf «allgemeine[ ] Betrachtungen» verlagert worden, die «den Eindruck des Besondern und Eigenthümlichen» geschwächt hätten.[315]

Das ‹Besondere› und ‹Eigentümliche›, ihre individuellen Biographien also, sollten im Vordergrund stehen, und zwar deswegen, weil die Auseinandersetzungen um die ‹Protestation› immer auch die Lebensform mit verhandelten, um die Jacob und Wilhelm in Göttingen mit den Institutionen seit mehr als sieben Jahren gerungen hatten. Daher betonte Jacob Grimm in seinem Rechtfertigungsbrief an Savigny vom 7. Januar 1838: Hätte er bei der ‹Protestation› anders entschieden, so würde er sich «in allen [...] Gedanken und Erinnerungen befleckt» fühlen. Und fast schon verzweifelt fügt er hinzu: «war denn das Zeugnis unseres ganzen Lebens ausgetilgt?»[316] Für die Brüder Grimm ging es ums Ganze.

Letztlich nämlich entzog ihnen Ernst August die Grundlage für den Aufenthalt in der Universitätsstadt. Jacob und Wilhelm waren nach Göttingen gewechselt, weil man sich ihnen gegenüber in Kassel nicht ‹treu› verhalten hatte: Sie hatten ihre ganze Arbeitskraft in die ihnen aufgetragenen Aufgaben investiert, aber diese Leistung hatte der hessische Kurfürst nicht zur Kenntnis genommen. Gegen ihren Willen verließen sie deswegen ihre Heimat und zogen an einen anderen Ort, obwohl sie sich dort unbehaglich fühlten. Sie betrachteten sich von nun an als Untertanen des Königs von Hannover.[317] Der aber pfiff auf solche Untertanentreue. Alle Opfer, die die Grimms den neuen Verhältnissen gebracht hatten, waren umsonst. Das Motto der Entlassungs-Schrift spielt darauf an: «war sint die eide komen? Nib. 562,3» (‹Was ist aus den Eiden geworden?›).

Indem Jacob das Nibelungenlied – im Original – zitiert, erinnert er nicht nur an die gute alte Zeit heldenhafter Treue, sondern vor allem auch an die Treue gegenüber der Vergangenheit und damit an die Tugenden des Philologen. Genau diese Doppelfigur des philologischen Staatsbürgers und des staatsbürgerlichen Philologen rufen Jacob und Wilhelm mit ihrer Rechtfertigung auf. Die Wissenschaft, wie die Grimms sie verstehen, beachtet all jene Elemente einer politischen Kultur, die Kurfürsten wie Wilhelm I. und Wilhelm II. oder Könige wie Ernst August ignorieren, und sie setzt jene Tugenden in die Praxis um, die die Brüder Grimm auch politisch für notwendig halten: Treue und Vertrauen, Aufrichtigkeit und Wahrheitsliebe.

Aus dieser Haltung und aus dem Engagement resultiert eine Gesellschaftsform, die nicht von oben gesteuert werden muss, sondern sich von selbst organisiert. Das Vorbild dazu gaben die Brüder Jacob und Wilhelm «in entschiedner, unzertrennlicher und wechselseitig aushelfender Gemeinschaft» ab. Deswegen, so suggerieren die Grimms, verlaufen Wissenschaftsgeschichte und politische Geschichte parallel: Die «öffentliche Meinung» zeige sich für den Forschungsgegenstand der Grimms «empfänglich und günstig»,[318] und ebenso «empfänglich» zeige sie sich für deren politisches und persönliches Schicksal. Daher, so behauptet Jacob, habe sich das Klima zugunsten der Grimm'schen Forschung auch genau «nach Deutschlands Befreiung und Hessens Wiederherstellung» verändert. Der Erfolg der Grimm'schen Studien soll eine Art Stimmungsmesser für die Entwicklung der deutschen Nation sein.

Der erste Absatz der Entlassungs-Schrift, den Wilhelm hinzugefügt hat, fasst diese politische ‹Empfänglichkeit› in ein altes Bild herrschaftlicher Gewaltausübung: «Der Wetterstrahl, von dem mein stilles Haus getroffen wurde, bewegt die Herzen in weiten Kreisen. Ist es bloß menschliches Mitgefühl, oder hat sich der Schlag electrisch fort verbreitet, und ist es zugleich Furcht, daß ein eigner Besitz gefährdet werde? Nicht der Arm der Gerechtigkeit, die Gewalt nöthigte mich ein Land zu räumen, in das man mich berufen, wo ich acht Jahre in treuem, ehrenvollem Dienste zugebracht hatte. ‹Gib dem Herrn eine Hand, er ist ein Flüchtling›, sagte eine Großmutter zu ihrem Enkel, als ich am 16 Dec. die Grenze überschritten hatte. Und wo ward ich so genannt? in meinem Geburtslande, das an dem Abend desselben Tages ungern mich wieder aufnahm, meine Gefährten sogar von sich stieß.»[319]

Der Blitz steht traditionell für die göttliche Strafgewalt. Hier aber führen Wilhelm und Jacob das Bild weiter: Der Vernichtungsschlag von oben verwandelt sich in das Medium, das auf natürlichem Weg Gemeinschaft erzeugt: zwischen «Freunden und Unbekannten», zwischen den Generationen, zwischen Menschen verschiedener deutscher Länder, zwischen dem namenlosen Flüchtling und den anonymen Beobachtern. Man darf nicht vergessen, dass solche horizontale Verteilung von Energie mit der ersten Eisenbahnstrecke zwischen Nürnberg und Fürth oder mit der Verbesserung des elektrischen Telegraphen durch Carl Friedrich Gauß und den ‹Protestanten› Wilhelm Eduard Weber eine neue verkehrstechnische Dimension hinzugewann. Wo beim Blitzschlag früher die Beziehung zwischen Oben und Unten im Vordergrund stand, entsteht nun ein Eindruck jener sozialen Energieübertragung, die die Machtverhältnisse fundamental verändert, weil ungewollt viele Menschen sich von einem Willkürakt betroffen fühlen, der nur einzelne Personen exemplarisch abstrafen sollte. Die Voraussetzungen für diese «Gemeinschaft», so die Grimms in ihrer Entlassungsschrift weiter, bilde in besonderer Weise die Universität aus: Denn sie mache die Studenten «*reizbar und empfindlich* für alles, was im Lande gutes oder böses geschieht».[320]

Noch eine weitere Dimension war den Grimms am Bild des «Wetterstrahls» wichtig: Die Gemeinschaftsbildung durch Mitgefühl oder elektrische Übertragung funktioniert unwillkürlich. Sie weist auf einen Punkt hin, an dem die «in das Kreuz oder die Quere laufenden Tagesmeinungen» ebenso wenig von Belang sind wie die Parteiungen der «Konstitutionellen» und «Liberalen» oder der «Absolutisten» und «Servilen». Es geht um die «Einigkeit der Gegensätze», nach der die Grimms in ihren Forschungen seit nunmehr dreißig Jahren suchen. Und wie dort beharren sie darauf, dass sich Einigkeit in einem schlichten Sinn in ihrer Gegenwart gar nicht einstellt. Jedem der politischen «Gegensätze» kann Jacob etwas abgewinnen, so wie er eben auch keiner Partei ruhigen Gewissens seine Stimme geben könnte. Dass sie «in voller Einigung aufgehn», hält er für unmöglich. Jacob behauptet zwar von sich, er ‹verabscheue› mehr als jeder andere das politische Treiben.[321] Zugleich aber steht für ihn fest: Man muss politisch dazu in der Lage sein, sich in der Uneinigkeit einzurichten. Selbst in den einzelnen Parteiungen herrsche Meinungsvielfalt. Daher hätten «glückliche» Verfassungen vor allem eine Aufgabe: Herrschaft dadurch zu sichern, «daß sie, was Zeiten und Völker am eigensten hob, sich gewähren ließen und schirmten».[322] Bei den Fürsten seiner Gegenwart hingegen erkennt er den Hang zu einem «parfumierten Monarchismus […], der nicht den leisesten und ehrlichsten Einspruch erträgt und aller Natur der menschlichen Empfindungen und Rechte Hohn spricht».[323]

Am besten beschreibt ein zeitgenössischer Artikel im Kasseler *Beobachter* den Standort der Grimms, wenn es darin heißt, Jacob Grimm sei «nur seinem Rechtsgefühl» gefolgt – diesen Akzent auf das ‹Rechtsgefühl› setzen die Grimms selbst wie auch andere Zeitzeugen.[324] Der Begriff des ‹Rechtsgefühls› spielt in den juristischen Debatten keine große Rolle. Zentral aber ist er für das literarische Werk eines Autors, dessen *Michael Kohlhaas* Jacob Grimm besonders schätzte: für die Dramen und Erzählungen Heinrich von Kleists. Dahlmann kannte sich damit aus. Immerhin hatte er Kleist 1809 als Schlachtenbummler Richtung Wien zum Kriegsschauplatz bei Aspern begleitet. Er war aufs intimste mit den Werken und Gedanken seines Reisegefährten vertraut und meinte im Rückblick gegenüber Julian Schmidt, er sehe in der Figur des Kohlhaas «des Dichters Charakter treu ab[ge]bildet».[325] Ob es daher Zufall ist, dass Dahlmann sich 1840 von seinem Protestgenossen Gervinus wünschte, dieser möge gerade Kleist ausführlich im Schlussband seiner Literaturgeschichte behandeln? «Einen glühenderen Freund des deutschen Vaterlandes» habe es nie gegeben.[326]

Tatsächlich bestehen viele Parallelen zwischen Jacobs Lieblingserzählung und der Affäre um die ‹Göttinger Sieben›: Hier wie dort entsteht ein Rechtsstreit dadurch, dass tradierte Rechtsnormen und -praktiken willkürlich aufgehoben und neue Bestimmungen einseitig von oben herab eingesetzt werden; hier wie dort eskaliert der Streit, als sich der Kläger persönlich angegriffen fühlt; hier wie dort wird von dem Protestierenden die «öffentliche Meinung» mobilisiert, sodass möglicherweise – dies erklärt die Figur Martin Luthers in Kleists Erzählung – «mit der Staatsgewalt gar nichts mehr gegen

ihn auszurichten sei».[327] Und schließlich: Hier wie dort agieren alle
Parteien fragwürdig, nur dass bei Kleist der Kurfürst das Prinzip der
Wechselseitigkeit anerkennt und sich seinem Untertan gegenüber
«schuldig» fühlt,[328] während der Hannover'sche König diese staatstragende Rolle nicht übernimmt.

Zwar meint Kleists Erzähler, Kohlhaas wäre nur «bis in sein drei
ßigstes Jahr […] das Muster eines guten Staatsbürgers» gewesen.
Aber das stimmt nicht wirklich. Die Gewaltexzesse auf dem Weg zur
Befriedigung seines ‹Rechtgefühls› sind nämlich ein Ausdruck dafür,
wie tief er sein staatsbürgerliches Bewusstsein in seinem Innern verankert hat. Der Terror dient ihm als Mittel, um die Regierung dazu
zu erziehen, dem Staatsbürger als Staatsregierung zu begegnen. Jacob war deswegen so fasziniert von der Erzählung, weil Kleist in ihr
das Konkreteste – die Person des Staatsbürgers mit all seinen Gefühlen – auf das Allgemeinste bezog: das verlässliche und dauerhaft geltende Recht als eine Erscheinungsform des Staates.

Es ist daher kein Zufall, dass einer der Protestierenden, Wilhelm
Albrecht, 1837 die Lehre von der Staatssouveränität entwickelt hat.
Er setzt diese der Fürstensouveränität entgegen und unterscheidet
damit zwischen der Person des Monarchen und dem Staat. Eine Art
Gegenstück dazu formuliert Jacob Grimm, wenn er in einem Artikel für die *Leipziger Allgemeine Zeitung* die Sonderrechte des «Staatsdieners» hervorhebt:[329] Weil der «Staatsdiener» seine «geistigen unmeszbaren kräfte» zur Verfügung stelle, könne er nicht aufgrund
eines souveränen Willkürentscheids entlassen werden: Er gebe «ungleich mehr […] als er (an besoldung und würde) empfängt […]» –
gemeint ist damit: Der Staatsdiener investiert sein ‹Leben›. Die Brüder Grimm fordern vom König, dass er diese Investition von Lebenskraft anerkennt, seine persönlichen Interessen zurücknimmt
und sich als Vertreter des Staates verhält. Damit aber muten sie
Ernst August eine zu hohe Abstraktionsleistung zu.

7. Berlin (1841 – 1863)

Die Berufung

Die Grimms mochten durch ihre Entlassung einen «Zauberkreis» um die Göttinger Universität gezogen haben. Aber bald wurde ihnen klar, dass es ihnen nicht anders ging. Keine deutsche Regierung konnte diesen Bann durchbrechen, ohne als Verräter an der monarchischen Herrschaft dazustehen. Die Grimms hatten sich zu sehr auf Gerüchte, Hoffnungen und vage Versprechen verlassen, hatten auch sich selbst zu viel Beweglichkeit zugetraut. Aus der Fülle der Optionen war am Ende nur eine übrig geblieben: Kassel. Genügsamer konnte die Entscheidung über den Wohn- und Arbeitsort kaum ausfallen.

Das hatten sich die Grimms anders vorgestellt. Besonders enttäuschten sie die Reaktionen aus Berlin. Jacob war korrespondierendes Mitglied der Berliner Akademie der Wissenschaften und dachte daran, diese Position zu nutzen, denn als ‹Akademiker› war er dazu berechtigt, Vorlesungen zu halten. Damit hätte er, ohne den Ruf an die Universität zu benötigen, das zentrale Verdikt des Entlassungsbescheids entkräftet, dass Professoren wie die Grimms nicht auf die «Jugend» losgelassen werden dürften. Aber in Berlin hielt man sich zurück. Gerüchte schwirrten zwischen Kassel und der preußischen Metropole hin und her. Die Akademie, so trug man Jacob zu, wolle sich nicht zu den Grimms bekennen. Der hauptsächliche Grund für alle Vorbehalte lag in der Beziehung zwischen Preußen und Hannover: König Ernst August hatte Friederike, die Schwester der verstorbenen preußischen Königin Luise, geheiratet und war somit der Schwager Friedrich Wilhelms III. Dennoch hatte Jacob Preußen mehr Eigenständigkeit zugetraut.[1]

Wie immer, wenn die Welt nichts von ihnen wissen will, kehren die Grimms ihrerseits der Welt den Rücken zu, vertiefen sich in die Arbeit, soweit das die regen Besuche zulassen, und stellen in Kassel verschiedene Werke fertig: 1838 gibt Jacob gemeinsam mit Andreas Schmeller *Lateinische Gedichte des X. u. XI. Jh.* heraus; 1840 erscheint die dritte umgearbeitete Fassung des ersten Teils der *Deutschen Grammatik*; im selben Jahr sind die ersten beiden Bände der *Weisthümer* auf dem Markt. Wilhelm ediert 1839 *Wernher vom Niederrhein*, 1840 *Konrad von Würzburgs Goldene Schmiede*, und er überarbeitet einmal mehr die große Ausgabe der *Kinder- und Hausmärchen*.

Die Brüder Grimm leben «wieder leidlich in ruhe», die «alte lust zu arbeiten» regt sich, und das war auch notwendig: Denn nun begannen die Vorbereitungen für das *Deutsche Wörterbuch*. Sie sitzen an ihren Schreibtischen «bis über die Ohren in Arbeit» und bringen ein Mammutprojekt in Gang, das ihnen bald schon zur Last fällt.[2]

Im Wesentlichen hatte Wilhelm die Briefkontakte gepflegt, alternative Angebote anderer Verleger eingeholt und sich als harter Verhandlungspartner erwiesen, der das Beste für seine Familie zu erreichen versuchte. Wenige Wochen, nachdem Jacob im Juli 1838 in Sachen Wörterbuch nach Leipzig gereist war, hatte Reimer eine Vorankündigung des *Deutschen Wörterbuchs* veröffentlicht, mit der der Verlag schon einmal die Hand auf das Projekt legte und die Brüder Grimm in Zugzwang bringen wollte. Daraufhin entwarf Jacob selbst eine Anzeige, die am 29. August in der *Leipziger Allgemeinen Zeitung* und kurz darauf nur leicht gekürzt in der *Kasseler Allgemeinen Zeitung* erschien. Am 6. Oktober 1838 schlossen die Grimms mit der Weidmannschen Buchhandlung, vertreten durch Salomon Hirzel, den Partner und Schwager Reimers, einen Vertrag ab.[3] Auch wenn sich Jacob Grimm im Verlauf der letzten Monate das Projekt, das von außen an ihn herangetragen worden war, so sehr zu eigen gemacht hatte, dass er es einem Briefpartner gegenüber als seine Idee ausgab,[4] war dieses Geschäft nicht zuletzt eine pragmatische Entscheidung. In gewisser Weise bedeutete das *Wörterbuch* eine Fortsetzung der Spendenaktionen für die entlassenen Professoren mit anderen, für die Grimms akzeptablen Mitteln.

Für den Verlag waren die Grimms interessant, weil sie der Skandal um die ‹Göttinger Sieben› zu den prominentesten Germanisten ihrer Zeit gemacht und ungeahnte Solidaritätseffekte erzeugt hatte; für die Grimms war das Verlagsangebot attraktiv, weil sie damit finanziell ihre Zukunft sichern konnten. Darüber hinaus jedoch bot sich ihnen hier die Chance, «die ergebnisse geschichtlicher sprachforschung einmahl auf die lebende sprache anzuwenden». Mit diesem Hinweis hatte Moriz Haupt – ein befreundeter Philologe aus Leipzig – ihnen das Projekt schmackhaft zu machen versucht.[5]

Wörterbücher und Wörterbuchprojekte gab es schon viele. Im Mittelalter benutzte man deutsch-lateinische Glossare. Humanismus und Barock waren geradezu lexikonverliebte Epochen. Daran änderte sich bis in die Aufklärung nichts.[6] Außer mit einer Fülle von kleineren Wörterbüchern ihrer Zeit standen die Grimms vor allem mit zwei größeren Lexikonprojekten der vorherigen Generation in Konkurrenz: Johann Christoph Adelungs *Versuch eines vollständigen grammatisch-kritischen Wörterbuches der Hochdeutschen Mundart* (1. Auflage 1774 bis 1786, überarbeitete Fassung 1793 bis 1801) sowie Joachim Heinrich Campes *Wörterbuch der deutschen Sprache* (1807 bis 1811). Beide zielten auf den gegenwärtigen Sprachgebrauch. Deswegen konnten die Grimms als Alleinstellungsmerkmal ihres Wörterbuchs dessen historische Dimension betonen, das Versprechen also, die aktuelle Verkehrssprache mit neuen geschichtlichen Energien zu versorgen und auf diese Weise das Sprachgefühl als Nationalgefühl zu erregen.[7] «Das werk soll in sich begreifen alles was die hochdeutsche sprache vermag», erfuhr Lachmann, «nach der ausprägung, die ihr in drei jahrhunderten durch dichter und tüchtige schriftsteller widerfahren ist.»[8]

Die Pointe war einmal mehr, dass die Grimms inhaltlich für historische Kontinuität plädierten und eine eher konservative Position bezogen, die Vorgehensweise aber als radikal innovativ verstanden: «Durch diese ganze geschichtliche Haltung», schrieb Wilhelm am 2. April 1839 an Savigny, «wird es sich von der einengenden, gesetzgeberischen Weise der meisten Wörterbücher entfernen, welche eine Autorität bilden und das allein gültige aufstellen wollen. Bei diesem völlig veränderten Gesichtspunct leuchtet es ein, *daß was bisher in diesem Fache getan ist, uns zunächst nichts nützt.*»[9]

Das bedeutete zunächst einmal: Es musste exzerpiert werden. Jedes Wort konnte wichtig sein. Auf Abertausenden von Zetteln waren Materialien für die einzelnen Einträge vorzubereiten. Das überforderte Jacobs und Wilhelms Leistungskraft. Die Grimms und ihre Verleger mussten auf die Solidarität von Lesern und Mitarbeitern bauen. Und so bestand ein Großteil ihrer Aufgabe darin, «in unendlichem Briefwechsel» um Beiträge zu bitten und die Einsendungen auszuwerten.[10] Ende 1838 hatten sie dreißig Exzerptoren gewonnen, in den nächsten Monaten stieg die Zahl der Hilfskräfte weiter an.

Eigentlich also lebten die Grimms in Kassel in einer idealen Situation. Sie forschten gemeinsam an einem großen Sprachprojekt von nationaler Bedeutung, das sie von aller staatlichen Abhängigkeit befreite. Aber die Zurückhaltung Preußens schmerzte – die Arbeit am *Deutschen Wörterbuch* hielt Jacob für ein «opfer», das sie dem Vaterland brachten in einer Zeit, in der dessen offizielle Vertreter nichts von ihnen wissen wollten.[11] Zudem wurde es allmählich stiller um die ‹Göttinger Sieben›, ohne dass sie voll rehabilitiert gewesen wären. Bei allem Zuspruch und bei aller Zuwendung nicht zuletzt durch die Fördervereine: Der Stachel saß tief. Noch immer fürchteten die Grimms, dass man an ihrer Aufrichtigkeit zweifeln oder sie für irregeleitete Stubengelehrte halten könnte, die nur zufällig in die Affäre um die ‹Göttinger Sieben› hineingeraten waren, ansonsten aber von Politik keine Ahnung hätten. Mit leichter Herablassung notierte beispielsweise Varnhagen von Ense nach Lektüre der Entlassungs-Schrift in seinem Tagebuch, der «gute Grimm» sei mit Sicherheit kein Politiker; von Verfassungsfragen verstehe er so gut wie nichts.[12]

In dieser schwankenden, nicht immer zuversichtlichen Stimmung, als die Grimms den vertrauten Arbeitsrhythmus wiederfanden, aber noch nicht so recht wussten, wie ihre Zukunft aussehen würde, gab es eine, die ihnen mit geradezu missionarischem Eifer aus dem beruflichen Bannkreis heraushelfen wollte: Bettine von Arnim. Sie rüstete verbal auf und zog in eine Brief- und Intrigenschlacht, die mit der Berufung der Brüder Grimm nach Berlin enden sollte.

Bettines Zuneigung war gefürchtet. Vor allem Goethe fiel ihr zum Opfer. Der Weimaraner wagte zwar anfangs kaum, sich ihrer Verehrung zu entziehen. Aber nachdem Bettine 1811 seine Frau beleidigt hatte, brach er den brieflichen Kontakt ab. Verhindern konnte Goethe freilich nicht, dass Bettine, die die Taktik des überraschenden Besuchs pflegte, immer wieder bei ihm in Weimar auftauchte. Als sich der tote Dichter gar nicht mehr wehren konnte, legte sie 1835 *Goethes Briefwechsel mit einem Kinde* vor, die Gründungsurkunde des Goethe-Kults im 19. Jahrhundert. Wilhelm Grimm lobte die Bände brieflich, Jacob rezensierte sie positiv in den *Göttinger Gelehrten Anzeigen*.[13] Wahlweise schlüpfte Bettine im *Briefwechsel* in die Rollen von Kind, Geliebter oder Muse Goethes, und vor allem im letzten der drei Bände verklärte sie den Dichter über alle Maßen. Nicht alles und in einigen Passagen sogar sehr wenig davon entsprach der Wahrheit.

Nach Goethes Tod hatte sich Bettine als neues Objekt ihrer schier unerschöpflichen Menschenliebe die Brüder Grimm ausgesucht und spiegelte sich im Protest der Göttinger Professoren: Wie diese wollte sie nur Aufrichtigkeit und Treue gegenüber dem Gewissen gelten lassen, gleich, ob sie damit gegen die bestehenden Regeln verstieß oder nicht. Die Verletzung von Konventionen bewies in Bettines Augen geradezu, dass wahrhaftig gehandelt wurde. Zudem glaubte sie, in der isolierten Lage der Grimms ihre eigene Situation wiederzuerkennen: Obwohl sie in Berlin mit Gott und der Welt in Kontakt stand und einen vielbesuchten Salon führte, blieb sie in ihrer irrlichternden Umtriebigkeit letztlich einsam. «Hier in Berlin», schrieb sie Wilhelm, «hab ich jetzt niemand mit dem ich denken könnte.» Im Lauf der Zeit sah Bettine mehr und mehr ‹Schufte› und ‹Lügner› um sich, die gut reden, aber schlecht handeln. Und umgekehrt lobte Jacob: «Sie haben sich nie von der Welt befangen lassen, sondern Ihr Herz immer rein, Ihre Gesinnung immer frisch erhalten.»[14]

Bettine fühlte sich den Grimms nicht allein deswegen verbunden, weil auch sie zum Kohlhaas'schen Extremismus des reinen Gewissens neigte. Sie wollte Wilhelm, mit dem sie die Korrespondenz im Wesentlichen führte, auch als Herausgeber von Arnims Werken gewinnen. Wilhelm steuerte seinen Namen für die Titelblätter der Ausgabe bei und zum ersten Band, der 1839 erschien, ein Vorwort.[15] Für Bettine und die Grimms bot sich dadurch die Gelegenheit, an die Zeit der Romantik und deren hochgestimmte Gesellschaftsphantasien zu erinnern. Sie riefen ins Gedächtnis, wie viel man einmal vorhatte und wie wenig davon nach dem Wiener Kongress und dem reaktionären System der Ära Metternich übrig geblieben war. Als eine Art Motto wollten Bettine und auch Wilhelm daher am Anfang der Werkausgabe die Verse zitieren, mit denen Arnim 1811 den Grimms seine Erzählung *Isabella von Ägypten* gewidmet hatte. Vor dem «Ekel», heißt es darin, den er vor seiner Zeit empfinde, habe Arnim sich oft zu den Grimms geflüchtet. Der unbedingte Wille zur «Wahrheit», der «keinen Irrtum» leide und dafür gern streite, motiviere seine Dichtung.[16]

Zunächst war Bettine von dem Plan der Grimms, nach Leipzig zu übersiedeln, durchaus angetan. Als sich dieses Vorhaben zerschlug, wurde sie aktiv. Mitte Juli 1838 besuchte sie den preußischen Kultusminister Karl Freiherr vom Stein zum Altenstein in seinem Schöneberger Domizil, suggerierte ihm, die Grimms wollten nach Paris ziehen, und griff so in die patriotischen Saiten des Politikers: Er beauftragte sie «ausdrücklich, beide Grimm aufzufordern noch sechs Wochen sich ruhig zu verhalten und keinen Ruf außerhalb anzunehmen» – in Breslau oder Berlin gebe es möglicherweise Aussichten auf eine Stelle.[17]

Auf Bettines «abenteuerlichen Plan» reagierten die Grimms anfangs skeptisch. Am 19. August bemerkte Jacob gegenüber Dahlmann: «Bettine will nächste Woche uns besuchen, wovor mir bangt. Sie betreibt, wie alle Frauen (hier wird Dorothee und ich fürchte auch Mama zürnen) die Angelegenheiten zu hitzig und unablässig, und jagt einen Plan mit dem andern. Ich habe ihr geschrieben, sie solle doch unseretwegen den Altenstein in Ruhe lassen; wenn der Mann von ihr geplagt wird, verspricht er ihr, um sie los zu werden, was er hernach nicht erfüllen kann»; er empfinde jeden Tag weniger das Bedürfnis, einen Ruf nach Preußen anzunehmen.[18]

Offenkundig fürchtete Jacob, die Kontrolle zu verlieren. Die Fäden aber hielt er längst nicht mehr in Händen: Bevor er einen Ruf nach Berlin annehmen oder ablehnen konnte, mussten erst einmal die Voraussetzungen dafür geschaffen werden. Jacob wusste nur über einige Aktivitäten Bescheid und ahnte wohl kaum, dass bereits im Dezember 1837 der preußische Kronprinz Friedrich Wilhelm die ‹Göttinger Sieben› und insbesondere die Brüder Grimm gegenüber Altenstein verteidigt hatte. Zwar sei deren Verhalten sicherlich nicht tadellos gewesen, aber «der Gewinn der Grimms für unsere Universität wäre gewiß etwas großes». Doch wie ließen sich diplomatische Verwicklungen mit dem König in Hannover vermeiden?[19]

In Berlin betrieb Bettine weiter Öffentlichkeitsarbeit für die Brüder Grimm. Höchst sensibel registrierte sie, ob jemand ohne Vorbehalt hinter der Grimm'schen Sache stand oder nicht, und dabei schoss sie bisweilen gewaltig übers Ziel hinaus. Besonders Lachmann und Savigny fielen ihrer Intrigensucherei zum Opfer.[20] Lachmann, kalauerte Bettine im Sommer 1839, sei wie alle gewöhnlichen Menschen «nur die Hälfte» – «er ist ein Lach, aber kein Mann». Der Philologe hintertreibe die Bemühungen um einen Ruf Jacobs an die Berliner Akademie der Wissenschaften, indem er seinen Kasseler Kollegen als verbitterten, überempfindlichen Menschen darstelle.[21]

Bettine setzte durch ihre Informationspolitik das Umfeld unter Druck. Lachmann beteuerte in einem Brief nach Kassel, seine Beziehung zu Jacob Grimm sei ungetrübt, auch wenn er tatsächlich im Blick auf dessen Berufung an die Akademie Zweifel geäußert habe – Jacobs «Freiheitsgefühl» sei nicht allen vermittelbar; Grimm benehme sich manchmal durchaus wie ein «närrischer Kerl». Den Verdacht schaffte er damit nicht aus der Welt. Es kursierten Gerüchte. Die Sache wurde von Dritten aufgebauscht. Lachmann sah sich zu weiteren Verteidigungen gezwungen, vor allem gegen Bettine, die in der Stadt herumerzähle: «Der Savigny und der Lachmann sind dumme Kerls, sie verstehe die Grimms gar nit, sie sind auch gar nit werth sie zu verstehe, es sind die einzige Mensche in der Welt die ich lieb hab.»[22]

Savigny wurde von Bettine in die Gruppenverantwortung genommen. In einem rund zwanzigseitigen Brief vom 4. November 1839 warf sie dem alten Freund vor, er habe sich auf ein Niveau mit dem Lügner und Verleumder Lachmann begeben, feige geschwiegen und sich scheu und kalt gezeigt – kurz, er sei ein Philister.[23] Savigny versuchte, das Ganze zunächst scherzhaft zu nehmen. Aber darauf ließ sich Bettine nicht ein. Dann wollte Savigny die Situation entschärfen, indem er von Missverständnissen sprach und sich noch einmal ausführlich erklärte. Auch dieses Angebot lehnte Bettine ab: «Dein Nichtteilnehmen ist hier nicht gleichgültig», erklärte sie ihm, «vielmehr ist es die tätigste Einwirkung gegen jene, deren ‹tadellose Gesinnung› Du nicht in Zweifel ziehst.» Zum Schluss ihres Briefs stieg sie zu biblischen Höhen auf: «Wer nicht für mich ist, ist wider mich, sagt Christus. – Bettine.»[24]

Jacob hatte im Oktober 1839 nach einem Besuch Bettines in Kassel gegenüber Dahlmann geklagt, dass ihn Bettines Gegenwart aus dem Gleichgewicht bringe. Sie sei ein «überlaufender Brunnen, der sich und andere nicht zu ruhigem Maß der Gedanken kommen läßt».[25] Zumindest bei ihrem ersten Brief an Savigny in Sachen Grimm trifft dieses Bild durchaus. Abschriften der Lamentatio gingen an unterschiedliche Adressaten, neben den Grimms und dem Weimarer Erb-

großherzog erreichte auch den preußischen Kronprinzen eine Kopie. Sie sei froh, schrieb Bettine nach Kassel, endlich «eine Stufe
höher gerückt zu sein». Alles andere sei «närrische Zaghaftigkeit»
gewesen.[26]

Tatsächlich setzte Bettines Aktion Savigny in Bewegung. Nachdem ein versiegeltes Antwortschreiben des Kronprinzen an Bettine
durch seine Hand gegangen war,[27] versicherte er diesem am 10. Dezember 1839, die Brüder Grimm seien in jeder Beziehung «unge-
fährlich». Vor allem widersprach er dem König von Hannover, der
meinte, man könne den Grimms nicht «den Unterricht der Jugend
ohne Gefahr anvertrauen».[28]

Einen weiteren Anlauf nahm Bettine im April 1840. Sie sandte
Arnims *Kronwächter*-Roman an den Hof zu Friedrich Wilhelm, verbunden mit dem Geständnis, sie habe gelobt, dem künftigen König
von der «Lauterkeit» zweier Freunde mit reinem Gewissen zu berichten.[29] Der Kronprinz versicherte ihr seinerseits, er beschäftige
sich gern mit den Grimms, habe schon manche Lanze für sie gebrochen, aber noch nichts erreicht. Im weiteren Briefwechsel pflegten die beiden den romantischen Freundschaftston – Bettine testete gewissermaßen, ob sie mit «geheiligter Gewissenstreue», die sie
an den Grimms so bewunderte, das Ohr des künftigen Regenten
erreichte.[30] Friedrich Wilhelm antwortete mit romantischem Witz
und nahm seiner Briefpartnerin das Versprechen ab, Stillschweigen
zu bewahren, weil er sonst in der ‹Sache Grimm› gewiss scheitern
werde.

Am 7. Juni 1840 stirbt der preußische König Friedrich Wilhelm III.,
und sein Sohn kommt an die Macht. Nach längerem Stillstand setzen sich die Räder in Bewegung. Bei einem Besuch an der Universität am 21. Juni erklärt der neue König, er habe die Absicht, für die
Hauptstadt «ausgezeichnete Kräfte aus dem gesamten deutschen
Vaterlande zu gewinnen». Wenige Tage zuvor hatte Bettine Alexander von Humboldt, den heimlichen Wissenschaftsminister Preußens, gebeten, einen Brief Jacob Grimms gemeinsam mit dem zwei-

ten Band ihres Günderode-Buchs wie nebenbei dem König auf den Tisch zu legen.[31] Friedrich Wilhelm IV. könnte also bei den ausgezeichneten Kräften, die er nach Berlin ziehen wollte, durchaus an die Grimms gedacht haben.

Im September unternimmt Savigny über seine Frau, die die Grimms in Kassel besucht, einen Vorstoß, trifft dort aber auf Ablehnung, weil Jacob und Wilhelm sich nicht auf Heimlichtuereien einlassen wollen: Man hätte sie unmittelbar nach der Entlassung berufen sollen, um ein Zeichen zu setzen. Es widerstrebe ihnen, sich nach Preußen «einschmuggeln» zu lassen, als ob es sich bei den beiden Gelehrten um «verbotene Ware» handle. Die Grimms spielen auf zwei Klaviaturen: Sie möchten nach Berlin, zugleich aber soll sie das Berufungsverfahren öffentlich rehabilitieren.[32]

Nachdem Humboldt sich in einem Schreiben an Friedrich Wilhelm IV. für die Grimms sowie für Albrecht und Dahlmann verwendet hatte, erhielt der neue Kultusminister Friedrich Eichhorn den Auftrag, die «Angelegenheit der Brüder Grimm» zu betreiben.[33] Und so ging dann alles seinen geregelten Gang. Die Grimms sollten als ‹Akademiker› geholt werden. Tatsächlich sind sie nie an die Berliner Universität berufen worden. Man setzte ihnen vielmehr eine Pension aus, damit sie – wie es in Eichhorns Schreiben heißt – «die grosze und überaus schwierige Aufgabe», die sie sich mit der «Ausarbeitung eines vollständigen critischen Wörterbuchs der deutschen Sprache gestellt haben, hier in sorgenfreier Musze unter Benutzung der sich […] in der Hauptstadt darbietenden Hülfsmittel und Fördernisse» lösen könnten.[34] Da die Mittel hierzu aus dem Privatvermögen des Königs stammten, waren die Grimms offiziell keine «Staatsdiener», wie Kultusminister Eichhorn noch 1845 betonte. Auf diese Weise hielt Friedrich Wilhelm IV. das Versprechen, das er seinem Onkel Ernst August in Hannover gegeben hatte: Er werde die Grimms nicht in seine offiziellen Dienste nehmen und ihnen keine Anstellung geben. Und Jacob sah durch die «anerkannte Berechtigung zu Vorlesungen an der Universität der Hauptstadt», die er als ordentliches Mitglied der Akademie ausdrücklich hatte, seine Ehre gewahrt; Wilhelms Aufstieg vom korrespondierenden zum ordentlichen Mitglied galt als reine Formsache.[35]

Die offizielle Anfrage bei den Grimms ist auf den 2. November 1840 datiert. Am 16. November unterrichtete Jacob seine Berliner Agentin Bettine, er und Wilhelm hätten das Angebot angenommen. Varnhagen schilderte Bettines Reaktion süffisant in seinem Klatschtagebuch: «Besuch bei Bettinen von Arnim […]. Sie ist entzückt […]; die Brüder Grimm sind ihre Leidenschaft, das Hieherkommen derselben ist ihr um der Sache willen wichtig, um Grimm's willen, aber auch eine Ehrensache der eignen Persönlichkeit, eine gewonnene Schlacht gegen den Schwager Savigny, ein Sieg über Lachmann und Ranke.»[36]

Tatsächlich ist das eigentlich Faszinierende an Bettines Aktionen, wie sie alle Regeln der großen Politik umgeht, die ausgetretenen Wege der Diplomatie verlässt und ihre Ziele über private Kontakte, verstreute Gerüchte und Anschuldigungen erreicht. Auf diese Weise hält sie die ‹Sache Grimm› über Jahre im Bewusstsein der Entscheidungsträger und setzt die Akteure unter Druck, ohne dass sie irgendein Mittel politischer Gewalt in der Hand gehabt hätte. Lachmann oder Savigny etwa verwickelt sie derart in ein Gespinst aus Anschuldigungen, halböffentlichen Gerüchten und moralischen Diskreditierungen, dass diese von selbst aktiv werden. Kurz: Bettine setzt jene etwas luftigen Ideen der Grimms von politischer Machtausübung in die Tat um. Im Frühjahr 1839 schreibt sie nach Kassel: «In mir hat Euer Tun Gedanken ausgebrütet, die scharfsinnig sind, und seitdem weiß ich wie ich einen Staat zu regieren habe.»[37]

Die Anwerbung der Brüder Grimm war eine der ersten Regierungshandlungen Friedrich Wilhelms IV. Die Order dazu erfolgte noch vor der Reise zu den Inthronisierungsfeierlichkeiten in Königsberg. Viele Beobachter hofften, mit dem Thronwechsel werde endlich Politik aus dem romantischen Geist liebevoller Volksverbundenheit gemacht,[38] und sie hofften darauf, dass diese Liebe für ein vereintes Deutschland ausreichen möge – darauf spielt auch Jacob Grimm in seiner Zusage gegenüber Eichhorn an, wenn er schreibt, er und sein

Bruder folgten dankbar und freudig «dem Rufe des Königs, auf den sich weit über Preußens Grenze hinaus die sehnsüchtige Hoffnung aller Deutschen richtet».[39]

Wie sehr Jacob Grimm diese politischen Sehnsüchte beschäftigten, sieht man an der neuen, zum zweiten Mal völlig umgearbeiteten Fassung des ersten Bands der *Deutschen Grammatik*, die er Ende 1840 fertigstellte.[40] Denn ohne es offen zu sagen, kommentierte Jacob darin noch einmal die zurückliegende Affäre um die ‹Göttinger Sieben› und rückte zugleich den politischen Konflikt ins Zentrum, der die Berliner Zeit bestimmen wird: Hier zeigte er am Beispiel der Sprache, wie eine Regierung aussieht, die Deutschland vereint. Die Grammatik nämlich habe auf der Grundlage «eines tiefer gelegenen gesetzes» die Mittel gefunden, die «wilde, allen verleidete etymologie zu zähmen und zu züchtigen». Damit mache sie «der alten willkür ein ende». Dass die Rede von Zähmung und Züchtigung, von Willkür und Gesetz keine metaphorischen Kapriolen sind, wird spätestens in dem Moment deutlich, wo Jacob auf «einheit und zusammenhang der innern deutschen volksstämme» eingeht, die seit der karolingischen Zeit immer auch durch Sprachpolitik vorangetrieben worden sei.[41] Kurz: Jacob Grimm erzählt die Geschichte der deutschen Grammatik als Geschichte der Zivilisierung und Modernisierung, die auf die deutsche Einheit zuläuft.

Ob der neue preußische König diese Wünsche seiner Untertanen erfüllen würde, bezweifelten die Grimms durchaus. Aber sie hatten auch gute Gründe zur Zuversicht: Friedrich Wilhelm IV., der «Romantiker auf dem Thron», wie ihn David Friedrich Strauß 1847 nannte, war zwar zehn Jahre jünger als die Brüder Grimm, aber er teilte mit ihnen und mit Bettine von Arnim wichtige politische Erfahrungen: Die Befreiungskriege hatten seine Vorstellungen von nationaler Einheit, vom patriotischen Gleichtakt der Herzen in Volk und Regierung geprägt. Das Credo der Friedrich-Wilhelm-Anhänger formulierte Bettine in einem Brief an Savigny kurz und bündig: «Der Staat muß nicht bloß ehrwürdig, er muß liebenswürdig im tiefsten Sinn des Wortes sein, wenn er sich fest begründen soll.»[42]

Der Thronfolger hatte die romantischen Ideen einer liebevollen Regierung, die sich nicht zuletzt an der Person seiner Mutter Luise entzündet hatte, so verinnerlicht, dass er auf Verfassungsrechte glaubte verzichten zu können. Lebendig und vielfältig sollte eine Gesellschaft sein, und daher favorisierte Friedrich Wilhelm IV. die geschichtlich gewachsene Ungleichheit eines Ständestaats. Er orientierte sich an den Überzeugungen der historischen Rechtsschule, die ihm sein Erzieher Savigny zwischen 1814 und 1817 vermittelt hatte, sowie an den Phantasien mittelalterlicher Herrschaft, die bei seinem Lieblingsschriftsteller Friedrich de la Motte Fouqué zu finden waren. Diesem hatte Wilhelm in einer Rezension schon 1809 ins Stammbuch geschrieben: «Zurück aber geht überhaupt der Mensch niemals, auch nicht in die bessere und poetischere Zeit des kindlichen Alters.»[43] Bis in die Zeit seiner Regentschaft hatte sich Friedrich Wilhelm IV. indes einiges von seiner kindlichen Freude an einer künstlerisch erfundenen Tradition bewahrt.

Dass der königliche Romantiker beim Thronantritt für viele Parteien ein Gesprächspartner zu sein schien, lag auch an dem Testament Friedrich Wilhelms III. aus dem Jahr 1827, mit dem er seinen Sohn instruiert hatte und das dieser per Patent im Sommer 1840 veröffentlichen ließ. Das Testament verpflichtete den Kronprinzen auf die väterliche Sorge für die Untertanen. Er möge sich vor der «Neuerungssucht» ebenso hüten wie vor einer zu weit getriebenen «Vorliebe für das Alte».[44] Dies dürfte den Grimms ebenso gefallen haben wie die große Rede, mit der der Thronfolger auf dem Berliner Huldigungsfest am 15. Oktober 1840 seine Zuhörer um Unterstützung bei der Regierungsarbeit gebeten und in Ekstase versetzt hatte – Friedrich Wilhelm IV. zelebrierte die Verheiratung mit dem Volk: «Wollen Sie […] treu mit Mir ausharren durch gute und böse Tage? O, dann antworten Sie Mir mit dem klaren, schönen Laute der Muttersprache, antworten Sie Mir ein ehrenfestes Ja!»[45]

Die Anstellung der Grimms gehörte somit in ein ganzes Maßnahmenpaket, mit dem Friedrich Wilhelm IV. Symbolpolitik betrieb: Er holte Dahlmann an die Bonner Universität, ebenso wie er Ernst

Moritz Arndt, den Historiker und gefeierten Lyriker der Befreiungskriege, wieder auf einen Lehrstuhl berief, den dieser im Zuge der
Karlsbader Beschlüsse verloren hatte. Der neue preußische König
gab den liberalen Wünschen nach Neuerung in Kultur und Wissenschaft nach, ohne daraus auch staatspolitische Konsequenzen zu ziehen. Aus der skeptischen Warte des Konservativen beschrieb Friedrich Wilhelms Bruder im Oktober 1840 die erste Regierungsphase
und verglich sie «mit der Mousse des Champagners»: «es spritzt in
die Augen, betaumelt, regt auf und benebelt die Sinne! Fritzens gewiß großartige Natur läßt hoffen, daß fortwährend der belebende
Saft des Champagner-Weins nicht hinter der Mousse fehlen wird.
Aber leugnen kann ich nicht, daß mir oft bange wird, wenn ich mich
aus dem Taumel zu erheben suche.»[46]

Großstadtleben

Der Ruf nach Berlin war endlich ausgesprochen. Jacob musste sich
nun auf den Weg in die preußische Metropole machen, um eine
Wohnung zu suchen und nebenbei das Gehalt nachzuverhandeln –
mit den insgesamt zweitausend Talern, die man ihm und Wilhelm
zugesagt hatte, hätten sie in Berlin schwerlich ihren Lebensstandard
halten können.[47] Am 8. Dezember trifft er nach schlaflosen Nächten
noch vor fünf Uhr morgens im Dunkeln in Berlin ein.

Die Stadt meint es von Anfang an nicht gut mit ihm: Eine Nacht-
droschke fährt ihn zu seinem alten Bücherfreund Meusebach. Die
Karlstraße findet der Kutscher leicht, aber die Hausnummer lässt
sich im Mondlicht nur schwer entziffern. «Nach vielem tappen und
fragen bei nachtwächtern», so schreibt er an Wilhelm, «wurde endlich das haus ermittelt mein mantelsack abgeladen und ich begann
mutig den klingelzug zu bewegen. Aber keine seele erscheint und
kein licht wird sichtbar.» Er steht eine halbe Stunde in der Kälte,[48]
bevor ihm die Haustür geöffnet wird. Jacob steigt zu Meusebachs
Wohnung hinauf, klingelt wiederum vergeblich und macht es sich

im Treppenhaus mehr oder weniger bequem. Gegen sechs Uhr bemerkt er Licht in einer anderen Wohnung. Ein Unbekannter lädt
ihn zu sich ein, erklärt ihm, dass sich Frau von Meusebach vermutlich allein in der Wohnung aufhalte und die Aufwärterin erst morgens eintreffe. Der Reisende wird mit Kaffee und Zeitung versorgt,
bis um acht Uhr die Dame des Hauses erwacht und ihren Gast herzlich begrüßt. Jacob holt erst einmal den versäumten Schlaf nach und
berichtet dann seinem Bruder von den Erlebnissen. Am selben Tag
hält die polizeiliche «Fremdenmeldung» fest: «Jacob Grimm, Hofrat und Professor aus Kassel, logiert Karlsstraße 36 bei K. H. G. von
Meusebach».[49]

Die Tage verbringt Jacob in unablässig wechselnden Gesellschaften. Er nimmt an Sitzungen der Akademie teil, trifft alte Bekannte
wie Lachmann oder Savigny und wird in der gehobenen Berliner
Gesellschaft herumgereicht. Der «lärm» Berlins vermittle ihm, wie
er am 11. Dezember nach Kassel schreibt, schon einen fürchterlichen
Eindruck vom Großstadtleben. Er vertrödle seine Tage in «unruhiger langeweile». Bettines Allgegenwart ändert daran naturgemäß
wenig. Ihre zappelige Art zehrt an Jacobs Nerven.[50] Nur eine Begegnung interessiert ihn wirklich: mit Friedrich Wilhelm IV. Noch immer vermisst Jacob ein klares Bekenntnis des offiziellen Berlin zu
den entlassenen und entehrten Göttinger Professoren. Am 19. Dezember entschuldigt Alexander von Humboldt sich bei ihm, dass der
König ihn wegen «ungeheurester Beschäftigkeit» noch nicht empfangen habe. Gesprächsweise äußere sich der Regent stets «auf das
zärtlichste» über den Neuberufenen. Zwei Tage später bittet man
dann für den kommenden Vormittag zur Audienz.[51]

Währenddessen macht sich Jacob in der Kälte des Berliner Winters, unterstützt von Bettine von Arnim und Meusebach, auf Wohnungssuche. Er entscheidet sich für einen Neubau im Tiergartenviertel in der Lennéstraße 8. Es sei, wie er Wilhelm versichert, eine
hübsche und bequeme Wohnung, «die euch gefallen und über manches andere trösten wird». Den Mietvertrag schließt er zunächst
auf zwei Jahre von Ostern 1841 bis 1843 ab; die Kosten belaufen sich

auf 475 Reichstaler – das sei eine erhebliche Summe, lasse sich aber mit den erhofften (und schließlich auch bewilligten) dreitausend Reichstalern Gehalt verkraften. Die Wohnung sei zwar ein wenig abgelegen, aber darüber solle sich Wilhelm keine Sorgen machen. Den Kindern werde es guttun, täglich zwanzig Minuten zum Gymnasium zu laufen, und bei schlechtem Wetter könne man Droschken benutzen. Die Vorteile des abgeschiedenen Ortes liegen für Jacob auf der Hand: Die Lennéstraße ist gewissermaßen der Ort in Berlin, der Kassel am nächsten kommt. «Still, frei und heiter» sei die Lage, «fast wie in der aue».[52]

Jacob reist am 25. Dezember wieder nach Hause und gönnt sich dabei einen zweitägigen Aufenthalt bei den Dahlmanns in Jena.[53] Zurück in Kassel scheint sich noch eine neue Option zu ergeben, die Savigny mit ihm erörtert: Ob Jacob vielleicht Nachfolger des soeben verstorbenen Oberbibliothekars der königlichen Büchersammlung in Berlin werden sollte? Jacob schließt diese Möglichkeit für sich aus. Aber es handelt sich ohnehin um Gedankenspielerei, weil kein offizieller Antrag gestellt wird.[54]

Die Grimms bereiten sich auf den zweiten Abschied von Kassel vor. Der Einschnitt ist tiefer als beim Umzug nach Göttingen. Und sie sind nicht mehr die Jüngsten. Jacob wird am 4. Januar 1841 sechsundfünfzig Jahre alt, Wilhelm feiert am 24. Februar seinen fünfundfünfzigsten Geburtstag. Um die Gesundheit der Familie steht es nicht gut. Als sie sich ans Einpacken machen, muss Dorothea eine Woche lang das Bett hüten; Jacob klagt über Beschwerden in der Brust. Für Erholung bleibt jedoch ebenso wenig Zeit wie für Melancholie und Sentimentalitäten, auch nicht, als Kurfürstin Auguste, ihre alte Gönnerin, kurz vor der Abfahrt stirbt.

In der letzten Februarwoche 1841 beginnt der Transport des Mobiliars und anderer sperriger Stücke. Der Rest geht gemeinsam mit der Familie am 14. März auf die Reise. In Witzenhausen warten einige Göttinger Freunde, um sich zu verabschieden. Bei Wittenberg erzwingt das Hochwasser der Elbe einen größeren Umweg. Am 18. März treffen die Grimms in Potsdam ein. Die Familie bewundert auf einem Rundgang die prächtigen Bauten und Schlösser. Am nächsten Morgen um halb acht Uhr nehmen sie die letzte Etappe in Angriff und kommen vier Stunden später bei schönem Wetter in Berlin an.

Für die ersten Tage bringt Lachmann seine Freunde im Rheinischen Hof in der Leipziger Straße unter. Am Abend des 24. März beziehen sie ihre neue Bleibe. Ende des Monats ist zumindest bei Wilhelm alles so, wie er es von Kassel her kennt. Am 6. April berichtet er seinem Bruder Ludwig: «Aus dem Fenster rechts sehe ich nach dem Tiergarten, der doch recht hübsch ist, und links in den Garten und gegen ein neugebautes Haus mit einer türkischen zierlichen Altane. Jacob ist auch halb und halb eingerichtet, aber Dortchens Zimmer ist noch ganz wüst, und sie wohnt in der Kinderstube.»[55]

In der Widmung der *Kinder- und Hausmärchen* für die Neuausgabe von 1843 dankte Wilhelm seiner Freundin Bettine von Arnim, dass sie für die Grimms ein «Haus ausserhalb der Mauern ausgesucht» habe, «wo am Rande des Waldes eine neue Stadt heranwächst, von den Bäumen geschützt, von grünendem Rasen, Rosenhügeln und Blumengewinden umgeben, von dem rasselnden Lärm noch nicht erreicht».[56] In der Gegend des früheren Ausflugsorts für erholungsbedürftige Städter entstanden seit den 1830er Jahren Villen und Stadthäuser nach Plänen bedeutender Architekten wie Ludwig Persius, August Stüler und Friedrich Hitzig, der auch das Haus der Grimms entworfen hatte.

Der Bebauungsplan bewahrte strikt den ländlichen Charakter des Stadtviertels. Fabrikgebäude und die sozialen Probleme, die sich dort allmählich aufstauten, hielt man auf Distanz. Es gab vor allem mehrgeschossige Miethäuser mit ein oder zwei Wohnungen pro Etage, die einen prächtigen Eindruck machten.[57] In das neue Viertel zogen begüterte Beamte, Kaufleute, Politiker oder Diplomaten und nicht zuletzt Professoren. Bald sprach man vom Berliner «Quartier Latin» oder vom «Geheimratsviertel». Beim abendlichen Spaziergang blieb die Gelehrtenwelt beinahe unter sich. An die Vorge-

schichte des Viertels erinnerte in der unmittelbaren Nachbarschaft
der Grimms lediglich *Georges Kaffeehaus*, wo Theodor Fontane 1850
seine Hochzeit feiern sollte.

Das Haus in der Lennéstraße bewohnten die Grimms gemeinsam
mit ihrem ehemaligen Schüler Karl von Richthofen und mit der Familie des Universitätsprofessors Carl Gustav Homeyer. Letzterer, ein
Jurist mit besten Beziehungen zur hohen Politik, betrieb rechtshistorische Studien und wusste daher den Kontakt zu den Grimms –
schon seit mehr als zehn Jahren – auch fachlich zu schätzen. Das
dreistöckige Gebäude war für drei Familien ausgelegt. Im Hof befand sich ein Brunnen für die Wasserversorgung und eine «Latri-
nen-Anstalt»; in jeder Wohnung war neben dem Dienstbotenzim-
mer eine kleine Toilette untergebracht.

Der Tiergarten selbst war gerade nach Plänen von Peter Josef
Lenné, dem Namenspatron der Straße, im englischen Stil umge-
staltet worden. Ebendies mochte die Neuankömmlinge an die Park-
landschaften Kassels erinnern. Fußgängern wie den Grimms bot
sich eine Auswahl von geschwungenen Wegen an, die zu abgeschiedenen, ruhigen Orten führten. «Nicht weit von mir», schreibt Wilhelm in einem Brief an Gervinus, «in einem langgestreckten regelmäßigen Teich schwimmen Tausende von Goldfischen, rund umher
hochstämmige Rosen mit Weingehängen verbunden, um welche
stattliche Bäume in die Höhe ragen.»[58] Die Akademie der Wissenschaften (Unter den Linden 8) war zu Fuß zu erreichen. Das Universitätsgebäude lag nur wenige Meter davon entfernt. Jacob lief zwanzig Minuten zum Vorlesungsgebäude, was ihn schon ungeduldig
machte; Wilhelm ging ein wenig gemächlicher und brauchte entsprechend länger.[59]

Trotz der abgeschiedenen Lage ihrer Wohnung merkten die
Grimms, dass sie nun in einer Großstadt angekommen waren: Jacob sehnte sich schon bald «in die grössere einsamkeit des alten
hessischen stübchens zurück».[60] Wilhelm klagte, in der Stadt störe
ihn das «Gerassel der Droschken»; «der Anblick der schnurgeraden
Straßen, deren Ende man nicht absieht», ermüde den Betrachter.[61]

Sie lebten zwischen zwei Welten: «unten», so Wilhelm brieflich gegenüber Gervinus, «die breite Charlottenburger Chaussée, auf welcher von Morgen bis in die Nacht die Wagen rasseln, oben die reizende Venus von Milo in einem Zinkabguß, nirgends aber ein Blick in das Freie. Das ist nun Berlin.»[62]

Während Jacob schon immer seine Vorbehalte gegen das urbane Leben pflegte, hatte Wilhelm vom «Urlaub» in der preußischen Metropole sogar geträumt. Die wunderbaren, unbeschwerten Wochen, die er 1809 dort gemeinsam mit Achim von Arnim und Clemens Brentano verbrachte, waren nicht spurlos an ihm vorübergegangen.[63] Aber das Berlin, in das Wilhelm nun zurückkehrte, war nicht mehr die Stadt, die er mit Arnim und Brentano unsicher gemacht hatte. Die Zahl der Einwohner war inzwischen von hundertfünfzig- auf über dreihunderttausend angestiegen und sollte sich bis zum Tod der Brüder Grimm noch einmal mehr als verdoppeln. Die Zeitgenossen bemerkten mit Sorge den Gegensatz zwischen der glänzenden Residenzstadt und jener breiten «Unterlage», die «Schichten einer notdürftigen Existenz und des Proletariats» bildeten.[64]

Bettine von Arnim beschrieb die Armut der verslumten Berliner Vorstädte ausführlich in den *Erfahrungen eines jungen Schweizers im Vogtland* (1843). Oftmals in Originaltönen der Betroffenen prangerte sie das Elend an und betrieb so eine Art von Feldforschung, wie sie die Grimms – etwa für ihre Märchensammlung – geplant, aber nie durchgeführt hatten: «Der Vater webet zu Bett und Hemden und Hosen und Jacke das Zeug und wirkt Strümpfe, doch hat er selber kein Hemd. Barfuß geht er und in Lumpen gehüllt!/Die Kinder gehen nackt, sie wärmen sich einer am andern auf dem Lager aus Stroh und zittern vor Frost./[…] Abgaben fordert der Staat vom Mann, und die Miete muß er bezahlen sonst wirft ihn der Mietherr hinaus und die Polizei steckt ihn ein. Die Kinder verhungern und die Mutter verzweifelt.»[65]

Um Szenen wie diese zu sehen, hätten die Grimms nur bis zum Hamburger Bahnhof gehen müssen. Das war nicht weit. Aber für solche sehr konkreten wirtschaftlichen Probleme, die im Laufe der 1840er Jahre immer prekärer wurden, interessierten sich die Grimms – typisch für ihr Milieu – kaum, auch wenn man ihnen genau dies zutraute: Im Hungerjahr 1846 gehörte Jacob Grimm zu jenen «well-known personalities», denen das *Cincinnati Volksblatt*, die Zeitung einer deutschen Gemeinde in Übersee, Spenden übermittelte, um sie an die Notleidenden in Deutschland zu verteilen.[66]

Die Grimms erlebten mit, wie sich Berlin zur wirklichen Großstadt entwickelte, allmählich, in mehreren Phasen und mit unterschiedlichen Geschwindigkeiten in den einzelnen Stadtteilen. Die Metropole werde, bemerkte Wilhelm gegenüber Gervinus, immer weitläufiger, wachse immerzu. Wenn er für einige Zeit nicht in die Stadt komme, könne es ihm schon einmal entgehen, dass hier ein «neuer Platz» und dort «zwei neue Straßen» entstanden seien.[67] Auch das Umland rückte ständig näher. Unweit ihrer Wohnung lag der Potsdamer Bahnhof. Von dort aus fuhren in der Stunde drei Züge ab: Nach Potsdam benötigte man mit der Kutsche fast eine «beschwerliche Tagereise», mit dem Zug noch vierzig Minuten. Am 14. Oktober 1843 fuhr Wilhelm etwa im Kreis der «griechischen Gesellschaft» in einem eigens gemieteten Eisenbahncoupé in die Residenzstadt. Ludwig Tieck leitete die Aufführung von Shakespeares *Sommernachtstraum*, für die Felix Mendelssohn Bartholdy die Musik komponiert hatte. Der Ansturm war groß, die königliche Gesellschaft prächtig, von der Aufführung selbst berichtete Wilhelm seinem Briefpartner Hugo nichts, dafür aber davon, dass er in dem ganzen Gedränge nur einen «trockenen Zwieback» zu essen bekommen habe – als er zwischen elf und zwölf Uhr nachts wieder zu Hause ankam, stand Dorothea aus dem Bett auf und bereitete ihm auf dem Spirituskocher erst einmal eine Milchsuppe.[68]

Von den Grimms hörte man nicht die üblichen Katastrophenmeldungen über die Eisenbahn: dass sie das humane Verhältnis zu Raum und Zeit zerstöre, dass sie Lärm und Gestank ins Leben brächte oder dass sie – wie Willibald Alexis 1838 im *Morgenblatt* über die «Potsdamer Eisenbahn» schrieb – eine «Revolution» und das Ende aller Behaglichkeit bedeute.[69] Im Gegenteil: Die Grimms nutzten gern die Gelegenheit zur Eisenbahnfahrt, etwa auf den Erholungsreisen, die sie nun unternahmen: Gleich im ersten Berliner Jahr begab sich Wilhelm Grimm von August bis Oktober mit Frau und Tochter Auguste auf eine Exkursion durch Sachsen, Thüringen, Hessen und Franken; vier Jahre später reisten sie zu den Kindheitsorten Hanau und Steinau;[70] Jacob Grimm erkundete 1843 auf Anraten seines Arztes Italien, besuchte im folgenden Jahr Dänemark und Schweden und 1847 Wien und Prag.[71]

Für Jacob war es eine neue Erfahrung, dass er Erholung benötigte. Freilich fand er schnell eine passende Erklärung, denn er meinte, «wenn ihm jemand langweilig oder lästig sei, so drücke es ihn gleich auf der Brust» – und an beidem, an langweiligen und lästigen Begegnungen, hatte Berlin ihm einiges zu bieten.[72] In ihrem ersten Berliner Jahrzehnt steckten sie fest in einem komplizierten Gefüge aus persönlichen, politischen und beruflichen Beziehungen. Sie knüpften ein enges Geflecht, das Fachkommunikation auch jenseits von Akademie oder Universität stabilisierte. Mit Philologen aus Berlin und anderen Städten wie Julius Zacher, Gustav Freytag, Victor Aimé Huber, Ludwig Uhland, Karl Müllenhoff oder dem Göttinger Freund Gervinus unterhielten sie freundschaftliche Beziehungen, die sich von den Arbeitsinteressen nicht immer und manchmal gar nicht unterscheiden lassen. Zu den festen Gästen des Hauses Grimm gehörten Personen, die wissenschaftspolitisch wichtige Posten besetzten.[73]

Die Grimms frischten die Kontakte zu den Kreisen der preußischen Reformer wieder auf, als Wilhelm eine Sitzung der «gesetzlosen Gesellschaft» besuchte, einer Gelehrtenvereinigung, die sich der Pflege freier Geselligkeit verschrieben hatte und zu der die meisten Unterzeichner des ‹Berliner Plans› gehörten, den Goethe und Savigny mit den Brüdern Grimm vor fünfundzwanzig Jahren diskutiert hatten. Hier vernetzten sich Verwaltungs- und Regierungs-

beamte mit der Professorenschaft und diese wiederum mit den Aka-
demiemitgliedern, Gymnasialdirektoren und Verlegern.[74] Insgesamt
freilich hielten sich die Grimms aus organisierter Geselligkeit eher
heraus. Nur gelegentlich besuchten sie Veranstaltungen der «Ar-
chäologischen Gesellschaft», der «Griechischen Gesellschaft» oder –
sehr selten – der «Societät für wissenschaftliche Kritik», einer Art
«Gegenakademie» zur Akademie der Wissenschaften. Solche Zusammenkünfte hielten sie letztlich für Zeitverschwendung und die
einsame Arbeit für wesentlich effektiver.[75]

Was im früheren Briefverkehr ein lockeres Gespinst war, erwies
sich vor Ort als unbarmherzige Geselligkeitsmaschinerie. Schon in
Kassel hatte Wilhelm zwischenzeitlich wieder lauthals beklagt, dass
kein Tag ohne Besuch vergehe.[76] Nun gerieten er und Jacob vom Be-
suchsregen in die Einladungstraufe auf großstädtischem Niveau.
Stadt- und Hofräte, die Koryphäen der Gelehrtenwelt und die Berliner Prominenz mussten besucht und empfangen werden, zum Tee,
auf Gesellschaften, zum Mittag- und Abendessen. Am 18. Mai, fast
zwei Monate nach ihrer Ankunft in Berlin, notierte Wilhelm in seinen Kalender: «heute zum erstenmal kein besuch bei mir, und ich
konnte auch abends wieder am wörterbuch arbeiten.»[77]

Zwar klingen die Seufzer über die Verschwendung von Arbeitszeit
altbekannt, und fast scheint es, als bestehe für die Grimms zwischen
einer Kleinstadt wie Göttingen und der Metropole Berlin kein großer Unterschied. Sie litten wie gewohnt offen und gern an der Kon-
ventionalität, am Korsett der gepflegten Konversation – «klagt, daß
sie hier die Unterhaltung so gern in kühlen Witz verkehren», notierte ein Zeitgenosse über Wilhelm Grimm in sein Tagebuch.[78] Aber
das Treiben hatte doch eine neue Qualität.

Wollte man das ganze Netzwerk der Bekanntschaften und Freundschaften erfassen, wäre ein eigenes Buch dazu nötig.[79] Die Berliner
erhoben Anspruch auf die beiden Neuankömmlinge aus der hessischen Provinz, als ob diese Zeit im Überfluss hätten und «mit beiden Händen zum Fenster hinauswerfen» könnten.[80] Doch was wäre
gewesen, wenn Berlin weniger Interesse an den beiden gelehrten Be-

rühmtheiten gezeigt hätte? Waren sie nicht angewiesen auf die Be-
stätigung von außen, um die Kränkungen wiedergutzumachen, die
ihnen das Hin und Her bei der Berufung zugefügt hatte?

Die Gesellschaftskreise, in denen die Grimms verkehrten, hatten einen je eigenen Charakter – das war schon in Kassel so. In der Hof-
gesellschaft verhielt man sich anders als in den Salons; bei den Salons gab es eher konservative und eher progressive Varianten; und
in wissenschaftlichen und gelehrten Zusammenkünften ging man
wiederum auf besondere Weise miteinander um. Mehrfach waren
die Grimms bei Abendveranstaltungen Friedrich Wilhelms IV. zu
Gast – als Wilhelm Grimm 1842 einmal mehr lebensgefährlich erkrankte, wurde er sogar vom Arzt des Regenten, einem Nachbarn
aus der Lennéstraße, betreut, und 1845 stand der königliche Leibme-
dicus Dorothea bei.[81] Mit Kultusminister Eichhorn unterhielten die
Grimms regen Kontakt.

Die Salons, die nach einer Flaute in den 1830er Jahren nun wieder
das Berliner Leben bestimmten, erprobten das zivilisierte Verhalten
einer Gesellschaft, die sich – zumindest der Phantasie nach – jenseits
ständischer Schranken zusammenfand, einer Gesellschaft, die von
den weiblichen Tugenden der Urbanität, des ‹guten Tons›, des fried-
lichen Austauschs über Kunst und Literatur, bisweilen auch über
Politik bestimmt wurde.[82] Es waren Informationsbörsen, auf denen Durchreisende haltmachten und Neuigkeiten verbreiteten, und
Kontaktbörsen, wo man Liaisons anbahnte, bestehende Seilschaften befestigte, sich gegenseitig in seinen Zu- und Abneigungen bestärkte.

Vor allem Wilhelm Grimm pflegte – gewissermaßen arbeitstei-
lig – die Beziehungen zu den Salons, nutzte dabei seine Kasseler
Kontakte, etwa zur Gräfin Bismarck-Bohlen.[83] Von einer Kasseler
Freundin ließ er sich in den Salon der Gräfin von Schwerin einführen, wo sich vor allem der preußische Hochadel traf. Die Mä-
zenatin, die noch Theodor Fontane unterstützte, bevorzugte den
französischen Ausstattungsgeschmack: Damasttapeten und ge-

wichtige Ölgemälde, Rokoko-Möbel und eine reichhaltige Marmorausstattung.

Im Salon Hedwig von Olfers hingegen, deren Ehemann den Königlichen Museen vorstand, pflegte man Geselligkeit im Geist des preußischen Patriotismus, der noch lau aus den Befreiungskriegen her wehte und mit der Inthronisierung Friedrich Wilhelms IV. aufgefrischt worden war. Der König förderte den Salon und gab sich dort manchmal die Ehre. Die dezente Beleuchtung verbreitete eine behagliche Stimmung; die Tapeten in Gelb, Grün oder Rot unterstützten die eher intime Atmosphäre der Räume; Gipsabgüsse dienten als Verzierung, vermittelten gehobenen Geschmack, ohne aufdringlich zu wirken. Minister Eichhorn, Alexander von Humboldt, Leopold von Ranke – sie und viele andere traf man hier regelmäßig an.

Wilhelm konnte seine Talente ausspielen: Er trug aus seinen Märchensammlungen vor oder unterhielt die Abendgesellschaft mit hessischen Erzählungen. Und er genoss szenische Aufführungen der Kinder des Hauses, etwa von Brentanos *Ponce de Leon* unter Regie Bettine von Arnims – oder deren *tablaux vivants*, ‹lebende Bilder›, die beispielsweise Szenen aus dem Königshaus nachstellten. Mit der Gastgeberin, die Kleist, Fouqué und Jean Paul noch persönlich gekannt hatte, tauschte er sich über Literatur aus, und der eine oder andere Gast kam mit ihm über die altdeutschen Studien ins Gespräch. Ein eher robuster Zeitgenosse schimpfte über den Olfers-Salon: «[...] da gibt es nur geistige Genüsse, da ist der bloße Gedanke an ein Räuschchen schon ein Verbrechen, viel weniger Gelegenheit und Mittel vorhanden, des Guten etwas zu viel zu tun, nur Tee, Tee, Tee und sehr kleine, kleine Butterbrötchen – aber in reichlichem Maße Kunstgespräche; alle Kunstepochen werden da besprochen und beleuchtet.»[84]

Diese Kontakte gehörten zum standesgemäßen Umgang der Grimms auf hohem Niveau. Auffällig aber ist, wie wichtig der Verkehr von Privathaushalten und ganzen Familien für die Grimms war. Überblickt man die Berliner Zeit, dominierte sogar die Geselligkeit in den eigenen Wohnräumen, die die Salonkultur in gewisser Weise fortführte, aber ganz auf die eigenen Bedürfnisse zuschnitt.[85] So gehörte die Familie des verstorbenen Juristen und vormaligen Universitätspräsidenten Clemens August Klenze, aufs engste mit Lachmann befreundet, zum näheren Bekanntenkreis. Sie nahm gelegentlich die Kinder der Grimms mit ins Ostseebad Heringsdorf. Beziehungen zwischen den Frauen und die Integration der Kinder in die Geselligkeit sind charakteristisch, und daraus ergaben sich – ebenfalls wie in Kassel – längerfristige Bindungen: Herman Grimm beispielsweise, der als Jugendlicher viel im Hause Bettine von Arnims verkehrte, heiratete in die standeshöhere Arnim-Familie ein.[86]

Enge Beziehungen unterhielten die Grimms zu Mitgliedern der Akademie und einer Reihe von Professoren der Universität, darunter Historiker und Philosophen, Juristen und Physiologen, Mediziner und Zoologen.[87] Die Gegenwart des Altphilologen August Boeckh, kurzzeitig ihr Nachbar, des Philosophen Friedrich Wilhelm Joseph Schelling, dessen Ehefrau mit Dorothea Grimm bekannt war,[88] oder des Ägyptologen Richard Lepsius schätzten die Grimms, um nur einige bekanntere Namen zu nennen. Gegenspieler wie von der Hagen oder Johann August Zeune umging man weiträumig.

Erst etwa ein Jahr nach der Ankunft der Grimms flaute der Tumult von Einladungen und Gegeneinladungen ein wenig ab. Dann etablierte sich eine geregelte Besuchskultur:[89] Zu Mittag und zum Tee blieben die Grimms selten unter sich. Zudem führten sie – wie es ihrem Stand angemessen war – eine «Sonntagabendgesellschaft» ein. Internationaler Durchreiseverkehr machte bei ihnen Station: Amerikaner und Russen, Franzosen und Norweger, später sogar eine kaiserliche Gesandtschaft aus Japan – sie alle erwiesen den mittlerweile legendären Gelehrten ihre Reverenz, wie überhaupt die Zahl der Ehrenmitgliedschaften in Gesellschaften und Akademien von New York bis St. Petersburg in den Berliner Jahren erheblich anstieg. Die Grimms gehörten zur internationalen Wissenschaftsprominenz.

Am Ende ihres Lebens waren sie Mitglieder in fast achtzig gelehrten Vereinigungen im In- und Ausland.[90]

Die alten Bekannten Lachmann und Meusebach sahen die Grimms immer wieder gern. Bettine von Arnim war in den ersten Berliner Jahren regelmäßig zu Gast, auch wenn sich Jacob von seinen ambivalenten Gefühlen nicht befreien konnte. Auf der einen Seite gingen ihm das ewige Gerede und die quirlige Lebendigkeit auf den Geist. Auf der anderen Seite wollte er die Frau, die sich wie niemand sonst ‹teilnehmend› verhalten hatte, nicht missen. Verzichten konnte er auf jeden Fall auf «Leute von ihrem Umgang», die sie den Grimms «auf den Hals» führte und mit denen Jacob und Wilhelm nun wirklich nichts zu tun haben wollten.[91]

Ein Student berichtete von einem abendlichen Tee bei den Grimms Anfang der 1840er Jahre, bei dem plötzlich eine «kleine ältliche Dame mit raschem Schritt hereintrat», mit offenem Haar und ein wenig derangierter Kleidung: «‹Da bin ich›! Ein allgemeiner fröhlicher Gegengruß hieß sie willkommen: es war Bettina, ‹das Kind›!, damals 57 Jahre alt. Vergnügt huschelte sie in eine Sofaecke und hatte im Umsehen mit ihrer geistreichen Lebendigkeit ein allgemeines Kreuzfeuer der Unterhaltung entzündet. Als gelegentlich eine kurze Pause eintrat, sagte sie: ‹Was wohl das verehrte Publikum im Parkett sagen würde, wenn wir uns so, wie wir da sind, auf die Bühne setzten und uns unterhielten? Wir sollten's eigentlich mal probieren in einem Stück mit einer Teeszene; da kriegten die Menschen wenigstens etwas Besseres zu hören, als in dem Geschwätz in ihrem dummen Lustspiel.›»[92]

Dorothea und ihre Tochter kümmerten sich beim Publikumsverkehr um das Organisatorische und um die kulinarische Versorgung der Gäste. Allerdings gehörte seit dem Umzug nach Berlin auch die Hausherrin neben Wilhelm zu den Sorgenkindern der Familie. Wie ihr Mann litt sie am Herzen, mehrfach schwebte sie in Lebensgefahr. Der Arzt versicherte zwar, dass der organische Krankheitsherd nicht das Herz, sondern das Nervensystem sei. Dorothea jedoch beharrte darauf: «der Sitz der Krankheit gehe vom Herzen aus».[93] In der Berliner Zeit waren Kuraufenthalte an der Tagesordnung. Einmal versuchte man es mit einer Quelle in der Nähe von Paderborn, ein anderes Mal mit der «erquickenden Bergluft» im Harz oder im Riesengebirge; mehrfach hielt Dorothea sich an der Ostsee auf.[94]

Im Notfall nahm Auguste ihrer Mutter die Verantwortung für abendliche Geselligkeiten ab. Gelegentlich unterhielt sie, die seit ihrer Kindheit Klavier spielte, die Anwesenden musikalisch, manchmal sang ihre Mutter. Nicht zuletzt Wilhelms Neigung zur Musik machte seinen Haushalt zur Anlaufstelle für berühmte Musiker.[95] Und bisweilen war der Ton geradezu ausgelassen. Über seinen einundsechzigsten Geburtstag hielt Wilhelm am 16. März 1847 brieflich fest: «Diesmal ist und zum erstenmal an meinem Geburtstag getanzt worden; es kamen Abends viele Leute und da auch junges Volk dabei war, so ließ Gustchen das Fortepiano hereintragen und der es konnte, mußte Tänze aufspielen. Es war außerordentlich rührend anzusehen, als Jacob auf einmal Gustchen aufsuchte und einen altmodischen Walzer mit ihm tanzte.»[96]

Diesen Geburtstag feierte Wilhelm mit seiner Familie nicht mehr in der Lennéstraße. Die erste Berliner Wohnung hatten sie bereits im Frühjahr 1845 aufgegeben, weil die heranwachsenden Kinder mehr Platz benötigten. Ein neues Domizil fanden sie in einem noch nicht ganz fertiggestellten Haus in der Dorotheenstraße 47, in das sie vom 20. auf den 21. März 1846 zogen. Es lag am Rand des Tiergartens, nur wenige Meter entfernt vom Brandenburger Tor an der alten Stadtgrenze. Die neue Bleibe war zwar geräumiger, aber auch weniger behaglich. Im Winter hing die Kälte schwer in den Zimmern. Noch dazu kam es zu Reibereien mit dem Vermieter.[97] Nach einem heftigen Streit, den Dorothea Grimm auszustehen hatte, kündigte man den Grimms wegen Versäumnissen bei der Mietzahlung. Dorothea vermutete mit gutem Grund, es sei nur ein Vorwand gewesen, um die Grimms loszuwerden und so die Miete aufschlagen zu können.

Wieder ging es auf Wohnungssuche. Im November 1846 wurden sie fündig, und am 23. Februar 1847 zogen sie in ihre letzte Bleibe in der Linkstraße. Sie wohnten nun wieder in der Tiergartengegend außerhalb der alten Stadtmauern, in der Nähe des Potsdamers Platzes. Ihre Straße zweigte von der Potsdamer Straße ab – das war damals eine Landstraße, die zu den Dörfern Schöneberg und Steglitz führte. Auch dieses Viertel war erst kurz zuvor erschlossen worden und gehörte zu den rasch wachsenden Neubaugebieten. Eine Zeitgenossin notierte in ihr Tagebuch über den neuen Stadtteil: «Man staunt über die zahllosen Paläste, die sich da aneinander reihen – des Bauens ist kein Ende! Man kann dort für mäßige Mieten herrlich wohnen, aber man ist von aller Kultur abgeschnitten; Droschken sind das einzig rettende Verkehrsmittel.»[98]

Die Grimms belegten eine halbe Etage im zweiten Stock eines Neubaus, der durchaus vornehm, ja palastartig wirkte. In einer Nachbarwohnung lebte der Altphilologe Immanuel Becker mit seiner Familie, in einer anderen Johannes Horkel, ein Student von Lachmann und Boeckh[99] – er hatte Jacob Grimm auf seiner Italienreise im Jahr 1843 begleitet. Wie in der Lennéstraße standen den Grimms zehn Zimmer sowie eine Küche, ein Dienstboten- und Sanitärraum zur Verfügung. Zum Personal unterhielten die Grimms einen vergleichsweise engen Kontakt: Jacob übernahm sogar die Patenschaft für den Sohn eines Dienstmädchens.[100] Auf dreihundert Quadratmetern Wohnfläche brauchten sich die Grimms über enge Wohnverhältnisse nicht mehr zu beklagen, zumal sich Rudolf Grimm während seines Militärdienstes und Studiums nur noch selten bei ihnen aufhielt. Herman befand sich ebenfalls häufig auswärts.

In Berlin war den Grimms einer der wichtigsten Menschen ihres Lebens wieder unmittelbar gegenwärtig: Savigny. Man trifft sich regelmäßig, tauscht sich aus. Kleine Billets, eine Art SMS des 19. Jahrhunderts, gehen zwischen den Wohnungen hin und her. «Guten Morgen, lieber Savigny», schreibt etwa Jacob Grimm am 5. Mai 1847, «die Kinder gehn heute nicht zur Schule und im calender steht ein Bettag. wird darum auch heute kein colleg gelesen, oder kümmert sich das nicht darum?» Darauf der Adressat: «Am Bettag kann Jeder beten so viel ihm beliebt, aber Keiner lesen; es ist eine allgemeine Landeseinrichtung, die jede öffentliche Thätigkeit hemmt, also Sitzungen, Vorlesungen usw. Guten Morgen, Ihr Savigny».[101]

Die Grimms hatten in Berlin den letzten Karriereschritt des Juristen aus unmittelbarer Nähe mitverfolgt, als Savigny 1842 von Friedrich Wilhelm IV. zum Großkanzler ernannt wurde und den Posten eines «Ministers für Revision der Gesetzgebung» übernahm. Jacob bemerkte bei Gelegenheit die Ironie der Geschichte, «dasz wer mit solchem erfolg das straucheln und die unbeholfenheit neuer gesetzgebungen bloszgestellt hatte, nun lange stunden des tages damit hinbringen sollte neue gesetze zu entwerfen».[102] Bereits 1825 hatte er sich darüber gefreut, dass die Berufung Savignys zum Justizminister gescheitert war – als Professor werde er der Welt gewiss mehr wert sein.

Ebenso suspekt wie die politische Karriere Savignys war den Grimms das Zeremonielle des Ministerhaushalts. Seinem Bruder Ludwig schilderte Wilhelm einen dieser Empfänge im Januar 1843. Die Passage vermittelt einen Eindruck von den Ritualen der Berliner Gesellschaft, in denen sich die Grimms zurechtzufinden hatten: «Bei Savignys geht es jetzt sehr vornehm her. Die Treppe ist mit Gas beleuchtet und mit Bäumen und Blumen besetzt. Tritt man in die Flur, so wird gleich vom Portier geklingelt, dann erscheinen im Vorzimmer zwei Livreebediente, blau mit Silber, und nehmen einem die Mäntel ab, dann reißen sie die Türen auf und führen einen durch zwei erwärmte und erleuchtete Zimmer in das Kabinett, was aber auch ein großes viereckiges Zimmer ist, himmelblau mit Gold, ganz mit Bildern behängt, wo Frau von Savigny auf einem Diwan sitzt, hinter einem großen runden Tisch. Sie steht nicht auf, sondern erwartet ihre Gäste, er aber kommt ganz freundlich entgegen und reicht die Hand. Man kommt erst kurz vor neun Uhr, kann aber auch noch um halb zehn Uhr kommen. Dann wird Tee herum gereicht. Um ein Viertel auf elf werden allerlei feine Speisen, mehr oder weniger, wie die Gesellschaft groß ist, von den Bedienten gebracht und angeboten. Tischtuch wird nicht aufgelegt, das ist gegen den feinen Stil, sondern man setzt den Teller auf den Mahagonitisch, die Bedienten müssen alles in weißen Handschuhen reichen und den Wein einschenken. Im Gespräch geht es sehr munter her, Frau von Savigny macht einen Witz nach dem andern; oft sind sehr viele Leute da, besonders Fremde, Engländer, Franzosen und Amerikaner. Gegen halbzwölf empfiehlt man sich, da steht Frau von Savigny auf, und er und sie begleiten meist die Gäste bis an die erste Tür, sind auch sehr freundlich und liebenswürdig. Im übrigen ist man ungeniert, kann aufstehen, sich setzen, zu wem man will, auch zu aller Zeit, wenn man will, weggehen, ohne Abschied zu nehmen. Man kann jeden Abend hingehen, manchmal wird man noch besonders eingeladen.»[103]

Wilhelm betrachtet die Umgangsformen im Ministerhaushalt mit dezenter Ironie. Besonders gut gefallen hat ihm, als eine Einladung bei den Savignys mit einem Konzert beim König kollidierte. Alles war prächtig erleuchtet, aber die Gäste blieben aus. Nur Dorothea und Wilhelm waren gekommen und mussten nun «die trefflichen Speisen, Hechtfrikassee, Trüffelpasteten und Orangeeis allein essen».

Jacob ließ sich durch kulinarische Verführungen nicht so leicht bestechen. Er vermisste bei seinem Gönner die «frühere einfachheit und freiheit».[104] In der Widmung zum fünfzigsten Jahrestag der Promotion Savignys blickt er 1850 in *Das Wort des Besitzes* auf die lange Beziehung zurück. Hier erinnert er sich an jene romantische Schlüsselszene, als er in Marburg in Savignys Bibliothek auf die deutschen Dichter des Mittelalters stieß; er erinnert sich an die lebendige Lehre während des Studiums, mit der ihn Savigny bezaubert hatte; und er erinnert sich an das «gegenbild» dazu bei der Feier zum Geburtstag des Königs am 15. Oktober 1847: Savigny hatte zum Mittagstisch geladen. Jacob kam zu ihm von einem kleinen, einsamen Spaziergang durch den herbstlichen Tiergarten, bei dem er an den gerade erschienenen sechsten Band des *Römischen Rechts* gedacht hatte. Das Folgende, das Droschkengerassel auf dem Weg zum Haus Savignys, die «ausländische[n] gewächse», die dort zu finden waren, die opulente Kerzenbeleuchtung und die kostbare Raumausstattung, all dies wird als Gegenbild inszeniert und passt zur distanzierten Art, mit der Savigny die warmherzigen Gefühle seines Gastes erwidert – «mir konnten Sie vor dem gedräng kaum eine fingerspitze im handschuh reichen».

Die Lichter also glänzten im Hause Savigny, die Besucher hatten sich versammelt, Jacobs Orden,[105] die ihm Dorothea angesteckt hatte, raschelten und saßen, wie er meinte, vielleicht nicht ganz an der richtigen Stelle. Endlich begann die Mahlzeit, «bei überströmenden speisen und zögerndem, stockendem gespräch». Savigny erhob sich, brachte einen Toast auf Friedrich Wilhelm IV. aus. In Jacob wallten wieder die herzlichen Gefühle für den Menschen hinter dem Minister auf. Er wollte schon an sein Glas schlagen, um sich Aufmerksamkeit für eine kleine Rede zu verschaffen, da riet ihm ein Tischnachbar ab: Nach einem Toast auf die Gesundheit des Königs wäre ein weiterer Trinkspruch unangebracht. Angesichts der «Berliner etikette» ließ Jacob seinen Vorsatz fallen, «wie die blätter in diesem monat eins nach dem andern vom baume».[106]

Über diese Schilderung eines Ministers, der sein Herz an die Konventionen verraten hatte, war Savigny mehr als verärgert. Er wird nie ein Wort über Jacobs Widmungsvorrede verlieren.[107] Nichts zeigt das sperrige, unbequeme Wesen Jacob Grimms besser, nichts aber auch den Impuls hinter dieser knorrigen Art: die Treue gegenüber den Idealen der Vergangenheit, ihren Träumen und Visionen.

Die deutsche Einheit der Germanisten

Als Jacob Grimm seine Erinnerungen an Savigny 1850 veröffentlichte, war die ‹Revolution› von 1848 bereits gescheitert, und in die unbehagliche Stimmung, die er in der Widmungsrede schildert, spielt auch die Enttäuschung seiner politischen Hoffnungen hinein. Zwar sahen die Brüder Grimm von Anfang an in Preußen keineswegs das

«Himmelreich», wie Jacob am 16. November 1840 an Bettine von Arnim hellsichtig schrieb, sondern prophezeiten, «daß dem Recht und der Freiheit noch Kämpfe bevorstehn, ehe sie siegen».[108] Aber selbst diese kämpferische Zuversicht sollte sich als zu optimistisch erweisen. Friedrich Wilhelm IV., der beim Amtsantritt seine Untertanen in einen «Taumel» versetzt hatte, kam im Verlauf der 1840er Jahre in der Realpolitik an. Die Ernüchterung war groß: Die Sprache des Königs klang liberal, seine politischen Taten drückten das Gegenteil davon aus.[109] Wer darauf vertraute, dass Friedrich Wilhelm IV. aus freien Stücken jenes Verfassungsversprechen einlösen würde, das noch sein Vater gegeben hatte, sah sich in die Irre geführt.

Die Brüder Grimm gehörten zu jenen Symbolfiguren, in denen sich die Ereignisse weithin sichtbar spiegelten. Denn von Anfang an war der Umzug der Göttinger ‹Protestanten› nach Berlin ein Politikum, weil es dabei nicht allein um die Existenzsicherung ging, für die die Grimms vielleicht auch auf anderen Wegen hätten sorgen können, sondern um ihre moralische, rechtliche und politische Rehabilitierung. So genau, wie sie die politische Stimmung erspürten, so genau wurden die Grimms beobachtet. Sie führten, ob sie wollten oder nicht, ein politisches Leben.

Einen der gewichtigsten Vorwürfe – dass sie als politisch und moralisch fragwürdige Lehrer die Jugend nicht unterrichten sollten – konnten die Grimms wenige Monate nach ihrer Ankunft in Berlin entkräften: Zum Sommersemester 1841 nahmen sie ihre Vorlesungen an der Berliner Universität auf. Dabei knüpften sie an die Göttinger Zeit an. Jacob las über deutsche Rechtsaltertümer, Wilhelm über das Kudrun-Epos. Beide bekannten sich programmatisch zu «vaterländischer» Forschung.[110]

Der Zulauf war zunächst ungleich größer als in Göttingen. Von mehreren hundert Zuhörern ist die Rede. Man musste sogar in einen größeren Saal wechseln. Ein Beobachter beschrieb Jacobs erste Sitzung: «Er war es nicht gewohnt, vor einer so großen Zuhörerschaft zu sprechen. Die Bewegung des Herzens, das bei ihm stets sehr lebhaft schlug, hemmte den Fluß seiner Gedanken. Nach einigen Sätzen trat eine längere Pause ein, aber völlig ruhig und sinnend blickte der Redende in die Kastanienbäume vor dem Fenster, und lautlose Stille herrschte unter den Hunderten, bis er das Wort wieder gefunden hatte.»[111]

Nachdem die Sensation des Neuanfangs vorüber war, fand sich in ihren Vorlesungen ein so überschaubares Publikum wie in Göttingen ein.[112] Beide nahmen es gelassen hin. Als leidenschaftliche Dozenten präsentierten sie sich in Berlin ohnehin nicht. Der Begeisterung der Studenten für die Ikonen der ‹Göttinger Sieben› tat das keinen Abbruch. Schon als der Berliner Rechtshistoriker Eduard Gans 1838 wegen seiner Aktivitäten zur Unterstützung der Brüder Grimm von offizieller Seite scharf angegriffen worden war, hatten sich sechshundert Studenten zu dessen Geburtstag versammelt, um ihre Solidarität zu demonstrieren,[113] und Bettine von Arnim hatte bereits vor dem Eintreffen der Grimms eine studentische «Grimm-Gemeinde» organisiert.[114] Jetzt, da sie in Berlin lebten, erschienen bei Geburtstagen immer wieder Studenten vor ihrem Haus, um ihnen Ovationen zu bringen, die die beiden Professoren auch gerührt annahmen. Das war nach wie vor eine Provokation. Nicht selten verbot die Polizei, wenn sie Wind davon bekam, die Fackelzüge, die durch die Stadt gehen sollten.[115]

1843 berichtete Wilhelm seinem Bruder Ludwig von einer dieser Feierstunden: Viele Freunde und Bekannte seien eigens gekommen, um die Huldigungen mitzuerleben. Um halb neun Uhr standen die Studenten mit Windlichtern im Halbkreis vor dem Haus, sperrten die Straße ab und begannen mit ihrem Gesang. Nach einigen Liedern überreichte eine Delegation ein für diesen Anlass verfertigtes Gedicht, das «auf einem Pergament zierlich mit goldener Überschrift geschrieben» war, sowie ein zweites «in dänischer Sprache von einem Norweger». Die Studenten hielten eine Ansprache, Jacob und Wilhelm richteten ihrerseits ein Wort an sie und luden sie ein. Die aber löschten in aller Zurückhaltung die Lichter, zogen langsam ab und sangen dabei das Studentenlied *Gaudeamus igitur*.[116]

Als die Studenten im darauffolgenden Jahr zu Wilhelms Geburtstag wieder vor dem Fenster standen, war Hoffmann von Fallersleben bei den Grimms zu Gast. Er gehörte zu ihren alten Freunden. Um ihm nicht in die Quere zu kommen, hatte Jacob gern auf einen Ruf nach Breslau verzichtet. Mittlerweile allerdings war der Dichterphilologe von Friedrich Wilhelm IV. ohne Pensionsansprüche entlassen worden. Das zweite Buch der *Unpolitischen Lieder* hatte den Unmut des Königs erregt, wohingegen die Grimms den einen oder anderen Vers der Sammlung, die sich auch für die ‹Göttinger Sieben› engagierte, mit Zustimmung gelesen haben dürften. Strophen aus dem Gedicht «An die deutschen Frauen» etwa hätte Jacob gleich auf seinen Ministerfreund Savigny ummünzen können:

«Ihr tragt noch nicht die bunten Bänder,
Die man dem Staatsverdienste weiht;
Euch sind noch eure Hausgewänder
Mehr werth als ein Beamtenkleid.

Ihr seid noch nicht verlocket worden
Durch Titel oder andern Tand;
Euch kann noch sein der schönste Orden:
Die Liebe für das Vaterland.»

Tatsächlich hatte Fallersleben nach einem Besuch bei den Grimms am 28. März 1841 in sein Tagebuch notiert, Jacob habe ihn aufs herzlichste empfangen und die *Unpolitischen Lieder* «mit großer Freude» gelesen – gegenüber Dahlmann bemerkte Jacob indes einige Jahre später, er entschuldige die inkriminierten Gedichte, könne sie aber nicht gutheißen.[117]

Im Winter 1844 also trat der heimatlose Dichter neben Jacob und Wilhelm auf den Balkon und zeigte sich den Studenten, die daraufhin in Begeisterungsstürme ausbrachen. Erst ging Wilhelm zu der Versammlung, schüttelte einige Hände, dann Fallersleben. Schließlich kamen noch ein paar von den Studenten mit zu den Grimms hinauf, tranken ein Glas Punsch und sangen einige Lieder aus dem Werkrepertoire des Gastes.

Das alles wäre kaum der Rede wert gewesen, hätte die Polizei Fallersleben nicht wenige Tage später aus Berlin ausgewiesen, weil sie weitere Aufläufe fürchtete. Die Grimms holte ihre Vergangenheit ein. Denn für viele Beobachter lag die Parallele zum Schicksal der ‹Göttinger Sieben› auf der Hand. Sie verfassten Solidaritätsadressen für Fallersleben und erwarteten dies selbstverständlich auch von den Brüdern Grimm. Die aber beharrten auf einer für sie entscheidenden Differenz: Ihnen sei es nie um politische Agitation gegangen, sondern stets allein um die Wahrung des Rechts jenseits der politischen Meinungsverschiedenheiten.[118]

Die öffentliche Meinung, die die Grimms sich in der Göttinger Affäre zunutze gemacht hatten, trat ihnen nun feindlich entgegen: Die Berichterstattung war unkontrollierbar, widersprüchlich. Die *Kölnische Zeitung* überging den Auftritt von Fallersleben und zitierte nur Wilhelms Rede, in der er dezidiert betonte: «wir erforschen das deutsche Altertum nicht, um in eine Zeit zurückzuführen, die längst in dem Strome der Geschichte untergegangen ist; wir erforschen es, um die Gegenwart, der wir unsere Kräfte, Liebe und Sorge schuldig sind, wahrhaft zu erkennen und durch diese Erkenntnis zu fördern» – die Studenten, so wünschte sich Wilhelm, mögen «Deutsche im vollen Sinn des Wortes» sein.[119] Ganz anders klingt der Bericht der *Deutschen Allgemeinen Zeitung*. Wilhelms Rede geht dort im Rauschen des Windes unter. Umso deutlicher hört man das Hoch der Studenten auf Hoffmann von Fallersleben und auf die ‹Göttinger Sieben›.[120]

Nachdem Fallersleben aus Berlin ausgewiesen und ein Teil der Studenten für ihre Hochrufe bestraft worden war, veröffentlichten die Grimms in der *Allgemeinen Preußischen Zeitung* vom 6. März 1844 einen Artikel, bei dem sie das Fingerspitzengefühl, das in dieser aufgeheizten Stimmung nötig gewesen wäre, vermissen ließen. Sie legten Wert darauf festzustellen, dass Wilhelm den Gast nicht zu den Studenten geleitet habe. Fallersleben, den sie nicht meiden möchten, nur weil andere sich von ihm distanzierten, habe lediglich Wilhelm zum Geburtstag gratulieren wollen. Sie bedauerten das Schicksal des Entlassenen, das aber ändere nichts daran, dass sie seine Meinungen nicht teilten. «Daß er uns diesmal als ein ungelegener Gast kam und alle Freude störte, wird er selbst fühlen»; es sei «albern», von ihnen nun eine politische Stellungnahme zu fordern. Der «Qualm des Parteiwesens» raube ihnen den Atem. Privat wurde Jacob Grimm noch viel deutlicher. An Dahlmann schrieb er am 15. März 1844, Fallersleben habe das Ganze von langer Hand geplant, ihnen damit einen «rücksichtslosen, gemeinen Streich gespielt» und ihre Gastfreundschaft für «eine geringe Genugthuung gegenüber der Regierung» missbraucht.[121]

In den meisten Berichten wurde die Haltung der Grimms kritisiert. Die *Kölnische Zeitung* bemerkte an den Brüdern Grimm einen «Rost», «der das Eisen ihrer Gesinnungs- und Thatkraft bereits so weit angefressen zu haben scheint, daß sie ohne Noth den Genossen gleicher Studien, den Genossen gleichen Schicksals, den Freund zu verleugnen eilen, sobald ein Hauch von seiner Ungnade über den blühenden Saum ihres wohlgesicherten Besitzthumes streift und dessen Ertrag gefährden könnte».[122] Die Grimms mussten Hohn und Spott über sich ergehen lassen. Der skandalerfahrene Karl Gutzkow, der sich als Vertreter der ‹Göttinger Sieben› noch über alle Maßen erhoben hatte, widmete ihnen jetzt zwei Epigramme:

«*Die Brüder Grimm.*
Öfters zitieren wir wohl im Buch den verbannten Professor,
    Aber zu Kuchen und Tee nimmer zitieren wir ihn.»

«*Einmal ist keinmal.*
Pocht sie denn ewig ans Tor, die vaterländsche Gesinnung?
    Einmal erklären wir uns: laßt uns doch ferner in Ruh.»

Und das Lästermaul Karl August Varnhagen von Ense notierte in sein Tagebuch, nachdem er die offizielle Erklärung der Brüder Grimm gelesen hatte: «ein winselndes, wehmüthig-ärgerliches Gestöhn! Es sind gute ehrliche Leute, ja gewiß, aber bornirten Geistes und kleinen Gemüthes, ohne allen politischen Sinn. Sie wollen auf den Göttinger Lorbeeren ausruhen, und man soll sie nicht zur Unzeit aus dieser Ruhe stören; sie sind ordentlich stolz auf ihr Philistertum. Arme Leute!»[123]

Anders sah es – wie zu erwarten – Friedrich Wilhelm IV., anders sahen es Bekannte wie Alexander von Humboldt, und anders sahen es Freunde wie Savigny oder Gervinus.[124] Aber wieder trat keiner öffentlich für sie ein. Schon gar nicht Bettine von Arnim, die von den Grimms enttäuscht war. Sie hätte sich mehr «Treue» von ihnen erhofft. Nur: Wem gegenüber sollten die Brüder treu sein? Hoffmann von Fallersleben oder Friedrich Wilhelm IV.? Ihrem langjährigen Freund oder dem König, der den Bann des Hannover'schen Königs zu brechen gewagt hatte und sie nun finanzierte?

Die Grimms saßen in der Klemme. Zumal das Verhältnis zu Bettine von Arnim war gestört. Die *Deutsche Allgemeine Zeitung* bemerkte am 12. März 1844, dass Fallersleben wohl tatsächlich nicht von den Grimms, sondern von Bettine eingeladen worden sei, dass die Brüder dies aber zu akzeptieren hätten – immerhin verdankten sie Bettine ihre Anstellung in Berlin. Jacob nahm Bettine gegen Gervinus in Schutz; er hielte es für unnatürlich, wenn er und seine Familie sich ihr entziehen würden, bemerkte aber auch: «Jetzt scheint sie es wirklich gegen uns versehn zu haben, was uns von ihr trennen kann.»[125]

Die Geschichte wiederholte sich mit vertauschten Rollen. Die Brüder sahen sich gekränkt, von vielen verlassen. Argwöhnisch beobachteten sie die Meinungsbildung. Verdächtigungen lagen in der Luft. Sollte Bettine hinter der ganzen Affäre stecken? Warum äußerte sich Dahlmann nicht öffentlich zu ihren Gunsten? Hatte er seine Freunde hintergangen? Bettine redete nun so abschätzig über die Grimms wie vordem über Lachmann oder Savigny. Begegnete man einander auf der Straße oder bei Gesellschaften, vermied man das Gespräch.

Jacob verständigte sich bald wieder mit ihr und auch mit Fallersleben. Im August 1845 betrat Bettine erstmals wieder die Wohnung der Grimms, Fallersleben trug später zum *Deutschen Wörterbuch* bei. Wilhelm aber blieb in beiden Fällen hart, nachtragend, unversöhnlich. Als ihm im September 1852, also mehr als acht Jahre nach den Ereignissen vor seiner Haustür, eine Buchhandlung ein Werk von Fallersleben zusandte, verbat er sich dies und ließ dem Autor ausrichten: «Für mich ist die Erinnerung an die Vergangenheit zu hart, als daß ich in das erste ungestörte Verhältnis zurückkehren könnte.» Jacob hingegen dankte für die Zusendung und schickte Fallersleben ein Exemplar seiner Studie *Über den Ursprung der Sprache* mit einer freundlichen Widmung.[126] Nicht weniger kompromisslos behandelte Wilhelm die alte Freundin Bettine. Selbst als sein Sohn Herman 1859 Bettines Tochter Gisela heiratete, lenkte er nicht wirklich ein.[127]

In der zunehmend gereizten Atmosphäre, die schließlich die Ereignisse im ‹Revolutionsjahr› 1848 vorbereitete, trugen die Brüder Grimm immer wieder diesen Konflikt aus. Auf der einen Seite bekannten sie sich zu politisch durchaus liberalen Positionen; auf der anderen Seite fühlten sie sich ihrem Förderer Friedrich Wilhelm IV. in Dankbarkeit verpflichtet. Dass sie vom König direkt finanziert wurden und keine staatliche Unterstützung erhielten, machte die Situation nicht einfacher. Vor allem aber war auch für sie Friedrich Wilhelm IV. nur schwer einzuschätzen. Der König passte – nicht anders als die Grimms – nur schwer in die Rubriken ‹liberal› oder ‹konservativ›, weil er die Monarchie mit allen Mitteln gegen die Verfassung verteidigte, aber jede Form absolutistischer Willkür für schädlich hielt.[128] Die Leitvokabeln der liberalen Bewegung spielten für Friedrich Wilhelm IV. wie für die Grimms eine große Rolle: Volk, Nation, Reich, Deutschland. Der Herrscher sollte sich mit dem ‹Herzen› seinem ‹Volk› zuwenden, das seinerseits liebevoll auf seinen Monarchen vertraute. Wie diese Kommunion von Herrscher und Volk stattfand, das überließ Friedrich Wilhelm IV. seinem Glauben an eine romantische Königsmystik, die den Monarchen mit besonderen Fähigkeiten ausstattete.

Die wichtigste außenpolitische Probe darauf, ob der preußische König ein verlässlicher Garant der deutschen Einheit sein würde, war sein Verhalten im Konflikt um Schleswig und Holstein: Die beiden Herzogtümer, die durch Personalunion dem dänischen König unterstanden, gehörten seit dem 15. Jahrhundert zusammen. Holstein war Mitglied des Deutschen Bundes. In beiden Herzogtümern galt eine andere Erbfolgeregel als in Dänemark, was dazu führen konnte, dass Holstein und Schleswig von der dänischen Krone getrennt wurden. Vor allem das Gespenst eines ‹deutschen› Schleswig bewegte die Gemüter. Als König Christian VIII. im Juli 1846 vorsorglich erklärte, dass das dänische Erbrecht nunmehr auch in Schleswig gelten sollte, führt das in Deutschland zu einem Sturm der nationalen Entrüstung und der Sympathie für die «teueren Brüder im Norden», der oftmals jede vernünftige Mäßigung hinwegfegte.[129] So auch bei Jacob Grimm.

Gemeinsam mit Lachmann, Pertz, Ranke und anderen richtete er am 25. August 1846 eine federführend von ihm verfasste «Adresse» an Friedrich Wilhelm IV., die den König eindringlich beschwor, den bedrohten Ländern im Kampf gegen die Machtansprüche der dänischen Krone beizustehen – seine Mitstreiter mussten Jacob vor zu grober Polemik gegen Dänemark zurückhalten. In der Adresse verdeutlichte er seine beiden zentralen politischen Ziele: die deutsche Einheit und die Führungsrolle Preußens. Man möge endlich als «gesetz» anerkennen, dass «alle, welche deutsche zunge reden auch dem deutschen volke angehören und in ihrer noth auf seine mächtige hülfe rechnen dürfen». Aufgrund ihrer Sprach-Politik reklamierten die Gelehrten Meinungsführerschaft und prophezeiten: Es gehe um «unsere ganze politische zukunft».[130]

Die Germanisten hatten diesen Anspruch bereits zuvor geltend gemacht, indem sie sich organisierten. Die deutschen Naturforscher hatten es 1822, die klassischen Philologen und Lehrer 1838 vorgemacht. Im Januar 1846 stießen die Leser mehrerer Tages- und Wochenzeitungen auf eine Annonce: «Männer, die sich der Pflege des deutschen Rechts, deutscher Geschichte und Sprache ergeben, nehmen sich vor, in einer der ehrwürdigsten Städte des Vaterlandes, zu Frankfurt am Main, vom 24. September 1846 an einige Tage mit einander zu verkehren.»[131] Geladen hatten neben den Brüdern Grimm die alten Mitstreiter Dahlmann und Gervinus, darüber hinaus Ernst Moritz Arndt, Leopold Ranke, Karl Lachmann, Ludwig Uhland und andere öffentliche Personen des Wissenschaftslebens.[132]

Die Initiative war von dem Tübinger Juristen Ludwig Reyscher ausgegangen, dem Schwiegersohn Dahlmanns.[133] Zunächst äußerte sich Jacob Grimm zurückhaltend. Er hatte für den Herbst 1846 eine Englandreise geplant und stand solchen Unternehmungen prinzipiell skeptisch gegenüber. Am 23. November 1845 schrieb er an Reyscher: «Über die ganze sache will ich offen sprechen. ich selbst bin für die übrige zeit meines lebens mit arbeiten, aussichten und plänen ausgestattet, an denen mein herz hängt, und ich wünsche mir keine neue anregung, die mich vielleicht stören würde.» Entscheidend war für ihn dann aber das «vaterländische Element» und die Mahnung von Gervinus, «daß in unsrer zeit der einzelne willig dem ganzen sich widmen müsse».[134] Hinzu kam: Das Organisationsverfahren war ganz nach dem Geschmack der Grimms. Während sie sich in Berlin aus wissenschaftlichen Gesellschaften weitgehend heraushielten, weil sie den Leerlauf und die Unergiebigkeit dieser geregelten und organisierten Zusammenkünfte nur schwer ertrugen, hatten die Vorbereitungen zur Germanistenversammlung eine ganz andere Qualität. Alles lief über private Kontakte und gewann seine Dynamik nach einem gleichsam selbstläuferischen Schneeballprinzip. Die Grimms faszinierte jene gemeinschaftsstiftende Kraft, die sie seit rund fünfundzwanzig Jahren immer wieder aufzuspüren suchten und die nun in der Wissenschaft Gestalt annahm.

Schon bei der Einladungspolitik wirkte – wie es in der Annonce der Veranstalter hieß – ein «eigenthümlicher vaterländischer Reiz», der nach dem Willen der Einladenden vom Germanistentag insgesamt ausgehen sollte.[135] Die Versammlung stand in der Tradition der großen Demonstrationen, die sich in gewisser Weise auf das Wartburgfest sowie auf das Hambacher Fest zurückführen lassen. Man veranstaltete Gutenbergfeste oder Schriftstellertreffen. Besonders die Turner und Sänger taten sich seit den 1830er Jahren hervor – 1845 reisten 1626 Sänger nach Würzburg, in Lübeck sollten 1847, als die Germanisten dort zum zweiten Mal tagten, 1127 von ihnen zusammenkommen. Auch bei diesen Veranstaltungen vergewisserten sich die enthusiasmierten Teilnehmer ihrer deutsch-nationalen Gesinnung vor allem dadurch, dass sie «Schleswig-Holstein meerumschlungen» die Treue erklärten.[136] Die Mobilisierung hatte viele Facetten und machte gerade deshalb großen Eindruck. Die bürgerliche Öffentlichkeit insgesamt war fasziniert von der eigenen Mächtigkeit. Die Presse berichtete darüber; Akten und Protokolle dokumentierten die Zusammenkünfte für den interessierten Leser.

Für die Gemeinschaftsbildung wurde auf den Germanistentagen ein wuchernder Rahmen geschaffen: Konzerte, Festessen, Begegnungen mit den Honoratioren der Tagungsorte gehörten zum Programm; Gesangsvereine traten auf und stimulierten die patriotische Stimmung. Sie erinnerten an die Zeit der Befreiungskriege, an den martialischen Patriotismus, der den «Franzmann» nur als «Feind» kannte, und formulierten mit Ernst Moritz Arndts «Des Deutschen Vaterland» (1813) das Credo der nationalen Einigung:

«Was ist des Deutschen Vaterland?
So nenne mir das große Land!
So weit die deutsche Zunge klingt
Und Gott im Himmel Lieder singt,
Das soll es sein!
Das, wackrer Deutscher, nenne dein!»

Kurz: Man demonstrierte die «Volksthümlichkeit» einer Wissenschaft, die sich für die deutsche Einheit und Freiheit einsetzte – und nebenbei auf die «deutschen Frauen» oder die «deutsche Gemüthlichkeit» gemeinsam die Gläser hob.

Im September 1846 reisten die Grimms auf getrennten Wegen zum ersten Germanistentreffen nach Frankfurt am Main – Wilhelm hatte sich für einen Monat zur Kur im böhmischen Teplitz aufgehalten. Am 19. kamen sie in Frankfurt an. Rund zweihundert Teilnehmer versammelten sich dort. Vormittags traf man sich in Plenarsitzungen, nachmittags in Fachsektionen. Jacob wurde auf Vorschlag Ludwig Uhlands mit stürmischem Beifall durch «Zuruf» zum Vorsitzenden gewählt.[137]

Bei seiner Einleitungsrede schloss Jacob Grimm Politik als Gegenstand aus. Dessen ungeachtet bemerkte er, es werde unvermeidlich sein, «auf dem boden der geschichte, des rechts und selbst der sprache» auch jene Fragen zu behandeln, die «das politische gebiet streifen».[138] Tatsächlich verknüpften die großen Themen der Tagung Wissenschaft und Politik fast untrennbar: die staatsrechtliche Stellung Schleswig-Holsteins, das Verhältnis von römischem und deutschem Recht, die Situation der Auslandsdeutschen und damit verbunden die Frage nach den sozialen und politischen Bedingungen der Vaterlandsliebe – das waren nur einige Schwerpunkte der Diskussion.[139]

Weiterhin erklärte Jacob, dass neben politischen Diskussionen auch Konfessionsstreitigkeiten auf dem Germanistentreffen nichts zu suchen hätten – «unsere vorfahren sind Deutsche gewesen, ehe sie zum christenthum bekehrt wurden».[140] Mit Politik und Religion sollten mithin die beiden, seiner Ansicht nach größten Hindernisse aus dem Weg geräumt werden, die einer nationalen Einigung im Weg standen. Indem er das Spektrum der Themen begrenzte, weitete er also den Adressatenbereich aus: Er wandte sich an alle ‹Deutschen›.

Eine ähnliche Gedankenfigur entwickelte er in seinem Beitrag *Über die wechselseitigen beziehungen und die verbindung der drei in der versammlung vertretenen wissenschaften* mit Blick auf die Germanisten als Forschungsverbund: Die in Frankfurt anwesenden Juristen, Historiker und Philologen konzentrierten sich auf einen bestimmten Gegenstand, auf das, was mit deutscher Sprache, deutschem Recht und deutscher Geschichte zu tun hat, und gerade durch diese Spezialisierung gelinge es ihnen, über alle Unterschiede und Grenzen der Fakultäten hinweg Wissenschaft im Zeichen von Einheit und Gleichheit zu betreiben.

Erkennt man diesen grundsätzlichen Impuls hinter Jacob Grimms Ausführungen, dann versteht man auch seine Antwort auf die Einleitungsfrage «was ist ein volk?». Sie lautet: «ein volk ist der inbegriff von menschen, welche dieselbe sprache reden». Dieser Kulturnationalismus beruft sich auf eine Gruppenidentität, die über das «sprachgefühl» entsteht – dieses Gefühl signalisiert reflexhaft, in welcher Umgebung man sich mehr oder weniger vertraut fühlen darf. Wichtig ist dabei für Jacob Grimm: So wie die Arbeit der germanistischen Wissenschaften «auf den schultern der einzelnen» ruhe, so rüste die Sprache die Menschen «zu jeder eigenthümlichkeit». Die Sprecher- und die Forschergemeinschaft verdecken demnach die Unterschiede nicht, nivellieren keine Besonderheiten, sondern lassen sie zu, ja ‹leben› von ihr.[141] Die sprachlichen und wissenschaftlichen Formen von ‹Einheit›, die Jacob Grimm sich vorstellt, sind also offen, flexibel und liberal und zugleich unhintergehbar, fest und stabil.

Jacobs politische Anliegen wurden durch Wilhelms *Bericht über das Deutsche Wörterbuch*, mit dem die Grimms ihr nun schon seit etwa acht Jahren laufendes Forschungsprojekt zum ersten Mal ausführlich präsentierten, in vielen Punkten schärfer konturiert. Dieses riesenhafte Vorhaben könne – wie politische Prozesse – von Einzelnen allenfalls angeregt, nicht aber durchgeführt und vollendet werden. Es gründe auf Zusammenarbeit von Menschen, die unterschiedlichen Generationen angehören und aus verschiedenen Landesteilen stammen. «Ganz Deutschland» unterstütze sie, «Männer von den Schweizerbergen bis zu der Ostsee, von dem Rhein bis zur Oder».[142] Das war zumindest wissenschaftlich eine ‹großdeutsche Lösung›.

Am Beispiel der Sprache gab Wilhelm daraufhin den Regenten Deutschlands Ratschläge zur richtigen Regierung. Denn wie in der Gesellschaft reagiere die Sprache dann mit revolutionären Tendenzen, wenn ihre «natürliche Freiheit» unterdrückt werde – die Juli-Revolution hatte Wilhelm als eine Art reinigendes Unwetter gesehen, als Entspannung einer historischen Lage. Frankreich diente als Gegenbild: Dort nämlich, so erklärte Wilhelm weiter, führe die Akademie eine «polizeiliche Aufsicht» über die Sprache. Das ‹Leben› der deutschen Sprache hingegen zeige, wie Selbstregierung und Selbstregulierung funktioniere: «Unsere Schriftsprache kennt keine Gesetzgebung, keine richterliche Entscheidung über das, was zulässig und was auszustossen ist, sie reinigt sich selbst, erfrischt sich und zieht Nahrung aus dem Boden, in dem sie wurzelt.»[143]

Indirekt formulierte Wilhelm das politische Ideal der Grimms, und ganz beiläufig führte er aus, wie er und Jacob sich die Macht des Monarchen vorstellen: So wie die Schriftsprache über der «Mannigfaltigkeit» der gesprochenen Sprache schwebe, aus den Mundarten ihre «Nahrung» ziehe und dann wiederum langsam auf diese zurückwirke, so sollte der Monarch Teil eines sich selbst regulierenden Kreislaufs sein, in dem die politischen Energien sich wechselseitig stimulieren. Auch die Haltung der Grimms gegenüber einer geschriebenen Verfassung entspricht dem Ziel, das sie mit dem *Wörterbuch* verfolgten: Es solle die «nie rastende Beweglichkeit der Sprache» dokumentieren und dürfe keinesfalls als «Gesetzbuch» betrachtet werden.[144]

Wilhelm votierte also für ein liberales Regulierungskonzept, das Macht mit «Takt» und mit einem feinen Gespür für die Vielfältigkeit des Sprachlebens ausübt. Und auch Jacob betonte, dass die Sprache nicht «willkührlich gereinigt und unbefugt erweitert werden» dürfe, sondern «vielmehr rein gehalten und erkannt» werden müsse.[145] Für die Jurisprudenz folgte daraus: Es wäre zwar unsinnig, in einem Akt des unmäßigen Purismus nun das römische Recht durch das deutsche Recht ersetzen zu wollen. Aber im Zuge der Neuentdeckung genuin deutscher Rechtstraditionen könnten diese in gewissen Bereichen wieder in die Rechtspraxis eingeführt werden. Auch das Grimm'sche Wörterbuch versuchte sich an einer Sprachreform aus dem Geist der deutschen Sprachgeschichte.

Die Pointe liegt darin, dass sich die Germanisten, die sich mit der Vergangenheit von Sprache, Recht, Politik, Gesellschaft und Kultur beschäftigen, als die eigentlich modernen Forscher erweisen. Während sich nämlich andere Wissenschaften, so Jacob in einer weiteren Grundsatzerklärung, auf die trügerische Stabilität ihres Gegenstands verließen, entwickelten die Germanisten ein visionäres Projekt, das agil und beweglich die Vergangenheit erkundet, das pragmatisch den Anforderungen der Gegenwart entspricht und das sich auf die Zukunft hin orientiert.[146]

In seinem großen Vortrag *Über den werth der ungenauen wissenschaften* erläuterte Jacob dies genauer. Die Studenten der Geschichte oder der Sprachen treten darin als eigentümlich unzeitgemäße Figuren auf, «während wir die hörsäle der chemiker und physiker wimmeln sehen von einer dem zeitgeist auch unbewust huldigenden jugend». Aber für Jacob Grimm «stehen die philologen und historiker an fülle der combination den gewandtesten naturforschern nicht eben nach», ja, sie sind ihnen in gewisser Weise sogar überlegen, denn sie wagen sich nicht nur an die Lösung von «rätseln», denen die «genauen wissenschaften» nur zu gern ausweichen,[147] sondern dürfen sich vor allem «in ihrer praxis so versteigen [...], dasz ihre fehler und schwächen möglicherweise lange zeit gelitten werden bis sie in stetem fortschritt aus fehlern und mängeln immer reiner hervorgehen».[148] Anders gesagt: Jacob Grimm, der Meister des Umarbeitens, Verbesserns, Neukonzipierens, machte seine wissenschaftliche Praxis zum Ideal der Germanistik und zugleich zur Urszene einer ‹lebendigen› Politik.

Wenn freilich das ‹Leben› ins Spiel der Politik kommt, geht es nicht nur um Fehlertoleranz und Selbstorganisation. Die metaphorischen Schattenseiten dieser Biopolitik liegen in Konzepten von ‹Reinheit› und ‹Gesundheit›, von ‹Missgestalten›, ‹Verwachsungen› und ‹Verkrüppelungen›, auf die Wilhelm zurückgreift, um die Sprachpolitik des *Deutschen Wörterbuchs* zu beschreiben.[149] Nicht weniger unangenehm berührt es, wenn Jacob bei seinen Ausführungen zur behutsamen Sprachreinigung unwillkürlich ins Moralisieren gerät: «sünde ist es fremde wörter anzuwenden, da wo deutsche gleich gute und sogar bessere vorhanden sind.»¹⁵⁰ Man sieht hier sehr gut, wie eine liberale Position sich in metaphorische Zonen vorwagt, die schnell zu einer Rhetorik des ‹gesunden Volksempfindens› gegen das ‹Fremde› führt. In der Mitte des 19. Jahrhunderts, als sich die Deutschen selbst entdecken, war diese Entgleisung nichts Außergewöhnliches. Aber das macht Jacobs und Wilhelms Grenzgänge nicht besser.

Die Germanistenversammlung war durch und durch politisch. Das galt – entgegen der Ankündigung ihres Vorsitzenden – für die verhandelten Themen, und das galt für das soziale Schauspiel, das man vor den Augen der Öffentlichkeit zelebrierte. Man hatte nicht zufällig Jacob Grimm an die Spitze gewählt, einen gewiss außergewöhnlichen Wissenschaftler, aber eben für die Öffentlichkeit vor allem eine politische Symbolfigur. In Lübeck, wo im Herbst 1847 das nächste Treffen stattfand, wurde er wiedergewählt. Auch die Entscheidung für diesen Tagungsort war hochbedeutsam: Es war ein Zeichen der Solidarität im Streit zwischen Dänemark und dem Deutschen Reich um Schleswig und Holstein.

In Lübeck verzichtete man auf die Einrichtung von Fachsektionen. Jacob Grimm hatte sich bereits in Frankfurt dagegen ausgesprochen und betonte, für wie wichtig er die ungeteilte Öffentlichkeit halte. Auf dem Lübecker Treffen – von dem Wilhelm wenig mitbekam, weil er nach der Anreise an die Ostsee von einer Grippe überrascht wurde¹⁵¹ – formulierte Jacob darüber hinaus das langfristige Ziel, «alle Deutschen» an diesen Versammlungen zu beteiligen oder ihnen zumindest die Teilnahme zu ermöglichen.¹⁵²

Beim Festessen in Travemünde, wohin die Gelehrten in Kutschen und Pferde-Omnibussen fuhren und wo sie mit wehenden Fahnen, mit Trompetenmusik und Hörnerklang empfangen wurden, brachte der Toast-Master des Banketts auch einen Trinkspruch auf Jacob Grimm aus. Der hatte zuvor für eine starke deutsche Seemacht plädiert und für ein enges Bündnis mit den skandinavischen

Ländern geworben, damit in alter Hanse-Tradition der Verkehr auf Ost- und Nordsee zur Prosperität Deutschlands beitrage. Auf solche Weise einmal mehr als Vertreter vaterländischer Gesinnung beglaubigt, würdigte man ihn nun als Leitfigur aller drei germanistischen Wissenschaften. Deren Einheit, die auf der deutschen Sprache gründe, solle die politische Einheit vorwegnehmen. Der *Lübecker Bürgerfreund* berichtete von Jacobs Reaktion: «Jacob Grimm erhob sich zur erwiderung, aber das gefühl übermannte ihn. ‹ich liebe mein vaterland, mein vaterland ist mir immer über alles gegangen› ... thränen erstickten seine stimme, er sank seinem freunde Dahlmann in die arme – es war der ergreifendste augenblick dieses tages.»[153]

Revolution und Frankfurter Nationalversammlung

Die Germanisten gaben sich als Vorreiter der deutschen Einheit, und so war es fast schon schlüssig, dass das für 1848 geplante Germanistentreffen in Nürnberg abgesagt wurde und die Gelehrtenversammlung nahtlos in die Nationalversammlung in der Paulskirche überging: Dort sahen sich viele Germanisten als Parlamentarier wieder. Als Gegenspieler der deutschen Einheit hatten sich jedoch seit dem Wiener Kongress die deutschen Fürsten erwiesen, die nicht auf ihre angestammten Rechte verzichten wollten. Nicht zuletzt aus diesem Grund verband sich die Frage der Einheit mit der Frage nach einer Verfassung, die die Politik der Souveräne bändigen sollte.

Im Juni 1841 hatte Jacob Grimm noch große Widerstände gegen die Einführung einer «freieren Verfassung» gesehen, aber es seien «Elemente genug da, die sie ersehnen und vorbereiten». Der König wirke undurchsichtig, «seine Schritte scheinen schwankend und unzuverlässig».[154] So sehr schwankte der König allerdings nicht. Friedrich Wilhelm IV. lehnte geschriebene Verfassungen schlicht rundherum ab. Er gab sich ganz jener Vision einer Einheit von Herrscher und Bevölkerung hin, die – historisch fundiert und emotional gesichert – eine mystische Harmonie des Handelns zwischen dem ‹Oben› und dem ‹Unten› der Gesellschaft herstellte. Damit geriet er immer mehr ins Abseits. Selbst die Grimms, die diese Position ja einmal prinzipiell vertraten, konnten nach der Juli-Revolution nicht mehr leugnen, dass die politische Macht einen Verfassungsrahmen benötigt.

Bereits im Oktober 1843 hatte ein Freund des Königs in sein Tagebuch notiert, das Land sei auf Dauer nicht gegen den «stets frisch wehenden Wind des Zeitgeistes» regierbar, gegen einen «Zeitgeist, der einen steten und konsequenten Krieg gegen die von Gott gesetzte Obrigkeit führt und sich dazu mit satanischer Klugheit aller sich ihm darbietenden halben und dreiviertel Wahrheiten bedient.»[155] In den Jahren darauf hatte die politische Wetterlage, der «Wind des Zeitgeistes», dunkle Wolken der Liberalisierung aus verschiedenen Richtungen über dem Haupt des preußischen Königs zusammengetrieben.[156]

Die 1840er Jahre waren eine Zeit der Unruhen. Der schlesische Weberaufstand von 1844 war nur das prominenteste Beispiel für die zahllosen Erhebungen aus Armut. 1847 kam es zu mehr als hundertfünfzig Hungerrevolten, im April wurden sogar in Berlin Marktstände überfallen und Geschäfte geplündert. Man sprach von der «Kartoffelrevolution». Bedrohlich wurden diese Entwicklungen nicht zuletzt, weil sie die ‹öffentliche Meinung› beeinflussten. Steigende Alphabetisierungsraten sowie eine entsprechend höhere Auflage bei der Tagespresse und anderen massenhaft verbreiteten Publikationsmedien sorgten für Informationsfluss. «Unstreitig», so meinte ein zeitgenössischer Beobachter, «hat kein Zeitalter der Geschichte einen größern Wirrwarr hinsichtlich der in Umschwung gehenden Ideen dargeboten, als das gegenwärtige», überall herrsche ein «Zustand der Beweglichkeit, der Unbehaglichkeit, ein mehr dunkles oder deutlicher zum Bewußtsein gekommenes Gefühl, daß es so nicht bleiben könne.»[157] Der Respekt vor der Obrigkeit, auch und insbesondere vor dem König, sank, Spott und Hohn über die Regierung waren nichts Außergewöhnliches, zumal die Zensur mehr als ineffektiv arbeitete. Jacob Grimms Argumente gegen die Publikationskontrolle in Kurhessen aus den 1820er Jahren stimmten noch immer: Die ‹öffentliche Meinung› ließ sich nicht eindämmen, dirigieren und kasernieren.

Eine weitere Ursache für die revolutionäre Stimmung in Preußen fand sich gewissermaßen direkt hinter der Wohnung der Grimms in der Linkstraße: die Eisenbahn, die sie gern und oft benutzten. Das Staatsverschuldungsgesetz aus dem Jahr 1820 verpflichtete die preußische Regierung dazu, Kredite ausschließlich mit Zustimmung einer «landesweiten Ständeversammlung» aufzunehmen.[158] Das ging so lange gut, wie der Staat seine Ausgaben im Griff hatte. Als man jedoch die Infrastruktur auf Eisenbahnen umstellte, ergaben sich immense Modernisierungskosten. Der Kapitalbedarf explodierte in der zweiten Hälfte des Jahrzehnts geradezu, als man auf den französischen Eisenbahnbau, der dem Nachbarland auch militärisch einen strategischen Vorteil bot, reagieren wollte.

Der König brauchte Geld. Aus diesem einfachen Grund rief er für den 11. April 1847 den ersten Vereinigten Landtag ein. Wer gehofft hatte, Preußen werde nun endlich eine Verfassung bekommen, sah sich allerdings getäuscht. In seiner Thronrede zur Eröffnung des Landtags erklärte Friedrich Wilhelm IV. dem Vorhaben, das Verhältnis zwischen «Fürst» und «Volk» konstitutionell zu regeln, eine klare Absage. Zwischen «unseren Herr Gott im Himmel und dieses Land» werde sich niemals ein «beschriebenes Blatt, gleichsam als zweite Vorsehung» drängen.[159]

Jacob Grimm bemerkte etwa eine Woche später gegenüber Gervinus: «Ich gestehe Ihnen, daß mich die Thronrede des Königs drei Tage lang so betroffen machte, daß mir alle meine Arbeiten, in denen ich stecke, schal vorkamen und ich lebhafter als je fühlte, wie nothwendig uns im Hintergrund Freiheit und ein stolzmachendes Vaterland sei, ohne welches wir keine Zuversicht und Hofnung haben. Ich glaube fest, nur eine solche preußische Verfassung wird einmal gelungen heißen dürfen, welcher die Herzen in ganz Deutschland zufliegen, und es scheint mir, daß der König seine rechte Stelle noch nicht vollständig erkennt.»[160]

Aber wie kann das gelingen? Wie erobert eine Verfassung die «Herzen» eines Landes, das nach wie vor in viele kleine und kleinste Länder zersplittert ist, das von den zwei Großmächten Österreich und Preußen in die Zange genommen und vom Ausland misstrauisch beäugt wird? Zunächst einmal musste die politische Stimmung darauf eingestellt werden. Auch deswegen fehlte den Grimms das Verständnis für die Haltung des Königs. Die «kindische Furcht vor Repräsentativverfassung», wie Jacob es im April 1847 gegenüber Dahlmann formulierte, störe das Vertrauen, das die Deutschen in Preußen setzten. Und auf diese vorpolitischen Voraussetzungen der Politik legten die Grimms ja stets größten Wert. Durch seine Entscheidungen blockierte Friedrich Wilhelm IV. demzufolge nicht allein die Zukunft des politischen Systems, sondern er unterwanderte auch die Voraussetzungen für ein vereinigtes Deutschland unter preußischer Führung.[161]

Mit der Einberufung des Landtags hatte Friedrich Wilhelm IV. sich freilich in eine unglückliche Lage manövriert. Die Konservativen beklagten seine Zugeständnisse an die Liberalen, die Liberalen seine noch immer konservative Haltung. «Viele glauben an eine nahe Republik», berichtet ein Zeitgenosse. «Es teilt sich alles in zwei Parteien, und beide sind gegen den König – das ist das Schlimme!»[162] Mochte der König auch noch so sehr darauf beharren, dass er alle Gelüste nach einer Volksrepräsentation im Keim ersticken werde: Die Dämme waren gebrochen. Er hatte faktisch eingestanden, dass seine Politik auf Kooperation angewiesen war.

Knapp ein Jahr nach seiner Thronrede versammelten sich die Berliner in den Zelten, die im Tiergarten zum Ausschank von Kaffee und Bier standen, und probten dort schon einmal, wie man sich als ‹Volksmenge› fühlt und wie es ist, wenn Meinungen angehört, aufgegriffen, diskutiert und weitergebildet werden, wenn also die politischen Impulse nicht mehr ‹von oben› ausgehen, sondern ‹von unten›. Die Lage eskalierte, als die französische Februarrevolution des Jahres 1848 immer weitere Kreise zog.[163] In vielen deutschen Städten kam es zu Demonstrationen. Im März wurde Metternich aus Wien nach England verjagt. Dann kam Berlin an die Reihe. Die Zusammenkünfte im Tiergarten wuchsen zu Massenveranstaltungen an. Am 13. März zählte man zwanzigtausend aufmerksame Zuhörer, die die Reden von Arbeitern und Handwerksgesellen verfolgten.

In einem Brief an Laßberg berichtete Wilhelm Grimm, wie er an diesem Tag seine Vorlesung gehalten habe, «während man einen Aufstand erwartete, und vor den Fenstern der Universität die Wühler und der Pöbel schrien und tobten und ein Bataillon aufmarschierte». Ein Student habe ihm Geleit angeboten, und gemeinsam seien sie die Straße Unter den Linden entlanggegangen, «mitten durch das Gedränge zwischen rohen und wilden Gesichtern». Im Tiergartenviertel habe dann wieder «Ruhe und Stille» geherrscht: «So stehen alle Gegensätze dieser furchtbaren Zeit nahe nebeneinander.»[164] Schon die Diktion verrät, dass Wilhelm die Position der Aufrührer nicht teilte.

In der darauffolgenden Nacht kam es zu ersten gewaltsamen Auseinandersetzungen mit der Staatsmacht. Es gab mehrere Tote. Am 15. März dann hörte man in Berlin vom Schicksal Metternichs. Zwei Tage später machte der preußische König Zugeständnisse – die europaweiten Unruhen verdeutlichten auch ihm und seiner Regierungsmannschaft, dass das Land nicht länger gegen den «Zeitgeist» zu beherrschen war: Pressefreiheit und eine Verfassung wurden in Aussicht gestellt. Dadurch ließ sich jedoch eine große Demonstration, die für den folgenden Tag bereits angekündigt war, nicht mehr verhindern. Friedrich Wilhelm IV. versuchte, sie für seine Zwecke zu nutzen.

Als er am 18. März auf den Balkon trat, um seine neue Politik zu verkünden und sich Ovationen abzuholen, eskalierte die Situation: Einige Demonstranten fühlten sich vom Militär bedroht und provozierten durch ihre Reaktion das Eingreifen der Armee. Das Durcheinander war groß, Schüsse lösten sich, vermutlich zufällig. Zwei Zivilisten wurden damit beauftragt, mit einem Plakat durch die Straßen zu ziehen: «Ein Missverständnis! Der König will das Beste!»[165] Das war eine fast schon rührende Geste. Aber sie kam zu spät. Die Ereignisse entwickelten ihre eigene Dynamik. Die Berliner bauten Barrikaden, zweihundert sollen es insgesamt gewesen sein. Nach den Ereignissen der letzten Jahre wusste man offenkundig auch als normaler Bürger, wie man sich im Fall einer Revolution zu verhalten hatte. Eine nervöse politische Stimmung verwandelte sich in einen Aufruhr, und dies trotz der Vorhersage Ernst Dronkes, der in seinem *Berlin*-Buch 1846 angesichts der großen, geraden Straßen der Metropole gewarnt hatte – «sie werden Euch sagen, daß in ihnen eine Revolution nicht möglich ist, daß zwei Kanonen sie beherrschen können».[166]

An jenem Tag, dem 18. März, beginnt Gräfin Schwerin, deren Salon die Grimms bisweilen besuchten, vormittags einen Brief: Ganz Berlin freue sich über die Pressefreiheit, alle seien guten Mutes. Dann aber folgt um vier Uhr nachmittags ein Postskriptum: «Berlin ist voller Revolution! Wie es kam, weiß niemand. Während der König auf dem Balkon sprach, alles Volk den Hut schwenkte, soll geschossen worden sein. Die ganze Stadt ist in Bewegung; man sagt, daß man noch mit den Briefen zum Potsdamer Bahnhof gelangen kann, also schließe ich noch nicht» – um halb sechs Uhr, so eine erneute Notiz, war dieser Weg verbarrikadiert: «Das Schießen, auch mit Kanonen, hört nicht auf, und es stürmt von allen Türmen.»[167]

Am 20. März schilderte Wilhelm seinem Bruder Ludwig die Ereignisse: «Ich habe noch nie einen Tag in solcher Angst und Bewegung verlebt wie den 18. Um zwei Uhr noch Jubel über die erzielte Zusage, um drei Uhr begann schon der jammervolle Kampf. Vierzehn volle Stunden haben 20 – 25 000 Mann mit dem Volk in den Straßen auf das Heftigste gekämpft. Das knatternde Peletonfeuer, das Krachen der Kanonen und Kartätschen war furchtbar, zumal in der Nacht. Dabei brannte es an verschiedenen Stellen, und wenn das Geschütz einige Augenblicke schwieg, hörte man die schauerliche Sturmglocke. Unsere Straße war durch ihre Lage an dem Schiffkanal, der sie an einem Ende schließt, insoweit gesichert, daß sie der Kampf nicht berührte, aber nicht weit von uns, am Anhalter Tor, war er desto wütender. Wir blieben natürlich die ganze Nacht auf.»[168]

Die Kämpfe wurden mit aller Brutalität ausgetragen. Auf unbeteiligte Passanten nahm man keine Rücksicht. Insgesamt kamen mehr als dreihundert Zivilisten und hundert Soldaten ums Leben. In den folgenden Tagen riss Friedrich Wilhelm IV. das Ruder herum. Er zog das Militär ab und eroberte sich die Herzen seiner Untertanen zurück: Am 19. März erwies er dem Trauerzug für die gefallenen Barrikadenkämpfer, die «Märzgefallenen», die Ehre; zwei Tage später ritt er mit einer schwarz-rot-goldenen Armbinde einsam hinter einer schwarz-rot-goldenen Fahne durch Berlin; am selben Tag verkündete er in seiner Proklamation *An Mein Volk und an die deutsche Nation*: «Ich habe heute die alten deutschen Farben angenommen, und Mich und Mein Volk unter das ehrwürdige Banner des deutschen Reiches gestellt. Preußen geht fortan in Deutschland auf.» Er versprach «eine neue glorreiche Geschichte», eine «geistige Wiedergeburt zur Rettung Deutschlands», an das er als «eine einzig große Nation» appellierte, «stark und frei und mächtig im Herzen von Europa». Anschließend erneuerte er das Kabinett und beschloss die Wahl einer preußischen Nationalversammlung.[169]

Friedrich Wilhelm IV. erwies sich als Genie des politischen Selbstmarketing. Er demonstrierte, wie man sich die politische Stimmung zunutze macht und dadurch ganz ohne Armee die Regierungsgewalt bewahrt. Endlich schien er nicht nur verstanden zu haben, was das Volk von ihm erwartete, sondern sich auch darauf einzulassen und die Rolle, die ihm bei der Einigung Deutschlands zugedacht war, auszufüllen. Die Parlamentarier der Nationalversammlung, die sich in den folgenden Wochen konstituierte, mussten in ihm den Ansprechpartner sehen, der die harterkämpften politischen Kompromisse in die Tat umsetzen würde.

Acht Tage nach den ersten großen Barrikadenkämpfen, am 26. März 1848, saß Heinrich von Gagern, der spätere Präsident der Frankfurter Nationalversammlung, gemeinsam mit den Brüdern Grimm beim Essen. Am 29. März reiste Jacob mit seinem Neffen Herman nach Frankfurt zum sogenannten Vorparlament, dessen Einberu-

fung bereits Anfang März auf einem Treffen von Vertretern vorwie-
gend nationalliberaler Kreise in Heidelberg an der Bundesversammlung vorbei beschlossen worden war. Das Vorparlament bereitete
nun – getrieben vom revolutionären Impuls der politischen Selbstorganisation – die Nationalversammlung ohne rechtliche Rückendeckung vor.[170] Im April besuchten Jacob und Wilhelm dann in
Berlin regelmäßig Wahlversammlungen, die über Wahlmänner die
Teilnehmer für die Nationalversammlung bestimmen sollten, nachdem der Bundestag Ende März den Weg für Volkswahlen zu einer verfassunggebenden Versammlung freigemacht hatte[171] – Jacob
wurde von Johannes Horkel, seinem Nachbarn, für den 46. Bezirk
vorgeschlagen.[172]

Die entscheidende Wahl fand am 1. Mai im Sommer'schen Kon-
zertsaal in der Potsdamer Straße statt. Die Versammlung begann
morgens um acht Uhr und dauerte zwölf Stunden. Jacob setzte sich
gegen einen Konkurrenten durch und wurde für die Paulskirche mit
großer Mehrheit und lautem Beifall gewählt.[173] Mit dezenter Alters-
ironie erinnerte sich Theodor Fontane an die Vorgänge in seiner
Autobiographie *Von Zwanzig bis Dreißig*: «Und dann […] schritt der
alte Jacob Grimm auf das Podium zu, der wundervolle Charakter-
kopf – ähnlich wie der Kopf Mommsens sich dem Gedächtnis ein-
prägend – von langem, schneeweißem Haar umleuchtet, und sprach
irgend etwas von Deutschland, etwas ganz Allgemeines, das ihm, in
jeder richtigen politischen Versammlung, den Ruf: ‹Zur Sache› eingetragen haben würde. Dieser Ruf unterblieb aber, denn jeder war
betroffen und gerührt von dem Anblick und fühlte, wie weitab das
alles auch liegen mochte, daß man ihm folgen müsse, wollend oder
nicht.»[174]

Dass Grimms Stellungnahme durchaus eine grundsätzliche Äu-
ßerung ‹zur Sache› war, zeigen Berichte im Abendblatt der *Berli-
ner Zeitungshalle* sowie in der *Wolffschen Revolutions-Chronik* (1852).
Grimm beschwor demnach eine historische Entscheidungssituation.
Die lange schon ersehnte Einheit Deutschlands sei nun in greifbarer
Nähe. Dafür aber müsse ein «mächtiges Oberhaupt» einstehen – er

machte keinen Hehl daraus, dass er dabei an den preußischen König dachte.[175]

Jacob Grimm zog zur sechsten Sitzung des Frankfurter Parlaments im Mai 1848 jedoch nicht mit dem Berliner Mandat in die Nationalversammlung ein, sondern mit dem Mandat des rheinpreußischen Wahlkreises 29 (Essen, Altenessen, Steele, Borbeck, Werden, Kettwig, Mülheim) – er rückte auf den Platz Ernst Moritz Arndts nach, der das alternative Mandat des Solinger Wahlkreises angenommen hatte.[176] In seinem Antwortschreiben nach Essen-Mülheim positionierte Jacob Grimm sich klipp und klar. Er betonte, dass er «in allen Hauptsachen wie Arndt denke», und fügte konkretisierend hinzu: «Ich bin für ein freies einiges Vaterland unter einem mächtigen König und gegen alle republikanischen Gelüste. Das Nähere werden mir mein Herz und die Zeit eingeben. Haben Sie für gewisse Fälle mir eine Richtschnur zu ertheilen, so erwarte ich Nachricht in Frankfurt, wohin ich gleich morgen früh abreisen werde.»[177]

In Frankfurt wohnte Jacob hochherrschaftlich. Das Haus war, wie Herman Grimm berichtete, prächtig und wohnlich, mit einem großen Garten sowohl nach vorn als auch nach hinten. Der Blick auf die Allee vor dem Haus erinnerte ihn an die «bellevuestrasse in Berlin». Kaffee und Eierweck am Morgen waren passabel – es schmeckte fast wie daheim.[178] Auch das mag die anfänglich optimistische Stimmung Jacobs befördert haben. Er gehörte zu den siebenundvierzig Professoren des Parlaments, die der Nationalversammlung völlig zu Unrecht den Titel eines ‹Professorenparlaments› eingetragen haben.[179] An dreiundzwanzig Abstimmungen wird er teilnehmen und selbst vier Anträge stellen, von denen keiner angenommen wird.

Im Plenarsaal saß er bei den Parlamentariern, die im ‹Casino› einkehrten.[180] Das ‹Casino› gehörte zum rechten Zentrum und bildete die größte Fraktion. Als Symbolfigur nahm Jacob Grimm einen herausgehobenen Platz ein, am Mittelgang, direkt vor dem Rednerpult und neben Ludwig Uhland. Der Tendenz nach vertrat man im ‹Casino› eine konstitutionell-liberale Position, votierte für die Mon-

archie auf Grundlage einer Verfassung, die dem König eine starke
Stellung zubilligte und die Forderung nach einem gleichen Wahlrecht eher für einen Irrweg hielt. Vielen hier erschien eine klein-
deutsche Lösung unter der Ägide Preußens realistisch. Man wandte
sich gegen die Linke, weil sie zu radikal in Richtung demokratischer
und sozialer Reformen drängte, und ging auf Distanz zu den Vertretern einer ausgeprägt konservativen Haltung, die den Status quo sichern wollten und damit einer nationalen Einigung im Wege standen. Zum Spektrum der politischen Mitte gehörte nicht zuletzt die
«Professoren-Gruppe» mit immerhin vier Gelehrten der ‹Göttinger
Sieben› (Albrecht, Dahlmann, Gervinus und Jacob Grimm) sowie
Ernst Moritz Arndt, Gustav Droysen, Georg Waitz und anderen.[181]

Mit den Gepflogenheiten der parlamentarischen Kultur arrangierte sich Jacob Grimm nur widerwillig. Er fühlte sich inmitten des
parlamentarischen Tumults oft einsam, klagte darüber, dass die Sitzungen zu viel Zeit wegnähmen, dass es «langsam und verdeckt»
zugehe.[182] Von Anfang an störte ihn das «pedantische» einer Geschäftsordnung, die an die Regulierbarkeit des politischen Prozes-
ses glaubte; und ihn störte die Fraktionierung des Parlaments bei
Entscheidungen, die von allen getroffen werden müssten, weil sie
die Einheit Deutschlands beträfen. Auch andere Zeitzeugen klagten
darüber, dass der Plenarsaal zwar einen «gefälligen und anständigen
Eindruck» bot, dass es aber in der Nähe keine Räume für Ausschüsse
und Gruppensitzungen gab und dass sich daher die Abgeordneten
immer wieder zerstreuten. Hinzu kamen die vielen Beobachter auf
den «Emporbühnen», die die Verhandlungen mit Beifall oder Miss-
fallensbekundungen lebendig begleiteten.[183]

Man kennt Jacob Grimms Abneigung gegen geregelte Organisa-
tionen. Von der Idee der Naturpoesie über die Stellungnahmen zu
den Debatten des Wiener Kongresses und den Kommentaren zur
Juli-Revolution bis zu den Beiträgen für die Germanistentage: Immer beschwor er die eigentümliche Energie kollektiver Kreativität,
die in einem Prozess von Versuch und Irrtum, von Selbstkorrek-
tur und allmählicher Verbesserung zu ihren Ergebnissen findet und

sich dabei nicht abstrakt vorherbestimmen lässt. Gleichwohl kann man eine gewisse Ungeduld und die Neigung zu handstreichartigen Entscheidungen nicht übersehen – auch diesen Widerspruch kennt man von ihm. In diesem Fall lag Jacob richtig, denn er merkte, dass die Öffentlichkeit Ergebnisse erwartete. So stimmte er nach längeren Debatten etwa mit Heinrich von Gagern und der überwältigenden Mehrheit der Abgeordneten dafür, der Nationalversammlung an den einzelnen Landesregierungen vorbei die souveräne Gewalt zuzugestehen, um eine Interimsregierung unter dem «Reichsverweser» Johann von Österreich zu ernennen. Das brachte dem Zentrumspolitiker Gagern einmal mehr den Beifall der Linken ein. Zudem unterwanderte Jacob damit den Führungsanspruch Preußens, weil sein Votum zugleich eine großdeutsche Lösung privilegierte.[184]

Insgesamt hätte sich Jacob Grimm mehr Konzentration auf die für ihn wesentlichen Fragen erhofft. An den befreundeten Mythen- und Märchenforscher Johann Wilhelm Wolf schrieb er am 28. Juni 1848 aus Frankfurt, er wünschte, «Wuotan und Donar» wären in die Versammlung gefahren und hätten «gewaltig und zornig an das vaterland gemahnt […]. die unsinnigen democraten achten weder götter noch göttersage und geschichte; sie möchten das ganze land aufreissen und den samen ihres unkrauts auswerfen: ihre spur durch die äcker wird nicht durch höhere halme, bloss durch zertretene bezeichnet».[185] Dabei waren die meisten Parlamentarier in dem für ihn zentralen Punkt mit ihm durchaus einer Meinung: Quer durch die Parteien verband sie vor allem der Wille zur deutschen Einheit, auch wenn unklar war, wie diese genau aussehen sollte. Für diesen luftigen Schwerpunkt war nicht zuletzt die Zusammensetzung der Nationalversammlung verantwortlich: Unter den 568 Mitgliedern befanden sich 319 Juristen und Verwaltungsbeamte, 104 Gelehrte, 38 Kaufleute, 1 Bauer, kein Arbeiter.[186]

Einige Beobachter haben Grimms Interesse am Prinzipiellen freundlich, andere spöttisch kommentiert. So meinte Heinrich Laube, Grimm habe bisweilen «liebevoll phantasierend» über Grundrechte gesprochen und sich «hingebend an abstrakte Wünsche erwiesen». Und Grimms Nachfolger als Abgeordneter vermutete, Grimm habe wohl vor allem durch die «Schlichtheit und Lauterkeit seines Wesens», nicht durch praxistaugliche Argumente und Vorschläge gewirkt. Die von Karl Marx redigierte *Rheinische Zeitung* bemerkte am 4. August 1848: «So plaudert der alte Herr vom Hundertsten in's Tausendste, und die Versammlung hängt an seinem Munde.»[187] Tatsächlich schenkte Jacob Grimm seine Aufmerksamkeit nicht aus eigenem Antrieb konkreten Missständen, vertrat aber selbstverständlich als Delegierter seines Wahlbezirks entsprechende Anträge, wie etwa im Fall der Petition der Mühlheimer Schiffer, die sich durch die Konkurrenz der Dampfschiffe und die Zölle in ihrer Existenz bedroht sahen – in den revolutionären März-Tagen waren die Dampfschiffer mehrfach mit Gewehren und einmal sogar mit einer kleinen Kanone beschossen worden.[188]

Anderes war Jacob wichtiger. So mischte er sich mit einem Antrag in die Debatte um die Formulierung des ersten Artikels einer künftigen Verfassung ein. Wie schon in seiner Kritik an einem Verfassungsentwurf während des Wiener Kongresses wollte er den Anfang ganz dem Prinzip der deutschen «Freiheit» widmen. Die Formulierung, die er mündlich in die Debatte einbrachte, lautete: «Alle Deutschen sind frei.» In der handschriftlichen Variante und in der Abstimmungsfassung schlug er vor: «das deutsche Volk ist ein Volk von Freien». Der Antrag wurde mit 205 zu 192 Stimmen abgelehnt.[189]

Eine weitere Eingabe Grimms, die aus dem freiheitlichen Grundprinzip resultierte, betraf «Adel und Orden». Er plädierte dafür, dass «der adel als bevorrechteter stand aufhören müsse, denn so hat schon der zeitgeist seit ein paar generationen geurtheilt».[190] Damit lag er auf der Linie des ersten, schnell abgelehnten preußischen Verfassungsentwurfs, der den Adel abschaffen, die Orden verbieten und dem König keine Sonderstellung «von Gottes Gnaden» mehr zubilligen wollte.[191] Interessant ist, wie Jacob den «zeitgeist» erläutert: Mit der Erfindung des Buchdrucks und der Dampfmaschine hätten sich die Strukturen der Gesellschaft derart verändert, dass der Adel als ihr historisches Ordnungsprinzip überholt sei. Wissen und Leistungsfähigkeit verteilten sich in der Gesellschaft. Und so forderte Jacob mit dem «bravo vom centrum und von der linken», dass «aller rechtliche unterschied zwischen adeligen, bürgerlichen und bauern» aufhören müsse.[192] Auch dieser Antrag fand keine ausreichende Zustimmung.

Die vielen Diskussionen und langen Sitzungen laugten Jacob Grimm aus. Besonders ein Moment war für seine politische Erschöpfung ausschlaggebend: die Debatte um Schleswig-Holstein. Über den Streit um die Frage, ob und in welcher Form Schleswig und Holstein zu Dänemark oder zum Deutschen Bund gehören sollten, war ein Krieg ausgebrochen, in dem im Wesentlichen Preußen im Auftrag des Deutschen Bunds gemeinsam mit Armeeteilen aus anderen deutschen Ländern und Freischärlern gegen den Nachbarn im Norden kämpfte.

Als Mitglied der Nationalversammlung zeigte Jacob Grimm sich so kriegsverliebt wie zuletzt gegen Ende der napoleonischen Kriege, wo es um die Aufteilung des Elsass zwischen Frankreich und Deutschland gegangen war. Er empörte sich und lauschte wieder einmal dem Ruf des ‹deutschen Blutes›, das nach ‹Rache schreit›, wie er es schon in seiner Reaktion auf einen pro-dänischen Artikel in der *Vossischen Zeitung* im April 1848 formuliert hatte – der Verfasser, so meinte er dort, möge «vom gesicht bis in die zehen roth werden», wenn er ein Deutscher sei, so ungeheuerlich fand Jacob die Zweifel an der Legitimität und Legalität der kriegerischen Handlungen. Wieder einmal schien es ihm, als tauchten seine Thesen zur historischen Wahrheit der Poesie direkt in der Wirklichkeit auf, als seien die «in allen theilen Deutschlands gesungnen lieder [...] nicht in die leere luft erschollen», seien «keine erlogne begeisterung» gewesen.[193] Schleswig-Holstein wurde zum Probierstein für die Gegenwartstauglichkeit der Grimm'schen Forschungsergebnisse.[194]

In der Schleswig-Holstein-Debatte konnte man staatsrechtlich argumentieren, wie dies ein Jurist auf der Germanistenversammlung getan hatte. Man konnte aber auch, wie Dahlmann und ihm folgend

Jacob Grimm, die kulturellen Bezüge zwischen Schleswig-Holstein und Deutschland in den Vordergrund stellen[195] – dass man sich dabei sogar, ohne «bis in die zehen roth» zu werden, über jedes Staatsrecht glaubte hinwegsetzen zu können, zeigt ein Artikel in der von Gervinus redigierten *Deutschen Zeitung*, dessen Verfasser umstandslos gestand: «Wir wissen sehr wohl, daß wir juristisch, staatsrechtlich kein Recht auf Schleswig […] geltend machen können», es gebe aber in der «Geschichte» ein «höheres Recht»: «Das ist das Recht […] der natürlichen, angeborenen Zusammengehörigkeit nach Völkern und Stämmen.»[196]

Jacob Grimm teilte letztlich diese Position, und er teilte das unheilvolle Vokabular: Angesichts des ‹höheren› Rechts, «festgeknüpft durch geheiligte Verträge und Sitten», fühlten sich, so meinte er, die Schleswiger an Holstein und an Deutschland gebunden.[197] Daher lautete sein Antrag vom 9. Juni: «1. die nationalversammlung beschlieszt, dasz der krieg gegen Dänemark so lange fortgeführt wird, bis diese krone unsere gerechten ansprüche auf ein unzertheilbares Schleswig anerkannt hat. 2. die nationalversammlung erklärt laut, dasz sie sich niemals die einmischung eines fremden volkes gefallen lassen werde» – Jacob erhielt dafür viel Applaus, angenommen wurde jedoch ein Antrag von Georg Waitz.[198]

Anlass für Jacob Grimms Stellungnahme war der Rückzugsbefehl, den Preußen dem siegreichen General Friedrich Heinrich Ernst Graf von Wrangel, der eigentlich im Auftrag des Deutschen Bundes handelte, auf Druck von Russland und England sowie Schweden und Frankreich erteilt hatte – Ende Mai gab die deutsche Armee Jütland und Nordschleswig wieder frei. Auch die Blockade der Ostseeküste durch die dänische Flotte konnte man sich nicht lange leisten. Der Rückzug war ein Akt der realpolitischen Vernunft. Die Nationalversammlung behielt sich das Recht zur letzten Entscheidung vor. Aber Preußen scherte sich nicht darum und verfolgte weiter eine Politik, die Jacob Grimm für «heillos, sinnlos und undeutsch» hielt.[199] Am 26. August wurde der Waffenstillstand zwischen Preußen und Dänemark durch den Vertrag von Malmö besiegelt.

Die Mehrheit der Abgeordneten stimmte in der Paulskirche am 5. September dafür, alle Rückzugsbewegungen einzufrieren. Das Reichskabinett, das aus realpolitischen Gründen dem Waffenstillstand zustimmte, war düpiert und trat zurück.[200] Dahlmann wurde mit der Bildung eines neuen Kabinetts beauftragt. Aber seine breite, von rechts bis links reichende Koalition war sich nur in ihrem ebenso großen wie vagen Enthusiasmus für die nationale Sache einig. Auf eine konkrete Verfassungspolitik konnte sie sich nicht verständigen und scheiterte kläglich. Bei einer zweiten Abstimmung am 16. September akzeptierte man die politischen Tatsachen. Jacob war konsterniert. Er verstand den preußischen König nicht mehr und schon gar nicht die Nationalversammlung. Beide hatten sich durch ihren Rückzug aus dem Schleswig-Holstein-Konflikt in seinen Augen und in den Augen großer Teile der Öffentlichkeit diskreditiert. Wieder ging es für Jacob um eine Frage des Vertrauens.

Tatsächlich reagierte die Bevölkerung empört.[201] Die Enttäuschung über die Arbeit des Parlaments machte sich in den folgenden Tagen im Frankfurter Septemberaufstand Luft: Zehn- bis zwanzigtausend Menschen fanden sich zu einer Demonstration zusammen. Truppen wurden mobilisiert. Sie sperrten am 18. September die Paulskirche ab. Während man sich im Parlament allen Ernstes über die «Freiheit der Wissenschaft» verständigte, kam es draußen zu blutigen Zusammenstößen. Barrikaden wurden errichtet und von den Regierungstruppen zusammengeschossen.[202] Das Parlament hatte den Zenit überschritten, das Militär als Instrument der vorrevolutionären Machthaber seine Kraft bewiesen.

Im Zuge der Auseinandersetzungen um die Zukunft Schleswig-Holsteins verlor Jacob die Lust an der parlamentarischen Politik. Bereits am 8. August schrieb er resigniert an Dorothea Grimm, die sich an der Ostsee in Heringsdorf aufhielt: «Dort unter den waldbäumen und an der tosenden see lebt ihr reiner und glücklicher als ich in den mauern der Paulskirche unter 2000 tosenden menschen, die gegeneinander reden und hadern; nur selten fühlen sie sich befriedigt und heiter. in der natur ist selbst die unruhe im grossen ruhig und die see wird in funfzig jahren noch gerade so wie jetzt ans gestade schlagen, während dann alle diese schreier in der erde liegen und die schicksale unsers vaterlands längst schon ganz anders ergangen sind, als sie sichs einbilden und zu lenken meinen.»[203] Und nach der Abstimmung vom 16. September teilte er Wilhelm mit, er habe sich entschlossen, Frankfurt zu verlassen. Am 2. Oktober 1848 legte er dann auch offiziell sein Mandat nieder.[204] Er war nicht der Einzige der ‹Göttinger Sieben›, der entnervt aufgab: Vor ihm waren bereits Gervinus und Albrecht abgereist.[205]

Mittlerweile war jegliche revolutionäre Laune Friedrich Wilhelms IV. verflogen. Der Verfassungsentwurf, den die preußische Nationalversammlung im Juni vorgelegt hatte, fand ebenso wenig wie eine zweite Fassung eine ausreichende Mehrheit. Im November 1848 ging die Armee gegen die preußische Nationalversammlung vor. Am 5. Dezember wurde sie aufgelöst. Am selben Tage oktroyierte Friedrich Wilhelm IV. eine preußische Verfassung.

Wilhelm hatte seinen Bruder über die Ereignisse in Berlin auf dem Laufenden gehalten. In seinen Briefen richtete er das Augenmerk vor allem auf die öffentlichen Unruhen: Mitte Juni kam es zum blutigen «Zeughaussturm». Der preußische König verlor die Geduld und erklärte: «Was not tut, ist die Zähmung Berlins.»[206] Damit stand die Agenda für die folgenden Wochen fest.

Ende Juni berichtete Wilhelm, dass die «republicanische partei» den Machtkampf nach wie vor auf die Straße tragen wolle. Fast jeden Abend werde Alarm geschlagen. Wenige Tage später erfuhr Jacob, dass immer mehr Soldaten in Berlin einträfen und die Unruhestifter allmählich unter Kontrolle brächten, auch wenn sie gegen die «verruchten placate und fliegenden blätter», mit denen der «democratische club» die Stimmung anheize, nichts ausrichten könnten. Mitte Juli herrschte in der unmittelbaren Umgebung die alte Ordnung – «der thiergarten ist endlich gereinigt worden, und man kann wieder in ruhe u. sicherheit darin gehen». Im August zeigte sich Wilhelm zufrieden damit, dass von überall her weitere Truppen um Berlin zusammengezogen wurden. Er hoffe auf die Entschlossenheit der Regierung gegen die «unruhe stifter», gegen die «rothen» und den «pöbel».[207] Zwar kam es zwischenzeitlich wieder zu Ausschreitungen, man sah die Bürgerwehr in Aufruhr, bewaffnete Arbeiter. Für die weitere Entwicklung blieb dies ohne Belang.

Wilhelm Grimm brachte viel Verständnis für die Reaktion auf, vor allem, weil sie die außerparlamentarische Opposition in den Griff bekam. Im Dezember schaute er in einem Brief an seinen Bruder Ludwig noch einmal auf die Ereignisse des Jahres zurück: «Seit dem Belagerungszustand haben wir in Ruhe und Frieden gelebt, und die Menschen sind wieder heiter und fröhlich geworden. Ich habe den Anfang gesehen, auf dem großen Hof der Potsdamer Eisenbahn langte das erste Garde-Regiment an, ordnete sich und zog dann, mit seinen Fahnen voran, nach dem Brandenburger Tor. Es war, als könnte man wieder frisch atmen. Kein ordentlicher Mensch ist im Geringsten belästigt oder gestört worden. Die Soldaten haben sich musterhaft betragen. Wir haben für sechs Mann, die in unserer Nähe einquartiert waren, die Woche ein paar Mal mittags Essen gegeben, dazu unsere silbernen Löffel; sie brachten nach ein paar Stunden das Geschirr und alles Geliehene wieder und dankten schönstens. Nun ist die neue Verfassung gegeben, nichts hat der König geschmälert von dem, was er zugesagt hatte. Alles ist von ihm ausgegangen. Nur wer ihn nicht kennt, kann an seinem edlen und menschenfreundlichen Herzen zweifeln. Nun wird das Geschrei der Reaktion verstummen, aber die elenden Wühler werden etwas anders versuchen. Mir graut schon vor den Produkten, welche die wieder anhebende Preßfreiheit zu Tage bringen wird. So kann das edelste Recht auf das schmählichste mißbraucht werden. Ich habe Plakate gelesen, die ebenso geistreich und witzig waren als verrucht in der Gesinnung.»[208]

Inzwischen hätte allen Beteiligten klar sein müssen, dass das vereinigte Deutschland, von dem Friedrich Wilhelm IV. schwärmte, etwas anderes war als die Nation, die sich die meisten Abgeordneten in Frankfurt wünschten. Der preußische König sehnte sich nämlich nach einem reanimierten Heiligen Römischen Reich deutscher Nation, das sich durch Abstimmung eines Fürstenkollegiums einen Führer gibt.[209] Als der Abgeordnete Max von Gagern im November 1848 wagte, bei Friedrich Wilhelm wegen der Kaiserkrone vorzusprechen, reagierte dieser daher ebenso indigniert ablehnend wie auf die Offerte der Abgeordnetendelegation Anfang April 1849, die ihm die Krone nach der Wahl vom 28. März überreichen wollte – in einem vertraulichen Brief an einen Diplomaten schrieb Friedrich Wilhelm IV.: «Gegen Demokraten helfen nur Soldaten.»[210]

Gleichwohl bekräftigte auch das sogenannte Nachparlament in Gotha, in dem sich Jacob im Juni 1849 noch einmal politisch engagierte, den Entschluss zur deutschen Einigung unter preußischer Führung. Schließlich eskalierte die Situation jedoch 1850 im Streit um Kurhessen, wo im Machtkampf zwischen Preußen und Österreich die Hoffnungen auf eine große deutsche Einigung endgültig zerstieben. Die Grimms beschäftigten sich damit sehr genau, denn wieder einmal hatte ihr reaktionärer Schwager die Finger im Spiel: Als Hassenpflug, der im Februar 1850 als Galionsfigur des Antiliberalismus erneut zum kurhessischen Innen- und Justizminister berufen worden war, im Konflikt zwischen Staatsverwaltung und Ständeversammlung das Kriegsrecht verhängen wollte, trat das hessische Offizierkorps so gut wie geschlossen zurück. Der hessische Kurfürst rief Österreich gegen sein eigenes Land zu Hilfe und brüskierte damit Preußen. Jacob Grimm begann, öffentlich Gelder für die meuternden Offiziere zu sammeln. In einem Artikel für die *Constitutionelle Zeitung* vom November 1850 bekannte er, dass er – wenn er noch in Hessen leben würde – genauso gehandelt hätte wie das Militär. Die Zeit fordere Opfer und Entbehrungen. «Vereinzelt und ohne ein aufgestecktes banner sinken die deutschen Stämme zu boden; wer es erhebt und damit entschlossen in die gefahr tritt, dem schlagen alle herzen.»[211]

Während Jacob sich rhetorisch aufgipfelte, spitzte sich die Konkurrenz zwischen Preußen und Österreich militärisch zu. Beide wussten: Wer in Hessen einmarschierte, zeigte seine bundespolitische Macht. Schließlich arrangierte man sich. Eine Konferenz in Olmütz verhinderte den Bürgerkrieg; dort wurde das genaue Gegenteil von dem beschlossen, was die Reformer erreichen wollten: Verzicht auf die Union, Rückzug Preußens aus Kurhessen, Zurückhaltung in Schleswig-Holstein. Das bedeutete zugleich, dass der Deutsche Bund mit all seinen Partikularitäten und all seiner Kleinteiligkeit fortbestand. Als Jacob Grimm im Sommer 1851 Kassel besuchte, hielten am Königsplatz Österreicher Wache und ein paar Ecken weiter Bayern am Holländischen Tor.[212]

Am 10. Dezember 1850 hatte Jacob noch einmal nachgehakt. Er verglich den heroischen Protest der Hessen mit den Heldentaten der *Ilias* und des Nibelungenlieds und setzte den neuen ‹Protestanten› ein Denkmal, indem er in einem Artikel für die *Constitutionelle Zeitung* das *Hessenlied* von Karl Sondershausen zitierte. Auf dem Weg zum großen Finale war darin viel von Treue und Tod die Rede, vom Widerstand gegen unpatriotische Befehle des Kurfürsten. Die letzten beiden Strophen lauten:

«Nacht ists in Deutschland, mitternacht,
doch licht entzündet licht.
o land, das solche krieger zählt,
so war ein gott die brust beseelt,
verloren bist du nicht.

Voran! auf, Hessen, leuchte vor,
wir stehn mit dir voran.
zwei tausend so wie du camrad,
gen mitternacht, nach Friedrichstadt,
und Deutschlands tag bricht an.»

Aber wie Jacob schon zuvor bemerkt hatte: «baierische und österreichische bajonette» erwiesen sich als stärker als alle Hoffnungen und große Worte. Nun blieb nur noch das lebendige «andenken».[213]

Den Revolutionären und Reformern musste es so erscheinen, als habe sich im Grunde nichts geändert. Das Bundespressegesetz sorgte schnell für ein erneutes Klima der Repression. Die Möglichkeiten demokratischer Mitbestimmung wurden für den Großteil der Bevölkerung durch ein Dreiklassenwahlrecht auf ein Minimum beschränkt. Wie für viele seiner Zeitgenossen bedeuteten die Jahre nach der ‹bürgerlichen Revolution› von 1848 für die Brüder Grimm politisch eine Zeit der Enttäuschung.

Wilhelm arrangierte sich mit der Reaktion verhältnismäßig gut. Das allgemeine Wahlrecht etwa hielt er für eine «unselige» Idee. Alles, was manifeste Gewalt eindämmte, war ihm recht, auch wenn er mit seiner Gegenwart nicht zufrieden war. Historischer «Verfall» bedeutete für ihn eine «Naturnothwendigkeit», der man sich nicht beliebig in den Weg stellen könne, wie die «Ultrapartei» oder die «Radicalen» meinten. Wilhelm nahm konsequent die Haltung des Historiographen und Philologen ein: Während die Politik sich bei der handstreichartigen Machbarkeit gesellschaftlicher Verhältnisse überschätze, stelle die Wissenschaft «langsame Mittel» zur Verfügung, um die Dinge zu verändern. Das klang nicht unbedingt optimistisch, war aber durchaus etwas anderes als Resignation. Wilhelm bemühte sich, die ‹Sprache der Zeit› zu sprechen.[214]

Jacob jedoch blieb politisch zornig. In einem vielzitierten Schreiben aus dem Jahr 1858 an den Historiker Georg Waitz, der mit ihm gemeinsam im Paulskirchenparlament gesessen hatte, heißt es: «Es ist an gar keine Rettung zu denken, wenn sie nicht durch große Gefahren und Umwälzungen herbeigeführt wird [...]. Es kann nur durch rücksichtslose Gewalt geholfen werden. Je älter ich werde, desto demokratischer gesinnt bin ich.»[215]

In der Rückschau wirkt das nun folgende «Jahrzehnt entfesselter Polizeistaatlichkeit»[216] (Wolfram Siemann) gewiss düster. Und doch waren die Weichen neu gestellt, auch wenn Jacob die Geduld fehlte, die allmählichen Besserungen anzuerkennen: Zum zweiten Mal nach den napoleonischen Kriegen betrafen die politischen Entwicklungen fast die ganze Bevölkerung – im Guten wie im Schlechten. Die preußische Regierung band sich durch eine Verfassung, die in der politischen Mitte große Zustimmung fand. Man hatte sich gegen eine revolutionäre Umwälzung entschieden und verfolgte eine Reform in kleinen Schritten, die die Macht der alten Eliten zunehmend beschränkte.

Natürlich trat die Reaktion bisweilen spektakulär in Erscheinung, etwa bei dem Hochverratsprozess, der gegen Gervinus angestrengt wurde und bei dem sich die Anklage auf seine *Einleitung in die Geschichte des neunzehnten Jahrhunderts* (1853) berief. Die Grimms beobachteten die schier unglaubliche Dreistigkeit der Justiz. Sie standen auf der Seite ihres Freundes, scheuten allerdings vor lautstarken öffentlichen Solidaritätsbekundungen zurück. Für sie zeigte der Prozess dann auch nicht allein die Macht, sondern auch die Ohnmacht einer Staatsgewalt, die sich nur durch Restriktion und Unterdrückung bewies. Denn dadurch wurde die Aufmerksamkeit umso mehr auf die inkriminierten Positionen gelenkt. Mit den Worten Jacob Grimms: Man wollte Gervinus schaden, habe aber seinen Ruhm und seine Ehre «dadurch nur erhöht».[217]

Die preußische Regierung lernte daraus, wie das Politische auf eine zeitgemäße Weise zu fassen war. Man reagierte nach wie vor repressiv auf unliebsame Publikationen. Aber zugleich und immer mehr versuchte man, die öffentliche Meinung positiv zu beeinflussen, also politische Stimmungen produktiv zu verwalten, zu stimulieren und zu befördern, um so die Voraussetzungen für politisches Handeln zu bearbeiten. Die Grimms kannten das aus ihrer journalistischen Vergangenheit. Besonders Jacob war während des Wiener Kongresses ja die Bedeutung von Öffentlichkeitspolitik bewusstgeworden. Er hätte diese Arbeit als kurhessischer Gesandtschaftssekretär beim Bundestag in Frankfurt fortführen können, und es ist immerhin eine kleine Pointe, dass Otto von Bismarck dort als preußischer Gesandter ab 1851 jene Meinungssteuerung betrieb, über deren Bedeutung für eine Politik von Stimmungslagen sich die Brüder Grimm schon lange im Klaren waren.

Berliner Studien

Am 12. Januar 1851 klagt Jacob Grimm gegenüber Karl August Kober-
stein darüber, dass die «Flamme des rechts» gewaltsam ausgelöscht
worden sei – «niedergeschlagener und betrübter» als im letzten halben Jahr habe er sich nie gefühlt. Und dann fügt er hinzu: «Es ist gut
daß Sie sich in der arbeit trost suchen, ich thue es auch.»[218]

Jacob also flieht in die Arbeit und versenkt sich nun endlich in
die Artikel des *Deutschen Wörterbuchs*. Und auch Wilhelm dankt
dem ‹tyrannischen› Projekt dafür, dass es seinen Blick von den konkreten Zeitereignissen ablenkt.[219] Trost vermochte die wissenschaftliche Arbeit allerdings vor allem deswegen zu spenden, weil die Forschung für die Grimms eine Möglichkeit zur Politik mit anderen
Mitteln war. So hatte Jacob seine Studien während der ganzen politischen Wirren auch gar nicht wirklich vernachlässigt. Am 13. November 1848 schrieb ihm Gervinus, halb irritiert, halb bewundernd:
«Was sind Sie für ein Mann, daß Sie in diesen Wirren in Frankfurt
mittagen und zugleich über einem solchen Buche lucubrieren können. Mir wäre es dort unmöglich gewesen, an etwas anderes als Politik zu denken.»[220] Der Brief spielt auf das faszinierendste und zugleich am meisten kritisierte Buch Jacob Grimms an: Die *Geschichte
der deutschen Sprache*.

Bereits bei der Drucklegung überholten die historischen Ereignisse die Studie: Hochgespannt wartete Jacob während seiner Zeit
in der Paulskirche, bis das Buch endlich in zwei Bänden mit mehr
als eintausend Seiten vorlag. Er wollte es sogleich an Friedrich Wilhelm IV. senden, vielleicht auch deswegen, weil er darin die sprachhistorischen Begründungen für seine politischen Entscheidungen lieferte. Dann aber verzögerte sich das Erscheinen. Erst am 1. September 1848 schickte sein Verleger die ersten zehn Exemplare, und bevor
das Buch an den König ging, votierte Jacob am 5. September in der
Schleswig-Holstein-Frage gegen die preußische Regierung. Jetzt, so
spekulierte er am Tag darauf über die Stimmung des Königs, «kann
es kommen, dass er mir zürnt und brief und buch nicht ansieht».[221]

Jacob Grimm hielt die *Geschichte* schlicht für sein bestes Werk.[222] Er kombinierte darin auf virtuose Weise seine weitgespannten Forschungsinteressen, jonglierte mit dem Material aus Grammatik, Mythologie, Rechts- und Literaturgeschichte. Dass diese Studie in bestimmten Punkten hochspekulativ bleiben musste, war ihm klar.[223] Aber letztlich machte er die Probe auf das Versprechen akademischer Gedanken- und Forschungsfreiheit, und es war daher kein Zufall, dass sich die Studie «den mut des fehlens» auf die Fahne schrieb[224] – damit fand Jacob Grimm den besten Slogan für sein Forschungsethos sowie für die Haltung der «ungenauen wissenschaften», die er auf der Germanistenversammlung gegenüber den Naturwissenschaften aufgewertet hatte.

Einige Leser zeigten sich weniger nachsichtig. Sie hatten vielmehr den Eindruck, dass sich Jacob mit seinen Exkursionen auf historisch sehr dünnem Eis bewege und dabei jene Standards der Wissenschaftlichkeit über den Haufen fahre, die man über Jahre hinweg mühsam gegen die Dilettanten aufgebaut hatte. Lachmann schrieb an Moriz Haupt: «Grimms Buch habe ich mit der grössten Mühe hinunter gewürgt. Neben den schönsten Sachen soviel willkürliches und auf plumpe Brücke gegründetes ist mir so zuwider wie eine unwahre und ungrade Politik.»[225] Tatsächlich betreibt die *Geschichte der deutschen Sprache* Gedankenartistik auf höchstem Niveau, eine Kunst der Analogiebildung, die ihren ganzen Zauber entfaltet. Sie stellt zwischen den kleinsten Feinheiten der Sprache und den großen kulturellen und sozialen Umwälzungen Verbindungen her und gelangt stets «von den wörtern zu den sachen», also zu den historischen Ereignissen.[226] Argumentative Systematik und Geradlinigkeit nahm Grimm dabei nicht besonders wichtig.

In der *Geschichte der deutschen Sprache* häufte er einen Materialberg auf, um zwei Fragen zu beantworten: Inwiefern ist die deutsche Sprache mit anderen Sprachen verwandt? Und: Worin liegen ihre Eigenheiten, die zugleich Deutschland als Nation auszeichnen? Auf diese Weise war die Untersuchung – wie es in der Widmung an Gervinus hieß – «durch und durch politisch» und definierte «aufgabe und gefahr des vaterlandes».[227] Jacob selbst imaginierte sich dabei in die Rolle eines Erlösers, eines Helden aus Märchen und Sagen, der jenes Zauberwort spricht, mit dem sich «vesunkne schätze» heben lassen. In der Vorrede beschwor er regelrecht die Gelehrtengemeinde: «wer der lösenden worte unkundig ist», möge die Hand davon lassen.[228] Jacob verwandelte sich mitunter in einen Sprachmagier.

Die Grundgedanken waren überschaubar. Jacob ging davon aus, dass sich menschliche Gesellschaften auf eine analoge Weise entwickeln: vom Nomadendasein über Hirtengemeinschaften und bäuerlichen Strukturen bis zu modernen Sozialformen.[229] Er zeichnete diese Entwicklungslinien nach, indem er die Sprachschätze ‹einfacher› Lebensbereiche aus verschiedenen Kulturen miteinander verglich und dabei ‹Verwandtschaften› entdeckte. Diese wiederum führten ihn auf die Spur zur «Urverwandtschaft» aller Sprachen und damit – wie die romantischen Mythologen Kanne oder Görres – zu einer Art asiatischen Urkultur: «Alle völker Europas», so meinte Jacob, «und voraus jene urverwandten, denen es beschieden war durch wechsel und gefahr emporzuringen, sind in ferner zeit aus Asien eingewandert.»[230]

Durch den kleinteiligen Vergleich von Zahlwörtern oder Personalpronomina, die Untersuchung der Lautgeschichte der indogermanischen Sprachen oder durch Beobachtungen zur Religion und Alltagskultur von der Mode bis zu den Trinksitten entwickelte er weitreichende Vermutungen zu einer großen «Völkerwanderung», die sich über Jahrtausende vollzogen und letztlich das Nationengefüge seiner Zeit hervorgebracht habe. Insbesondere versuchte er zu beweisen, dass die Goten und die Geten, ein älterer Volksstamm, zusammengehörten. Das sei die «angel», um die sich das ganze Werk drehe, denn damit wollte Jacob Grimm die historische Lücke zwischen der Vorgeschichte der deutschen Sprache und ihrer Phase als eigenständiger Nationalsprache schließen.[231] Doch gerade diese These, die er 1846 erstmals in einem Vortrag für die Berliner Akademie der Wissenschaften entwickelt hatte,[232] nahmen ihm die Zeitgenossen nicht recht ab.

In der Vorrede bemerkte er ein wenig enttäuscht, aber auch trotzig, dass er «ganz einsam» vor sich hin arbeite und keine Rückmeldung erhalte, nicht einmal von denen, die ihm am nächsten stünden. «Lässig und kalt» hätten die Leser seine jüngsten grammatischen Studien aufgenommen. Keiner knüpfe daran an.[233] Jacob Grimm wurde allmählich zur tragischen Figur. Nach den Tausenden von Seiten der *Deutschen Grammatik*, nach dem Versuch, mit der dritten Fassung des ersten Bandes von 1840 noch einmal frisch einzusetzen, war er das Unternehmen ‹Sprachgeschichte› mit der *Geschichte der deutschen Sprache* erneut angegangen und scheiterte damit einmal mehr grandios, vor allem politisch. Zwar wurde 1853 eine zweite, unveränderte Auflage der *Geschichte der deutschen Sprache* gedruckt – das Buch verkaufte sich offenkundig nicht schlecht –, aber während er in der Widmung zur ersten Auflage, die er auf den 11. Juni 1848 datierte, durchaus zuversichtlich in die politische Zukunft blickte, sprach die zweite Vorrede vom Herbst 1853 nur noch von den «fehl geschlagenen edlen hoffnungen».[234]

Es ist bezeichnend, dass Jacob Grimm die Grundidee zur *Geschichte der deutschen Sprache* in einem Vortrag an der Berliner Akademie der Wissenschaften präsentierte. Der «mut des fehlens» hatte für ihn institutionell seinen Ort an der Akademie, denn sie, so führte er in seiner Berliner Bildungsrede *Über Schule Universität Academie* am 8. November 1849 aus, sei der «gipfel aller wissenschaftlichen einrichtungen». Hier müsse man sich nicht um die schnelle Verwertbarkeit der Forschungen kümmern. Während es in der Universität um «Lehre» gehe, verschreibe sich die Akademie dem «Lernen», einem Forschen also, das seinen Zweck in sich habe und keine forschungsfremden Rücksichten zu nehmen brauche.[235] Vorträge, die «unter den gefrierpunct der aufmerksamkeit» fallen, hielt Jacob an der Akademie daher für kaum denkbar.[236]

Von der Möglichkeit, Beiträge noch in der Nähe des «gefrierpuncts der aufmerksamkeit» zu liefern, machten die Brüder Grimm in Berlin regen Gebrauch.[237] Teils handelte es sich – vor allem bei

Jacob – um Nebenarbeiten im Umfeld des *Deutschen Wörterbuchs*:
Es waren kleine gelehrte Preziosen mit lakonischen Titeln wie «In»,
«Wer», «Seife» oder «Käse».[238] Teils verfassten die Grimms im Blick
auf akademische Vorlesungen noch einmal umfangreichere Untersuchungen und Materialsammlungen. Wilhelm etwa beschäftigte
sich mit der *Sage vom Ursprung der Christusbilder* (1842) und ließ
die entsprechende Studie über Alexander von Humboldt dem preußischen König «zu füßen» legen, mithin einem Monarchen, für den
Politik und Religion untrennbar miteinander verknüpft waren und
der den Staat als eine christliche Einrichtung verstand.[239] Nicht weniger bedeutsam mochte es sein, dass Wilhelm im Februar 1846, als
sich die gesellschaftlichen Konflikte immer weiter zuspitzten, eine
Akademie-Vorlesung über *Deutsche Wörter für Krieg* hielt, deren
Materialbestand er fortwährend erweiterte. Vielleicht bezog sich sogar seine umfangreichste Studie, die er 1850/2 der Geschichte des
Reims widmete, untergründig auf die Zeitläufte, denn immerhin
ging es darin um jenes sprachliche Phänomen, das Unterschiedenes
in Einklang bringt.[240]

Zudem führte Wilhelm seine Editionstätigkeit fort,[241] und er veröffentlichte weitere Ausgaben der *Kinder- und Hausmärchen*. Die
«kleine Ausgabe» erschien in stakkatoartig kurzen Abständen (1839,
1841, 1844, 1847, 1850, 1853, 1858), die «große Ausgabe» bis zum Tod
Wilhelms in weiteren vier Auflagen (1840, 1843, 1850, 1857); sogar der
Kommentarband, bislang eher ein Verkaufsflop, lag 1856 in Überar-
beitung vor. Jetzt nahm Wilhelm neue Märchen auf, die – für ihn
überraschend und erfreulich zugleich – sehr gut zur Tonlage der
Grimm'schen Sammlung passten. Das war kein Wunder: Inzwischen
wussten die Märchensammler des Landes dank Jacob und Wilhelm,
wie ein ‹echtes› Märchen zu klingen hatte.[242]

Wilhelm schrieb zwar in der Berliner Zeit ohne Unterlass, aber allmählich hatte er den Zenit seiner schöpferischen Phase überschritten.
Sein Bruder hingegen war nach wie vor zu Innovationen aufgelegt. So
entdeckte Jacob mit dem sogenannten «Archipoeta» einen der wichtigsten Vertreter der mittelalterlichen Vagantendichtung.[243] Er hielt

den Kontakt zur laufenden Forschung, teils kritisch und nach wie vor polemisch aufgelegt, teils auf Anschluss bedacht.[244] 1843 lag die *Deutsche Mythologie* in einer zweiten, «stark vermehrten und verbesserten», 1854 in der dritten Auflage vor. Die zweite Ausgabe der *Deutschen Rechtsalterthümer* erschien 1854. Im Januar 1844 «schweben» Jacob noch fünf oder sechs andere Bücher «im Sinn und Geist», die er gern schreiben möchte und zu denen bereits Vorarbeiten und Materialsammlungen existieren, die ständig anwachsen.[245]

Für das akademische Publikum verfasste Jacob einige seiner bekannteren Arbeiten, etwa *Über das Pedantische in der Sprache* (1847), *Über Schenken und Geben* (1848), *Über Frauennamen aus Blumen* (1852) sowie vor allem seine Untersuchung *Über den Ursprung der Sprache* (1851).[246] Diese Studien sind in vielerlei Hinsicht symptomatisch: Am Thema ‹Schenken› interessierten ihn ‹warme› Sozialbeziehungen, die nicht über ein ‹kaltes› Medium wie Geld organisiert werden; gegen das Pedantische, also gegen die unbedingte Regeltreue, wendete sich der künftige Parlamentarier, der ein halbes Jahr später die Geschäftsordnung in der Paulskirche kritisieren sollte; die Sprachursprungsschrift betonte die sprachliche Freiheit und Eigenständigkeit des Menschen.[247] Und gerade nach den politischen Enttäuschungen des Jahres 1848 häuften sich Vorträge und Aufsätze mit bedenklichen Titeln: *Trauern* (1849), *Über das Verbrennen der Leichen* (1849), *Anfertigung des Sarges bei Lebzeiten* (1850).

Hinzu kamen die großen Gedenkreden: auf Lachmann (1851)[248], auf Schiller (1859) und auf seinen Bruder Wilhelm (1860), in denen er seine Überzeugungen vom Ethos des Philologen, von der Macht der Dichtung und von einer Forschungsgemeinschaft eigentümlicher Persönlichkeiten formulierte. Mit einigen Akademiestudien erreichte Jacob sogar ein größeres Publikum – kurz vor seinem Tod wurde *Über den Ursprung der Sprache* in fünfter Auflage gedruckt.[249]

Über all diesen Büchern, Vorlesungen und Studien aber lag wie ein Schatten das *Deutsche Wörterbuch*, jenes übergroße Projekt, das den Brüdern Grimm in den letzten Jahren ihres Lebens die Ruhe raubte.

«bis an die schultern ins deutsche wörterbuch vergraben»[250]

Das *Deutsche Wörterbuch* war ein ungeliebtes Werk. Die Brüder Grimm setzten sich nicht wirklich aus Leidenschaft für die Sache daran, auch wenn es das letzte große Denkmal ihres Forschungsethos wurde. Anfangs sollte es die Familie finanziell absichern, anschließend diente das Lexikon als offizieller Anlass für ihre Berufung nach Berlin und die Pension, die ihnen Friedrich Wilhelm IV. aussetzte. Einerseits half es ihnen, ihre größte Lebenskrise zu bewältigen. Andererseits zehrte es an ihren Kräften und hinderte sie daran, Pläne zu verfolgen, die ihnen mehr am Herzen lagen. Das «Nationalwerk», wie Eichhorn es in seinem Berufungsschreiben nannte, verband sich jedenfalls untrennbar mit der Göttinger Entlassung. Es war für die Brüder Grimm eine Frage der persönlichen Integrität, dieses Projekt durchzuführen, auch wenn sich alles in ihnen dagegen sträuben mochte.

Bei den Verhandlungen Ende der 1830er Jahre hatte man ungefähr acht bis zehn Jahre für das *Wörterbuch* veranschlagt. Das erwies sich schnell als viel zu knapp bemessen. Allein die Vorarbeiten liefen beinahe die ganzen 1840er Jahre nebenher – gemeinsam mit ihren insgesamt etwa hundert Exzerptoren erstellten die Grimms Zettel mit den Belegen für die einzelnen Einträge. 1847 begann allmählich die heiße Phase. Es hatten sich mittlerweile rund sechshunderttausend Belegzettel angehäuft, die zu ordnen und zu verarbeiten waren. Im Januar führte Wilhelm Grimm neue Unterhandlungen mit dem Verleger Karl Reimer, die im September abgeschlossen wurden. Am 20. September 1847 setzten die Beteiligten ihre Unterschrift unter den Verlagsvertrag: Das *Wörterbuch* würde, hieß es darin, in einer Erstauflage von fünftausend Stück erscheinen und sechs oder sieben Bände mit jeweils rund achthundert Seiten umfassen.[251]

Auch das war blauäugig. Tatsächlich sollte das Werk im Lauf der Jahrzehnte auf zweiunddreißig Bände mit 67 744 Spalten anwachsen. Erst 1971, also mehr als hundertzwanzig Jahre später, lag es mit Erscheinen des Quellenbandes komplett vor. Es verzeichnet die Wör-

ter von «A» bis «Zypressenzweig». Die Brüder Grimm selbst waren
ein Vierteljahrhundert mit dem Unternehmen beschäftigt und verfassten 5673 Spalten. Damit hatten sie zwar mehr als ein Viertel des
Wortschatzes erledigt, aber nur etwa ein Zwölftel des *Wörterbuchs*
geschrieben.[252] Von ihrer Hand stammen zwei Bände, wobei Jacob
die Buchstaben A, B und C sowie E und einen Teil von F übernahm
und Wilhelm sich auf D konzentrierte. Der Ältere lieferte rund 8000
Manuskriptseiten, der Jüngere etwas mehr als 1600.

Nach dem Vertragsabschluss vom Herbst 1847 stockte das Un-
ternehmen ein letztes Mal, weil Jacob die *Geschichte der deutschen
Sprache* abschließen wollte. 1849 begann endgültig die Redaktion.
Bis 1851 verständigte man sich auch auf die äußere Form, auf For-
mat, Drucktypen und Orthographie. Im Dezember schickte Jacob
die ersten dreihundert Manuskriptseiten an den Verlag, keine sechs
Monate später lieferte die Weidmannsche Buchhandlung die erste
Folge aus, und im April 1854 hielten die Leser den ersten kompletten
Band in den Händen – Reimer hatte sich mittlerweile aus dem Un-
ternehmen zurückgezogen, Hirzel führte es alleine fort.[253]

Die konkrete Arbeit an den ersten Einträgen verlief ohne Rei-
bungsverlust zwischen Jacob Grimm, dem Verleger, dem Korrektor
und den Druckern. Bis zum 18. August 1852 wuchs das Manuskript
auf 1470 Seiten an.[254] Trotz der beeindruckenden Geschwindigkeit
verstummten die Klagen über die Wörterbucharbeit nicht mehr.
Wilhelm schrieb an einen befreundeten Philologen, er fühle sich
wie ein Pferd, das vor den Pflug gespannt sei.[255] Er komme kaum
vor Mitternacht ins Bett und könne dann nur selten gut einschlafen. Morgens um sieben Uhr sitze er wieder am Schreibtisch.[256] Ähnlich schilderte Jacob seinen Tagesablauf. Die Zeit rase vorüber, so
konturlos wurden die gleichförmigen Arbeitstage zwischen Exzerpieren, Ordnen und Schreiben, unterbrochen nicht mehr von großen Abendveranstaltungen, sondern allenfalls von häuslichen Geselligkeiten, von regelmäßigen Akademiebesuchen und täglichen
Spaziergängen.[257]

Das eindringlichste Bild für die Ansprüche, die vom *Wörter-*

buch aus auf ihn einstürmten, fand Jacob in der Einleitung des Lexikons: «wie wenn tagelang feine, dichte flocken vom himmel nieder fallen, bald die ganze gegend in unermeszlichem schnee zugedeckt liegt, werde ich von der masse aus allen ecken und ritzen auf mich andringender wörter gleichsam eingeschneit. zuweilen möchte ich mich erheben und alles wieder abschütteln.»[258]

Die Umgebung schaute verstört auf die beiden Brüder im Wörterschnee. Dorothea fand sie völlig «verwörterbucht».[259] Im Frühjahr 1856 meinte sie: «heraus müssen die Männer sonst verschimmeln sie ganz [...], das ackern geht vom Morgen bis in die Nacht, es ist mir oft ganz angst dabei.»[260] Doch es gelang ihr immer seltener, Jacob und Wilhelm zu einer Erholungspause zu bewegen. Die letzte größere Reise hatten sie sich im Sommer 1853 gegönnt. Wilhelm war mit Dorothea und der Tochter Auguste auf Einladung der Familie Karl Simrocks ins Rheinland in die Nähe von Bonn gefahren, wo Simrock seit einem Jahr eine Professur der deutschen Sprache und Literatur innehatte. Auf der Hinreise musste die Familie in Marburg für rund vier Wochen pausieren, weil Dorothea lebensbedrohlich erkrankte. Schließlich besserte sich ihr Zustand, und die Familie verbrachte doch noch in ihrem Quartier in Rheinbreitbach unbeschwerte Tage. Wilhelm sah die Göttinger Freunde Friedrich Blume und Dahlmann wieder. Er genoss die Zeit. Viel war in Briefen von angenehmer Plauderei, von wunderbarem Ausflugswetter und von geselligen Mahlzeiten die Rede – das *Deutsche Wörterbuch* lag noch einmal weit weg in Berlin.[261]

Auch Jacob, der seit Anfang 1852 Lieferung für Lieferung nach Leipzig sandte, hatte sich im Sommer 1853 einige Wochen freigenommen und war am 11. Juli nach Südfrankreich gereist. Die Exkursion führte ihn mit einigen Stationen bei Gelehrtenbekanntschaften über den Genfer See nach Lyon, dann über Avignon und Nîmes nach Marseille. Von dort aus ging die Reise in Gegenden, die er teilweise von der Italienreise 1843 her kannte: nach Genua, weiter mit dem Schiff nach Venedig und Triest, schließlich über Salzburg, Linz, Budweis und Prag zurück nach Berlin. An Dorothea schrieb er: «fast hatte ich mir diesmal zu viel vorgenommen und mehrmals befiel unterwegs mich das gefühl, dasz dies meine letzte gröszere reise sein würde. eben darum wollte ich die örter wiedersehen, die mir früher gefallen hatten. wären allerwärts eisenbahnen, so gienge alles bequemer von statten» – beinahe hätte er sich in Marseille noch nach Algier eingeschifft; lediglich der Gedanke an eine tagelange Fahrt in der Sommerhitze hielt ihn davon ab. Mitte August befand sich Jacob wieder in Berlin.[262]

Nach diesen letzten großen Reisen verließen die Brüder Berlin nur noch für kleinere Exkursionen oder Kuraufenthalte. Das *Wörterbuch* schmiedete sie an ihre Schreibtische. Als Jacob 1861 versuchte, seine Wörterbucharbeit für einige Zeit zu unterbrechen, um andere Projekte weiterzuführen, stand Hirzel sofort brieflich auf der Matte und bedrängte ihn. Jacob verfasste daraufhin einen seiner vielen Rechtfertigungsbriefe an den Verleger, klagte über Schlaflosigkeit, zunehmende Taubheit, Rheumatismus – und betonte, er arbeite trotz allem ohne Unterlass. Schließlich gab Jacob erneut nach und versprach: «das wörterbuch bleibt mein hauptgeschäft, alles andere geht nebenher.»[263]

Mit ihrem historischen Lexikon der deutschen Gegenwartssprache legten die Brüder Grimm ein letztes Mal der deutschen Nation ihr philologisches Ethos ans Herz. Deswegen rekapitulierte Jacob im langen Vorwort zum ersten Band des *Deutschen Wörterbuchs* ausführlich all jene Prinzipien, die für ihn und zum Teil auch für Wilhelm in den letzten Jahrzehnten maßgebend waren. Wie in einem gigantischen Brennglas bündeln sich in dem Monumentalwerk sämtliche Momente, die die Modernität der Grimms ausmachen.

Das beginnt beim «mut des fehlens», den sie von Anfang an demonstrieren. Vor allem Wilhelm verzichtete auf einen genauen Plan: «die Gesetze sollen sich in der Arbeit selbst finden, und wir wollen uns im voraus die Hände nicht binden», erklärte er Savigny; «erst mitten in der arbeit wird sich die vollständige methode ergeben.»[264] Damit stoßen sie einen Prozess beständiger Revision an. Tatsächlich vergeht nur eine kurze Zeit, bis die Grimms mit großer Lust an der Verbesserung in ihren Handexemplaren des *Wörterbuchs* Nachträge neben Nachträge notieren – mit extra breitem Rand gedruckt, liegen die Papierstöße ständig griffbereit auf den Ablagen ihrer Schreibtischlandschaft. Dem entspricht die Arbeit mit losen Zetteln, gegen die traditionell große Vorbehalte bestanden: Die Wissenschaftstheorie misstraute einem Wissen, das mit seiner eigenen Zeitlichkeit rechnete. Zettel standen stellvertretend für eine offene, flexible Ordnung, die ständig neu arrangiert, ständig erweitert, ständig umgebaut, aufgestockt, aussortiert werden konnte.[265] Tatsächlich versuchten Jacob und Wilhelm paradoxerweise die Einträge eines Lexikons, das dem gemeinen Verständnis nach der Stabilisierung des Wissens dienen sollte, offen und beweglich zu halten. Mit den Grimms formuliert: Das Sprachwissen sollte ‹lebendig› sein. Deswegen wehrten sich die Grimms zeitweilig dagegen, eine Fassung des *Wörterbuchs* für spätere Nachauflagen zu stereotypieren, also mit unbeweglichen Lettern setzen zu lassen – sie fühlten sich dadurch zu sehr festgelegt.[266]

Die Kernidee des Lexikons hatte Wilhelm auf dem Germanistentreffen 1846 folgendermaßen beschrieben: «Das Wörterbuch soll die deutsche Sprache umfassen, wie sie sich in drei Jahrhunderten ausgebildet hat: es beginnt mit Luther und schliesst mit Goethe.»[267] Daran hielten die Grimms bis zum Schluss fest. Durch exemplarische Zitate wichtiger Autoren des 15. Jahrhunderts bis zur Gegenwart dokumentiert ihr Lexikon den ‹lebendigen› Wortgebrauch. Fremdwörter wurden nur aufgenommen, wenn sie durch breiten Gebrauch ‹heimisch› geworden waren, etwa im Fall von «Abracadabra» oder «Blondine».[268] Dass die Grimms in der Regel ein oder mehrere lateinische Vokabeln lieferten, die das Bedeutungsspektrum eines deutschen Wortes erfassen sollten, bedeutete keinen wirklichen Widerspruch: Das war für sie nicht mehr als eine Zusatzleistung, auf die man auch hätte verzichten können. Überraschender war da schon, dass Jacob sich für die herkömmliche lateinische Nomenklatur der Grammatik aussprach und gegen die Einführung deutscher Bezeichnungen. Etymologien sollten darüber hinaus die historische Dimension vertiefen. So heißt es beispielsweise zu «Bruderliebe»:

> «f. amor fraternus, im eigentlichen sinn die liebe des bruders zu seinen geschwistern, dann auch die zwischen genossen und allen menschen: und machet keusch eure seelen im gehorsam der wahrheit durch den geist zu ungefärbter bruderliebe. 1 Petr. 1, 23. die goth. version hat Röm. 12, 10. 1 Thess. 4, 9 brôþralubô oder brôþrulubô, φιλαδελφια.
>
> da fieng ich an, mit tausend zärtlichkeiten
> und treuer bruderliebe dich zu quälen. SCHILLER».

An jedem einzelnen dieser Programmpunkte ergaben sich Probleme: Welche Werke mussten ausgewertet und welche Wörter erfasst werden? Was waren die treffendsten Beispiele? Ab wann durfte man ein Fremdwort für so gebräuchlich halten, dass es lexikonwürdig war? Und nach welchen Prinzipien sollten die Wortgeschichten angelegt werden? All das wurde nie ein für alle Mal geklärt, und es fiel den Kritikern des *Wörterbuchs* leicht, auf Inkonsequenzen herumzureiten, ohne die Menge des Geleisteten zu beachten.

Interessanter als solche Unregelmäßigkeiten war freilich das Prinzip der Bedeutungsvermittlung: Indem jedes Wort durch die Fülle seiner Belege erläutert wurde, zeigten die Grimms, wie sehr der Gebrauch die Bedeutung der Wörter bestimmt.[269] Jeder Autor nuanciert ein Wort anders, wenn er es verwendet; in jedem Satzzusammenhang zeigt es eine neue Facette, in jeder Gedichtzeile gewinnt es individuelle Ausdrucksqualitäten – es werde «sich in den feineren Schattierungen oft nur empfinden», nicht aber definieren lassen.[270] Unter einem vereinheitlichenden Stichwort war also sehr viel Verschiedenes versammelt. Diese Form der Gemeinschaftsbildung, die die Einheit der Vielfalt und die Vielfältigkeit der Einheit vor Augen führte, gehörte zum unterschwelligen politischen Programm des *Wörterbuchs*.

Was in den Artikeln und für die Artikel galt, galt auch für die Organisation der gemeinschaftlichen Wörterbucharbeit: Die Vielfalt in der Einheit musste verwaltet werden. Als Moriz Haupt die Brüder Grimm zur Übernahme des Lexikons überreden wollte, hatte er zu ihrer Beruhigung bemerkt, dass lediglich die «oberste leitung» bei ihnen liegen würde, für alles andere – vor allem für die «mechanische arbeit des stoffsammelns» – sollten «geringere kräfte» zuständig sein.[271] Haupt griff damit jene Organisationsprinzipien auf, die die Grimms schon seit ihrer Zusammenarbeit mit Arnim und Brentano und seit den frühen Aufrufen zur kollektiven Sammlung von ‹Volksgut› gedanklich hin und her bewegt hatten – und die bislang nie wirklich erfolgreich waren. Nun also machten sich Jacob und Wilhelm zum ersten Mal mit aller Konsequenz daran, ein Projekt der Großforschung nicht nur zu konzipieren, sondern auch zu realisieren.

Von den «geringeren kräften» forderte die «oberste leitung» vor allem Sorgfalt und Genauigkeit beim Zitieren. Selbst dabei blieb so manches im Argen. Das war das eine. Hinzu kam aber: Ebenso wie Haupt täuschten sich die Brüder Grimm nie darin, dass sie die konkrete Praxis der Buchauszüge nur in geringem Maß reglementieren konnten. Sie rechneten damit, dass die Mitarbeiter viel Merkwürdiges übersehen und Entbehrliches bemerken würden.[272] Grundsätzlich hielten die Grimms ihre Hilfskräfte dazu an, eher zu viel als zu wenig aufzuschreiben. Da man aber auswählen musste, blieb stets die Sensibilität für das treffende, geeignete Beispiel gefragt, ein Sinn für die «echten» oder «kräftigen» Wörter und Redensarten, für die Ausdrucksqualität jener Autoren, bei denen «das Gefühl für das natürliche Leben der Sprache noch mächtiger ist, als die gewonnene Regel», die «ohne Absicht aus innerer Notwendigkeit» ihre Worte wählen.[273]

Das war mehr als vage. Manches korrigierten die Grimms noch selbst nach stundenlangem Recherchieren, in einigen Fällen ließen sie nacharbeiten, aber letztlich ging alles – mit den Worten Haupts – «ungestört durch die erwägung unerreichbarer vollständigkeit oder fehlerlosigkeit» vonstatten.[274] Die Grimms mussten ihre beschränkte Kontrollgewalt akzeptieren; sie mussten bestimmte Tugenden zeigen, die weitab von den Vorstellungen souveräner Führung lagen; sie mussten in gewissen Maßen Fehler tolerieren und den «geringeren kräften» vertrauen.

Nicht alle Gelehrten waren dazu bereit, sich auf diese Organisation und Machtverteilung einzulassen. Gerade die etablierten Wissenschaftler wie Lachmann und selbst Haupt steuerten so gut wie nichts zum *Wörterbuch* bei; unter den Exzerptoren finden sich nur wenige heute noch bekannte Namen, etwa Gustav Freytag oder Hoffmann von Fallersleben. Mithilfe kam dagegen – wie beim Weg aus der Krise nach der Entlassung – von Freunden, Bekannten und Dilettanten, auch von Schülern aus den Vorlesungen der Grimms.[275] Da vor allem Wilhelm es war, der diese Verbindungen pflegte, darf man seine Leistung nicht allein nach den geschriebenen Spalten des *Wörterbuchs* bemessen.[276] Er hielt über Vorlesungen bis 1853 Kontakt zum philologischen Nachwuchs, wohingegen Jacob bereits 1848 seine Universitätslaufbahn beendet hatte. Und auch die Familie Wilhelms engagierte sich. Herman Grimm etwa arbeitete Anfang der 1850er Jahre am *Wörterbuch* mit: Er nahm sich die Werke von Hans Sachs und Lessing vor. Zur selben Zeit wurde Hermans erstes Drama *Armin* gedruckt, das er mit Unterstützung seines Onkels Jacob ausgearbeitet hatte – die Theater zeigten leider kein Interesse, und es dauerte noch einige Jahre, bis sich Herman als Dichter, vor allem aber als Kunsthistoriker einen Namen machte.[277]

Jacob und Wilhelm folgten durchaus ihren Neigungen. In manche Einträge verliebten sie sich regelrecht und führten sie wortreich aus, manche behandelten sie eher im Vorbeigehen. Einmal fehlen die Etymologien, ein anderes Mal wird der Leser breit über die Wortgeschichte informiert. Hier und da vermisst man die lateinischen Äquivalente, die Belege oder die Quellenverweise.[278] Auch sehr viel Persönliches ging in das *Wörterbuch* ein. Am berühmtesten ist der Eintrag «Amtmännin», der alle Darstellungsprinzipien um einer kleinen biographischen Reminiszenz willen souverän verletzt: «f. uxor praefecti. unsere sel. mutter (der sel. vater war hessischer amtmann zu Steinau an der strasze, † 10 jan. 1796) hiesz beim volk nur die framtmännin d. i. fer oder frau amtmännin» – der Artikel gehörte zu jenen «Naivitäten» des Lexikons, die Gervinus «köstlich» fand.[279]

Die Brüder Grimm definierten in und mit dem *Deutschen Wörterbuch* das Politische wie in ihren anderen Schriften. Das galt nicht allein für das Ziel der deutschen Einigung, dem das Lexikon zuarbeitete, indem es alle Deutschen gleichermaßen ansprechen und an das einigende Band ihrer Sprache erinnern wollte. Vielmehr galt das auch für die Art und Weise, wie das *Wörterbuch* erarbeitet und gestaltet wurde. Es handelte sich um ein Gemeinschaftsprojekt, das im Zusammenwirken zwischen der «obersten leitung» und den «geringeren kräften» jene Prinzipien durchspielte, die die Realpolitik nach wie vor zu ignorieren versuchte: «Gesetze» wurden hier nach Maßgabe einer Praxis gefunden, die sich durch gemeinsame Erfahrungen allmählich selbst die Regel gab.

Das *Wörterbuch* zehrte also von jener imaginären ‹Volkskraft›, die es seinerseits verstärken wollte. Es achtete auf die Sprache des ‹Volks› und schätzte, wie Jacob Grimm im Anschluss an einen anderen Sprachforscher formulierte, den «pöbel» als «archiv des alterthums».[280] Daher interessierten sich die Grimms gerade auch für die «keusche Derbheit» der deutschen Sprache[281] – der Eintrag «Arsch» umfasst immerhin zwei Spalten, und die entsprechenden Zusammensetzungen von «Arschbacke» über «Arschloch» bis «Arschwolfreiter» noch einmal zwei weitere; Ausdrücke der Kindersprache wie «Aa» oder «Bäbä» wurden ebenfalls aufgenommen.[282] Das *Wörterbuch* entstand durch die Mitwirkung des ‹Volks›, nicht mehr allein oder nicht einmal vornehmlich durch den Geistesadel der Gelehrten,[283] wobei Jacob der wildwuchernden Basisdemokratie bald Einhalt gebieten musste: Als nach der ersten Lieferung von überall her Zettel mit Worteinträgen an ihn gesendet wurden, bat er in einer öffentlichen Anzeige darum, sich an die alphabetische Ordnung zu halten und sich an den Minimalstandards der Einträge zu orientieren.[284]

Aber das *Wörterbuch* achtete nicht nur das ‹Volk› und rechnete auf dessen Hilfe, es zeigte dem ‹Volk› auch dessen Sprache, damit es wiederum immer ‹volksmäßiger› sprechen und so dem Wörterbuch in einer zweiten Auflage noch mehr Material liefern könnte. Letztlich funktionierte es der Idee nach in einer großen Rückkopplungsschleife, wie eine Art Resonanzverstärker.[285] Jacob Grimm hoffte sogar allen Ernstes darauf, dass das *Wörterbuch* «zum hausbedarf» genutzt würde, wobei er bezeichnenderweise nicht – wie bei den *Kinder- und Hausmärchen* – an die Mütter, sondern an die Väter als Vorleser dachte: «warum sollte sich nicht der vater ein paar wörter ausheben und sie abends mit den knaben durchgehend zugleich ihre sprachgabe prüfen und die eigne anfrischen? die mutter würde gern zuhören. frauen, mit ihrem gesunden mutterwitz und im gedächtnis gute sprüche bewahrend, tragen oft die wahre begierde ihr unverdorbnes sprachgefühl zu üben, vor die kisten und kasten zu treten, aus denen wie gefaltete leinwand lautere wörter ihnen entgegen quellen.»[286]

Wie die *Kinder- und Hausmärchen* sollte das *Deutsche Wörterbuch* unterschwellig wirken. Deswegen legte Jacob Grimm auch so großen Wert darauf, dass das Lexikon nicht in Fraktur, der ‹deutschen› Schrift, sondern in Antiqua gesetzt wurde, die er für visuell eingängiger hielt. Die Orthographiereform, für die er warb und die sich an der gesprochenen Sprache orientierte, sollte ebenfalls dazu dienen, den ‹natürlichen Strom› der Schrift zu fördern. Damit konnte Jacob sich allerdings nicht einmal bei seinem Verleger durchsetzen, der die Interessen der breiten Leserschaft vertrat.[287]

Am 1. Mai 1852 war die erste Lieferung des *Deutschen Wörterbuchs* auf dem Markt. Die Mehrzahl der Rezensenten reagierte positiv, zum Teil euphorisch. Zwar erfuhr man aus den wenigsten Artikeln Konkretes über das Lexikon, dafür aber enthielten sie viel Schwärmerei fürs Vaterland, erklärten das «Nationalwerk» der Grimms für fabelhaft oder zählten es – wie Robert Prutz für das *Deutsche Mu-*

seum – gleich zu den «großartigsten Entwürfen» aller Zeiten.[288] Ausgerechnet in Berlin hielt die *National-Zeitung* das Grimm'sche Wörterbuch allerdings für stümperhaft, wogegen sogleich die *Vossische Zeitung* protestierte. Andere äußerten verhaltene Kritik.[289]

Jacob Grimm konnte solche Mäkeleien bei entsprechender Laune einfach als «leeres oder sinnloses geschwätz» abtun. Ebenso leicht wischte er die Kritik katholischer Rezensenten vom Tisch. Dass diesen die zentrale Position Luthers nicht recht schmecken wollte, lässt sich konfessionspolitisch verstehen. Schwerer wog der Hinweis darauf, dass zentrale Begriffe wie etwa «Ablaß» oder «Abendmahl» doch eher einseitig aus protestantischer oder reformatorischer Sicht erläutert wurden. Jacob bemerkte dazu in der *Wörterbuch*-Vorrede schlicht: Die «protestantische färbung» folge aus der «überlegenheit der protestantischen poesie und sprachbildung».[290]

Besonders zwei Kritiker aber machten dem *Deutschen Wörterbuch* längere Zeit zu schaffen: Christian Friedrich Wurm und Daniel Sanders. Ohne auf die ausführlichen Erläuterungen und die selbstkritischen Töne in Jacob Grimms Vorrede einzugehen, spießten sie Fehler und Mängel auf. Dass Wurm den Grimms gegen Geld eine Belegsammlung angeboten hatte, für die Jacob lediglich ein Exemplar seines Wörterbuchs eintauschen wollte, mochte seinen Groll befördert haben. Auch Sander fühlte sich von Jacob Grimm brüskiert, als dieser ihm im Sommer 1847 auf eine Einsendung hin eine eher kühle Antwort gab.[291] Da beide jedoch Konkurrenzprodukte auf den Markt warfen – Wurm ein *Wörterbuch der deutschen Sprache von der Druckerfindung bis zum heutigen Tage* (1858), Sanders sein bereits 1854 angekündigtes *Wörterbuch der deutschen Sprache* (3 Bände, 1860-65) –, lag der Verdacht nahe, dass es um einen mit unlauteren Mitteln geführten Wettbewerb auf einem hartumkämpften Markt ging: Tatsächlich beobachteten die Brüder Grimm mit einiger Irritation und Verärgerung, wie im Gefolge ihres Lexikons ein ganzes Rudel von Wörterbüchern auf die Leser zustürmte: um 1860 zählte Jacob acht Stück.[292]

Auf derartige Polemiken reagierte Jacob öffentlich wie ein Medienprofi: gar nicht. Da Sanders und Wurm viel Häme und Spott, viele Gemeinheiten und unnötige Sticheleien einmengten, durfte er deren Kritik als persönliche Attacke jener «zwei spinnen» verbuchen, die – wie er es in der *Wörterbuch*-Vorrede formulierte – «auf die kräuter dieses wortgartens gekrochen» seien.[293] Er selbst brauchte sich nicht weiter damit zu beschäftigen. Im Hintergrund allerdings brachte er seine Truppen in Stellung: Über Hirzel ließ er dem befreundeten Friedrich Zarncke, der das *Literarische Centralblatt* herausgab, die Vorlage für eine Anti-Kritik gegen Sanders zukommen. Wurm, der seine Kritik in mehreren Folgen in den *Gelehrten Anzeigen*, dem Organ der Münchener Akademie, zu publizieren begonnen hatte, stellte er durch seine Akademie-Kollegen kalt. Durchaus zu Recht bemängelte Sanders also 1852 das «Cliquenwesen gewisser Zeitschriften und Zeitungen».[294]

Dem *Deutschen Wörterbuch* ging es wie vielen Werken der Grimms: Es hatte mit größeren Widerständen zu kämpfen, als man denken sollte. Dennoch setzte es sich durch. Das lag vor allem an der besonderen Qualität dieses lexikographischen Meilensteins, und es lag auch an den funktionierenden Netzwerken, die Jacob und Wilhelm bei Bedarf den Rücken frei hielten.[295] Von kritischen Katholiken oder «spinnen» jedenfalls ließ sich Jacob Grimm nicht aufhalten. Am 4. Januar 1854, seinem neunundsechzigsten Geburtstag, fand er den ersten Band des *Deutschen Wörterbuchs* auf seinem Tisch. Es fehlten zwar noch das Titelblatt, die Vorrede und das Quellenverzeichnis, aber es ruhte doch gewichtig genug in den Händen. Im April konnten sich dann auch die Leser komplett von «A» bis «Biermolke» informieren.

Jacob haderte allerdings mit der Buchgestaltung. Weder passte ihm die Vignette mit dem Motto «Am Anfang war das Wort», die seiner These vom menschlichen Ursprung der Sprache genau entgegenlief, noch gefiel ihm der Stahlstich, der nach der wohl bis heute berühmtesten Fotografie der Brüder Grimm von Hermann Biow angefertigt worden war. Jacob mochte das Bild ohnehin nicht, er fand, Wilhelm sitze «da im stul wie ein kranker und ich habe das ansehn eines herangerufenen hausverwalters». Am 17. April 1854 schreibt er an Hirzel: «dasz ich das biowische lichtbild nicht leiden kann, wissen Sie ja längst, es geht andern damit ebenso, die frauen hier im haus sind aufgebracht und erzürnt darüber.» Die Bearbeitung der Fotografie habe die Züge Jacobs zudem verwischt und die Proportionen verschoben. «Wilhelms kopf, der eine lauge weniger auszuhalten hatte, ist darum ähnlicher geworden oder geblieben.» Die Komposition vermochte zwar auch Hirzel nicht zu begeistern, taugte aber für ihn allemal zu Werbezwecken. Er rechnete auf «großen Effect». Und genau dafür hatte Biow, einer der bekanntesten Fotografen seiner Zeit, der die Porträtsucht des 19. Jahrhunderts ausnutzte und einen Fotohandel mit Bildern berühmter Persönlichkeiten unterhielt, die Aufnahme gemacht.[296]

Nach der ersten Aufregung wurde es schnell ruhiger um das *Wörterbuch*. Die Presse reagierte fortan zurückhaltend. Bis Anfang März 1855 stellte Jacob noch den Buchstaben «C» fertig. Am 23. März vermerkte er die letzte Korrektur dazu im Arbeitsprotokoll.[297] Dann überließ er die Arbeit für drei Jahre seinem Bruder, der sich seit Beginn der 1850er darauf vorbereitet hatte und mittlerweile schon eifrig an den Einträgen für «D» saß. Von 1855 bis 1859 verfasste Wilhelm die mehr als siebentausend Artikel von «da» bis «dwatsch».

Das größte Problem der Verleger lag darin, wie man den Vertrauensvorschuss, den das Publikum dem Projekt gewährt hatte, über einen langen Zeitraum hinweg aufrechterhalten konnte. Tatsächlich mutete man den potenziellen Käufern von Anfang an viele Unwägbarkeiten zu. So erklärte etwa der Prospekt vom 1. März 1852, der das baldige Erscheinen der ersten Lieferung nach einer vierzehnjährigen Anlaufzeit ankündigte: Die «Grundsätze» der Wörterbucharbeit würden erst im Vorwort zum ersten Band geklärt; der Umfang des Ganzen lasse sich allenfalls ungefähr bestimmen.[298] Trotzdem schien die Rechnung aufzugehen. Die erste Lieferung des *Wörterbuchs* wurde in einer Auflage von 10 000 Exemplaren gedruckt, die weiteren Lieferungen mit 5500 Exemplaren.[299]

Anfangs baute man auf den nationalen Enthusiasmus des Publikums. Aber wie lange würde er anhalten? Am 15. Dezember 1851 schrieb Reimer an Wilhelm: «Unter den Käufern des Wörterbuchs werden hoffentlich Viele sein, die sich von der Freude über die Erscheinung hinreiszen lassen, ohne sich über den zu machenden Gebrauch genaue Rechenschaft zu geben.» Würden diese hingerissenen Käufer sich nicht bald besinnen und nach dem Nutzen des *Wörterbuchs* fragen?[300] Außerdem erwarteten die Leser Einheitlichkeit und vor allem ein gleichmäßiges Erscheinungstempo der einzelnen Folgen. Genau das wurde mit dem Wechsel der Autorschaft zum Problem: Der jüngere Grimm arbeitete deutlich langsamer als sein Bruder, ließ sich von niemandem hetzen und hielt seinen Rhythmus ein. Zudem verwarf Wilhelm viele der von Jacob aufgestellten Grundsätze. Das betraf etwa Rechtschreibung, Interpunktion oder die Anführung der lateinischen Vokabeln – bei der Artikelgestaltung folgte Wilhelm einfach seinen Vorlieben.[301]

Jacob zählte das alles fein säuberlich in der Vorrede zum zweiten Band auf, verbuchte die Abweichungen aber gerührt als Zeichen der «eigenthümlichkeit» seines Bruders, die er nicht missen wolle. Er hatte die Schwierigkeiten ohnehin vorausgesehen. Nach Fertigstellung des ersten Bandes schrieb er am 18. März 1854 an Luise Dahlmann: «Mir ist heimlich Angst vor dem Zeitpunct, wo Wilhelm eintreten soll, es wird nothwendig ein ungleiches Werk werden, da in solchen Dingen zwei nicht überein arbeiten können.»[302] Vier Schultern waren notwendig, um das Großprojekt in die Höhe zu stemmen, aber leider gehörten zu diesen vier Schultern auch zwei eigensinnige Köpfe.[303]

Von nun an riss die Reihe von Brandbriefen, mit denen Hirzel Jacob zum Eingreifen bewegen wollte, nicht mehr ab.[304] Einmal wünschte er sich, Jacob möge bei der Redaktion der Beiträge Wilhelms mithelfen; ein anderes Mal versuchte er, ihn davon zu überzeugen, schon früher mit dem nächsten Teil zu beginnen. Hirzel erinnerte mehrfach daran, dass das *Wörterbuch* auf einen weiten Leserkreis berechnet sei, der dem Lexikon einen Vertrauensvorschuss gegeben hatte. Dass dieser langsam aufgezehrt war, konnte er mit

Umsatzzahlen belegen: Von den letzten Lieferungen, so Hirzel im April 1857, hätten sich über 1200 Exemplare weniger als von den vorherigen verkauft; im Ausland verzeichnete er Abbestellungen, da die Abnehmer den Glauben an den Fortgang des Unternehmens verloren hätten. Erste Forderungen, die bereits bezahlten Lieferungen zurückzukaufen, erreichten den Verlag.[305]

Jacob Grimm neigte dazu, die Deutschen als Nation von Philologen misszuverstehen, und auch mit dem *Wörterbuch* wollte er die Käufer ja «zum lernen und studium der sprache» anregen.[306] Hirzel hielt diese Hoffnung angesichts der nackten Zahlen für vergeblich. Die Gelehrten blieben dem Lexikon «unter allen Umständen treu», aber damit ließ sich das Projekt nicht finanzieren. «Die große Mehrzahl der Käufer dagegen, die den gebildeten Kreisen im weitesten Umfange angehören, ist durch die in den letzten zwei Jahren eingetretene Stockung stutzig geworden und fängt an, das Unternehmen als ein verlorenes aufzugeben.»[307]

Die Brüder Grimm wiegelten immer wieder ab. Wilhelm blieb stur bei seinem Tempo und seiner Darstellungsweise – er wolle sich keinesfalls von seinem Bruder korrigieren lassen. Jacob war das nicht unrecht, denn er versuchte, Zeit für andere Projekte zu gewinnen. Zudem würde er sich als Redakteur seines Bruders schon wie dessen Nachlassverwalter fühlen: «es wäre mir, als sei er gestorben und ich bekäme seine papiere in die hand.»[308] Aber im März 1858 gab Jacob dem Drängen Hirzels nach und begann kurz darauf mit seiner Arbeit am Buchstaben «E». Noch einmal stellte er klar: «Alle meine Arbeiten und Erfolge waren nie auf ein Wörterbuch hingerichtet und es tritt nachtheilig dazwischen.»[309]

Abschiede

Letztlich war das *Deutsche Wörterbuch* auch ein großes Medienexperiment auf das Versprechen, die umfassende Aufmerksamkeit für die deutsche Sprache und ihre Geschichte könnte eine Nation zumindest virtuell vereinigen. Hirzel und die Brüder Grimm verbanden dabei ökonomische Interessen, eine beachtliche Portion Idealismus für die Sache und der Glaube daran, dass eine anonyme Menge von Lesern sich über einen langen Zeitraum auf ein Projekt einlassen würde, dessen Grenzen unklar waren, dessen Ausgestaltung uneinheitlich ausfiel und dessen Erscheinung viele Fragen offenließ. Wichtiger noch: Nach langer Zeit testeten die Brüder Grimm noch einmal für sich aus, wie es um die «Brüderlichkeit» als Lebens- und Arbeitsform bestellt war. Denn nach den *Irischen Elfenmärchen* von 1826 waren sie nie wieder gemeinsam auf einem Titelblatt aufgetaucht, und auch zuvor war das nicht oft der Fall gewesen.[310] Für das *Wörterbuch* hatte Jacob Grimm jedoch verfügt:

> «auf den titel zu setzen:
> Deutsches Wörterbuch
> von Jacob Gr. und Wilhelm Gr.»

Dieser Titel war Programm: Während die erste Anzeige das Lexikon noch den «Brüdern Grimm» zugeordnet hatte, erschienen beide nun als eigenständige Persönlichkeiten.[311] Und so, wie Jacob und Wilhelm auf dem Titelblatt nebeneinanderstanden, so arbeiteten sie auch am *Wörterbuch* nebeneinander her. Jeder für sich. Jeder nach eigenen Vorstellungen an seinem Schreibtisch. Jeder genoss seine «freiheit».[312] Und genau dies erzeuge, wie Jacob in der Vorrede ausführte, eine ganz eigene, ebenso lockere wie stabile Form der Gemeinschaft auf Grundlage einer atmosphärischen Berührung. Die Grimms spielten im Kleinen durch, was die Nation im Großen noch immer nicht realisiert hatte: Die «gemeinschaft gleichberechtigter arbeiter am wörterbuch» stabilisiere sich «unbewust und von selbst». Die Autoren wirkten «zu derselben zeit, man könnte sagen in derselben luft auf freiem standpunct», so dass wie von Zauberhand die «erforderliche einheit des ganzen werks sich herausstellt».[313]

Die Brüder lebten ihren eigenen Rhythmus. Jacob erinnert sich: «Wie freute ich mich innig im Tiergarten auf meinen Bruder, wenn er plötzlich von der andern Seite herkam, zu stoßen, nickend und schweigend gingen wir nebeneinander vorüber.»[314] Wilhelm spazierte geruhsam, Jacob stets in hohem Tempo. Sein schneller Gang war noch immer legendär.[315] Am liebsten aber blieb Jacob in seiner Bücherwelt. Über sich und seinen Bruder schreibt er: «wie manchen abend bis in die späte nacht habe ich in seliger einsamkeit über den büchern zugebracht, die ihm in froher gesellschaft, wo ihn jedermann gern sah und seiner anmutigen erzählungsgabe lauschte, vergiengen; auch musik zu hören machte ihm grosze, mir nur eingeschränkte lust.»[316]

Auf Besucher wirkte das oftmals befremdend. Einer, der über die Arnims empfohlen worden war, erzählte, wie ihn der ‹schöne Greis› Wilhelm Grimm warmherzig empfangen, angenehm mit ihm geplaudert und ihn dann zu Jacob geführt habe, «der wie ein Biber zwischen seinen Büchern stand». Der Gast fühlte sich abgestoßen: «Der stiere Blick, der stets blos das Weiße des Auges und spärlich die Pupille blicken läßt, sodann seine Schwerhörigkeit vermehrten das Unbehagen» – der Besucher war froh, als er die Begegnung mit dem ‹Arbeitstier› überstanden hatte und Jacob Grimm sich «buchstäblich wie ein aus der Ruh gestört gewesener Biber in seine viereckige Bücherwohnung» wieder zurückzog.[317]

Viele reagierten bei der ersten Begegnung irritiert auf Jacob Grimm. So ging es etwa Hans Christian Andersen, als er auf den unvorbereiteten Philologen traf, der nichts mit ihm anzufangen wusste.[318] Man brauchte ein wenig Zeit, um mit dem älteren Grimm warm zu werden. Wilhelm wirkte von vornherein eher «gemütlich», strahlte eine gewisse «Milde» aus, Jacob hingegen umgab eine beklemmende Aura, die sich erst allmählich auflöste in die behagliche Stimmung unkonventioneller Geselligkeit. Dann jedoch parlierte Jacob pointenreich, ergänzte gewissermaßen Wilhelms Erzählungen, die sich in eher längeren Perioden ergehen. Als Sarah Austin, die Auslandskorrespondentin der Londoner Zeitschrift *Athenaeum*, zu Besuch war, wunderte sie sich über die höflichen, ja herzlichen Umgangsformen des älteren Grimm – als Engländerin hatte man einem deutschen Professor das Benehmen eines Gentleman nicht zugetraut.[319]

Freilich pflegte auch Wilhelm weiterhin das Bild des leidenschaftlichen Arbeiters, der sich von Besuchen vor allem gestört fühlt, und umgekehrt konnte Jacob ein hinreißender Gastgeber sein, der sich gern einige Skurrilitäten erlaubte. Eine Nachbarin berichtete: «In der Grimmschen Familie war er entschieden die Hauptperson, er hatte die besten Zimmer, auf seine Stimmung und Befriedigung kam alles an. er verzog die Kinder seines Bruders dermaßen, besonders die Gustel daß jede Erziehung fast unmöglich war.» Jacob hatte nach wie vor Lust am Unkonventionellen. Das galt selbst für seinen Kleidungsstil: «Jacob liebte sehr bunte Farben, trug sehr bunte Schuhe, blieb Abends auch in geselligem Kreis gern in seinem Hausrock, und war schwer zu bewegen sich schwarz zu kleiden wenn er an Hof ging.»[320]

Befremdend, eigensinnig und skurril wirkte Jacob – und ein wenig kauzig: Einmal kommt er mit der Nachtmütze auf dem Kopf zu Dorothea ins Zimmer, macht ein ‹pfiffiges› Gesicht und sagt: «Ich hab' etwas getan, was Dir nicht lieb sein wird. Da zieht er die Mütze ab und hat sich die Haare ratzekahl abgeschnitten, und hier hing ein Zipfel und da ein Zapfel, wie Eiszapfen, daß Gustchen und ich laut lachen mußten und er mit. Es tat uns aber sehr leid; ich sagte: in aller Welt, warum hast Du denn das getan? ‹Ja, der Barbier kriegte mich jeden Morgen bei den Haaren und strich sie mir hinters Ohr, das ärgerte mich.›»[321]

Jacob neigte in vielen Hinsichten zum Extremismus. Seine hingebungsvolle Bibliophilie etwa hatte eine deutlich andere Qualität als die gelehrte Leidenschaft seines Bruders. Wenn Jacob Leder roch, dachte er sofort an Bucheinbände. Seine Bibliothek, so erinnerte sich sein Neffe Herman, liebte er «mit Zärtlichkeit». Bücher, die ihm persönlich besonders wertvoll waren, etwa die «Freidank»-Ausgabe seines Bruders, ließ er kostbar einbinden.[322]

Die Einrichtung ihrer Studierstuben verrät viel über die beiden Brüder:[323] In der Mitte des Raums stand jeweils ein Schreibtisch – der Jacobs war ein Geschenk von Wilhelm zum achtundzwanzigsten Geburtstag. Links und rechts erweiterten Handregale die Arbeitsfläche. Jacob schaute auf die verstellte Tür zum Zimmer seines Bruders, Wilhelm blickte – wie schon in Kassel – vom Schreibtisch aus auf einen Spiegel zwischen zwei Fenstern. Jacob verschanzte sich hinter Büchern, hatte aber auf dem Schreibtisch immer eine Fotografie des Bruders vor Augen; Wilhelm entzog sich selbst dem virtuellen Blickkontakt.

Von den nicht sehr hohen Regalen, bei denen auch die oberste Buchreihe bequem zu greifen war, blickten auf Jacob die alten Familienporträts herunter, wie überall an freien Stellen Bilder vertrauter Personen platziert waren. Auf dem Schreibtisch stand die Fotografie Wilhelms neben einer kleinen Dornröschen-Figur und einem Löwen, modelliert vom Kasseler Freund Werner Henschel. Auf einem Schrank befand sich eine Goethe-Statuette nach dem Modell Christian Daniel Rauchs, die Ludwig seinem Bruder 1832 zum Geburtstag geschenkt hatte. Daneben hing ein Porträt von Charlotte Kestner, der Lotte aus den *Leiden des jungen Werthers*, vielleicht eine Reminiszenz an seine Roman-Sucht während der Gymnasial- und Studienzeit. In den Schubladen des Schreibtischs lagerten handschriftliche Materialien, in den Beistellregalen, immer griffbereit, die eigenen Werke.

Wilhelm holte sich ebenfalls die Familie bildlich ins Arbeitszimmer, verzichtete aber auf die Ahnengalerie. An der Wand hing ein Bild seiner Ehefrau Dorothea, und zwar an der verschlossenen Tür zu deren Zimmer; direkt gegenüber stand die Büste Jacobs, ihrerseits an der verstellten Tür zu dessen Studierstube. Darüber fand sich das bereits erwähnte Doppelporträt von Jacob und Wilhelm für den ersten Band des *Deutschen Wörterbuchs*.[324] Wilhelm umgab sich mit Szenen aus Kassel, die Ludwig Grimm gemalt hatte, darunter auch Bilder, die Wilhelms Aussichten aus den Kasseler und Göttinger Wohnungen festhalten – eine Art Blick-Biographie.[325]

Ein Teil ihrer Bibliothek – mit rund 4500 Bänden nicht einmal die Hälfte davon – war in ihren Arbeitsräumen untergebracht, vor allem bei Jacob, bei dem neun der zehn großen Bücherregale standen. Wo der Rest lagerte, ist unklar. Vielleicht teilweise auf einem Dachboden, vielleicht in dem kleinen Raum neben Jacobs Zimmer. Es ist ein internationaler Kosmos der Gelehrsamkeit. Mehr als dreihundert persönliche Widmungen in über zehn Sprachen finden sich in den überlieferten Büchern.[326] Jacob hatte durch diese Aufteilung zwar so gut wie alles in der Nähe, ärgerte sich aber über Wilhelm, wenn dieser – was bei der Parallelarbeit am *Deutschen Wörterbuch* seit 1858 unumgänglich war – Bücher zu sich nahm: Sein Bruder, schrieb Jacob an Dahlmann, habe «die größte Neigung, sie in seine Stube zu holen, wo er sie auf Tische legt, daß man sie schwer wieder findet. Trägt er sie aber an die alte Stelle, so ist ein unendliches Thür-Auf- und Zuschlagen, das uns beiden lästig wird».[327] Man merkt, wie bei Jacob der alte Eigensinn zurückkehrt. Fast scheint es, als entferne er sich zunehmend von Wilhelm: In Kindheit und Jugend hatten sie gemeinsam an einem Tisch gearbeitet, dann an zwei Tischen in einem Zimmer, schließlich an zwei Tischen in zwei Zimmern.[328]

Die Brüder Grimm zogen sich im Alter zunehmend aus den Abendgesellschaften zurück, bei ihnen zu Hause aber herrschte reger Publikumsverkehr, nicht zuletzt über Dorothea und über die Kinder. Dennoch: Wilhelm kränkelte ohne Unterlass. Jacobs Gesundheit erwies sich ebenfalls als bei weitem nicht mehr so stabil wie früher.[329] Die Symptome, unter denen Wilhelm seit mehr als vierzig Jahren litt, traten nun – gemildert zwar und weniger qualvoll – auch bei ihm auf. In Briefen war von schlaflosen Nächten die Rede, in denen ihm Gedanken durch den Kopf jagten, von Herzrhythmusstörungen, Kopfschmerzen, Atemnot. Zudem hörte Jacob immer schlechter. Und das Schlimmste: Bergeweise blieben Bücher liegen, die eigentlich gelesen sein wollten.[330]

Jacob war kein einfacher Patient. Während Wilhelm die Ratschläge seiner Ärzte stets ernst genommen und sich deren Kuren ausgesetzt hatte, blieb sein Bruder auch in der Krankheit eigenwillig. 1855 berichtete Dorothea ihrem Schwager Ludwig von einer Grippe-welle in der Familie: «Jacob mußte ein paar Tage im Bett liegen, und der Hermann blieb die Nacht bei ihm. Der Wilhelm hatte es beinahe ebenso, aber da ist man weniger ängstlich, weil er auch so geduldig ist, aber der Jacob ist in allem so heftig, wir durften ihn keinen Au-genblick allein lassen, weil er schwitzen sollte und steckte immer ei-nen Fuß oder Arm raus, es war ein ordentliches Kunststück, ihn im Bett zu halten.»[331]

Der ungeduldige Jacob fühlte sich nicht allein vom «Zaudern der Wiederherstellung» gequält, wie er es einmal während einer Krank-heitsphase gegenüber Gervinus formuliert hatte, sondern auch von dem andauernden Vorwurf, er gefährde sein Leben durch über-mäßiges Arbeiten.[332] Nur: Genau das war sein Leben. Am Schreib-tisch vergaß er die körperlichen Plagen, und man konnte ihm nichts Schlimmeres antun, als ihn von der Arbeit abzuhalten. Ein wenig Taubheit schadete in dem turbulenten Haushalt nicht. Vielleicht wehrte sich Jacob deswegen gegen den ärztlichen Rat, eine Verhär-tung im Gehörgang beseitigen zu lassen: Solange die Augen gut und scharf waren, bereitete ihm das keine größeren Probleme. Er kon-zentrierte sich ganz auf die Wörterbucharbeit. Wenn er einmal ver-reiste, nutzte Dorothea schnell die Chance, bei ihm gründlich durch-putzen, lüften und bohnern zu lassen.[333]

Wilhelm zeigte nun wieder die Verhaltensmuster, unter denen die Familie in Göttingen gelitten hatte. In Gesellschaft nahm er sich zu-sammen und gab sich gut gelaunt, doch sobald die Gäste sich verab-schiedet hatten, versank er wieder in Schwermut und Trübsinn. Ja-cob war ratlos. Er verstehe nicht, schrieb er am 18. März 1854 an Luise Dahlmann, warum ein so guter und treuer Mensch am Schluss sei-nes Lebens so verbittere und verkümmere.[334] Zu Spaziergängen fand Wilhelm nicht mehr regelmäßig die Kraft. Wissenschaftlich blieb er allerdings produktiv, trug regelmäßig in der Akademie vor, arbeitete auf seine ruhige Weise Artikel für Artikel in das *Deutsche Wörter-buch* ein, unterbrochen nur von Kuraufenthalten.

Auch im November 1859 kehrte der mittlerweile Dreiundsiebzig-jährige dem Schreibtisch für einige Tage den Rücken, um sich ge-meinsam mit Dorothea in Pillnitz zu erholen. Er fühlte sich wohl. Dann aber bildete sich am Rücken ein Geschwür. Am 5. Dezem-ber rief man Jacob per Telegramm eilig von einer Hamburg-Reise zurück. Als er zu Hause ankam, hatte sich Wilhelms Zustand vor-übergehend stabilisiert. Drei Ärzte bemühten sich um ihn.[335] Nach einer guten Woche schien Wilhelm wiederhergestellt. Am Morgen des 15. Dezember – an dem Tag hätte eigentlich ein Vortrag in der Akademie über «Bruchstücke aus einem unbekannten Gedicht vom Rosengarten» auf dem Programm gestanden[336] – meinte er: «Ich hatte wirklich gedacht, die Sache nähme ein schlimmes Ende, und ich habe noch viel zu tun.» Wenige Stunden später erlitt er jedoch überraschend einen Rückfall.[337] Nun ging alles sehr schnell.

In der Nacht darauf fiebert Wilhelm. Jacob sitzt am Bettrand, un-beweglich, sein Ohr zum Mund des Bruders geneigt, um dessen «Irr-reden» zu lauschen, die von wissenschaftlichen Fragen zu politischen schweifen und sich dann wieder in Erinnerungen oder im launigen Konversationston verlieren. Es scheint, als spiele Wilhelm noch einmal das Repertoire der Themen durch, die ihn sein Leben lang beschäftigt haben. Noch zwei Stunden vor seinem Tod, so Rudolf Grimm, habe sein Vater im österreichischen Dialekt eine seiner Lieblingsgeschich-ten erzählt und selbst darüber lachen müssen – «wir aber nicht …»[338]

Am 16. Dezember um drei Uhr nachmittags stirbt Wilhelm Grimm. Sanft sei der Tod gewesen; bei seinen wachträumenden Re-den habe er die Verwandten bis fast zum Ende alle erkannt. Die *Kas-seler Zeitung* berichtete, wie Jacob verzweifelt, sprachlos und stumm im leeren Zimmer Wilhelms herumgeirrt sei. Nichts davon sei wahr, stellte Herman richtig. Gefasst sei sein Onkel gewesen, habe den to-ten Bruder immer wieder genau betrachtet. Jacobs Eintrag in die Familienbibel lautet: «Den 16. Dezember 1859, nachmittags 3 Uhr, starb mein lieber Bruder Wilhelm an den Folgen eines Rückgratblutgeschwürs (Karfunkel), das sich zuletzt nach innen schlug. Er wäre den 24. Febr. 1860 74 Jahre alt geworden.»[339]

An den eifrigen Wörterbuch-Mitarbeiter Karl Weigand schrieb Jacob am 17. Dezember 1859: «gestern den 16 um 3 uhr nachmittag ist Wilhelm, die hälfte von mir gestorben» – und in seiner unnachahmlichen Art fügt er hinzu: «wunderbar, dasz er grade den buchstaben D vollendet hatte und nur correcturen zurück sind».[340] Tatsächlich hatte Wilhelm kurz vor dem Tod seine Rolle beim Wörterbuch perfekt zu Ende gespielt. Das Drehbuch dieses Lebens hat ein Gott der Philologen geschrieben.

Wilhelm wurde in seinem Arbeitszimmer aufgebahrt. Jacob tastete es lange Zeit nicht an, weil es ihn, wie er einem befreundeten Mitarbeiter gestand, «rührt, die in seinem zimmer fortbestehende einrichtung zu zerstören».[341] Irgendwann aber öffnete er dann doch die Verbindungstür, breitete sich in den angrenzenden Raum aus und stellte die Bücher nach einem eigenen Plan auf.[342] Wilhelms Schreibtisch ließ er in der ursprünglichen Position stehen, «wie ein Heiligtum», meinte Dorothea.[343]

Die Beerdigung fand am 20. Dezember 1859 um neun Uhr auf dem Berliner Friedhof der St. Matthäus-Kirche statt, nicht weit von der Wohnung der Grimms entfernt. Vertreter von Kunst und Wissenschaft gehörten neben der Familie zur Trauergemeinde. Gervinus stand am Sarg. Jacob wurde von seinen Neffen Herman und Rudolf zum Grab geleitet. Es muss ein einprägsames Bild gewesen sein, als er sich zum Boden beugte, nach ein wenig Erde griff, um sie zu seinem Bruder ins Grab zu werfen.[344] «Vor den todten empfindet der mensch ein grauen», hatte Jacob in seinem Vortrag *Über das Verbrennen der Leichen* bemerkt, «mit dem ausgestoszenen letzten athem sind sie uns abgeschieden und einem fremden unbekannten land anheim gefallen, das alle festhält; der erkaltete leib beginnt sich aus seiner fuge zu lösen und unaufhaltsam zu zerstören.» Das Begräbnis aber sei die letzte Ehre, der letzte Dienst, dessen die Toten «bei der überfart und zur aufnahme in eine andere welt bedürfen».[345]

Unter den testamentarischen Verfügungen Jacob Grimms fand sich auch diese:

«Ich will und verordne unverbrüchlich, daß auf Wilhelms und meinem Grabstein nichts anderes gesetzt werde als:

hier liegt	hier liegt
Wilhelm Grimm	Jacob Grimm
geb. 24. Febr. 1786	geb. 4. Jan. 1785
gest. 16. Dez. 1859	gest.

Berlin, 11. Dezember 1862 Jacob Grimm».[346]

Der Platz für Jacobs Sterbedatum war naturgemäß noch frei. Aber das konnte nicht mehr lang so bleiben, darüber machte sich Jacob keine Illusionen. Fast schien er den Tod Wilhelms als Mahnung daran zu verstehen, dass seine Arbeitszeit nur noch knapp bemessen war.[347]

Jacob orientierte sich in der ungewohnten Einsamkeit. In der Vorrede zum zweiten Band des Wörterbuchs reflektierte er kritisch die unterschiedlichen Arbeitsweisen und Einstellungen, die den Lesern seit dem Erscheinen von Wilhelms Lexikonartikeln deutlicher denn je vor Augen standen.[348] Diesen Faden nahm die große *Rede auf Wilhelm Grimm* auf, die Jacob am 5. Juli 1860 in der Akademie der Wissenschaft hielt.

Als er zu vorgerückter Stunde ans Pult trat, fühlte er sich vor Publikum wie so oft zunächst nicht wirklich wohl. Der alte Mann musste die Blätter ins Licht des Fensters halten, um seine Handschrift zu entziffern. Das weiße Haar strahlte sanft im Dämmerlicht. Er begann mit heiserer, leicht gebrochener Stimme, und nur langsam kam seine Rede in Fluss.[349]

Was dann folgte, war eine der seltsamsten Liebeserklärungen der Akademiegeschichte, eine Liebeserklärung ganz eigener Art: mit vielen kritischen Tönen, egoman, vielfach von der Person des Betrauerten abschweifend zu grundsätzlichen Fragen der Wissenschaftstheorie. Denn Jacob hielt keine Rede über das traute Verhältnis zwischen

gleichgesinnten Brüdern, sondern über die brüderliche Beziehung
von zwei sehr unterschiedlichen Forscherpersönlichkeiten: Der eine
ist kränklich, der andere ein harter Arbeiter; der eine neigt zu Goethe, der andere zu Schiller; der eine plädiert für die Vielfalt von Meinungen, der andere will allein Recht behalten; der eine führt seine
Forschungen ruhig aus, den anderen beseelt ein fast schon fausti-
scher Entdeckerdrang; der eine ist gesellig, der andere liebt die Einsamkeit. Man weiß, dass das so nicht stimmt: Wilhelm konnte –
etwa gegen Ferdinand Grimm, Hoffmann von Fallersleben oder
Bettine von Arnim – weit härter und unnachgiebiger sein als sein
Bruder; Jacob gab bisweilen den geistreichen Unterhalter an geselligen Abenden; beide hatten sich der Forschung verschrieben, Wilhelm bis in die letzten Tage seines Lebens.

Aber vielleicht ist etwas anderes viel wichtiger. Mit seiner Rede
verfolgte Jacob nämlich ein grundsätzliches Ziel. Er wollte zwei wissenschaftliche Haltungen profilieren: Die eine, die er in Wilhelm
verkörpert sah, sichert den Bestand und kümmert sich um den Bedarf an Wissen, die andere, für die Jacob sich selbst als Kronzeugen
anbot, ist riskant und auf eine ungewisse Zukunft gerichtet. Und
beide haben «jede für sich reiz und glanz». Darin nämlich, so behauptete Jacob, bestehe das Geheimnis der brüderlichen Beziehung:
Ihr Einklang toleriere Unterschiede, und so entstünden die Keimzel-
len von Gesellschaft überhaupt: «geschlechter haben sich zu stämmen, stämme zu völkern erhoben nicht sowol dadurch, dasz auf den
vater söhne und enkel in unabsehbarer reihe folgten, als dadurch
dasz brüder und bruderskinder auf der seite fest zu dem stamm
hielten.» Nicht Vater-Sohn-Verhältnisse begründen demnach die
soziale Ordnung, sondern «auf brüderschaft beruht ein volk in seiner breite».[350]

Brüder, so meint Jacob, leben zusammen, gewöhnen sich aneinander und bilden so eine Gemeinschaft, die Unterschiede erträgt.
Sie arrangieren sich, das Verhältnis zueinander spielt sich ein, ohne
dass es einer ordnenden Hand von außen bedarf. Zwischen ihnen
besteht nicht das Machtgefälle, das noch im liebevollsten Verhält-

nis zwischen Vater und Sohn herrscht. Brüder bleiben, «ihrer wechselseitigen liebe zum trotz, frei und unabhängig, so dasz ihr urtheil kein blatt vor den mund nimmt».[351] Genau diese Freiheit und Freimütigkeit nahm sich Jacob gegenüber seinem toten Bruder heraus. Er verzichtete auf alle gesellschaftlichen Konventionen der betulichen Rücksichtnahme und erwies damit Wilhelm die größte Ehre: dass er sich genau so gab, wie er war, und nicht einmal dem Toten gegenüber meinte, sich verstellen zu müssen.

Noch mit einer zweiten Rede kommentierte Jacob seine Situation: *Über das Alter.* Er hielt sie am 26. Januar 1860, kurz nach Wilhelms Tod.[352] Mit ihr reagierte er auf einen Jugendkult, der sich seit rund hundert Jahren, seit den Zeiten der Empfindsamkeit und des Sturm und Drang, ausbildete und das Alter abwertete. Es wurde immer weniger mit Weisheit, Reife, gediegener Erfahrung assoziiert und nicht mehr als Krönung eines gelungenen Lebens verstanden, sondern als Abstieg in ein untätiges, unkreatives Dasein am Rande des Grabs. Diese Veränderung der kulturellen Werte passte zu dem Verdacht der Grimms, in einer Zeit zu leben, die Geschichte und Vergangenheit, das langsame Gewordene und den historisch gewachsenen Reichtum nicht zu schätzen wisse. Kein Wunder also: Jacob hielt dagegen.

Wieder greift jener eigentümliche Mechanismus, der die Grimms zu modernen Parteigängern des Alten machte. Denn Jacob verteidigt das Alter, indem er es unter der Hand zu einer zweiten Jugend erklärt. Er gönnt sich eben nicht jene idyllische Wehmut, mit der ein alter Mensch im Abendlicht vor seinem Haus sitzt und Rückblick hält, als wäre er «dem verwandten und freunde vorausgestorben».[353] Am Pult steht vielmehr ein greiser Jüngling, dem noch immer tausend Gedanken durch den Kopf jagen, der noch immer so viele Projekte auf der Ideenhalde liegen hat, dass sie anderen für ein Leben reichen würden.

Die Taubheit etwa – und da spricht Jacob natürlich von sich – hält er für zweitrangig, solange der Sehsinn funktioniere, und dem könne man ja mit allerlei technischem Gerät aushelfen; seit Erfindung des Buchdrucks werde der Mensch über die Augen mit ständig neuer, frischer geistiger Nahrung versorgt. Entsprechend entwirft Jacob das Leben generell als einen ständigen Prozess der Steigerung: Im Alter häuften sich zwar Krankheiten, aber das intensiviere das Empfinden in den Phasen der Gesundheit. Die «lebenskraft» lasse nur scheinbar nach, in Wahrheit verfeinere sich das Gespür für Natureindrücke. Und selbstverständlich tauge der Alte nach wie vor zu «strengen arbeiten», nicht nur vom Vorrat zehrend, sondern sich andauernd fortbildend, ständig den Puls der Zeit fühlend – «ein philolog durfte wagen zuletzt an ein wörterbuch die hand zu legen, dessen fernliegendes, fast zurückweichendes endziel in der engen frist des ihm noch übrigen lebens, wo die regentropfen schon dichter fallen, leicht nicht mehr zu erreichen steht». Dieser «philolog» blickt nicht zurück, sondern immer nur nach vorn in eine offene, ungewisse Zukunft, und was er dort sieht, kann er freier und rücksichtsloser sagen als alle jungen Leute. Jacob begreift das Alter nicht als einen «bloszen niederfall der virilität», sondern als eine «eigene macht».[354]

Im Sommer 1862 erkämpfte sich Jacob gegen Hirzel eine Verschnaufpause, um den dritten Band der *Weisthümer* zu Druckreife zu bringen.[355] Als sein Verleger ihn erneut bedrängte, setzte Jacob ihm sogar ein Ultimatum: Entweder akzeptiere Hirzel eine ruhigere Gangart, wie sie dem Alter und dem Gesundheitszustand Jacobs angemessen sei, oder er ziehe sich augenblicklich zurück – die Gereiztheit erklärt sich dadurch, dass Hirzel allmählich an die Zeit nach Jacobs Tod zu denken begann und Nachfolgeregelungen für die Fortführung des Wörterbuchs in die Wege leitete.[356]

Das Podest, auf das Jacob das Alter in seiner Akademierede gestellt hatte, begann zu bröckeln. Im Nachlass findet sich eine kleine, sentimentale Notiz: «wie schön sind die langen sommertage, worauf sich die vögel und menschen freuen! sie gemahnen an die jugendzeit, in der die stunden licht einsaugen und langsam verflieszen; was davon noch übrig war wird vom dunkel des winters und des alters schnell geschluckt. nun bin ich bald 78, und wenn ich schlaflos im

bette liege und wache, tröstet mich die liebe helle und flöszt mir gedanken ein und erinnerungen.»[357]

Diese sentimentalen Gedanken kamen Jacob wohl nicht zuletzt
deswegen in den Sinn, weil er die Unstimmigkeit zwischen seinem
Anspruch auf Zeitgenossenschaft und den zurückhaltenden Publi-
kumsreaktionen bemerkte. Beim *Wörterbuch* etwa musste er eine
Menge unliebsame Kritiken ertragen: Die schlechten fand Jacob ohnehin wahlweise unbedeutend, elend, selbstgefällig, impertinent, un-
gründlich oder aberwitzig.[358] Aber auch mit vielen lobenden Rezensionen war er – wie schon zuvor[359] – nicht zufrieden, wenn sie die
für ihn entscheidenden Punkte nicht angemessen zur Geltung brachten. Sein Projekt einer Orthographiereform sah er als gescheitert an.
«Meine autorität in deutschen dingen», hatte er bereits einige Jahre
zuvor festgestellt, «schlage ich gering an, seit ich nicht einmal vermochte, das elende ss neben ß zu stürzen.»[360] Das *Wörterbuch* finde
keine Leser mehr. Es sei traurig, «für ein nicht lesendes publicum
zu schreiben, das beste, was mir in einzelnen artikeln gelingen kann,
wird vielleicht zufällig in funfzig oder hundert jahren wahrgenommen, am ersten wahrscheinlich von einem fähigen neuen bearbei-
ter des ganzen».[361] Nachdem 1862 der dritte Band des *Wörterbuchs* erschienen war, bestätigte Jacob resigniert: «es kommt mir manchmal
vor ich könnte nun auch schlafen gehen, ohne dasz es viel bemerkt
würde. ich habe das meinige gethan und thue es immer noch, arbeite
ein heft nach dem andern aus und kein hahn kräht danach.»[362]

Im Herbst 1862 begleitet ihn Auguste, seine Nichte, zur Tagung der
historischen Kommission der bayerischen Akademie der Wissenschaften nach München. Bei dieser Gelegenheit beantragt er noch einmal
ein Forschungsprojekt: eine Sammlung von Rechtssprichwörtern und
Volksliedern. Der vierte Band der *Weisthümer* ist beinahe druckreif. In
der Schublade liegen umfangreiche Materialien zum englischen «Os-
sian». Wissenschaftlich also hat Jacob noch einiges vor. Am 4. Januar
1863 feiert er seinen achtundsiebzigsten Geburtstag. Im April stirbt als
Letztes seiner Geschwister – Carl war bereits 1852 gestorben – auch
der jüngste Bruder Ludwig: «Nun bin ich noch ganz allein da.»[363]

Im Sommer geht erneut eine große *Wörterbuch*-Sendung zum Setzer. Jacob stellt noch den Artikel zu «Froteufel» fertig, dann den ersten Abschnitt zu «Frucht» – das letzte Wort lautet: «unverdrängt». Er reist in den Harz, um sich zu erholen, zieht sich dort aber eine Erkältung zu, die in Berlin ausbricht. Der Infekt schlägt auf die Leber. Man setzt Blutegel an. Jacob erholt sich langsam, sein Appetit kommt zurück. Er richtet sich im Bett auf, macht Notizen, läuft sogar einige Schritte, sitzt am Fenster und unterhält sich mit seiner Nichte. Plötzlich verstummt er. Sein Kopf fällt auf Augustes Arm. Jacob hat einen Schlaganfall erlitten. Seine rechte Körperhälfte ist betroffen, die Hand gelähmt. Er kann nicht mehr sprechen. Die ganze Familie merkt hilflos, wie sehr es ihn dazu drängt.

Jacob stirbt öffentlich. Die Presse berichtet. Zunächst meldet ein Berliner Blatt, sein Zustand habe sich gebessert. Andere Zeitungen drucken die Meldung nach. Dann bringt die *Vossische Zeitung* die «erschütternde Kunde»:[364] Am 20. September 1863 kurz nach zweiundzwanzig Uhr ist Jacob Grimm tot.

Einige Stunden zuvor war er noch einmal zur Besinnung gekommen, hatte nach einer Fotografie Wilhelms gegriffen und sich das Bild ganz dicht vor die Augen gehalten, einen Augenblick daraufgeschaut und es dann wieder zur Seite gelegt.[365] Erst jetzt begann, wie Auguste später einem Freund schrieb, «die letzte schwere Arbeit seines Lebens». Jacob hat hohes Fieber, das Herz schlägt wie rasend, in den Lungen rasselt Schleim. Er beweist eine kräftige Konstitution. Der Körper wehrt sich. Jacob Grimm geht nicht ruhig und sanft. Er verabschiedet sich nicht wie Wilhelm mit einem wirren, aber munteren Parlando, sondern droht zu ersticken. Die Umstehenden bemerken seine Todesangst. Als es endlich vorbei ist, sind alle auch ein wenig froh.[366] Man bahrt den Toten im Studierzimmer auf. Die Familie ist bei ihm und trauert gemeinsam mit den papiernen Kindern des Gelehrten: «er liegt so mit dem Ausdruck der Herzensgüte, die der Pulsschlag seines Lebens war, auf seinem Bett: man möchte ihn gar nicht verlassen, seine Bücher umstehen ihn wie Waisen.»[367]

Anhang

Anmerkungen

Einleitung

1 WG KS 1, 8; Steig A, 234, 557 f.; Rölleke: Die Märchen, S. 70. / **2** Samm-lung Fürstlicher Hessischer Landes-Ordnungen und Ausschreibungen. Sie-benter Theil, S. 822 f. / **3** JG B, 101, 107; Hartmann: Geschichte. Bd. III, S. 209; Deutsche Sagen, S. 18; WG KS 1, 5. / **4** Deutsche Sagen, S. 18. / **5** WG KS 1, 393 f. / **6** Deutsche Sagen, S. 18. / **7** S JG, 423. / **8** GL, 381; Heine: Sämtliche Schriften. Bd. 3, S. 646. / **9** GM, 122. / **10** So Wilhelm Grimm am «Pfingst-morgen» 1811 in einem Brief an Clemens Brentano über eine Rezension von Jacob Grimms erstem Buch *Über den altdeutschen Meistergesang* im *Morgen-blatt* (Steig B 183). / **11** Bluhm: *compilierende oberflächlichkeit*, S. 15 f.; Schlegel: Sämtliche Werke. Bd. XII, S. 391.

1. Kindheitsszenen (1785–1802)

1 JG B, 98 f.; HG, 227 f. / **2** Anonym: Beitrag zur Geschichte der Fabriken und Manufakturen in Hanau. In: Hanauisches Magazin (1783), 51. St., S. 470. Arnd: Geschichte, S. 404 f. Vgl. dazu insgesamt den zitierten Artikel aus dem Ha-nauischen Magazin (1783), 49. St., S. 441–445, 50. St., S. 453–457, 51. St., S. 465–472, 52. St., S. 473–477. / **3** Anonym: Versuch einer geographischen Be-schreibung der Grafschaft Hanau-Münzenberg nach ihrem dermaligen Zustan-de. In: Hanauisches Magazin (1781), 27. St., S. 225–240, S. 229 ff. / **4** Vgl. dazu: Meidenbauer: Aufklärung, S. 182 ff. / **5** Wolff: Absolutismus, S. 144. / **6** WG KS 1, 8 f. / **7** Lessing: Werke. Bd. 3, S. 203. / **8** GW, 37. / **9** HG, 228; Burguière u. a.: Geschichte, S. 15. / **10** Bott: Die Vorfahren, S. 26 f. / **11** Schon sein Vater hatte die Lateinschule besucht. (Ebd., S. 29.) / **12** Ebd., S. 32; ausführliche Materialien zur Familiengeschichte bei: Hartmann: Geschich-te. Bd. 2, S. 240 ff. / **13** Höck: Aus den Personalakten, S. 165. / **14** Ebd., S. 166. / **15** Hierzu und zum Folgenden: Dilcher: Jacob Grimm als Jurist, S. 25 f. / **16** Höck: Aus den Personalakten, S. 167. / **17** Praesent: Im Hinter-grund Steinau, S. 52. / **18** Bott: Die Vorfahren, S. 23. / **19** Abgedruckt in: Von

Hessen nach Deutschland, S. 105. / **20** HG, 223 f. / **21** JG B, 101. / **22** 200 Jahre, S. 151; Lauer: Die hessische Familie Grimm, S. 23. / **23** Auch hier beeindruckt Jacob Grimm vor allem das Zusammenspiel von kirchlichem Ritual und Familie: «gröszere andacht ist mir nie entzündet gewesen, als wie ich an meinem confirmationstage nach zuerst empfangenem heil. abendmahl auch meine mutter um den altar der kirche gehen sah, in welcher einst mein groszvater auf der kanzel gestanden hatte» (JG KS 1, 2). Zu den Daten vgl.: Schoof: Aus der Jugendzeit der Brüder Grimm, S. 13; http:/www.grossalmerode.de/w3a/cms/Standard/ Leben+&+Freizeit/Sehensw%C3%BCrdigkeiten/___/pubDetails.jsp?ID=72&d =1&l=1&nf=1&mp=2&mpnl=87&mpp=aced00005740013536568656e7377c3bc726 469676b656974656e (Download vom 26.02.2009). / **24** JG KS, 1 f. / **25** GS 264. / **26** GLH 96 f. / **27** JG KS 1, 2. / **28** JG KS 1, 2; vgl. auch GM, 117 f. / **29** So im Vorwort des ersten Jahrgangs: Hanauisches Magazin (1778), 1. St., unpag. / **30** HG, 227. / **31** Schädler: Veränderungen, S. 107. / **32** Anonym: Ueber die Erziehung. In: Hanauisches Magazin (1778), 4. St., S. 25–29, S. 26. Zum Folgenden vgl.: Badinter: Die Mutterliebe, insbes. S. 113ff. / **33** Goethe: Werke. Bd. 7, S. 19. / **34** JG B, 98 f., 101. / **35** Anonym: Gedanken über die physische Kinder-Erziehung. In: Hanauisches Magazin (1783), 6. St., S. 49–56, S. 49. / **36** Steig A 191. / **37** JG B, 99. / **38** So noch in: Gedanken über die physische Kinder-Erziehung. In: Hanauisches Magazin (1783), 6. St., S. 54. Vgl. hingegen die Materialien bei: Badinter: Mutterliebe, S. 164. / **39** JG B, 99. / **40** Wilhelm Grimm: Aufzeichnungen bis 1814, S. 2 (Nl. Grimm o. Nr. B). / **41** JG B, 102. / **42** WG KS 1, 8. / **43** JG B, 99 f. / **44** JG B, 100. / **45** Zit. nach Kittler: Aufschreibesysteme, S. 66. / **46** JG B, 105. / **47** WG KS 1, 4. / **48** HG, 220. / **49** Hartmann: Geschichte. Bd. III, S. 206. / **50** 200 Jahre, S. 156. / **51** Curtius: Geschichte, S. 390. / **52** Höck: Aus den Personalakten, S. 169, Anm. 15. / **53** Hierzu und zum Folgenden: Höck: Aus den Personalakten, S. 167 f. / **54** LG E 559. / **55** Hartmann: Geschichte. Bd. III, S. 206. / **56** JG KS 1, 23. / **57** Anonym: Beschluß der geographischen Beschreibung der Grafschaft Hanau. In: Hanauisches Magazin (1781), 29. St., S. 257–274, S. 259. / **58** Anonym: Beschluß der geographischen Beschreibung, S. 259 f. / **59** Praesent: Im Hintergrund Steinau, S. 55. / **60** LG E 30. Eine ausführliche Beschreibung bei: Praesent: Märchenhaus, S. 15 ff. / **61** JG B, 105. / **62** Hartmann: Geschichte. Bd. III, S. 210. / **63** JG B, 107. / **64** Höck: Aus den Personalakten, S. 168. / **65** JG B, 104 f., 107. / **66** Vgl. als exemplarische Studie: Kaufmann: Schmutzige Wäsche. / **67** JG B, 105. / **68** JG B, 106. / **69** JG B, 105 f. / **70** LG E, 61. / **71** Dülmen: Kultur. Bd. 3, S. 168 ff. / **72** LG E, 18; JG KS 1, 2. / **73** ³DG 1, 27; KS 8, 362 ff. / **74** JG B, 103 f. / **75** LG E 536. /

76 Hartmann: Geschichte. Bd. III, S. 149. / **77** LG E 537. / **78** LG E 538 f. / **79** LG E 45, 48. / **80** LG E 37. / **81** Schoof: Aus der Jugendzeit, S. 7 f. / **82** LG E 33 f. / **83** S JG 23 f.; Lauer: Brüder Grimm-Stätten heute, S. 11. / **84** Dilcher: Jacob Grimm, S. 26. / **85** Höck: Aus den Personalakten, S. 170. / **86** JG KS 1, 1. / **87** HG, 225. / **88** Schoof: Aus der Jugendzeit, S. 8. / **89** GW, 93. / **90** S JG, 60. / **91** 200 Jahre, S. 164. / **92** JG B, 101. / **93** Höck: Aus den Personalakten, S. 170. / **94** Schoof: Aus der Jugendzeit, S. 96. / **95** HG, 226. / **96** Schoof: Aus der Jugendzeit, S. 2 ff. / **97** Ebd., S. 1. / **98** Von Hessen nach Deutschland, S. 21. / **99** Schlung: Sozialgeschichte, S. 105. / **100** Schoof: Aus der Jugendzeit, S. 1. / **101** Ebd., S. 5. / **102** Koschorke u. a.: Der fiktive Staat, S. 234 f., 258, 289 f. / **103** Zum Folgenden vgl. Dülmen: Poesie des Lebens, S. 98 ff.; Schulz: Die deutsche Literatur. Erster Teil, S. 83 ff. / **104** Zitiert nach van Dülmen: Poesie des Lebens, S. 107 f. / **105** JG KS 1, 2. / **106** S WG 18. / **107** Von Hessen nach Deutschland, S. 21. / **108** 200 Jahre, S. 170; Schoof: Aus der Jugendzeit, S. 90. / **109** JG KS 1, 166. / **110** 200 Jahre, S. 169 f. / **111** Brief vom 30. September 1798 (200 Jahre, S. 170). / **112** Krieger: Cassel in historisch-topographischer Hinsicht, S. 326. Schädler: Veränderungen, S. 127. Weber: Geschichte, S. 304. Grundlegende Informationen: ebd., S. 292 ff. / **113** Both/Vogel: Landgraf Friedrich II., S. 68. / **114** LG E 579. Meidenbauer: Aufklärung, S. 52. / **115** Um das Niveau zu verdeutlichen: Im Deutschunterricht der Quinta sollten Kenntnisse vermittelt werden «bis zum Lesen mit Verstand und Geschmack und bis zum rein und gut geschriebenen Aufsatz». Weber: Geschichte, S. 307. / **116** Weber: Geschichte, S. 305 f. sowie 96 (Beilagen). / **117** S WG 18 f. / **118** 200 Jahre, S. 171. / **119** Weber: Geschichte, S. 313 ff., 326 ff., insbes. 332, 334. / **120** JG KS 1, 4. / **121** JG KS 1, 3. / **122** Schleiermacher: Texte zur Pädagogik. Bd. 1, S. 3 ff. / **123** Ebd., S. 11. / **124** S WG, 24. / **125** 200 Jahre, S. 171. / **126** Ebd., S. 172. / **127** BL, 67; Praesent: Märchenhaus, S. 82 ff. / **128** LG E 36; S JG 30, 66; Hartmann: Geschichte. Bd. II, S. 259 f. / **129** S JG 67 f. / **130** Weber: Geschichte, S. 97 (Beilagen). / **131** JG KS 1, 4. / **132** LG E, 79 f. / **133** JG KS 1, 4. / **134** S WG, 20. / **135** S JG 35. / **136** WG KS 1, 5. / **137** JG KS 1, 165 f.; WG KS 1, 9 f. / **138** WG KS 1, 9. / **139** Vorrede des Übersetzers (unpag.) in: Tissot: Von der Gesundheit der Gelehrten. / **140** Tissot: Von der Gesundheit der Gelehrten, S. 16, 36 f., 42 f. / **141** Ebd., S. 49, 38, 78. / **142** Krieger: Cassel in historisch-topographischer Hinsicht, S. 56. Sammlung kurhessischer Landes-Ordnungen und Ausschreibungen. Achter Theil, S. 138 ff. / **143** Foucault: Geschichte der Gouvernmentalität I, S. 91. / **144** Krieger: Cassel in historisch-topographischer Hinsicht, S. 346. / **145** Hierzu und zu den im Folgenden nicht angemerkten Zitaten: Krieger: Cassel in historisch-topographischer Hinsicht, S. 346 ff. / 146 Armenfürsorge in Hessen-Kassel, S. 36. / 147 Ebd., S. 37. / 148 Sammlung kurhessischer Landes-Ordnungen und Ausschreibungen. Achter Theil, S. 243. / 149 Zusammenfassend: Schädler: Veränderungen, S. 113. / 150 Vgl. dazu insgesamt: Kassel im 18. Jahrhundert (zum Stadtbild, S. 143 ff.). / 151 Wolff: Absolutismus, S. 133. / 152 Abgedruckt in: Von Hessen nach Deutschland, S. 22. / 153 Krieger: Cassel in historisch-topographischer Hinsicht, S. 346. / 154 Sammlung kurhessischer Landes-Ordnungen und Ausschreibungen. Achter Theil, S. 99. / 155 WG KS 1, 9. / 156 Krieger: Cassel in historisch-topographischer Hinsicht, S. 101; Keim: Städtebau, S. 107 ff., zum Friedrichsplatz: ebd., S. 111 ff. / 157 Hierzu und zum Folgenden (in der Reihenfolge der Zitate): Krieger: Cassel in historisch-topographischer Hinsicht, S. 88 f., 76, 102. / 158 Vgl. als Versuch einer Art dichter Beschreibung Steinaus: Praesent: Märchenhaus. / 159 Sammlung Fürstlicher Hessischer Landes-Ordnungen und Ausschreibungen. Siebenter Theil, S. 785. / 160 S JG 75. / 161 Demandt: Geschichte, S. 281. Zum Folgenden vgl. Krieger: Cassel in historisch-topographischer Hinsicht, S. 186 ff., 155 f., 163 f., 207 ff. / 162 Krieger: Cassel in historisch-topographischer Hinsicht, S. 159. / 163 Zum Folgenden vgl. Dolff-Bonekämper: Die Entdeckung. / 164 Dolff-Bonekämper: Die Entdeckung, S. 65 ff.; ausführlich zur Löwenburg bei: Dittscheid: Kassel – Wilhelmshöhe, S. 159 ff. / 165 Sheehan: Geschichte, S. 62 ff., hier insbes. S. 66. / 166 GW, 334. Beim «Penal» handelt es sich um eine Büchse für Schreibfedern. / 167 GW, 333. / 168 Sammlung kurhessischer Landes-Ordnungen und Ausschreibungen. Achter Theil, S. 57. / 169 GW, 334. / 170 200 Jahre, S. 173; auch LG E, 580. / 171 Zum Folgenden vgl. 200 Jahre, S. 174. / 172 JG KS 8, 441. / 173 LG E, 584. / 174 GW, 246. / 175 S JG 75 f.; WG KS 1, 9. / 176 GW, 7. / 177 Lafontaine: Der Naturmensch, S. 4, 418. / 178 Lafontaine: Rudolph von Werdenberg, S. 408. / 179 GW, 3. / 180 Zit. nach Dittscheid: Kassel – Wilhelmshöhe, S. 236. / 181 S JG 75 f. / 182 S JG 65. / 183 GW, 31 f. / 184 Matthisson: Gedichte. Bd. 1, S. 135, 168.

2. Studium und Berufung (1803 – 1805)

1 Dülmen: Poesie, S. 77, 79. / 2 JG KS 1, 5, 167. / 3 Zit. nach: Ziolkowski: Das Amt, S. 94. / 4 Ziolkowski: Das Amt, S. 83 ff. / 5 Wachler: Aphorismen, S. 144 f. / 6 *Verordnung wegen der Erlaubniß zum Studiren und der deshalb vorgängig anzustellenden Prüfung* vom 20. Dezember 1797 (Sammlung Fürstlicher Hessischer Landes-Ordnungen und Ausschreibungen. Siebenter Theil,

S. 749). / **7** So die Formulierung in den *Gesetzen des Lycei Friedericiani zu Cassel* von 1779 (Weber: Geschichte, S. 304). / **8** Dilcher: Jacob Grimm, S. 26; vgl. auch Höck: Aus den Personalakten, S. 171. / **9** Vgl. auch S WG 43. / **10** Dölemeyer: Jacob und Wilhelm Grimm, S. 130; Die Brüder Grimm in ihrer amtlichen und politischen Tätigkeit, S. 26; 200 Jahre, S. 176. / **11** LG E 64. / **12** Schoof: Aus der Jugendzeit, S. 85. / **13** GS, 49. / **14** JG KS 1, 4. / **15** GW, 1. / **16** Praesent: Märchenhaus, S. 82 ff. / **17** BL 51. / **18** Briefwechsel der Brüder Grimm mit Ernst v. d. Malsburg, S. 187 bzw. BG 54. Vgl. dagegen aber auch z. B. BG 35, 64, 68, 88. / **19** Briefwechsel der Brüder Grimm mit Ernst v. d. Malsburg, S. 177 ff. / **20** GW, 25 f. / **21** GW, 26; JG KS 1, 5. / **22** Zit. nach Hermelink/Kähler: Die Philipps-Universität zu Marburg, S. 427 f. / **23** GW, 1. / **24** GW, 2. / **25** Höck: Die Brüder Grimm, S. 69. / **26** GW, 3, auch 9. / **27** GW, 4. / **28** GW, 6. / **29** GW, 337, auch 7. / **30** Vgl. zum Folgenden: Handbuch Lesen. / **31** Vgl. dazu: Goethe: Die Leiden des jungen Werthers, S. 165 ff. / **32** GW, 16. / **33** Becker: Noth- und Hülfsbüchlein, S. 20 ff. – Becker belegt seine krude These mit der Fallgeschichte eines Erfrorenen, der auf einem Lager von Schnee von einem Schulmeister langsam aufgetaut und dadurch gerettet wurde. / **34** Bereits den Buchbedarf während der Schulzeit deckten die Brüder Grimm und ihre Schulfreunde durch den Bestand der Kasseler Leihbibliotheken (Sirges: Lesen, S. 263). / **35** GW, 13. / **36** GW, 13, 23. / **37** Meidenbauer: Aufklärung, S. 414 f. / **38** Am 31. Dezember 1804 schreibt er an von der Malsburg: «Meine Lesegesellschaft ist sehr schön mit 28 Interessenten zu Stand gekommen.» (Briefwechsel der Brüder Grimm mit Ernst v. d. Malsburg, S. 195.) Rund ein Jahr später plant er mit Wigand eine «Journalgesellschaft», aus der wohl nichts geworden ist (GW, 41, 43; Briefwechsel der Brüder Grimm mit Ernst v. d. Malsburg, S. 211 f.). / **39** GW, 13. / **40** Wachler: Aphorismen, S. 54 f. / **41** GW, 12 f. / **42** Vgl. z. B. einschlägige Zitate bei: Schön: Der Verlust, 90 f.; Koschorke: Körperströme, S. 399, 401. / **43** Wachler: Aphorismen, S. 55. / **44** Schlegel: Kritische Friedrich-Schlegel-Ausgabe. Bd. 2, S. 182. / **45** GW, 15, 25, 29. / **46** S WG 41. / **47** Briefwechsel der Brüder Grimm mit Ernst v. d. Malsburg, S. 189, 195 f. – Im Streit um den Vorrang von Schiller und Goethe schlägt sich Wilhelm wie die Romantiker auf die Seite Goethes. Schillers *Wilhelm Tell* erscheint ihm als verunglückte Mischung des ‹Antiken› mit dem ‹Romantischen›. / **48** Klausnitzer: «Verschwörung der Gelehrten», S. 518 f. / **49** Schlegel: Kritische Friedrich-Schlegel-Ausgabe. Bd. 2, S. 330. / **50** GW, 53. / **51** Höck: Die Brüder Grimm, S. 73. / **52** GW, 32. / **53** GW, 34 f. / **54** Briefwechsel der Brüder Grimm mit Ernst v. d. Malsburg, S. 185 f.; Höck: Die Brüder Grimm, S. 83; S WG 25; S JG 210. / **55** Wilhelm, nach wie vor kränkelnd, war vermutlich nicht mit von der Partie. / **56** GW, 328 f. / **57** GW, 329. / **58** GW, 35. / **59** GW, 36. / **60** GW, 21, 31, 36; vgl. auch LG E 64 f. / **61** Zum Folgenden vgl. Braun/Gugerli: Macht, S. 166 ff. / **62** Braun/Gugerli: Macht, S. 179 f. / **63** Zit. nach: Braun/Gugerli: Macht, S. 172. / **64** Peter: Geselligkeiten, S. 204 f. / **65** Der «deutsche Tanz», so Achim von Arnim in seinem Nachwort zu *Des Knaben Wunderhorn* von 1805, ist «das einfache Zeichen der Annäherung, Verbindung und Aneignung». / **66** Des Knaben Wunderhorn. Bd. 1, S. 432; vgl. auch: Schiller: Werke. Bd. 26, S. 216; Koschorke: Körperströme, S. 201 ff. / **67** Wachler: Aphorismen, S. 85, 100, 115. / **68** Ebd., S. 119 f. / **69** JG KS 1, 6 f.; GS, 438. / **70** WG KS 1, 11. / **71** Briefwechsel der Brüder Grimm mit Ernst v. d. Malsburg, S. 202. / **72** Ebd., S. 191; 200 Jahre, S. 178. / **73** Höck: Die Brüder Grimm, S. 81. / **74** Für Marburg vgl.: Meidenbauer: Aufklärung, S. 63 ff. / **75** Hermelink/Kähler: Die Philipps-Universität zu Marburg, S. 471; Mazzacane: Jurisprudenz, S. 18. / **76** Ziolkowski: Das Amt, S. 91 f. / **77** Hermelink/Kähler: Die Philipps-Universität zu Marburg, S. 428 ff.; Schädler: Veränderungen der Armenpflege, S. 116 ff.; Meidenbauer: Aufklärung und Öffentlichkeit, S. 66 ff. / **78** Wachler: Aphorismen, S. 11 f., 28, 30. / **79** Ebd., S. 27. / **80** Ebd., S. 83 ff. / **81** GS, 5. / **82** JG KS 1, 116. / **83** JG KS 1, 6; WG KS 1, 10; Briefwechsel der Brüder Grimm mit Ernst v. d. Malsburg, S. 201. / **84** WG KS 1, 6, 10. / **85** Stoll 1, 217 f.; Wachler: Aphorismen, S. 66, 68 f., 85 f., 106, 117, 121. / **86** Savigny: Vorlesungen über juristische Methodologie, S. 60. / **87** Ebd., S. 194 f. / **88** Hierzu und zum Folgenden: Hartung: Friedrich Carl von Savignys juristische Methodenlehre; Dilcher: Jacob Grimm; Ziolkowski: Das Amt, S. 94 ff. / **89** Novalis: Werke. Bd. 2, S. 279 (Nr. 104). / **90** WG KS 1, 10 f. / **91** Stoll 1, 31 f.; GS, 4. / **92** Savigny: Geschichte des Römischen Rechts im Mittelalter. Erster Bd., S. III; vgl. auch Stoll 1, 31 f. / **93** WG KS 1, 11. / **94** Harder: Die Marburger Frühromantik, S. 11; z. B. Stoll 1, 66, 84, 87. / **95** JG KS 1, 6. / **96** JG KS 1, 115 f. / **97** Wegmann: Bücherlabyrinthe, S. 63. / **98** Zum Folgenden vgl. Bluhm: Die Brüder Grimm, S. 66 ff. / **99** Zit. nach: Bluhm: Die Brüder Grimm, S. 254. / **100** Sammlung von Minnesingern, S. III f. / **101** JG KS 1, 6. / **102** Tieck: Minnelieder, S. IV, XXV ff. / **103** Ebd., S. X. / **104** Ebd., S. XXIX. / **105** Ebd., S. XI ff., XVI. / **106** Ebd., S. XIX. / **107** Ebd., S. XIV. / **108** Peter: Geselligkeiten, S. 225 ff., 258. / **109** Schleiermacher: Texte zur Pädagogik. Bd. 1, S. 16. / **110** Höck: Die Brüder Grimm, S. 82 f. / **111** Stoll 1, 67. / **112** Dilcher: Jacob Grimm, S. 28. / **113** Rölleke: Nachwort, S. 557. Harder: Die Marburger Frühromantik, S. 10 ff., Zitat S. 14 f.; Fischer: Die Brüder Grimm, S. 53 f. Im Sommer 1802 hielt sich Winkelmann in Marburg auf. / **114** Harder: Die Marburger Frühromantik, S. 31 ff. / **115** Vgl. dazu z. B. HF, 50 f., 57,

73. / **116** Sirges: Lesen, S. 135; Hampel: Die Pfarrer Bang von Goßfelden. / **117** Vgl. den Briefwechsel in: HF 24 ff. / **118** Schoof: Beziehungen. / **119** Höck: Die Brüder Grimm, S. 94. / **120** Lelke: Die Brüder Grimm, insbes. S. 11 ff., 100 ff., 113 ff. / **121** Steig B 152; BG, 162. / **122** Schultz: «Unsre Lieb aber ist außerkohren», S. 57. / **123** Gersdorff: Bettina und Achim von Arnim, S. 84. / **124** Steig B 108 f., 112. Steig B 2. / **125** Höck: Die Brüder Grimm, S. 71; S JG 92. / **126** BG, 88. / **127** 200 Jahre, S. 178. / **128** Ebd., S. 178. / **129** GS, 4 f. / **130** Kadel: Über den vermeintlichen Wohnsitz, S. 8 f.; hierzu und zu den folgenden Daten: Felgentraeger: Briefe von f. C. von Savigny an P. f. Weis, S. 115 f. / **131** Stoll 1, 196. / **132** Stoll 1, 243. / **133** Kotzebue: Erinnerungen, S. 465 f. / **134** Denecke: Ein frühes Zeugnis; Felgentraeger: Briefe, S. 148. / **135** JG KS 1, 8. / **136** 200 Jahre, S. 180 f. / **137** JG KS 1, 8. / **138** Brief an Henriette Zimmer u. Dorothea Grimm vom 10. Februar 1805 (200 Jahre, S. 182). / **139** BG, 39. / **140** 200 Jahre, S. 180 f. / **141** BG, 29. / **142** Stoll 1, 200. / **143** BG, 46. / **144** 200 Jahre, S. 183. / **145** Kotzebue: Erinnerungen, S. 258 ff. / **146** Stoll 1, 245 ff.; BG, 39; Münchhausen: Paris, S. 33; Stoll 1, 245, 251. / **147** BG, 69. Am Schluss der Vorrede zur *Geschichte des Römischen Rechts im Mittelalter* schreibt Savigny später über Jacobs Mitarbeit: «Die Genauigkeit und Sorgfalt, die sich seitdem in den eigenen Arbeiten dieses treflichen Mannes bewährt hat, und die nur aus einem treuen und liebevollen Antheil an dem Gegenstand einer Arbeit hervorgehen kann, ist damals dem fremden Zweck zu Gute gekommen» (Geschichte des Römischen Rechts im Mittelalter. Bd. 1, S. XIV). / **148** Felgentraeger: Briefe, S. 149. / **149** BG, 54. / **150** BG, 42. / **151** BG, 39. / **152** Z. B. Hegner: Auch ich war in Paris. Bd. 2, S. 10 ff. / **153** So sogar Kotzebue: Erinnerungen, S. 475. / **154** Kotzebue: Erinnerungen, S. 483. / **155** Auch BG, 46, 60 f., 71 f. / **156** Unterschiedliche Zeiten bei: Reichardt: Vertraute Briefe aus Paris. Erster Theil, S. 132; Hegner: Auch ich war in Paris. Bd. 2, S. 51. / **157** BG, 40. / **158** BG, 88. – Jacob urteilt auch differenzierter, stets jedoch sehr knapp über die Kunstwerke in Pariser Museen. Er setzt sich zweifellos genau damit auseinander, im Übrigen wiederum nicht ohne Vergleich mit Bekanntem: «Die Caßelschen Lorrains sind viel schöner als die hiesigen», heißt es einmal (BG, 55, 88 f.). Seine Bemerkungen bleiben aber durchaus im Rahmen der gängigen Paris-Berichte. Auch andere Besucher meinen, «Claude Lorrains glaubt man schon wohl schönere gesehen zu haben» (Reichardt: Vertraute Briefe aus Paris. Erster Theil, S. 123.). Wie Jacob beklagen sie die unvorteilhafte Aufstellung der Statuen oder zeigen sich hingerissen von Raffaels «unbeschreiblich schöner» *Transfiguration* (ebd., S. 126, 129). – Zu Jacobs Raffael-Begeisterung: BG 88 f. Vgl. dagegen die Enttäuschung von Hegner, der angesichts

der vielen Lobeshymnen auf die «Transfiguration» enttäuscht ist: Auch ich war in Paris. Bd. 2, S. 53 ff. / **159** BG, 30, 42. / **160** BG, 30. / **161** Briefwechsel der Brüder Grimm mit Ernst v. d. Malsburg, S. 201. / **162** BG, 30. / **163** BG, 32. / **164** BG, 31, 35. Ehrhardt: Paul Wigand, S. 22 ff. / **165** BG, 47. / **166** BG, 53 f. / **167** BG, 43. / **168** BG, 49. / **169** BG, 56. / **170** BG, 34, 53, 68, 73, 52. / **171** BG, 52; Klausnitzer: «Verschwörung der Gelehrten», S. 523. / **172** BG, 86. / **173** Stoll 1, 266. / **174** JG KS 1, 22. / **175** BG, 88, 93.

3. Standortbestimmung (1806–1809)

1 Zu den Straßenbenennungen vgl. Römhild: Das Märchenhaus, S. 3. / **2** Römhild: Das Märchenhaus, S. 4 ff. Vgl. Ludwig Emils Bild «Blick aus der Grimmschen Wohnung in der Marktgasse», das allerdings nicht als authentisch gelten darf (abgebildet z. B. ebd., S. 6) – die Perspektive stimmt nicht mit der Angabe überein, dass die Grimms den ersten Stock bewohnten (Hinweis von B. Friemel). / **3** Briefwechsel der Brüder Grimm mit Ernst v. d. Malsburg, S. 209 f. / **4** LG E 84. / **5** GS 18. / **6** Heidelbach: Kassel, S. 211. / **7** BG, 62 f. / **8** 200 Jahre, S. 185. / **9** BG, 86. / **10** GS, 15 f. / **11** GS 16. / **12** GS 22. / **13** JG KS 8 f. / **14** 200 Jahre, S. 191. / **15** Die Brüder Grimm in ihrer amtlichen und politischen Tätigkeit, S. 29. / **16** GS 20. / **17** BG 60. / **18** AG, 394 f.; GS 24. / **19** Briefwechsel der Brüder Grimm mit Ernst v. d. Malsburg, S. 217. / **20** GS 24, 52. / **21** Briefwechsel der Brüder Grimm mit Ernst v. d. Malsburg, S. 219. / **22** Er war 1805 erschienen, datiert auf 1806. / **23** Brentano: Sämtliche Werke. Bd. 31, S. 559. / **24** Ebd., S. 568. / **25** Rölleke: Die Beiträge, S. 30. / **26** Briefwechsel der Brüder Grimm mit Ernst v. d. Malsburg, S. 219. / **27** Rölleke: Nachwort, S. 577 f. / **28** Des Knaben Wunderhorn. Bd. 3, S. 294 (Kinderlied Nr. 59) u. ebd. Bd. 9, S. 524 f. (Wilhelm Grimms Notation). / **29** Rölleke: Die Beiträge, S. 35, 40. / **30** Bluhm: Die Brüder Grimm, S. 96 f. / **31** Des Knaben Wunderhorn. Bd. 3, S. 343. / **32** Rölleke: Nachwort, S. 569 ff.; Steig A, 137. / **33** Ebd., S. 577 f. / **34** Ebd., S. 558, 574. / **35** So im Anschluss an die grundlegende Unterscheidung bei de Mazza: Der verfaßte Körper, z. B. S. 347. / **36** Rölleke: Nachwort, S. 560 f. / **37** Ebd., S. 562, 564, 578 f. / **38** Hierzu und zum Folgenden: Wehler: Deutsche Gesellschaftsgeschichte. Bd. 1, S. 363 ff., insbes. S. 373 f., sowie S. 506 ff. / **39** König Jérôme, S. 161. / **40** GS 26. / **41** WG KS 1, 11. / **42** LG E 593. / **43** JG KS 7, 583. / **44** König Jérôme, S. 164. / **45** Wehler: Deutsche Gesellschaftsgeschichte. Bd. 1, S. 522 f. – Es bildet eher die Ausnahme, wenn Jacob am 21. Mai 1808 gegenüber Savigny den «bittersten Haß gegen den Feind» betont. Er schreibt dies vor dem Hintergrund der «Geschichten in Spanien», in denen das ‹Volk› in den Guerillakämpfen gegen die napoleonischen Truppen tatsächlich einmal fürs «Vaterland» und «für die Ehre desselben» engagiert war (GS, 49). / **46** WG KS 1, 12. / **47** WG KS 1, 12. / **48** WG KS 1, 13 f. / **49** Die Brüder Grimm in ihrer amtlichen und politischen Tätigkeit, S. 29. / **50** GS 26. / **51** GS 29 ff. / **52** Von Hessen nach Deutschland, S. 29; zum Widerspruch zwischen Programm und Realität vgl.: König Jérôme, S. 10 f. / **53** WG KS 1, 11. / **54** König Jérôme, S. 131. / **55** Piderit: Geschichte, S. 336; zur Umbenennung des *Museum Fridericianum*: Westphälischer Moniteur (1808), S. 559; König Lustik, S. 377. / **56** König Jérôme, S. 353 ff., insbes. S. 364. / **57** Ebd., S. 135. Reichhaltiges Material dazu in: König Lustik. / **58** Freilich waren die ausufernden Festlichkeiten und Vergnügungen des Königs politisch motiviert: Anfangs zielten sie darauf, eigene Seilschaften zu bilden, um sich aus der Abhängigkeit von Napoleon zu befreien. Später waren sie der Einsicht geschuldet, dass die Herrschaft ohnehin nicht mehr lange dauern würde (König Jérôme, S. 11 f., 60, 64 ff.). / **59** Dieses und die folgenden Zitate bei Schlung: Sozialgeschichte, S. 105–107; König Lustik, S. 108, 531 f. / **60** Westphälischer Moniteur (1808), S. 2, 3, 5, 59 ff. – Später wurde noch einmal eigens darauf hingewiesen, dass dies auch für Juden gelte, die «in Unsern Staaten dieselben Rechte und Freyheiten genießen, wie Unsere übrigen Unterthanen». Hierzu insgesamt auch: König Lustik, S. 19 ff., 107 ff. / **61** Westphälischer Moniteur (1808), S. 57. / **62** Heidelbach: Kassel, S. 216; König Lustik, S. 290 f. – Freilich hielt Jérôme nicht lange an seinem Kurs fest. Gesprächsweise beschied er Müller im Mai 1809, dass die Universitäten des Landes nichts taugten: «Ich will sie alle verbrennen. Ich will nur Soldaten und Ignoranten.» Damit reagierte Jérôme bereits auf Aufstände im eigenen Land. / **63** Westphälischer Moniteur (1808), S. 121. / **64** Dazu insgesamt: Mazza: Der verfaßte Körper, S. 340 ff. / **65** Des Knaben Wunderhorn. Bd. 3, S. 347. / **66** Ebd. Bd. 9, S. 657; vgl. auch Brentanos Bitte an Jacob Grimm, das Zirkular weiterzureichen (Brentano: Sämtliche Werke. Bd. 31, S. 559). Weitere Beispiel bei: Denecke: Jacob Grimm, S. 65. Vgl. z. B. im *Westphälischen Moniteur* (1808), S. 451: «Circulair-Schreiben des Ministers der Justiz und der inneren Angelegenheiten, an die Verwaltungs-Behörden und an die Geistlichkeit». / **67** Des Knaben Wunderhorn. Bd. 3, S. 344 f. / **68** GS 31. / **69** So im *Plan des «neuen literarischen Anzeigers»*, in: Neuer literarischer Anzeiger 2 (1807), unpag. / **70** Zum Folgenden vgl. das *Vorwort des Herausgebers*, in: Neuer Literarischer Anzeiger 1 (1806), Sp. 1–4. / **71** JG KS 6, 1 ff. / **72** KS 4, 1 ff. / **73** WG KS 1, 31 ff. / **74** JG KS 4, 8. / **75** GS 443, 35; Steig A, 21. / **76** Neuer Literarischer Anzeiger 2 (1807), Sp. 162 ff., 478 f. / **77** Ebd., Sp. 369 ff., 685 ff. / **78** GS 35. / **79** Docen: Ueber den Unter-

schied, z. B. S. 466. / **80** Ebd., z. B. S. 489. / **81** Neuer Literarischer Anzeiger 1
(1806), Sp. 6. Zur Grimm'schen Kritik insgesamt vgl.: Denecke: Jacob und Wilhelm Grimm als Rezensenten. / **82** Am 7. Oktober 1810 an Benecke (Briefe der
Brüder Jacob und Wilhelm Grimm an Georg Friedrich Benecke, S. 16). /
83 Steig B 40 f. / **84** BG 123. / **85** Steig B 6. / **86** BG 98. / **87** Brentano:
Sämtliche Werke. Bd. 31, S. 621. / **88** BG 96 f., 100. / **89** GS 32; BG 98. /
90 BG 99. / **91** Rölleke: Die Beiträge, S. 30. S JG 174 f. / **92** Durch Reichardts
Begeisterung für die Französische Revolution war das Verhältnis vorübergehend
abgekühlt, und Goethe und Schiller hatten auf Kritik Reichardts an ihren Werken mit der Sprachgewalt der *Xenien* reagiert. Aber inzwischen gingen Goethe
und Reichardt wieder freundschaftlich und kollegial miteinander um. /
93 Steig B, 7 f.; ders.: Die Familie Reichardt, S. 18 ff.; Heidelbach: Kassel, S. 218;
König Lustik, S. 198 f. / **94** König Jérôme, S. 13. / **95** GS 54. / **96** LG E 88 ff.;
Rölleke: Die Titelkupfer, insbes. S. 129. / **97** S JG 160. / **98** Steig B 9 f. /
99 Steig: Die Familie Reichardt, S. 22. / **100** S JG 154 f.; Arnim/Brentano:
Freundschaftsbriefe, S. 494; Brentano: Sämtliche Werke. Bd. 33, S. 10 f.; Steig A,
387. / **101** König Jérôme, S. 142. / **102** Heidelbach: Kassel, S. 204. /
103 Schoof: Aus den Anfängen des Königsreichs Westphalen, S. 451 f. /
104 Brentano: Sämtliche Werke. Bd. 31, S. 621. / **105** GS 27, 30 f.; Stoll 1,
305. / **106** Enzensberger versammelt die Quellen dieses Beziehungsdramas zu
einem ‹dokumentarischen Roman›: Requiem für eine romantische Frau. /
107 GS 37 ff. / **108** Steig B 24. / **109** Brentano: Sämtliche Werke. Bd. 32,
S. 62. / **110** Steig B 43. / **111** Steig B 44. / **112** Brentano: Sämtliche Werke.
Bd. 32, S. 269 f., 274, 279 f., 286 f. / **113** Heppe: Das Schloß, S. 283. / **114** König
Jérôme, S. 54. / **115** GS 34. / **116** Die Brüder Grimm in ihrer amtlichen und
politischen Tätigkeit, S. 29 f. / **117** GS 36. / **118** JG KS 1, 10. / **119** GS 32, 34, 55,
61, 64. / **120** S JG 69 f. / **121** GS 45. / **122** GS 53. / **123** JG KS 1, 10. /
124 S JG 118. / **125** König Lustik, S. 120. / **126** Seier: Modernisierung und Integration in Kurhessen, S. 445. / **127** Friemel: Zu Jacob Grimms «Silva de romances viejos», S. 79 f. / **128** GS 55, 60. / **129** S WG 70. / **130** S WG 70. /
131 Briefwechsel der Brüder Grimm mit Ernst v. d. Malsburg, S. 227. / **132** GS
33, 35. / **133** Grimm/Grimm: Briefwechsel. Teil 2. – Die strategische Bedeutung
dieser Unternehmen spielt für die Brüder immer eine gewichtige Rolle. So
schreibt Jacob am 15. Dezember 1810 an Brentano: «Unsere große Sagengrundla-
ge ist diese letzte Zeit sehr angewachsen, so daß ich damit fast jedermann die
Spitze zu bieten denke» (Steig B 149). / **134** GS 67; JG KS 4, 27. / **135** GS 40 ff.;
Denecke: Blätter und Blüten aus Kassel, S. 102. / **136** WG KS 1, 92 ff. / **137** WG
KS 1, 108. / **138** BL 41. / **139** BL 44. / **140** BG 113. / **141** GS 49; BG

113. / **142** GS 48. / **143** Steig B 15 ff.; Brentano: Sämtliche Werke. Bd. 32, S. 63 f., 70 f. / **144** Steig B 20; Brentano: Sämtliche Werke. Bd. 32, S. 72. / **145** LG E, 90 f. / **146** S WG, 76 f. / **147** LG E, 92. / **148** Steig B, 28. / **149** Brentano: Sämtliche Werke. Bd. 32, S. 91. / **150** Ebd., S. 92. / **151** Ebd., S. 130. / **152** Stoll 1, 376. / **153** Brentano: Sämtliche Werke. Bd. 32, S. 32. / **154** Ebd., S. 60. / **155** Steig A, 11. / **156** Bluhm: Die Brüder Grimm, S. 285. / **157** Brentano: Sämtliche Werke. Bd. 32, S. 71. / **158** GS 42. / **159** Docen trägt im Übrigen einen Artikel zur *Einsiedler*-Zeitung bei. / **160** Zeitung für Einsiedler. Nr. 19 (1808), Sp. 152; Steig A, 14. / **161** Ginschel: Der junge Jacob Grimm, S. 88 ff. / **162** Vgl. dazu: Rölleke: Frontalbo redivivus. / **163** Brentano: Sämtliche Werke. Bd. 32, S. 129. / **164** Schultz: Schwarzer Schmetterling, S. 161 ff. / **165** Brentano: Sämtliche Werke. Bd. 32, S. 130. / **166** Ebd., S. 118. / **167** *Des Knaben Wunderhorn.* Bd. 3, S. 366 f. Auch Arnim unterzeichnet nach den Angriffen von der Hagens eine Anzeige in der JALZ, die Berichtigungen und Zusätze verspricht, wobei der BW zwischen Arnim und Wilhelm Grimm vermuten lässt, dass es sich dabei nur um eine Finte handelt (ebd., Bd. 4, 34 f.). / **168** Steig B 38. / **169** GS 66. / **170** Vielleicht gehörte das zu Jérômes Projekt, eigene Loyalitäten aufzubauen, um sich von seinem übermächtigen Bruder und dessen Gefolgsleuten unabhängig zu machen (König Jérôme, S. 60). / **171** Schede (2004): Die Brüder Grimm, S. 42. / **172** JG KS 1, 10. / **173** Steig A 25; Fotografie der Uniform: König Lustik, S. 432. / **174** Steig B, 53. / **175** BG 135. / **176** Stockmann: Wilhelm Grimm, S. 255 f. / **177** WG KS 1, 15 f. / **178** Martin/Priemer: Ein Stammbuchblatt, S. 133; GS 68; Steig A, 23. / **179** Steig G, 31. / **180** GW, 103 f.; BG 118, 139, 153; Steig B, 56. / **181** Steig B 55; Steffens: Was ich erlebte. Bd. 6, S. 116. / **182** BG 106 f. / **183** GS 82; Steig B, 55; BG 120, 127. / **184** BG 107; GS 81. / **185** BG 105, 107. / **186** Z. B. BG 106. / **187** BG 105, 108 f., auch 115. / **188** BG 127 f. / **189** Z. B. BG 119. / **190** BG 111, 124, 135, 145. / **191** Steig B, 52; BG 119. / **192** BG 145. / **193** BG 139, 144. / **194** Vgl. das entsprechende Programm in: Conradi: Über einige Mängel. Insgesamt: Koschorke: Poiesis des Leibes. / **195** G 106 f., 119 f. / **196** BG 149. / **197** BG 111; Steig A 28. / **198** BG 153, 129. / **199** GS 76. / **200** Westphälischer Moniteur (1808), S. 26. / **201** GH, 176; Schede (2004): Die Brüder Grimm, S. 40 f. / **202** BG 117, 142 f. / **203** BG 171. / **204** BG 147, 150. / **205** BG 114, 118, 122 f., 142. / **206** BG 147. Hierzu und zum Folgenden: Martus: Werkpolitik, S. 71 ff. / **207** Vgl. z. B. Tieck: Phantasus, S. 26 f. / **208** GS 31. / **209** BG 150. / **210** BG 151. / **211** BG 143. / **212** BG 172. / **213** BG 111. / **214** BG 144, 150; Steig A, 38. / **215** Steig B 58; BG 108, 111, 120; Martin/Priemer: Ein Stammbuchblatt, S. 133. / **216** Steig A, 36; Brentano: Sämtliche Werke. Bd. 32, S. 167. / **217** Ziol-

kowski: Berlin, S. 69 f. / **218** Steig B 53; Steig A 38; BG 180. / **219** BG 169. / **220** BG, 187. / **221** Ziolkowski: Berlin, S. 64. / **222** BG 180; Steig B 75 f. / **223** Steig B 75 f. / **224** Steig B 75. / **225** S WG 101. / **226** Ziolkowski: Berlin, S. 30. / **227** BG 174. / **228** S WG 101. / **229** Berliner Leben, S. 13. / **230** BG 178. / **231** So Heinrich Eduard Kochhann (Berliner Leben, S. 7). / **232** Berliner Leben, S. 3. / **233** GS 83. / **234** Berliner Leben, S. 6 f. / **235** Osterkamp: Vorwort, S. 8 ff. / **236** Goethe: WA. Abt. I. Bd. 21, S. 352. / **237** S WG 101; WG KS 1, 18. Ziolkowski: Berlin, S. 43. / **238** Ebd., S. 157. / **239** Ebd., S. 18, 23. / **240** Ebd., S. 222; BG 173 f., 175; Steig B 71, 78 f. – Dass das Gespräch gerade mit Schleiermacher scheitert, dem Theoretiker der Geselligkeit und Vertreter einer liberalen Hermeneutik, hat seinen eigenen Reiz. / **241** BG 173. / **242** BG 178 f.; Berliner Leben, S. 177. Zu den Treffen mit Müller auch in: Briefwechsel der Brüder Grimm mit Ernst v. d. Malsburg, S. 229. / **243** Steig B 79. / **244** GS 84. / **245** BG 173. / **246** Ziolkowski: Berlin, S. 39; BG 174. / **247** BG 174; Steig B 77. / **248** BG 188. / **249** BG 178. / **250** Steig B 77 f.; ders.: Die Familie Reichardt, S. 35. / **251** GS 83. / **252** GS 85. – Nach seinem Umzug schreibt Savigny, Wilhelm habe Berlin «unstreitig von einer anderen Seite gesehen» als er – keinen der negativen Eindrücke Wilhelms kann er nachvollziehen (Stoll 2, 56). / **253** BG 164; GS 73; auch 72, 76. / **254** Fichte: Reden, S. 13, 21, 23 ff. / **255** Steig B 74. / **256** Zit. nach Hermsdorf: Literarisches Leben, S. 305. / **257** Hierzu und zum Folgenden: Hermsdorf: Literarisches Leben, S. 204 ff. / **258** GW 61. / **259** BG 179. / **260** BG 175, 178. / **261** Steig A, 218. / **262** Ein zunächst unscheinbarer, aber wesentlicher Unterschied besteht darin, dass von der Hagen über August Wilhelm Schlegels Berliner Vorlesungen zur deutschen Literatur gefunden hatte, wohingegen die Grimms die ältere Poesie in den Archiven und Bibliotheken entdeckten (Bluhm: Die Brüder Grimm, S. 315). / **263** JG KS 4, 22 ff. / **264** BG 164. / **265** Zit. nach: Bluhm: Die Brüder Grimm, S. 332. / **266** BG 194. / **267** GS 75, 83 f., BG 173 f., 176, 179, 184. Vgl. auch Briefe der Brüder Jacob und Wilhelm Grimm an Georg Friedrich Benecke, S. 17. / **268** Steig B 72. / **269** Vgl. dazu auch Jacob Grimm an Benecke: Er schätze von der Hagens «Fleiß und Verstand, haße aber sein hochmütiges, unaufrichtiges Wesen» (Briefe der Brüder Jacob und Wilhelm Grimm an Georg Friedrich Benecke, S. 36, auch 40). / **270** Bluhm: *compilierende oberflächlichkeit*, S. 15 f. / **271** Zit. nach: Bluhm: *compilierende oberflächlichkeit*, S. 19; vgl. zu konzertierten Aktionen der Brüder: Denecke: Jacob und Wilhelm Grimm, S. 301 ff. / **272** Der Nibelungen Lied, unpag. (Widmung). / **273** Ebd., S. 488 f.; Ginschel: Der junge Jacob Grimm, S. 76 ff.; vgl. eine spätere Stellungnahme: Die Grimms und die Simrocks, S. 22 f., 30, 33 f., 41, 46, 49 f., und vor allem S. 29 u. 61. / **274** WG KS 1, 68,

72. / **275** WG KS 1, 73. / **276** GS 75, 83 f. / **277** BG 176. / **278** GS 83; BG 173. –
Wenn man an die vielen kleinen Abhandlungen von Jacob und Wilhelm denkt,
mit denen sie sich bis zu ihren ersten Buchpublikationen 1811 dem Publikum
präsentieren, wirkt diese These durchaus überraschend. / **279** GS 83; BG
168. / **280** Steig B 111. / **281** BG 173. / **282** BG 176, 158. / **283** S WG 102.

4. Zwischen Wissenschaft und Politik (1810–1815)

1 Aus Berlin schrieb er etwa, bei einer Frau habe ihm missfallen, dass sie «viel jü-
disches in ihrem Gesicht» habe; «diesem fatalen Volk», fügt er hinzu, «kann man
gar nicht ausweichen, und es will ordentlich für gleich geachtet sein, sie würden
sich längst alle in Berlin haben taufen lassen, wenn sie nicht hofften, es solle in
Zukunft wohlfeiler geschehn; wer dann ein braver Christ ist, muß ein Jude werden, um nicht unter sie zu gerathen» (Steig B 78). Bemerkungen wie diese fallen
selten, aber über die Jahre hinweg doch immer wieder. / **2** Steig A, 45; Martin/
Priemer: Ein Stammbuchblatt, S. 135. / **3** Steig A, 47; BG 197. / **4** Steig G, 24 f.,
28 ff., 39 f.; Steig A, 20; BG 198. / **5** Steig G, 56 ff., 63 ff.; BG 200; Deetjen: Goethe;
Goethe und die Romantik, S. 198 ff. (hier findet sich der Briefwechsel Goethe/
Brüder Grimm). Für Jena lässt Goethe mit mäßigem Erfolg zwei Empfehlungsschreiben aufsetzen. Für die Weimarer Handschriften schlägt er den Dienstweg
vor, und so kommen die Handschriften für fünf Monate als Fernleihe nach
Kassel. / **6** BG 198 f. / **7** BG 198 f., 201; Steig G, 80 ff. – Für die Ausgabe selbst
bedankte er sich nach deren Erscheinen freundlich. Wilhelm freilich war von den
«inwendig kupfernen Perioden» des Schreibens, das von Riemers Hand stammt,
eher enttäuscht – er vermutet, Goethe wolle sich nach dem umstrittenen *Wunderhorn*, das dem Dichterfürsten gewidmet war und das dieser hymnisch rezensiert hatte, kein zweites Mal zu weit aus dem Fenster lehnen. / **8** Martin/Prie-
mer: Ein Stammbuchblatt, S. 135. / **9** Steig G, 53 ff.; BG 199, 201. / **10** S WG,
358 f. / **11** Steig G, 62, 84, 87, 98; Steig A, 153 f., 157. / **12** Wilhelm gelangt nicht
zufällig zu seiner flexiblen Position, mit der er die Unnachgiebigkeit seines Bruders abfedert, als er sich brieflich mit Jacob über Goethes *Wahlverwandtschaften*
streitet. / **13** BG 190; dazu: Martus: Werkpolitik, S. 449 ff. – Selbst Jacob übernimmt ein wenig die Beweglichkeit seines Bruders, wenn Goethe im Spiel ist:
«Neigung und Abneigung», meint er gegenüber Arnim, gehen aus «geheimen
Gründen und Falten des Herzens» hervor, die nie bis ins Letzte zugänglich seien
(Steig A, 154). / **14** Stoll 1, 413. / **15** Stoll 2, 56. / **16** Steig B, 95, 122. / **17** Steig
A, 103 f., 121 f., 218. / **18** Steig A, 123. / **19** Steig A, 51. / **20** GS 137 f. / **21** UB
38. / **22** GS 138. / **23** S JG 117; JG KS 1, 11; GS 73. / **24** BG 203. / **25** GW 64;

BG 213; GS 60. / **26** JG KS 1, 11f.; GW 97; S WG, 136 ff. Zu den Aufräumarbeiten vgl. Briefe der Brüder Jacob und Wilhelm Grimm an Georg Friedrich Benecke, S. 34 f. / **27** König Jérôme, S. 17 ff., 65. / **28** S WG 71 ff. / **29** BG 230 f. / **30** Rölleke: Wilhelm Grimms Traumtagebuch. / **31** BG 788. / **32** BG 789. / **33** GW, 84, 98. / **34** Steig A, 98. / **35** GW, 123. / **36** S WG, 79 f.; Steig A, 221 f.; S JG, 127 ff.; Denecke: Jacob Grimm, S. 150; Helwig: Die Kasseler Jahre, S. 47 f. / **37** GW, 104. / **38** Z. B. GW, 109 f. / **39** Steig A, 53, 57. / **40** Höppner: Die Brüder Grimm, S. 552, 556 f. / **41** GW, 68. / **42** Steig A, 100, 53, auch GW 71, 93; HF, 32. / **43** Heinrich von Kleist. Lebensspuren, S. 334 f., 430. / **44** Diese Diskussion wird fortgesetzt, als Jacob sich über Arnims *Die Kronen-wächter* kritisch äußert (Steig A, 390 f., 399 ff.). / **45** Steig A, 80, 124 f.; Steig B, 140. / **46** Steig A, 85 ff., 82, auch 109, 116. Zwei Jahre später schlägt im Übrigen Jacob Grimm nach einer Relektüre der Briefe vor, die freundschaftlichen Polemi-ken ruhen zu lassen (Steig A, 314). / **47** Steig A, 124; zu den philosophischen Implikationen vgl. Ehrismann: Philologie der Natur, S. 44 ff. / **48** Z. B. WG KS 1, 202. / **49** Steig A, 117. Vgl. zur ‹Scheu› vor dem ‹Anfang› auch: Ehrismann: Phi-lologie der Natur, S. 45. / **50** BG 205. / **51** BG 204. / **52** BG 204 f. / **53** Der unbekannte Bruder Grimm, S. 23 f.; vgl. auch: Der unbekannte Grimm, S. 9 f. / **54** GW 122; LG E 549. / **55** Steig A, 214 f.; LG E 549 ff. / **56** Uther: Die Brüder Grimm als Sammler, S. 97 (Hervorhebung S. M.). / **57** Der unbekann-te Bruder Grimm, S. 13 f.; Der unbekannte Grimm, S. 30 ff. / **58** LG E 569; GH, 209. / **59** Arnim/Brentano: Freundschaftsbriefe, S. 562 f. / **60** GS 139. / **61** BG 293. / **62** GS 343; BG BW, 117, 159. / **63** Steig A, 206, 243, 245 f., 258; GH, 258 f. / **64** GW, 137. / **65** Steig A, 48. Zum naturphilosophischen Aspekt vgl. Ehrismann in: J. Grimm: Über den altdeutschen Meistergesang, S. 1* ff.; Ehris-mann: Philologie. Die naturphilosophische Grundlage sieht man z. B., wenn Grimm das Wesen allen Gesangs aus «demselben Princip» erklärt, wie «das Ath-men, das Schlagen des Bluts, die Schritte des Gehens» (ebd., S. 36). / **66** Oben-aus: Die Besprechungen, Sp. 623, 628; vgl. auch Steig A, 109. Vgl. zur Romantik-Kritik in dieser Zeit: Mojašević: Zum Thema, S. 125 ff. Diesen Vorwurf quittiert Jacob eher lässig, vgl. Briefe der Brüder Jacob und Wilhelm Grimm an Georg Friedrich Benecke, S. 62. / **67** Oken: Lehrbuch. Bd. I, S. VII; dazu z. B. GH, 67. / **68** Beide hatten auf ihre Art der Abhandlung zugearbeitet: Wilhelm durch seine Bibliotheksrecherchen, Ferdinand durch die Abschriften von ‹Volkslie-dern› aus der *Wunderhorn*-Zeit (Der unbekannte Bruder Grimm, S. 12). / **69** J. Grimm: Über den altdeutschen Meistergesang, S. 25, 196. / **70** Höppner: Die Brüder Grimm und Heinrich von Kleist, S. 554 f. / **71** J. Grimm: Über den altdeutschen Meistergesang, S. 5 f. / **72** Auf Arnim und Brentano bezieht er sich nur noch als Besitzer von Handschriften; gegen Arnim baut er eine versteckte Polemik ein (J. Grimm: Über den altdeutschen Meistergesang, S. 31, 135, 179; Steig A, 52, 77, 79, 108, 120 f.). / **73** J. Grimm: Über den altdeutschen Meistergesang, S. 4*, 4. / **74** Zum Folgenden: Obenaus: Die Besprechungen. / **75** Briefe der Brüder Jacob und Wilhelm Grimm an Georg Friedrich Benecke, S. 24, 28 ff. / **76** Arnim/Brentano: Freundschaftsbriefe, S. 633. / **77** GW, 110, 122. / **78** Zum Konkurrenzverhältnis zwischen den Grimms und von der Hagen vgl. im Überblick: Bluhm: Die Brüder Grimm, S. 315 ff. Für die Organisation von Briefkontakten vgl. z. B. Jacobs «Bitte für mein altdeutsches Studium» in einem Brief vom 1. August 1810 an Savigny: «Sie wissen, daß ich keine große Bekanntschaften habe, und zudem nicht viel Kosten darauf verwenden kann; also meine ich, wenn Sie *gelegentlich* in Ihren Briefen an literarische Freunde ein Wort für mich als wollten einfließen lassen, so könnte das auf manches unbekannte führen, was ich gern weiter ausfechten wollte.» Savigny ist dazu gern bereit, ebenso Arnim (Stoll 2, 57; z. B. Steig A, 162 f., dazu auch ebd., S. 168 f.). / **79** Steig B 111. / **80** Steig B 115; vgl. als Beispiel auch: Görres: Gesammelte Briefe. Bd. 2, S. 106, 200; BG 186. – Noch als Wilhelm in Berlin war, schrieb Jacob resigniert über eine Buchauktion, bei der die «gegen Hagens Aufträge nichts zu machen seyn» werde. / **81** Görres: Gesammelte Briefe. Bd. 2, S. 233; Bluhm: Die Brüder Grimm, S. 347, 344, 349, 322, 320; Bluhm: *compilierende oberflächlichkeit*, S. 7. / **82** UB 63 f., BG BW, 193. / **83** GH, 33, 42, 65, 74. / **84** Steig G 74 f.; auch Steig A, 91. / **85** GH, 78, 41, 44, 73. / **86** Im Überblick: GH, 192 ff. Zur ursprünglichen Projektplanung: Görres: Gesammelte Briefe. Bd. 2, S. 216; vgl. hier auch den Briefwechsel mit Rask: Briefwechsel der Brüder Grimm mit nordischen Gelehrten, S. 85 ff. / **87** Hierzu und zum Folgenden: Bluhm: Die Brüder Grimm, S. 324 ff.; ders.: *compilierende oberflächlichkeit*, S. 9 ff.; vgl. auch Steig A, 174 ff., 184 f., 189. / **88** Steig A, 218. / **89** Bluhm: Die Brüder Grimm, S. 352 f., 356 ff.; ders.: *compilierende oberflächlichkeit*, S. 13 ff. / **90** Gierl: Pietismus, S. 488 ff. u. 543 ff. / **91** Stoll 2, 86. / **92** Hierzu und zum Folgenden: Martus: Werkpolitik, S. 64 ff. / **93** Bluhm: Die Brüder Grimm, S. 354. / **94** Steig A 219. / **95** Steig G 71 f.; WG KS 1, 200. / **96** WG KS 1, 200. / **97** GS 105. / **98** GS 97. / **99** GS 98. / **100** GS 101, 104 f., 108 f., 116. / **101** UB 53 f.; GS 349 ff.; Steig A, 20, 39 ff.; Steig G, 37 f.; Friemel: Zu Jacob Grimms «Silva de romances viejos», S. 84; WG KS 1, 173 ff. / **102** UB, 55. / **103** GS 98. / **104** GH, 256; Denecke: Eine neue Philologie. / **105** Steig A, 252. / **106** GS 140. / **107** Steig A, 125, 131. / **108** Paul: Heldenlieder. / **109** UB, 60 ff. / **110** Briefe der Brüder Jacob und Wilhelm Grimm an Georg Friedrich Benecke, S. 35. / **111** Später verteidigt Jacob ausdrücklich die Grausamkeiten des Partisanenkriegs, und in den 1820er Jahren steht er auf der Seite der Griechen im Unabhängigkeitskampf gegen die Osmanen (JG KS 6, 184 f.; GS 316, 318; zu den ‹neugriechischen Volksliedern› vgl. Steig G, 160 ff.). / 112 Friemel: Zu Jacob Grimms «Silva de romances viejos», S. 53 f., 63 f., 71, 75. / 113 Sie hatten das schon länger im Auge und mit Brentano besprochen, stellten sich dann aber auf eigene Beine (Steig B 152, 157, 184); vgl. Brentano zu den absehbaren Schwierigkeiten: Sämtliche Werke und Briefe. Bd. 32, S. 307 f. / 114 Wilhelm konzentrierte sich auf Gegenstände, die ihn zu seinem großen Werk über die Heldensage führen sollten, und lieferte im Übrigen eine Reihe von erläuterten Editionen, Jacob entfaltete das ganze Spektrum seines späteren Schaffens von der Literaturgeschichte bis zur historischen Grammatik (Scherer: Jacob Grimm, S. 140). / 115 JG KS 8, 5. Goethe und die Romantik, S. 211. / 116 Schlegel: Sämtliche Werke. Bd. XII, S. 384. / 117 Ebd., S. 391. / 118 Steig G, 127. / 119 Vgl. auch: Briefe der Brüder Jacob und Wilhelm Grimm an Georg Friedrich Benecke, S. 62, auch 65 f., 68 f., 72 f., 92. / 120 Schlegel: Sämtliche Werke. Bd. XII, S. 392, 400, 416. / 121 Z. B. GS 105 f.; BG 192. / 122 GS 200. / 123 GS 121. / 124 Kanne: Pantheum, S. 43, 46. / 125 Vgl. z. B. zu Görres: Steig A, 6, 8 f., 13, 41, 92, 104 f.; GS 86, 97; GS 141; auch Steig A, 155. – Besonders Jacob stellt die wildesten Verbindungen her. In der Abhandlung *Irmenstraße und Irmensäule*, die eigentlich für die *Altdeutschen Wälder* gedacht war, dann aber in Wien 1815 eigenständig erscheint, treibt er es auf die Spitze, und zu Recht zeigt er in der Vorrede einige Scheu davor, sie dem Publikum zu präsentieren (JG KS 8 / 1, 471). / 126 Deswegen wünschte sich Schlegel von einem ‹gründlichen› Gelehrten wie Benecke eine deutsche Sprachlehre des 13. Jahrhunderts: Nur auf einer solchen Grundlage könnten die altdeutschen Studien gedeihen (Schlegel: Sämtliche Werke. Bd. XII, S. 404). Schlegel verschwieg, dass Jacob Grimm selbst dies bereits in den *Altdeutschen Wäldern* gefordert hatte (vgl. dazu auch: Briefe der Brüder Jacob und Wilhelm Grimm an Georg Friedrich Benecke, S. 8 f.). / 127 Bluhm: Die Brüder Grimm, S. 161 f., 306, 308. / 128 Schlegel: Sämtliche Werke. Bd. XII, S. 403. – Freilich konnte man schwerlich härter mit den Spekulationen der *Altdeutschen Wälder* umgehen, als Jacob Grimm selbst dies getan hat. Gegenüber Benecke bemerkt er 1816, in der Zeitschrift fänden sich einige fruchtbare Ansätze, im Ganzen aber sei «wenig tüchtiges darin». Zumal die ‹gewagten› Etymologien hätte er sich sparen sollen (Briefe der Brüder Jacob und Wilhelm Grimm an Georg Friedrich Benecke, S. 92; vgl. in diesem Zusammenhang auch die Unterscheidung zweier Arten des Etymologisierens: Ginschel: Der junge Jacob Grimm, S. 343 ff.). Wenn Jacob sich allerdings nicht an einen Vertreter wissenschaftlicher ‹Gründlichkeit› wendet, sondern an einen, der geistreiche, aber falsche Kombinationen wagt wie der Nibelungen-Forscher Karl Wilhelm Göttling, dann deutet er seine Fehlleistungen anders. Ebenfalls 1816 schreibt er: «[...] es gereut mich auch nicht bei meinen eigenen Versuchen, z. B. etymologischen, daß ich eher darin zu weit gegangen bin, als wenn ich zurückgeblieben wäre. Wenn man späterhin mit dem Hauptertrag des Ganzen nicht mehr zufrieden bleiben kann, so hat man sich doch einen gewißen Grund erworben» (Bluhm: Grimm-Philologie, S. 139 f.; vgl. auch: BG 474 f.). / **129** BG 459. / **130** Steig B 120; Steig A, 51. / **131** UB 65; BG 221 ff. / **132** GS 115; UB 82. / **133** GS 112. / **134** Kemminghausen: Die wissenschaftlichen Beziehungen, S. 181. / **135** HG, 237. / **136** Kemminghausen: Die wissenschaftlichen Beziehungen, S. 210 f. / **137** BG 233. / **138** GW, 110, 113; Gödden: Wilhelm Grimms Freundschaft, S. 15. / **139** Freundesbriefe der Familie von Haxthausen, S. 78. / **140** BG 252. / **141** JG, 10 f. / **142** Aus Annettes Jugendzeit, S. 88. / **143** BG 252 f. / **144** Steig A, 425. / **145** GJ, 8 f.; auch FB 17 f.; Freundesbriefe der Familie von Haxthausen, S. 124, 126. / **146** Aus Annettes Jugendzeit, S. 89. / **147** Gödden: Wilhelm Grimms Freundschaft, S. 14. / **148** BG 252. / **149** Denecke: Jacob Grimm und sein Bruder Wilhelm, S. 199. / **150** FB, 91. / **151** Steig A, 141; vgl. auch J. Grimm: Über den altdeutschen Meistergesang, S. 8. / **152** GJ, 22. / **153** GJ, 24, 27; Aus Annettes Jugendzeit, S. 90. / **154** Im Tagebuch notiert Jenny: «Als wir herab gingen, neckten mich Ludowine und Caroline mit Grimm, welches mir sehr unangenehm war [...]» (Westfälische Märchen, S. 17). / **155** Aus Annettes Jugendzeit, S. 94. / **156** BG 162 f., auch Steig B 58. / **157** Brentano: Sämtliche Werke. Bd. 32, S. 283. Ginschel: Der junge Jacob Grimm, S. 212 ff. / **158** Steig A, 195, 204; Rißmann: Zum Briefwechsel, S. 114. Insgesamt: Schoof: Zur Entstehungsgeschichte. / **159** Zum Folgenden: Rölleke: Die Märchen, S. 82, 92 f.; Reimer: Passion, S. 377 ff. / **160** BB 285 f. / **161** 1836, 1839, 1841, 1844, 1847, 1850, 1853, 1858. / **162** In den Jahren 1840, 1843, 1850 und 1857. / **163** Immerhin unterscheidet sich der Forscher vom typischen Märchenhelden noch dadurch, dass er dies alles zu reflektieren vermag und insofern auch «Bildung» hat. So in der «Aufforderung an die gesammten Freunde deutscher Poesie und Geschichte erlassen» (Rölleke: Die Märchen, S. 70). / **164** [7]KHM, 278. / **165** Brandstetter/Neumann: Gaben, S. 25. / **166** WG KS 1, 8; so schon in Bericht an Arnim am 26. Dezember 1826: Steig A, 557 f. / **167** Deutsche Sagen, Nr. 152; 7KHM II, 434; WG KS 1, 415 f. / **168** [7]KHM I, 217 f. / **169** Schlegel: Sämtliche Werke. Bd. XII, S. 391. / **170** GS 188. / **171** WG KS 1, 362, 393 f. / **172** KHM I, XIX. / **173** Rölleke: Die Märchen, S. 31. / **174** Ebd., S. 76 ff. / **175** Briefwechsel der Brüder Grimm mit nordischen Gelehrten, S. 56. / **176** Göttingische Gelehrte Anzeigen (1837), S. 1842. / **177** GH, 87. / **178** Rölleke: Die Märchen, S. 91. / **179** Krauses Grimm'sche Märchen, insbes. S. 15 ff., 100 ff.; Das Spinnstubenheft, S. II ff. / **180** Brief vom

26. Juli 1823, zit. nach Seitz: Die Brüder Grimm, S. 76. / 181 KHM II, IV f. / 182 Rölleke: Die Märchen, S. 89 f.; ders.: Von Menschen, S. 51 ff. / 183 GW, 78. / 184 Vgl. zur Märchenjagd auf Reisen z. B. BG 110, 112, 141; zu Bökendorf und Umgebung: Schoof: Zur Entstehungsgeschichte, S. 50 ff. / 185 BG 170. / 186 BG 174. / 187 Steig B 118; auch BG 209, 217. / 188 GW, 134; GS 143; KHM II, VIII; Görres: Gesammelte Briefe. Bd. 2, S. 376, 378 f. Vgl. in diesem Zusammenhang auch die von Heinz Rölleke herausgegebenen *Wiegen- und Kinderlieder*, die die Grimms gesammelt haben. / 189 Grimm: Lina's Mährchenbuch, S. 8; zur Kritik vgl. Rölleke: Die Märchen, S. 82. / 190 [7]KHM, 90. / 191 KHM I, 4. / 192 KHM I, XII. / 193 Vgl. für Jacob z. B. Steig A, 269 ff. / 194 WG KS 1, 336; Goethe: Werke. Bd. 9, S. 590 – hier mit leicht verändertem Wortlaut. / 195 KHM I, VIII. / 196 WG KS 1, 333. / 197 Brandstetter/Neumann: Gaben, S. 21 f. / 198 KHM I, IX f. / 199 Röhrich: Wage es, S. 42 f. / 200 [7]KHM, 32. / 201 Die politische Ökonomie der Romantik greift diesen Gedanken auf (Vogl: Kalkül). – So unbewusst, wie die Figuren des Märchens sich selbst und den anderen treu bleiben, so treu sollen auch die (Vor-)Leser und Zuhörer den Märchen bleiben. In *Über das Wesen des Märchens* schreibt Wilhelm: «[…] weil sie beim Haus bleiben und forterben, werden sie auch Hausmärchen genannt.» (WG KS 1, 333). / 202 Steig A, 236. / 203 Zur Gattungsproblematik vgl. Rölleke: Die Märchen, S. 38 ff.; zum Folgenden vgl. Brandstetter/Neumann: Gaben, S. 19 ff. / 204 Daher beschäftigen sich psychoanalytisch interessierte Interpreten so gern mit den *Kinder- und Hausmärchen*, vergessen aber oft, dass es hier nicht um allgemeinmenschliche Probleme, sondern um eine psychohistorische Episode geht: Gerade die Tatsache, dass die Grimms Anspielungen auf Erotik und Sexualität an der Textoberfläche tilgen, verstärkte den Eindruck, unterschwellig würde nicht zuletzt das pubertäre Erwachen der Libido mit all seiner Angstlust thematisiert: Die Prinzessin kann den Frosch noch ertragen, als es nur ums gemeinsame Essen geht, aber er landet an der Wand, als er mit ihr ins Bett steigen will. Danach fällt in der ersten Fassung ein «schöner junger Prinz» aufs Nachtlager, der in der zweiten Fassung zunächst noch dem Vater vorgestellt und als Ehemann akzeptiert wird, bevor er die Nacht mit der jungen Frau verbringen darf (vgl. z. B. zum Froschkönig: Röhrich: Wage es, S. 34 f.). / 205 So umgarnt die Mutterstimme das Kind mit liebevoller Intimität, wie es Pestalozzi in einer Abhandlung über die «Menschenbildung durch Ton und Sprache» (1803 / 04) formuliert: «Lieblicher als deine Stimme tönt deinem Kinde keine Menschenstimme, – sein Herz wallet, und Liebe lächelt auf seinen Lippen wenn du nur redest. Du bist ihm alles […]. Es ist der Sinn des Gehörs, durch den du vorzüglich auf seine Entwicklung hinwirken kannst» (zit. nach Steinlein:

Märchen, S. 15). / **206** Grimm, A. L.: Kindermährchen, S. 5. / **207** Brentano: Sämtliche Werke. Bd. 33, S. 10 f.; vgl. zur Kritik Arnim z. B. Steig A, 319. / **208** KHM I, XVIII. / **209** ⁷KHM, 21. / **210** BG 622. / **211** Rölleke: Die Märchen, S. 98 f. / **212** Steig A, 255. / **213** Noch im Alter beharrt er in Konkurrenz mit dem toten Bruder auf der eigenen Leistung für die Kinder- und Hausmärchen, und dies durchaus zu Recht. Er dominiert die frühe Sammelarbeit und publiziert das erste Gattungsbeispiel (Ginschel: Der junge Jacob Grimm, S. 222 ff., 231 ff., 260 ff.; Unbekannte Märchen, S. 9 ff.; GBPR, 184). / **214** Ginschel: Der junge Jacob Grimm, S. 214, 233. Auch wenn sie eine uneinheitliche Textgruppe bilden, lassen sich einige wichtige Stiltendenzen erkennen; vgl. dazu: Ginschel: Der junge Jacob Grimm, S. 214 ff.; Schoof: Zur Entstehungsgeschichte, S. 170 ff. Zum folgenden Märchen insgesamt: Röhrich: Wage es, insbes. S. 13 ff. / **215** Brüder Grimm: Kinder- und Hausmärchen, S. 45. / **216** KHM I, 1. / **217** Vgl. zu diesem Prinzip insbes. Bluhm/Rölleke: «Redensarten […]». / **218** ⁷KHM, 29. / **219** KHM I, VII f. / **220** GW, 122; Rißmann: Zum Briefwechsel, S. 115. Aufgrund von Problemen beim Druck erscheinen nur wenige Exemplare 1812, der Rest wird 1813 ausgeliefert (Schoof: Zur Entstehungsgeschichte, S. 36 ff.). / **221** Musäus: Volksmärchen, S. 12. / **222** Steig A, 239; ⁷KHM 23 f.; auch BG 384. / **223** Stoll 2, 95. / **224** Die älteste Märchensammlung, S. 392. / **225** KHM I, XIV f. / **226** KHM II, VII; auch WG KS 1, 338. / **227** KHM II, XI. Und für die folgenden Ausgaben gilt: «Es ist noch einmal geprüft, was verdächtig schien, d. h. was etwa hätte fremden Ursprungs oder durch Zusätze verfälscht sein können, und dann alles ausgeschieden» (⁷KHM, 21). / **228** WG KS 1, 333. / **229** KHM I, VII f. (Hervorhebung S. M.). / **230** König Jérôme, S. 170. / **231** Steig A, 31. / **232** Heidelbach: Kassel, S. 209. / **233** Die französische Garküche an der Fulde, S. 13 f. / **234** Piderit: Geschichte, S. 340 f.; S JG, 140 f. / **235** Steig A, 284 f. / **236** Material findet sich in: Anonym: Die entlarvte hohe und geheime Polizei; König Lustik, S. 406 ff. / **237** Steig A, 280; WG KS 1, 21. / **238** König Lustik, S. 148 ff. / **239** Steig A, 280. / **240** König Jérôme, S. 64. / **241** Heidelbach: Kassel, S. 221. / **242** Hierzu und zum Folgenden: Botzenhart: Reform, S. 76 ff. / **243** 200 Jahre, S. 208. / **244** WG KS 1, 529 ff. / **245** So in Harniers Erinnerungen (Friemel: Unpreußische Ansichten, S. 181). / **246** Detaillierte Schilderungen in: Niemeyer: Casselsche Chronik. / **247** Niemeyer: Casselsche Chronik, S. 67. / **248** König Jérôme, S. 147. / **249** Faksimiliert bei: Heidelbach: Kassel, S. 221. / **250** WG KS 1, 21, 542; WG KS 2, 505; König Lustik, S. 163 ff. / **251** Heidelbach: Kassel, S. 225; Steig A, 287; BG 281, 317; JG KS 1, 12. / **252** Friemel: Unpreußische Ansichten, S. 196. / **253** WG KS 1, 543. / **254** Wehler: Deutsche Gesellschaftsgeschichte. Bd. 1, S. 467. /

255 Ebd., S. 525 f. / 256 WG KS 2, 505. / 257 Heidelbach: Kassel, S. 225 f.; WG KS 2, 504. / 258 Immerhin Wilhelms Prosaübersetzung gehört zu den populären Werken der Grimms: Sie wird bis ins 20. Jahrhundert mehrfach wiederaufgelegt (Rautenberg: Das ‹Volksbuch vom armen Heinrich›, S. 110 ff., 128 ff.). / 259 Der arme Heinrich, unpag. / 260 GS 153. / 261 BG 277. / 262 BG 268; LG E, 143; Steig A, 306; 200 Jahre, S. 203 f. / 263 17 360 Mann bekam Wilhelm I. zusammen (Demandt: Geschichte, S. 547; Seier: Modernisierung, S. 446). / 264 GS 148. / 265 Die Brüder Grimm in ihrer amtlichen und politischen Tätigkeit, S. 5; Von Hessen nach Deutschland, S. 33. / 266 So in Anlehnung an die Selbstbeschreibung Wilhelms in der Bitte um Gehaltserhöhung vom 4. November 1814 (AG, 6). / 267 Die Brüder Grimm in ihrer amtlichen und politischen Tätigkeit, S. 30 f.; AG, 1 ff. / 268 BG 265, 294. / 269 Vgl. dazu die Autobiographie: JG KS 1, 13. / 270 BG 273. / 271 BG 264. / 272 BG 267. / 273 BG 257 f. / 274 BG 282, 296. / 275 Steig A, 283. Einige Nachrichten gibt Wilhelm weiter an Arnim, der in dieser Zeit für den *Preußischen Correspondenten* arbeitet (vgl. z. B. Steig A, 287 f., 296). / 276 Steig A, 286. / 277 BG 268. / 278 Steig A, 323. / 279 BG 285, 294. / 280 BG 260. / 281 BG 267. / 282 BG 278. / 283 BG 272. / 284 BG 300. / 285 BG 299. / 286 BG 294. / 287 BG 305. / 288 BG 306 f., 311. / 289 Z. B. BG 263. / 290 BG 167. – Bettine Brentano war es im Übrigen auch, die Goethes Mutter über die Kindheit des Genies befragte und damit wichtiges Material für die Autobiographie *Dichtung und Wahrheit* lieferte. / 291 BG 167; vgl. dazu HG, 226 ff.; vgl. auch GW, 49 ff. / 292 Wilhelm Grimm: Aufzeichnungen bis 1814, S. 1 (Nl. Grimm o. Nr. B). 1814 folgen dann noch einige Aufzeichnungen über die aktuellen Geschehnisse in Kassel. / 293 JG B, 103. / 294 JG B, 102. / 295 JG B, 107. / 296 BG 278. / 297 BG 303. – Es handelt sich um Daniel Engelhard, den Goethe in den *Wahlverwandtschaften* auftreten ließ. / 298 Erst im November, nachdem ein Mitarbeiter der Bibliothek gestorben war und dadurch Mittel frei wurden, sollte der Kurfürst endlich Wilhelms Gehalt um zweihundert Taler erhöhen. / 299 Steig A, 307. / 300 Steig A, 307; GW, 165; BG 329, 334 ff.; BG 404. / 301 Steig A, 308 f., 316 f.; Denecke: Jacob Grimm, S. 150. / 302 BG 321 ff. / 303 JG KS 1, 12 f.; BG 353; Die Brüder Grimm in ihrer amtlichen und politischen Tätigkeit, S. 34; Moritz: Jacob Grimm, S. 134 ff.; 200 Jahre, S. 193; König Lustik, S. 43 f.; Gronau: Die Verluste, Sp. 1086. / 304 BG 355. / 305 BG 356. / 306 Zum Folgenden vgl. Hussong: Jacob Grimm. / 307 BG 361. / 308 BG 362. / 309 BG 400. / 310 BG 366. / 311 GW, 171. / 312 Hussong: Jacob Grimm, S. 85 ff. / 313 Ebd., S. 139, 148 f. / 314 Ebd., S. 149. / 315 Ebd., S. 150. / 316 Zit. nach: Ziolkowski, Theodore: Das Amt der Poeten, S. 105. / 317 Friedrich Carl von Savigny: Ueber den

Zweck dieser Zeitschrift. In: Zeitschrift für geschichtliche Rechtswissenschaft. Hg. von Friedrich Carl von Savigny, C. F. Eichhorn u. J. F. L. Göschen. Bd. 1. Berlin 1815, S. 1–17, S. 3. / **318** Er ist durchaus nicht in allem mit seinem Lehrer einverstanden, aber das kommt hier noch nicht offen zur Sprache. Jacobs Bemerkungen zu Savignys Berufs-Schrift: GS 171 ff.; Savignys Reaktion auf Jacobs Beiträge: Stoll 2, 129 f., vgl. auch GS 228 ff. Dazu insgesamt: Wyss: Die wilde Philologie, S. 60 ff. Im ersten Band der *Zeitschrift für geschichtliche Rechtswissenschaft* erschien Jacobs Aufsatz *Über eine eigne altgermanische Weise der Mordsühne* (JG KS 6, 144 ff.). / **319** JG KS 6, 153 f. / **320** WG KS 1, 549 ff.; Stoll 2, 135, 139 f. / **321** AG, 142 f.; Hussong: Jacob Grimm, S. 38 ff. / **322** Hussong: Jacob Grimm, S. 36. / **323** Die Brüder Grimm in ihrer amtlichen und politischen Tätigkeit, S. 48; HF, 5 f. / **324** BG 386 f.; Die Brüder Grimm in ihrer amtlichen und politischen Tätigkeit, S. 49. Dazu Jacob: BG 388 f. / **325** Vasmer: B. Kopitars Briefwechsel; 200 Jahre, S. 494 ff.; Von Hessen nach Deutschland, S. 36; Schupp: ‹Wollzeilergesellschaft›, S. 11 ff. / **326** Schupp: ‹Wollzeilergesellschaft›, S. 33. / **327** Ebd., S. 3, 10. / **328** Faksimiliert in: GH, 88 f. / **329** JG KS 4, 56, KS 7, 584 ff., 593 ff.; vgl. auch: Briefe von Jacob Grimm an Hendrik Willem Tydeman, S. 18 ff. / **330** Zum Folgenden: 200 Jahre, S. 401 ff.; Mojašević: Jacob Grimm, insbes. S. 27 ff. / **331** JG KS 4, 427, 436, 440; Mojašević: Jacob Grimm, S. 34 ff.; Steig G 163 ff.; Vasmer: B. Kopitars Briefwechsel, S. XVI ff. / **332** Von nun an beschäftigt sich Jacob kontinuierlich mit der slawischen Literatur- und Sprachgeschichte. Mit Karadžić, der die Brüder Grimm 1823 in Kassel und dann in den 1840er und -50er Jahren mehrfach in Berlin besucht, verbindet ihn eine enge Beziehung. Beeindruckt hat Jacob dabei nicht zuletzt Karadžićs serbische Grammatik, die einen gesprochenen Dialekt zum Vorbild einer Schriftsprache macht – im Verlauf des 19. Jahrhunderts wurde diese Grammatik dann tatsächlich als ‹Nationalsprache› anerkannt. Jacob gibt den schmalen Band 1824 in deutscher Übersetzung mit einem ausführlichen Vorwort heraus. Karadžić figuriert darin als heroischer Retter der «serbischen Sprache», die bislang als unselbständig verkannt worden sei. Seine Sammel- und Forschungstätigkeit zeigte damit exemplarisch, wie der «erschlaffung vaterländisches sinnes» auf wissenschaftlichem Weg zu begegnen wäre (JG KS 8/1, 96, 107, 110. – Einen Überblick vermitteln: Vasmer: Bausteine; Leitinger: Die Wirkung). / **333** Friemel: Unpreußische Ansichten, S. 183; S JG, 149 ff. / **334** GW, 166; Die Brüder Grimm in ihrer amtlichen und politischen Tätigkeit, S. 60. – Jacob hatte seine spanischen Romanzen, die nicht umsonst unterschwellig den ‹Volksgeist› der Guerillataktik sanktionierten, Görres gewidmet. / **335** Foucault: Geschichte der Gouvernmentalität I, S. 115. / **336** Görres schreibt am 1. Juli 1814 im *Rheinischen Merkur*: «Wenn ein

Volk theil nimmt am gemeinen Wohle; wenn es sich darüber zu verständigen sucht, was sich begiebt; wenn es durch Thaten und Aufopferungen sich werth gemacht, in den öffentlichen Angelegenheiten Stimme und Einfluß zu gewinnen, dann verlangt es nach solchen Blättern, die was in allen Gemüthern treibt und drängt zur öffentlichen Erörterung bringen» (zit. nach: Koszyk: Deutsche Presse, S. 22). / **337** Hussong: Jacob Grimm, S. 52 f. / **338** Kunczik: Geschichte, S. 78, 82 f. – Hardenbergs Pressechef war der von den Grimms geringgeachtete Karl August Varnhagen von Ense. / **339** Die Grimms hätten vermutlich mit Schlegels Denkschrift «Über die litterarisch politische Wirksamkeit und den dadurch auf die öffentliche Meinung zu erhaltenden Einfluß» (1816) darin übereingestimmt, dass man die «Neigung zur historischen Belehrung» erhalten und verstärken solle (Schlegel: Kritische Friedrich-Schlegel-Ausgabe. Bd. 21, S. 408 f.). / **340** Zit. nach: Koszyk: Deutsche Presse, S. 22. / **341** Hierzu und zum Folgenden: Friemel: Unpreußische Ansichten, S. 191 ff.; Friemel: Jacob Grimms unpreußische Ansichten, S. 69; Seier: Modernisierung, S. 446 f.; Demandt: Geschichte, S. 548. / **342** Zum Folgenden vgl. Friemel: Unpreußische Ansichten. / **343** Rheinischer Merkur Nr. 124, 27. Sept. 1814; ebd., Nr. 132, 13. Okt. 1814; ebd. Nr. 140, 29. Okt. 1814 (Görres: Gesammelte Schriften. Bd. 6 – 8). / **344** Koszyk: Deutsche Presse, S. 24. / **345** Brentano: Sämtliche Werke und Briefe. Bd. 33, S. 146. / **346** Rheinischer Merkur Nr. 169, 27. Dezember 1814 (Görres: Gesammelte Schriften. Bd. 6 – 8; auch JG KS 8 / 1, 402). / **347** Friemel: Jacob Grimms unpreußische Ansichten, S. 69 f. / **348** Und auch er gibt sich radikal. Beim Kasseler Napoleonsfeuer hätte er am liebsten eine Bonaparte-Puppe in die Flammen geworfen (BG 370; Görres: Gesammelte Briefe. Bd. 2, S. 444 f.). / **349** WG KS 1, 533. / **350** JG KS 81, 404. / **351** BG 363. / **352** Humboldt: Werke. Bd. IV, S. 304. / **353** JG KS 8 / 1, 405. / **354** JG KS 8 / 1, 408; auch BG 366. / **355** GS 153; vgl. ähnlich Jacob an Wigand: GW, 170. / **356** WG KS 1, 543 f. / **357** WG KS 1, 547. / **358** Hussong: Jacob Grimm, S. 188. / **359** BG 436. / **360** AG, 7. / **361** HF, 146. / **362** LG E, 208 ff. / **363** BL, 93; BG 457 f., Steig A, 326, 331 f. / **364** Zum Folgenden: Blackbourn: Die Eroberung, S. 99 ff. / **365** GW, 183, Steig A, 331 ff. / **366** Mit Goethes Beschreibung der Rheinreise hingegen kann er wenig anfangen (BG 475). / **367** Zit. nach: Sturm und Drang, S. 1859 ff. / **368** Genauer dazu: Gronau: Die Verluste, Sp. 1066 f. / **369** Heidelbach: Kassel, S. 225; Die Brüder Grimm in ihrer amtlichen und politischen Tätigkeit, S. 34; König Lustik, S. 38 ff. / **370** Die Brüder Grimm in ihrer amtlichen und politischen Tätigkeit, S. 32; dazu auch: König Lustik, S. 32 ff. / **371** Münchhausen: Paris, S. 62; die Zahlen schwanken: Gronau: Die Verluste, Sp. 1066, beziffert den Verlust auf 382 Gemälde; 418 Bilder seien zurückgeholt worden (ebd., Sp. 1214) – die Zahl von 421 Bildern hält er auf jeden Fall für falsch. / **372** Die Brüder Grimm in ihrer amtlichen und politischen Tätigkeit, S. 34; AG, 13 f. / **373** BG 453. / **374** Moritz: Jacob Grimm, S. 138 ff.; König Lustik, S. 44. / **375** AG, 74. / **376** WG KS 1, 556 f.; dazu: Görres: Gesammelte Briefe. Bd. 2, S. 478. Insgesamt: Gronau: Die Verluste, Sp. 1087 ff., 1195 ff. / **377** BG 455. / **378** AG, 44 f. / **379** AG, 22. / **380** BG 454. / **381** Schede (2004): Die Brüder Grimm, S. 83. / **382** Die Brüder Grimm in ihrer amtlichen und politischen Tätigkeit, S. 37; AG, 91 f.; vgl. auch BB 255 f. / **383** HF, 7. / **384** BG 439, 446. / **385** BG 464 f. / **386** BG 277, 380 f. / **387** Die Brüder Grimm in ihrer amtlichen und politischen Tätigkeit, S. 64 f.; AG, 4 ff., 100; die Präzisierung der Aufgabe nach der «Resolution» vom 16. August 1815 (GW, 374). / **388** BG 304, 459. / **389** BG 460 f. / **390** BG 465 f.; GS 212. / **391** BG 467. / **392** Von Hessen nach Deutschland, S. 43. Beim ersten Mal hatte er sich um «die Stelle eines zweiten Bibliothekars» und um die «eines Hofarchivars» beworben (GW, 376). / **393** GS 236. / **394** WG KS 1, 23; AG, 100; GS 236.

5. Eine «glückliche Zeit» (1816–1829)

1 JG KS 1, 168. / **2** GS, 265 ff. / **3** Zu den *Deutschen Sagen* insgesamt vgl. Uther: Die Brüder Grimm, S. 82 ff. / **4** Petzold: Einführung, S. 17 ff. / **5** Uther: Die Brüder Grimm, S. 90; Petzold: Einführung, S. 39 f. / **6** Zit. nach: Uther: Die «Deutschen Sagen», S. 723. / **7** So wieder in einem Brief an Ferdinand (alle Zitate nach: Uther: Die «Deutschen Sagen», S. 728); vgl. auch Steig A, 339. / **8** Vgl. dazu: Rölleke: Nachwort 2, S. 642 ff. / **9** Goethe und die Romantik, S. 211 f.; GS, 261. / **10** Denecke: Blätter und Blüten aus Kassel, S. 120. / **11** GS, 296. / **12** HF, 143, 163; AG, 186; aus der Stelle wird nichts (GS, 319). / **13** HF, 144. / **14** So am 22. Mai und 29. Juni 1820 (S WG, 251 f., 253). / **15** Vgl. darüber GL, 323, 347, 380. / **16** Vgl. dazu ausführlich GJ, 82 ff. / **17** AG, 116. / **18** Die Landesbibliothek Kassel, S. 43 ff. / **19** GS, 250. / **20** Schäfer/Denecke: Die Brüder Grimm, S. 26 f.; Denecke: Bibliotheksgeschichte, S. 18; GS, 327. / **21** Schäfer/Denecke: Die Brüder Grimm, S. 18 f. / **22** Hunger: Gründung, S. 161 f. / **23** Zum Folgenden: Lauer: Die Brüder Grimm als hessische Bibliothekare. / **24** GJ, 154. / **25** Steig A, 317. / **26** Hierzu und zum Folgenden: Denecke: Bibliothek, S. 110 ff.; Lauer: Die Brüder Grimm als hessische Bibliothekare. / **27** Schäfer/Denecke: Die Brüder Grimm, S. 32; Lauer: Die Brüder Grimm als hessische Bibliothekare, S. 22. / **28** GS, 351. / **29** Briefe der Brüder Jacob und Wilhelm Grimm an Georg Friedrich Benecke, S. 151; Briefe Wilhelm Grimms an Ebert: GM, 311 ff. / **30** Steig A, 608. – Zur Professionalisierung des Bibliothekars und der damit verbundenen Abkoppelung des Bücherverwalters vom Forscher vgl. Jochum: Kleine Bibliotheksgeschichte, S. 121 f. / **31** AG, 116. / **32** Ebert: Die Bildung, S. 10, 12, 26. / **33** Die Landesbibliothek Kassel, S. 74. / **34** Zum Folgenden: Steig G, 103 ff. / **35** Jacob hatte vom Stein bereits in seiner Zeit als Legationssekretär auf dem Weg nach Paris kennenlernen wollen. Während des Wiener Kongresses wandte Jacob sich an vom Stein, als er sich für die Rückgabe der altdeutschen Handschriften im Vatikan einsetzte (Briefe der Brüder Jacob und Wilhelm Grimm an Georg Friedrich Benecke, S. 82 f.). Aber erst in den 1820er Jahren nimmt er direkt mit dem Freiherrn Kontakt auf, als er – letztlich vergeblich – Unterstützung für eine Reise nach Mailand suchte, um vor Ort den gerade entdeckten «gothischen Ulfilas» für seine sprachhistorischen Studien auszuwerten (Briefwechsel zwischen Jacob Grimm und dem Freiherrn vom Stein; vgl. auch S JG, 183 ff.; GM, 316 ff.). / **36** Stoll 2, 126, 160 f. / **37** Stoll 2, 202; Steig G, 131. / **38** Die Grimms betraf dabei insbesondere § 14 des Plans, der sich auf die altdeutsche Literatur bezog (Steig G, 133 f.). / **39** Steig G, 130. Wilhelm erfährt aber erst 1816 auf der Reise zu Arnim davon (GH, 105). / **40** Steig G, 115. / **41** Steig G, 134, 136. / **42** Steig G, 188 ff. – Jacob äußert sich gegenüber Savigny rund eine Woche später noch einmal gesondert (GS, 245 ff.). / **43** Immerhin hält Jacob Grimm über den Briefwechsel mit Heinrich Pertz, dem ersten Präsidenten der *Monumenta*, Kontakt zu dem Forschungsprojekt. / **44** Briefe der Brüder Jacob und Wilhelm Grimm an Georg Friedrich Benecke, S. 98, 100. / **45** Steig G, 149. / **46** Die Brüder Grimm in ihrer amtlichen und politischen Tätigkeit, S. 72. Zum Folgenden vgl. Franz: Jacob Grimm. / **47** Zu dieser klassischen Zensurtrias vgl. für die Kontrolle der Kasseler Leihbibliotheken: Sirges: Die Bedeutung, insbes. S. 259 ff. / **48** Franz: Jacob Grimm, S. 458. / **49** Zum Folgenden vgl. den Abdruck bei: Franz: Jacob Grimm, S. 470 ff. / **50** Vgl. auch Steig A, 375. / **51** Franz: Jacob Grimm, S. 461 f. / **52** AG, 128. / **53** Vasmer: B. Kopitars Briefwechsel, S. 5. – Politik spielt in Grimms Voten naturgemäß eine große Rolle. Hier und da entdeckt man etwa Ausfälle gegen die «Liberalen», denen «nicht selten Verfängliches entschlüpft». Das führt in einigen Fällen, aber nicht automatisch zum Eingriff der Zensur. Anderes stört ihn mehr: wenn etwa in einer Schrift eine «Lobeserhebung» Napoleons zu finden ist, wenn die kurhessische Verwaltung auch nur dezent kritisiert wird oder wenn es – wie in Schriften zur Burschenschaft – politisch zu radikal zugeht. Man ließ jedoch auch oppositionelle Schriften passieren und wurde dafür vom Kabinett aufs schärfste gerügt. In manchen Fällen war die Kommission uneins. So wollte Grimm zwei Schriften seines Freundes Görres durchwinken, wohingegen Völkel Bedenken anmeldete. Moralisch war Jacob leichter reizbar. Die Schriften Casanovas, die er und vor al-

lem Wilhelm im Übrigen durchaus schätzen, wurden auf seinen Antrag hin verboten. Diese Memoiren waren für ihn «wegen des schlüpfrigen Inhalts» unerträglich (Franz: Jacob Grimm, S. 465 ff. Zur Diskussion um Casanova: GS, 318;
HF, 76; AG, 123 ff.). Aufschlussreich ist Jacobs Votum über die Zensur der Leihbibliotheken, das von der rigorosen Sicht seines Vorgesetzten Völkel abweicht. Der
hatte 1823 – gewissermaßen in Fortsetzung der Säuberungsaktion, die die Leihbibliotheken um 1800 über sich ergehen lassen mussten (Sirges: Die Bedeutung,
S. 259 ff., insbes. S. 267) – zu einer umfassenden Überwachung geraten. Wieder
ging es um die Gefährdung unbedarfter Leser, vor allem in moralischen Fragen,
und das hieß traditionell: um die Gefährdung von Jugendlichen, Frauen und der
unteren sozialen Schichten. Völkel plädierte für eine «strenge Aufsicht», um den
Schaden durch «unzüchtige u. verführerische Romane», durch «Liebes Geschichten» und andere fragwürdige Objekt der «Lese Lust» zu begrenzen (ebd.,
S. 270). Jacob hält das an vielen Punkten für wenig triftig. Vor allem aber plädiert
er prinzipiell für staatliche Toleranz: «Es ist beßer, daß der Staat solche Institute
dulde, als sich einmische; er unterdrücke nur notorischen Scandal. [...] Der
Mensch läßt sich von einer Regierungsbehörde nicht gern vorschreiben, was er
lesen und nicht lesen soll; gute Bücher finden sich in allen Leihbibliotheken, ren-
tiren sich aber schlecht.» Ästhetisch sei die mindere Qualität zwar bedauerlich,
politisch aber sei von den Beständen der Leihbibliotheken kaum etwas zu be-
fürchten. Leihbibliotheken versteht er als «ein Übel der Zeit, das aus andern
Vortheilen der Zeit herfließt» (ebd., S. 271; vgl. auch AG, 128 ff.). Daher setzt Jacob auch nicht bei den einzelnen Büchern an, sondern geht einen Schritt tiefer
an die institutionellen Wurzeln des Übels. Er schlägt vor, die Neueinrichtung von
Leihbibliotheken zu erschweren – das wurde dann auch getan. Ein anderer Vorschlag, die Aufsicht Geistlichen zu überlassen, wurde erst im Jahr 1836 realisiert.
Im Ganzen jedoch war Rommel als Vorsitzender der Zensurkommission mit
Grimms Vorschlägen nicht einverstanden und hielt sie für zu lax. / 54 Die
Grimms stimmen beispielsweise der reaktionären Position Carl Ludwig von Hal-
lers zu. In seiner *Restauration der Staats=Wissenschaft* (1816) will er beweisen,
dass menschliche ‹Geselligkeit› auf allen Ebenen einer göttlich versicherten Rol-
lenverteilung von Herrschenden und Beherrschten folgt. Sympathisch war den
Grimms daran vermutlich, dass Haller politische Systeme nicht auf die Entscheidungen von Menschen zurückführt, sondern auf eine sich gleichsam von selbst
organisierende Ordnung. Und sympathisch dürfte den Grimms auch gewesen
sein, dass Haller die Herrschenden auf «Gerechtigkeit» und «Liebe» verpflichtet.
Wenn Haller sagt, dass die «Macht der Herrschenden» wie die «Privat=Macht
von Gott herkomme», dann meint er damit nicht mehr, «als daß sie nicht von

Menschen geschaffen, sondern durch die Natur der Dinge als Gottes Ordnung
von selbst gegeben sey» (Haller: Restauration, S. 336). Zum «Gesez der Gerechtigkeit» und zum «Gesez der Liebe oder des Wohlwollens» vgl. ebd.,
S. 384 ff. / **55** König Jérôme, S. 69; Botzenhart: Reform, S. 79 f. / **56** Seier: Modernisierung, S. 432, 435 ff. / **57** GW, 189. Auch Wilhelm äußert sich keine zwei
Wochen später in diesem Sinn. / **58** Demandt: Geschichte, S. 548; Die Brüder
Grimm in ihrer amtlichen und politischen Tätigkeit, S. 53; Seier: Modernisierung, S. 448 f. / **59** Vehse: Geschichte, S. 266. Zum Volksglauben, der den Zustand des Schlosses mit dem Gesundheitszustand des Kurfürstin assoziiert vgl.
Steig A, 375. / **60** Heidelbach: Kassel, S. 228. / **61** Heine: Sämtliche Schriften.
Bd. 4, S. 88. / **62** Denecke: Jacob Grimm und seine Freunde, S. 6 ff.; zur Konkurrenz um eine Handschrift zwischen Jacob Grimm und Maßman vgl.:
Schmidt: Jacob Grimm. Zu einem späteren Urteil über Maßman vgl. GBPR 87,
131. / **63** Anonym: Der Studentenfrieden auf der Wartburg. In: Isis XI/XII
(1817), Sp. 1554–1559, Sp. 1557 f. / **64** BW, 205. Wigand hatte Riemann brieflich
als seinen «intime[n] Freund» vorgestellt (BW, 384). / **65** Deutsche Geschichte
in Quellen und Darstellungen. Bd. 7, S. 67 / **66** HF, 172. / **67** HF, 175. / **68** Z. B.
GS, 271, 273 f., 318. / **69** HF, 181, 184. / **70** HF, 59. / **71** GS, 279, 280 f., 284 f.,
293. / **72** Briefe von Jacob Grimm an Hendrik Willem Tydeman, S. 70 f. /
73 GS, 246. / **74** HF, 79; AG, 169. / **75** S WG, 160. / **76** Z. B. BG, 482; vgl. insgesamt zu Frankfurt: S JG, 209 ff.; WG, 139 ff.; vgl. exemplarisch die Beschreibung
eines Besuchs: Steig A, 496 ff. / **77** HF, 233; Steig A, 541 f. / **78** BG, 479 ff.; Steig
A, 346 ff. / **79** S WG, 80 f.; Denecke: Jacob Grimm, S. 150; Schoof: Beziehungen,
S. 229 f.; Steig A, 472 f. / **80** Schoof: Beziehungen, S. 230 f.; Lelke: Die Brüder
Grimm, S. 101; HF, 223; S WG, 160 ff.; Schoof: Beziehungen, S. 235, 242. / **81** HF,
41. / **82** Zur vorsichtigen Kritik an der Runen-These vgl. Grimm: Über deut-
sche Runen, S. 268 ff. / **83** Vgl. im Überblick: Morgenroth/Spreu: Wilhelm Carl
Grimm, S. 22 ff. – Wilhelms «Beitrag zur Geschichte des Alphabets» (HF, 67) ent-
wirft nebenbei eine kleine Theorie der Sprach-Politik. Wie die meisten seiner
Zeitgenossen verdächtigt er die Schrift des Machtmissbrauchs. Sie versuche, die
Laute der gesprochenen Sprache unter ihre Gewalt zu bringen. Wenn dann «die
Schrift immer weiter um sich greift und die lebendige Rede verdrängt, auch statt
des lauten ein stummes Lesen überhand nimmt», dann haben sich die Herr-
schaftsverhältnisse im Sprachreich verkehrt (Grimm: Über deutsche Runen,
S. 15, 17). Zudem analysiert Wilhelm, ohne dies zu reflektieren, die Bedingung
der Möglichkeit des Grimm'schen Forschungsprojekts insgesamt. Denn er und
sein Bruder halten zwar mündliche Zeugnisse für wertvoller und kritisieren die
Sprachverderbnis durch Schrift, aber sie sind Kinder einer medienhistorischen

Epoche, in der Lesen und Schreiben zu den zentralen Kulturtechniken geworden sind. Schriftlichkeit ist von fundamentaler Bedeutung für die Forschungsmentalität der Grimms: für ihre flexible, kritikbereite, auf Revision bedachte Positionierung. So urteilt Wilhelm in der Studie *Über deutsche Runen* durchaus vorsichtig und vorläufig über die Willingshausener Runenfunde. Ebenso lässt er die Frage offen, wie man sich die Entstehung des Alphabets letztlich vorzustellen hat. Er macht Vorschläge, wägt Plausibilitäten ab, fällt aber keine Entscheidung. Mit anderen Worten: Er delegiert Probleme an Folgeuntersuchungen, und eben dafür ist die Schrift von fundamentaler Bedeutung. Sie hält Sprache fest, um genau dadurch Kritik zu ermöglichen. / **84** FB, 64 f. – Jacob agiert im Übrigen nicht ganz uneigennützig. In einem Nachsatz bittet er Ludowine, ihrer Schwester «die Sage von dem Teufel auf dem Exterstein und dem Einsiedler aus Horn abzufragen und niederzuschreiben». / **85** Zum Folgenden: Kemminghausen: Dokumente, S. 130 ff. / **86** Kemminghausen: Dokumente, S. 133. / **87** Ebd., S. 135. / **88** Ebd., S. 137. / **89** GJ, 28 f. / **90** GJ, 12 ff. / **91** GJ, 45. / **92** FB, 218 f. Zudem erkundigt sich Jenny im nächsten Schreiben: «als ich Ihnen diesen Frühling schrieb, war ich da einen Brief schuldig oder nicht?» (GJ, 49). / **93** Gödden: Wilhelm Grimms Freundschaft, S. 16 f. / **94** Ebd., S. 17. / **95** Ebd., S. 18 ff. / **96** Vgl. auch den Brief über Sternbilder: GJ, 66 f.; vgl. zur Blumenliebhaberei auch GJ, 144 f. / **97** GJ, 101. / **98** Als Gegenbild, das zeigt, wie flexibel Jacob seinen Briefstil zu wechseln verstand, kann die fachlich orientierte, aber stets scherzhafte Korrespondenz mit Meusebach, einem typischen philologischen ‹Liebhaber›, dienen – Meusebach selbst litt unter seinem Ruf als «Dilettant» (GM, 14, auch 36, 321). / **99** Zit. nach: Hunger: Gründung, S. 168; Briefe aus der Frühzeit, S. 68. / **100** Vgl. in diesem Zusammenhang auch zu Jacobs Briefsitten: GS, 135 f. / **101** GL, 3. / **102** GL, 194, 197. – Auch Wilhelms Korrespondenz mit Lachmann, die er kurz nach Jacob mit dem fanatischen Philologen beginnt, steht ganz im Zeichen des fachlichen Austauschs. Von wenigen Ausnahmen abgesehen, zählt anfangs allein die Diskussion um die Sache. Aber die Fragen werden weniger detailliert und dafür sehr viel lockerer verhandelt. Und seit den späten 1820er Jahren öffnet sich der Briefwechsel zwischen den Brüdern und Lachmann ohnehin und zieht die Register freundschaftlicher Korrespondenz. / **103** GL, 13. / **104** Vgl. Wilhelm an Arnim über die Nachrichten aus dem Alltag und «selbst über Kleinigkeiten», von denen man von Freunden gern höre – er weist nicht umsonst auf Cicero, denn es handelt sich dabei tatsächlich um einen Topos (Steig A, 530 f.). / **105** GL, 14. / **106** Briefe aus der Frühzeit, S. 44. / **107** Vgl. dazu Wilhelms Klagen über Jacobs Kritiksucht: Steig A, 516. / **108** JG KS 1, 145 f. Vgl. zur Lachmann-Kritik der Rede auch: Rölleke: Ja-

cob Grimms handschriftliche Nachträge, insbes. S. 18. / **109** Zur Entstehungs-
und Druckgeschichte vgl.: Feldbusch: Einleitung, S. V* ff.; dort findet sich auch
ein Überblick über den Inhalt der Grammatik. / **110** GL, 22; ähnlich auch: Briefe der Brüder Jacob und Wilhelm Grimm an Georg Friedrich Benecke,
S. 105 f. / **111** Sonderegger: Die Brüder Grimm, S. 55; Wyss: Die wilde Philologie,
S. 170. Zu zeitgenössischen Kritik: Schoof: Jacob Grimms Deutsche Grammatik
(die kritischen Anmerkungen S. 373ff; dazu auch: Denecke: Wilhelm und Jacob
Grimm, S. 1 ff., 10, 16 ff.). Zum beträchtlichen Verkaufserfolg vgl. Feldbusch: Einleitung, S. XLVI* f. / **112** HF, 62. / **113** Heine: Sämtliche Schriften. Bd. 3,
S. 646. / **114** BL 105. / **115** Betrieben wurde das Ganze von Rommel, der bereits 1817 bei Jacob um Hilfe bei seiner «Hessischen Geschichte» ersucht hatte
und der Jacob Grimm 1829 die begehrte Bibliotheksstelle wegschnappen sollte
(Die Brüder Grimm in ihrer amtlichen und politischen Tätigkeit, S. 65 f.). /
116 Steig A, 373; BB 43 ff.; vgl. auch den Briefwechsel mit Boisserée: BB
38 ff. / **117** Zit. nach: Bisky: Poesie, S. 274, auch S. 276 f. / **118** DG 1, unpag.; JG
KS 8/1, 25 f. / **119** Wyss: Die wilde Philologie, S. 122 f. – zu Recht weist Wyss darauf hin, dass Jacob Grimms breitangelegte Forschungen viel mit den weiten Inter-
essen der Vorgängergeneration gemeinsam haben. / **120** Vgl. im Überblick:
Sonderegger: Die Brüder Grimm, S. 46; Wyss: Die wilde Philologie,
S. 95 ff.; von See: Die Göttinger Sieben, S. 85 f., 105. – Den Wert der Studien von
Rask und Bopp hebt Jacob in der Vorrede besonders hervor, auch wenn er die
Vorreiterrolle insbesondere Rasks bei der ‹Entdeckung› und Formulierung zen-
traler Lautgesetze nicht angemessen herausstreicht. / **121** DG 1, IX, XVIII f.; JG
KS 8/1, 30, 39 f.; Meves: Ausgewählte Beiträge, S. 71 ff. – Er reagiert im Übrigen et-
was liberaler, nachdem in den 1830er Jahren seine eigene Grammatik im Rahmen
der Diskussion um den Deutschunterricht beachtet wird. / **122** DG 1, XV; JG
KS 8/1, 36. / **123** DG 1, X; JG KS 8/1, 31. / **124** Der arme Heinrich, S. 143. /
125 DG 1, XV; JG KS 8/1, 36. / **126** Wyss: Die wilde Philologie, S. 182 ff. /
127 DG 1, XVII; JG KS 8/1, 38. / **128** DG 1, XX; JG KS 8/1, 40. / **129** GL, 277;
zur ‹perfiktiblen› Kritik auch GL, 484 f.; zu Differenzen zwischen Lachmann und
Grimm: GL, 494. / **130** GW, 208 f. Zur Arbeitsweise vgl. Feldbusch: Einleitung,
S. XLV* ff., insbes. S. L* ff. / **131** Das Zitat stammt von Wilhelm Scherer (FB,
219). / **132** ²DG 1, V. / **133** Leben und Werk, S. 30. / **134** [Meusebach]: Recension, S. I (= Vorrede von Jacob Grimm). / **135** Dass Jacob nach 1816, also mit
Antritt der Bibliothekarsstelle, die Notwendigkeit erkannte, seine Studien auf
eine neue Grundlage zu stellen, war sicher auch eine Nachwirkung der Polemik
August Wilhelm Schlegels gegen die *Altdeutschen Wälder*, lässt sich aber nicht allein darauf zurückführen. Jacob selbst hatte ja unabhängig davon eine histori-

sche Grammatik gefordert. / **136** Hunger: Gründung, S. 163 ff. / **137** J. Grimm an Rask, 24. Juli 1824, Briefwechsel der Brüder Grimm mit nordischen Gelehrten, S. 118. / **138** Wyss: Die wilde Philologie, S. 95, 123 ff.; Feldbusch: Einleitung, S. XXXII* ff. / **139** So an Benecke am 28. Dezember 1818 (Briefe der Brüder Jacob und Wilhelm Grimm an Georg Friedrich Benecke, S. 104). / **140** Grundlegend zum Folgenden: Ginschel: Der junge Jacob Grimm, S. 326 ff. / **141** Dass dies nicht Grimms einziges Wort war, sieht man schon an den *Deutschen Rechtsalterthümern* (1828), die weitgehend ohne chronologische Differenzierung Quellen aus verschiedenen Zeiten zu einem großen Ganzen des ‹Altertums› arrangieren (Ginschel: Der junge Jacob Grimm, S. 379 ff.). / **142** Briefe der Brüder Jacob und Wilhelm Grimm an Georg Friedrich Benecke, S. 91, zu Präzisierungen vgl. ebd., S. 94 ff. Zu Entdeckung des i-Umlauts vor Grimm vgl. auch Schoof: Jacob Grimms Deutsche Grammatik, S. 373 f. (bezogen auf Radloffs noch unbefriedigende Thesen aus dem Jahr 1811). / **143** Ginschel: Der junge Jacob Grimm, S. 364 ff. / **144** Briefe der Brüder Jacob und Wilhelm Grimm an Georg Friedrich Benecke, S. 144. Jacob wird Benecke 1826 den zweiten Teil der *Deutschen Grammatik* widmen. / **145** Von «Entartung» und «Verlust» in der Grammatikgeschichte ist vielfach die Rede. Vgl. z. B. Briefe der Brüder Jacob und Wilhelm Grimm an Georg Friedrich Benecke, S. 110; Steig A, 440. / **146** Ginschel: Der junge Jacob Grimm, S. 351 ff. / **147** ²DG 1, 8. / **148** GM, 6. Dazu scherzhaft Wilhelm: GM, 76, und Meusebach: GM, 111. / **149** GL, 381. / **150** HF, 191; vgl. auch GJ, 34. / **151** 14. März 1821; Ehrhardt: [Tagebuch von Wilhelm Grimm]; Steig A, 485, 492. / **152** 15. März 1821; Ehrhardt: [Tagebuch von Wilhelm Grimm]. / **153** Seier: Modernisierung, S. 451. / **154** HF, 66; auch Steig A, 493. / **155** GS, 182. / **156** GS, 298. / **157** GS, 298. / **158** GS, 299, 301, 321 f. / **159** GS, 299, 322. / **160** BG, 481. / **161** S WG, 232; HF, 65; FB, 83. / **162** Ehrhardt: [Tagebuch von Wilhelm Grimm]; vgl. dazu auch Steig A, 488 f. / **163** 18. Feb. 1821; Ehrhardt: [Tagebuch von Wilhelm Grimm]. / **164** Steig A, 517 f. / **165** GJ, 71 f.; Steig A, 374 f. / **166** GS, 302, 322, 325 f.; AG, 7 ff., 167. / **167** Zum Folgenden vgl.: Grothe: Ein Leben. / **168** Heidelbach: Kassel, S. 229. / **169** Vgl. dazu: Heinz: Kurfürstin Auguste, S. 95 ff. / **170** Zum «Schönfelder Kreis» vgl. Grothe: Ein Leben, S. 23 ff.; ders.: Kurfürstin; ders.: Die Brüder Grimm, S. 187 ff.; zu den künstlerischen Ambitionen der Kurfürstin vgl. Heinz: Kurfürstin Auguste. / **171** Seier: Modernisierung, S. 452; Helwig: Die Kasseler Jahre, S. 62 f.; von der Faktizität der «Verschwörung» überzeugt ist: Horn: Die Verschwörung. / **172** GM, 137; zur Briefüberwachung vgl. Steig A, 535. / **173** WG KS 4, 622. / **174** AG, 110. / **175** AG, 111. / **176** AG, 119. / **177** AG, 121. Jacob hatte es für unmöglich erklärt, unter den bestehenden Verhältnissen auf jedem Beleg zu vermerken, auf welcher Seite des Katalogs ein abzurechnendes Werk eingetragen war (vgl. dazu: Die Landesbibliothek Kassel, S. 71 ff.). «Bei keiner Bibliothek», so erklärt er in einer ausführlichen Stellungnahme, «wenn sie ihrem Begriffe entspricht u. selbst nicht stehen bleibt, kann der Catalog feststehen, das heisst seine erste anlage gänzlich behalten» (BW, 398). / **178** JG KS 1, 15. / **179** BW, 401. / **180** Ebert: Die Bildung, S. 51, 55. / **181** Zu den Wohnungen vgl. S WG, 178 ff.; Steig A, 501. / **182** BG, 491; GS, 321. / **183** HF, 210. / **184** Vgl. die Beschreibung im Kasseler Adreßbuch von 1828: GJ, 150. / **185** GJ, 47. / **186** BW, 244. / **187** Als Faksimile abgedruckt in: 200 Jahre, S. 201. / **188** Steig A, 312 f., LG E, 551 f.; Der unbekannte Bruder Grimm, S. 31. / **189** Ehrhardt: [Tagebuch von Wilhelm Grimm]. / **190** Denecke/Schulte Kemminghausen: Die Brüder Grimm, S. 95. / **191** GW, 228. / **192** GS, 314. / **193** Rölleke: Die Frau, S. 73. / **194** Wilhelmi: Lustspiele, S. 3 f., 7. / **195** Ebd., S. 9. / **196** Ebd., S. 35. / **197** Neumann: Ein «Heiratsplan»; Schoof: Wilhelm Grimms Reise [1937], S. 85. / **198** Raven/King: Die Beziehungen, S. 171 f. / **199** GW, 237. / **200** Kolk: Liebhaber, Gelehrte, Experten, S. 59, 75. / **201** 200 Jahre, S. 201. Vgl. auch Tagebuchnotizen Jacobs zu Dorothea bei: Schmidt: Die Brüder Grimm, S. 174. / **202** AG, 174, 10. / **203** Rölleke: Erinnerungen, S. 7. – Vielleicht war sie auch deswegen auf Abstand bedacht. An Lotte Grimm schrieb sie im Herbst 1808: «Daß mir dein Bruder Wilhelm in Gedanken eine Hand giebt ist mir lieber als wenn er sie mir in natura gäbe denn du weißt wohl da bin ich kein Freund von.» BL 128. / **204** WG KS 1, 23. / **205** WG KS 1, 23; GS, 338. / **206** HF, 90. / **207** HF, 238. / **208** HF, 90; Briefe aus der Frühzeit, S. 59. / **209** GL, 827; Steig A, 556 f. Vgl. für Jacob: GM, 66. / **210** Ehrhardt: [Tagebuch von Wilhelm Grimm]. / **211** Ebd. / **212** 25. Sept. 1820; Ehrhardt: [Tagebuch von Wilhelm Grimm]. / **213** 2. Okt. 1820; Ehrhardt: [Tagebuch von Wilhelm Grimm]. / **214** Ehrhardt: [Tagebuch von Wilhelm Grimm]. / **215** Als Jacob sich im Juli 1847 um seine kranke Schwägerin sorgt, schreibt er an sie: «Du darfst uns gar nicht sterben […], der Wilhelm hätte in dir bloß seine Frau verloren, aber ich hätte in dir auch meine mutter verloren, denn ob ich gleich älter bin als du, habe ich dich so lieb wie meine mutter und du sorgst für mich wie meine mutter; wer hätte sich denn meiner annehmen wollen und können?» (UB, 382). / **216** Müller: Ein psychoanalytischer Beitrag, insbes. S. 41 f. / **217** LG E, 576. / **218** Wilhelmi: Lustspiele, S. 11. / **219** Novalis: Werke. Bd. 1, S. 338. / **220** So in Anlehnung an eine Formulierung von Niels Werber. / **221** BG, 490, 492. / **222** Jacob hat übrigens ein eher schlichtes Frauenbild. In der Besprechung eines Lexikons der *Deutschen Schriftstellerinnen* grummelt er 1822 von der «heiligen schranke der natur», die der Frau öffentliches Auftreten verwehre und ihr die Grenzen häuslicher Sorgsamkeit als Handlungsraum zuweise (JG KS 4, 172). / **223** LG E 545. / **224** 200 Jahre, S. 203. / **225** GS, 337. / **226** GW, 242 f. / **227** Görres: Gesammelte Briefe. Bd. 3, S. 191; BW, 244. / **228** HF, 240. / **229** KHM I, 242. / **230** ⁷KHM I, 272. / **231** Briefe der Brüder Jacob und Wilhelm Grimm an Georg Friedrich Benecke, S. 140; auch GS, 296. / **232** HF, 103. / **233** GM, 69, S WG, 195. / **234** Briefe Jacob Grimms an August Wilhelm Schlegel, S. 158 f. / **235** GL 831. / **236** GM, 69. / **237** Schoof: Die ‹Altdeutschen Wälder›, S. XV. / **238** GL, 831. / **239** GL, 608 f.; Briefe Jacob Grimms an August Wilhelm Schlegel, S. 161. / **240** GS, 330 f. / **241** AG, 102 f. / **242** Die Brüder Grimm in ihrer amtlichen und politischen Tätigkeit, S. 70; sowie AG, 103. / **243** GM, 117, 122; BB 141. / **244** S JG 276 f. Schoof, Wilhelm: Göttingen, S. 233 f. / **245** Grimm: De desiderio patriae, S. 20 f.; Frensdorff: Jacob Grimm, S. 4 ff.; BB 141 ff.; Schoof, Wilhelm: Göttingen, S. 235 ff. / **246** Vier Dokumente, S. 20 f. / **247** J. Grimm an Kopitar am 27. Oktober 1829: Vasmer: B. Kopitars Briefwechsel, S. 67. / **248** HF, 112. / **249** GJ, 119. / **250** Die Brüder Grimm in ihrer amtlichen und politischen Tätigkeit, S. 71. / **251** GM, 122. / **252** GM, 116. / **253** Die Brüder Grimm in ihrer amtlichen und politischen Tätigkeit, S. 72; Briefe der Brüder Jacob und Wilhelm Grimm an Georg Friedrich Benecke, S. 168 f. / **254** Grimm, Jacob: Deutsche Rechtsaltertümer I, S. XXI. / **255** Grundsätzlich vgl. Schmidt-Wiegand: Einleitung. / **256** Grimm, Jacob: Deutsche Rechtsaltertümer I, S. VII, IX. / **257** Ebd., S. VII, X, XVI. / **258** Ebd., S. XVI. / **259** Dies entspricht der Erstauflage. / **260** Grimm, Jacob: Deutsche Rechtsaltertümer I, S. XVII. / **261** Im knappen Überblick vgl. Die Brüder Grimm in ihrer amtlichen und politischen Tätigkeit, S. 67 ff. / **262** GL, 751, 757; Grimm, Wilhelm: Die Deutsche Heldensage, S. 395 f. / **263** Grimm: Die Deutsche Heldensage, S. 335. / **264** Ebd., S. 365, 396.

6. Göttingen (1830–1840)

1 Sachse: Göttingen, S. 87. / **2** Abdruck bei: Seitz: Die Brüder Grimm, S. 24 f. / **3** Steig A, 592. / **4** Steig A, 592. / **5** S JG 239. / **6** Steig A, 593 f.; GS 354; GLH 63. / **7** BB 105 ff. 1836 zieht Müller um (BB 245). / **8** Ebel: Briefe, S. 71 ff. / **9** Denecke: Die Göttinger Jahre, S. 142. / **10** GW 272; JG 124; Denecke: Die Göttinger Jahre, S. 144. / **11** GLH 157. / **12** GL 551. / **13** BL 138. / **14** GLH 221. / **15** Letzterem widmet Wilhelm seine Ausgabe von *Ruolandes Liet* (1838). / **16** Hierzu und zum Folgenden: Bleek: Die Brüder Grimm. / **17** Wegen dieses Streits wird sich Jacob Grimm rund zwanzig Jahre später aus der Nationalversammlung zurückziehen. / **18** GJ 125; GS, 382; GLH 70. / **19** Stoll 2, 423. /

20 GDG I, 20, 26, 42; GS 356; Stoll 2, 211. / 21 HF 274; Heine: Sämtliche Schriften. Bd. 2, S. 103 f. / 22 Oesterley: Geschichte, S. 230; Gesetze, S. 10, 57 ff. / 23 Der Göttinger Student, S. 7. / 24 Göttingen, S. 399; Sachse: Göttingen, S. 152. / 25 Steig A, 608. / 26 Göttingische Gelehrte Anzeigen (1831), S. 429, 1479; (1834), S. 357; (1835), S. 1477. Ebd., (1829), S. 1889, wird Jacob als «ordentliche[r] Professor der Philosophie» vorgestellt. / 27 GL 551. / 28 GS 361. / 29 GL 550. / 30 GM 118, 142; zur Bibliothek: Oesterley: Geschichte, S. 80 ff. / 31 GL 549 f. / 32 Vier Dokumente, S. 19 ff. – Reuß schätzte es zudem wenig, dass die Verhandlungen von Benecke teilweise hinter seinem Rücken geführt worden waren. / 33 GL 545. / 34 Vier Dokumente, S. 25 ff. / 35 HG BW, 17 f. / 36 GS 356, 360. – Freilich könnten hinter diesen Aversionen innerbetriebliche Auseinandersetzungen stehen: Als Jacob für die Anstellung seines Bruders in Göttingen sorgt, wäre Wilhelm fast an den etablierten Mitarbeitern vorbei befördert worden, hätte man diese nicht zugleich auf der Hierarchie nach oben gestuft (Leben und Werk, S. 9; Schoof, Wilhelm: Göttingen, 249). / 37 GJ 125. / 38 GW 272. / 39 Begleitend wurde eine wissenschaftliche Publikation erwartet, die Jacob mit einer Edition der 27 «Murbacher Hymnen» vorlegte, einem frühen altdeutschen Sprachzeugnis aus dem 9. Jahrhundert – Lachmann, der die lateinischen Ausführungen Grimms vor dem Druck korrigiert, will sie nicht «verachten», hätte sich aber «mehr Spaß» von der Lektüre versprochen; Jacob pflichtet ihm bei (GL 547, 549, 552; Die Brüder Grimm in ihrer amtlichen und politischen Tätigkeit, S. 86). / 40 J. Grimm: De desiderio patriae, S. 11. / 41 Ebd., S. 12. / 42 GL 552. / 43 Die Brüder Grimm in ihrer amtlichen und politischen Tätigkeit, S. 97. / 44 Greverus: Heimweh, S. 2 ff. / 45 J. Grimm: De desiderio patriae, S. 9, 11. / 46 Ebd., S. 12 f., 16 (Hervorhebung S. M.). / 47 Ebd., S. 17. / 48 HG 218 ff., 236 f. / 49 HG 218 f. / 50 HG 216 f. / 51 GM 136; FB 143, 146; Helwig: Die Kasseler Jahre, S. 54, 78. / 52 WG KS 1, 15; WG KS 2, 423. / 53 GL 550. / 54 Das Universitätskuratorium schreibt dazu: «Wir lassen es Uns zum besonderen Vergnügen gereichen, den Professor Jacob Grimm zu Göttingen zu benachrichtigen, daß des Königs Majestät denselben durch die Beylegung des Charakters von Horath einen Beweis der Anerkennung seiner ausgezeichneten Verdienste um die Wissenschaften zu ertheilen gnädig geruhet haben.» (Die Brüder Grimm in ihrer amtlichen und politischen Tätigkeit, S. 89; 200 Jahre, S. 226). / 55 GM 143; vgl. auch GS 382. / 56 HF 115. / 57 BG, 513. – Einmal mehr widerstrebt ihm bei der kleinen Grammatik die Form, denn die Beschäftigung mit der Sprache bereitet ihm eigentlich gerade deswegen Freude, weil er seine Gedanken ständig weiterentwickeln kann. Jacob will stets jene Lust des Suchens und Findens, der Recherche und des Sammelns vermitteln, die den

Kern seiner Gelehrtenarbeit ausmacht. Es ist jedoch kein Zufall, dass ihn das Universitätskuratorium in Hannover von der Bibliotheksarbeit freistellt, um eine kleine, handliche Grammatik zu verfassen, die auch für den Lehrbetrieb taugt. Anlass war der beachtliche Erfolg der Grammatik-Vorlesung, die eine Kurzfassung seines fast 4000 Seiten starken Monumentalwerks liefert (Ebel: Die Bearbeitung). Es ist ebenso wenig ein Zufall, dass selbst die von Jacob hochgeschätzten Gelehrtenfreunde wie Dahlmann oder Savigny auf dieses Projekt begeistert reagieren und damit in den großen Chor derjenigen einstimmen, die sich schon seit Jahren eine handliche Fassung der *Deutschen Grammatik* wünschen. Savigny schwärmt Jacob gegenüber von seinem Ideal einer «populären» Darstellung, der die gelehrte Anstrengung nicht mehr anzusehen sei (Stoll 2, 446; DG 1, XLVII). Und es ist schließlich auch kein Zufall, dass Jacob diesen Auftrag nicht erfüllt, sondern stattdessen die *Deutsche Mythologie* erarbeitet und damit nahtlos an die *Deutschen Rechtsalterthümer*, mithin an die Zeit ‹vor Göttingen› anschließt. / **58** Denecke: Die Göttinger Jahre, S. 147. / **59** GS 380; BG, 535 f.; GL 646. / **60** Briefe von Jacob Grimm, S. 82. / **61** GS 329. / **62** HF 114. / **63** GM 136. / **64** GM 143. / **65** Steig A, 618; GL 552; 200 Jahre, S. 227. / **66** GL 554. / **67** Ebel: Briefe, S. 76. / **68** GLH 86; zur komplizierten Frage, wie die Zuhörerzahlen sich tatsächlich bestimmen lassen, vgl. Janßen: Jacob und Wilhelm Grimms – bei den hier genannten Zahlen handelt es sich also allenfalls um Richtwerte. / **69** GM 143; BB 16. / **70** Sachse: Göttingen, S. 85. / **71** Leben und Werk, S. 15; vgl. dazu: Grimm: Deutsche Altertumskunde, S. 12, 14 f. / **72** 200 Jahre, S. 228. / **73** GLH 210; vgl. dazu insgesamt: Oesterley: Geschichte, S. 19 ff. / **74** GL 861. / **75** GLH 194. / **76** GLH 210. / **77** S WG, 301; WG KS 1, 497. / **78** GW 285. / **79** GL 550. / **80** GS, 381 f. / **81** Grimm: Deutsche Altertumskunde, S. 12; Ebel: Die Bearbeitung, S. 61. / **82** Ebel: Eine bisher unbekannte Nachschrift, S. 160. / **83** GDG I, 57. – Jacob zeigt sich prinzipiell offen für neue Unterrichtsformen, die die akademische «wirksamkeit» erhöhen und für «mehr wechselseitigkeit» im Unterricht sorgen. Aber haben die Lehrenden dafür den notwendigen «tact» und die «autorität»? Wenn man zu wenig auf das Interesse der Studenten vertraue und sich zu sehr darum bemühe, das Engagement, das man eigentlich voraussetzen sollte, erst hervorzubringen, dann verhindere man Eigenständigkeit und verfehle das zentrale Ausbildungsziel. / **84** Ebel: Eine bisher unbekannte Nachschrift, S. 167 f. / **85** Vier Dokumente, S. 26. / **86** Hierzu und zum Folgenden: J. Grimm: Vorlesung, S. 15, 18, 21, 31 f., 40; W. Grimm: Nibelungenkolleg, S. 8 f., 14 f., 18 f., 47 – vgl. aber auch das Lob von der Hagens: ebd., S. 21; vgl. die Ausformulierung von «Hypothesen»: ebd., S. 42; zu Lachmann vgl. auch: ebd., S. 50, 54; zur Kategorie der Wahrscheinlichkeit im Kontext von Konjekturen vgl. z. B. Grimm: Deutsche Altertumskunde, S. 20, zur Forschungsdiskussion: ebd., S. 23. Zu ausgewählten Hörern der Vorlesungen vgl.: Ebel: Jacob und Wilhelm Grimm, S. 73 ff.; Grimm: Deutsche Altertumskunde, S. 15 ff. Das letzte Zitat in: GS 416 – es bezieht sich auf Gervinus (dazu: GDG II, 43 f., 47 f., 56 f., 122 f.). / **87** Ebel: Jacob und Wilhelm Grimm, 96; vgl. auch Denecke: Die Göttinger Jahre, S. 149. / **88** Ebel: Eine bisher unbekannte Nachschrift, S. 159; HF 270. / **89** Zum Folgenden insgesamt: Pézsa: Jacob Grimm. / **90** Pézsa: Jacob Grimm, S. 116. / **91** Ebd. – Allenfalls die hohe Wertschätzung der Poesie verband Jacob mit dem Geist der Romantik. / **92** Fohrmann: Das Projekt, S. 35 ff. / **93** Ebd., S. 47. / **94** Eine Wissenschaft, S. 173. / **95** Ebd., S. 184. / **96** GDG II, 3 ff. – Auch Wilhelm machte Gervinus auf seinen «geänderten Standpunkt» aufmerksam. / **97** GDG II, 3. / **98** GL 626 f. / **99** JG KS 5, 177. / **100** Pézsa: Jacob Grimm, S. 157. / **101** Ebd., S. 164. / **102** Kein Wunder, dass Jacob die *Selbstanzeige* «zu rechthaberisch» findet. Dennoch scheint es, als ziehe sich Jacob Grimm angesichts des neuen Zeitgeistes zurück. Nach der Göttinger Zeit verzichtet er mit Ausnahme des Berliner Sommersemesters 1844 darauf, eine weitere Vorlesung über Literaturgeschichte zu halten (Gervinus: Historische Schriften. Bd. 7, S. 576, 582, 585, 587; GL 655, GDG I, 65; Pézsa: Jacob Grimm, S. 165; BB 155). / **103** Vgl. zum Folgenden: Pézsa: Jacob Grimm, S. 150 f. / **104** GDG II, 149. / **105** GL 666. / **106** JG KS 5,177. / **107** Pézsa: Jacob Grimm, S. 154 f. / **108** Ebd., S. 127. / **109** Sautter: Deutsche Geschichte. Bd. 3, S. 14. / **110** J. Grimm: Deutsche Rechtsaltertümer I, S. XVII. / **111** Botzenhart: Reform, S. 122; GDG I, 12, 19. / **112** Die Brüder Grimm in ihrer amtlichen und politischen Tätigkeit, S. 93 f. / **113** GLH 117; GS 363. / **114** AG 260. / **115** GS 358 f. / **116** GLH 118. – Auf seinen Archivreisen hatte Jacob später Gelegenheit, die Konsequenzen der Revolutionsphase zu überprüfen. Als er sich etwa im September 1834 in Belgien aufhält, macht er kleine ethnologische Studien zum Alltag. Aus der Ferne hatte er den Aufruhr in Belgien mit Skepsis verfolgt, nun stellt er fest, dass die politische Entwicklung ‹natürlich› verlaufen ist: Belgien habe sich von den Niederlanden lossagen müssen, denn «ich begreife, wie wenig dieser heitere character zu dem holländischen stimmt» (BG, 541; UB 181). Mehr gibt es für Jacob dazu nicht zu sagen. Vor dem verwaisten Palast des Prinzen von Oranien in Brüssel bleiben die Touristen stehen – «ich habe anderes zu thun», erklärt Jacob, «und schreibe von 8 uhr bis 3 uhr auf der bibl. ab […]». Unbekannte lateinische Gedichte aus dem 11. Jahrhundert mit einigen altdeutschen Wörtern sind für ihn allemal wichtiger als die gerade vergangenen Umwälzungen (BG 542). / **117** GLH 163. / **118** AG 260. / **119** Botzenhart: Reform, S. 110 ff. / **120** Abgedruckt in: Die Brüder

Grimm in ihrer amtlichen und politischen Tätigkeit, S. 91. / **121** Treitschke: Deutsche Geschichte, S. 126, 128. / **122** Botzenhart: Reform, S. 114f.; GLH 114. / **123** L. E. Grimm: Briefe, S. 563, 573; GLH 110. / **124** GM 354, 357; Die Brüder Grimm in ihrer amtlichen und politischen Tätigkeit, S. 90f., 95; L. E. Grimm: Briefe, S. 568. / **125** GS 362; GM 137. / **126** Steig A, 617. / **127** BG 494f.; GLH 113f., 116, 121, 155, 187, 190f., 263f., 268, 277; WG KS 4, 621f.; Grothe: Die Brüder Grimm, S. 194f. – Sowohl sozial als auch ideologisch verachten die Grimms Extreme: Als ‹Volk› erkennen sie letztlich das Bürgertum an, das auf einen gemäßigten Umbau der Verhältnisse zielt. Die Abgeordneten des Bauernstands akzeptieren sie nicht als kompetente Akteure im politischen Gespräch. / **128** Steig A, 615; Kunczik: Geschichte, S. 74, 76, 79. / **129** GLH 153. / **130** GLH 209. / **131** Göttingen, S. 60. / **132** GW 277. / **133** GLH 125. / **134** Göttingen, S. 67. / **135** GLH 126. / **136** Gresky: Der Göttinger Aufruhr, S. 184; Treitschke: Deutsche Geschichte, S. 154ff.; Göttingen, S. 70ff. / **137** GW 278f.; GLH 123f.; Die Brüder Grimm in Göttingen, S. 62f.; Die Brüder Grimm in ihrer amtlichen und politischen Tätigkeit, S. 92. / **138** Gresky: Der Göttinger Aufruhr, S. 177. / **139** GW 281. / **140** Die Brüder Grimm in Göttingen, S. 64f.; Loewenthal: Ein Gutachten, S. 142. / **141** Loewenthal: Ein Gutachten, S. 139. / **142** Ebd., S. 140f. / **143** GLH 20, 34, 214. / **144** GLH 239. / **145** Der Marburger Orientalist und Theologe Hermann Hupfeld ließ Jacob am 26. April 1837 wissen: «Ihr Schwager Hassenpflug entwickelt sich auf seinem Posten in neuester Zeit so, dasz seine Freunde, die es wahrhaft gut mit ihm u. zugleich mit der guten Sache meinen, sich darüber betrüben, u. ich mich wohl ganz werde von ihm abwenden müszen. Auch Sie werden sich über manche Vorgänge wenig erbaut haben. Patriotische Hoffnungen die ich ehedem auf ihn baute, habe ich längst aufgegeben. Es handelt sich, wie ich immer deutlicher sehe, nur um alten faulen Herrendienst, um mögliche Wiederherstellung des ancien régime, u. daneben um persönl. Ehre u. Glanz.» (AG 288). / **146** BG, 510. / **147** GLH 102. / **148** GLH 120f. / **149** Friderici: Briefe, S. 68f. / **150** GLH 73, 91, 26ff., 240, 271. / **151** GLH 208, 121; WG KS 4, 623ff. / **152** BG, 501; GLH 169, 116; GL 559. / **153** GLH 116, 248, 276, 278; GS 363; AG 265. / **154** GLH 162, 167, 207. / **155** GLH 162, 165f., 191, 213. – Tatsächlich führt Wilhelm, Anhänger der hygienischen Theorie vom «Miasma», vom krankheitserregenden «Dunst», die Verbreitung der Cholera auf entsprechende Wetterbedingungen zurück (vgl. insgesamt zu den medizinischen Spekulationen: Vasold: Grippe, S. 105f., 113ff.). Diese Deutung leitet sich zwar aus sehr alten medizinischen Erwägungen ab und wird nach den Entdeckungen der konkreten Erreger durch Robert Koch von der Bakteriologie abgelöst. Aber das ändert nichts an dem durch und durch modernen Reflexionspotenzial, das die miasmatische Sichtweise barg (vgl. zur Differenz von «kontaguös» und «miasmatisch» auch J. Grimms Brief an Kopitar vom 27. August 1831: Vasmer: B. Kopitars Briefwechsel, S. 86). / **156** GLH 163. / **157** Bilder-Conversations-Lexikon, S. 420. – Die *Vorschriften zur Verhütung der asiatischen Cholera* von der «Königlichen ärztlichen Prüfungsbehörde» in Hannover heben hervor, dass für die Ansteckung nicht zuletzt jene «Lebensart und Verhaltensweise» verantwortlich seien, die «von den Vorschriften der Gesundheit und Ordnung abweichen». Die *Vorschriften* betreffen dann auch ein ganzes Ensemble: «Speisen und Getränke», die «Ausdünstung und Thätigkeit der Haut», die «Reinlichkeit und frische Luft» (Vorschriften, S. 3, auch S. 6 ff.). / **158** Bilder-Conversations-Lexikon, S. 420. / **159** Ebd., S. 421. / **160** GS 359 f., 363 f. – Die gute Regierung sollte ihr Augenmerk auf politische Zonen richten. Sie bekommt die Unruhen nicht in den Griff, sobald sie nur nach Maßgabe des souveränen Machtmodells einzelne Personen verfolgt. Gleiches gilt für eine «ansteckende Krankheit», wenn sie unter «einem großen Einfluß der atmosphärischen Verhältnisse» steht (Vorschriften, S. 11 f.). / **161** GDG I, 19. / **162** JG KS 5, 453. / **163** GDG I, 6. / **164** GDG I, 7 f. / **165** GM 140; BG 504. / **166** Vgl. zur Reiseroute: Fischer/Lauer: Zur Erstellung, S. 140 f. / **167** FB 235. / **168** GM 141. / **169** S JG 262. – Im Rückblick schreibt Jacob an den Gastgeber: «Möchte es mir vergönnt sein, noch einmal bei Ihnen einzukehren. Freilich wäre es mir lieber, allein und ungestört von andern bei Ihnen zu sein und Ihre Schätze langsamer genießen zu können» (FB 234). / **170** 200 Jahre, S. 229; vgl. insgesamt: Hałub: «Meine wege gehen auf Ihre straße»; UB 177 ff. / **171** GM 142. / **172** GM 142. / **173** Erst in den Jahren 1840 und 1842, also nach seinem spektakulären Abschied aus Göttingen, erscheint die Sammlung im Druck, mitherausgegeben von Heinrich Beyer und Ernst Dronke, die ergänzende Materialien beitragen. Ein vierter Band kommt 1863 heraus; einen abschließenden fünften Band konnte Jacob nicht mehr fertigstellen. / **174** 200 Jahre, S. 478 ff. / **175** J. Grimm: Reinhart Fuchs, S. 19* (hier auch S. 10* ff. zur Vorgeschichte). – Weitere Konkurrenten stacheln Jacobs Ehrgeiz an: Auch Hoffmann von Fallersleben stand in den Startlöchern, um eine niederdeutsche Fassung der Tierfabel herauszugeben. Noch einmal schließt Jacob mit seinem *Reinhart Fuchs* die Reihen der ‹Kenner› gegen die ‹Dilettanten› und widmet seine Ausgabe, die 1834 erscheint, Karl Lachmann – 1840 knüpft Jacob mit seinem *Sendschreiben an Karl Lachmann über Reinhart Fuchs* daran an. / **176** J. Grimm: Reinhart Fuchs, S. XI, XIII f., CCL f., CCLIV, CCLIX, CCXCIII. / **177** Ebd., S. V, CCXCV. / **178** Ebd., S. VI. / **179** GM 203. / **180** Kellner: Mythen, S. 55. – Bereits 1832 bekannte er gegenüber Lach-

mann: «Ich habe vor, etwas über deutsche mythologie (diesmal aber im gegensatz zur nordischen, und diese ausschließend) zu schreiben.» (GL 590). /
181 Z. B. J. Grimm: Deutsche Mythologie, S. VI. / **182** Wyss: Wilde Philologie,
S. 220; Paul: «Aller Sage grund ist nur mythus», S. 82 f. Insgesamt zur Fragwür-
digkeit von Jacob Grimms Vorgehen: Kellner: Mythen. / **183** Nationale Mythen
lassen sich daher für Jacob Grimm weder in einem gemeinsamen Urmythos
noch in spezifischen geschichtlichen Bedingungen gänzlich auflösen. Letztlich
fand Jacob in der alten Mythologie die Keimzelle des Protestantismus, mithin einer monotheistischen Religion. Bereits in den *Gedanken über mythos, epos und
geschichte* von 1813 schreibt Jacob: «gottähnlich sind alle menschen, allein gottes
ebenbild wurde erst durch die that des menschen, der seines gleichen zeugt,
gleichsam zu jedem gebornen menschen herzugerufen, und neuerdings mit wie-
dergeboren; so ist auch zu dem epos eine historische that nöthig, von der das
volk lebendig erfüllt sei, dasz sich die göttliche sage daran setzen könne, und beide sind durcheinander bedingt gewesen» (JG KS 4, 75). – Zu dieser christologi-
schen Doppelfigur von Geschichtlichkeit und Göttlichkeit vgl. Kellner: Mythen,
S. 59, auch S. 64 f.; sowie GS 127. Die monotheistische Grundform und die Verbindung mit dem Protestantismus betont Jacob nachdrücklich in der zweiten
Fassung der Vorrede: J. Grimm: Deutsche Mythologie, S. XVII, XXXVII f.,
XXXIX. Vgl. Paul: «Aller sage […]», S. 85. / **184** Es ist eben kein Zufall, dass Jacob die *Deutsche Mythologie* Dahlmann widmet, dessen *Politik, auf den Grund
und das Maaß der gegebenen Zustände zurückgeführt* zeitgleich erscheint. /
185 Eine Vorstudie findet sich in Friedrich Schlegels *Deutschem Museum*: JG KS
4, 74 ff.; Paul: «Aller Sage grund ist nur mythus». Vgl. zum Rückgriff auf die Mythologie des 17. und 18. Jahrhunderts: Kellner: Mythen, S. 3; zum Kontakt mit
Schlegel vgl. den Brief in: BB 123 ff. / **186** J. Grimm: Deutsche Mythologie,
S. XVII f.; vgl. auch die Rede von der ‹verschütteten› Götterlehre (ebd.,
S. XIV). / **187** JG KS 7, 600. / **188** Kellner: Mythen, S. 465, im Anschluss an
Gerhard von Graevenitz. / **189** JG KS 7, 601. / **190** W. Grimm: Ruolandes Liet,
unpag. (Widmung an Friedrich Blume). / **191** Vgl. z. B. W. Grimm: Der Rosen-
garte, S. I, LXI. / **192** Ebd., S. LXIX. / **193** W. Grimm: Ruolandes Liet,
S. CVII. / **194** Wilcke/Bluhm: Wilhelm Grimms Sammlung, insbes. S. 114 ff.;
W. Grimm: Vridankes Bescheidenheit, S. CVII. / **195** W. Grimm: Ruolandes
Liet, unpag. (Widmung an Friedrich Blume). / **196** W. Grimm: Vorlesung,
S. 12 f. / **197** GLH 233. / **198** JG KS 5, 155. – Er referiert fast wörtlich Savigny;
vgl. Savigny: Wesen, S. 572. / **199** JG KS 5, 157 ff. / **200** Als Jacob Grimm am
20. Januar 1832 in einem Artikel für die *Hannoversche Zeitung* «über den meta-
physischen Sinn der Deutschen» handelt, betont er, dass die «bildung» über die

Frage der Anwendbarkeit hinausreiche, dass sie vielmehr auf die Tugend der «erforschung» abziele und sich vor der «rohen durchführung halber wahrheiten» hüte. Mit anderen Worten: Der Philologe verkörpert auf ideale Weise das deutsche Wesen, weil seine Forschungsmentalität dem «metaphysischen Sinn der Deutschen» entspricht (JG KS 8, 1, 422). / **201** BL, 134 f.; GS 364 f.; GL 559; GLH 138; Briefwechsel der Brüder Jacob und Wilhelm Grimm mit Gustav Hugo, S. 37; Klein/Arndt: Wilhelm Grimms Manuskript, S. 96. / **202** DG 3, III. / **203** 1832 etwa kehrt er unverrichteter Dinge von einem Besuch aus Kassel zurück, weil seine alten Magenschmerzen ihm zu schaffen machen (GM 164). / **204** BG, 515 ff.; GL, 613, 616, 866; 200 Jahre, S. 202. / **205** Zum Folgenden: Wilhelm Grimms Wiesbadener Kurtagebuch. / **206** Wilhelm Grimms Wiesbadener Kurtagebuch, S. 137. / **207** Ebd., S. 148. / **208** Ebd., S. 150, 152. / **209** Die folgenden Zitate: GL 643, 653 f., 661; GW 297, 299; FB 142; GS 383. / **210** GL 862. / **211** Ingesamt dazu: Reimer: Passion & Kalkül, S. 397 ff.; GLH 226 f. / **212** Der unbekannte Bruder, S. 33 ff. (Zitat S. 35); Der unbekannte Grimm, S. 37; GL 629. / **213** GL 875. / **214** GM 202. / **215** GL 661. / **216** Schmidt: Die Brüder Grimm, S. 169, 173 f. / **217** GL 671 f. / **218** Der unbekannte Bruder, S. 37. / **219** 200 Jahre, S. 206; Der unbekannte Bruder, S. 37 f. / **220** 200 Jahre, S. 206. / **221** Ebd., S. 207. / **222** BG 729. / **223** GS 387. / **224** Hierzu und zum Folgenden: Die Brüder Grimm in ihrer amtlichen und politischen Tätigkeit, S. 89; Mejer: Kulturgeschichtliche Bilder, S. 178 f., 184 f., 190, 193. Zum Streit mit Dahlmann vgl. auch: Briefwechsel der Brüder Jacob und Wilhelm Grimm mit Gustav Hugo, S. 239. / **225** Enthalten in: Schriften die Säcular-Feier der Georgia Augusta 1837 betreffend (Göttingen, SUB, Signatur: HLP IV, 126 / 10). / **226** Vgl. die entsprechenden Einladungen, enthalten in: die Säcular-Feier der Georgia Augusta 1837 betreffend. / **227** GS 388. / **228** Hierzu und zum Folgenden: LG E, 504 ff.; Oesterley: Geschichte, S. 61 ff.; vgl. auch das «Programm» zur «Saecular-Feier der Georg-August Universität» (enthalten in: Schriften die Säcular-Feier der Georgia Augusta 1837 betreffend). / **229** Die Göttinger Sieben. Eine Ausstellung, S. 44 f. / **230** Ebd., S. 32 ff. / **231** Das Patent ist abgedruckt bei: J. Grimm: Über seine Entlassung (1945), S. 39 ff. (hier zit. S. 40). Kamp: Von der Göttinger Protestation, S. 128. / **232** Abgedruckt bei: J. Grimm: Über seine Entlassung (1945), S. 42 ff. / **233** Die entsprechende Proklamation bei: J. Grimm: Über seine Entlassung (1945), S. 41. / **234** Das entsprechende Patent bei: J. Grimm: Über seine Entlassung (1945), S. 41. / **235** Zit. nach: Schöne: Vom Betreten, S. 115. / **236** GS 391; Schöne: Vom Betreten, S. 115; von See: Die Göttinger Sieben, S. 92. Die ‹Protestation› im Folgenden zitiert nach: Deutsche Geschichte, S. 108–111. / **237** Deutsche Geschichte, S. 110. / **238** So in der Erwiderung auf die ‹Protestation›, abgedruckt in: J. Grimm: Über seine Entlassung (1945), S. 49. / **239** Die juristischen Einwände gegen das Vorgehen des Königs sind bis heute ebenso umstritten wie die Frage der Rechtmäßigkeit oder Unrechtmäßigkeit der Reaktion. Abwägend bringt Sellert (Die Aufhebung) nicht zuletzt die Argumente gegen die Grimms in Stellung. Zu Rezeptionsgeschichte: Saage-Maaß: Die Göttinger Sieben. – Selbst die damalige Göttinger Stadtverwaltung beschäftigte sich überaus differenziert und kontrovers mit den juristischen Fragen, die Ernst Augusts Patente aufgeworfen hatten (Wellenreuther: Die Göttinger Sieben; dazu die Dokumente in: Die Göttinger Sieben. Eine Ausstellung, S. 71 ff.). Zwar wurde die Angelegenheit von Sachsen und den süddeutschen Staaten auf die Tagesordnung des Bundestags gesetzt, dort aber nie entschieden. Der Verlauf der umwegigen Verhandlungen ist dokumentiert im Kommentar zu den Briefen aus der Zeit von 1838 ff. in: Briefwechsel der Brüder Jacob und Wilhelm Grimm mit Gustav Hugo. Vgl. auch die Dokumente in: Die Göttinger Sieben. Eine Ausstellung, S. 68 ff. / **240** Kamp: Von der Göttinger Protestation, S. 131 f.; Sellert: Die Aufhebung, S. 31; Schöne: Vom Betreten, S. 117. Ausführlich sammelt von See juristische Argumente gegen die ‹Göttinger Sieben›, insbesondere gegen Jacob Grimm: Die Göttinger Sieben, insbes. S. 15 ff. / **241** UB 195; HF 291. / **242** GS 395. – Zudem hatten sie ihren Eid gar nicht direkt auf die annullierte Verfassung abgelegt, da sie vor deren Geltung angestellt worden waren. Ihre eidliche Verpflichtung war stillschweigend auf die neue Verfassung übertragen worden. / **243** Freilich hatte Ernst August genau dieses «einhellige Zusammenwirken des Königs und der Stände» als Grund für die Aufhebung des Staatsgrundgesetzes angeführt, weil sein Vorgänger bei der Verabschiedung im Verfassungstext eigenmächtig Veränderungen vorgenommen hatte (J. Grimm: Über seine Entlassung [1945], S. 43). / **244** AG 282. / **245** UB 240. / **246** Deutsche Geschichte, S. 111. / **247** Und dies im Lauf seiner Herrschaft durchaus mit Erfolg: Zur Verteidigung Ernst Augusts vgl.: See: Die Göttinger Sieben, S. 66 ff. / **248** GS 391; Schöne: Vom Betreten, S. 125. / **249** Dahlmann: Die Politik, S. 11 (Zitat), S. 202, 209 (zur Rolle der Mutter). / **250** Ebd., S. 11. / **251** Ebd., S. 201. / **252** Ziegengeist: Varnhagen über Bettine, S. 59. / **253** BG 610; auch GDG I, 144. / **254** UB 218 ff. / **255** Briefwechsel der Brüder Jacob und Wilhelm Grimm mit Gustav Hugo, S. 314; s. auch GDG I, 191. / **256** S JG 291 f.; Dokumente abgedruckt in: Die Göttinger Sieben. Eine Ausstellung, S. 48 f. / **257** Denecke: Jacob Grimm und sein Bruder Wilhelm, S. 136; Die Brüder Grimm in Göttingen, S. 69 f. / **258** Anonym: Beleuchtung, S. 50. / **259** Sellert: Die Aufhebung, S. 38. / **260** Vgl. zu den folgenden Angaben das Vernehmungsprotokoll, abgedruckt bei: J. Grimm: Über seine Entlassung (1945), S. 56 ff. / **261** Abgedruckt bei: J. Grimm: Über seine Entlassung (1945), S. 46. Die Brüder Grimm in Göttingen, S. 72 f.; zur Diskussion um den Huldigungseid vgl.: See: Die Göttinger Sieben, S. 21 f., 103. / **262** So im sechsten Buch seines *Hundert Jahre*-Romans; vgl. auch seine *Geschichte des Königreichs Hannover* (dazu: Die Brüder Grimm in Göttingen, S. 72 f.). / **263** Dahlmann: Die Politik, S. 201. / **264** Ebd., S. 233, 240. / **265** Von Hessen nach Deutschland, S. 57 f. / **266** 200 Jahre, S. 232; Die Göttinger Sieben. Eine Ausstellung, S. 49. / **267** Die Brüder Grimm in ihrer amtlichen und politischen Tätigkeit, S. 96 f. / **268** Bericht eines Zeitzeugen in: Machinek (Hg.): Gehorsam, S. 113 ff.; 200 Jahre, S. 232; S JG 292. / **269** BG 548. / **270** Heilfurth: Victor Aimé Huber, S. 102. / **271** BG 651. / **272** BG 565. / **273** Schöne: Vom Betreten, S. 120 f. / **274** See: Die Göttinger Sieben, S. 58. / **275** Die Göttinger Sieben. Eine Ausstellung, Kat. Nr. 84; GL 895. / **276** BG 578, 580; GL 894. / **277** Stoll 2, 501 f. / **278** HF 285 f. / **279** HF 290. / **280** BG 602. / **281** BG 605 f., 619, 623. / **282** GS 394 f. / **283** GDG I, 119; GL 890 f. / **284** GDG I, 126; JG KS 8 / 1, 423 ff. – Dazu: Briefwechsel der Brüder Jacob und Wilhelm Grimm mit Gustav Hugo, S. 71, 91, 93 f. / **285** BG 561; UB 200. / **286** S JG, 415 f. – Weiter heißt es: «Jacob waltet als ein Geisterkönig über Deutschland, dem mehr als blos Domänen, mehr als Landesgestüte, mehr als konskriptionspflichtige Untertanen gehorchen, dem das Säuseln der deutschen Eichen, die Zugluft in unseren Gebirgen, das Gold und Silber der Sagen, das unter unserm Boden sich hinzieht, der Hauch unserer Sprache, unsere Geschichte, unsere große Vergangenheit untertan ist. Und ihm zur Rechten sitzt sein Bruder, Wilhelm Grimm, und reicht ihm die Bücher, die jener enträtselt, den Becher der Poesie, aus dem er weissagt, ein flinker dichterischer Bote, mit den Schwingen der Phantasie an seinen Füßen, der hier und dort die Aufträge im einzelnen besorgt, die der ältere Bruder im Zusammenhang des Ganzen, im einheitlichen Bewußtsein gibt.» / **287** 200 Jahre, S. 236. Vgl. dazu den Tagebucheintrag Wilhelm Grimms bei: Fischer/Lauer: Zur Erstellung, S. 144. / **288** FB 150. / **289** GDG I, 183. / **290** Briefwechsel der Brüder Jacob und Wilhelm Grimm mit Gustav Hugo, S. 146 f., 149, 151; GDG II, 161; S WG 325; GS 392 f.; BG 653, 663; Stoll 2, 382; Denecke: Jacob Grimm, S. 38. / **291** Schoof: Jacob und Wilhelm Grimm, S. 214 ff.; GDG I, 262 f.; GS 399. / **292** GS 392. / **293** BG 613. / **294** Briefwechsel der Brüder Jacob und Wilhelm Grimm mit Gustav Hugo, S. 75, 150. / **295** BG 662. / **296** Hierzu und zum Folgenden im kurzen Überblick: Kirkness: Jacob und Wilhelm Grimm, S. 65 f. Ausführlicher: K 51 ff. Zu Dahlmann: GDG I, 108. / **297** GS 398; S JG 138. / **298** S JG 313; BG 652, 656 f. / **299** GDG I, 261; BB 24. / **300** Briefwechsel der Brüder Jacob und Wilhelm Grimm mit Gustav Hugo, S. 75 ff. / **301** GDG II, 33. / **302** GDG I, 167,

173. / **303** Bleek: «Protestation»; GDG I, 78, 83, 97; vgl. auch die Dokumente in: Die Göttinger Sieben. Eine Ausstellung, S. 54 ff. – Dass sich Jacob und Wilhelm für juristische oder institutionelle Fragen überhaupt nicht interessiert hätten, wie mehrfach behauptet wurde, ist falsch: In ihrem Briefwechsel und in der Korrespondenz mit Dahlmann und Hugo wird jeder Bericht über die Universitätsgremien, über die politischen Entwicklungen in Hannover oder über die Verhandlungen vor dem Bundestag kommentiert. / **304** GL 895. / **305** BG 554 f. / **306** GDG I, 72. / **307** BG 561, 572 f., 577. / **308** BG 585, 591. / **309** GDG I, 115; Stoll 2, 508; GS 400. / **310** BG 642, 644. / **311** BG 646 f. / **312** J. Grimm: Über seine Entlassung (1985), S. 13. / **313** Ebd., S. 9 f., 29. / **314** Ebd., S. 8. / **315** BG 585. / **316** GS 392. / **317** UB 166. – Wenn Jacob Grimm am 1. November 1829 an das Hannoversche Universitätskuratorium zur Rufannahme schreibt, er werde stets bestrebt sein, seine Pflichten «treu und gewissenhaft zu erfüllen», dann ist das bei ihm weit mehr als eine Floskel (Die Göttinger Sieben. Eine Ausstellung, S. 25). / **318** J. Grimm: Über seine Entlassung (1985), S. 9. / **319** Ebd., S. 7. / **320** Ebd., S. 20; Hervorhebung S. M. / **321** Ebd., S. 27. / **322** Ebd., S. 11 f. / **323** AG 274; GS 399. / **324** Z. B. GA 32 f.; S JG 301; AG 271. / **325** Heinrich von Kleist. Lebensspuren, S. 301. / **326** GDG II, 198. / **327** Kleist: Sämtliche Werke. Bd. 2, S. 49. / **328** Ebd., S. 101. / **329** JG KS 8/1, 423 f.; Scheidler: Ueber die Idee, S. 35 ff. – Auch andere sehen die Bedeutung der ‹Protestation› darin, dass die notwendige Unabhängigkeit des «Staatsdieners» von der Willkür eines Souveräns deutlich werde.

7. Berlin (1841–1863)

1 GL 686; GL 892, 901 f.; BB 25. / **2** GW 302; GDG I, 358. / **3** K 66 f., 68 f., 81. / **4** K 74 f. / **5** K 54; zu den Unwägbarkeiten und Zufälligkeiten vgl. K 11 ff. / **6** Kirkness: Jacob und Wilhelm Grimm, S. 63 ff.; Schlaefer: Das Grimmsche Wörterbuch, S. 94 ff. / **7** Dazu JG KS 8/1, 306 ff., 323 ff. / **8** GL 690. / **9** GS 403, Hervorhebung S. M. / **10** GDG I, 370. / **11** BB 25. / **12** GA 9. / **13** S JG 321; Steig G 220 ff. / **14** GA 27, 39. / **15** GDG II, 496; BG 668. / **16** GA 66, 72, 75, 376. / **17** GA 40, 48. / **18** GDG I, 220. / **19** GA 201. / **20** Heinl: Zur Frühgeschichte, S. 82 (J. Grimm an Homeyer, 8. November 1861), 87 f. (J. Grimm an Homeyer, 17. November 1861). – Nach Veröffentlichung von Varnhagens Tagebuch 1861 bestätigte sich Bettines Haltung für Jacob. / **21** Wilhelm hatte auf Pläne, die Wörterbucharbeit durch die Akademie zu unterstützen, vorsichtig ablehnend reagiert und damit die Situation nicht gerade entschärft. Es war in dieser Zeit nicht immer leicht, die Biegungen und Brechungen in der Haltung der Grimms zu verstehen. Auch Savigny, so berichtete man den Grimms, habe für deren distanzierte Haltung kein Verständnis (GA 93; K 94 ff.). Bei ihm vermutete Jacob seinerseits, dass er als politischer Stratege seine Freundespflichten verletze. / **22** GL 699 ff., 703, 705. / **23** GA 224 ff., 254. / **24** GA 284, 287; zur Länge des Briefs: Ziegengeist: Varnhagen über Bettine, S. 72. / **25** GDG I, 349. / **26** GA 115. / **27** GA 128. – Vielleicht hat Bettine jedoch erst einige Monate später den Kronprinzen mit einer Abschrift versorgt. Dafür spricht, dass Friedrich Wilhelm auf die Anklage gegen Savigny erst im Mai 1840 einging (GA 207; B. von Arnim: Werke. Bd. 3, S. 712). An dieser Stelle könnte sich der Kurprinz aber auch auf den folgenden Briefwechsel zwischen Savigny und Bettine beziehen, den diese ihm möglicherweise zugesendet hat (in diese Richtung vermutlich Stoll 2, 385). Zum Verfahren insgesamt: Obenaus: Die Berufung. / **28** Stoll 2, 519. / **29** GA 148, 202. / **30** GA 204, 206. / **31** GA 164, 168. / **32** GA 170 f.; GDG I, 398 f. / **33** GA 183 f.; BB 132; Von Hessen nach Deutschland, S. 46 f. – Jacob Grimm und Eichhorn, ein früherer Weggefährte des Reformers Karl vom Stein, kannten sich schon aus Pariser Zeiten. 1816 hatte Eichhorn ihm eine Professur in Bonn angeboten, und in Göttingen waren sie sich wieder begegnet. / **34** GM 296 f. / **35** GA 194, 214; Obenaus: Die Berufung, S. 335; Lelke: Die Brüder Grimm, S. 29 f.; vgl. auch GDG I, 419 f. – Freilich blieb die diplomatische Lage schwierig. Im November 1840 lässt sich Friedrich Wilhelm IV. von seinem Gesandten in Hannover noch einmal ausführlich bestätigen, dass keine rechtlichen Gründe gegen die Aufnahme der Grimms in Preußen sprechen. Und im Dezember erklärt er sich in einem ausführlichen Schreiben an seinen Onkel, den Großherzog George von Mecklenburg-Strelitz, weil er die Verstimmung von «Onkel Hannover» fürchtet (GA 211 ff.; 218 ff.). / **36** GA 186. / **37** GA 68. – Im April des folgenden Jahres zitierte sie Goethe, der ihr versichert habe, sie könne «die Welt regieren», wenn sie «soviel Klugheit als Geist» besitzen würde; diese Einschränkung akzeptierte Bettine nicht (GA 149). Vgl. auch einen Brief an Dahlmann vom 30. Juli 1840 in: B. von Arnim: Werke. Bd. 3, S. 889. / **38** Hierzu und zum Folgenden: Kroll: Es gibt Dinge; ders.: Politische Romantik. / **39** GA 191. / **40** GDG II, 43. / **41** ³DG 1, XIII f., 4. / **42** GA 255. / **43** WG KS 1, 238. / **44** Zit. nach: Blasius: Friedrich Wilhelm IV., S. 87. / **45** Zit. nach: Ebd., S. 102. / **46** Zit. nach: Ebd., S. 91. / **47** GA 196; UB 308 ff.; Stoll 2, 526. / **48** BG 705; Briefwechsel der Brüder Jacob und Wilhelm Grimm mit Gustav Hugo, S. 237. / **49** Schoof: Die Brüder Grimm, S. 18 f. / **50** BG 706, 708 f. / **51** Die Brüder Grimm in Berlin, S. 56, 61, 67. / **52** BG 709. / **53** Briefwechsel der Brüder Jacob und Wilhelm Grimm mit Gustav Hugo, S. 234. / **54** BB 29. / **55** Schoof: Die Brüder Grimm, S. 20; Die Brüder Grimm in Berlin, S. 59,

62 f., 66. / **56** WG KS 1, 319. / **57** Zum Folgenden: Vom alten Westen, S. 48; Lelke: Die Brüder Grimm, S. 181; Hansen: Die Brüder, S. 235 f.; Friemel: Aus der Berliner Umwelt, S. 159; Die Brüder Grimm in Berlin, S. 70 (hier auch das folgende Zitat), 126 f.; hierzu und zum Folgenden auch: Schmidt: Das Tiergartenviertel, S. 99 f., 130. / **58** GDG II, 54 f. / **59** BB 32. / **60** GW 304 ff. / **61** GDG I, 449. / **62** GDG II, 54 f. / **63** Ehrhardt: [Tagebuch von Wilhelm Grimm]. / **64** Berlin, Berlin, S. 143. / **65** B DKV 3, 329. / **66** Denecke: Mitgliedschaften, S. 474 f. / **67** GDG 2, 55. / **68** BB 204; Briefwechsel der Brüder Jacob und Wilhelm Grimm mit Gustav Hugo, S. 297, 385 f., 393 f.; Schoof: Die Brüder Grimm, S. 33 ff.; Pissin: Aus ungedruckten Briefen, S. 77. / **69** Quellen zur Alltagsgeschichte, S. 148 f.; vgl. zum Eindruck einer Eisenbahnfahrt nach Berlin auch: L. Grimm: Briefe, S. 306, auch 324 f. über die strategische Notwendigkeit des Eisenbahnbaus. / **70** GDG II, 85; Schoof: Wilhelm Grimms Reise, S. 91 f.; Kawaletz/Friemel: Aus Briefen, S. 125 f.; Briefwechsel der Brüder Jacob und Wilhelm Grimm mit Gustav Hugo, S. 286 f.; BB 203. / **71** JG KS 1, 57 ff. / **72** Kawaletz/Friemel: Aus Briefen, S. 128 ff.; GDG 1, 484. / **73** Vgl. dazu: Lelke: Die Brüder Grimm, S. 157 f., 173, 181 ff.; Die Brüder Grimm in Berlin, S. 41; Briefwechsel der Brüder Jacob und Wilhelm Grimm mit Gustav Hugo, S. 288. / **74** Lelke: Die Brüder Grimm, S. 125 ff. / **75** Ebd., S. 148 ff.; GDG I, 456. Zu den älteren organisierten Beziehungen der Grimms zu Berlin vgl.: Die Brüder Grimm in Berlin, S. 60 f.; Die Brüder Grimm in ihrer amtlichen und politischen Tätigkeit, S. 114. Im Alter übertrug man J. Grimm den Vorsitz eines Goethe-Komitees, das sich auf Initiative der «Berlinischen Gesellschaft» zusammenfand, aber er nahm an den Sitzungen nicht teil und erklärte 1861 seinen Austritt aus einer Assoziation, «wo sie lange stunden beisammen sind und nichtiges beschlieszen» (JG KS 7, 606 ff.). / **76** BG 703. / **77** Ziegengeist: Varnhagen von Ense, S. 104. / **78** Die Brüder Grimm in Berlin, S. 140; Ziegengeist: Varnhagen von Ense, S. 113. / **79** Einen guten Eindruck vermitteln u. a.: Schoof: Die Brüder Grimm, S. 26 ff., 80 ff.; Lelke: Die Brüder Grimm; vgl. auch die Auszüge aus Wilhelm Grimms kalendarischem Tagebuch bei: Ziegengeist: Varnhagen von Ense, S. 86 ff. / **80** Schoof: Die Brüder Grimm, S. 29. / **81** Hansen: Die Brüder Grimm, S. 284, 286 f.; Lelke: Die Brüder Grimm, S. 172; Schoof: Die Brüder Grimm, S. 26 ff., 80 ff.; GDG I, 507. / **82** Wilhelmy-Dollinger: Die Berliner Salons, S. 1 ff., 155 ff. / **83** GDG I, 510 f. / **84** Lelke: Die Brüder Grimm, S. 160 ff.; Wilhelmy-Dollinger: Die Berliner Salons, S. 176 ff., Zitat S. 178 f. / **85** Lelke: Die Brüder Grimm, S. 168 f. / **86** Ebd., S. 172 f., 180; HG BW, 21 f. / **87** Eine knappe Auflistung bei Schmidt: Die Berliner Jahre, S. 65 f. / **88** GDG II, 53. / **89** Zum Folgenden: Lelke: Die Brüder Grimm, S. 175 ff. / **90** Denecke: Mitgliedschaften, S. 490 f.; 200 Jahre,

S. 249 ff. / **91** GDG 1, 453; auch BB 32. / **92** Zit. nach: Lelke: Die Brüder Grimm, S. 216. / **93** GDG I, 505. / **94** GDG I, 515; GLH 296 f.; GS 412 ff.; 200 Jahre, S. 254. / **95** Clara Schumann, die vermutlich über Vermittlung B. von Arnims den Weg in die Linkstraße gefunden hatte, notierte am 11. Dezember 1854 in ihr Tagebuch: «am Abend bei Gebrüdern Grimm [...] prächtige Leute. [...] Es ist eine Familie, wie's wenige gibt, man fühlt sich so frei und behaglich dort – recht künstlerisch ist der ganze Ton dort» (zit. nach Lelke: Die Brüder Grimm, S. 179). / **96** Zit. nach: Lelke: Die Brüder Grimm, S. 178 f. / **97** Hierzu und zum Folgenden: Die Brüder Grimm in Berlin, S. 130 ff.; Hansen: Die Brüder, S. 237 f. / **98** Hansen: Die Brüder, S. 238. / **99** Lelke: Die Brüder Grimm, S. 181. / **100** Ebd., S. 171 f. / **101** Stoll 2, 521. / **102** JG KS 1, 119. / **103** Hierzu und zum Folgenden: Pissin: Aus ungedruckten Briefen, S. 78; Hansen: Die Brüder Grimm, S. 293. / **104** S JG, 116; BB 32. / **105** Für «unser einen», bemerkt Jacob, sei es mühselig, mit solchen Ehrenzeichen zu hantieren. Aber er musste es lernen. 1841 verlieh man ihm das Kreuz der Ehrenlegion, was Jacob als Zeichen für die friedenstiftende Funktion Frankreichs und Deutschlands für Europa sah; 1842 wurde Jacob in die Friedensklasse des Ordens pour le mérite aufgenommen; 1844 folgten der preußische Rote-Adler-Orden vierter Klasse, im selben Jahr der Nordstern-Orden am schwarzen Bande aus Schweden und Norwegen, 1846 der der dritten Klasse mit Schleife, 1850 die Schleswig-Holsteinische Denkmünze, 1853 der Bayerische Maximilians-Orden für Wissenschaft und Kunst (Schoof: Die Brüder Grimm, S. 27; Hansen: Die Brüder Grimm, S. 277 ff.; Ziegengeist: Varnhagen von Ense, S. 106; Kawaletz/Friemel: Aus Briefen, S. 125; Die Brüder Grimm in ihrer amtlichen und politischen Tätigkeit, S. 19, 116, 118; Briefwechsel der Brüder Jacob und Wilhelm Grimm mit Gustav Hugo, S. 322 f.; Von Hessen nach Deutschland, S. 71; 200 Jahre, S. 251 ff.). / **106** JG KS 1, 117 f. / **107** Stoll 3, 102. / **108** GA 193. / **109** Vgl. z. B. Clark: Preußen, S. 505. / **110** JG KS 8 / 1, 547 f.; WG KS 4, 527. Zu den Vorlesungen der Grimms in Berlin vgl.: Gerhardt: Jacob und Wilhelm Grimm, S. 81 f. / **111** Zit. nach Hansen: Die Brüder Grimm, S. 265; Schoof: Die Brüder Grimm, S. 24 f. / **112** GDG I, 454; Ziegengeist: Varnhagen von Ense, S. 102 f.; Gerhardt: Jacob und Wilhelm Grimm. / **113** Schmidt: Die Berliner Jahre, S. 59 f. / **114** Lelke: Die Brüder Grimm, S. 211. / **115** Schoof: Die Brüder Grimm, S. 38 ff.; Ziegengeist: Varnhagen von Ense, S. 110, 114; Briefwechsel der Brüder Jacob und Wilhelm Grimm mit Gustav Hugo, S. 285. / **116** Pissin: Aus ungedruckten Briefen, S. 76; Hansen: Die Brüder Grimm, S. 267; Schoof: Die Brüder Grimm, S. 38 ff. / **117** S JG, 284. GDG I, 503. Vgl. insgesamt auch Schoof: Die Brüder Grimm, S. 40 ff. / **118** Kamp: Von der Göttinger Protestation, S. 135. / **119** Schoof: Die Brüder Grimm, S. 42 f. / **120** Ebd., S. 43 f. /

121 Ebd., S. 45 f.; JG KS 7, 599 f.; GDG I, 495. Vgl. auch eine kurze, aber genaue Rekonstruktion der Vorgänge in: Briefwechsel der Brüder Jacob und Wilhelm Grimm mit Gustav Hugo, S. 417. / **122** Von Hessen nach Deutschland, S. 65. / **123** Die Brüder Grimm in ihrer amtlichen und politischen Tätigkeit, S. 120; Schoof: Die Brüder Grimm, S. 47. / **124** Zu Letzterem vgl.: GDG II, 69 ff., 266. / **125** S WG, 221; GDG II, 76. / **126** Hoffmann von Fallersleben: Mein Leben. Bd. 1, S. 297 f., Bd. 2, S. 53, 57 ff.; S JG, 287. / **127** Schoof: Die Brüder Grimm, S. 87 f.; Erhardt: «… unter den Linden […]». / **128** GA 213. / **129** Clark: Preußen, S. 562 f.; Siemann: Die deutsche Revolution, S. 50 ff. / **130** JG KS 8/1, 430 f. / **131** Zit. nach Netzer: Die Brüder Grimm, S. 229. / **132** Zum Folgenden insbes. den ausgezeichneten Beitrag von Netzer: Die Brüder Grimm, S. 232 ff. / **133** Vgl. zu den organisatorischen Hintergründen auch die Briefe von J. Grimm an K. Josef Anton Mittermaier, der bei der Germanistenversammlung als Schriftführer fungierte: UB 369 ff. / **134** BB 120. / **135** Netzer: Die Brüder Grimm, S. 233. / **136** Siemann: Die deutsche Revolution, S. 52. / **137** Friemel: Aus der Berliner Umwelt, S. 150. / **138** JG KS 8/1, 562. / **139** Zum Folgenden Netzer: Die Brüder Grimm, S. 243 ff. / **140** JG KS 8/1, 562. / **141** JG KS 8/1, 557. / **142** WG KS 1, 509. / **143** WG KS 1, 511 f. / **144** WG KS 1, 512 f.; Schede (2009): Die Brüder Grimm, S. 138. / **145** JG KS 8/1, 559. / **146** JG KS 8/1, 561. / **147** JG KS 8/1, 564. / **148** JG KS 8/1, 563 f. / **149** WG KS 1, 514 f. / **150** JG KS 8/1, 559. / **151** Die Grimms und die Simrocks, S. 49. / **152** JG KS 8/1, 562, 571. / **153** JG KS 8/1, 466 f.; Die Brüder Grimm in ihrer amtlichen und politischen Tätigkeit, S. 122. / **154** GDG I, 455. / **155** Zit. nach Clark: Preußen, S. 510. / **156** Zum Folgenden vgl. Clark: Preußen, S. 511 ff., 515 ff., 531 ff. / **157** Quellen zur Alltagsgeschichte, S. 19. – Zum Folgenden vgl. Clark: Preußen, S. 511 ff., 515 ff., 531 ff. / **158** Zum Folgenden vgl. Clark: Preußen, S. 525 ff. / **159** Zit. nach: Wilhelmy-Dollinger: Die Berliner Salons, S. 187. / **160** GDG II, 92. / **161** GDG I, 505, 519 f. / **162** Zit. nach: Wilhelmy-Dollinger: Die Berliner Salons, S. 191. / **163** Zum Folgenden: Berlin, Berlin, S. 144 ff.; Siemann: Die deutsche Revolution, S. 66 ff.; Clark: Preußen, S. 536 ff. / **164** Hansen: Die Brüder Grimm, 275 f. / **165** Clark: Preußen, S. 541. / **166** Quellen zur Alltagsgeschichte, S. 20. / **167** Zit. nach: Wilhelmy-Dollinger: Die Berliner Salons, S. 190. / **168** Pissin: Aus ungedruckten Briefen, S. 83; Hansen: Die Brüder Grimm, S. 275; Schoof: Die Brüder Grimm, S. 55. / **169** Siemann: Die deutsche Revolution, S. 70 f.; Clar: Preußen, S. 545 f. / **170** Ebd., S. 79. / **171** Ebd., S. 83. / **172** Schmidt: Die Berliner Jahre, S. 64 f. – In den nächsten zehn Jahren werden die Brüder Grimm mindestens zwanzig solcher Wahlversammlungen und Wahlen besuchen, die meisten verzeichnet Wilhelms Tagebuch für die Jahre von 1848

bis 1850. Das waren Veranstaltungen, die oft stundenlang dauerten und die gerade dem kränklichen Wilhelm einiges Aushaltevermögen abverlangten. / **173** Die
Brüder Grimm in ihrer amtlichen und politischen Tätigkeit, S. 20; Erhardt: Jacob Grimms politisches Auftreten, S. 147 ff. / **174** Fontane: Sämtliche Werke. Bd.
15, S. 359. / **175** Erhardt: Jacob Grimms politisches Auftreten, S. 150. / **176** In
Rheinpreußen war Jacob, wie die Essener *Allgemeinen Politischen Nachrichten*
richtig bemerkten, wohl eher als Vertreter der ‹Göttinger Sieben› interessant,
mithin als Idol der deutschen «Gesinnungstüchtigkeit», weniger als Germanist,
denn seine historischen Studien kannte mit Sicherheit – wenn überhaupt – nur
ein Bruchteil der Wähler. Eindrucksvoll war also vor allem, dass viele mit der
Kölner Zeitung über Jacob Grimm ausrufen mochten: «Jeder Zoll ein Deutscher!» (Bech: Jacob Grimm, S. 351 f.; diese Formel kennt sogar Wilhelms Sohn
Rudolf: HG BW, 146). / **177** Die Brüder Grimm in ihrer amtlichen und politischen Tätigkeit, S. 20, 126; Vogel: Jacob Grimm, S. 35. / **178** HG BW, 132,
134. / **179** Zur Zusammensetzung vgl.: Siemann: Die deutsche Revolution,
S. 124 ff. / **180** HG BW, 134. / **181** Die Brüder Grimm in ihrer amtlichen und
politischen Tätigkeit, S. 127; Vogel: Jacob Grimm, S. 38 f. / **182** BG, 737. /
183 Quellen zur Alltagsgeschichte, S. 187. / **184** BG, 739; Vogel: Jacob Grimm,
S. 39 f.; Siemann: Die deutsche Revolution, S. 131 ff. / **185** AG, 310. / **186** Von
Hessen nach Deutschland, S. 67. / **187** Vogel: Jacob Grimm, S. 35 f.; Kamp: Von
der Göttinger Protestation, S. 139; Denecke: Jacob Grimm, S. 180; Lemmer: Die
Brüder Grimm, S. 41. – Immerhin haben Marx und Engels, die an der Berliner
Universität ausgebildet wurden, die Grimm'schen Werke eifrig studiert, und
Letzterer hielt Jacob Grimm, den ‹alten Kerl›, für «wirklich famos». / **188** Die
Brüder Grimm in ihrer amtlichen und politischen Tätigkeit, S. 128; Clark: Preu-
ßen, S. 545. / **189** Kamp: Von der Göttinger Protestation, S. 139; Schmidt: ‹Kein
Deutscher darf einen Sclaven halten›, insbes. S. 190 f. – Weiter sollte es in dem
Antrag heißen: «und deutscher Boden duldet keine Knechtschaft. Fremde Un-
freie, die auf ihm verweilen, macht er frei.» Das richtete sich einerseits gegen die
Obrigkeit, die über diese Tatsache einer prinzipiellen ‹Freiheit› nicht mehr zu
entscheiden haben sollte, andererseits gegen den Versuch, die französische Revo-
lutionslosung «freiheit, gleichheit, brüderlichkeit» aufzugreifen: «Menschen
sind nicht gleich», stellte Jacob kategorisch fest, und Brüderlichkeit beziehungsweise «brüderschaft» sei «ein religiöser und sittlicher begriff». Bezeichnend war
jedoch, dass er den konkreten Bezug zur Sklavenbefreiung wieder strich, den er
in einem weiteren Manuskript noch auf Betreiben des Hegelianers und Burschenschaftlers Friedrich Wilhelm Carovés eingerückt hatte. Selbst in dieser ent-
schärften Version war der Antrag nicht mehrheitsfähig (JG KS 8 / 2, 112; Die Brü-

der Grimm in ihrer amtlichen und politischen Tätigkeit, S. 130). / **190** JG KS 8/1, 439. / **191** Berlin, Berlin, S. 145. / **192** JG KS 8/1, 443; Die Brüder Grimm in ihrer amtlichen und politischen Tätigkeit, S. 131; dazu auch: Schoof: Die Brüder Grimm, S. 58 f. / **193** JG KS 8/1, 432 f. / **194** Das Ganze hat im Übrigen für Jacob Grimm noch ein Nachspiel, als er nach dem Friedensschluss zwischen Preußen und Dänemark vom 2. Juli 1850 für die 11. Versammlung der Schulmänner und Orientalisten im Oktober desselben Jahres einen Vortrag über die Schleswig-Holstein-Frage hält und darin ein Bekenntnis Deutschlands zu Schleswig-Holstein forderte (JG KS 8/1, 449 ff.; dazu: Storost: Jacob Grimm, S. 67, 69). Ähnlich hart, wie man es in anderen Angelegenheiten von Jacob Grimm kennt, bringt er seine Position auch gegen ‹nordische Gelehrte› vor (Briefwechsel der Brüder Grimm mit nordischen Gelehrten, S. XVIII ff., 158 ff., 230, 234; JG KS 8/1, 445; See: Die Göttinger Sieben, S. 84 f.). Vgl. in diesem Zusammenhang auch die Idee von Deutschland als einer Art Bollwerk gegen den «Slavismus» (unpaginierte Vorrede zu: J. Grimm: Geschichte der deutschen Sprache [1848]). / **195** Netzer: Die Brüder Grimm, S. 245 f. / **196** Bech: Jacob Grimm, S. 357. Dazu auch: Erhardt: Jacob Grimms politisches Auftreten, S. 145 ff. In der Frage, ob «Südtirol» (die Kreise Trient und Rovereto) zum Territorium des Deutschen Bundes gehöre, wurden im Übrigen dieselben Fragen diskutiert. Vgl. dazu: Wegener: Jacob Grimm, insbes. S. 54 f. / **197** JG KS 8/1, 432; Bech: Jacob Grimm, S. 356 f. / **198** BG 745. JG KS 8/1, 438. / **199** BG 745; Vogel: Jacob Grimm, S. 40. / **200** Hierzu und zum Folgenden: Siemann: Die deutsche Revolution, S. 157. / **201** BG, 762, 765, 769; Siemann: Die deutsche Revolution, S. 50 ff., 63 f., 153 ff.; Clark: Preußen, S. 562 ff.; Vogel: Jacob Grimm, S. 40 f. / **202** Die Brüder Grimm in ihrer amtlichen und politischen Tätigkeit, S. 134. / **203** BG 752; s. bereits BG, 769. / **204** UB 390 f.; Bech: Jacob Grimm, S. 359; Bleek: Die Brüder Grimm, S. 285. – Er begründete seinen Rückzug offiziell damit, dass er sich um seine Angehörigen sorge, da eine erneute Cholera-Epidemie ausgebrochen war. Auch seiner angeschlagenen Gesundheit dürfe er einen weiteren Winter in der Paulskirche nicht zumuten. / **205** BG, 755. / **206** Zit. nach: Berlin, Berlin, S. 145. / **207** BG 739 f., 741 f., 745 f., 747 f., 761, 763, 767; HG BW, 145, auch 149 f., vgl. hingegen 152 ff. zu neuerlichen Unruhen. / **208** Pissin: Aus ungedruckten Briefen, S. 83 f.; Hansen: Die Brüder Grimm, S. 275; Schoof: Die Brüder Grimm, S. 55. / **209** Clark: Preußen, S. 560 f. / **210** Siemann: Die deutsche Revolution, S. 203. / **211** JG KS 8/1, 452; Schmidt: Die Berliner Jahre, S. 61 ff.; Die Brüder Grimm in ihrer amtlichen und politischen Tätigkeit, S. 135; 200 Jahre, S. 627 ff.; Siemann: Die deutsche Revolution, S. 220 f. / **212** BG, 773. / **213** JG KS 8/1, 453 f. / **214** GLH 299; 200 Jahre, S. 254 f. / **215** Denecke: Jacob Grimm und sein Bruder Wilhelm, S. 142. / **216** Siemann: Die deutsche Revolution, S. 7. Zum Folgenden: ebd., S. 17, 90 ff., 223 ff.; Wehler: Deutsche Gesellschaftsgeschichte. Bd. 2, S. 780 ff.; Clark: Preußen, S. 574 ff. / **217** GDG II, 121. / **218** UB, 407. / **219** GDG I, 522. / **220** GDG II, 94. / **221** BG, 766; GV 243 f.; K 123. / **222** So im Entwurf für einen autobiographischen Lexikoneintrag (JG KS 8/1, 460 f.). / **223** J. Grimm: Geschichte der deutschen Sprache (1848), z. B. S. 811. / **224** Ebd., S. VIII. / **225** Zitiert nach: von See: Die Göttinger Sieben, S. 105. / **226** J. Grimm: Geschichte der deutschen Sprache (1848), S. XIII, auch: S. 7. / **227** Ebd., S. IV. / **228** Ebd., S. VII, vgl. auch S. 797. / **229** Hier und im Folgenden orientiere ich mich an der hervorragenden Rekonstruktion des Grimm'schen Forschungsprojekts durch Maria Herrlich in: J. Grimm: Geschichte der deutschen Sprache (1999), S. 1* ff.; sowie dies.: Organismuskonzept. / **230** J. Grimm: Geschichte der deutschen Sprache (1848), S. 162. / **231** Ebd., S. VIII, XIII f., 800, 810 f., 1031, 1035. / **232** JG KS 3, 171 ff. / **233** J. Grimm: Geschichte der deutschen Sprache (1848), S. XVI. / **234** J. Grimm: Geschichte der deutschen Sprache (1999), S. XIV. / **235** Pointiert dazu: Schmidt: Jacob Grimm über Akademie und Universität, S. 53; vgl. aber auch: GDG II, 50. / **236** J. Grimm: Über Schule, S. 41. / **237** Im Überblick: Die Brüder Grimm in Berlin, S. 76 ff. / **238** JG KS 7, 232 ff. / **239** WG KS 3, 138ff; UB 402; Clark: Preußen, S. 501. / **240** WG KS 3, 516 ff., WG KS 4, 125 ff. / **241** 200 Jahre, S. 429 f. – Die zweite Ausgabe des *Graf Rudolf* erschien 1844. Posthum erschien 1860 die zweite Fassung von Freidanks *Bescheidenheit*, in der Wilhelm sich mit einer gewissen Sturheit gegen alle Kritik und auch gegen seinen Bruder nicht von der These distanzierte, dass Freidank und Walther von der Vogelweide ein und dieselbe Person seien (vgl. dazu GBPR 59 und die dort angeführten Verweise zum Briefwechsel von W. Grimm u. f. Pfeiffer. Insgesamt: 200 Jahre, S. 445 ff.). / **242** Die Brüder Grimm in Berlin, S. 93. / **243** Wagner: Jacob Grimm. / **244** Als Fallbeispiel: Schmitt: Der Briefwechsel, z. B. S. 167; zum Kritikverhalten vgl. z. B. ebd., S. 170 ff. / **245** GDG I, 492. / **246** JG KS 1, 256 ff., 328 ff., KS 2, 173 ff., 366 ff. / **247** JG KS 1, 261, auch 276. / **248** Vgl. zum Streit um die «Lachmannschule»: GBPR 61. / **249** Vgl. zur materiellen Seite: UB 395 ff. / **250** So in der zweiten Vorrede von 1853 zu: J. Grimm: Geschichte der deutschen Sprache (1999), S. XIV. / **251** K 113 ff. Zu den beiden Verlegern und ihren Verlagen: GV 26 ff. Zur Aushandlung des Verlagsvertrags: Kirkness: Nachlese. / **252** Kirkness: Jacob und Wilhelm Grimm, S. 63. / **253** Kurz im Überblick: Kirkness: Jacob und Wilhelm Grimm, S. 62. / **254** GV 147; Kirkness/Friemel: Neues, S. 116 f. / **255** K 167, 219; Henne: «Mein bruder […]», S. 4. / **256** Schoof: Die Brüder Grimm, S. 36 f. / **257** K 226. / **258** JG KS 8/1, 304. / **259** Brief vom Mai 1855

(Die Grimms und die Simrocks, S. 114). / **260** Die Grimms und die Simrocks, S. 120. / **261** Lauer: Wilhelm Grimms Rheinreise; Quellen zur Alltagsgeschichte, S. 150. Zu Simrock vgl.: Die Grimms und die Simrocks. / **262** UB 363 f.; Die Grimms und die Simrocks, S. 93 sowie Abb. 16 b); S JG 359 f.; GV, 350 f. / **263** K 244 f. Zu den Reisen: z. B. K 223. Im Überblick: 200 Jahre, S. 248; Schoof: Die Brüder Grimm, S. 94 ff. / **264** GS 404; BG 670, 674. – Vgl. dazu auch Jacob im Blick auf die Vorrede: «ich könnte sie aber diesen augenblick noch nicht schreiben, lerne sie erst im verlauf der ausarbeitung abfassen» (GV 177); zur Ausarbeitung der Artikel, bei der «zurüstung und ausarbeitung» eine Einheit bilden (GV 670). / **265** Kirkness/Friemel: Neues, S. 118 ff.; zu eingelegten Zetteln: ebd., S. 152 f.; zur Geschichte der Zettelwirtschaft als Arbeitsmethode vgl.: Zedelmaier: Buch. / **266** K 130 f.; GV 157. / **267** WG KS 1, 508. / **268** JG KS 8/1, 344 ff. / **269** Differenziert dazu: Weisgerber: «definitionen […]». – In einem Akademievortrag erklärte Wilhelm: «Ein buchstäbliches Verständnis gibt es nicht, der Gehalt eines Worts steigt und sinkt, dehnt sich aus oder zieht sich zurück, im Einzeln erscheint das noch Willkür, aber im Grossen hängt es von dem Gang der Bildung ab, der wieder grossen Naturgesetzen folgt» (WG KS 3, 518). / **270** GS 404. / **271** K 54. / **272** K 73, auch GL 689. / **273** K 77, 88; GS, 403; JG KS 8/1, 342 ff. / **274** K 54, 135. / **275** Vgl. exemplarisch den Briefwechsel der Grimms mit Gabriel Riedel: GBPR 241 ff. / **276** So insgesamt eine leitende These bei: Lelke: Die Brüder Grimm, vgl. insbes. S. 100 ff.; zur Arbeit am Wörterbuch: ebd., S. 185 ff. Vgl. weiterhin: Henne: «Mein bruder […]». / **277** HG BW, 22 ff., 222. / **278** Vgl. für W. Grimm: Henne: «Mein bruder […]», S. 5 ff. / **279** GDG II, 341. / **280** JG KS 8/1, 328, 380. / **281** JG KS 8/1, 337 ff. / **282** Dazu: Kirkness/Friemel: Neues, S. 148. / **283** JG KS 8/1, 309. / **284** K 141 f.; GV 289 f., 295. / **285** Vielleicht stand Jacob bei aller Aversion gegen den «Slavismus» der Gelehrtenfreund Vuk Karadžić vor Augen, der mit seiner serbischen Grammatik eine Nationalsprache erschaffen und zur nationalen Einigung entscheidend beigetragen hatte (K 41). / **286** JG KS 8/1, 315. / **287** JG KS 8/1, 311; GV 174; zur nicht wirklich konzisen Position J. Grimms vgl. die Stellen in: K 125 f.; zu (Recht-)Schreibung und Druck vgl. JG KS 8/1, 361 ff. Zum orthographischen Programm im Gesamtwerk von J. Grimm: Rädle: «Das gebrechen […]». / **288** Hierzu und zum Folgenden: K 171, 173 ff. / **289** Schlaefer: Das Grimmsche Wörterbuch, S. 104 f. / **290** Hierzu und zum Folgenden: JG KS 8/1, 344; K 185 f., 217, 232 ff., 246 ff.; Wagner: Christian Friedrich Wurm; Haß-Zumkehr: Daniel Sanders. / **291** Wagner: Christian Friedrich Wurm, S. 111 ff.; Haß-Zumkehr: Daniel Sanders, S. 416 f. / **292** Kirkness/Friemel: Neues, S. 147; K 237 ff. / **293** JG KS 8/1, 380. / **294** K 188 f., 192 ff., 198, 201 ff., auch

247 ff. – Hirzel engagierte sich auch selbständig und motivierte Simrock zu einer Stellungnahme in der *Kölner Zeitung*, die dieser zusagte, allerdings schuldig blieb. Den Heidelberger Professor Ludwig Häuser bat er um eine Verteidigung des *Deutschen Wörterbuchs*, die mit einiger Verspätung im September 1854 in der Augsburger *Allgemeinen Zeitung* erfolgte. / **295** Ausschlaggebend blieb jedoch, dass die Germanistik ihr laufendes Forschungsprogramm an das *Deutsche Wörterbuch* anschließen konnte, es nach dem Tod der Brüder in ihre Obhut nahm und weiterführte (Schlaefer: Das Grimmsche Wörterbuch, S. 105 f.). / **296** GV 306, 308, 400 f. Vgl. dazu sowie zur Fotografieleidenschaft der Grimms: Wiegand: Die Brüder Grimm (zu Biow, S. 46 ff.). / **297** Kirkness/Friemel: Neues, S. 115. / **298** K 136 f.; GV 366 f. / **299** K 37; GV 164. / **300** K 129. / **301** Dazu z. B. GV 442. / **302** JG KS 8/1, 382; GDG II, 118; GDG I, 529. / **303** JG KS 8/1, 303. / **304** K 220 ff., GV 423 ff., 504 ff. / **305** GV 504 f. / **306** GV 555. / **307** GV 504 f. / **308** GV 430. / **309** K 222, 231. / **310** Denecke: Jacob Grimm, S. 54 f., 119. / **311** GV 71, 265. / **312** GV 458. / **313** JG KS 8/1, 375. / **314** JG KS 1, 204 f. / **315** Vgl. auch: Hansen: Die Brüder Grimm, S. 297. / **316** JG KS 1, 172 f. / **317** S JG, 419. / **318** Hansen: Die Brüder Grimm, S. 290 f. / **319** Lelke: Die Brüder Grimm, S. 230. / **320** Die Brüder Grimm in Berlin, S. 146 f. / **321** Pissin: Aus ungedruckten Briefen, S. 85. / **322** S JG, 395. / **323** Zum Folgenden: Hansen: Die Brüder Grimm, S. 241 ff.; Lelke: Die Brüder Grimm, 170 f.; insbes. die genaue Teilrekonstruktion bei: Friemel: Aus der Berliner Umwelt, S. 134 ff. / **324** Dazu und zum Folgenden: Friemel: Aus der Berliner Umwelt, S. 137, 141 f. / **325** So schon in der Wohnung in der Lennéstraße: Briefwechsel der Brüder Jacob und Wilhelm Grimm mit Gustav Hugo, S. 276. / **326** Die Bibliothek der Brüder Grimm; Die Brüder Grimm in Berlin, S. 113, 121. / **327** GDG I, 538. / **328** S JG, 395. – In vielen Büchern finden sich zwei handschriftliche Inhaltsverzeichnisse: das eine von Jacob, das andere von Wilhelm, je nach ihren Interessen gestaltet. / **329** K 222. / **330** K 154, 227; GDG I, 524, 529. / **331** Pissin: Aus ungedruckten Briefen, S. 84. / **332** GDG II, 61. / **333** HG BW, 316 f. / **334** GDG I, 529. / **335** GV 591. / **336** WG KS 4, 504 f. / **337** Schoof: Die Brüder Grimm, S. 96 f. / **338** 200 Jahre, S. 256. / **339** JG KS 1, 180; S WG, 337 ff.; Seitz: Die Brüder Grimm, S. 168; Die Brüder Grimm in Berlin, S. 136. / **340** HF 368. / **341** HF 374. / **342** Wie sehr er die Raumordnung als Ausdruck der Persönlichkeit verstand, sieht man an einem Bild, das den ursprünglichen Zustand von Wilhelms Arbeitszimmer festhält und bei Jacob zur Erinnerung an den Bruder hängt. / **343** Friemel: Aus der Berliner Umwelt, S. 137; S JG, 401; GV 591, 594; vgl. auch S JG, 395 f. / **344** S WG 338 f. / **345** JG KS 2, 211, 213. / **346** Schoof: Die Brüder Grimm, S. 106. / **347** GDG II, 433. / **348** Zu-

nächst mussten die Hinterbliebenen einige pragmatische Probleme lösen, weil Wilhelm, der sich im Übrigen auch im Aktiengeschäft engagiert hatte, der Finanzverwalter der Familie gewesen war. Sein Sohn Herman übernahm diesen Part (HG BW, 261 ff. GBPR 184). / **349** So in der Erinnerung von Herman Grimm: JG KS 1, 179. / **350** JG KS 1, 175 f. / **351** JG KS 1, 164. / **352** Schmidt: Die Brüder Grimm, S. 196. – Eine erste Fassung hat sein Bruder im August 1859 bei anderer Gelegenheit wohl gehört. / **353** JG KS 1, 196. / **354** JG KS 1, 199, 204, 206 f., 209. / **355** GV 711. / **356** GV 672. / **357** 200 Jahre, S. 256; Schoof: Die Brüder Grimm, S. 101. / **358** Z. B. GBPR 162 f., 207. / **359** GV 357, 365; ähnlich Wilhelm: GV 416. / **360** Zit. nach: Rädle: «Das gebrechen […]», S. 92. Vgl. auch GBPR 177. / **361** HF 366, auch 378. / **362** GBPR 196. / **363** Schoof: Die Brüder Grimm, S. 102 f.; K 263; GV 679. / **364** Schoof: Die Brüder Grimm, S. 102 f.; Kirkness: Zum Stichwort, S. 282; Seitz: Die Brüder Grimm, S. 170; HF 387. / **365** Schoof: Die Brüder Grimm, S. 103; S JG 400; JG KS 1, 188. / **366** Die Grimms und die Simrocks, S. 135. / **367** 200 Jahre, S. 258; HF 388.

Literaturverzeichnis

1. Siglen

AG   Actenstücke über die Thätigkeit der Brüder Grimm im hessischen Staatsdienste. Hg. von E. Stengel. Marburg 1886.

BB   Briefe der Brüder Grimm. Gesammelt von Hans Gürtler. Nach dessen Tode hg. u. erläutert von Albert Leitzmann. Jena 1923.

BG   Grimm, Jacob/Grimm, Wilhelm: Briefwechsel. Hg. von Heinz Rölleke. Teil 1: Text. Stuttgart 2001.

BL   Briefe an Lotte Grimm. Hg. u. kommentiert von Else Hünert-Hofmann unter Mitarbeit von Dieter Hennig u. Egbert Koolman. Kassel/Basel 1972.

DG 1   Grimm, Jacob: Deutsche Grammatik 1 (1819). Mit einer Einleitung zur Deutschen Grammatik von Elisabeth Feldbusch. Hildesheim u. a. 1995 (Repr.).

²DG 1   Grimm, Jacob: Deutsche Grammatik. Erster Theil. Zweite Ausgabe. Göttingen 1822.

³DG 1   Grimm, Jacob: Deutsche Grammatik. Erster Theil. Dritte Ausgabe. Göttingen 1840.

DG 3   Grimm, Jacob: Deutsche Grammatik. Dritter Theil. Göttingen 1831.

DG 4   Grimm, Jacob: Deutsche Grammatik. Vierter Theil. Göttingen 1837.

FB   Grimm, Jacob/Grimm, Wilhelm: Freundesbriefe. Mit Anm. hg. von Alexander Reifferscheid. Heilbronn 1878.

GA   Der Briefwechsel Bettine von Arnims mit den Brüdern Grimm 1838–1841. Hg. von Hartwig Schultz. Frankfurt a. M. 1985.

GBPR   Briefwechsel der Brüder Jacob und Wilhelm Grimm mit Karl Bartsch, Franz Pfeiffer und Gabriel Riedel. Hg. von Günther Breuer, Jürgen Jaehrling und Ulrich Schröter. Stuttgart 2002.

GDG   Briefwechsel zwischen Jacob und Wilhelm Grimm, Dahlmann und Gervinus. Hg. von Eduard Ippel. Berlin 1885 f.

GH   Briefwechsel der Brüder Grimm mit Hans Georg von Hammerstein-

Equord. Hg. u. kommentiert von Carola L. Gottzmann. Marburg 1985.

GJ   Briefwechsel zwischen Jenny von Droste-Hülshoff und Wilhelm Grimm. Münster 1978 (Repr.).

GL   Grimm, Jacob u. Wilhelm/Lachmann, Karl: Briefwechsel. Hg. von Albert Leitzmann. Mit einer Einleitung von Konrad Burdach. Jena 1927.

GLH   Brüder Grimm: Briefwechsel mit Ludwig Hassenpflug (einschließlich der Briefwechsel zwischen Ludwig Hassenpflug und Dorothea Grimm, geb. Wild, Charlotte Hassenpflug, geb. Grimm, ihren Kindern und Amalie Hassenpflug). Hg. u. bearb. von Ewald Grothe. Kassel/Berlin 2000.

GM   Meusebach, Karl Hartwig Gregor von/Grimm, Jacob u. Wilhelm: Briefwechsel. Hg. von Camillus Wendeler. Heilbronn 1880.

GS   Briefe der Brüder Grimm an Savigny. Aus dem Savignyschen Nachlaß hg. in Verbindung mit Ingeborg Schnack von Wilhelm Schoof. Berlin 1953.

GV   Briefwechsel der Brüder Jacob und Wilhelm Grimm mit den Verlegern des «Deutschen Wörterbuchs» Karl Reimer und Salomon Hirzel. Hg. von Alan Kirkness unter Mitarbeit von Simon Gilmour. Stuttgart 2007.

GW   Briefe der Brüder Grimm an Paul Wigand. Veröffentlicht und erläutert von E. Stengel. Marburg 1910.

HF   Briefe der Brüder Grimm an hessische Freunde. Gesammelt von E. Stengel. Marburg 1886.

HG   Grimm, Herman: Beiträge zur Deutschen Culturgeschichte. Berlin 1897.

HG BW   Brüder Grimm: Briefwechsel mit Herman Grimm (einschließlich des Briefwechsels zwischen Herman Grimm und Dorothea Grimm, geb. Wild). Hg. und bearbeitet von Holger Ehrhard (= Brüder Grimm: Werke und Briefwechsel. Kasseler Ausgabe. Bd. 1). Kassel 1998.

JG B   Grimm, Jacob: Besinnungen aus meinem Leben. In: Inventar der Grimm-Schränke in der Preußischen Staatsbibliothek. Bearbeitet von Hans Daffis. Mit einem Bildnis der Brüder Grimm. Im Anhang: Jacob Grimm: Besinnungen aus meinem Leben. 1814. Wilhelm Grimm: An den Bruder Jacob. 1811–13 (aus den Handschriften der Grimm-Schränke). Leipzig 1923, S. 98–110.

JG KS   Grimm, Jacob: Kleinere Schriften. Hg. von Karl Müllenhoff und Eduard Ippel. 2. Auflage. Berlin 1864 ff.

K   Kirkness, Alan: Geschichte des deutschen Wörterbuchs. 1838–1863. Dokumente zu den Lexikographen Grimm. Mit einem Beitrag von Ludwig Denecke. Stuttgart 1980.

KHM   Kinder- und Hausmärchen. Gesammelt durch die Brüder Grimm. Vergrößerter Nachdruck der zweibändigen Erstausgabe von 1812 und 1815 nach dem Handexemplar des Brüder Grimm-Museums Kassel mit sämtlichen handschriftlichen Korrekturen und Nachträgen der Brüder Grimm sowie einem Ergänzungsheft: Transkriptionen und Kommentare in Verbindung mit Ulrike Marquardt von Heinz Rölleke. Göttingen 1986.

7KHM   Brüder Grimm: Kinder- und Hausmärchen. Ausgabe letzter Hand mit den Originalanmerkungen der Brüder Grimm. Mit einem Anhang sämtlicher, nicht in allen Auflagen veröffentlichter Märchen und Herkunftsnachweisen hg. von Heinz Rölleke. Stuttgart 2003.

LG E   Grimm, Ludwig Emil: Erinnerungen aus meinem Leben. Hg. und ergänzt von Adolf Stoll. Neu durchgesehene und vermehrte Aufl. Leipzig 1913.

S JG   Grimm, Jacob. Aus seinem Leben. Hg. von Wilhelm Schoof. Bonn 1961.

S WG   Grimm, Wilhelm: Aus seinem Leben. Hg. von Wilhelm Schoof. Bonn 1960.

Steig A   Steig, Reinhold: Achim von Arnim und Jacob und Wilhelm Grimm. Stuttgart/Berlin 1904.

Steig B   Steig, Reinhold: Clemens Brentano und die Brüder Grimm. Stuttgart/Berlin 1914.

Steig G   Steig, Reinhold: Goethe und die Brüder Grimm. Ergänzt und mit einem Vorwort von Ludwig Denecke. Kassel 1972.

Stoll 1–3   Stoll, Adolf: Friedrich Karl von Savigny. Ein Bild seines Lebens mit einer Sammlung seiner Briefe. 3 Bde. Berlin 1927 ff.

UB   Unbekannte Briefe der Brüder Grimm. Unter Benutzung des Grimmschen Nachlasses und anderer Quellen in Verbindung mit Jörn Göres hg. von Wilhelm Schoof. Bonn 1960.

WG KS   Grimm, Wilhelm: Kleinere Schriften. Hg. von Gustav Hinrichs. Berlin 1881 ff.

2. Weitere verwendete Literatur

200 Jahre Brüder Grimm. Die Brüder Grimm. Dokumente ihres Lebens und Wirkens. Hg. von Dieter Henning u. Bernhard Lauer. Kassel o. J. [1985].

Altdänische Heldenlieder, Balladen und Märchen. Übersetzt von Wilhelm Carl Grimm. Heidelberg 1811.

Anonym: Ausführliches Tagebuch welches die Reise der Hessischen und Braunschweiger Trouppen von New-Yorck nach Quebeck vom 15. May bis den 29. Junius 1780 enthält. Nebst einer Beschreibung dasiger Witterung, Bäumen, Thieren, Vögel, Fische und Preise von Lebensmitteln. Quebeck 1780.

Anonym: Beitrag zur Geschichte der Fabriken und Manufakturen in Hanau. In: Hanauisches Magazin (1783), 49. St., S. 441–445, 50. St., S. 453–457, 51. St., S. 465–472, 52. St., S. 473–477.

Anonym: Beschluß der geographischen Beschreibung der Grafschaft Hanau. In: Hanauisches Magazin (1781), 29. St., S. 257–274.

Anonym: Der Studentenfrieden auf der Wartburg. In: Isis XI/XII (1817), Sp. 1554–1559.

Anonym: Die entlarvte hohe und geheime Polizei des zerstörten Königreichs Westphalen. O. O. 1814.

Anonym: Gedanken über die physische Kinder-Erziehung. In: Hanauisches Magazin (1783), 6. St., S. 49–56.

Anonym: Ueber die Erziehung. In: Hanauisches Magazin (1778), 4. St., S. 25–29.

Anonym: Versuch einer geographischen Beschreibung der Grafschaft Hanau-Münzenberg nach ihrem dermaligen Zustande. In: Hanauisches Magazin (1781), 27. St., S. 225–240.

Armenfürsorge in Hessen-Kassel. Dokumente zur Vorgeschichte der Sozialpolitik zwischen Aufklärung und Industrialisierung. Hg. von Susanne Grindel u. Winfried Speitkamp. Marburg 1998.

Arnd, Carl: Geschichte der Provinz Hanau und der unteren Maingegend. Hanau 1858.

Arnim, Achim von/Brentano, Clemens: Freundschaftsbriefe. Vollständige kritische Edition von Hartwig Schulz. Frankfurt a. M. 1998.

Arnim, Achim von: Armut, Reichtum, Schuld und Buße der Gräfin Dolores. Eine wahre Geschichte zur lehrreichen Unterhaltung armer Fräulein. Berlin 1991.

Arnim, Bettine von: Werke und Briefe in vier Bänden. Hg. von Walter Schmitz und Sibylle von Steinsdorff. Frankfurt a. M. 1995.

Aus Annettes Jugendzeit. Tagebuch-Aufzeichnungen von Jenny von Droste-Hülshoff. In: Jahrbuch der Droste-Gesellschaft 1 (1947), S. 83–95.

Badinter, Elisabeth: Die Mutterliebe. Geschichte eines Gefühls vom 17. Jahrhundert bis heute. 2. Aufl. München 1985.

Bakteriologie und Moderne. Studien zur Biopolitik des Unsichtbaren 1870–1920. Hg. von Philipp Sarasin u. a. Frankfurt a. M. 2007.

Bech, Helge: Jacob Grimm und die Frankfurter Nationalversammlung. In: Euphorion 61 (1967), S. 349–360.

Becker, Rudolph Zacharias: Noth- und Hülfsbüchlein für Bauersleute. Nachdruck der Erstausgabe von 1788. Hg. mit einem Nachwort von Reinhardt Siegert. Dortmund 1980.

Bergsträßer, Joh. Andr. Benignus: Nomenclatur und Beschreibung der Insecten in der Grafschaft Hanau-Münzenberg wie auch der Wetterau und der angränzenden Nachbarschaft dies und jenseits des Mains mit erleuchteten Kupfern. Erster Jahrgang. Hanau 1778.

Berlin, Berlin. Die Ausstellung zur Geschichte der Stadt. Hg. von Gottfried Korff u. Reinhard Rürup. Berlin 1987.

Berliner Leben 1806–1847. Erinnerungen und Berichte. Hg. von Ruth Köhler und Wolfgang Richter. O. O. 1954.

Bilder-Conversations-Lexikon für das deutsche Volk. Ein Handbuch zur Verbreitung gemeinnütziger Kenntnisse und zur Unterhaltung. Bd. 1. Leipzig 1837.

Bisky, Jens: Poesie der Baukunst. Architekturästhetik von Winckelmann bis Boisserée. Weimar 2000.

Blackbourn, David: Die Eroberung der Natur. Eine Geschichte der deutschen Landschaft. München 2006.

Blasius, Dirk: Friedrich Wilhelm IV. 1795–1861. Psychopathologie und Geschichte. Göttingen 1992.

Bleek, Wilhelm: Die Brüder Grimm und Friedrich Christoph Dahlmann – Freundschaft zwischen drei Gelehrten. In: Heidenreich/Grothe (Hg.): Die Grimms, S. 259–289.

Bleek, Wilhelm: «Protestation» auf der Grundlage bürgerlicher Werte: Die Rechtfertigungsschriften der Göttinger Sieben. In: Politik, Moral und Religion – Gegensätze und Ergänzungen. FS zum 65. Geburtstag von Karl Graf Ballestrem. Hg. von Lothar R. Waas. Berlin 2004, S. 77–108.

Bluhm, Lothar: Adnoten zum Gelehrtenbrief. Die Grimm-Beneckeschen «Adversarien». In: Der Brief in Klassik und Romantik. Aktuelle Probleme der Briefedition. Hg. von Lothar Bluhm und Andreas Meier. Würzburg 1993, S. 93–107.

Bluhm, Lothar: compilierende oberflächlichkeit gegen gernrezensierende Vornehm-

heit. Der Wissenschaftskrieg zwischen Friedrich Heinrich von der Hagen und den Brüdern Grimm (12.10.2004). In: http://www.goethezeitportal.de/db/wiss/epoche/bluhm_wissenschaftskrieg.pdf (Download vom 16. Juni 2007).

Bluhm, Lothar: Die Brüder Grimm und der Beginn der Deutschen Philologie. Eine Studie zu Kommunikation und Wissenschaftsbildung im frühen 19. Jahrhundert. Hildesheim 1997.

Bluhm, Lothar: Grimm-Philologie. Beiträge zur Märchenforschung und Wissenschaftsgeschichte. Hildesheim u. a. 1995.

Bluhm, Lothar/Rölleke, Heinz: «Redensarten des Volkes, auf die ich immer horche». Märchen – Sprichwort – Redensart. Zur volkspoetischen Ausgestaltung der *Kinder- und Hausmärchen* durch die Brüder Grimm. Neue Ausgabe. Stuttgart/Leipzig 1997.

Bothe, Wolf v./Vogel, Hans: Landgraf Friedrich II. von Hessen-Kassel. Ein Fürst der Zopfzeit. O. O. 1973.

Bott, Heinrich: Die Vorfahren der Brüder Grimm im Hanauer Land. In: Brüder Grimm Gedenken (1963), S. 23–46.

Botzenhart, Manfred: Reform, Restauration, Krise. Deutschland 1789–1847. Frankfurt a. M. 1985.

Brandstetter, Gabriele/Neumann, Gerhard: Gaben. Märchen in der Romantik. In: Romantik und Exil. FS für Konrad Feilchenfeldt. Hg. von Claudia Christophersen u. a. Würzburg 2004, S. 17–37.

Braun, Emil: Briefwechsel mit den Brüdern Grimm und Joseph von Laßberg. Hg. von R. Ehwald. Gotha 1891.

Braun, Rudolf/Gugerli, David: Macht des Tanzes – Tanz der Mächtigen. Hoffeste und Herrschaftszeremoniell 1550–1914. München 1993.

Brentano, Clemens: Sämtliche Werke und Briefe. Historisch-kritische Ausgabe. Hg. von Jürgen Behrens u. a. Stuttgart u. a. 1975 ff.

Breuer, Stefan: Anatomie der Konservativen Revolution. 2., durchges. u. korr. Aufl. Darmstadt 1995.

Briefe aus der Frühzeit der deutschen Philologie an Georg Friedrich Benecke. Mit Anm. begleitet u. hg. von Rudolf Baier. Leipzig 1901.

Briefe der Brüder Jacob und Wilhelm Grimm an Georg Friedrich Benecke aus den Jahren 1808–1829. Mit Anm. hg. von Wilhelm Müller. Göttingen 1889.

Briefe Jacob Grimms an August Wilhelm Schlegel. Mitgeteilt von Ludwig Schmidt. In: Zeitschrift für Deutsches Altertum und Deutsche Literatur 47 (1904), S. 158–165.

Briefe von Jacob Grimm an Hendrik Willem Tydeman. Mit einem Anhange und Anmerkungen hg. von Alexander Reifferscheid. Heilbronn 1883.

Briefwechsel der Brüder Grimm mit Ernst v. d. Malsburg. Hg. von Wilhelm Schoof. In: Zeitschrift für deutsche Philologie 36 (1904), S. 173–232.

Briefwechsel der Brüder Grimm mit nordischen Gelehrten. Hg. von Ernst Schmidt. Neudruck der Ausgabe von 1885. Mit einem Vorwort und zahlreichen Ergänzungen von Ludwig Denecke. Walluf 1974.

Briefwechsel der Brüder Jacob und Wilhelm Grimm mit Gustav Hugo. Hg. von Stephan Bialas. Stuttgart 2003.

Briefwechsel zwischen Jacob Grimm und dem Freiherrn vom Stein. Mitgeteilt von Wilhelm Schoof. In: Preußische Jahrbücher 238 (1934), S. 117–135.

Brüder Grimm: Kinder- und Hausmärchen. Die handschriftliche Urfassung von 1810. Hg. u. kommentiert von Heinz Rölleke. Stuttgart 2007.

Büsching, Johann Gustav: Volks-Sagen, Märchen und Legenden. Leipzig 1812.

Burguière, André u. a.: Geschichte der Familie. Neuzeit. Vorwort von Jack Goody. Essen 2005.

Cicero, Marcus Tullius: Abhandlung über die menschlichen Pflichten in drey Büchern. Aus dem Lateinischen übersetzt von Christian Garve. 4., vollständige Ausgabe. Breslau 1792.

Clark, Christopher: Preußen. Aufstieg und Niedergang 1600–1947. München 2008.

Clark, William: Academic Charisma and the Origins of the Research University. Chicago 2006.

Conradi, Johann Wilhelm Heinrich: Über einige Mängel der Brownschen Therapie. Ein Programm zur Ankündigung seiner Vorlesungen von Ostern bis Michaelis 1805. Marburg 1805.

Constant, Benjamin: Über die Gewalt. Vom Geist der Eroberung und von der Anmaßung der Macht. Aus dem Französischen übertragen u. hg. von Hans Zbinden. Stuttgart 1948.

Curtius, Michael Conrad: Geschichte und Statistik von Hessen. Marburg 1793.

Dahlmann, Friedrich Christoph: Die Politik. Hg. von Wilhelm Bleek. Frankfurt a. M. 1997.

Daston, Lorraine: Eine kurze Geschichte der wissenschaftlichen Aufmerksamkeit. München 2001.

Das Spinnstubenheft, in das der Dragonerwachtmeister Johann Friedrich Krause für die Brüder Grimm Märchen, Schwänke, Rätsel und Anekdoten notiert hat. Hg., beschrieben und bezeichnet von seinem Nachfahren Albert Schindehütte. Mit Beiträgen im Anhang zu dieser erweiterten Neuauflage von Heinz Rölleke u. Heinz Vonjahr. Schauenburg-Breitenbach 2000.

Deetjen, Werner: Goethe und die Brüder Grimm. In: Archiv für das Studium der neueren Sprachen 87 (1932), S. 83–84.

Demandt, Karl E.: Geschichte des Landes Hessen. 2., neubearb. u. erw. Aufl. Kassel/Basel 1972.

Denecke, Ludwig: Bibliotheksgeschichte am Beispiel Kassels. In: Ex Bibliotheca Casselana. 400 Jahre Landesbibliothek. Hg. von Hans-Jürgen Kahlfuß. Kassel 1980, S. 15–22.

Denecke, Ludwig: Bibliothek und Wissenschaft bei Jacob und Wilhelm Grimm. In: Kasseler Vorträge in Erinnerung an den 200. Geburtstag der Brüder Jacob und Wilhelm Grimm. Veranstaltet durch den Fachbereich Germanistik der Universität (Gesamthochschule) Kassel und die Brüder Grimm-Gesellschaft, Kassel e. V. Marburg 1988, S. 108–117.

Denecke, Ludwig: Blätter und Blüten aus Kassel. Mit Beiträgen von Wilhelm Schoof und Walther Ottendorff-Simrock. In: Brüder Grimm Gedenken 1963, S. 97–123.

Denecke, Ludwig: Die Göttinger Jahre der Brüder Jacob und Wilhelm Grimm. In: Göttinger Jahrbuch (1977), S. 139–155.

Denecke, Ludwig: Eine neue Philologie. Zum Briefwechsel Jacob Grimms mit W. f. H. Reinwald nebst einem Brief von Matthias Höfer an Jacob Grimm. In: Brüder Grimm Gedenken 2 (1975), S. 1–27.

Denecke, Ludwig: Ein frühes Zeugnis für Jacob Grimms juristische Kenntnisse. In: Brüder Grimm Gedenken 11 (1995), S. 1–7.

Denecke, Ludwig: Jacob Grimm und sein Bruder Wilhelm. Stuttgart 1971.

Denecke, Ludwig: Jacob Grimm und seine Freunde. In: Brüder Grimm Gedenken 3 (1981), S. 1–14.

Denecke, Ludwig: Jacob und Wilhelm Grimm als Rezensenten. In: Sammeln und Sichten. FS für Oscar Fambach zum 80. Geburtstag. Hg. von Joachim Krause u. a. Bonn 1982, S. 294–323.

Denecke, Ludwig: Mitgliedschaften der Brüder Grimm bei Akademien, wissenschaftlichen Gesellschaften und Vereinen, Ehrendoktorate und andere Auszeichnungen. In: Brüder Grimm Gedenken 3 (1981), S. 471–492.

Denecke, Ludwig: Wilhelm und Jacob Grimm gegen Friedrich Schmitthenner. Eine bisher unbekannte Rezension und ihre Zusammenhänge. In: Brüder Grimm Gedenken 7 (1987), S. 1–25.

Denecke, Ludwig/Schulte Kemminghausen, Karl: Die Brüder Grimm in Bildern ihrer Zeit. Zweite verb. u. verm. Aufl. Kassel 1980.

Der arme Heinrich von Hartmann von Aue. Aus der Straßburgischen und Vatikanischen Handschrift hg. u. erklärt durch die Brüder Grimm. Berlin 1815.

Der Briefwechsel zwischen Friedrich Carl von Savigny und Stephan August Winkelmann (1800–1804) mit Dokumenten und Briefen aus dem Freundeskreis. Gesammelt, hg. u. kommentiert von Ingeborg Schnack. Marburg 1984.

Der Göttinger Student oder Bemerkungen, Ratschläge und Belehrung über Göttingen und das Studentenleben auf der Georgia Augusta. Mit acht Ansichten. Zweiter Neudruck der Ausgabe von 1913 (und 1813). Göttingen 1995.

Der Nibelungen Lied. Hg. von Friedrich Heinrich von der Hagen. Berlin 1807.

Der Nibelungen Lied in der Ursprache mit den Lesarten der verschiedenen Handschriften hg. von Friedrich Heinrich von der Hagen. Zu Vorlesungen. Berlin 1810.

Der Nibelungen Lied, zum erstenmal in der ältesten Gestalt aus der St. Galler Handschrift mit Vergleichung der übrigen Handschriften hg. von Friedrich Heinrich von der Hagen. Zweite mit einem vollständigen Wörterbuche vermehrte Auflage. Breßlau 1816.

Derrida, Jacques: Grammatologie. Frankfurt a. M. 1983.

Der unbekannte Bruder Grimm. Deutsche Sagen von Ferdinand Philipp Grimm. Aus dem Nachlaß hg. von Gerd Hoffmann und Heinz Rölleke. Düsseldorf/Köln 1979.

Der unbekannte Grimm. Ferdinand und seine Brüder. Hg. von Helmut Henne und Birgit Richter. Braunschweig 1988.

Des Knaben Wunderhorn. Alte deutsche Lieder gesammelt von L. A. von Arnim und Clemens Brentano. Studienausgabe in neun Bänden. Hg. von Heinz Rölleke. Stuttgart u. a. 1979.

Deutsch, Karl W.: Der Nationalismus und seine Alternativen. München 1972.

Deutsche Geschichte in Quellen und Darstellungen. Bd. 7. Vom Deutschen Bund zum Kaiserreich 1815–1871. Hg. von Wolfgang Hardtwig u. Helmut Hinze. Stuttgart 1997.

Deutsche Sagen. Hg. von den Brüdern Grimm. Bd. I u. II. Mit einem Nachwort von Heinz Rölleke. Düsseldorf/Zürich 2002.

Die älteste Märchensammlung der Brüder Grimm. Synopse der handschriftlichen Urfassung von 1810 und der Erstdrucke von 1812. Hg. u. erläutert von Heinz Rölleke. Cologny-Génève 1975.

Die ästhetische Prügeley. Streitschriften der antiromantischen Bewegung. Hg. von Rainer Schmitz. Göttingen 1992.

Die beiden ältesten deutschen Gedichte aus dem achten Jahrhundert: Das Lied von Hildebrand und Hadubrand und das Weißenbrunner Gebet zum erstenmal in ihrem Metrum dargestellt und herausgegeben durch die Brüder Grimm. Cassel 1812.

Die Bibliothek der Brüder Grimm: annotiertes Verzeichnis des festgestellten Bestandes. Erarb. von Ludwig Denecke und Irmgard Teitge. Hg. von Friedhilde Krause. Stuttgart 1989.

Die Brüder Grimm in Berlin. Bilder – Studien – Dokumente. Hg. von der Grimm-Sozietät in Berlin e. V. Redaktion Klaus B. Kaindl u. Berthold Friemel mit Unterstützung von Wilhelm Braun u. a. 2., durchges. Aufl. Stuttgart 2005.

Die Brüder Grimm in Göttingen 1829–1837. Hg. von Rolf Wilhelm Brednich. Göttingen 1986.

Die Brüder Grimm in ihrer amtlichen und politischen Tätigkeit. Hg. von Hans-Bernd Harder und Ekkehard Kaufmann. Teil 1. Kassel 1985.

Die französische Garküche an der Fulde. Erstes Gericht. Oder: Neuestes Gemälde der Residenzstadt Cassel, wie sie noch im Jahr 1813 war, und wie gegenwärtig nicht mehr ist. Erstes Heft. Ein Pendant zur geheimen Geschichte von Westphalen. St. Petersburg 1814.

Die Göttinger Sieben. Ansprachen und Reden anläßlich der 150. Wiederkehr der Protestation von Edzard Blanke u. a. Göttingen 1988.

Die Göttinger Sieben. Eine Ausstellung der Georg-August-Universität Göttingen. Göttingen 1987.

Die Grimms und die Simrocks in Briefen. Hg. von Walther-Ottendorff-Simrock. Bonn 1966.

Die Landesbibliothek Kassel 1580–1930. Hg. von Wilhelm Hopf. Marburg 1930.

Dilcher, Gerhard: Jacob Grimm als Jurist. In: 200 Jahre, S. 25–41.

Dittscheid, Hans-Christoph: Kassel – Wilhelmshöhe und die Krise des Schloßbaues am Ende des Ancien Régime. Charles De Wailly, Simon Louis Du Ry und Heinrich Christoph Jussow als Architekten von Schloß und Löwenburg in Wilhelmshöhe (1785–1800). Worms 1987.

Docen, Bernhard Joseph: Ueber den Unterschied und die gegenseitigen Verhältnisse der Minne- und Meistersänger. Ein Beitrag zur Karakteristik der früheren Zeitalter der Deutschen Poesie. In: Museum für Altdeutsche Literatur und Kunst 1 (1809), S. 73–125, 445–490.

Dölemeyer, Barbara: Jacob und Wilhelm Grimm – Beiträge zur Rechtswissenschaft und Rechtsgeschichte. In: Heidenreich/Grothe (Hg.): Kultur und Politik, S. 129–148.

Dolff-Bonekämper, Gabriele: Die Entdeckung des Mittelalters: Studien zur Geschichte der Denkmalerfassung und des Denkmalschutzes in Hessen-Kassel bzw. Kurhessen im 18. und 19. Jahrhundert. Darmstadt/Marburg 1985.

Dülmen, Richard van: Kultur und Alltag in der Frühen Neuzeit. Bd. 1. Das Haus und seine Menschen. 16.–18. Jahrhundert. 2., durchges. Aufl. München 1995.

Dülmen, Richard van: Kultur und Alltag in der Frühen Neuzeit. Bd. 3. Religion, Magie, Aufklärung. 16.–18. Jahrhundert. München 1994.

Dülmen, Richard van: Poesie des Lebens. Eine Kulturgeschichte der Romantik 1795–1820. Bd. 1. Lebenswelten. Köln u. a. 2002.

Ebel, Else: «Die Bearbeitung einer kleineren deutschen Grammatik durch Professor und Bibliothekar Jacob Grimm». In: Brüder Grimm Gedenken 6 (1986), S. 58–64.

Ebel, Else: Jacob und Wilhelm Grimm und ihre Vorlesungstätigkeit in Göttingen 1830–1837. In: Brüder Grimm Gedenken 4 (1984), S. 56–98.

Ebel, Else: Eine bisher unbekannte Nachschrift von Wilhelm Grimms Freidank-Kolleg. In: Brüder Grimm Gedenken 3 (1981), S. 158–169.

Ebel, Wilhelm: Briefe über Göttingen. Aus den ersten Jahren der Georgia Augusta. Göttingen 1975.

Ebert, Friedrich Adolf: Die Bildung des Bibliothekars. Vollständige Faksimile-Ausgabe der 2. Auflage von 1820. Mit einem Nachwort von Horst Kunze. Leipzig 1958.

Ehrhardt, Holger: [Tagebuch von Wilhelm Grimm, 5. Juli 1820–22. Juli 1822]. In: Brüder Grimm Gedenken (im Druck).

Erhardt, Holger: Jacob Grimms politisches Auftreten vor seiner Wahl zur Frankfurter Nationalversammlung. In: Jahrbuch der Brüder Grimm-Gesellschaft 10 (2000), S. 145–151.

Erhardt, Holger: «...unter den Linden hielt Bettine die vorbei kam, den Jacob fest ...» Das Verhältnis zwischen Bettine von Arnim und den Brüdern Grimm nach der Hoffmann-von-Fallersleben-Affäre. In: Internationales Jahrbuch der Bettina-von-Arnim-Gesellschaft 13 (2001), S. 99–113.

Ehrhardt, Jürgen: Paul Wigand als Jurist und Rechtshistoriker. Melsungen 1968.

Ehrismann, Otfried: Philologie der Natur – die Grimms, Schelling, die Nibelungen. In: Brüder Grimm Gedenken 5 (1985), S. 35–59.

Eine Wissenschaft etabliert sich. 1810–1870. Mit einer Einführung hg. von Johannes Janota. Tübingen 1980.

Europa. Eine Zeitschrift. Hg. von Friedrich Schlegel bei Friedrich Wilmans, Frankfurt am Main 1803. Mit einem Nachwort zur Neuausgabe von Ernst Behler. Darmstadt 1963.

Fallersleben, Hoffmann von: Mein Leben. In verkürzter Form herausgegeben und bis zu des Dichters Tode fortgeführt von Dr. H. Gerstenberg. 2 Teile. Berlin 1894.

Feldbusch, Elisabeth: Einleitung. In: DG 1, S. V*-LXXVIII*.

Felgentraeger, Wilhelm: Briefe von f. C. von Savigny an P. f. Weis (1804–1807). In: Zeitschrift der Savigny-Stiftung für Rechtsgeschichte 48 (1928), S. 114–169.

Fichte, Johann Gottlieb: Reden an die deutsche Nation. Mit einer Einleitung von Reinhard Lauth. 5., durchges. Aufl. nach dem Erstdruck von 1808. Hamburg 1978.

Fischer, Rotraut: Die Brüder Grimm im «romantischen» Marburg. «Wissenschaftliche Stimmung» des Geistes. In: Jahrbuch der Brüder Grimm-Gesellschaft 9 (1999), S. 49–74.

Fischer, Rotraut/Lauer, Bernhard: Zur Erstellung eines Itinars für die Brüder Jacob und Wilhelm Grimm. Ein Arbeitsbericht mit unveröffentlichten Texten. In: Jahrbuch der Brüder Grimm-Gesellschaft 2 (1992), S. 137–149.

Fohrmann, Jürgen: Das Projekt der deutschen Literaturgeschichte. Entstehung und Scheitern einer nationalen Poesiegeschichtsschreibung zwischen Humanismus und Kaiserreich. Stuttgart 1989.

Fontane, Theodor: Sämtliche Werke. Hg. von Edgar Groß u. a. München 1959 ff.

Foucault, Michel: Geschichte der Gouvernmentalität I. Sicherheit, Territorium, Bevölkerung. Vorlesung am Collège de France 1977–1978. Hg. von Michel Sennelart. Frankfurt a. M. 2004.

Franz, Eckhart G.: Jacob Grimm in der Kasseler Zensurkommission (1816–1829). In: Zeitschrift des Vereins für hessische Geschichte und Landeskunde 75/76 (1964/65), S. 455–475.

Frensdorff, F.: Jacob Grimm in Göttingen. Göttingen 1885.

Freundesbriefe der Familie von Haxthausen an die Brüder Grimm. Hg. von Wilhelm Schoof. In: Westfälische Zeitschrift 34 (1938), S. 57–142.

Friderici, Robert: Briefe von Jacob und Wilhelm Grimm an Ludwig und Lotte Hassenpflug. In: Brüder Grimm Gedenken 3 (1981), S. 38–120.

Friemel, Berthold: Aus der Berliner Umwelt der Brüder Grimm. In: Brüder Grimm Gedenken 15 (2003), S. 132–167.

Friemel, Berthold: Die Göttinger Adversarienhandschrift Benecke-Grimm. In: Zeitschrift für Germanistik N. f. 5 (1995), S. 96–103.

Friemel, Berthold: Jacob Grimms unpreußische Ansichten über Polen und Sachsen. Bisher ungedruckte Polemiken Arnims und Varnhagens gegen eine Korrespondenz im Rheinischen Merkur. Mit einem Anhang: Jacob und Wilhelm Grimms Beiträge zum Rheinischen Merkur. In: Brüder Grimm Gedenken 10 (1993), S. 68–81.

Friemel, Berthold: Unpreußische Ansichten. Dokumente und Tatsachen zum politischen Engagement der Brüder Grimm 1813–1815. In: Brüder Grimm Gedenken 11 (1995), S. 178–196.

Friemel, Berthold: Zu Jacob Grimms «Silva de romances viejos». In: Brüder Grimm Gedenken 9 (1990), S. 51–88.

Frühwald, Wolfgang: Die Poesie und der poetische Mensch. Zu Eichendorffs Gedicht *Sehnsucht.* In: Gedichte und Interpretationen Bd. 3. Klassik und Romantik. Hg. von Wulf Segebrecht. Stuttgart 1998, S. 381–393.

Frühwald, Wolfgang: «Von der Poesie im Recht». Über die Brüder Grimm und die Rechtsauffassung der deutschen Romantik. In: Jahres- und Tagungsbericht der Görres-Gesellschaft 1986, S. 40–60.

Gamper, Michael: Kollektives ‹Leben› um 1800. Soziale (De-)Figuration bei Herder, Burke und Hardenberg. In: Maximilian Bergengruen u. a. (Hg.): Sexualität – Recht – Leben. Die Entstehung eines Dispositivs um 1800. München 2005, S. 67–88.

Garve, Christian: Philosophische Anmerkungen und Abhandlungen zu Cicero's Büchern von den Pflichten. Anmerkungen zum Ersten Buche. 4., vollständige Aufl. Breslau 1792.

Gerhardt, Corinna: Jacob und Wilhelm Grimm als Hochschullehrer in Berlin. In: Brüder Grimm Gedenken 11 (1995), S. 80–99.

Gersdorff, Dagmar von: Bettina und Achim von Arnim. Eine fast romantische Ehe. Berlin 1997.

Gerstner, Hermann: Die Brüder Grimm. Biographie. Gerabronn/Crailsheim 1970.

Geschichte der Göttinger Universitäts-Bibliothek. Verfaßt von Göttinger Bibliothekaren. Hg. von Karl Julius Hartmann u. Hans Füchsel. Göttingen 1937.

Gesetze für die Studirenden auf der Georg-August-Universität zu Göttingen. Hannover 15. April 1835.

Gervinus, G. G.: Historische Schriften. Bd. 7. Gesammelte kleine Schriften. Karlsruhe 1838.

Gierl, Martin: Pietismus und Aufklärung. Theologische Polemik und die Kommunikationsreform der Wissenschaft am Ende des 17. Jahrhunderts. Göttingen 1997.

Ginschel, Gunhild: Der junge Jacob Grimm. 1805–1819. 2. Aufl. Berlin 1989.

Goebel, Benedikt: Der Umbau Alt-Berlins zum modernen Stadtzentrum. Planungs-, Bau- und Besitzgeschichte des historischen Berliner Stadtkerns im 19. und 20. Jahrhundert. Berlin 2003.

Gödden, Walter: Wilhelm Grimms Freundschaft mit Jenny von Droste-Hülshoff. Eine biographische Reminiszenz anhand neuen Quellenmaterials. In: Brüder Grimm Gedenken 6 (1986), S. 13–24.

Goethe, Johann Wolfgang: Die Leiden des jungen Werthers. Leipzig 1774. Mit einem Kommentar von Wilhelm Große. Frankfurt a. M. 1998.

Goethe, Johann Wolfgang: Werke. Hamburger Ausgabe. Hg. von Erich Trunz. 13. Aufl. München 1998.

Goethe, Johann Wolfgang: Werke. Hg. im Auftrage der Großherzogin Sophie von Sachsen. Weimar 1887 ff. (= WA).

Goethe und die Romantik. Briefe mit Erläuterungen. 2. Theil. Hg. von Carl Schüddekopf und Oskar Walzel. Weimar 1899.

Görres, Joseph: Gesammelte Briefe. Bd. 2 u. 3. Hg. von Franz Binder. München 1874.

Görres, Joseph: Gesammelte Schriften. Bd. 6 – 8. Hg. von Wilhelm Schellberg u. a. Köln 1928.

Göttingen. Geschichte einer Universitätsstadt. Bd. 2. Hg. von Ernst Böhme u. Rudolf Vierhaus. Göttingen 2002.

Göttingische Gelehrte Anzeigen (1829 ff.).

Grafton, Anthony: Charisma und Askese. Universitätsgeschichte zwischen Traditionspflege und Modernisierung. In: Lettre internationale 76 (2007), Frühjahr, S. 72 – 76.

Gresky, Wolfgang: Der Göttinger Aufruhr von 1831. Aus den Briefen des Privatdozenten Dr. Wilhelm Klose. In: Göttinger Jahrbuch (1968), S. 177 – 190.

Greverus, Ina-Maria: Heimweh und Tradition. In: Schweizerisches Archiv für Volkskunde 61 (1965), S. 1 – 31.

Grimm, Albert Ludwig: Kindermährchen. Heidelberg [1809].

Grimm, Albert Ludwig: Lina's Mährchenbuch. Bd. 1. 2. Aufl. Grimma 1837.

Grimm, Jacob: De desiderio patriae. Antrittsrede an der Göttinger Universität, gehalten am 13. November 1830. Faksimile-Ausgabe mit einer Übersetzung und einem Nachwort hg. von Wilhelm Ebel. Kassel 1967.

Grimm, Jacob: Deutsche Altertumskunde. Bearb. u. hg. von Else Ebel. Göttingen 1974.

Grimm, Jacob: Deutsche Mythologie. Erster Bd. Mit einem Vorwort von Helmut Birkhan. Hildesheim u. a. 2003 (Repr.).

Grimm, Jacob: Deutsche Rechtsalterthümer I (1899). Hildesheim u. a. 1992 (Repr.).

Grimm, Jacob: Geschichte der deutschen Sprache. 2 Bde. Mit einer Einleitung von Maria Herrlich. Hildesheim u. a. 1999 (Repr.).

Grimm, Jacob: Reinhart Fuchs. Mit einem Vorwort von Otfried Ehrismann. Hildesheim u. a. 2005 (Repr.).

Grimm, Jacob: Über den altdeutschen Meistergesang. Mit einem Vorwort von Otfried Ehrismann. Hildesheim u. a. 1993 (Repr.).

Grimm, Jacob: Über Schule Universität Academie. Eine in der Academie der

Wissenschaften am 8. November 1849 von Jacob Grimm gehaltene Vorlesung. Mit den handschriftlichen Zusätzen in Jacob Grimms Handexemplar hg. u. eingeleitet von Ludwig Denecke. In: Brüder Grimm Gedenken 4 (1984), S. 1–55.

Grimm, Jacob: Über seine Entlassung. Berlin 1945.

Grimm, Jacob: Über seine Entlassung. Göttingen 1985.

Grimm, Jacob: Vorlesung über «deutsche Rechtsalterthümer». Bearb. u. hg. von Else Ebel. Göttingen/Zürich 1990.

Grimm, Jacob: Weisthümer. 3 Bde. Mit einer Einleitung von Dieter Werkmüller. Hildesheim u. a. 2000 (Repr.).

Grimm, Jacob/Grimm, Wilhelm: Briefwechsel. Teil 2: Zusätzliche Texte. Sagenkonkordanz. Hg. von Heinz Rölleke. Stuttgart 2001.

Grimm, Jacob/Grimm, Wilhelm: Deutsches Wörterbuch. Leipzig 1854 ff.

Grimm, Ludwig Emil: Briefe. Hg. u. kommentiert von Egbert Koolmann. Marburg 1985.

Grimm, Wilhelm: Die Deutsche Heldensage. Göttingen 1829.

Grimm, Wilhelm Carl: Über deutsche Runen. Mit einer Einführung von Wolfgang Morgenroth u. Arwed Spreu. Wien u. a. 1988.

Grimm, Wilhelm: Nibelungenkolleg. Bearb. u. hg. von Else Ebel. Marburg 1985.

Grimm, Wilhelm: Vridankes Bescheidenheit. Göttingen 1834.

Grimm, Wilhelm: Der Rosengarte. Göttingen 1836.

Grimm, Wilhelm: Ruolandes Liet. Mit einem Fascimile und den Bildern der pfälzischen Handschrift. Göttingen 1838.

Gronau, Georg: Die Verluste der Casseler Galerie in der Zeit der französischen Okkupation 1806–1813. In: Internationale Monatsschrift für Wissenschaft, Kunst und Technik 11 (1917), Sp. 1063–1095, 1195–1214.

Grothe, Ewald: Ein Leben lang Familienstreit – Stationen im Leben der Kurfürstin Auguste. In: Kurfürstin Auguste von Hessen (1780–1841) in ihrer Zeit. Hg. von Bernhard Lauer. Kassel 1995, S. 12–40.

Grothe, Ewald: Kurfürstin Auguste von Hessen-Kassel und der Schönfelder Kreis. In: Fürstenhof und Gelehrtenrepublik. Hessische Lebensläufe des 18. Jahrhunderts. Hg. von Bernhard Heidenreich. Wiesbaden 1997, S. 53–60.

Grothe, Ewald: Die Brüder Grimm und die hessische Politik. In: Heidenreich/Grothe (Hg.): Kultur und Politik, S. 179–204.

Grote, Cornelia: Das Bild der Brüder Grimm in der Literatur von 1860 bis zur Gegenwart (Monographische Darstellungen). Masch. Staatsexamensarbeit. Göttingen 1970.

Haller, Carl Ludwig von: Restauration der Staats=Wissenschaft oder Theorie des natürlich=geselligen Zustands; der Chimäre des künstlich=bürgerlichen entgegengesezt. Bd. 1. Winterthur 1816.

Hałub, Marek: «Meine wege gehen auf Ihre straße». Über die Wechselbeziehung der Brüder Grimm mit schwäbischen Romantikern. In: Brüder Grimm Gedenken 13 (1999), S. 59–77.

Hampel, Günther: Die Pfarrer Bang von Goßfelden und der Kreis der Romantiker in Marburg. In: Jahrbuch der Brüder Grimm-Gesellschaft 1 (1991), S. 85–98.

Handbuch Lesen. Hg. von Bodo Franzmann u. a. München 1999.

Hansen, Wilhelm: Die Brüder Grimm in Berlin. In: Brüder Grimm Gedenken (1963), S. 227–307.

Harder, Hans-Bernd: Die Marburger Frühromantik (1800–1806). Ein Entwurf. In: Jahrbuch der Brüder Grimm-Gesellschaft 6 (1996), S. 7–40.

Hartmann, Ernst: Geschichte der Stadt und des Amtes Steinau a. d. Straße. Bd. 2 u. 3. Steinau a. d. Straße 1975/77.

Hartung, Marion: Friedrich Carl von Savignys juristische Methodenlehre in der Ausarbeitung seines Schülers Jacob Grimm. In: Sprachtheorie und sprachliches Handeln. FS für Jochen Rehbein zum 60. Geburtstag. Hg. von Kristin Bührig u. Yaron Matras. Tübingen 1999, S. 61–80.

Haß-Zumkehr, Ulrike: Daniel Sanders. Aufgeklärte Germanistik im 19. Jahrhundert. Berlin/New York 1995.

Heidelbach, Paul: Kassel. Ein Jahrtausend hessischer Stadtkultur. Hg. von Karl Kaltwasser. Kassel/Basel 1957.

Heidenreich, Bernd/Grothe, Ewald (Hg.): Kultur und Politik – Die Grimms. Frankfurt a. M. 2003.

Heidenreich, Bernd/Grothe, Ewald (Hg.): Die Grimms – Kultur und Politik. 2., überarb. Aufl. Frankfurt a. M. 2008.

Heilfurth, Gerhard: Victor Aimé Huber und die Brüder Grimm auf dem Hintergrund der lebens- und zeitgeschichtlichen Zusammenhänge. In: Brüder Grimm Gedenken 6 (1986), S. 87–134.

Heine, Heinrich: Sämtliche Schriften. Hg. von Klaus Briegleb. München 1997.

Heinl, Tatjana: Zur Frühgeschichte der Germanistik. Der Briefwechsel Grimm – Homeyer. Masch. Mag.arbeit. Bayreuth 1996.

Heinrich von Kleist. Lebensspuren. Dokumente und Berichte der Zeitgenossen. Neu hg. von Helmut Sembdner. München 1996.

Heinz, Marianne: Kurfürstin Auguste – Malerin, Mäzenin und Sammlerin. In: Kurfürstin Auguste von Hessen (1780–1841) in ihrer Zeit. Hg. von Bernhard Lauer. Kassel 1995, S. 80–112.

Hegner, Ulrich: Auch ich war in Paris. Bd. 2. Winterthur 1803.

Helwig, Heidrun: Die Kasseler Jahre: Zwischen Forscherdrang und Freundschaftsbanden. In: Heidenreich/Grothe (Hg.): Die Grimms, S. 51–79.

Henne, Helmut: «Mein bruder ist in einigen dingen […] abgewichen». Wilhelm Grimms Wörterbucharbeit. In: Brüder Grimm Gedenken 6 (1986), S. 1–12.

Heppe, Dorothea: Das Schloß der Landgrafen von Hessen in Kassel von 1557 bis 1811. Marburg 1995.

Herder, Johann Gottfried: Auszug aus einem Briefwechsel über Oßian und die Lieder alter Völker. In: ders. u. a.: Von deutscher Art und Kunst. Einige fliegende Blätter. Hg. von Hans Dietrich Irmscher. Durchgesehene und bibliographisch ergänzte Ausgabe. Stuttgart 1988, S. 5–62.

Hermelink, H./Kähler, S. A.: Die Philipps-Universität zu Marburg 1527–1927. Fünf Kapitel aus ihrer Geschichte (1527–1927). Die Universität Marburg seit 1866 in Einzeldarstellungen. Marburg 1927.

Hermsdorf, Klaus: Literarisches Leben in Berlin. Aufklärer und Romantiker. Berlin 1987.

Herrlich, Maria: Organismuskonzept und Sprachgeschichtsschreibung. Die «Geschichte der deutschen Sprache» von Jacob Grimm. Hildesheim 1998.

Hessische Denkwürdigkeiten. Hg. von Karl Wilhelm Justi und Joh. Melchior Hartmann. Marburg 1799.

Hildebrandt, Irma: Es waren ihrer Fünf. Die Brüder Grimm und ihre Familie. Köln 1984.

Höck, Alfred: Aus den Personalakten des Steinauer Amtmanns Philipp Wilhelm Grimm. In: Hanauer Geschichtsblätter 21 (1966), S. 165–172.

Höck, Alfred: Die Brüder Grimm als Studenten in Marburg. In: Brüder Grimm Gedenken (1963), S. 67–96.

Höppner, Wolfgang: Die Brüder Grimm und Heinrich von Kleist. In: Zeitschrift für Germanistik N. f. 9 (2001), S. 550–561.

Hoffmann von Fallersleben, August Heinrich: Mein Leben. In verkürzter Form hg. und bis zu des Dichters Tode fortgeführt von H. Gerstenberg. 2 Teile. Berlin 1894.

Horn, Johann von: Die Verschwörung gegen den Kurfürsten Wilhelm II. von Hessen-Cassel, nach ihrer Geschichte und Strafwürdigkeit dargestellt. Ilmenau 1824.

Humboldt, Wilhelm von: Werke in fünf Bänden. Hg. von Andreas Flitner und Klaus Giel. 6. Aufl. Darmstadt 2002.

Hunger, Ulrich: Gründung oder Prozeß. Die Entwicklung der wissenschaftlichen Germanistik, ein Werk Jacob Grimms? In: Jahrbuch der Brüder Grimm-Gesellschaft 5 (1995), S. 153–176.

Hussong, Ulrich: Jacob Grimm und der Wiener Kongreß. Mit einem Anhang größtenteils unveröffentlichter Dokumente. Kassel 2002.

Jaeger, Friedrich/Rüsen, Jörn: Geschichte des Historismus. München 1992.

Janßen, Matthias: Jacob und Wilhelm Grimms Göttinger Vorlesungen. Hörerlisten aus den Jahren 1831–1837. In: Brüder Grimm Gedenken 13 (1999), S. 95–104.

Jochum, Uwe: Kleine Bibliotheksgeschichte. 3., verb. u. erw. Aufl. Stuttgart 2007.

Justi, Karl Wilhelm: Grundzüge einer Geschichte der Universität zu Marburg. Marburg 1827.

Kadel, Herbert: Über den vermeintlichen Wohnsitz Bettina Brentanos in Marburg. Zugleich einige Anmerkungen zu den frühen Beziehungen Bettina-Savigny-Brüder Grimm. Lauterbach 2001.

Kamp, Norbert: Von der Göttinger Protestation zur Frankfurter Paulskirche: Jacob Grimm und die Versuchung der Politik. In: Die Brüder Grimm und die Geisteswissenschaften heute. Ein wissenschaftliches Symposion der Brüder Grimm-Gesellschaft e. V. in der Paulinerkirche zu Göttingen am 21. u. 22. Nov. 1997. Hg. von Bernhard Lauer. Kassel 1999, S. 125–140.

Kanne, Johann Arnold: Pantheum der Aeltesten Naturphilosophie, die Religion aller Völker. Tübingen 1811.

Kanne, Johann Arnold: Erste Urkunden der Geschichte oder allgemeine Mythologie. 2 Bde. Mit einer Vorrede von Jean Paul Friedrich Richter. Neue Ausgabe. Baireuth/Hof 1815.

Kassel im 18. Jahrhundert. Residenz und Stadt. Hg. von Heide Wunder u. a. Kassel 2000.

Kaufmann, Jean-Claude: Schmutzige Wäsche. Zur ehelichen Konstruktion von Alltag. Konstanz 1994.

Kawaletz, Lieselotte/Friemel, Berthold: Aus Briefen der Familie Reimer über die Brüder Grimm. Mit einer Einführung in die Beziehungen zwischen den Brüdern Grimm und Georg Reimer. In: Brüder Grimm Gedenken 15 (2003), S. 119–131.

Keim, Christiane: Städtebau in der Krise des Absolutismus. Die Stadtplanungsprogramme der hessischen Residenzstädte Kassel, Darmstadt und Wiesbaden zwischen 1760 und 1840. Marburg 1990.

Kellner, Beate: Mythen in Jacob Grimms Deutscher Mythologie. Studien zum Mythosbegriff und seiner Anwendung in der *Deutschen Mythologie*. Masch. Diss. München 1994.

Kemminghausen, Karl Schulte: Dokumente zu Besuchen des westfälischen Freundeskreises der Brüder Grimm in Kassel. In: Brüder Grimm Gedenken (1963), S. 125–146.

Kemminghausen, Karl Schulte: Die wissenschaftlichen Beziehungen der Brüder Grimm zu Westfalen. Ein Beitrag zum Grimm-Jubiläum. In: Westfälische Zeitschrift 113 (1963), S. 179–242.

Kirkness, Alan: Jacob und Wilhelm Grimm als Lexikographen. Zur Geschichte und Bedeutung des Deutschen Wörterbuchs 1838–1863. In: 200 Jahre, S. 63–75.

Kirkness, Alan: Nachlese zur Frühgeschichte des Deutschen Wörterbuchs. Dokumente und Briefe von und an Jacob und Wilhelm Grimm aus dem Archiv des S. Hirzel Verlags. In: Brüder Grimm Gedenken 1984, S. 183–195.

Kirkness, Alan: Zum Stichwort «Frucht» im Deutschen Wörterbuch. In: Brüder Grimm Gedenken 2 (1975), S. 280–286.

Kirkness, Alan: Zur frühen Verlagsgeschichte des Deutschen Wörterbuchs 1852–1863. Briefe Salomon Hirzels an Jacob Grimm aus dem Goethe- und Schiller-Archiv in Weimar. In: Brüder Grimm Gedenken 10 (1993), S. 101–122.

Kirkness, Alan/Friemel, Berthold: Neues aus der Werkstatt der Lexikographen Grimm. In: Brüder Grimm Gedenken 16 (2005), S. 114–160.

Kittler, Friedrich A.: Aufschreibesysteme 1800 × 1900. 3., vollst., überarb. Aufl. München 1995.

Klausnitzer, Ralf: «Verschwörung der Gelehrten». Die Brüder Grimm und die Romantik. In: Zeitschrift für Germanistik N.f. 11 (2001), S. 513–537.

Klein, Arnold M./Arndt, Ralph: Wilhelm Grimms Manuskript zur Einleitung seines Freidank-Kollegs. In: Brüder Grimm Gedenken 5 (1985), S. 94–125.

Kleist, Heinrich von: Sämtliche Werke und Briefe. Hg. u. mit einem umfangreichen Anhang versehen von Helmut Sembdner. 7., ergänzte u. revid. Ausg. München 1987.

König Jérôme und der Reformstaat Westphalen. Ein junger Monarch und seine Zeit im Spannungsfeld von Begeisterung und Ablehnung. Hg. von Helmut Burmeister bei Mitarbeit von Veronika Jäger. Hofgeismar 2006.

König Lustik!? Jérôme Bonaparte und der Modellstaat Königreich Westphalen. München 2008.

Köstlin, Monika: Im Frieden der Wissenschaft. Wilhelm Grimm als Philologe. Stuttgart 1993.

Kolk, Rainer: Liebhaber, Gelehrte, Experten. Das Sozialsystem der Germanistik bis zum Beginn des 20. Jahrhunderts. In: Wissenschaftsgeschichte der Germanistik im 19. Jahrhundert. Hg. von Jürgen Fohrmann und Wilhelm Voßkamp. Mit Beiträgen von Uwe Meves u. a. Stuttgart/Weimar 1994, S. 48–114.

Koschorke, Albrecht/Lüdemann, Susanne/Frank, Thomas/Matala de Mazza, Ethel: Der fiktive Staat. Konstruktionen des politischen Körpers in der Geschichte Europas. Frankfurt a. M. 2007.

Koschorke, Albrecht: Körperströme und Schriftverkehr. Mediologie des 18. Jahrhunderts. München 1999.

Koschorke, Albrecht: Poiesis des Leibes. Johann Christian Reils romantische Medizin. In: Gabriele Brandstetter/Gerhard Neumann (Hg.): Romantische Wissenspoetik. Die Künste und die Wissenschaften um 1800. Würzburg 2004, S. 259–272.

Koselleck, Reinhart: Vergangene Zukunft. Zur Semantik geschichtlicher Zeiten. Frankfurt a. M. 1989.

Koszyk, Kurt: Deutsche Presse im 19. Jahrhundert. Geschichte der deutschen Presse. Teil II. Berlin 1966.

Kotzebue, August von: Erinnerungen aus Paris im Jahre 1804. Berlin 1804.

Krauses Grimm'sche Märchen. Mit vielen «zeitgenössischen» Bildern und einem Findemärchen nebst Anmerkungen zur Heimatkunde von Albert Schindehütte. Kassel 1985.

Krieger, Johann Christian: Cassel in historisch-topographischer Hinsicht. Nebst einer Geschichte und Beschreibung von Wilhelmshöhe und seinen Anlagen. Marburg 1805.

Kroll, Frank-Lothar: Politische Romantik und romantische Politik bei Friedrich Wilhelm IV. In: Friedrich Wilhelm IV. in seiner Zeit. Hg. von Otto Büsch. Berlin 1987, S. 94–106.

Kroll, Frank-Lothar: Es gibt Dinge, die man nur als König weiss – Herrschaftsverständnis und Regierungspraxis Friedrich Wilhelms IV. In: Friedrich Wilhelm IV. Künstler und König. Zum 200. Geburtstag. Frankfurt a. M. 1995, S. 28–34.

Kunczik, Michael: Geschichte der Öffentlichkeitsarbeit in Deutschland. Köln u. a. 1997.

Lafontaine, August: Der Naturmensch. Neue verbesserte Auflage. Halle 1799.

Lafontaine, August: Rudolph von Werdenberg. Eine Rittergeschichte aus den Revolutionszeiten Helvetiens. Dritte, verbesserte Aufl. Berlin 1800.

Lauer, Bernhard: «Ruhe und Stimmung …» Wilhelm Grimms Schlesienreise im Sommer 1850. Aus den unveröffentlichten Tagebuchnotizen. In: Jahrbuch der Brüder Grimm-Gesellschaft 10 (2000), S. 7–40.

Lauer, Bernhard: Brüder Grimm-Stätten heute. Authentische Orte, alte und neue Mythen. In: Jahrbuch der Brüder Grimm-Gesellschaft XIII-XIV (2003/04), S. 7–54.

Lauer, Bernhard: Die Brüder Grimm als hessische Bibliothekare. In: Unsere Heimat 16 (2000), S. 13–27.

Lauer, Bernhard: Die hessische Familie Grimm – Herkunft und Heimat. In: Heidenreich/Grothe (Hg.): Kultur und Politik, S. 17–42.

Lauer, Bernhard: Jacob Grimm und Charles Perrault. Zum wiederaufgefundenen Grimmschen Handexemplar von Perraults «Contes du Temps Passé» (1697). In: Jahrbuch der Brüder Grimm-Gesellschaft 8 (1998), S. 79–88.

Lauer, Bernhard: Wilhelm Grimms Rheinreise im Sommer 1853. Kassel/Bonn 2004.

Leben und Werk der Brüder Grimm von Göttingen aus gesehen. Hg. von Ludwig Denecke unter Mitwirkung von Werner Schwartz. Dransfeld 1985.

Leitinger, Doris: Die Wirkung von Jacob Grimm auf die Slaven, insbesondere auf die Russen. In: Brüder Grimm Gedenken 2 (1975), S. 66–130.

Lelke, Ina: Die Brüder Grimm in Berlin. Zum Verhältnis von Gesellligkeit, Arbeitsweise und Disziplinengenese im 19. Jahrhundert. Frankfurt a. M. 2005.

Lemmer, Manfred: Die Brüder Grimm. Ihr Leben in Bildern. Leipzig 1963.

Lessing, Gotthold Ephraim: Werke. In Zusammenarbeit mit Karl Eibl u. a. hg. von Herbert G. Göpfert. München 1970 ff.

Loewenthal, Fritz: Ein Gutachten Jacob Grimms vom 27. Juni 1833 über das studentische Verbindungswesen. In: Beiträge zur Göttinger Bibliotheks- und Gelehrtengeschichte. Göttingen 1928, S. 135–142.

Lyonet, Pierre: Traité anatomique de la chenile, qui ronge le bois de saule, augmenté d'une explication abregée des planches et d'une description de l'instrument et des outils dont l'auteur s'est servi, pour anatomiser à la Loupe & au Microscope, & pour déterminer la force de ses Verres, suivant les règles de l'Optique, & Mechaniquement. A la Haye 1762.

Machinek, Angelika (Hg.): Dann wird Gehorsam zum Verbrechen. Die Göttinger Sieben: Ein Konflikt um Obrigkeitswillkür und Zivilcourage. Götingen 1989.

Martin, Leonore/Priemer, Claudia: Ein Stammbuchblatt Wilhelm Grimms für Johanna Reichardt-Steffens aus dem Jahr 1809. In: Brüder Grimm Gedenken 11 (1995), S. 133–135.

Martus, Steffen: Die Entstehung von Tiefsinn im 18. Jahrhundert. Zur Temporalisierung der Poesie in der Verbesserungsästhetik bei Hagedorn, Gellert und Wieland. In: Deutsche Vierteljahrsschrift für Literaturwissenschaft und Geistesgeschichte 74 (2000), S. 27–43.

Martus, Steffen: Staatskunst – die Politik der Form im Kontext der Gallophobie bei Goethe, Möser und Herder. In: Gallophobie im 18. Jahrhundert. Akten der Fachtagung vom 2./3. Mai 2002 am Forschungszentrum Europäische
Aufklärung. Hg. von Jens Häseler und Albert Meier unter Mitarbeit von Olaf
Koch. Berlin 2005, S. 89–122.

Martus, Steffen: Werkpolitik. Zur Literaturgeschichte kritischer Kommunikation vom 17. bis ins 20. Jahrhundert mit Studien zu Klopstock, Goethe, Tieck
und George. Berlin/New York 2007.

Mazza, Ethel Matala de: Der verfaßte Körper. Zum Projekt einer organischen
Gemeinschaft in der Politischen Romantik. Freiburg 1999.

Mazzacane, Aldo: Jurisprudenz als Wissenschaft. Die Vorlesungen über juristische Methodologie von Friedrich Carl von Savigny. In: Friedrich Carl von
Savigny: Vorlesungen über juristische Methodologie 1802–1842, S. 1–56.

Matthisson, Friedrich: Gedichte. Hg. von Gottfried Bölsing. Bd. 1. Tübingen 1912.

Meidenbauer, Jörg: Aufklärung und Öffentlichkeit. Studien zu den Anfängen
der Vereins- und Meinungsbildung in Hessen-Kassel 1770–1806. Darmstadt/
Marburg 1991.

Mejer, Otto: Kulturgeschichtliche Bilder aus Göttingen. Linden-Hannover 1889.

[Meusebach, Karl Hartwig Gregor von]: Recension der deutschen Grammatik.
Unwiderlegt herausgegeben von Jacob Grimm. Cassel 1826.

Meves, Uwe: Ausgewählte Beiträge zur Geschichte der Germanistik und des
Deutschunterrichts im 19. und 20. Jahrhundert. Hildesheim 2004.

Meves, Uwe: Vorüberlegungen zu einer Edition der Vorlesung Jacob Grimms
über «Deutsche Literaturgeschichte». In: Brüder Grimm Gedenken 12 (1997),
S. 1–15.

Michaelis-Jena, Ruth: Die Brüder Grimm. Münster 1980.

Minnelieder aus dem Schwäbischen Zeitalter. Neu bearbeitet und hg. von Ludwig Tieck. Mit Kupfern. Berlin 1803.

Mojašević, Miljan: Jacob Grimm und die serbische Literatur und Kultur. Marburg 1990.

Mojašević, Miljan: Zum Thema: Cottas «Morgenblatt» und Jacob Grimm. In:
Brüder Grimm Gedenken 3 (1981), S. 121–145.

Morgenroth, Wolfgang/Spreu, Arwed: Wilhelm Carl Grimm. In: Grimm, Wilhelm Carl: Über deutsche Runen, S. 7–27.

Moritz, Karl Philipp: Vorschlag zu einem Magazin einer Erfahrungs-Seelen-
kunde. In: Deutsches Museum 1 (1782), S. 485–503.

Moritz, Werner: Jacob Grimm in Paris. In: Hanau 1985–1986. 200 Jahre Brüder
Grimm. Reden zum Jubiläum. Hanau 1986, S. 119–146.

Müller, Klaus: Ein psychoanalytischer Beitrag zu einer künftigen Biographie Jacob Grimms. In: Kunstbefragung. 30 Jahre psychoanalytische Werkinterpretation am Berliner Psychoanalytischen Institut. Hg. von Gisela Greve. Tübingen 1996, S. 35–60.

Münchhausen, Thankmar von: Paris. Geschichte einer Stadt. Von 1800 bis heute. München 2007.

Musäus, Johann Karl August: Volksmärchen der Deutschen. Nach dem Text der Erstausgabe von 1782–1786. Mit einem Nachwort u. Anm. von Norbert Miller. München 1976.

Netzer, Katinka: Die Brüder Grimm und die ersten Germanistenversammlungen. In: Heidenreich/Grothe (Hg.): Kultur und Politik, S. 229–255.

Neuer Literarischer Anzeiger 1 f. (1806 f.)

Neumann, Friedrich: Ein «Heiratsplan» Jacob Grimms? In: Zeitschrift des Vereins für hessische Geschichte und Landeskunde 72 (1961), S. 143–159.

Niemeyer, Anton: Casselsche Chronik vom acht und zwanzigsten September 1813 bis zum ein und zwanzigsten November desselben Jahres. Cassel 1814.

Novalis: Werke, Tagebücher und Briefe Friedrich von Hardenbergs. Hg. von Hans-Joachim Mähl und Richard Samuel. München 1978.

Obenaus, Sibylle: Die Berufung der Brüder Grimm nach Berlin. In: Hessisches Jahrbuch für Landesgeschichte 19 (1969), S. 296–336.

Obenaus, Sibylle: Die Besprechungen von Jacob Grimms «Über den altdeutschen Meistergesang» (1811). Eine Fallstudie zum deutschen Rezensionsbetrieb zu Beginn des 19. Jahrhunderts. In: Archiv für Geschichte des Buchwesens XXIII (1982), Sp. 606–658.

Oesterley: Geschichte der Universität Göttingen in dem Zeitraume vom Jahre 1820 bis zu ihrer ersten Säcularfeier im Jahre 1837. Göttingen 1838.

Oken, Lorenz: Lehrbuch der Naturphilosophie. Bd. I. Erster und zweiter Theil. Jena 1809.

Osterkamp, Ernst: Vorwort. In: Wechselwirkungen. Kunst und Wissenschaft in Berlin und Weimar im Zeichen Goethes. Hg. von Ernst Osterkamp. Bern 2002, S. 7–13.

Paul, Fritz: «Aller Sage grund ist nur mythus». Religionswissenschaft und Mythologie im Werk der Brüder Grimm. In: 200 Jahre, S. 77–90.

Paul, Fritz: Heldenlieder der Edda in der Übersetzung der Brüder Grimm. Einleitung und Edition der Texte aus dem Nachlaß. In: Jahrbuch der Brüder Grimm-Gesellschaft 2 (1992), S. 7–61.

Pézsa, Tibor: Jacob Grimm als Literaturhistoriker. Studien zu den Vorlesungsmitschriften der Jahre 1834, 1835 und 1837. In: Jahrbuch der Brüder Grimm-Gesellschaft 4 (1994), S. 109–165.

Peter, Emanuel: Geselligkeiten. Literatur, Gruppenbildung und kultureller Wandel im 18. Jahrhundert. Tübingen 1999.

Petzold, Leander: Einführung in die Sagenforschung. 3. Auflage. Konstanz 2002.

Piderit, J. C. Th.: Geschichte der Haupt- und Residenz-Stadt Cassel. In erweiterter zweiter Auflage hg. von Jacob Christoph Carl Hoffmeister. Cassel 1882.

Pissin, Raimund: Aus ungedruckten Briefen der Brüder Jacob, Wilhelm, Ferdinand, Ludwig Grimm. In: Preußische Jahrbücher 234 (1933), S. 69–86.

Platon: Phaidros. Übersetzt, erläutert und mit ausführlichem Register versehen von Constantin Ritter. 2., durchges. u. verb. Aufl. Leipzig 1922.

Praesent, Wilhelm: Im Hintergrund Steinau. Kleine Beiträge zur Familiengeschichte der Brüder Grimm. In: Brüder Grimm Gedenken (1963), S. 49–66.

Praesent, Wilhelm: Märchenhaus des deutschen Volkes. Aus der Kinderzeit der Brüder Grimm. Kassel 1957.

Quellen zur Alltagsgeschichte der Deutschen 1815–1870. Hg. von Hartwig Brandt u. Ewald Grothe. Darmstadt 2005.

Rädle, Karin: «Das gebrechen liegt in unbefugter und regellos schwankender häufung der vocale wie consonanten …» Jacob Grimm und seine Vorstellungen von der deutschen Orthographie. In: Jahrbuch der Brüder Grimm Gesellschaft 11–12 (2001/02), S. 77–94.

Rautenberg, Ursula: Das ‹Volksbuch vom armen Heinrich›. Studien zur Rezeption Hartmanns von Aue im 19. Jahrhundert und zur Wirkungsgeschichte der Übersetzung Wilhelm Grimms. Berlin 1985.

Raven, f. A./King, J. C.: Die Beziehungen Eberhard Gottlieb Graffs zu Jacob Grimm. In: Germanic Studies in Honor of Edward Henry Sehrt. Ed. by Frithjof Andersen Raven u. a. Coral Gables 1968, S. 149–195.

Reichardt, Johann Friedrich: Vertraute Briefe aus Paris geschrieben in den Jahren 1802 und 1803. Erster Theil. Hamburg 1804.

Reimer, Doris: Passion & Kalkül. Der Verleger Georg Andreas Reimer (1776–1842). Berlin/New York 1999.

Requiem für eine romantische Frau. Die Geschichte von Auguste Bußmann und Clemens Brentano. Nach gedruckten und ungedruckten Quellen überliefert von Hans Magnus Enzensberger. Berlin 1988.

Reuß, Roland: «Lieder[…], die nicht seyn sind». Der Briefwechsel zwischen Jacob Grimm, Wilhelm Grimm, Achim von Arnim und Friedrich Carl v. Savigny aus dem Jahre 1811 und das Problem der Edition. Einführung und Faksimile-Edition mit diplomatischer Umschrift. In: Textkritische Beiträge 7 (2002), S. 1–227.

Rißmann, Jutta: Zum Briefwechsel der Brüder Grimm mit ihrem Verleger Reimer. In: Brüder Grimm Gedenken 4 (1984), S. 114–119.

Röhrich, Lutz: Wage es, den Frosch zu küssen. Das Grimmsche Märchen Nummer Eins in seinen Wandlungen. Köln 1987.

Rölleke, Heinz: Die Beiträge der Brüder Grimm zu «Des Knaben Wunderhorn». In: Brüder Grimm Gedenken 2 (1975), S. 28–42.

Rölleke, Heinz: Die Frau in den Märchen der Brüder Grimm. In: Die Frau im Märchen. Hg. von Sigrid Früh u. Rainer Wehse. Kassel 1985, S. 72–85.

Rölleke, Heinz: Die Märchen der Brüder Grimm. Eine Einführung. Stuttgart 2004.

Rölleke, Heinz: Die Titelkupfer zu ‹Des Knaben Wunderhorn›. In: Jahrbuch des Freien Deutschen Hochstifts (1971), S. 123–142.

Rölleke, Heinz: Erinnerungen Dortchen Grimms in der Aufzeichnung ihrer Tochter Auguste. In: Brüder Grimm Gedenken 15 (2003), S. 1–15.

Rölleke, Heinz: Frontalbo redivivus. Ein Zeugnis für Jacob Grimms Mitarbeit an Arnims «Zeitschrift für Einsiedler». In: BBG 5 (1985), S. 60–67.

Rölleke, Heinz: Jacob Grimms handschriftliche Nachträge zu seiner Gedenkrede auf Karl Lachmann. In: Brüder Grimm Gedenken 5 (1985), S. 1–20.

Rölleke, Heinz: Nachwort. In: Des Knaben Wunderhorn. Alte deutsche Lieder gesammelt von Achim von Arnim und Clemens Brentano. Kritische Ausgabe. Bd. 3. Hg. u. kommentiert von Heinz Rölleke. Stuttgart 1987, S. 557–581.

Rölleke, Heinz: Nachwort [zit. als ‹Nachwort 2›]. In: Deutsche Sagen, S. 633–645.

Rölleke, Heinz: Wilhelm Grimms Traumtagebuch. In: Brüder Grimm Gedenken 3 (1981), S. 15–37.

Römhild, Hans: Das Märchenhaus der Brüder Grimm. Studie zur Geschichte des Kasseler Grimmhauses in der Wildemannsgasse. In: Hessische Heimat 22 (1972), S. 2–16.

Saage-Maaß, Miriam: Die Göttinger Sieben – demokratische Vorkämpfer oder nationale Helden? Zum Verhältnis von Geschichtsschreibung und Erinnerungskultur in der Rezeption des Hannoverschen Verfassungskonfliktes. Göttingen 2007.

Sachse, Wieland: Göttingen im 18. und 19. Jahrhundert. Zur Bevölkerungs- und Sozialstruktur einer deutschen Universitätsstadt. Göttingen 1987.

Sammlung Fürstlicher Hessischer Landes-Ordnungen und Ausschreibungen, nebst dahin gehörigen Erläuterungs- und andern Rescripten, Resolutionen, Abschieden, gemeinen Bescheiden und dergleichen. Siebenter Theil, welcher dasjenige in sich hält so unter der Regierung Herrn Landgrafen Wilhelms des IX. vom Jahre 1785 bis 1800 ergangen ist, auf gnädigsten Befehl zum Druck befördert, und sowohl mit einem chronologischen als alphabetischen Verzeichniß der Materien begleitet. Cassel 1802.

Sammlung kurhessischer Landes-Ordnungen und Ausschreibungen, nebst dahin gehörigen Erläuterungs- und andern Rescripten, Verfügungen etc. Achter Theil. Jahre 1801 bis 1806. Mit einer Übersicht nach der Zeitfolge und einem alphabetischen Inhalts-Verzeichnisse. Cassel 1816.

Sammlung von Minnesingern aus dem schwäbischen Zeitpuncte CXL Dichter enthaltend; durch Rüdiger Mannessen, Weiland des Rathes des uralten Zyrich. Aus der Handschrift der königlich-französischen Bibliothek hg. Erster Theil. Zyrich 1758.

Sautter, Udo: Deutsche Geschichte seit 1815: Daten, Fakten, Dokumente. Bd. 3. Historische Quellen. Tübingen/Basel 2004.

Savigny, Friedrich Carl von: Vorlesungen über juristische Methodologie 1802–1842. Hg. u. eingeleitet von Aldo Mazzacane. Neue, erweiterte Ausgabe. Frankfurt a. M. 2004.

Savigny, Friedrich Carl von: Das Recht des Besitzes. Eine civilistische Abhandlung. Gießen 1803.

Savigny, Friedrich Carl von: Geschichte des Römischen Rechts im Mittelalter. 1. Bd. Heidelberg 1815.

Savigny, Friedrich Carl von: Ueber den Zweck dieser Zeitschrift. In: Zeitschrift für geschichtliche Rechtswissenschaft. Hg. von Friedrich Carl von Savigny, C. f. Eichhorn u. J. f. L. Göschen. Bd. 1. Berlin 1815, S. 1–17.

Savigny, Friedrich Carl von: Wesen und Werth der deutschen Universitäten. In: Historisch-politische Zeitschrift 1 (1832), S. 569–592.

Schädler, Wolfram: Veränderungen der Armenpflege in Deutschland durch die Aufklärung unter besonderer Berücksichtigung der Entwicklung in der Landgrafschaft Hessen-Kassel. Masch. Diss. Marburg 1980.

Schäfer, Barbara/Denecke, Ludwig: Die Brüder Grimm als Bibliothekare. Unter besonderer Berücksichtigung der Erwerbungs- und Katalogisierungspraxis während ihrer Amtszeit in der Kurfürstlichen Bibliothek in Kassel. In: Brüder Grimm Gedenken 15 (2003), S. 16–35.

Schede, Hans-Georg: Die Brüder Grimm. München 2004.

Schede, Hans-Georg: Die Brüder Grimm. Hanau 2009.

Scheidler, Karl Hermann: Ueber die Idee der Universität und ihre Stellung zur Staatsgewalt. Nebst einer Einleitung über die Bedeutung der Cölner und Göttinger Amtsentsetzungen für die Staatsfragen der Gegenwart. Jena/Leipzig 1838.

Scherer, Wilhelm: Jacob Grimm. 3. Auflage mit Vorwort und Einleitung zur Gesamtausgabe von Ludwig Erich Schmitt. Hildesheim/Zürich/New York 1985 (Repr.).

Schiller, Friedrich: Werke. Nationalausgabe. Begründet von Julius Petersen, fortgeführt von Lieselotte Blumenthal u. Benno v. Wiese, hg. von Norbert Oellers und Siegfried Seidel. Weimar 1943 ff.

Schlaefer, Michael: Das Grimmsche Wörterbuch in der deutschen Wörterbuchlandschaft. In: Die Brüder Grimm und die Geisteswissenschaften heute. Ein wissenschaftliches Symposion der Brüder Grimm-Gesellschaft e. V. in der Paulinerkirche zu Göttingen am 21. u. 22. Nov. 1997. Hg. von Bernhard Lauer. Kassel 1999, S. 93–124.

Schlegel, August Wilhelm: Beyträge zur Kritik der neuesten Litteratur. In: Athenaeum. Eine Zeitschrift. Hg. von August Wilhelm Schlegel u. Friedrich Schlegel. Bd. 1. 1. St. Darmstadt 1992 (Repr.), S. 141–177.

Schlegel, August Wilhelm: Sämtliche Werke. Hg. von Eduard Böcking. Bd. XII. Vermischte und kritische Schriften. Bd. 6. Hildesheim/New York 1971.

Schlegel, Friedrich: Kritische Friedrich-Schlegel-Ausgabe. Hg. von Ernst Behler unter Mitwirkung von Jean-Jacques Anstett und Hans Eichner. München u. a. 1967 ff.

Schleiermacher, Friedrich: Texte zur Pädagogik. Kommentierte Studienausgabe. Bd. 1. Hg. von Michael Winkler u. Jens Brachmann. Frankfurt a. M. 2000.

Schlung, Franz H.: Sozialgeschichte des Schulwesens in Hessen-Kassel. Kassel 1987.

Schmidt, Hartwig: Das Tiergartenviertel. Baugeschichte eines Berliner Villenviertels. Teil 1: 1790–1870. Berlin 1981.

Schmidt, Hartmut: Die Berliner Jahre der Brüder Grimm. In: Die Brüder Grimm. Beiträge zu ihrem Schaffen. Hg. vom Kreismuseum Haldensleben u. a. Haldensleben 1988, S. 58–70.

Schmidt, Hartmut: Die Brüder Grimm. In: Deutsche Brüder. Zwölf Doppelporträts. Berlin 1994, S. 164–196.

Schmidt, Hartmut: Jacob Grimm, Hans Ferdinand Maßmann und die gotischen Handschriften der Ambrosiana. In: Brüder Grimm Gedenken 12 (1997), S. 137–146.

Schmidt, Hartmut: Jacob Grimm über Akademie und Universität. Ein Text aus dem Berliner Akademiearchiv. In: Brüder Grimm Gedenken 11 (1995), S. 51–54.

Schmidt, Hartmut: ‹Kein Deutscher darf einen Sclaven halten› – Jacob Grimm und Friedrich Wilhelm Carové. In: Bedeutungen und Ideen in Sprachen und Texten. Werner Bahner gewidmet. Hg. von Werner Neumann und Bärbel Techtmeier. Berlin 1987, S. 183–192.

Schmidt-Wiegand, Ruth: Einleitung. In: Grimm, Jacob: Deutsche Rechtsalterthümer I, S. 1*–46*.

Schmidt-Wiegand, Ruth: Sprache und Recht. Gedanken zu Friedrich Carl von Savigny und Jacob Grimm. In: Jahrbuch der Brüder Grimm-Gesellschaft 7 (1997), S. 15–29.

Schmidt-Wiegand, Ruth: Zu Jacob Grimms Vorlesung über «Deutsche Rechtsalterthümer». In: Jahrbuch der Brüder Grimm-Gesellschaft 1 (1991), S. 187–192.

Schmitt, Rüdiger: Der Briefwechsel zwischen Jacob Grimm und Adalbert Kuhn. In: Brüder Grimm Gedenken 6 (1986), S. 135–207.

Schön, Erich: Der Verlust der Sinnlichkeit oder Die Verwandlung des Lesers. Mentalitätswandel um 1800. Stuttgart 1993.

Schöne, Albrecht: Vom Betreten des Rasens. Das Lehrstück der Göttinger Sieben. In: ders.: Vom Betreten des Rasens. Siebzehn Reden über Literatur. Hg. von Ulrich Joost u. a. Darmstadt 2005, S. 112–131.

Schoof, Wilhelm: Aus den Anfängen des Königsreichs Westphalen. Nach den Aufzeichnungen Paul Wigands. In: Zeitschrift des Vereins für hessische Geschichte und Landeskunde 75/76 (1964/65), S. 445–454.

Schoof, Wilhelm: Aus der Jugendzeit der Brüder Grimm (nach ungedruckten Briefen). Zum 150. Geburtstag Jacob Grimms (4. Januar 1935). In: Hanauisches Magazin 13 (1934), Nr. 11/12, S. 81–96 u. ebd. 14 (1935), Nr. 1/2, S. 1–15.

Schoof, Wilhelm: Beziehungen Wilhelm Grimms zur Familie von Schwertzell. In: Zeitschrift des Vereins für hessische Geschichte und Landeskunde 57 (1929), S. 225–280.

Schoof, Wilhelm: Die ‹Altdeutschen Wälder› der Brüder Grimm. Eine Einführung. In: Altdeutsche Wälder. Hg. durch die Brüder Grimm. Bd. 1. Mit einer Einführung zum Neudruck von Wilhelm Schoof. Darmstadt 1966, S. V–XXIII.

Schoof, Wilhelm: Die Brüder Grimm in Berlin. Berlin 1964.

Schoof, Wilhelm: Die Honorare der Brüder Grimm. In: Zeitschrift des Vereins für Hessische Geschichte und Landeskunde 79 (1968), S. 128–134.

Schoof, Wilhelm: Göttingen und die Brüder Grimm. In: Niedersächsisches Jahrbuch für Landesgeschichte 14 (1937), S. 233–287.

Schoof, Wilhelm: Jacob Grimms Deutsche Grammatik in zeitgenössischer Beurteilung. In: Zeitschrift für Deutsche Philologie 82 (1963), S. 363–377.

Schoof, Wilhelm: Jacob und Wilhelm Grimm nach der Göttinger Amtsentsetzung. In: Zeitschrift des Vereins für hessische Geschichte und Landeskunde 58 (1932), S. 211–234.

Schoof, Wilhelm: Wilhelm Grimms Reise nach dem Kinzigtal im Jahre 1841. Nach ungedruckten Briefen von Dorothea Grimm. In: Hanauisches Magazin 16 (1937), S. 81–96.

Schoof, Wilhelm: Zur Entstehungsgeschichte der Grimmschen Märchen. Bearbeitet unter Benutzung des Nachlasses der Brüder Grimm. Hamburg 1959.

Schultz, Hartwig: «Unsre Lieb aber ist außerkohren». Die Geschichte der Geschwister Clemens und Bettine Brentano. Frankfurt a. M./Leipzig 2004.

Schultz, Hartwig: Schwarzer Schmetterling. Zwanzig Kapitel aus dem Leben des romantischen Dichters Clemens Brentano. Berlin 2002.

Schulz, Gerhard: Die deutsche Literatur zwischen Französischer Revolution und Restauration. 2 Bde. München 1983/89.

Schupp, Volker: ‹Wollzeilergesellschaft› und ‹Kette›. Impulse der frühen Volkskunde und Germanistik. Marburg 1983.

See, Klaus von: Die Göttinger Sieben. Kritik einer Legende. 3., erw. Aufl. Heidelberg 2000.

Seier, Hellmut: Modernisierung und Integration in Kurhessen 1803–1866. In: Das Werden Hessens. Hg. von Walter Heinemeyer. Marburg 1986, S. 431–479.

Seitz, Gabriele: Die Brüder Grimm. Leben – Werk – Zeit. München 1984.

Sellert, Wolfgang: Die Aufhebung des Staatsgrundgesetzes und die Entlassung der Göttinger Sieben. In: Die Göttinger Sieben. Ansprachen, S. 23–45.

Sheehan, James J.: Geschichte der deutschen Kunstmuseen. Von der fürstlichen Kunstkammer zur modernen Sammlung. München 2002.

Siemann, Wolfram: «Deutschlands Ruhe, Sicherheit und Ordnung». Die Anfänge der politischen Polizei 1806–1866. Tübingen 1985.

Siemann, Wolfram: Die deutsche Revolution von 1848/49. Frankfurt a. M. 1985.

Sirges, Thomas: Die Bedeutung der Leihbibliotheken für die Lesekultur in Hessen-Kassel 1753–1866. Tübingen 1994.

Sirges, Thomas: Lesen in Marburg 1758–1848. Eine Studie zur Bedeutung von Lesegesellschaften und Leihbibliotheken. Marburg 1991.

Sonderegger, Stefan: Die Brüder Grimm – Philologie, historische Sprachwissenschaft und Literaturgeschichte. In: 200 Jahre, S. 43–61.

Sonderegger-Ritter, Ruth: Heinrich Heine und die Brüder Grimm. Aspekte ihrer gegenseitigen Beziehungen. In: Verbum amor. Studien zur Geschichte und Kunst der deutschen Sprache. FS für Stefan Sonderegger zum 65. Geburtstag. Hg. von Harald Burger u. a. Berlin/New York 1992, S. 764–779.

Stackmann, Karl: «Ich theile … nicht die Ansicht von Gervinus»: Wihelm

Grimm über die Geschichte der Poesie. In: Jahrbuch der Brüder Grimm-Gesellschaft 2 (1992), S. 63–84.

Steffens, Henrich: Was ich erlebte. Aus der Erinnerung niedergeschrieben. Bd. 6. Breslau 1842.

Steig, Reinhold: Die Familie Reichardt und die Brüder Grimm. In: Euphorion. Ergänzungsheft 15 (1923), S. 15–54.

Steinlein, Rüdiger: Märchen als poetische Erziehungsform. Zum kinderliterarischen Status der Grimmschen «Kinder- und Hausmärchen». Antrittsvorlesung 16. Juni 1993. Berlin 1994.

Stockmann, Herbert: Wilhelm Grimm und sein Herzleiden. In: Brüder Grimm Gedenken 2 (1975), S. 246–262.

Storost, Jürgen: Jacob Grimm und die Schleswig-Holstein-Frage: Zu den Kontroversen von 1850. In: Brüder Grimm Gedenken 8 (1988), S. 64–80.

Strieder, Friedrich Wilhelm: Grundlage zu einer Hessischen Gelehrten und Schriftsteller Geschichte. Seit der Reformation bis auf gegenwärtige Zeiten. Bd. 1. Göttingen 1781.

Sturm und Drang. Klassik. Romantik. Texte und Zeugnisse. Hg. von Hans-Egon Hass. München 1966.

Tieck, Ludwig/Brüder Schlegel: Briefe. Auf der Grundlage der von Henry Lüdeke besorgten Edition neu hg. von Edgar Lohner. München 1972.

Tieck, Ludwig: Phantasus. Hg. von Manfred Frank. Frankfurt a. M. 1985.

Tissot, Simon August David: Von der Gesundheit der Gelehrten. Zürich 1768.

Treitschke, Heinrich von: Deutsche Geschichte im Neunzehnten Jahrhundert. Vierter Teil. 7. Aufl. Leipzig 1919.

Unbekannte Märchen von Wilhelm und Jacob Grimm. Synopse von Einzeldrucken Grimmscher Märchen und deren endgültiger Fassung in den KHM. Hg. u. erläutert von Heinz Rölleke. Köln 1987.

Uther, Hans-Jörg: Die Brüder Grimm als Sammler von Märchen und Sagen. In: Heidenreich/Grothe (Hg.): Kultur und Politik, S. 67–107.

Uther, Hans-Jörg: Die «Deutschen Sagen» der Brüder Grimm im Spiegel ihrer Kritiker. Ein Beitrag zur frühen Sagenrezeption. In: Hören Sagen Lesen Lernen. Bausteine zu einer Geschichte der kommunikativen Kultur. FS für Rudolf Schenda zum 65. Geburtstag. Hg. von Ursula Brunold-Bigler u. Hermann Bausinger. Bern u. a. 1995, S. 721–739.

Uther, Hans-Jörg: Handbuch zu den «Kinder- und Hausmärchen» der Brüder Grimm. Berlin 2008.

Vasmer, Max: Bausteine zur Geschichte der deutsch-slavischen geistigen Beziehungen I. Berlin 1939.

Vasmer, Max: B. Kopitars Briefwechsel mit Jakob Grimm. Köln/Wien 1987 (Repr.).

Vasold, Manfred: Grippe, Pest und Cholera. Eine Geschichte der Seuchen in Europa. Stuttgart 2008.

Vehse, Carl: Geschichte der deutschen Höfe bis zur Reformation. Bd. 27. Hamburg 1853.

Vier Dokumente zur Geschichte der Universitäts-Bibliothek Göttingen (Chr. G. Heyne 1768. 1810. Jakob Grimm 1829. 1833). Hg. von Karl Julius Hartmann. Göttingen 1937.

Vogel, Peter: Jacob Grimm und die deutsche Nationalversammlung 1848. In: Die Brüder Grimm in ihrer amtlichen und politischen Tätigkeit. Hg. von Hans-Bernd Harder u. a. Teil 2: Aufsätze, Werkverzeichnis, Genealogie, Register. Marburg 1989, S. 33–44.

Vogl, Joseph: Kalkül und Leidenschaft. Poetik des ökonomischen Menschen. München 2002.

Vom alten Westen zum Kulturforum. Das Tiergartenviertel in Berlin – Wandlungen einer Stadtlandschaft. Hg. von Olav Münzberg. Berlin 1988.

Von Hessen nach Deutschland. Wissenschaft und Politik im Leben und Werk der Brüder Grimm. Bearbeitet von Bernhard Lauer. Kassel 1988.

Vorschriften zur Verhütung der asiatischen Cholera so wie zur Behandlung derselben bis zur Ankunft des Arztes. Mitgetheilt von der Königl. ärztlichen Prüfungsbehörde. Hannover 1831.

Wachler, Ludwig: Aphorismen über die Universitäten und über ihr Verhältniss zum Staate. Nebst einem Anhange über den gegenwärtigen Zustand der Universität Marburg. Marburg 1802.

Wagner, Doris: Christian Friedrich Wurm (1801–1861). Freiheitskämpfer und germanistischer Querschläger. Bausteine zu einer wissenschaftlichen Biographie. Bayreuth 1996.

Wagner, Fritz: Jacob Grimm und der Archipoeta. In: BGG 11 (1995), S. 35–50.

Was ist Aufklärung? Beiträge aus der Berlinischen Monatsschrift. In Zusammenarbeit mit Michael Albrecht ausgewählt, eingeleitet und mit Anmerkungen versehen von Norbert Hinske. Vierte, um ein Nachwort erweiterte Auflage. Darmstadt 1990.

Weber, Carl Friedrich: Geschichte der städtischen Gelehrtenschule zu Cassel. Cassel 1846.

Weber, Max: Soziologie. Universalgeschichtliche Analysen. Politik. Mit einer Einleitung von Eduard Baumgarten. Hg. und erläutert von Johannes Winckelmann. 5., überarb. Aufl. Stuttgart 1973.

Wegener, Wilhelm: Jacob Grimm und Welschtirol in der Nationalversammlung in Frankfurt a. M. 1848. In: Brüder Grimm Gedenken 8 (1988), S. 48–63.

Wegmann, Nikolaus: Bücherlabyrinthe. Suchen und Finden im alexandrinischen Zeitalter. Köln u. a. 2000.

Wehler, Hans-Ulrich: Deutsche Gesellschaftsgeschichte. Bd. 1. Vom Feudalismus des Alten Reiches bis zur Defensiven Modernisierung der Reformära. 1700–1815. 3. Aufl. München 1996.

Wehler, Hans-Ulrich: Deutsche Gesellschaftsgeschichte. Bd. 2. Von der Reformära bis zur industriellen und politischen «Deutschen Doppelrevolution». 1815–1845/49. 4. Aufl. München 2005.

Weisgerber, Bernhard: «definitionen können nicht erschöpfen, was das lebendige wort in sich faszt». Zum Problem der Wortbedeutung (nicht nur) bei den Brüdern Grimm. In: «daß gepflegt werde der feste Buchstab». FS für Heinz Rölleke zum 65. Geburtstag am 6. Nov. 2001. Hg. von Lothar Bluhm u. Achim Hölter. Trier 2001, S. 249–264.

Weishaupt, Jürgen: Die Märchenbrüder. Jacob und Wilhelm Grimm – ihr Leben und Wirken. Kassel 1985.

Wellenreuther, Hermann: Die Göttinger Sieben, Göttingen und der Verfassungskonflikt von 1837. In: Die Göttinger Sieben. Ansprachen, S. 61–84.

Westfälische Märchen und Sagen aus dem Nachlaß der Brüder Grimm. Beiträge des Droste-Kreises. Hg. von Karl Schulte-Kemminghausen. Münster 1963.

Westphälischer Moniteur. 1808 ff.

Wiegand, Thomas: Die Brüder Grimm und die Photographie. In: Jahrbuch der Brüder Grimm-Gesellschaft 6 (1996), S. 41–104.

Wiegen- und Kinderlieder. Gesammelt durch die Brüder Grimm. Hg. u. kommentiert von Heinz Rölleke. Weimar 1999.

Wilhelm Grimms Wiesbadener Kurtagebuch von 1833. Hg. u. kommentiert vom Germanistischen Oberseminar der Universität Wuppertal unter *Leitung von Heinz Rölleke. In:* Brüder Grimm Gedenken 8 (1989), S. 123–173.

Wilhelmi, Alexander: Lustspiele. Bd. 1. Dresden 1853.

Wilhelmy-Dollinger, Petra: Die Berliner Salons. Mit historisch-literarischen Spaziergängen. Berlin/New York 2000.

Wilcke, Karin/Bluhm, Lothar: Wilhelm Grimms Sammlung mittelhochdeutscher Sprichwörter. In: Brüder Grimm Gedenken 8 (1988), S. 81–122.

Wolff, Fritz: Absolutismus und Aufklärung in Hessen-Kassel 1730–1806. In: Die Geschichte Hessens. Hg. von Uwe Schultz. Stuttgart 1983, S. 133–144.

Wyss, Ulrich: Die wilde Philologie. Jacob Grimm und der Historismus. München 1979.

Zedelmaier, Helmut: Buch, Exzerpt, Zettelschrank, Zettelkasten. In: Archivprozesse: die Kommunikation der Aufbewahrung. Hg. von Hedwig Pompe u. Leander Scholz. Köln 2002, S. 38–53.

Zeitung für Einsiedler. In Gemeinschaft mit Clemens Brentano herausgegeben von Ludwig Achim von Arnim bei Mohr und Zimmer, Heidelberg 1808. Mit einem Nachwort zur Neuausgabe von Hans Jessen. Darmstadt 1962.

Ziegengeist, Gerhard: Varnhagen über Bettine von Arnim und die Berufung der Brüder Grimm nach Berlin. Auszüge aus seinen Tageblättern und Briefen 1837–1840. In: Brüder Grimm Gedenken 11 (1995), S. 55–79.

Ziegengeist, Gerhard: Varnhagen von Ense über die Brüder Grimm und ihren Umgangskreis in Berlin. In Brüder Grimm Gedenken 12 (1997), S. 78–117.

Ziolkowski, Theodore: Das Amt der Poeten. Die deutsche Romantik und ihre Institutionen. München 1994.

Ziolkowski, Theodore: Berlin. Aufstieg einer Kulturmetropole um 1810. Stuttgart 2002.

Personenregister

Zeittafel

1785   Geburt von Jacob Grimm als Sohn von Philipp Wilhelm und Dorothea Grimm in Hanau (4. Januar).

1786   Geburt von Wilhelm Grimm (24. Februar).

1787   Geburt von Carl Grimm (24. April).

1788   Geburt von Ferdinand Grimm (18. Dezember).

1790   Geburt von Ludwig Emil Grimm (14. März).

1791   Umzug der Familie nach Steinau (13. Januar).

1793   Geburt von Charlotte Grimm (10. März).

1796   Tod des Vaters (10. Januar).

1798   Jacob und Wilhelm ziehen im September als Kostgänger nach Kassel, um das *Lyceum Fridericianum* (Gymnasium) zu besuchen.

1802   Jacob immatrikuliert sich am 30. April für das Jurastudium in Marburg; Beginn von Wilhelms schweren Erkrankungen.

1803   Wilhelm nimmt im Frühjahr das Jurastudium in Marburg auf.

1805   Im Januar reist Jacob nach Paris (bis September) und unterstützt die rechtshistorischen Studien von Friedrich Carl von Savigny.

1806   Jacob wird Sekretär im kurhessischen Kriegskollegium (16. Januar); Wilhelm legt im Mai sein Examen ab; Mitarbeit an der von Achim von Arnim und Clemens Brentano herausgegebenen ‹Volkslieder›-Sammlung *Des Knaben Wunderhorn*; Kassel wird am 1. November von französischen Truppen besetzt; Jacob wird der Truppenverpflegungskommission zugeteilt; Beiträge zum *Neuen literarischen Anzeiger*.

1807   Kurhessen geht im August im Königreich Westphalen auf; Jacob kündigt Mitte des Jahres seine Stelle in der Verpflegungskommission; am 14. Dezember bewirbt er sich um eine Stelle als Hofbibliothekar.

1808   Mitarbeit an der von Achim von Arnim herausgegebenen *Zeitung für Einsiedler*; am 27. Mai stirbt die Mutter; Ende Juni wird Jacob Privatbibliothekar des Königs Jérôme Bonaparte.

1809   Jacob wird am 17. Februar Mitglied des westphälischen Staatsrats als *Au-*

diteur au Conseil d'État; Wilhelm reist im April zur Kur nach Halle (betreut von Johann Christian Reil) und im September gemeinsam mit Clemens Brentano zu Achim von Arnim nach Berlin (bis November); auf der Rückreise besucht er Goethe in Weimar.

1811 Als erste eigenständige Bücher erscheinen von Jacob eine Studie *Über altdeutschen Minnesang* und von Wilhelm eine Sammlung *Altdänischer Heldenlieder*.

1812 Jacob und Wilhelm veröffentlichen den ersten Band ihrer zunächst für Clemens Brentano gesammelten *Kinder- und Hausmärchen*.

1813 Jacob und Wilhelm geben die Zeitschrift *Altdeutsche Wälder* heraus (Bd. 2: 1815; Bd. 3: 1816); Wilhelm begegnet im Juli Jenny von Droste-Hülshoff; im November kehrt der hessische Kurfürst zurück; Jacob begleitet im Dezember als Legationssekretär die alliierten Truppen auf dem Vormarsch nach Paris, um dort geraubte Kunstschätze aus Kassel zurückzuholen.

1814 Im Februar wird Wilhelm Bibliothekssekretär; nach seiner Rückkehr aus Paris im Juli reist Jacob im September als Legationssekretär der kurhessischen Delegation zum Wiener Kongress (bis Juni 1815); Jacob und Wilhelm arbeiten als Journalisten für den *Rheinischen Merkur*.

1815 Jacob reist im September nach Paris, um erneut nach geraubten Kasseler Kunstschätzen zu recherchieren (bis Dezember); Wilhelm begibt sich mit Savigny auf eine Rheinreise bis Köln (in Frankfurt und Heidelberg treffen sie Goethe und betrachten gemeinsam die Kunstsammlung der Brüder Boisserée); Bd. 2 der *Kinder- und Hausmärchen*.

1816 Im April wird Jacob zweiter Bibliothekar in Kassel und Mitglied der kurhessischen Zensurkommission; Bd. 1. der *Deutschen Sagen* (Bd. 2: 1818).

1819 Bd. 1 von Jacobs *Deutscher Grammatik* (erscheint 1822 und 1840 in überarbeiteten Fassungen; Bd. 2: 1826; Bd. 3: 1831; Bd. 4: 1837); Jacob und Wilhelm werden zu Ehrendoktoren der Universität Marburg ernannt.

1821 Regierungswechsel in Kassel: Nach dem Tod Wilhelms I. übernimmt Wilhelm II. die Regentschaft; Wilhelm Grimm wirkt seit November als Erzieher des kurhessischen Prinzen Friedrich Wilhelm; Wilhelms *Über deutsche Runen*.

1825 Wilhelm heiratet Dorothea Wild (15. Mai); die «kleine Ausgabe» der *Kinder- und Hausmärchen* erscheint.

1826 Jacob, der erste Sohn von Wilhelm und Dorothea Grimm, wird am 3. April geboren und stirbt im Dezember.

1828 Geburt von Wilhelms Sohn Herman (6. Januar).

1829   Die Grimms kündigen ihre Stellen und nehmen ein Angebot der Universität Göttingen an; Jacobs *Deutsche Rechtsalterthümer* (2. Aufl. 1854); Wilhelms *Deutsche Heldensage*.

1830   Die Grimms ziehen nach Göttingen um; Jacob wird Professor an der Göttinger Universität und gemeinsam mit Wilhelm Bibliothekar an der dortigen Universitätsbibliothek; am 31. März wird Wilhelms Sohn Rudolf Grimm geboren.

1831   Jacob reist nach Süddeutschland (u. a. Besuch bei Joseph von Laßberg); Wilhelm wird außerordentlicher Professor der Göttinger Universität (1835 wird er zum ordentlichen Professor ernannt).

1832   Geburt von Wilhelms Tochter Auguste (21. August).

1833   Am 15. Juni stirbt Charlotte Grimm; Jacob wird zum Hofrat ernannt.

1834   Jacobs *Reinhardt Fuchs*.

1835   Jacobs *Deutsche Mythologie* (2. überarbeitete Aufl. 1844).

1837   Protest der ‹Göttinger Sieben›: Jacob und Wilhelm werden am 14. Dezember entlassen; Jacob darf sich zudem nicht länger im Königreich Hannover aufhalten und zieht zu seinem Bruder Ludwig nach Kassel.

1838   Jacob und Wilhelm arbeiten an der Verteidigungsschrift *Über meine Entlassung* (erscheint im April 1838); Mitte Oktober ziehen Wilhelm und seine Familie nach Kassel; im Oktober Abschluss des Vertrags mit der Weidmannschen Buchhandlung über die Ausarbeitung des *Deutschen Wörterbuchs*.

1840   Die ersten beiden Bände von Jacobs *Weisthümern*; am 2. November werden Jacob und Wilhelm Grimm von Friedrich Wilhelm IV. nach Berlin berufen, um das *Deutsche Wörterbuch* fertigzustellen.

1841   Im März Umzug von Kassel nach Berlin in die Lennéstraße 8; am 30. April hält Jacob, am 11. Mai Wilhelm seine Antrittsvorlesung an der Berliner Universität; Wilhelm wird im März zum ordentlichen Mitglied der Berliner Akademie gewählt.

1843   Jacob reist nach Italien (u. a. Genua, Neapel, Livorno, Rom, Venedig).

1844   Hoffmann von Fallersleben besucht die Brüder Grimm; es kommt zum Skandal, weil ihm die Studenten vor dem Haus der Grimms huldigen; Jacob reist nach Dänemark und Schweden.

1845   Am 6. Januar stirbt Ferdinand Grimm.

1846   Im August richtet Jacob gemeinsam mit Freunden eine «Adresse» an Friedrich Wilhelm IV., um den König zu Engagement in der Schleswig-Holstein-Frage zu bewegen; Jacob wird im September zum Vorsitzenden der ersten Germanistenversammlung in Frankfurt am Main gewählt; Wilhelm berichtet in der Versammlung über die Arbeit am *Deutschen Wörterbuch*.

1847 Jacob wird zum Vorsitzenden der zweiten Germanistenversammlung in Herbst in Lübeck gewählt; Jacob reist nach Wien und Prag.

1848 Ende März fährt Jacob mit seinem Neffen Herman zum «Vorparlament»; Jacob und Wilhelm besuchen im April in Berlin mehrfach Wahlversammlungen; Jacob hält sich von Mai bis September als Abgeordneter der Nationalversammlung in Frankfurt auf; Jacobs *Geschichte der deutschen Sprache*; Jacob hält seine letzte Vorlesung an der Berliner Universität.

1852 Wilhelm beendet seine Vorlesungstätigkeit an der Berliner Universität; am 1. Mai liegt die erste Lieferung des *Deutschen Wörterbuchs* vor; am 25. Mai stirbt Carl Grimm.

1853 Jacob reist nach Südfrankreich (u. a. Genf, Lyon, Avignon, Montpellier, Nîmes, Marseille, Genua, Venedig, Triest, Salzburg, Linz, Budweis, Prag); Wilhelm reist mit Dorothea nach Rheinbreitbach (Treffen mit Dahlmann u. a.).

1854 Bd. 1 des *Deutschen Wörterbuchs*.

1859 Am 16. Dezember stirbt Wilhelm Grimm.

1860 Bd. 2 des *Deutschen Wörterbuchs*.

1863 Am 4. April stirbt Ludwig, am 20. September Jacob Grimm.

Dank

Stefanie Düsterhöft, Holger Ehrhardt, Judith Pape, Frank Pöhlmann und Catrin Runge danke ich für ihre Unterstützung. Berthold Friemel hat alle Fragen geduldig und großzügig beantwortet. Meinen Kieler Kollegen bin ich für ein mehr als nur produktives Arbeitsklima verpflichtet. Roland Berbig danke ich ebenso sehr für seinen kritischen Ein- wie für seinen freundlichen Zuspruch. Ohne Gunnar Schmidt hätte es dieses Buch nie gegeben. Bernd Klöckener hat der Biographie die letzte Fassung gegeben – seine «Hermeneutik des Lektorats» folgt dem Programm der «Andacht zum Unbedeutenden» auf wunderbare Weise.

Ich danke Rüdiger Martus für Fragen vor dem Lesen und Christa Martus für Antworten nach der Lektüre. Claudia Stockinger hat das Beste aus meiner Grimm-Biographie gemacht. Ihnen ist das Buch gewidmet.

Bildnachweis

Tafel 1 (unten rechts): akg-images / Tafel 3 (unten): bpk / Tafel 6 (unten): ullstein bild / Tafel 8 (oben) entnommen aus: Architektonisches Album. Redigirt vom Architekten-Verein zu Berlin. Potsdam 1864 / Tafel 9 (oben): ullstein bild / Tafel 9 (unten): bpk / Alle übrigen Abbildungen: Brüder Grimm-Museum Kassel